Ernst Strouhal

acht x acht

Zur Kunst des Schachspiels

SpringerWienNewYork

Ernst Strouhal
Hochschule für angewandte Kunst
in Wien, Österreich

Dieses Buch erscheint anläßlich
der Ausstellung

„Ein Lied der Vernunft.
Schach: Die Welt in 64 Feldern"

vom 3. 5. – 30. 6. 1996 im

Jüdischen Museum
der Stadt Wien.

Wir danken für die Unterstützung:

Lehrkanzel für Philosophie an
der Hochschule für angewandte
Kunst in Wien.

Fonds für internationale
Beziehungen Wiens.

Jüdisches Museum der Stadt Wien.

Printed in Austria

Satz, Druck und Bindearbeiten:
Adolf Holzhausens Nfg. GesmbH,
A-1070 Wien

„Spiele" S. 330–426:
Vorlagen von Alexander Kure

Graphisches Konzept:
Ecke Bonk, Primersdorf

Gedruckt auf säurefreiem,
chlorfrei gebleichtem Papier-TCF

Die Deutsche Bibliothek – CIP-Einheitsaufnahme

Strouhal, Ernst:
Acht mal acht : zur Kunst des Schachspiels / Ernst Strouhal. –
Wien ; New York : Springer, 1996
ISBN 3-211-82775-7

ISBN 3-211-82775-7 Springer-Verlag Wien New York

Seit mehr als einem Jahrtausend begleitet das Schachspiel die Menschheit, es fasziniert als Spiel der Vernunft und zieht in seiner Unerschöpflichkeit und Schönheit Mathematiker wie Künstler in seinen Bann. Sein Ursprung ist unbekannt, über Persien und den arabischen Raum erreichte es Europa und erzeugte, wo immer es auftrat, ein gewaltiges kulturelles Umfeld – in der Kunst und im Kunsthandwerk, in der Philosophie und in der Literatur.

„Ich habe ein leises Gefühl des Bedauerns für jeden", schreibt der deutsche Arzt und Großmeister Siegbert Tarrasch, „der das Schachspiel nicht kennt, ungefähr so wie ich jeden bedauere, der die Liebe nicht kennengelernt hat. Das Schach hat wie die Liebe, wie die Musik die Fähigkeit, den Menschen glücklich zu machen."

Marcel Duchamp, Avantgardist und wie Tarrasch ein Meister des Spiels, war das Schachspiel inmitten einer lauten Welt eine „Schule des Schweigens" und eine Kunstform. Auf dem Schachbrett entstehen Skulpturen von höchster Logik und Reinheit, die zudem den Vorteil haben, sich während der Partie Zug um Zug selbst zu zerstören.

Der vorliegende Band versammelt Dokumente, Bilder und Texte zur Geschichte des Schachspiels: als eine Geschichte in der Geschichte und als Geschichte einer Leidenschaft. An eine systematische Darstellung war nicht gedacht und ist nicht zu denken. Wie eine Schachpartie zerfällt sie in tausend Varianten, hinter denen wieder tausend andere darauf hoffen, erzählt zu werden, bevor sie der Strom der Geschichte verschlingt. Einige der Varianten habe ich versucht, so gut und genau es mir möglich war, nachzuspielen und aufzuzeichnen.

Im ersten Teil wurden drei Zeitebenen miteinander verknüpft: Die Geschichte eines Tages, eines Lebens und eines Spiels. Im Mittelpunkt steht der polnische Meister Akiba Rubinstein, jener traurige Bruder, den man den Spinoza des Schachspiels nannte und für den die Leidenschaft zur tödlichen Obsession wurde. Auf die Suche nach ihm habe ich mich für einige Zeit begeben, gefunden habe ich ihn nicht. Den Rhythmus der Kapitel in diesem Teil bestimmen die Züge seiner Partie gegen Ernst Grünfeld am 5. August 1929 in Karlsbad.

Der Bildatlas im zweiten Abschnitt zeigt die Entwicklung der Motivgeschichte des Schachspiels in der bildenden Kunst als allegorisches Modell der Liebe, des Todes, als Metapher der Moderne für das Funktionieren einer regelgeleiteten und mit den Mitteln der Vernunft beherrschbaren Welt. Ergänzt wird der Bildatlas durch eine Geschichte der Schachfiguren: der künstlerischen Abstraktionen und der Formen des Gebrauchs.

Die Beispiele der Partien und Studien im dritten Teil machen die Entwicklung und Brüche der Regeln und der Stile im Schachspiel deutlich. Sie erfolgen in Homologie zur Entwicklung der Regeln und der Stile in der Kunst und in der Wissenschaft. Die bibliographischen Angaben im vierten Teil sollen einen Einstieg in das Archiv des Spiels und seiner kulturellen Repräsentationen ermöglichen.

Rasch durchgelesen, wie es die Zeit erfordert, in der wir leben, dauert die Lektüre des ersten Teiles etwa so lange wie die Partie Rubinsteins gegen Grünfeld am 5. August 1929 gedauert hat. Für die Anmerkungen und das Nachspielen der Partien benötigt man dann etwas länger.

Ernst Strouhal

Inhalt

Bildatlas

Spiele

Bücher

Diese Arbeit hätte nicht ohne die Hilfe vieler fertiggestellt werden können.
Mein Dank für Hinweise, Diskussionen, Unterstützung in vielerlei Form und für die großzügige Bereitstellung von Materialien gilt:

Monika Bernold (Wien),
Eva Blimlinger (Wien),
Hans E. Castorp (St. Geneviève),
Manfred Eder (Kelkheim),
Marion Faber (Nürnberg),
Georg Haber (Wien),
Barbara und
Hans Holländer (Aachen),
Monika Kaczek (Wien),
Marianne, Daniel und
Victor Keats (London),
Alexander Kure (Klosterneuburg),
Franz Josef Lang (Kelkheim),
Isaak Linder (Moskau),
Michael Mark (London),
Jacqueline Matisse (Paris),
Michaela Muhr (Wien),
Hans Petschar (Wien),
Jonas und
Samy Rubinstein (Brüssel),
Franz Schaffer (Wien),
Lothar Schmid (Bamberg),
Gabi Schön (Wien),
Thomas Thomsen (Königstein),
Marcelo Wiegele-Slama (Wien),
Gareth Williams (London),
Kenneth Whyld (Lincoln),
Edwin Würth (Wien).

Mein besonderer Dank gilt jenen, die die Arbeit von Beginn an begleitet haben:

Rudolf Burger,
Michael Ehn und
M., der dieses Buch gehört.

It´s a great huge
game of chess
that´s being played –
all over the world –
if this *is* the world
at all, you know.

Lewis Carroll

1

In Rubinsteins Welt
Ein Tag, ein Leben, ein Spiel

1

Man kann die Welt über jeden Gegenstand betreten.

Über eine Photographie, die den polnischen Schachmeister Akiba Rubinstein bei einem Spaziergang am Morgen des 5. August 1929 auf der Karlsbader Promenade zeigt, oder über eine Legende. Während einer Zugfahrt nach Rotterdam soll Rubinstein dem Leipziger Schachmeister Jacques Mieses eine seltsame Geschichte erzählt haben. Seit Jahren verfolge ihn eine Fliege von Turnier zu Turnier quer durch Europa. Während noch die Erfolge beim Wiener Turnier 1922 glänzend waren mit Siegen gegen Réti, Bogoljubow, Spielmann – sogar gegen Aljechin, den Feind, in nur 26 Zügen –, war 1923 ein Unglücksjahr. Die Turniere in Karlsbad und Mährisch-Ostrau waren Katastrophen. Die Verlustpartien überwogen erstmals die Gewinne, und er, Rubinstein, blieb unplaziert. Nachher schien es langsam wieder aufwärts zu gehen: geteilter 1. Platz mit Nimzowitsch in Marienbad, immerhin 6. am Semmering, aber nur 12. Rang in Moskau mit acht Niederlagen. Sobald er versuche nachzudenken, komme die Fliege und setze sich auf seine Stirn, an ein konzentriertes Spiel auf höchstem Niveau sei nicht mehr zu denken.

Verbürgt ist, was Weltmeister Emanuel Lasker 1925 gegen Ende des Moskauer Turniers bemerkt: Rubinstein hat seit vierzehn Tagen kein Wort gesprochen. Während der Partien sitzt Rubinstein seinem Gegner nicht am Schachtisch gegenüber, sondern zieht sich in eine Ecke des Turniersaales zurück. Am Schachbrett erscheint er nur, um seine Züge auszuführen.

Akiba Kiwelowicz Rubinstein wurde am 12. Oktober 1882 im polnisch-russischen Gouvernement Lomza geboren. Statt wie sein Vater Schriftgelehrter zu werden, gab Rubinstein mit 16 Jahren das Thorastudium auf, um Schachweltmeister zu werden. Vor dem Ersten Weltkrieg gehörte Rubinstein zum engsten Kreis der Weltelite. Er war gefürchtet für seine glasklaren Partien von höchster Logik und Präzision, den Gegner schien sein Spiel kaum wahrzunehmen. Weltmeister Lasker vermied einen Wettkampf mit ihm. 1931 verschwand Rubinstein spurlos, man glaubte ihn tot. Physisch starb er erst am 15. März 1961 nach Jahrzehnten der Pflege und jahrelangen Aufenthalten in einem Sanatorium in Antwerpen.

2

Wenn die Arbeit getan ist und das Bedürfnis nach Sinn gestillt, dann spielt der Mensch. Nach dem Homo faber, der tätig ist in und an der Welt, nach dem Homo sapiens, der erkennen will, hat der Homo ludens seine Stunde. Er feiert Feste, verkleidet sich, schiebt Hölzer über Bretter, taucht über die Scheinwelten des Spiels in Traumwelten, freut sich oder richtet sich daran zugrunde. In der Zweckfreiheit des Spiels, in der die Welt für eine Zeitlang vergessen wird, gewinnt der Spieler Distanz zur ihr und zu sich selbst. Denkt man Spiel als Modell der Welt, liegt darin wohl seine Schönheit und sein Schrecken.

Keine Kindheit ist ohne Spiele, keine Gesellschaft war je ohne sie. Doch das Spektrum dessen, was wir mit Spiel verbinden, ist weit: Es reicht vom Spiel der Farben, welches das Kind interessiert verfolgt, bis zum religiösen Opferritual; vom Reigentanz, bei dem sich alle die Hände reichen, bis zum Potlatsch, der ökonomischen Vernichtung des Gegners; es reicht vom zärtlichen Spiel der Verliebten bis zu den Spielen des Valmont und der Merteuil in den *Liaisons dangereuses* von Choderlos de Laclos, wo die Akteure zu Spielfiguren in einer Inszenierung zweier grausamer Spieler werden. Spiel ist die Utopie des geordneten, regelgerechten Handelns in einer Welt des Als-Ob, in der weder Not noch Mangel noch Zwang herrscht. Spiel ist aber auch ein Raum jenseits von Moral und Sitte, dessen einziger Sinn darin liegt, es gut zu spielen.

Unter allen Spielen nimmt das Schachspiel eine besondere Stellung ein. Seit mehr als einem Jahrtausend wird es gespielt, seine Sprache wird weltweit verstanden. Schach ist das Spiel von Scheherezâd, wenn sie nicht gerade erzählt, von Schopenhauer und Beckett, Wittgenstein und Saussure, das Spiel Diderots und Voltaires, des englischen Mathematikers Alan Turing und des Schriftstellers Vladimir Nabokov. Es ist kulturell hoch bewertet und doch profan. So kann es zugleich das Spiel der persischen und arabischen Weisen, das Spiel der Könige des christlichen Mittelalters, der Philosophen der Aufklärung und das der Gaukler und Halsabschneider aller Jahrhunderte sein. Man begegnet ihnen am Markt von Muskat im Oman ebenso wie in den Straßen Pekings, in St. Petersburg oder am Washington Square in Manhattan, wo sie bei Blitzpartien die Taschen unvorsichtiger Flaneure leeren, um sie danach für ihr passables Spiel zu loben.

Und es ist das Spiel meines russischen Freundes, eines gealterten Großmeisters, der sich heute als Korrespondent von Schachzeitschriften mehr schlecht als recht durchs Leben schlägt. Zu seiner Zeit war er einer der stärksten Spieler der Welt und ein gesuchter Trainer. Ich begegnete ihm zuletzt während eines Turniers in London 1992. Bevor er Berufsspieler wurde, war er Ingenieur und Mitglied der sowjetischen Akademie der Wissenschaften. Vor einigen Jahren ist er von Moskau in den Westen übersiedelt, so etwas wie eine Heimat hat er nicht. Er ist Kosmopolit, nicht weil er sich überall zu Hause fühlt, im Gegenteil weil ihm alle Länder und Völker gleichermaßen fremd geblieben sind.

Sein Vaterland ist tragbar: ein 8 x 8 Felder großes Brett, 32 Figuren und ein Ensemble alter Regeln. Auf meine Frage, was ihn seit einem halben Jahrhundert am Schachspiel fasziniert (und die Menschheit seit mehr als tausend Jahren), antwortete er: „Dieses Spiel ist schwierig. Man spielt zwar in einer Welt, die vernünftig ist und in der es kein Schicksal gibt, das mit dem Spieler würfelt. Sie gleicht aber eher einem Labyrinth als einem geordneten Kosmos. Man versucht zu verstehen und zu ordnen und muß bei jedem Zug erkennen, daß die Beschreibung dieser Welt die eigenen Möglichkeiten übersteigt. Das Schachspiel ist zu schwer für uns Menschen – aber nur ein wenig zu schwer."

Ein Spieler wie er ist Skeptiker mit dem für den Skeptiker typischen Hang zur Dogmatik. Die Partien der Gegenwart sind naturgemäß kunstlos und voller Fehler. Und doch: Von Zeit zu Zeit findet er selbst eine hübsche Kombination, gewinnt eine Partie und freut sich daran. Froh ist er vor allem, daß dabei die Zeit vergeht und rasch vergangen ist. Wie jedes Spiel ist das Schachspiel Zeitvertreib, der Spieler einer, der *sich die Zeit vertreibt.* Nach jeder Partie werden die Figuren wieder aufgestellt, und eine neue Partie beginnt, bis die letzte Partie erreicht ist. An einen Fortschritt glaubt er nicht, schon gar nicht an eine Lösung des Spiels: Glaubte er, die Lösung – die ideale Partie – gefunden zu haben, so hätte er den Mechanismus, der die Zeit so vortrefflich zu vertreiben vermag und dessen Teil er während des Spiels selbst ist, zerstört. Doch ist der menschliche Spieler mehr als nur ein Teil der Mechanik des Spiels. Er kann etwas, was kein Automat je können wird: Er vermag das Spiel und seine Konventionen zu verändern – in der Geschichte, in einem Leben und an einem einzigen Tag.[1]

3

Das internationale Schachmeisterturnier in Karlsbad war mit 22 Teilnehmern das bedeutendste Turnier des Jahres 1929. Außer dem regierenden Weltmeister Alexander Aljechin und Emanuel Lasker, Weltmeister von 1894 bis 1921, war fast die gesamte Weltspitze in Karlsbad versammelt: Der Kubaner José Raul Capablanca, Fritz Sämisch aus Berlin, Frank Marshall aus den Vereinigten Staaten und der Avantgardist Aaron Nimzowitsch, der seine Zelte in Dänemark aufgeschlagen hatte; Esteban Canal aus Peru war gekommen, neben Ernst Grünfeld Rudolf Spielmann und Albert Becker aus Wien, der junge Holländer Max Euwe, der 1935 den Titel von Aljechin erobern wird, die Prager Meister Karl Gilg und Karl Treybal, Edgar Colle aus Brüssel und der Belgrader Elektronikprofessor Milan Vidmar. Angereist waren Geza Maróczy aus Ungarn, Savielly Tartakower, Emigrant wie Rubinstein mit Wohnsitz Paris, Sir George Thomas und Fred Yates aus England, der russische Emigrant Efim Bogoljubow, Weltmeisterin Vera Menschik, geboren in Moskau mit Wohnsitz in London, Paul Johner aus der Schweiz und Herman Mattison aus Lettland.

Karlsbad 1929 war eines der letzten großen Rundenturniere der Weltelite vor dem Zweiten Weltkrieg. Viele Mäzene dachten an Emigration, durch die Rezession verflachte das Schachleben in den 30er Jahren zusehends. Die Kämpfe fanden im Hotel Imperial statt und dauerten vom 31. Juli bis zum 26. August. Der Preisfonds war mit 120.000 Kronen interessant.

Ein Gruppenbild zeigt die Teilnehmer vor Turnierbeginn im Garten des Karls- **16***
bader Kurhauses. Der 46jährige Rubinstein sitzt zwischen zwischen den Meistern Nimzowitsch und Maróczy. Ein erschöpfter Mann mit arrogantem Blick. Trotz der großen Hitze behält er als einziger seinen Mantel an.

Auf Grünfeld trifft Rubinstein sechs Tage später in der fünften Runde des Turniers. Spielmann führt zu diesem Zeitpunkt mit vier Punkten, knapp vor Vidmar. Rubinstein liegt gemeinsam mit Euwe mit drei Punkten hinter den Führenden, einen halben Punkt hinter ihm schon Grünfeld. Nach einem Endspielsieg gegen Treybal in der ersten Runde remisierte Rubinstein gegen Nimzowitsch in der zweiten und brachte Exweltmeister Capablanca in der dritten an den Rand der Niederlage. Nach kompliziertem Kampf wurde die Partie im 35. Zug auf Vorschlag von Capablanca remis gegeben. „Ich konnte nicht so viel durcheinanderdenken", teilte Rubinstein nach der Partie den Journalisten mit.[2] Im übrigen sein letzter Satz in Karlsbad.

*Kursiv gesetzte Ziffern beziehen sich auf Schachpartien, halbfett gesetzte Ziffern auf Abbildungen.

1. d2–d4 ♘g8–f6

Gegen den Wiener Meister Ernst Grünfeld[3] hatte Rubinstein nie große Schwierigkeiten. Die meisten Partien gewann er, einige wurden Remis, doch Grünfeld war ein ernstzunehmender Gegner. In den Jahren zuvor hatte Grünfeld große Erfolge aufzuweisen. Er war ein Kenner der Theorie und in der Eröffnung kaum zu überspielen. Ein zäher Kampf stand bevor, obwohl Rubinstein die weißen Steine führte, was angesichts seiner vollendeten Technik – gleichgültig gegen wen – Vorteil versprach.

Am Vortag hatten Grünfeld und Rubinstein ihre Partien beide nach schwerem Kampf gewonnen. Grünfeld durchbrach die Damenindische Verteidigung von G. Thomas, Rubinstein führte ein scheinbar gleichstehendes Endspiel gegen Mattison mit nachtwandlerischer Sicherheit zum Erfolg. Rubinsteins Partie der vierten Runde wurde später in vielen Lehrbüchern als Beispiel vollendeter Endspieltechnik abgedruckt. Bis heute rätselt man, an welcher Stelle der lettische Meister einen Fehler begangen hat. Der atemlose Kommentar eines Zeitgenossen zu dieser Partie ist es wert, zitiert zu werden: „Rubinstein verstand es, gegen Mattison ein Turmendspiel in einer Art und Weise zu gewinnen, die ihn vor 300 Jahren bestimmt auf den Scheiterhaufen gebracht hätte. Er wäre eines Bündnisses mit dem Leibhaftigen bezichtigt worden und wer weiß, ob mit Unrecht. Denn es war einfach Zauberei! In einer trostlosen Remisstellung macht Mattison die denkbar plausibelsten Züge und muß plötzlich aufgeben. Einfach unerklärlich."[4]

Gegen Grünfeld eröffnet Rubinstein mit seinem gewohnten Zug 1. d2–d4, mit dem Rubinstein fast alle Partien begann. Meist spielte Rubinstein ein Damengambit, eine Eröffnung, bei der die positionelle und strategische Planung entgegen den taktischen Verwicklungen, die sich nach dem Doppelschritt des Königsbauern ergeben, in den Vordergrund rückt. Auch Grünfelds Antwort 1. ... ♘g8–f6 überrascht nicht. Grünfeld hatte sich jahrelang mit den indischen Systemen beschäftigt. Die nach ihm benannte Grünfeldindische Verteidigung spielte er in den späten 20er Jahren jedoch nicht mehr. Er hielt die eigene Variante für inkorrekt.
Der erste Zug wurde am Vormittag des 5. August 1929 um 9 Uhr gespielt, nach einem schweigsamen Frühstück und einem kurzen Spaziergang auf der Karlsbader Promenade.

4

Voltaire, sagt man, war selten einer guten Partie Schach abgeneigt und nannte das Schachspiel einmal „eine der größten Errungenschaften der Menschheit". Wie so oft in der Geschichte sind die Geburtsstunden der großen Errungenschaften schlecht protokolliert. Woher das Schachspiel kommt und wann die erste Partie gespielt wurde, weiß man nicht. Bis ins 19. Jahrhundert suchte man nach dem Erfinder des Spiels, bald erblickte man in Aristoteles, bald im babylonischen Philosophen Xerxes am Hofe Evilmerdochs seinen Schöpfer, bald im chinesischen Kaiser Wu Ti. Scholastiker und frühe Humanisten sahen in Odysseus seinen Vater, später hießen die Erfinder Palamedes, Pythagoras oder Philometer.[5] Ein frühes Patent hat man nicht gefunden.

Das 20. Jahrhundert ist skeptisch geworden, was die Existenz eines Erfinders betrifft und nimmt statt eines singulären Schöpfungsaktes eine langsame Evolution der Schachregeln aus unterschiedlichen Quellen und Protoformen an.[6] Die Spekulationen über den Ursprung bewegen sich auf unsicherem Terrain, und etwa im 7. Jahrhundert n. Chr. ist eine Zeitmauer errichtet, die nur schwer zu durchbrechen ist. Die Ortsangaben über den Ursprung des Schachspiels schwanken zwischen China, dem Reich der Sasaniden und Indien, wohin die frühen Schöpfungslegenden der arabischen Schriftsteller weisen.

Die berühmteste ist jene, die der arabische Dichter al-Sabhadi aus Bagdad über Sissa, den Sohn des Dahir, erzählt. Für al-Sabhadi gibt es nur drei Dinge, deren Indien sich zu Recht rühmen kann: Das Calila wa Dimna, ein Buch der Fabeln und Legenden, die neue indische Arithmetik und das Schachspiel.[7]

Das Schachspiel hat nach al-Sabhadi der weise Brahmane Sissa zur Läuterung des Königs Shahrâm, eines blindwütigen Tyrannen, erfunden. Dem Herrscher gefällt die Raffinesse des Spiels und seine unendlichen Kombinationsmöglichkeiten, sodaß er Sissa belohnen will.

„Für deine bemerkenswerte Erfindung", sprach der begeisterte König, „möchte ich dir als Belohnung alles geben, was du wünschest. Wisse, daß mein Großmut dir gegenüber keine Grenzen kennt."

„Deine Güte ist groß, oh Herr", antwortet Sissa, „ich wünsche mir, daß du mir so viele Weizenkörner gibst, wie nötig sind, um die 64 Felder meines Schachbrettes zu füllen, indem du ein Korn auf das erste Feld, zwei auf das zweite, vier auf das dritte, acht auf das vierte legst und stets so weiter fort, mit einer Verdopplung jedes Mal, wenn du von einem Feld auf das folgende übergehst."

Über die vermeintliche Bescheidenheit Sissas gerät Shahrâm erneut in Wut, läßt ihn in Ketten legen und bestraft ihn mit dem Tode. Den „Sack Weizen" solle der Tölpel vorher in Empfang nehmen. Doch kurz vor der Hinrichtung präsentieren die Rechner die Anzahl der Körner – sie haben die ganze Nacht gerechnet, die Summe beträgt 18.446.744.073.709.551.651. Die Menge, die Sissa gefordert hat, übersteigt alle Ernten der Welt, man könnte ganz Indien mit einer ein Meter hohen Schicht Weizen bedecken. Zur Aufbewahrung benötigte man einen Getreidespeicher von zwölf Billionen Kubikmetern, und wenngleich Shahrâm reich ist, so reich ist keiner.

Die kluge Bosheit Sissas amüsierte den Tyrannen. Er begnadigte den Brahmanen, machte ihn zu seinem Berater und führte die Regierung künftig weise und umsichtig. Als erstes entdeckte Shahrâm im übrigen, und das ist die Pointe der Legende vom Weizenkorn, wie er dem Staatsbankrott entgehen kann, ohne sein Versprechen Sissa gegenüber zu brechen: Der Brahmane erhält nur so viele Weizenkörner, wie er zählen kann.

Ein gesicherter Hinweis auf die Existenz des Schachspiels und die Bezeichnungen der Schachfiguren findet sich im persischen Kurzepos *Chatrang-namak*, dem Buch vom Schatrang. Es ist in Pahlawi verfaßt und diente dem arabischen Historiker und Dichter Ferdousi (Abo'l-Qasem Mansur ebn-e Hasan, um 940–1020) als Quelle zum Buch der

25 Könige, dem berühmten *Šâh-nâme*. Das Buch vom Schatrang wurde in einem Manuskript aus dem frühen 14. Jahrhundert gefunden, seine Entstehung kann um das Jahr 750 n.Chr. datiert werden. Ein König aus Indien hat dem persischen Herrscher ein Schachspiel *(Schatrang)* aus 16 roten und grünen Teilen übersandt, um seine Intelligenz auf die Probe zu stellen. Das Spiel ist unbekannt und die Perser sollen seine Regeln erraten. Nach einigen Tagen gelingt es den persischen Weisen, das Rätsel der Inder zu lösen: „Der König (*Schah*) stellt die beiden höchsten Oberhäupter dar; zu seiner Seite der befehlshabende General (*Farsin*); der Elefant (*Pil*) fungiert als Befehlshaber der Wache; das Pferd (*Asp*) hat den Platz des Kommandanten der Kavallerie inne; der Kriegswagen (*Rukh*) zur linken und zur rechten Hand dient zur Bezeichnung der ausgewählten Einheiten, und die Fußsoldaten (*Piyada*) stellen die Truppen auf dem Schlachtfeld dar."[8]

Das Ensemble des persischen Schatrang entspricht in manchem der indischen Heeresordnung – dem Chaturanga. Sie ist im Sanskrit-Epos *Mahâbhârata* beschrieben, dem Bericht vom großen Kampf der Nachkommen des Bharata, das etwa von 400 v. bis 400 n. Chr kompiliert worden ist. Das indische Heer bestand aus vier Teilen: den Elefanten (*hastin*), den Streitwagen (*ratha*), den Reitern (*áswa*) und Fußsoldaten (*padâti*). Dazu kommt als Anführer der König (*raja*), was die Vermutung nahelegt, daß es sich beim Schachspiel ursprünglich um ein Modell der indischen Armee handeln könnte, die auf dem Ashtapada, dem Spielbrett, mit Figuren nachgebildet wurde.

Vom Spiel selbst und der Spielbesessenheit der Inder berichtet der arabische Historiker al-Masudi um das Jahr 1000 in einer Reisebeschreibung. Gespielt wurde nach al-Masudi um Geld und mit großer Leidenschaft: Die Inder treiben die Wetten bis zum äußersten. Hat ein Spieler alles verloren, kann es vorkommen, daß er seine Glieder aufs Spiel setzt. In diesem Fall werde in einem kleinen Gefäß eine Salbe gekocht, welche die Wunden heilen und das Blut stillen soll. „Wenn nun ein Mann in einer Wette einen Finger verliert, schneidet er ihn mit einem Dolch ab, taucht die Hand in die Salbe und brennt so die Wunde aus. Dann spielt er weiter." Diese Sitte sei, so al-Masudi, „eine allgemein bekannte Tatsache". Er schließt seinen Bericht mit einer Beschreibung der Schachfiguren, die er bei den Indern gesehen haben will. Sie sind, staunt der Araber, „wie Menschen und Tiere gebildet, eine Spanne hoch und breit oder mehr".[9]

Gefunden hat man derartige Schachfiguren nicht, und schon gegen Ende des 18. Jahrhunderts wunderte sich der große Orientalist Sir William Jones in einem Artikel in den Asiatic Researches, daß sich in den klassischen Schriften der Brahmanen kein einziger Hinweis auf das Schachspiel findet.[10] Mit einiger Phantasie könnte man aber den
26 prächtigen Elefantenreiter, der im Cabinet des Médailles in der Bibliothèque Nationale in Paris zu bewundern ist, als Königsfigur in einem Schachspiel identifizieren. Der Legende nach soll der indische Schachkönig ein Geschenk Harun al-Raschids, des fünften Kalifen der Abbasiden-Dynastie, an Karl den Großen gewesen sein. Er wurde zunächst in das 9. Jahrhundert datiert. Der im Maßstab überlebensgroße König sitzt gelassen auf seinem Thronsitz, während der Elefant den Angriff eines feindlichen Reiters abwehrt. Eskortiert wird der Elefant auf beiden Seiten von berittenen Kriegern, der Thronsitz des Königs wird von acht marschierenden Kriegern umsäumt.

Der Elefantenreiter entspricht ganz der Beschreibung al-Masudis und umfaßt auch alle im Mahâbhârata erwähnten Teile der indischen Armee, doch die kufische Inschrift am Sockel erweist den Ursprung der Figur nicht als indisch, sondern als arabisch, das Gewand der Krieger und das Perlenmotiv am Sockel deuten auf eine Entstehung erst nach dem Text al-Masudis hin. Ob der Elefantenreiter überhaupt eine Schachfigur ist, bleibt ungewiß: Trotz hartnäckiger Suche nach anderen Teilen des Ensembles ist er bislang alleine geblieben. Gespielt wurde wohl niemals mit ihm: Bei einer Höhe von fast 16 cm und einem Gewicht von über einem Kilogramm bedürfte es eines Schachbrettes mit enormen Maßen und äußerst kräftiger Spieler.[11]

2. ♘g1–f3 e7–e6

So bleibt alles über den Ursprung des Schachspiels bloße Vermutung und reizvolle Spekulation. Ein Relief an einem hübschen Stupa in Bharhut (Nordindien) gewährt vielleicht einen vagen Blick durch die Zeitmauer. Das Relief aus dem ersten oder zweiten Jahrhundert v. Chr. zeigt vier Personen, die sich um ein Spielbrett versammelt haben. Zwei Zuseher stören offenbar die Partie der beiden Spieler mit Bemerkungen und Gelächter, wie es die „Kiebitze" zu aller Zeit getan haben. Welches Spiel immer sie gespielt haben mögen, es ging um Geld. Vor den Spielern liegen Geldplättchen, einige aus Zinn geschnittene und gepunzte Karsapanas. Das Brett durchschneidet ein Riß, durch den der Betrachter in eine noch rätselhaftere Vergangenheit des Schachspiels stürzen könnte: voll zoroastrischer Symbole und magischer Quadrate – in eine Zeit, da Rationalität und Magie noch verschmolzen waren.[12] 24

Mit seinem zweiten Zug am 5. August 1929, 2. ♘g1–f3, läßt Rubinstein noch alle Optionen der Entwicklung offen. Er verhindert vor allem scharfe Gambitvarianten, mit denen Rubinstein einige Jahre zuvor schlechte Erfahrungen gemacht hatte. Gegen Vidmar war er im Budapester Gambit (1. d2–d4 ♘g8–f6 2. c2–c4 e7–e5) unterlegen. Grünfelds Antwort 2 ... e7–e6 ist ebenfalls flexibel. Sie ermöglicht den Übergang in ein Damengambit oder in eine indische Verteidigung.

5

Das Dorf Stawiski, der Geburtsort Rubinsteins, liegt etwa 70 Kilometer von Warschau entfernt fast an der ostpreußischen Grenze. Rubinsteins Vorfahren waren Rabbiner und Schriftgelehrte, er selbst wird 1882 als zwölftes Kind seiner Familie geboren. Der Vater stirbt wenige Wochen vor seiner Geburt. In der Nähe von Stawiski stand eine alte hölzerne Synagoge, von deren Existenz heute nur noch ein Foto erzählt und die Rubinstein als Kind besucht haben mag. Die Synagoge war kein architektonisch bemerkenswertes Gebäude. Eine besondere Lebenskraft und Schönheit, wie sie Alfred Döblin[13] auf seiner Reise durch Polen im Ostjudentum entdeckt zu haben glaubte, geht nach heutigen Begriffen kaum von ihr aus: ein nüchterner Zweckbau aus Holz, dienlich der Verehrung des unsichtbaren Gottes. Schönheit lag nicht in der architektonischen Gestalt oder im Dekor, sondern war in der Gemeinschaft des Stetls, in die Rubinstein hineingeboren wurde, eine Qualität in der Beziehung des Menschen zu Gott. Eine Trennung der Sphären des Moralischen und des Schönen existierte nicht. Alles Schöne war geistig, diente der religiösen Idee und war schön nur in ihrem Dienste.

Das Alter der Synagoge – sie wurde während der Pogrome 1905 niedergebrannt – läßt sich nicht mehr feststellen, doch spielen Zeitlauf und Zeitpunkt in der orthodoxen Gemeinschaft des Ostjudentums bekanntlich eine andere Rolle als heute oder besser: keine in unserem heutigen Sinn. Für die Bewohner des Stetls stand die Zeit still, die tägliche Zeitung war die Bibel, und die berichtet vor allem von einem: von der Gewißheit der Ankunft des Erlösers. Die Zeit zerfällt damit in eine biblische Vergangenheit und in eine Gegenwart, die als Exil wahrgenommen und nur als Korridor zwischen Vergangenheit und der Ankunft anerkannt wird.[14]

Im Mittelpunkt des Wartens steht die Schrift, das Erlernen ihrer Sprache und ihre intellektuelle Deutung. Im Laufe der Jahrhunderte hat sich im Judentum eine hohe Kunst der Hermeneutik entwickelt, der Diskussion und Argumentation, der Deduktion und ihrer Methoden, kurz: eine Kunst des Nachdenkens. Im Cheder, dem Schulzimmer, und später in der Jeshiwa, der Thora- und Talmudschule, ist ihr Rubinstein begegnet.

Die Synagoge nahe Stawiski mag verbrannt sein und die Welt der Kindheit Rubinsteins versunken, in der jüdischen Buchhandlung in München findet sich jedoch noch hundert Jahre später ein Buch mit den Erinnerungen von Abraham Heschel; alles ist ein wenig verklärt und in elegischem Tonfall verfaßt, aber dadurch geeignet, die seltsame intellektuelle Atmosphäre des Exils zu beschreiben, die sich dem Kind noch vor dem Schachspiel als Heimat mitgeteilt haben muß. Also Heschel: „Eine strahlende Leidenschaft durchdrang alles. (...) In komplizierte Gesetzesdiskussionen verstrickt, fühlten sie zugleich die Trauer der göttlichen Gegenwart im Exil. Indem sie eine Schwierigkeit diskutierten, die in einem Kommentar über einen Kommentar zum Talmud aus dem 17. Jahrhundert aufgetaucht war, konnten sie im selben Atemzug aus Mitleid mit Israel und allen unterdrückten Völkern weinen. Das Studium war der Weg, Gefühle in Gedanken zu sublimieren, Träume in Syllogismen, Trauer in schwierigen theoretischen Formulierungen auszudrücken. (...) Eine Antwort auf die bohrenden Zweifel zu finden, war die größte Freude. In der Tat war eine ganze Welt von gedämpfter Trauer und nüchternem Witz in den spielerischen Spitzfindigkeiten ihrer Dialektik verborgen. (...) Getragen von der sanften, schmelzenden Melodie des Talmudlesens ging der Geist weit in den Bereich des Geistes hinein, weg von dieser Welt und ihren Sorgen, weg von den Grenzen des Hier und Jetzt in einen Bereich, wo die göttliche Gegenwart hörte, was die Juden im Studium Seines Wortes schufen."[15]

Es läßt sich keine bessere Propädeutik für einen Schachspieler denken als diese Erziehung – über Jahre hinweg wird alles an Natur und sinnlicher Erfahrung abgetötet zugunsten der zerebralen Durchdeutung der Schrift. Die Ratio verdrängt die Mimesis. Es überrascht nicht, daß die Talmudexegese häufig mit einem Schachspiel verglichen wurde und daß die bedeutende Rolle, die Juden zu aller Zeit in der Geschichte des Schachspiels gespielt haben, häufig auf die Schulung des spekulativen Geistes am Text des Gesetzes zurückgeführt wurde. Die Seiten des Talmuds – des spielerischen Ineinanders von Mischna und Gemara, der Kommentare, die sich gegenseitig aufzuheben scheinen – gleichen den Positionen der Figuren auf einem Schachbrett. Die Texte folgen nicht linear aufeinander, sondern halten einander in Schach, sodaß der Lesende zum Schachspieler wird, der in „heilig ernstem Spiel" die unzähligen Varianten des Textes prüft und sie danach in Streitgesprächen mit anderen erprobt; die Exegese selbst erscheint als kombinatorisches Spiel mit Figuren aus Schriftzeichen.[16]

Eine frühe Erwähnung eines schachähnlichen Denkspiels findet sich im babylonischen Talmud. Es ist eine Warnung: Die Verwendung der „iskundree" und „nardshir", der Spielsteine, sei Zeitvergeudung. Ihr häufiger Gebrauch verleite zu Müßiggang und Unzucht.[17]

3. e2–e3 b7–b6

Die Verbote haben in der Geschichte offenbar wenig bewirkt. Mehr als 2500 Jahre später spielt Akiba Rubinstein im dritten Zug 3. e2–e3. Er verzögert den programmatischen Vorstoß c2–c4 weiter; Grünfeld entschließt sich mit 3. ... b7–b6, den Damenläufer zu fianchettieren, um mit Zugumstellung vielleicht eine der bekannten Varianten in der Damenindischen Verteidigung zu erreichen. Aber noch hat Weiß den c-Bauern nicht gezogen. Der weiße Bauer wird an diesem Tag das Feld c4 nicht erreichen.

6

Ein fast vollständiges Ensemble eines Schachspiels – ein Spielsatz aus sieben Elfenbein- 77
figuren – wurde bei einer Ausgrabung im Jahr 1977 in Afrasiab im heutigen Samarkand zu Tage befördert. Es handelt sich um die bislang ältesten Schachfiguren. Durch die Begleitfunde, einer Handvoll Münzen, ließ sich der Siedlungshorizont der Ausgrabung recht genau mit dem Beginn der zweiten Hälfte des 8. Jahrhunderts n. Chr. datieren. Die sieben Figuren aus Afrasiab sind klein und waren wohl im Gegensatz zum repräsentativen Elefantenkönig spielbar.[18]

Die beiden „Bauern" sind knieende Fußsoldaten mit Schild und Kurzschwert. Der „Läufer" erscheint als gepanzerter Kampfelefant und trägt einen Reiter auf seinem Kopf. Die beiden „Springer" – einer kann auch als unsere heutige „Dame" gedeutet werden – zeigen schwerbewaffnete Pferdereiter. Sie divergieren in Größe und Massivität stark und gehören offenbar den verschiedenen Parteien des Spiels an. Der „König" ist seiner Bedeutung gemäß etwas größer als die anderen Figuren: Er lenkt ein Dreigespann mit seiner linken Hand und trägt im Gegensatz zu allen anderen Figuren keine Rüstung. Der Stab in seiner Rechten kann als Herrscherstab gedeutet werden. Der „Turm" stellt eine Gruppenplastik dar: Auf einer Troika, welche wie die des Königs nur zwei Rümpfe aufweist, befinden sich zwei Reiter. Der vordere sitzt auf dem Widerrist, der hintere, ein etwas größerer Reiter, in einer Befestigung, sodaß sich die Figur als „Kampfwagen" identifizieren läßt.

Das Leitmotiv des Figurensatzes aus Afrasiab ist der Krieg, die figürliche Darstellung übersetzt die Nomenklatur aus dem Chatrang-namak: Neben dem König befindet sich ein Berater, der Farsin, der später im Arabischen zum Wesir wurde. Der heutige Läufer wird als Elefant dargestellt, neben den beiden Springern stehen die Kriegswagen (Türme), davor acht Fußsoldaten (Bauern).

In dieser Konstellation gelangten die Begriffe und Regeln des *Schatrang* durch die Ausbreitung des Islam in alle Welt. Bereits im 10. Jahrhundert finden wir Zeugnisse

4. ♘b1–d2 ♗c8–b7

des Spiels in Indonesien, in China und Japan, an der Alten Rus, in den arabischen und kontinentaleuropäischen Ländern, in Gotland und England. Sogar auf der kleinen Insel Grímsey vor Island hinterließ es früh seine Spuren. Schachbegeisterte Wikinger hatten das Spiel und seine Terminologie auf ihren weiten Wegen von Byzanz aus über die Rus bis an dieses Ende der Welt am nördlichen Polarkreis gebracht.[19]

Es verwundert die Geschwindigkeit, mit der sich dieses bedächtige Spiel, das Konzentration und Geduld erforderte, in nur zwei Jahrhunderten vom Orient aus über die gesamte damals bekannte Welt ausbreitete. Der Schlüssel zu dieser Frage liegt wohl in der anderen Errungenschaft der Inder, von der schon al-Sabhadi in der Weizenkornlegende mit Ehrfurcht spricht und die ebenfalls mit explosionsartiger Geschwindigkeit die Welt eroberte: das neue indische Ziffernsystem.

Etwa im 7. Jahrhundert, also zeitgleich mit den ersten halbwegs glaubhaften Quellen vom Schachspiel, wurde in Indien ein Zahlensystem perfektioniert, das Symbole mit variablem Wert verwendet. Der Wert der Ziffer war dynamisch und hing von seiner Stellung innerhalb des Zahlensystems ab. Das indische Positionssystem der Zahlen war damit den bis dahin verwendeten Ziffernalphabeten deutlich überlegen. Die griechischen, byzantinischen und römischen Ziffern waren im Grunde keine Recheneinheiten, sondern bloß Abkürzungen für die Ergebnisse von Rechnungen, die vorher mit Gegenständen auf einem Abacus, mit Fingern oder im Kopf gelöst werden mußten. Mit den alten Ziffernalphabeten konnte man kaum mit größeren Zahlen rechnen. Da das indische Zahlensystem freie Symbole mit variablem Wert verwendete, war die Rechnung mit beliebig großen Zahlen möglich. Grundlegend für seinen Erfolg, war eine der wohl größten Abstraktionsleistungen der Menschheit: die Entdeckung der Null als Zahl, also das Rechnen mit dem Nichts auf der Zahlenskala, dem aber nun ein abstrakter Positionswert wie den anderen Zahlen zugeordnet wurde.

Über den arabischen Raum breitete sich das indische Positionssystem mit der kostbaren Zahl Zero entlang der Handelswege in den fernen Osten, nach Norden und westlich nach Europa aus. Verfolgt man den Weg der neuen Rechenmethode, so erkennt man das Schachspiel als treuen Begleiter der indischen Arithmetik und das Schachbrett als mnemotechnische Hilfe, um das fremde Rechenbrett und die neue Methode zu verstehen.[20]

Mit dem verhaltenen 4. ♘b1–d2 geht Rubinstein jeder vorbereiteten Variante seines Gegners aus dem Weg. Grünfelds Antwort 4. ... ♗c8–b7 ist der einzig plausible Zug: Von b7 aus observiert der Läufer die wichtigen Zentralfelder e4 und d5, deren Beherrschung ein angenehmes Leben – zumindest am frühen Vormittag dieses 5. August – verspricht.

7

1881, ein Jahr vor Rubinsteins Geburt, wurde der russische Zar Alexander II. von Nihilisten ermordet. Mit seinem Tod endete für die Juden Rußlands eine Zeit einiger kleiner und schüchterner Schritte zur Liberalisierung und zur Emanzipation. Die Reformen Alexanders hatten das Leben der ostjüdischen Bevölkerung zwar nicht bequem, aber für Jahrzehnte etwas leichter gemacht. Neben der Aufhebung der Leibeigenschaft verkürzte Alexander die Militärzeit, gestattete jüdischen Händlern das Betreten bislang verbotener Teile Rußlands und öffnete jüdischen Studenten – zumindest symbolisch – die Universitäten. Die unmittelbare Folge seiner Ermordung waren Pogrome von Odessa bis Lodz – häufig angezettelt von Agenten der Regierung – und ein Exodus, der die jüdischen Gemeinden am Land entvölkerte und die Städte überflutete. Gewaltige Migrationsbewegungen wurden ausgelöst: 1882 mußten eine halbe Million Juden ihre Dörfer verlassen und in die Städte und Stetls ziehen. Fast eine Million Juden, die an der Westgrenze Rußlands und östlich vom Rayon lebten, wurden ins Siedlungsgebiet gezwungen. Über Brody flohen zwei Millionen Juden aus dem Elend des Ostens in die Großstädte der Donaumonarchie und weiter in den Westen. Zum Teil wurden die antijüdischen Gesetze aus der Regierungszeit von Nikolaus I. wieder in Kraft gesetzt, die Hoffnung auf ein schrittweises Erreichen der Gleichberechtigung und auf ein Leben in Frieden und Stabilität schwand endgültig.

Das Stetl Rubinsteins war also kaum von jener nostalgischen Romantik, die heute die Sehnsucht nach Ursprung und Geschichte stillt und dabei den internationalen Devotionalienmarkt ankurbelt. Die Heimat – der Ort der Kindheit – war ein Ort des Hungers und der Armut. Wenngleich das Stetl keine Klassen kannte, durch die Bedrohung von außen eine stabile und durch die unzähligen mizwot (Gebote) eine hochformalisierte Gesellschaft war, so war sie kaum durchlässig. Der Status und die wirtschaftliche Stellung der Familie, der jiches, bestimmten ein Leben lang die Position des einzelnen in der Hierarchie.[21]

Auf einer der untersten Stufen dieses Gefüges befand sich die Familie Rubinsteins. Der Tod des Vaters ließ die Mutter mit zwölf unversorgten Kindern zurück, von denen zehn früh an Tuberkulose starben. Das jüngste, Akiba, übernahmen die Großeltern, und wie seine Väter sollte Rubinstein Schriftgelehrter werden. Das klingt besser als es war – Schriftgelehrte waren in der Regel bettelarm –, aber Lernen war die einzige Möglichkeit, einige Stufen in der Hierarchie nach oben zu überspringen, um den schlimmsten Formen des Elends zu entgehen. Baal Machschabot[22] beschreibt die besondere Form der jüdischen Armut im Stetl: „Sie ist nicht die Armut der großen europäischen Städte, auch nicht die Armut der russischen Bauern (...), die jüdische Armut weiß nicht, wie eine Fabrik aussieht, denn sie exisitiert im Stetl, ihr Ursprung liegt in der Armut des Vaters und Großvaters, die seit urdenklichen Zeiten schon hoffnungslos arm waren. Der russische Bauer, wie arm auch immer, besitzt ein kleines Stück Land, seine Situation ist nicht hoffnungslos – man fühlt, daß sie früher oder später besser werden wird. Aber die jüdische Armut ist und bleibt arm, der Jude hat keine Möglichkeit, sein Los zu verbessern. (...) Die jüdische Gemeinde lebt getrennt von der umliegenden Welt wie eine Insel im Ozean; was in der Welt vor sich geht ist wie eine Brandung, die niemals höher geht als bis zu den Knöcheln. Die Mitglieder dieser Gemeinde sind aneinander gebunden, unlöslich miteinander verknüpft, und wenn jemand ausbrechen will, dann bleibt ihm nichts anderes übrig, als sich in die Wellen zu stürzen, die ihn für immer aus der jüdischen Welt davontragen."

5. ♗f1–d3 c7–c5

Mit dem Zug des Königsläufers 5. ♗f1–d3 beginnt Rubinstein ebenfalls, um das Zentrum zu kämpfen. Es könnte der direkte Vorstoß des Bauern von e3 nach e4 folgen. Grünfeld spielt aktiv und greift mit 5. ... c7–c5 das weiße Zentrum direkt an.

8

Auf seiner Reise um die Welt durchlief das Spiel die unterschiedlichsten räumlichen und zeitlichen Passagen, die es veränderten und den jeweils herrschenden kulturellen und sozialen Verhältnissen anpaßten. So entstanden unzählige Varianten von Schachfiguren, welche die Welt im Modell des Schachspiels abbildeten und deuteten. Von den frühen figurativen Spielsätzen der Sasaniden bis zu den Phantasmen der Surrealisten wurden Schachfiguren aus allen denkbaren Materialien erzeugt. Entstanden sind stolze, erhabene Formen aus Bergkristall und Elfenbein, die von imperialer Größe und Herrschaft erzählen, aber auch Spielsätze aus geknetetem Brot, Karton, Draht und rasch aneinandergefügten Holzresten. Sie erzählen von der anderen Geschichte in der Geschichte: der der Armut, der Hinterhöfe und des Lebens auf der Flucht.

Selten hatten die persischen und arabischen Händler, die Wikingersöldner und buddhistischen Wandermönche wohl Schachspiele aus kostbarem figürlichem Spielmaterial wie die aus Afrasiab mit sich geführt. Es waren einfach geschnitzte, abstrakte Figuren, mit denen im Alltag gespielt werden konnte und die als Modell des Krieges nicht mehr eindeutig zu bestimmen waren. Die einzige Funktion des Designs der Alltagsfiguren lag darin, die Figuren gut voneinander zu unterscheiden. Wie die Buchstaben der Schrift tragen sie selbst keine Bedeutung, sondern dienen der Unterscheidung. Ihr Bezug zur Welt ist arbiträr.

76–80 Die abstrakten Figurensätze aus dem 9. bis 11. Jahrhundert, wie sie in Nishapur im nordöstlichen Iran ebenso wie in Nowgorod, in der italienischen Stadt Venafro und in Nordspanien entdeckt wurden, verraten nichts mehr vom kriegerischen Leitmotiv der Afrasiab-Figuren. Die Grundform der Königsfigur ist ein kurzer Zylinder, dessen vorderes Drittel oben abgeschnitten und kappenförmig nach unten abgerundet wurde. Die Dame (Wesir) ist von gleicher Form, jedoch in Höhe und Breite kleiner. Der Läufer (Elefant) ist kegelförmig. An der oberen Rundung springen zwei kleine Wölbungen hervor. Der Springer ist ein sich verjüngender Kegel, aus dessen Wölbung eine dreieckige Platte mit der Spitze nach unten hervortritt. Der Bauer (Soldat) ist ein einfacher, kleiner Kegel. Die Grundform des Turmes (Wagen) bildet ein Quader, dessen Oberseite zinnenförmig nach innen eingekerbt ist.[23]

Diese abstrakten Figuren arabischen Typs konnten alles bedeuten, der Deutung und Benennung war keine Grenze gesetzt, da viele der persisch-arabischen Bezeichnungen unverständlich blieben. Die Namen der Schachfiguren durchliefen seither einen labyrinthischen Transformationsprozeß von kultur- und sprachspezifischen Um- und Neudeutungen. An seinem vorläufigen Ende in der Gegenwart kann der alte Wesir als Königin, der Elefant als Läufer, als Narr (franz. fou) oder Bischof (engl. bishop) und der Turm manchmal sogar als Boot (russ. ladja) erscheinen. Nur die kleinen Leute, die

Bauern, blieben im Schachspiel, was sie auch in der Geschichte immer waren: anonym, abstrakt und ohne Gesicht. Es bedurfte schon der Französischen Revolution, daß sie einer – François-André Danican Philidor – als „Seele des Spiels" erkannte.

Mit der Rochade, 6. 0–0, bringt Rubinstein seinen König in Sicherheit, bevor er im Zentrum aktiv wird. Auch Grünfeld bereitet die Rochade vor. Sein Zug ist 6. ... ♗f8–e7. Alle Züge wurden rasch durchgeführt. Es sind kaum drei Minuten seit Spielbeginn um 9 Uhr vergangen.

6. 0–0 ♗f8–e7

9

Mit 16 Jahren verließ Rubinstein das Elend der Kindheit in Stawiski und gab das Studium der Thora und des Talmuds auf, um Schach zu spielen. Er gehörte nun zu den „luftmenschn", wie man die Juden ohne Kapital und Ausbildung nannte, die vom Stetl in die Slums von Warschau, Lodz oder Minsk zogen. Sie bildeten in den städtischen Ballungszentren ein jüdisches Subproletariat, eine Klasse der Parias unter den Parias. *Elias Canetti* hat in *Die Blendung* den schachspielenden „luftmensch" in der Figur des Fischerle porträtiert – eine schäbige kleine Existenz am Rande der Legalität.[24] Man wird die Trauer der Mutter Rubinsteins über das Schicksal des Sohnes und den Fluch der Großeltern über den Renegaten verstehen. Im Gegensatz zum gescheiterten Fischerle bei Canetti war Rubinsteins Talent jedoch gewaltig.

Viele Emigranten aus dem Osten versuchten ihr Glück mit dem Schachspiel. Schach war jenes Spiel, das traditionell und regelmäßig im Stetl betrieben wurde. Es war keines der verbotenen Glücksspiele, war in den Familien und Schulen geduldet und sogar – solange es nicht um Geld ging – am Sabbat erlaubt. Nur wenige konnten davon leben, aber es waren gerade die Schachmeister aus dem Osten, welche die westeuropäischen Schachcafès bevölkerten. Die „goldenen Schachzeiten" in Berlin, Wien und Paris, der große Aufschwung der modernen Schachtheorie in der zweiten Hälfte des 19. Jahrhunderts war größtenteils ein Produkt der Flucht der jüdischen „luftmenschn" aus dem Elend.[25]

Einige von ihnen entdecken wir unter den Teilnehmern am Karlsbader Turnier 1929: Weltmeisterin Vera Menschik[26] war aus Moskau gebürtig und lebte mit ihrer Schwester Olga in London, Aaron Nimzowitsch[27] lebte in Kopenhagen, Savielly Tartakower[28] wohnte in Paris, nachdem seine Familie 1899 in Rostow bei einem Pogrom ermordet wurde.

Die Welt, in die Rubinstein noch vor der Jahrhundertwende eintrat, ist von hoher Komplexität. Im ersten Zug von Weiß bestehen 20 Möglichkeiten, 16 Bauernzüge und 4 Springerzüge. Nach der ersten Antwort von Schwarz sind 400 Positionen denkbar. Nach dem 2. Zug sind bereits 71852 Positionen möglich, nach dem 3. Zug etwa 9,1 Millionen. Spinnt man den Faden bis zur potentiell höchstmöglichen Zuganzahl weiter, ergibt sich als oberste Grenze die phantastische Zahl von $10^{10^{70,5}}$. Selbst wenn man die Länge einer Schachpartie willkürlich mit 40 Zügen beschränkt und annimmt, daß pro Zug nur etwa 30 Möglichkeiten überprüft werden müssen, so ergeben sich immer noch

7. e3–e4 c5xd4

25 x 10^{116} verschiedene Stellungen. Auch diese Zahl ist phantastisch. Nehmen wir an, ein sehr schneller Computer könnte eine Milliarde Stellungen pro Sekunde berechnen. Nehmen wir weiter an, das Problem ließe sich auf eine Weise skalieren, daß eine Million dieser Geräte parallel arbeiten könnten, so würden sie für die Berechnung aller Varianten des Spiels bis zum 40. Zug etwa 10^{93} Jahren benötigen; sie würden also etwa das 10^{80}-fache der Dauer des Bestehens des Universums brauchen. Die Züge auf Zetteln von der Größe eines Wasserstoffatomes ausgedruckt, füllten dann das gesamte Universum.[29]

Dieses Universum ist zwar enorm groß (und erschreckend belanglos), aber es bleibt endlich, deterministisch, durch Vernunft beherrschbar. Die Ordnung und Verknüpfung dieser Welt ist ident mit der Ordnung und Verknüpfung der Ideen seiner Spieler. Sie ist – potentiell – rechenbar, ein panlogisches, geschlossenes System, in dem Gesetzmäßigkeit, Regelhaftigkeit und Berechenbarkeit statt Willkür, Chaos oder Zufall herrschen. In ihr existiert kein freier Wille, sondern die reine Kausalität; eine kalte, klare, geometrisch strenge Welt, in welcher zwischen sinnlicher Erfahrung und Vernunfterkenntnis kein Unterschied besteht. Die richtige Anwendung der Spielregeln ergibt für den, der unter der Leitung der Vernunft handelt, immer die gute, das heißt die richtige Lösung. Das Böse ist – ein letztes Mal Spinoza – im Schachspiel einfach eine falsche Entscheidung des einzelnen. Insofern ist das Schachspiel ein rationales Spiel und zugleich ein demokratisches: Alle Tradition kann mit den Mitteln der Vernunft vom einzelnen überdacht werden. Das Spiel mag schwierig sein, es ist aber niemals schwer. Es ist wie die Mathematik für jeden erlernbar und beherrschbar, unabhängig von Tradition, Geschlecht und Sprache. An den Regeln darf während des Spiels freilich keiner zweifeln, an die Axiome müssen beide Spieler glauben, und es bleibt unklar, ob sie selber spielen oder von den Regeln gespielt werden und ob diese Frage überhaupt sinnvoll gestellt werden darf.

Im 6. Zug hatte Grünfeld den Vorstoß seines d-Bauern verabsäumt, um seine Entwicklung zu beschleunigen. Damit ist der Weg für 7. e3–e4 frei, und Grünfeld schlägt im Zentrum: 7. ... c5xd4. Der erste Bauer hat damit am Vormittag des 5. August 1929 das Brett verlassen.

10

Mit dem persischen Schachspiel kam die Welt des Islam erst nach Mohammeds Tod (632) in Berührung. Es dauerte bis zur Mitte des 7. Jahrhunderts, bis die arabisch muslimische Expansion unter Omar I., einem der Nachfolger des Propheten, das Sasanidenreich unterworfen hatte. In einer zweiten Phase der Expansion gelang den Omarijaden die Eroberung des byzantinischen Exarchats Karthagos und Maghrebs, von wo aus die neubekehrten maurischen Berber Teile des westgotischen Spaniens unterwarfen. Im Osten wurde Transoxanien, Belutschistan und das Untere Industal im Heiligen Krieg islamisiert. Durch die Expansion des Islam in den Osten gelangte das persische Schachspiel nun in die gesamte arabische Welt, und es ist möglich, eine sprachliche Brücke vom indischen *Chaturanga* zum persischen *Schatrang* bis zum arabischen *Schatrandsch* zu schlagen, welche sprachlich die Reiseroute des Schachspiels in den Westen widerspiegelt.[30]

Vergleicht man die Terminologie des indischen Mahâbhârata mit den persischen Bezeichnungen am Ende des Sasanidenreiches, so zeigt sich, daß Schah (König, sanskr. raja), Pil (Elefant, sanskr. hasti), Asp (Pferd, sanskr. ashwa) und Piyada (Fußsoldat, sanskr. padati) Übertragungen des indischen Ensembles sind. Eindeutig weist das Wort *Schatrang* für Schachspiel auf die indische Bezeichnung der vierteiligen Heeresordnung Chaturanga hin. Zwei Termini kamen im persischen Spiel jedoch hinzu: Der Farzin (der Berater, den das Chaturanga nicht kannte und der sich später im europäischen Parcour zur „Dame" wandelte) und die Bezeichnung des Rukh, unser heutiger „Turm", der an die Stelle des indischen Kampfwagens (sanskr. ratha) getreten ist. Rukh ist ein persischer Neologismus ohne klare Semantik. Mit ihm wurden sowohl der phantastische Riesenvogel Greif, aber auch so unterschiedliche Begriffe wie Held, Kamel, Seite und Wange in Zusammenhang gebracht. Es bedarf schon einiger wenig vertrauenserweckender Kunstgriffe der Etymologen, um den persischen „Rukh" von sanskr. „ratha" abzuleiten.[31]

Ohne Zweifel repräsentieren die persischen Bezeichnungen der Schachfiguren jedoch noch eindeutig ein Kriegsspiel. Die persische Nomenklatur wurde fast vollständig ins Arabische übernommen. Der persische Farzin wurde zum arabischen Firzan oder Firz (Wesir = unsere heutige Dame), Pil zu Fil (Elefant = heute Läufer), Asp zu Faras (Pferd = Springer), Rukh zu arab. Rukhkh (= heute Turm), Piyada zu Baidzak (Fußsoldat = heute Bauer), aus der persischen Bezeichnung des Spiels Schatrang wurde das arabische *Schatrandsch*.[32] Rätselhaft bleibt, weshalb die Königsfigur (*Schah*) nicht – wie in allen anderen Sprachen, die aus dem Schah den jeweiligen „König" machten – als „Kalif" übersetzt und in die islamische Welt integriert wurde, sondern in der ursprünglichen persischen Bezeichnung erhalten blieb – eine der kleinen und charmanten Inkonsequenzen des Sprachsystems.[33]

Im Abbasiden-Kalifat erfuhr das Schachspiel einen ersten glanzvollen Höhepunkt sowohl in der Theoriebildung als auch in der Ästhetik des Spiels. Die Machtbasis des Kalifats war unter den ersten Abbasiden von Damaskus nach Bagdad verlegt worden, das Kalifat öffnete sich in der Folge kulturell den nordpersisch-chorassanischen Einflüssen. Unter anderem wurde das sasanidische Hofzeremoniell übernommen, und das persische Spiel der Vernunft korrelierte offenbar mit der ikonoklastisch-intellektuellen Kunst und Lebensform des Islam. Ein übriges bewirkten Technologie und Religion: Von ihren Feldzügen im Osten hatten die Araber eine einfache Form der Papierherstellung aus getrockneten Pflanzen importiert, sodaß die Produktion von Handschriften erleichtert wurde. Das kulturelle Wissen um das Schachspiel, die Varianten und Eröffnungen konnte erstmals in bescheidenem Maße aufgezeichnet und reproduziert werden. Durch die Koranschulen stieg auf der anderen Seite der Anteil der literaten Bevölkerung, viele Moscheen beherbergten öffentlich zugängliche Bibliotheken, und unter Harun al-Raschids Herrschaft bestand bereits in Bagdad das Gewerbe der Buch- und Manuskripthändler.[34] Die Sicherung des kulturellen Archivs durch Aufschreibsysteme und Literazität ermöglichte somit erstmals einen Fortschritt und Disput auch im Schachspiel.

27–29

Der Koran erwähnt das Schachspiel nicht explizit. Es war unsicher, ob das neue Spiel erlaubt oder verboten war, und die Entscheidung über diese Frage war angesichts der theokratischen Macht der islamischen Richter mitunter für den einzelnen Spieler lebensentscheidend. So ist auch die Mehrzahl der arabischen Schachgedichte als poetische Rechtfertigung des Spiels gegen die religiöse Kritik zu lesen, was ihrer Schönheit keinen Abbruch tut: „Ach Du", schleudert Ibn ul Mutâzz einem Kritiker entgegen, "der du so zynisch und spöttisch/ das Schachspiel tadelst,/ wisse, warum wir es lieben:/ In ihm ist Geschick nichts als Wissen,/ es besänftigt den Liebenden,/ den die Eifersucht zerreißt,/ es unterweist die Krieger in ihrer Kunst/ und ist da, wann immer wir es brauchen. / Es lindert den Schmerz,/ es hält ab den Trinker vom Exzeß,/ und droht uns Gefahr, bedrückt uns die Angst,/ so ist es ein Freund in unserer Einsamkeit."[35]

Gespielt wurde Schach von Sklaven ebenso wie von Kalifensöhnen, und es scheint am Schachbrett keine gesellschaftlichen Schranken gegeben zu haben. Es wurde von Männern ebenso wie von Frauen gespielt, berühmt wurden die drei Enkeltöchter des Hisham ben Urwa, Safi'a, A'isha und 'Ubaida, die Meisterinnen des Spiels gewesen sein sollen. Als besondere Kunst galt das Blindspiel. Die frühen Meister wie der Perser Muhammed ben Sirin konnten bis zu drei Partien blind spielen und erregten damit öffentliches Interesse. Erstmals etablierten sich in der arabischen Welt auch Berufsspieler.[36]

Das persisch-arabische Schach war noch ein bedächtiges Spiel. Nur der König, der Turm und der Springer verfügten über die heutige Gangart. Der *Wesir* konnte nur einen Schritt in der Diagonale gehen, der *Elefant*, unser heutiger Läufer, hüpfte auf seiner Diagonale bloß ins übernächste Feld. Erreichten die Bauern das andere Ende des Brettes, wurden sie in Wesire verwandelt. Ein Matt (*shah mat*) im heutigen Sinn war angesichts der geringen Kräfte der Figuren selten. Als Gewinn wurde deshalb gewertet, wenn es gelang, den anderen pattzusetzen (*za'id*). Als gewonnen galt die Partie auch, wenn ein König aller Figuren beraubt war (*shah munfarid*). Die Rochade, das Schlagen en passant und den Doppelschritt des Bauern gab es nicht.

Es müssen deshalb schwerblütige, langsame Partien gewesen sein, die Stunden dauerten. Aus dieser Langsamkeit begründet sich die besondere Form der arabischen Eröffnungstheorie und – als Antwort der Kunst auf die Banalität des Alltags – die subtile Ästhetik des Problemschachs. Durch die Schwäche des Wesirs und der Elefanten und durch den noch fehlenden Doppelschritt der Bauern kamen die Parteien während der ersten zehn Züge kaum in Kontakt miteinander und entwickelten sich unabhängig voneinander. Die lineare Zugfolge spielte in der arabischen Eröffnungstheorie eine weit geringere Rolle als heute. Im Mittelpunkt der Lehrbücher eines al-Adlis oder as-Sulis standen deshalb die *Tabiyas,* Aufstellungsmuster, die man unabhängig von der Reaktion des Gegners einnehmen sollte und die in jedem Fall gutes Spiel versprachen. Die Tabiyas trugen klingende Namen, wie „der reißende Strom", „die reich Umkränzte" oder „das Schwert". Doch schon as-Suli und sein Schüler al-Lajlal, Meister der zweiten Generation, erkannten den Faktor Zeit und ergänzten die statischen Aufstellungsmuster durch die Analyse unterschiedlicher Varianten bis weit hinein in das Mittelspiel. Zudem formulierten sie erstmals allgemeine Hinweise zur Eröffnungstheorie: Man solle etwa in schlechterer Position danach trachten, Figuren zu tauschen, den König nicht ohne Zwang bewegen oder den kostbaren Turm nicht schon während der Eröffnung in die Schlacht werfen.

Die Kalküle in den arabischen Manuskripten muten heute naiv an, aber wer sie beachtete, konnte mit ihnen immerhin fast ein halbes Jahrtausend lang gegen europäische Amateure gewinnen.[37] Zudem ergab sich erstmals so etwas wie Fortschritt in der Theorie, vergleicht man as-Sulis und al-Lajlals Analysen über strittige Punkte. Während etwa as-Suli überzeugt war, daß das beste Feld für den Wesir in der Flankeneröffnung, der *mujannah*, das Feld d3 sei, behauptete sein Schüler al-Lajlal das Gegenteil: Es sei keine Eile, dieses Feld zu erreichen. Wer immer von den beiden auch recht hatte, der Widerspruch war nun erstmals in der Welt des Schachspiels, und damit war sichergestellt, daß das Ideal nicht in der Vergangenheit, sondern in der Zukunft liegt.

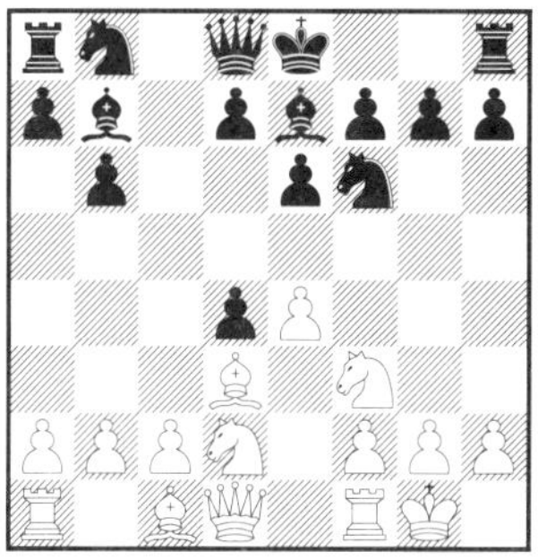

8. ♘f3xd4 ♘b8–c6
9. ♘d4xc6 d7xc6

Besonderes Gewicht legten die arabischen Autoren neben den Tabiyas auf die Komposition von *Mansuben*, den kunstvollen Endspielstudien. Durch die Schwäche des arabischen Spielmaterials – besonders, daß die Bauernverwandlung in den schwachen Wesir erfolgen mußte – war das erzwungene Matt eine Seltenheit. Eine Vielzahl der Partien endete unentschieden, selbst wenn eine Partei im Vorteil war, verfügte sie oft nicht über genügend Material, um das Matt des Königs zu erzwingen. Aus dem banalen Alltag wurde die Kunst der Studie geboren. Sie war nicht in erster Linie lehrhaft, sondern bot die Ausnahme, ein Rätsel, dessen Erfüllung unwahrscheinlich war. Daraus resultierte eine Ästhetik der Plötzlichkeit: Man gewann die Partie mit einer jäh aufblitzenden Kombination, opferte Material und siegte absurderweise gerade dadurch. Bis heute zehren die Problemkomponisten von den Motiven und der Ästhetik der frühen arabischen Mansuben. *43–46*

Wie in Indien und Persien ging es bei den arabischen Partien häufig um hohe Einsätze. Deshalb läßt sich die Mansube – die Geburtsstunde der Kunst im Schachspiel – nicht nur als auratisches, zweckfreies Kunstwerk, sondern auch als profanes Kunst-Stück auffassen: als Wette, bei der die Teilnehmer ihr Geld ließen. Wie von Zauberhand gewann ein al-Adli die von ihm aufgebauten Stellungen, während sie sich beim nächsten Mal, nachdem er die Farben getauscht hatte, als unlösbar erwiesen. Der Meister hatte vielleicht unbemerkt einen Bauern auf ein anderes Feld verrückt.

Den schwarzen Bauer auf d4 mußte Rubinstein schlagen. Der gegebene Zug ist 8. ♘f3xd4. Nach dem 8. Zug ist eine Konstellation entstanden, wie sie sich auch aus einer seltenen Variante der Sizilianischen Verteidigung ergeben könnte. Statt zu rochieren, zwingt Schwarz den ungedeckten Springer Rubinsteins zur Erklärung. Die Zuseher im Hotel Imperial sehen nun den ersten neuen Zug der 5. Runde des Karlsbader Turniers: 8. ... ♘b8–c6. Auf den anderen Brettern gab es nur bekannte Bilder. Die Paulsen-Variante etwa bei Maróczy gegen Gilg, eine italienische Partie von Canal gegen Capablanca, sonst Damengambit und indische Systeme. Einzig Nimzowitsch riskiert eine bizarre Sizilianische Eröffnung gegen Fred Yates. Er hat sie allerdings bereits 18 Jahre zuvor in San Sebastian angewandt. Rubinstein klärt die Situation im Zentrum

sofort. Sein Zug ist: 9. ♘d4xc6. Grünfeld schlägt mit dem Bauern: 9. ... d7xc6. Der Bauer verstellt zwar kurzfristig den Läufer auf b7, doch öffnet sich die d-Linie für Dame und Türme, und mit d7 ist ein Rückzugsfeld für den Springer auf f6 geschaffen.

11

Nach Europa gelangte das Schachspiel über drei Wege. Die Söldner und Händler der Wikinger brachten es von Konstantinopel über den Dniepr und das Baltische Meer bis hoch in den Norden nach Island und auf die Britischen Inseln. Von Nordafrika gelangte es fast zeitgleich über Italien bis zu den Alpen. Die ältesten schriftlichen Dokumente von seiner Existenz finden sich jedoch auf der iberischen Halbinsel, der dritten Passage, über die das Schachspiel von Bagdad aus nach Europa kam.

In Cordoba erwähnt es der arabische Rechtsgelehrte Yahaya ben Yahya im Jahr 795 n. Chr. Er gehörte der religiösen Schule Maliks an, und da der Koran das Schachspiel nicht explizit erwähnt, war es eine Frage der Interpretation, ob es zulässig, mißliebig oder verboten war. „Ich höre Malik sagen", schreibt Yahaya ben Yahya in einem Disput um die Zulässigkeit des Schachspiels und entscheidet sich für die orthodoxe Haltung, „daß am Schachspiel nichts Gutes zu finden sei, denn es galt ihm wie alle anderen Eitelkeiten als bestrafenswert."[38]

Das Kalifat von Cordoba war unabhängig, unterhielt aber enge Handelsbeziehungen zu Bagdad, sodaß über die andalusische Hauptstadt Kulturgüter aller Art und wissenschaftliche Erkenntnisse aus dem nahen und fernen Orient nach Europa gelangten. Von hier aus setzte sich auch das Schachspiel unter den muslimischen Andalusiern fest und wurde an die Juden und Christen Spaniens weitergegeben. Mit Sicherheit hatte es der persische Musiker Ziriab im Gepäck, als er vom Hof Harun al-Raschids über die Maghreb nach Cordoba kam.[39] Ziriab brachte es in Kürze zu einem angesehenen Poeten am Cordobeser Hof, und er veränderte das höfische Leben des muslimischen Spaniens nachhaltig. Aus Bagdad brachte er neue Tänze, Kosmetika, neue Eßgewohnheiten, die fünfte Saite für die spanische Laute, das Plektrum aus Horn – und das fremde arabische Schatrandsch, welches in der lebensbejahenden und intellektuellen Atmosphäre des Kalifats rasch Mode wurde.

Als Ziriab am Ende seiner Reise von Bagdad in Algeciras im Jahr 822 an Land ging, wurde er vom jüdischen Sänger Mansur al-Jehudi empfangen, der die Verbindung mit dem Cordobeser Hof für Ziriab hergestellt hatte. Man kann dem spanischen Historiker und Schachmeister Ricardo Calvo[40] zustimmen, wenn er meint, daß man sich des gleichnishaften Charakters dieser Begegnung nur schwer entziehen kann: Aus den Händen eines persischen Musikers erhält das muslimische Europa das Schachspiel über Vermittlung eines jüdischen Sängers, der es an die Christen Spaniens weitergibt. Ein heiteres und friedfertiges Bild der Toleranz in einem weltoffenen Europa, eine Geschichte allerdings wie aus einem Werbeprospekt: Es war an keinem Ort und an keiner Station der Geschichte stimmig, in dem von Kriegen, Inquisition und ethnischen Konflikten geschüttelten Europa blieb es stets Illusion.

Gespielt wurde in Cordoba nach den alten arabischen Regeln. Sie werden erstmals in Europa im Schachgedicht des jüdischen Philosophen und Mathematikers Abraham Ibn Ezra aus Toledo (1092 – 1167) genauer beschrieben. Das Schachspiel ist eine Schlacht zwischen roten und schwarzen Figuren, „gereiht durch Männer von Einsicht und Verstand".[41] Im Gedicht Ibn Ezras scheint das Schachspiel ein reines Denkspiel gewesen zu sein. Der „melek" (arab. „schah", König) kann in alle Richtungen einen Schritt tun. Der „rogel" (arab. „baidak" – Fußsoldat, Bauer) zieht gerade und schlägt schräg. Erreicht der Bauer die achte Reihe, verwandelt er sich in einen Wesir. Er verfügt nun zwar schon über den Doppelschritt, Rochade und Schlagen en passant waren aber noch nicht erfunden. Der „perez" (arab. „firzan", Wesir, heute Dame) geht ein Feld weit in der Schräge. Der „pil" (arab. „fil", Elefant , unser heutige Läufer) springt ins dritte Feld der Diagonale, „sûs" (arab. „faras", Pferd) und „rûh" (arab. „rukh", Turm) verfügen über unsere heutige Gangart.

10. ♕d1–e2 ♕d8–c7
11. f2–f4 ♘f6–d7

Ein Vergleich der Terminologie zeigt, wie nahe sich Ibn Ezra in seiner Nomenklatur noch an das Arabische anlehnte, der Transformationsprozeß des neuen Spiels nach Europa hatte erst begonnen. Drei arabische Figuren konnte Ibn Ezra direkt ins Hebräische übersetzen, weil er sie in sein Denksystem integrieren konnte: der König „schah" wurde zu „melek", das Pferd „faras" zu „sûs", die Fußsoldaten „baidak" zu „rogel". Die anderen arabischen Figurenbezeichnungen („firzan" = Wesir = später Dame, „al fil" = Elefant = später Läufer, „rukh" = ? = später Turm) ließ Ibn Ezra aber noch unübersetzt. Alle drei Figuren werden das europäische Denkmodell bis weit in die Renaissance vor Probleme der Interpretation stellen.

Im Grunde ist die sprachliche Integration der arabischen Schachterminologie bis heute nicht abgeschlossen. Einige Begriffe leben als Exotismus noch weiter. Im Deutschen und Englischen ist das Echo der arabischen Terminologie in der Bezeichnung des „rook" (engl. Turm) oder im Begriff der „Rochade" noch hörbar. Beide Begriffe weisen keinen Referenten außerhalb des Schachspieles auf, von der Bezeichnung „Schach" ganz zu schweigen. Offenbar sind die interkulturellen Transformationen der Terminologie in der jeweiligen Zielsprache trotz fast tausendjähriger Verwendung nicht vollständig abgeschlossen und müssen vielleicht auch nicht abgeschlossen werden: Es bleibt ein Rest an Fremdheit, der das System der Bezeichnungen zwar destabilisiert, es aber dynamisch und durch seine Unverständlichkeit reizvoll erhält.[42]

Spätestens zur Wende des ersten Jahrtausends hatte sich dieses exotische Spiel aus Bagdad von Cordoba bis an die Pyrenäen vorgewagt. Im Urkundenbuch der Kirche von Séu de Urgel findet sich ein Eintrag aus dem Jahr 1008. Er besagt, daß ein Graf Emerengaud testamentarisch verfügt habe, seine kostbaren Schachsteine aus Bergkristall dem Kloster des Heiligen Ägidius zu vermachen.[43]

Betrachtet man die Turnierfotos in Karlsbad 1929 etwas genauer, erkennt man, daß zumindest auf einigen Brettern mit einem Altwiener Figurensatz aus lackiertem Holz gespielt wurde, massive gedrechselte Figuren, die in Böhmen, Süddeutschland und Wien seit der Jahrhundertwende beliebt waren. Weder Rubinstein noch Grünfeld haben sich je dafür interessiert. Rubinsteins 10. Zug lautet

♕d1–e2. Das Feld e4 wird überdeckt und die Grundreihe für die Türme geräumt. Mit 10. ... ♕d8–c7 beginnt Grünfelds Spiel auf den schwarzen Feldern, und er wappnet sich gegen den folgenden Angriff auf das Zentrum. Rubinsteins 11. Zug (11. f2–f4) geschieht in diesem Sinne. Grünfelds Verteidigung ist 11. ... ♘f6–d7. Von hier aus kontrolliert der Springer das Feld e5 und droht von c5 aus den Läufer auf d3 zu tauschen.

12

Mit 18 Jahren entschied sich Rubinstein gegen den Talmud und für das Schachspiel. Sein erstes Schachbuch war der Instructor von Zosnitz, ein 1880 in Vilna erschienenes Büchlein auf Hebräisch, das Schachprobleme und Partien vom Meisterturnier in Paris 1867 enthält. Noch einige Zeit lang sollte Zosnitzs Buch die einzige Schachlektüre bleiben, denn Rubinstein sprach weder Russisch noch Polnisch. Um die Jahrhundertwende übersiedelte Rubinstein von Stawiski nach Bialystok, die nächstgelegene Kleinstadt, und verließ die Familie endgültig.[44]

Die erste Partie, die von Rubinstein erhalten ist, stammt aus dem Jahr 1901 und wurde in Steins Café in Bialystok gespielt. Es ist eine romantische Glanzpartie gegen
1 den stärksten Spieler der Stadt, G. Bartoszkiewicz: Im 15. Zug opferte Rubinstein einen Turm, bot zwei Züge später die Dame, um im 18. Zug die Partie mit einem unabwendbaren Matt durch seinen Springer zu beenden. Danach hatte der kaum zwanzigjährige Rubinstein keinen Gegner mehr in Bialystok. Bis zu seinem ersten Wettkampf mit Salwe 1903 ist nur noch eine Vorgabepartie Rubinsteins bekannt, die er überlegen gewann.

In der Deutschen Zeitung Bohemia vom 16. April 1926 anläßlich des Turnieres am Semmering findet sich eine Erinnerung Rubinsteins. Auf die Frage „Wie wurde ich Schachmeister?", die allen Teilnehmern gestellt wurde, antwortete er knapp und fast mürrisch: „Mit dem Schachspiel wurde ich schon als 14jähriger im Cheder bekannt. Mit 16 Jahren habe ich mich mit der Theorie befaßt. Dann hat man mir geraten, nach Lodz zu fahren, wo der große Meister Salwe lebte. Bei ihm habe ich mich vervollkommnet, ich war bei ihm sozusagen in der Lehre. So wurde ich Meister. Neigung und Talent habe ich lebhaft in mir gefühlt. Ich besitze auch ein außerordentlich gutes Gedächtnis. Ich erinnere mich zum Beispiel noch jetzt an alle Partien, die ich während meiner 21jährigen Schachmeisterschaft gespielt habe. Namen- und Ortgedächtnis habe ich nicht, nur ein spezielles Schachgedächtnis. Mich fesselt der ästhetische Genuß, welcher einer schönen Kombination entspringt. Dabei gerate ich geradezu in einen Fieberzustand. Schach ist nicht nur Kunst sondern auch Wissenschaft. Kampf und Sieg vollziehen sich auf wissenschaftlicher Grundlage."[45]

Im 12. Zug zieht Rubinstein c2–c3, ein präventives Manöver: Zunächst schafft er dem Läufer auf d3 ein Rückzugsfeld, falls Grünfeld diesen mit ♘d7–c5 angreifen sollte. Zugleich überdeckt der Bauer auf c3 die

schwarzen Felder auf b4 und d4 und fügt sich harmonisch in den weißen Aufbau ein. Grünfelds Aktion im Zentrum ist logisch: 12. ... e6–e5. Er hat sein Spiel kaum 20 Minuten nach 9 Uhr scheinbar befreit, aber auch eine erste Angriffsmarke in seiner Stellung zugelassen.

12. c2–c3 e6–e5

13

Mit erstaunlicher Schnelligkeit konnte das Schachspiel in der ritterlich-höfischen Gesellschaft Europas Fuß fassen. Seine Regeln zu beherrschen und einige der alten arabischen Mansuben lösen zu können, gehörte bald zum guten Ton der mittelalterlichen Gesellschaft mit ihren neu sich formierenden Regeln und Umgangsformen. Der weitgereiste Petrus Alfonsi (Moses Sefardi), konvertierter Jude und Leibarzt von König Alfons VI. in Aragon, zählte das Schachspiel in seiner *Disciplina Clericalis* an der Wende zum 12. Jahrhundert schon zu den „Dingen, die man können muß".

Petrus Alfonsi war ein Mittler zwischen der arabischen, jüdischen und christlichen Welt. Er war Lehrer des Abelard von Bath, Übersetzer arabischer Mathematiker, Astronom und Philosoph. Seine Disciplina Clericalis – in der deutschen Übersetzung mit dem schönen Titel „Die Kunst, vernünftig zu leben" versehen – ist ein Vorläufer der „De civilitate morum puerilium" des Erasmus und enthält wie der Traktat des Freiherrn von Knigge Hinweise über die Erziehung der Jugend und das richtige Benehmen. Auf die Frage des Schülers nach den „sieben freien Künsten" zählt Petrus Alfonsi die Dialektik, Arithmetik, Geometrie, Medizin, Musik, Astronomie auf – bei der siebenten schwankt er zwischen Magie, Philosophie und Grammatik. Das Schachspiel zählt zu den „sieben ritterlichen Fertigkeiten" wie das Reiten, Schwimmen, Bogenschießen, Boxen, Jagen und Verse machen. Die sieben Künste und Fertigkeiten muß jeder beherrschen, der zum „vollendeten Adel" gehören will.[46]

Tatsächlich gehörten die Übungen im „Schachzabel" schon im 11. Jahrhundert zum Kanon der ritterlichen Erziehung. Es hemmt die Affekte und trägt bei zur Tugend der circumstatio. Ob und wie diese Hemmung der Affekte gelingt, ist ein wichtiger Bestandteil der Schachallegorie im Mittelalter. Das Gelingen spiegelt sich in ihr wie das Scheitern. Im *Ruodlieb*, verfaßt um das Jahr 1060 im Kloster Tegernsee, will der Ritter Ruodlieb als Botschafter seines Königs am Hof des besiegten Königs einen Friedensvertrag erwirken. Bevor der Vertrag verhandelt wird, muß Ruodlieb tagelang mit dem Minister Schach spielen, danach mit dem König. Es geht um hohe Einsätze, und Ruodlieb gewinnt und gewinnt, ohne daß es dabei, wie es Ruodlieb befürchtet, zu Streit und Hader kommt. Im Gegenteil zwingt ihn der König, Lob für sein gutes Spiel, Gewinn und Geschenke anzunehmen: „Darauf verlangte der König das Brett und befiehlt, einen Sessel für ihn hinzusetzen, mich aber heißt er, gegenüber dem Speisesopha Platz zu nehmen, um mit ihm zu spielen, was ich in folgender Weise lebhaft ablehnte: gefährlich ist es für einen gewöhnlichen Mann, mit dem Könige zu spielen. Als ich indess sah, dass ich ihm jedoch nicht widerstreben dürfe, versprach ich zu spielen, mit dem Wunsche jedoch, gegen ihn zu verlieren, indem ich sagte, was thut's mir Armen, wenn ich vom Könige besiegt werde? Aber ich fürchte, Herr, du wirst mir bald zürnen, wenn mir das Glück zum Siege verhilft. Der König lächelte und sagte scherzend: Mein Lieber! hierüber brauchst du dich nicht zu bekümmern; wenn ich auch nie gewinne, werde ich doch nicht aufgebracht werden. Aber wisse bestimmt, ich wünsche, dass du mit mir spielst, denn ich will sehen, was für unbekannte Züge du thun wirst. – Alsdann zogen aufmerksam wir beide, der König und ich, und, Dank sei ihm, dreimal fiel der Sieg zum großen Erstaunen vieler seiner Vornehmen mir zu. Er setzte gegen mich, wollte aber nicht, dass auch ich gegen ihn einsetze; und gab, was er gesetzt hatte, daß kein Heller übrigblieb. Mehrere folgten, ihn zu rächen, begierig, und boten Pfänder, verschmähten aber die meinigen, in sicherer Annahme, nicht zu verlieren, und stark auf's zweifelhafte Glück vertrauend. Einer half dem Andern, aber mit zu vielem Helfen schadeten sie sich. Die verschiedenartigen Rathschläge wurden ihnen hinderlich, sodaß ich, während sie stritten, leicht gewann und dies dreimal, denn weiter mochte ich nicht spielen. Was sie gesetzt hatten, wollten sie mir geben; anfangs lehnte ich es ab, denn ich hielt es für sündhaft, mich zu bereichern und sie durch mich ärmer werden zu lassen. Ich bin nicht gewohnt, sagte ich, durch's Spiel etwas zu erwerben. Sie dagegen: solange du unter bist, lebe auch wie wir, wenn du nach Hause kommst, magst du leben wie du willst."[47] Ruodlieb kehrt danach von seiner Mission zurück an seinen Königshof und berichtet, worauf der siegreiche König auf alle Reparationszahlungen und Geschenke des anderen großzügig verzichtet. Man lebt in Frieden.

Im Ruodlieb siegt die circumstatio des Ritters über den furor ludi. Dies ist nicht immer so. So erzählen die Allegorien vom Spiel der Vernunft stets auch die Geschichte
53 der ungezügelten Leidenschaft. Im *Renaud de Montauban* aus dem frühen 13. Jahrhundert tötet ein gefangener Ritter während einer Schachpartie drei Wächter durch Würfe mit Schachfiguren, um sich hernach wieder dem Spiel zu widmen. Ebenso soll, wie Metellus von Tegernsee in den *Quirinalia* um 1160 berichtet, am Hofe Pippins des Kleinen ein Königssohn den anderen beim Spiel mit einem Schachturm – rocho jaculans – erschlagen haben.[48] Die *Olafs saga helga* des Isländers Snorri Sturluson[49] aus 1230, die sich auf das Jahr 1027 bezieht, erzählt ebenfalls vom Totschlag während des Spiels: König Knut will während der Partie mit Ulf einen Zug zurücknehmen. Ulf verweigert es ihm, worauf Knut ihn bis in eine Kirche verfolgt. Am nächsten Tag läßt er ihn dort erschlagen.

In einer Episode des *Huon von Bordeaux*, entstanden zwischen 1216 und 1232, wird die Heroik des Heldenepos mit der grotesken Welt der Feensage und das Motiv der circumstatio mit dem Liebesmotiv verknüpft.[50] Der fahrende Ritter Huon muß am Hofe Yvorins gegen die Königstochter Klarmunde, eine Meisterin im Schach, die schon viele Männer besiegt hat, spielen. Der Einsatz ist sein Leben gegen eine Nacht mit der Prinzessin und einen bescheidenen Geldbetrag. Glücksspiel und Denkspiel sind zu diesem Zeitpunkt noch nicht klar getrennt, denn vor der Partie um sein Leben fragt Huon die Königstochter, ob sie „ziehen oder würfeln" wolle. Die Gegnerin will ziehen, und die Partie steht für Huon bald auf Verlust. Doch die Prinzessin verliebt sich während der Partie in ihn, läßt ihn das Spiel gewinnen und rettet so sein Leben. Der grausame Huon jedoch verzichtet auf die Nacht mit der Schachprinzessin, streicht das Geld ein und verschwindet.

Der Prozeß der Zivilisation, die Herausbildung der courtoisen Welt, von der Norbert Elias gerne spricht, war angesichts der Reaktion Huons offenbar kein einfaches

Unterfangen, und es ist klar, daß weniger aufgeklärte Kreise dem seltsamen Treiben um das Schachbrett kritisch begegneten, daß die neue Mode im christlichen Abendland also auch entschlossene Gegner fand.

Rubinsteins 13. Zug lautet ♘d2–c4. Er erhöht den Druck auf das Zentrum. Der Springer steht sicher, auf einen nervösen Angriff mit b5 könnte Rubinstein den Bauern auf e5 schlagen – und nach Springertausch die schwarze Dame unangenehmen Verfolgungen durch den Läufer aussetzen – oder von e3 nach f5 streben. Grünfeld denkt nicht daran, das wichtige Zentralfeld preiszugeben und überdeckt den Bauern e5 programmatisch mit 13. ... ♗e7–f6. Offen bleibt, in welche Richtung Schwarz rochieren wird.

13. ♘d2–c4 ♗e7–f6

14

Die Religionen der Welt begegneten dem Spiel von alters her skeptisch und ablehnend. Spielen ist mißliebig oder verboten. In den *Dialogen des Buddha* sind alle Spiele, von denen abgeraten wird, aufgezählt. Unter anderem wird erwähnt: „Brettspiele auf Brettern mit acht oder zehn Reihen von Feldern; dieselben Spiele, auch wenn sie so gespielt werden, daß man sich die Bretter nur in der Luft vorstellt; das Gehen in Diagrammen, die auf den Boden gezeichnet sind, wobei man nur auf bestimmte Stellen treten darf; das Würfeln (...)"[51]

Die Liste der verboteten Spiele ist lang, doch ebensowenig wie Gotama gelang es den Koran- und Talmudgelehrten, die Spiele aus der Welt zu bannen. Dem *Koran* gemäß soll der Gläubige sich in der freien Zeit auf „sein Pferd, seinen Bogen und sein Weib" beschränken, Glücksspiele sind explizit verboten. „Wenn einer", heißt es in den Prophetenüberlieferungen, „das Nardashir spielt, dann ist es, als ob er seine Hand in Fleisch und Blut des Schweins taucht." Und: „Wer Nard spielt, widersetzt sich Gott und seinem Gesandten."[52] Der *Talmud* kritisiert jede Verwendung der „nardshir" (Würfel), der „guryata kitanyata" (Spielsteine, wörtl. „Hündchen"), der „pispussin" (Nußschalen als Spielsteine) und warnt vor den „iskundree" (Holzstückchen, ebenfalls Spielmaterial).[53]

Das Spiel lenkt ab von Sinn und Wahrheit, die beide außerhalb des Spiels – im personalen Gott – zu liegen haben. Zugang zum Sinn und zur Wahrheit findet der einzelne nur, wenn er zuvor eine Arbeit geleistet hat, die ihn empfänglich macht für das in der Welt verborgene Wissen Gottes. Diese Arbeit meint vor allem Askese, der die Heiterkeit und Zwanglosigkeit des Spiels entgegensteht. Insofern ist jedes Spiel zunächst religiös mißliebig. Doch sind die Religionen auch Rationalisierungsunternehmen der Moderne. Sie entmystifizieren die Welt, indem sie den Menschen die Angst vor dem Unerklärlichen nehmen, den Mythos durch Erklärung zerstören. Das, was den Menschen schreckt und was durch Religion aus der Welt gebannt werden soll, ist der Zufall. Das Akzidentielle des Schicksals ist das eigentliche Böse – die willkürliche Verneinung der göttlichen Ordnung. Mephistopheles spielt mit der Welt als ein

Geist, der stets – das heißt: willkürlich – verneint. Das Böse ist das Un-berechenbare im Wortsinn, seine Metapher sind die Würfeln und Karten. Spiel ist daher religiös verboten, wenn es ein Glücksspiel, also ein Spiel des Bösen, das Spiel des schicksalshaften Zufalls ist.

In den frühen europäischen und arabischen Quellen ist unklar, ob Schachspiel nicht auch ein Glücksspiel darstellt. Die Regeln waren noch nicht fixiert, Schach konnte – wie im altfranzösischen Epos des Huon von Bordeaux – „gezogen oder gewürfelt" werden, der Bericht al-Masudis über das indische Schach, das Chaturanga, bezieht sich nicht auf das Schachspiel im heutigen Sinn, sondern auf ein schachähnliches Spiel, das zu viert und wohl mit Würfeln gespielt wurde. Schließlich beziehen sich alle Verbote im Koran auf „Nardspiele", das heißt auf Glücksspiele. Erst als das Schachspiel als Spiel der Vernunft erkannt war, konnte es sich in der intellektuellen Kultur des Mittelalters entfalten, da es ein Weltmodell nicht des Zufalls sondern der Berechenbarkeit vermittelte: Im Spiel der Vernunft ist der Zufall aufgehoben, es kann daher die göttliche Ordnung darstellen.

Am sichtbarsten wird der Bruch in der religiösen Kritik vom verbotenen zum mißliebigen Spiel im Verhältnis des Christentums zum Schachspiel. Es ist zuerst affektgeladen, und zwar solange es das Schachspiel als Glücksspiel erkennt, und vermag sich später soweit zu entspannen, bis es zu einer Weltmetapher auch in Predigten werden kann.

Im Christentum war Schachspielen aber zunächst nicht Weltsymbol, vielmehr Gegenstand der Beichte. Ein verschreckter Mönch berichtet auf seinem Beichtzettel von den Übeln des Spieles: „1. Es ist ein großer Zeitverschwender. Wie viele wertvolle Stunden habe ich an dieses Spiel vergeudet! 2. Es besaß für mich etwas Bestrickendes; ich war von ihm behext. 3. Es ließ nicht von mir, auch wenn ich von ihm ließ. 4. Es hat mich vermocht, viele feierliche Vorsätze zu brechen, ja sogar Gelübde und Versprechen. 5. Es hat mein Gewissen zerrüttet und meinen inneren Frieden zerbrochen. 6. Daß ich daran teilnahm, war Anlaß zu macher Sünde. Es hat mich viele Pflichten gegen Gott und gegen die Menschen mißachten lassen."[54]

Die Gewissensbisse und die Zweifel über die Zulässigkeit des Spiels hatten im Christentum bereits Tradition. Im Jahr 1061 richtet Petrus Damiani, der Kardinalbischof von Ostia und Vater der Flagellantenbewegung, einen empörten Brief an Papst Alexander II., der nähere Beachtung verdient.[55] Petrus Damiani beklagt sich darin über den sündigen Klerus: „Ich halte meine Feder an, denn ich erröte vor Scham, noch schimpflichere Albernheiten aufzuzählen wie die Jagd, den Vogelfang und dazu noch die wahnsinnige Leidenschaft der Würfel und des Schachspiels (alearum insuper furiae, vel scaccorum), welche sicherlich den ganzen Priester zum Mimen und vorzüglich die Augen, Hände und die Sprache zu einem wahrhaftigen Schauspiel machen."

Er berichtet über eine Reise mit einem Bischof aus Florenz. Als sie am Abend in einer Herberge einkehren, zieht sich Petrus Damiani zurück, der Bischof bleibt jedoch in der Schenke und widmet sich dem Spiel: „Am anderen Morgen theilte mir nun mein Reitknecht mit, der erwähnte Bischof habe Schach gespielt, und dies Wort traf empfindlich mein Herz wie ein Pfeil und brachte mir eine Wunde der Entrüstung bei. Zu einer Stunde daher, die mir passend schien, suchte ich den Mann auf und schalt ihn heftig, indem ich folgendermaassen anhob: Mit geschwungener Hand führe ich die

Ruthe, begierig Streiche dort zu ertheilen, wo sich mir ein Rücken darböte. Und jener erwiderte, er werde sich bei dargethaner Schuld der Strafe nicht entziehen. Geziemte es sich wohl und war es deine Sache, sagte ich, den Abend mit dem eitlen Schachspiel hinzubringen und jene Hand, die den Leib des Herren darbietet, und die zwischen Gott und dem Volke vermittelnde Zunge durch Befleckung einer schändlichen Kurzweil zu entehren? Zumal die kirchliche Disciplin bestimmt, daß Bischöfe, die sich dem Spiel ergeben, suspendiert werden sollen (aleatorii Episcopi deponantur)."

Der Bischof verteidigt sich zunächst, unterliegt aber der glänzenden Rhetorik Damianis: „Jener suchte sich nun aus der Verschiedenheit der Bezeichnungen einen Schild der Vertheidigung zu machen, indem er anführte, es sei etwas anderes Schach als Würfel zu spielen. Die Würfel hätte der Canon verboten, das Schach aber stillschweigend gestattet. Worauf ich entgegnete, das Schach hat das Gesetz zwar nicht erwähnt, aber beide Arten von Spiel begreift es unter dem Namen des Glückspiels *(alea)*. Wenn also das Spiel *(alea)* verboten ist und nichts namentlich vom Schach gesagt wird, so umfaßt ohne Zweifel dasselbe Wort beide Arten und wird Beides durch eine und dieselbe Bestimmung verpönt. Jener, der milden Sinnes und scharf von Geist ist, fügte sich unterwürfig den dargelegten Gründen, leistete das feste Versprechen, den Fehler durchaus nicht wieder zu begehen und verlangte nach der Auferlegung der Buße. Ich schrieb ihm also vor, drei Mal aufmerksam den Psalter durchzugehen und die Füsse von zwölf Armen zu waschen, sowie Letztere zu speisen und jedem ein Geldstück zu geben. (...) Dies erzählen wir, damit man an der Besserung eines Andern sehe, wie unanständig und unvernünftig, wie unziemlich endlich dieses Belustigung für den Priesterstand ist."

Vom 12. bis zum 16. Jahrhundert hagelte es überall in Europa kirchliche Verbote, von denen auch das Schachspiel betroffen war.[56] Im Kommentar zum Kanon der oströmischen Kirche schreibt Johannes Zonares ähnlich wie Petrus Damiani: „Da einige Bischöfe und Geistliche vom Wege der Tugend abweichen und Schach- und Würfelspiele treiben oder sich Exzessen im Trinken hingeben, so gebietet die Regel, daß solche damit aufhören sollen oder ausgeschlossen werden." Beim Orden der Tempelherren werden Spiele um 1140 unter dem Einfluß Bernhards von Clairvaux ausdrücklich verboten. Der Bischof von Paris, Eudes von Sully, untersagte um 1250 den Klerikern den Besitz von Spielen. Wenig später ließ Ludwig IX., der Heilige, auf der Heimfahrt vom sechsten Kreuzzug gegen Ägypten alle Spielutensilien über Bord werfen und untersagte den Beamten alle Vergnügungen mit Würfeln und Spielbrettern. Am Konzil zu Trier 1310 wurden Ball- und Schachspiele verboten, und die Würzburger Synode verfügte 1329, daß Nonnen und Mönche weder Schachspiele noch Tric-Tracbretter oder Würfel besitzen dürfen. 1377 wurden in Florenz die carta lusoria, die Spielkarten, untersagt, und 1452 verbrannte der Wanderprediger Capistrano in Erfurt tausende Spielbretter und anderes sündhaftes Luxuswerk.

Das Spielen ist „Sünde und stammt vom Teufel", das „Spiel ein Tummelplatz aller Teufel, die Schaden anrichten wollen", heißt es in einer Spielpolemik von Eustachius Schildo aus Cottbus von 1562. Die Helfer des Spielteufels zählt Schildo taxativ auf: „Der Unruhigteufel, Freßteufel, Saufteufel, Possenreißer- und Lachteufel, der Sauerteufel, Läster- und Haderteufel, Schwerenteufel, Nachtteufel, Lügenteufel und Mordteufel."[57] Sie alle zerstören die Ordnung durch Willkür, und die Willkür ist der Teufel selbst.

1

2

3

4

1 Barmen 1905

2 Kiew 1903 (Rubinstein sitzend ganz links)

3 Karlsbad 1911 (1. Reihe vorne v. links: Kostic, Levenfisch, Dus-Chotimirski, Havasi; 2. Reihe: Vidmar, Burn, Rubinstein, Tietz, Schlechter, Duras, Marshall, Nimzowitsch, Alapin; 3. Reihe: Tartakower, Johner, Perlis, Hoffer, Faehndrich, Gottschall, Spielmann, Süchting, Rabinowitsch, Salwe; 4. Reihe: Chajes, E. Cohn, Leonhardt, Aljechin, Fahrni, Jaffé, Rotlevi, Marco)

4 St. Petersburg 1909 (mit Emanuel Lasker)

5

6

7

8

5 St. Petersburg 1914

6 San Sebastian 1911
(v. links: Marshall, Burn, Janowski, Bernstein, Schlechter, Rubinstein, Leonhardt, Maróczy, Spielmann, Duras, Capablanca, Nimzowitsch, Vidmar, Hoffer, Teichmann, Tarrasch, Mieses)

7 Szczusczyn 1917
(mit Eugenie Lew)

8 um 1920

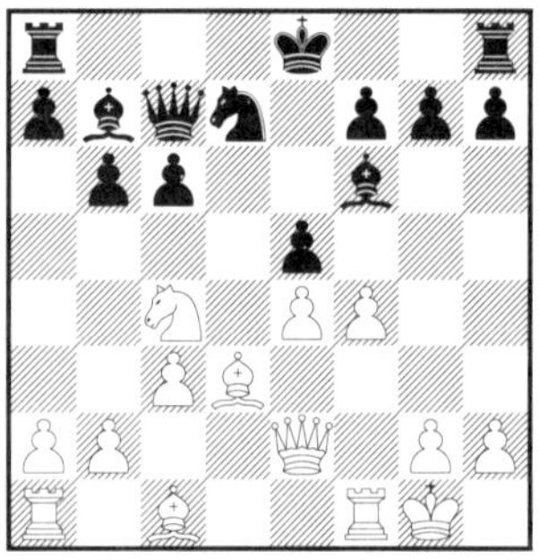

14. f4–f5 ♘d7–c5

Die vielen kirchlichen Verbote, Traktate und Polemiken richten sich gegen die Wetten und Hazardspiele, die besonders nach dem Aufkommen der Spielkarten immer beliebter wurden. Gespielt wurden sie am profanen Ort, den Spelunken und Herbergen, wo auch Petrus Damiani den Florentiner Bischof beim Spielen ertappt. Für Damiani zählt das Schachspiel zu den Zufalls- und Würfelspielen *(alea)* und eignet sich nicht, auf symbolischer Ebene die göttliche Ordnung zum Ausdruck zu bringen. Die *aleatores* sind allesamt verwerflich, da sie dem Spiel des Zufalls, dem Bösen, huldigen. Die Verteidigungsrede des armen Bischofs pocht daher auf den Unterschied zwischen *alea* und *scaccus*, wobei das eine verboten und das andere erlaubt sei. Er unterliegt jedoch Damiani, der als Vorgesetzter über die Definitionsmacht verfügte, denn *alea* ist mehrdeutig: Der Begriff umfaßt in seiner mittelalterlichen Semantik Brettspiele, die gewürfelt werden, aber auch solche, die durch Vernunft gespielt werden.

Hätte der gescholtene Bischof die *Handschrift von Einsiedeln* gekannt, die um das Jahr 1000 geschrieben wurde, hätte er sich im Disput besser verteidigen können. Der Verfasser der Handschrift wußte schon zu trennen zwischen dem verwerflichen Würfelspiel und dem lauteren Schachspiel. „De aleae ratione" ist daher das Kapitel mit den Schachversen übertitelt.[58] Als Spiel, das durch seine Regelhaftigkeit die göttliche Ordnung symbolisiert, ist es zulässig. Die Handschrift von Einsiedeln begründet somit die christliche Tradition der Moderne, in welcher das Schachspiel durch seine Rationalität die Welt und ihren Fortschritt repräsentieren kann. Gott schuf die Regel, der Mensch spielt und trifft kraft seiner Vernunft die Entscheidung zwischen Gut und Böse. Der Streit um das Schachspiel war somit ein Streit zwischen Orthodoxie und Moderne.

Endgültig legte die katholische Kirche den Zweifel am Schachspiel erst 900 Jahre nach dem Brief von Petrus Damiani ab. 1944 ernannte der Papst eine Schutzheilige für die Schachspieler. Daß die Wahl ausgerechnet auf die Heilige Teresa von Avila fiel, ist vielleicht eine kleine jesuitische Ironie.[59]

Noch in der ersten Turnierstunde trifft Rubinstein am Vormittag des 5. August 1929 eine Entscheidung, bei der ihm keine Schutzheilige zu Hilfe kommt: Er schließt das Zentrum mit 14. f4–f5. Grünfeld vollendet seine Umgruppierung: Der Springer, der von g8, über f6 nach d7 gekommen war, erreicht das Feld c5 (14. ... ♘d7–c5) und zwingt den Läufer zum Rückzug. Noch immer hat Schwarz offen gelassen, ob er auf den Damen- oder auf den Königsflügel rochieren wird.

15

Im Jahr 1903 übersiedelte Rubinstein von Bialystok nach Lodz, Zentrum der polnischen Textilindustrie und Schachmetropole des Landes. Der im selben Jahr gegründete Schachclub Lodz war bis zum Zweiten Weltkrieg das Herz des polnischen Schachlebens. Seine Räume waren im ersten Stock eines Hauses in der Piotrkowska gelegen, und er gehörte zu den wohlhabendsten und stärksten Schachclubs seiner Zeit. Clubmeister war Georg Salwe (1862 – 1920), der Freund und erste Lehrmeister Rubinsteins. Salwe stammte aus einer wohlhabenden Warschauer Familie und war Geschäftsmann, der das Schachspiel nur als Amateur betrieb. Dennoch war Salwe schon als 20jähriger Meister und einer der stärksten Spieler Warschaus. Bereits 1903 gehörte Rubinstein neben Salwe und Gersz Rotlevi (1889 – 1920) zu den drei stärksten Spielern des Clubs und damit Polens. Vom April bis Juni veranstaltete der Lodzer Schachclub zur Qualifikation zur Allrussischen Meisterschaft einen Wettkampf zwischen Rubinstein und Salwe: Das Match endete 7 zu 7 unentschieden, doch schon im Revanchekampf 1904 gelang es Rubinstein, Salwe mit 5,5 zu 4,5 Punkten zu besiegen. Auch im dritten Wettkampf drei Jahre später siegte Rubinstein, diesmal schon klar mit 16 zu 6 Punkten.

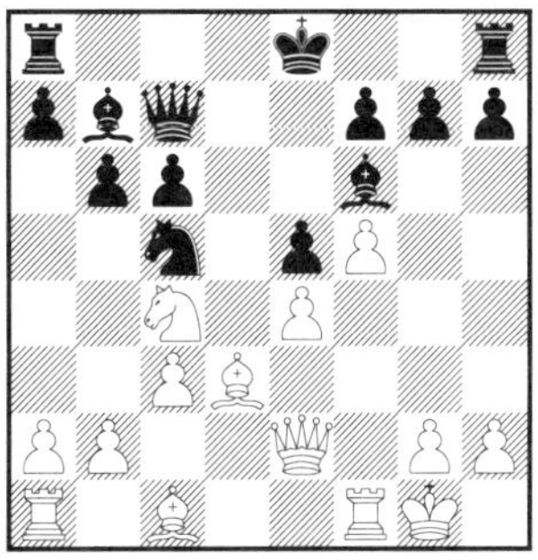

15. ♗d3–c2 ♗b7–a6
16. ♗c1–e3 0–0

Die dritte Allrussische Meisterschaft in Kiew 1903 war das erste Turnier Rubinsteins. Es stand im Zeichen des alternden Michael Tschigorin[60], der nochmals seine ganze Kraft zeigte und mit 15 Punkten aus 18 Partien vor Bernstein, Jurewitsch und Salwe gewann. Dahinter schon lag der noch unbekannte Rubinstein an fünfter Stelle, noch vor Meistern wie Znosko-Borovski, Schiffers, Rabinowitsch und Dus-Chotimirski. Das Preisgeld für Rubinsteins fünften Rang betrug 125 Rubel.

Gegen Emanuel Schiffers[61] spielte Rubinstein mit Schwarz in der 18. Runde zum 2
ersten Mal die später nach ihm benannte Variante in der Französischen Verteidigung (1. e2–e4 e7–e6 2. d2–d4 d7-d5 3. ♘b1–c3 ♘g8-f6 4. ♗c1–g5 d5xe4). Die Zugfolge wird Rubinstein ein Leben lang begleiten. Mit dem vierten Zug der Rubinstein-Variante löst Schwarz die Spannung im Zentrum. Er gewährt Weiß zwar Raumvorteil, doch nimmt Schwarz eine feste Stellung ein. Das Spiel hat fast ausschließlich positionellen Charakter. Will Schwarz allerdings gewinnen, so kann er dies nur mit ruhigem und geduldigem Spiel auf lange Sicht. Der weiße Zentrumsbauer wird belagert, dagegen steht der Raumvorteil von Weiß, durch den seine Leichtfiguren eine höhere Mobilität als die des Schwarzen aufweisen. Das Spiel in der Rubinstein-Variante ist vom vierten Zug an ein Kampf um ein Prinzip: Mobilität und taktische Chancen auf der einen Seite gegen langfristige Planung und strategische Blockade auf der anderen.

Während des Turniers in Kiew fand ein kurzes Gespräch des 21jährigen Rubinstein mit dem gleichaltrigen Ossip Bernstein[62] statt. Rubinstein fragte Bernstein, der später Rechtsanwalt in Paris wurde und sich zeitweise vom Turnierschach zurückzog, ob er sein Leben dem Schachspiel widmen solle. Bernstein warnte ihn, es zahle sich nicht aus. Rubinstein antwortete, das störe ihn nicht, er wolle alles hingeben, um das Schachspiel vollständig zu erlernen.[63] Sein Studium soll sich, plante der junge Meister, im Jahr auf 300 Tage erstrecken, 60 Tage werde er in Turnieren spielen und die restlichen fünf zur Erholung verwenden. Eine Zeitspanne, die Rubinstein ausreichend erschien, um im seelischen Gleichgewicht zu bleiben.[64]

Rubinsteins 15. Zug lautet ♗d3–c2. Er bringt den angegriffenen Läufer in Sicherheit. Das Verteidigungskonzept Grünfelds war vorbereitet: Mit 15. ... ♗b7–a6 fesselt er den weißen Springer, der Läufer ist vom eigenen Springer auf c5 gedeckt. Die schwarze Stellung weist nun keine Schwächen auf. Grünfeld droht mit dem Vormarsch des b-Bauern von b6 nach b5 und danach – mit Angriff auf

die Dame – nach b4. Rubinstein vollendet die Entwicklung mit 16. ♗c1–e3 und verhindert auf diese Weise b6–b5. Grünfeld entscheidet endlich die Frage, in welche Richtung er rochieren soll. Sein Zug ist 16. ... 0–0.

16

Die Welt als Schachspiel gedacht ist ein Mechanismus, er läuft ab wie ein Uhrwerk und kennt keinen Zufall. Alles kann durch seine Mechanik erklärt werden: Die neue Ordnung der Städte, die neue Ordnung der Liebe und die Ordnung des Sterbens, da es einen gibt, der Regeln geschaffen hat, an denen keiner zweifeln darf und nach denen das Spielwerk abläuft.

„Die Welt", kann deshalb Johannes Gallensis 1260 in seiner *Summa collacionum* zwei Jahrhunderte nach dem Brief von Petrus Damiani schreiben, ohne in den Verdacht der Ketzerei zu geraten, „die Welt gleicht einem Brett mit weißen und schwarzen Feldern, auf denen die Menschen wie Schachfiguren verschiedene Plätze einnehmen. Früh werden die Figuren aus dem Sack geholt und auf das Brett gestellt; nach dem Spiel wartet auf sie alle ungeachtet ihrer Stellung im Leben wie im Spiel derselbe Ort. Und wie der König dabei wohl zuunterst im Beutel liegen könnte, so könnten auch die Großen der Erde zur Hölle, die Armen aber in den Himmel gelangen."[65]

Fast wortgleich findet sich die Metapher vom Gleichmacher Tod und dem Leben als Schachspiel in den Gesprächen des Don Quijchote mit seinem Knecht Sancho Pansa bei Cervantes und mehr als hundert Jahre vor Johannes Gallensis in der Predigtsammlung des Herrmann von Fritzlar um 1140: „Ein Meister glîchet dise werlt eine schâchzabele: dâ stên ûfe künege unde küneginne unde rîtare und knappen unde venden. Hie mite spilen si. Wanne sie müede gespilet haben, sô werfen sie den einen unde den anderen in einen sak. Alsô tuot der tôt, der wirfet ez allez in die erden: welich der riche sî oder der arme sî oder der babes sî oder der künec, das schowet an deme gebeine. Der kneht ist dikke über den hêrren geleget, sô sie ligen im beinhûse."[66]

Daß im Leben wie im Tod Regeln herrschen, an denen der Mensch wie an Marionettenfäden hängt, aber daß das Spiel zugleich einen göttlichen Zweck verfolgt, unterscheidet die Schachallegorie des christlichen Abendlandes vom Fatalismus in der persischen und arabischen Literatur. In den *Ruba'ijat* des persischen Dichters und Astronomen Omar Khayyam (1048–1131) etwa heißt es: „Spielzeuge sind wir, wie's dem Himmel gefällt./Das ist wahr, kein Gleichnis; das Schachbrett der Welt/ Sieht etwas uns spielen, bis eins nach dem anderen/ Zurück in den Kasten des Nichtseins fällt."[67]

Dagegen ist in der christlichen Allegorie der Totentanz kein Taumeln mehr vom Leben ins Nichts, sondern ein Schachballett, das nach gottgewollten Regeln verläuft.
55 Die *Partie mit dem Tod*, wie sie der Meister BR mit dem Anker um 1480 darstellt, verliert man zwar immer, aber kennt man die richtigen Regeln, gewinnt man danach das Spiel mit dem Teufel und landet im Himmel. So fehlen denn auch die Schachspieler im Tausendjährigen Reich von Hieronymus Bosch. Im rechten Flügel des Altars – in der Spielerhölle – sind alle populären Zufallsspiele versammelt: Die Karten, die Würfel, das Tric-Trac. Es fehlt jedoch das Schachspiel, und Bosch hätte sich die leicht zu visualisie-

rende Ornamentik des Brettes nicht entgehen lassen, wäre es nicht schon als Symbol einer rationalen Ordnung der Welt vom Spielverbot ausgenommen gewesen. Schach ist 56–58
das Spiel mit dem Tod, aber nicht so sehr ein Spiel mit dem Teufel.[68]

Wie der Tod ist auch die Liebe ein mechanisches Spiel, in dem sich die Partner wie Spielfiguren begegnen und in dem die Vernunft über die Leidenschaft siegen soll. Unzählig sind die Darstellungen der Liebenden beim Schachspiel in der ritterlichen und höfischen Welt. Der Meister E. S. zeigt um 1450 die *Liebenden im Garten* und noch im 40
Schlußakt in Shakespeares *Sturm* (1611) klingt das Motiv an: Während Prospero die Welt entzaubert, spielen Miranda und Ferdinand miteinander Schach.

Ihren Ausgang nimmt die Liebesallegorie vom *Livre des Échecs amoureux*, das 38
zwischen 1370 und 1380 nach dem Vorbild des *Roman de la Rose* in Frankreich entstanden ist.[69] Populär wurde das Liebesschach in John Lydgates Übersetzung um 1430 unter dem bezeichnenden Titel *Reason and Sensuality*. In der Exposition des altfranzösischen Fragments erscheint dem Dichter die Königin der Natur im Traum und mahnt ihn, stets den Weg der Vernunft und nicht den der Sinnlichkeit zu beschreiten. Bald erscheinen ihm Venus, Juno und Pallas Athene und bitten um sein Urteil. Der Dichter entscheidet sich wie Paris für die Venus, betritt trotz vieler Warnungen ihren Liebesgarten und wird zum Schachspiel mit einer Jungfrau geführt, in die er sich unsterblich verliebt. Ihre Gunst kann er wie Huon von Bordeaux nur erlangen, wenn er die Partie mit ihr gewinnt. Er verliert jedoch das Spiel, verwirrt durch ihre Schönheit, und erst Pallas Athene rettet ihn aus seiner Trauer. Nicht ein Leben nach den Geboten der Venus führe zum Glück, sondern nur ein tätiges, auf Vernunft gründendes Spiel in ihrem oder Junos Sinn.

In den Échecs amoureux, in dem Pallas Athene und nicht Venus den Weg zum guten Leben weist, ist die Liebe zwischen Mann und Frau ein Spiel mit Regeln. Nicht Amor oder Eros führen zum Erfolg, sondern die triebhemmende Vernunft allein. Das Schachspiel ist die Generalmetapher für die Forderung nach Mäßigung der Affekte und nach Ritualisierung des Begehrens im Zusammenleben der Geschlechter, wie sie das späte 12. Jahrhundert in der höfischen Gesellschaft aufstellt. Die Schachmetapher dient so zur Entwicklung eines einheitlichen, verständlichen Codes, um, wie George Duby vermutet, „auf dem Weg zu einer gesitteten Welt die Brutalität und Gewalttätigkeit in Schranken zu halten".[70]

Dieser Weg ist weit. Das *Glasfenster aus Villefranche sur Saône* aus der ersten 41
Hälfte des 15. Jahrhunderts zeigt eine scheinbar zärtliche Szene. Ein Liebespaar spielt auf dem Schloß Pouilly Schach. Es handelt sich um Graf Eduard von Beaujeu und die Demoiselle von Bessée, Tochter einer Bürgerfamilie. Eduard stützt nachdenklich und entspannt seinen Kopf mit der Rechten und betrachtet verliebt das bürgerliche Fräulein auf der anderen Seite des Schachbrettes. Seine rechte Fußspitze berührt ihr Kleid. Sie trägt auf dem kahlrasierten Kopf eine modische Hörnerhaube, ihr Blick ist auf den Schachtisch gerichtet, während ihre Hand sanft die des Grafen berührt.[71]

Die Heiterkeit des Tête-à-tête im Liebesschach täuscht jedoch. Das Fenster von Villefranche erzählt eine andere Geschichte, welche die Chronik des Landstrichs noch im 19. Jahrhundert vermerkt: die Geschichte einer Vergewaltigung. Nachdem sich Eduard einige Zeit vergeblich um die Demoiselle von Bessée bemüht hatte, ließ er sie im Jahr 1399 entführen und vergewaltigte sie auf seinem Schloß. Eduard wurde – wie

17. ♗e3xc5 b6xc5

Gilles de Rais kaum dreißig Jahre später – in Paris angezeigt. Das Verbrechen, das schließlich zu Eduards Ende führte, war aber nicht die Vergewaltigung. Er ließ den Gerichtsdiener, der ihm die Vorladung zur Verhandlung überbringen wollte, aus dem Fenster werfen, worauf sich dieser den Hals brach. Solche Infragestellung der staatlichen Autorität war nun auch der königlichen Justiz zuviel. Eduards Güter wurden konfisziert, er selbst starb im August 1400.

Daß das verzweifelte Ringen des Menschen mit dem Tod und der unbarmherzige Kampf der Geschlechter nur ein symbolisches regelgeleitetes Spiel sei, war fern aller Realität. Aber die allegorische Kunst des Mittelalters ist bekanntlich nicht Echo der Wirklichkeit, sondern ein Zauberspiegel – reflektiert wird ein Ideal, dessen Realität durch das Schachspiel nicht dargestellt, sondern beschworen wird.

Nach der Rochade Grünfelds ist eine weitreichende Entscheidung zu treffen. Nach längerem Nachdenken trennt sich Rubinstein in der zweiten Turnierstunde von seinem Läuferpaar und verzichtet auf jeden direkten Angriff gegen den schwarzen König. Sein Zug ist 17. ♗e3xc5. Die Partie kann, wenn überhaupt, nur im Endspiel mit rein strategischen Mitteln gewonnen werden. Nach 17. ... b6xc5 ist in der Stellung des Schwarzen jedoch ein Doppelbauer entstanden, der sich später als Schwäche erweisen könnte.

17

Im Frühjahr des Jahres 1831 machte Malcolm Macleod, Pächter eines Landstrichs an der Westküste der Isle of Lewis auf den äußeren Hebriden, einen seltsamen Fund. Auf einer Sandbank nahe der Ortschaft Uig entdeckte er unter einem Steinversteck einen Sack, der neben einer Gürtelschnalle und flachen unverzierten Steinen für ein Damespiel auch 78 Schachfiguren aus Wahlroßzahn enthielt. Zutage kamen 8 Könige, 8 Damen, 16 Läufer, 15 Springer, 12 Türme und 19 Bauern – der kunsthistorisch bedeutendste
82 Fund von Schachfiguren im Mittelalter. Die *Lewis Chessmen* wurden noch im November des Jahres um 84 Pfund vom British Museum erworben und befinden sich heute in Edinburgh. Aufgrund typischer Merkmale der Kleidung der Figuren und der Ornamentik an ihrer Rückseite werden sie mit Mitte des 12. Jahrhunderts datiert.[72]

Der Ort ihrer Entstehung ist unklar, auf der wüsten Insel konnten die feinen Schnitzarbeiten nicht hergestellt worden sein, doch findet sich im 4. Band der Protokolle der Society of Antiquities of Scotland aus dem Jahr 1863 der Bericht eines Captain Thomas über eine Legende, die auf der Isle of Lewis erzählt und gesungen wurde und die mit den Schachfiguren zu tun haben könnte: Ein Schäfer, der am Strand von Uig die Schafherde des Mor Mackenzie beaufsichtigte, beobachtete eines Morgens einen Matrosen, als er mit einem Sack am Rücken an Land schwamm. Anstatt zu helfen, erschlug er den Schiffbrüchigen und beraubte ihn in Hoffnung auf Gold und Silber. Die Beute, die der Pächter Malcolm Macleod 700 Jahre später finden sollte, erwies sich jedoch als wertlos für den Mörder, und so vergrub er sie im Sand. Als er einige Jahre später wegen anderer Delikte in Balnakill zum Tode verurteilt wurde, gestand er unter dem Galgen seine Tat. Woher der Schiffbrüchige gekommen war, wußte er nicht zu sagen. Die Ranken- und Tierornamente auf der Hinterseite der Figuren haben jedoch Ähnlichkeit mit Arbeiten, wie sie in Trondheim im 12. Jahrhundert hergestellt wurden, und so mag es sein, daß sie von schiffbrüchigen skandinavischen Händlern auf die Isle of Lewis gebracht wurden. Andere Quellen sprechen von Island als Ursprungsort.[73]

Mit Ausnahme der Bauern sind alle Figuren der Lewis Chessmen naturalistisch. Sie wirken blockartig, sind aber bereits freigestellt und haben sich von der romanischen Reliefform gelöst. Die *Könige* und *Damen* sitzen auf reich verzierten Thronsesseln. Die 82a
Bischöfe (Läufer) werden sowohl stehend als auch sitzend dargestellt. Sie tragen eine Mitra und halten einen Bischofsstab, dessen Spitze stets ihr Gesicht berührt. Die Könige tragen Kronen und halten Schwerter auf ihren Knien, alle Königinnen pressen ihre rechte Hand an ihre Wange, eine groteske Geste, vielleicht eine der Bestürzung, die aber den Lewis Chessmen einen Schuß Humor und Ironie in der Gestaltung verleiht. Ihre Haltung ist starr wie ihr Blick, die Waffen und Hände der Könige liegen eng an der Figur. Die *Springer* sind bewaffnete Reiter. Sie tragen einen spitzen Helm, Lanze und 82d
das normannische Langschild und sitzen auf etwas zu kleinen, ponyähnlichen Pferden. Die *Türme* sind Fußsoldaten oder Wächter mit Schwert und Schild, fast alle tragen Helme. Die Mehrzahl der *Bauern* erscheinen als polygonale Obelisken, einige haben die Form von Grabsteinen und weisen einfache geometrische und florale Verzierungen 82f
auf. Die Figuren haben heute ihre Farbe verloren, doch wurden noch im Jahr 1832 kurz nach dem Fund Spuren dunkelroter Einfärbung festgestellt, die zur Unterscheidung der Parteien gedient hatte.

Die Lewis Chessmen geben eine Momentaufnahme der Veränderung der Schachfiguren in Europa und zeigen die Schritte ihrer Integration in das höfische Modell. Aus der persisch-arabischen Königsfigur (Schah) wurde ein europäischer König mit allen Insignien (*king*, altengl. kynge). Gleichgeblieben ist auch die Figur des bewaffneten Reiters (arab. faras, altengl. knyght, eques). Die arabischen Fußsoldaten (arab. baidak) wurden die Bauern oder Fußgänger (*pawn*, altengl. paune).[74]

Während also drei Figuren des arabischen Ensembles übernommen werden (König, Reiter, Fußsoldaten), wird es in den anderen drei Positionen (Kampfwagen, Elefant und Wesir) sprachlich und figurativ verändert. Eine direkte Integration dieser fremden Figuren in das höfische Modell mißlang.

Der persische *Kampfwagen* (Turm, arab. rukh) wird als Wächter dargestellt; 82e
seine Bezeichnung im Englischen (*rook*) übernimmt die unklare Worthülse des Arabischen, assimiliert ihn phonetisch, jedoch ohne ihn sprachlich zu interpretieren. Später wird der persische Kampfwagen im mediterranen Europa als Mauerturm dargestellt. Die Integration des Kampfwagens als Turm erfolgte wahrscheinlich über den Umweg des synthetischen Lateins (rochus, etwa zu italienisch rocca). Die Stellung des Kampfwagens auf den Eckfeldern des Schachbrettes erleichterte dabei diese phonetische Transformation, entsprach die Stellung des Wagens im Schachspiel der des Turmes in der europäischen Festung. Die semiotische Beziehung zwischen Ding und Bezeichnung ist jedoch alles andere als eindeutig: An der Alten Rus wurde der persische Kampfwagen als „Boot" dargestellt – wohl durch eine Neuinterpretation der abstrakten

arabischen Figur, die einem Nachen ähnelt. Mit „ladja" (russ. Boot) wird heute noch der Turm im Schachspiel bezeichnet, obwohl das alte Boot längst als Mauerturm in den modernen Schachspielen dargestellt wird.[75]

82c Der persisch-arabische *Elefant* erscheint in den Lewis-Chessmen als Bischof (engl. bishop, altengl. awfyn oder alphyn). Der Elefant war im arabischen Raum noch bekannt als Teil der indischen Armee, doch verlor er seine auf Erfahrung beruhende Bedeutung im christlichen Abendland. Da auch die arabische Bezeichnung (arab. al fil) unverständlich war, war der Divination Tür und Tor geöffnet. Ab dem 13. Jahrhundert erscheint der arabische Elefant im Französischen als „fou" (Narr), im Englischen als kirchlicher Würdenträger; im Deutschen wird er oft als „Weiser" oder „Alter" bezeichnet, ein wenig später schon als „Lauffer". Bei der Transformation des arabischen Elefanten könnte wie beim russischen Boot eine Fehldeutung der abstrakten arabischen Form eine Rolle gespielt haben: Die frühe lateinische Bezeichnung „cornutus" (der Gehörnte) interpretiert offenbar die angedeuteten Spitzen des Alfil einmal als Kappe des Narren dann wieder als Mitra des Bischofs. Viel plausibler ist jedoch eine strukturale Interpretation, welche die Stellung des Bischofs am europäischen Hof und die Entwicklung des Gesamtensembles berücksichtigt: Die Kriegsmetapher des persischen Schachspiels wird in die Darstellung der politischen Herrschaftsverhältnisse überführt.

Der *Bischof* steht neben dem König und der Königin, als christliches Oberhaupt verkörpert seine Anwesenheit vor allem politische Macht – die geistliche Macht ebenso wie die weltliche. Das Symbol seiner Macht ist der Bischofsstab, den alle Bischofsfiguren der Lewis Chessmen in Händen halten. Mit ihm zog der Bischof auch in die Schlacht. Wie der Wandteppich von Bayeux über die Schlacht von Hastings zeigt, war der Bischofsstab eine symbolische Waffe – mit ihr wies er den Soldaten den Weg.[76] Als mächtige Figur neben dem König und der Königin eignete sich der Bischof daher als Vermittler, der das alte persische Motiv des Krieges aufnahm und gleichzeitig in das Modell des Hofes transponierte.

82b Aus dem arabischen *Wesir* wurde schließlich die *Königin/Dame* – der spektakulärste Neologismus im europäischen Ensemble. Die Transformation des arabischen Wesirs in die europäische Königin, wie sie bis auf das Russische alle Sprachen Europas im Mittelalter schrittweise vollzogen haben, hat bis zur Gegenwart zu phantastischen Spekulationen angeregt, um die Ungeheuerlichkeit des Geschlechterwechsels ideengeschichtlich aufzulösen. Manche haben in der Schachkönigin eine Jeanne d'Arc oder Isabella von Spanien gesehen, andere sogar die Mutter Gottes, die durch Marienverehrung auf das Schachbrett gelangt sein soll.[77] Man sieht, was man sehen will, und da sich keine Protokolle über die Benennung finden, sagen die Interpretationen mehr über die Verfasser und die Hermeneutik ihrer Zeit aus als über die Sache selbst.

Die Darstellung des Wesirs als Regina hatte bereits vor den Lewis Chessmen Tradition in Europa. Eine Königin erscheint erstmals im prächtigen Elfenbein-Schach-
81 spiel aus dem *Schatz von Saint Denis*, das einst Karl dem Großen zugeschrieben wurde, heute aber mit Ende des 11. Jahrhunderts datiert wird.[78] Die Königin ist hier die einzige Figur, die in die persische Motivik des Krieges einbricht. Die Läuferfiguren sind noch Streitelefanten mit Lenkern und Reitern, die Springer berittene Krieger und die Türme Kampfwagen, die von vier Pferden gezogen werden. Der einzige erhaltene Bauer stellt einen grimmigen Fußsoldaten mit Langschild und Schwert dar.

König und Königin der Schachfiguren von Saint Denis entsprechen aber schon dem höfischen Modell. Sie sitzen in Pavillons, deren Vorhänge von Dienern geöffnet werden. Durch Vorhang und Pavillon sind beide Figuren unnahbar. Wie bei den Lewis Chessmen hat sich die Kriegsmetapher zugunsten des Modells des Hofes verschoben, sie bleibt aber durch die anderen Figuren evident. Die Stellung der Königin entspricht der Stellung der Herrin in der höfischen Gesellschaft und in der Minne. Sie ist zwar anwesend und Objekt der begehrlichen Blicke, aber unnahbar.[79]

Allerdings war die pikante Idee, daß sich ein „Fußsoldat" (Bauer) in eine Königin verwandeln soll, Geschlecht und soziale Schicht wechseln könnte, lange Zeit nur schwer zu akzeptieren. So nennt Christopher Lambe noch 1765 den Geschlechterwechsel vom Fußsoldat zur Dame indigniert „a ridiculous absurdity"[80]; Gustavus Selenus, der Herzog von Braunschweig-Lüneburg, wundert sich 1616 zwar über die die Efeminisierung des männlichen arabischen Beraters und die weibliche Bezeichnung, nimmt sie aber bereits als gegeben und unwiderruflich hin. Etwas hatte sich verändert.

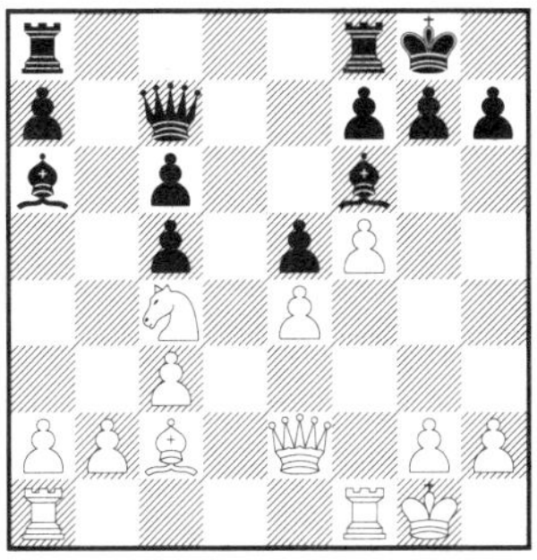

18. ♗c2–d3 ♗a6xc4
19. ♗d3xc4 ♖f8–d8

Mit 18. ♗c2–d3 hebt Rubinstein die Fesselung seines Springers auf. Grünfeld entschließt sich nach längerem Nachdenken, die Stellung zu vereinfachen. Der Doppelbauer ist zwar ein positioneller Nachteil, doch haben sich Linien für die schwarzen Türme geöffnet. Nach 18. ... ♗a6xc4 19. ♗d3xc4 ♖f8–d8 ist ein Spiel mit ungleichfarbigen Läufern entstanden. Es scheint auch mit einem oder sogar zwei Bauern weniger ein bequemes Unentschieden für Grünfeld zu versprechen. Für Rubinstein hat die Partie eben jedoch erst begonnen. Es ist kurz nach 11 Uhr Vormittag am 5. August 1929.

18

Das Meisterturnier in Barmen im August 1905 war die internationale Premiere Rubinsteins. Gleichauf mit Oldrich Duras[81] gewann Rubinstein das Turnier und erzielte 12 Punkte aus 15 Partien. Für die Leistung wurde ihm der Meistertitel des Deutschen Schachbundes verliehen, er war damit in die Gilde der stärksten Spieler Europas aufgenommen. Seit der Allrussischen Meisterschaft in Kiew 1903 hatte sich Rubinstein intensiv mit Eröffnungstheorie und dem Endspiel beschäftigt. Alle Weißpartien begann er nun mit dem Damenbauern und verteidigte gegen 1. e2–e4 fast ausschließlich mit der Rubinstein-Variante in der Französischen Verteidigung. Deutlich wurde in Barmen auch seine Meisterschaft im Endspiel. Gegen Middelton und Duras rettete er durch präzise Endspielmanöver schlechter stehende Mittelspiele, in der Partie mit Gajos führte er den kleinen Vorteil des Läuferpaares – gegen Läufer und Springer des Gegners – zum Gewinn. 1

Nach dem Meistertitel in Barmen war das Jahr 1906 das Jahr des internationalen Aufstiegs Rubinsteins. Bei seiner zweiten Teilnahme an der Allrussischen Meisterschaft in St. Petersburg im Jänner 1906 belegte er bereits den zweiten Rang, einen Vierkampf 3

20. ♖a1–d1 ♖d8xd1

im April in Lodz gewinnt Rubinstein mit 6,5 Punkten vor Tschigorin, Flamberg und Salwe. Tschigorin wird in beiden Partien besiegt. Danach erreichte den jungen Meister bereits eine Einladung zum Marathonturnier in Ostende (Belgien). Nicht weniger als 30 Partien waren zu absolvieren; für die Finalgruppe qualifizierten sich teilweise Spieler, die seit Jahren zum engsten Kreis der Weltelite zählten: Amos Burn[82] aus London, der Deutsche Richard Teichmann[83], Frank Marshall[84] aus New York, Geza Maróczy und Julius Perlis[85] aus Ungarn, der Wiener Carl Schlechter[86], Ossip Bernstein und David Janowski[87], die beide in Paris lebten. Schlechter spielte in Ostende eines der besten Turniere seines Lebens und gewann mit 21 Punkten vor Maróczy. Die Sensation des Turniers war der dritte Rang des 24jährigen Rubinstein. „Wenn es Rubinstein gelingt fortzusetzen", kommentierte *Lasker's Chess Magazine* im Juni 1906 vorausblickend, „was sein Mut, sein Stolz und seine Imagination versprechen, wird das Turnier von Ostende noch lange als sein Debut auf der Bühne des internationalen Schach erinnert werden." Seltsam leicht war der Aufstieg erfolgt. Das Preisgeld Rubinsteins betrug 1500 belgische Francs.

Rubinstein war bereits von Bialystok nach Lodz gezogen. Während der Revolution von 1905 war der Generalstreik ausgerufen worden, massive Bombenanschläge der Anarchisten und Straßenkämpfe der Linken gegen die Nationalisten prägten den Alltag der Stadt. Zugleich kam es nach dem antisemitischen Manifest von Nikolaus II. im Distrikt Warschau zu großen Pogromen. Für Rubinstein begann ein Leben als Turnierreisender, unterwegs von Hotel zu Hotel.

Der 20. Zug Rubinsteins gegen Grünfeld ist ♖a1–d1. Rubinstein widersetzt sich dem Streben seines Gegners nach Vereinfachungen nicht. Das erste Turmpaar wird getauscht (20. ... ♖d8xd1).

19

Neben dem idealen Umgang mit dem Tod und der Liebe formulierte die moralisierende Literatur des ausgehenden Mittelalters durch die Schachmetapher auch das Ideal einer neuen Gesellschaft und ihrer Hierarchien, also eines Ordnungssystems, das in Bewegung geraten war und das neu codiert und durch die Codierung als gottgewollt legitimiert werden mußte. Die neuen Regeln der Städte und Stände wurden in vielen Traktaten deutlich gemacht. Greifen wir aus der Fülle der Quellen nur drei Texte von der Mitte bis zum Ende des 13. Jahrhunderts heraus, so zeigt die Veränderung der Schachallegorie den Übergang der statischen Ordnung der mittelalterlichen Gesellschaft zu einem dynamischen System. Die Welt als Schachspiel stürzt gleichsam vom Himmel hinab in den Menschen.

In *De Vetula* des Pseudo-Ovidius um die Mitte des 13. Jahrhunderts ist das Schachbrett noch ein Himmelsgewölbe.[88] Auf ihm bewegen sich die einzelnen Figuren als Sonne, Mond und Sterne, die der Mensch bloß anblickt. Doch schon in der anonym erschienenen *Moralitas de scaccario* repräsentieren die Schachfiguren die Stände.[89] Das Schachbrett ist nicht mehr der Himmel, sondern die Welt. Die weißen Felder symbolisieren das Leben und die Gnade, die schwarzen den Tod und die Schuld. Die

Gangart der Schachfiguren repräsentiert ihren Charakter: Der König etwa kann nach allen Seiten gehen, denn er kann tun, was ihm beliebt, die Türme sind Richter, weshalb sie gerade gehen und sich vom richtigen Weg nicht abbringen lassen, die Bauern sind arm und wie die Läufer (Bischöfe) falsch. Zwar gehen sie gerade, doch schlagen die Bauern schräg, was ihre Verderbtheit zeigt.

Gegen Ende des 13. Jahrhunderts verfaßte der genuesische Arzt Galvano da Levanto seinen *Tractatus de regimine principum atropologice educto de ludo scachorum,* der ein differenziertes Bild zeigt.[90] Die vorbildliche Herrschaft des Fürsten wird im Schachtraktat ins didaktische Zentrum gestellt. Die Ordnung des Staates ist ein Schachbrett, auf dem sich die Figuren bewegen. Im Mittelpunkt steht der *König*. Alle Figuren haben ihre Ämter von ihm, müssen seinem Willen gehorchen und unbedingt ihre Pflichten einhalten. Im Spiel des Dienstes und der Pflicht ist die *Königin* die wichtigste, die den Platz neben dem König einnehmen darf. Dafür muß sie sich stets tugendhaft verhalten und darf keinen Platz anstreben, der anderen vorbehalten ist. Die *Läufer*, deren Position sich noch in unmittelbarer Nähe zum Herrscher befindet, sind die Kanzler und Notare. Sie erledigen demütig und geduldig die beamteten Geschäfte, aber niemals dürfen sie ihre Pflicht vergessen und ihre Stifte in Lanzen verwandeln. Die *Springer* (miles) sind in Levantos Traktat die Verteidiger des Staates, denn sie sind am beweglichsten. Doch zeichnen sie sich trotz ihres Mutes und ihrer Entschlossenheit vor allem durch Charakterstärke aus, denn „Soldat ist ein Name des Amtes und nicht der Natur". Die *Türme* gleichen den weit entfernten Städten des Reiches. Sie sind besonders gehorsam und sorgen für Wohlstand und Sicherheit. Die *Bauern* sind wie in der Moralitas zwar unbedeutend, doch können sie bei Galvano bis zum König und zur Königin vordringen, sich verwandeln und zum Amtsträger oder Berater des Königs werden.

Im Schachstaat Galvanos herrscht völlige Harmonie, wenn die Regeln des Spiels eingehalten werden. Allen Figuren sind Ämter aufgetragen, die sie, soll der Staat funktionieren, pflichtgetreu erfüllen müssen. Hochmut müssen die Untertanen vermeiden wie der Fürst selbst, der sonst zum Tyrannen wird und den Thron verliert. Seine oberste Pflicht ist die Erhaltung der Gerechtigkeit und des Friedens. Die Fürsten sind Träger des Gesetzes und müssen – vor allem möchte man hinzufügen – „das Vermögen der Untertanen schützen und mehren". Galvanos Menschenbild erinnert an Platons Nomoi. Der einzelne ähnelt einer „künstlichen Marionette, von den Göttern geschaffen – gleichviel ob zu ihrem Spielzeug oder im Ernst zu einem Zweck". Die Menschmarionette verfügt zwar über das „Leitseil der Vernunft"[91], doch das meint nicht moralische Freiheit, sondern ist ident mit dem Grundgesetz des göttlichen Staates. Die Ordnung im Schachstaat Galvanos ist noch eine statische, die staatlichen Ämter der Figuren stehen im Mittelpunkt, noch ist vom dynamischen Spiel der Gesellschaft, dessen Zentrum der Markt ist, nichts zu merken.

Vielleicht verschwand Galvanos Traktat deshalb rasch in einer Bibliothek, während sich eine andere Version des Miniaturstaates zu einem der populärsten Texte des Mittelalters entwickelte – die Schachpredigt des Dominikaners und Inquisitors aus der Lombardei Jacobus von Cessolis *Libellus super Ludo Schachorum (Liber de moribus hominum et de officiis nobilium).* Der Traktat, der zwischen 1275 und 1300 entstand, liegt in den verschiedensten handschriftlichen oder gedruckten Fassungen vor und wurde rasch in nahezu alle europäischen Sprachen übersetzt.[92] Wie Galvano erklärt Cessolis die neue Ordnung der Städte und Stände über die Wertigkeiten, die Positionen und die Züge des Schachspiels, doch war Galvanos Ideal an der ewigen Ordnung des biblischen Staates orientiert, formuliert die Predigt des Jacobus die staatliche Ordnung als Spiel gesellschaftlicher Kräfte. Damit erreichte er das neue bürgerliche Publikum der Kaufleute ebensowie den neuen Adel, der in Städten lebte.

46–48 Neben dem König und der Königin befinden sich in der ersten Reihe die *nobiles*. Vor ihnen stehen die populares, die den nobiles und damit dem König nützen und dienen sollen. Der *König* „sol sein mit tugenden und mit gnaden beschönet". Er muß sich stets an die Wahrheit halten, er trägt eine Krone, die deshalb schwer ist, weil sein Amt schwierig und mühevoll ist. Der König bedarf der vier Kardinaltugenden, damit er weise und gerecht regieren kann. Die *Königin* ist eine schöne Frau, welche keusch und schamhaft und von edler Abstammung sei. Sie steht zur linken Hand des Königs, damit sie seine Gnade empfange. Die *Läufer* sind die Richter. Sie müssen, betont Jacobus, unbestechlich sein und dürfen auf verwandtschaftliche Beziehungen in ihrem Amte keine Rücksicht nehmen. Die *Springer* sind Ritter, die Adeligen im eigentlichen Sinn. Sie müssen nicht nur tapfer kämpfen: „Dess ersten sol der Ritter weishait haben." Die *Türme* sind die Statthalter oder Vogte. Sie sind beritten wie die Springer und handeln im Auftrag des Königs, wenn dieser nicht anwesend ist. Sie üben sich – oder sollten sich üben – in Gerechtigkeit, Demut, Geduld und Freigiebigkeit.

Die innovative Leistung des Jacobus gegenüber den anderen Traktaten ist die Einbeziehung der Bauern (*populares*) in das Welttheater der Stadt. Erstmals bleiben sie nicht mehr anonym und werden genau beschrieben. Ihre Position im Gefüge des Schachstaates ist durch ihre Funktion motiviert. Vor dem rechten Turm steht – ganz am Rand der Gesellschaft (h7) – ein Bauer (agricola). Er versorgt den Stadthalter (Turm) mit Obst und Wein. Daneben (vor dem Ritter) setzt Jacobus den Schmied (g7), weil er mit seiner Kunst besonders dem Ritter nützt. Vor dem Richter steht der Notar (f7), der auch ein Tuchmacher sein kann. Die vierte Stelle (e7) vor dem König nimmt der Kaufmann oder Geldwechsler ein, damit er mit seinen Mitteln schnell die königliche Kasse füllen kann. Vor der Königin (d7) sitzt der Arzt, Apotheker oder Chirurg. Er soll sittlich reif sein und Streitigkeiten vermeiden. Der Bauer daneben (c7) stellt einen Schankwirt dar, der mit ausgestreckter Hand die Pilger begrüßt. Vor dem Ritter steht der städtische Wächter (b7), der wachsam sein soll. Am Rand wie der Bauer steht schließlich der zweite Außenseiter der Gesellschaft auf a7: Der Taugenichts, der Verschwender und Glücksspieler, der im besten Fall als Botengänger dient.[93]

Durch die Einbeziehung der populares ist in der Schachallegorie des Jacobus ein Kaleidoskop der Stände und ihrer Funktionen entstanden. In Ansätzen antizipiert er bereits das Ideal einer bürgerlichen Gesellschaft, in der alles dem Wandel unterliegt und in der durch gegenseitige Verträge Gleichheit herrscht, da alle aufeinander angewiesen sind. Der König habe gut zu sein zu seinen Untergebenen, denn sie schützen ihn vor dem Gegner. Alle Rechte sind bei ihm, doch hat er auch Pflichten wie die nobiles.

Die populares können sich verwandeln, wenn sie die achte Reihe erreichen. „Niemand", schreibt Jacobus, „soll also dergleichen populares geringschätzen, denn wir lesen, daß durch Tugend und Gunst ausgezeichnete Personen zur Kaiserwürde und zum Amt des summus pontifex gelangt sind." Wenn sich die aufstrebenden Bürger und

Ministerialen durch Tugend nur hinreichend qualifizieren, ist ihnen im Welttheater der Aufstieg auch zu den höchsten Rollen im Staat nicht mehr verwehrt.

Es fehlt seltsamerweise nur einer im Spiel: der Kleriker. Aber der ist Jacobus selbst und erklärt mit dem Schachspiel in der Hand dem staunenden Publikum gerade die Gesellschaft und ihre gottgefälligen Regeln. Als Erklärender steht er wie ein Künstler außerhalb oder vielleicht sogar über ihrer Ordnung. Die Belehrten mußten aber seine allegorische Deutung der neuen Welt verstanden haben – ein Hinweis auf die ungeheure Popularität des Schachspiels im ausgehenden 13. Jahrhundert.[94]

21. ♖f1xd1 ♖a8–d8
22. ♖d1xd8+ ♕c7xd8

Das zweite Turmpaar verschwindet vom Brett: 21. ♖f1xd1 ♖a8–d8 22. ♖d1xd8+ ♕c7xd8. Nach den Vereinfachungen der letzten Züge hat Schwarz nun scheinbar sein Ziel erreicht: Ein Endspiel mit ungleichfarbigen Läufern ist entstanden. Grünfeld bietet Remis an. Rubinstein lehnt ab. Das Spiel hat seit seinem 17. Zug prinzipiellen Charakter angenommen. Die schwarze Stellung weist mit dem Doppelbauern eine kleine, aber dauerhafte Schwäche auf; das Spiel ist zwar vereinfacht, aber nicht nivelliert.

20

König Alfons X. von Kastilien und Leon (1221 – 1284) war als Herrscher wenig Erfolg beschieden. Die politischen Projekte des Sohnes von Ferdinand III. scheiterten kläglich: Sein Plan, die Reconquista nach Nordafrika zu tragen, wurde ebensowenig Wirklichkeit wie seine Idee, das Erbe der Hohenstaufer anzutreten, um Kaiser des Heiligen Römischen Reiches zu werden. Zwar wurde Alfons X. bei der Doppelwahl von Trier, Sachsen und Brandenburg 1257 zum deutschen König gewählt, doch blieb der Beschluß rein formal; die Herrschaft im Reich konnte Alfons nie antreten. Durch die außenpolitischen Mißerfolge wurde auch seine Macht in Kastilien untergraben. Der Landadel drängte die ohnehin schwache Autorität des Königs weiter zurück, sodaß Alfons X. in Sevilla mehr das Dasein eines Gefangenen als das eines Herrschers führte.

Den historischen Werken über die politische Geschichte des Mittelalters ist sein Name deshalb nur ein paar meist hämische Zeilen wert. In der Kunst- und Wissenschaftsgeschichte des Mittelalters hat Alfons jedoch unsterblichen Ruhm erlangt und nicht zu unrecht den Beinamen el Sabio, der Weise, erhalten. In Sevilla entfaltete sich unter seiner Regierung von 1252 an eine historisch einzigartige, christlich-islamische Doppelkultur. Zwar war mit dem Sieg Kastiliens über das Kalifat von Cordoba im Jahr 1236 und der Eroberung Sevillas 1248 die Reconquista auf der iberischen Halbinsel blutig abgeschlossen worden, doch gelang es Alfons, das arabische Erbe am Königshof in Sevilla wachzuhalten und es mit den Vorboten der europäischen Renaissance zu verschmelzen. Am Hofe Alfons des Weisen versammelten sich Gelehrte aus Europa, Nordafrika und Asien, aller Rassen und Konfessionen und aller Fakultäten; die Werke, welche aus diesem jahrzehntelangen Symposion erwuchen, bilden als Ganzes betrachtet die erste große Enzyklopädie Europas.

Die große Leistung von Alfons bestand zunächst in der Förderung von Übersetzungen. Bereits 1251 verfügte Alfons die Übertragung des indischen Legendenbuches Calila wa Dimna aus dem Arabischen ins Kastilische, wenig später wurde Sindbads Reisen (Libro de los engannos e asayamientos de las mujeres) übersetzt. Beide Übertragungen wurden zu Grundlagen für die Entwicklung des Spanischen. Nach der Literatur wandte sich Alfons der Astronomie zu und ließ die Sternentafeln des Ptolemäus präzisieren. Die aus dieser Arbeit entstandenen alfonsinischen Tafeln wurden noch von Kepler und Galilei verwendet; von 1256 – 1263 schuf Alfons mit den Las Siete Partidas ein umfassendes Zivilgesetzbuch, im *Lepidario* schreibt er über Edelsteine, verfaßt an die 500 Gedichte, die zum Höhepunkt der galizischen Troubadourslyrik gehören. Nebenbei arbeitet Alfons mit einer Vielzahl von Beratern, Kopisten und Übersetzern an der Primera Crónica General, einer Geschichte Spaniens seit dem Altertum, und an der *General Estoria*, einer Zusammenschau des Wissens seiner Zeit – ein freier, ungebundener und spielerisch-genialer Geist, und es überrascht nicht, daß Alfons auch ein Buch über das Schachspiel verfaßt hat. Es wurde das schönste Schachbuch der Welt.[95]

30–34 Das *Libro de Açedrex, Dados e Tablas* – das Buch vom Schach-, Würfel- und Brettspiel – entstand im Jahr 1283, Alfons diktierte es ein Jahr vor seinem Tod. Die Handschrift umfaßt 97 ungewöhnlich große Pergamentblätter, zweispaltig beschrieben in klaren gotischen Minuskeln im Block. Die 150 Miniaturen, davon zehn ganzseitig, zeigen Spielszenen und illustrieren den Text durch Schachdiagramme. Wie Spielbretter sind die Diagramme zwischen den Spielenden aufgestellt und halten die aktuelle Position fest, die im Text diskutiert wird. Der Codex besteht aus mehreren Teilen. Der erste und ausführlichste Teil handelt vom Schachspiel, der zweite von Würfelspielen und die letzten beiden vom Mühlespiel und von Derivaten des Schachspiels: dem phantasti-
33 schen Riesenschach auf einem 12 x 12 Felder großen Brett mit zusätzlichen Figuren wie Giraffe, Krokodil, Einhorn und Löwe, und dem Spiel „el mundo", einem kreisförmigen Schachspiel, das mit Würfeln gespielt wird; die letzten Blätter sind einem mysteriösen, astrologischen Würfelschach gewidmet, dessen Regeln nicht klar werden und vielleicht nicht klar werden sollen.

Die Miniaturen mit ihren leuchtenden Farben widerspiegeln ein heiteres Klima der Verständigung und Toleranz am Hofe Alfons des Weisen, in dem das Schachspiel gedeihen konnte. Dunkelhäutige Mauren spielen mit christlichen Rittern, diese mit Juden, diese wieder mit Mauren; Jünglinge spielen mit Alten, reiche arabische Händler mit Armen und Frauen mit Männern. Beim Spiel scheint es weder Unterschiede des Geschlechts, des Glaubens und der Herkunft gegeben zu haben. Die letzte, ganzseitige
32 Tafel des *Libro de Açedrex* zeigt gleichnishaft zwei Spieler in einem arabischen Zelt. Ein mohammedanischer Ritter bietet einem prunkvoll gekleideten Christen einen Trunk aus einem Becher, der bedankt sich mit einer vorsichtigen und höflichen Geste; zwischen ihnen ist eine schwierige alte Mansube aufgebaut, deren Lösung offenbar alle Aufmerksamkeit der Welt erfordert und die keinen Raum läßt für Rassismus und Vorurteil.

„Gott hat gewollt", schreibt Alfons, „daß die Menschen untereinander auf natürliche Weise allerlei Freuden genießen sollen, damit sie, wenn ihnen Kummer und Sorgen zustoßen, diese leichter ertragen könnten. Deshalb suchen die Menschen mancherlei Wege, um diese Freuden auch gebührend zu genießen." Es gibt viele verschiedene Spiele mit Brettern, Würfeln und solche, die mit dem Verstand zu lenken sind: „Die Spiele unterscheiden sich auf mancherlei Art. Weil aber das Schachspiel vornehmer und kunstreicher ist als die beiden anderen, werden wir zuerst von ihm sprechen."[96] In der allegorischen Vorrede seines Traktats erzählt er seine Legende vom Ursprung der Spiele. Sie ist es wert, vollständig zitiert zu werden:

„In den alten Büchern heißt es, daß in Großindien ein König lebte, der die Weisen sehr liebte und sie immer an seiner Seite hielt und sie oft veranlaßte, die Ursachen und die Folgen der Dinge zu erklären. Es gab ihrer drei, und sie lehrten voneinander abweichend. Der eine sagte, daß Verstand mehr wert sei als Glück. Denn wer nach seinem Verstande lebte, erledige alle seine Angelegenheiten in geordneter Weise und wenn er auch Verlust erleide, sei er schuldlos, denn er tue das Ziemliche und Gebührende. Der andere sagte, daß Glück mehr wert sei als Verstand, denn wenn das Glück Verlust oder Gewinn verhänge, könne kein Verstand dem ausweichen. Der dritte sagte, daß am besten lebe, wer beides genieße. Das sei die wahre Weisheit. Denn je größer der Verstand, desto größer die Besorgnis, alle Dinge geziemend zu regeln, und andererseits je mehr Glück, desto mehr Gefahr, weil das Glück nie gewiß sei. Aber der rechte Weg sei, den Verstand zu benutzen, wenn man begreife, daß er zum Vorteil gereiche und wenn man Glück habe, es gut zu nützen und sich dabei vor Schaden möglichst zu hüten. Und nachdem sie ihre Meinung gründlich dargelegt hatten, befahl ihnen der König, daß ihm ein jeder den Beweis dessen, was er gesagt hatte, erbringen sollte und gab ihnen dafür die Frist, die sie begehrten. So zogen sie sich zurück und studierten ihre Bücher, jeder nach seiner Meinung. Und als die Frist verstrichen war, erschienen sie alle vor dem König, ein jeder mit seinem Beispiel. Und der Weise, der für den Verstand eingetreten war, brachte das Schachspiel und zeigte, daß der Klügste und Aufmerksamste den andern besiegen könne. Und der zweite, der sich an das Glück hielt, brachte die Würfel und zeigte, daß der Verstand nichts wert sei, sondern nur das Glück, wie es beim Wurf erscheine, durch den man Nutzen oder Schaden davontrage. Der dritte, der gesagt hatte, daß Verstand und Glück gemeinsam vorzuziehen wären, brachte das Spielbrett mit seinen abgezählten und regelrecht in ihren Häusern aufgestellten Steinen und den Würfeln, die sie beim Spiel bewegen, so wie dieses Buch lehrt, das gesondert davon handelt und zu verstehen gibt, daß ein guter Spieler auch bei widrigen Würfeln durch Vernunft den Schaden vermeiden kann, den der zufällige Wurf mit sich bringt."[97]

Alfons wertet nicht zwischen den Spielen. Welches Spiel er spielen will, darüber muß der einzelne entscheiden. Die Aufgabe des Chronisten ist es (und mag er sogar ein König sein), die Regeln der verschiedenen Spiele aufzuzeichnen, damit der einzelne seine Entscheidung treffen kann. Seine Sympathie gilt aber fast ganz dem Spiel der Vernunft, das er am ausführlichsten bespricht, weil es das „geruhsamste" der Spiele ist. Mit juristischer Präzision werden die Figuren, ihre Gangart, ihre Vor- und Nachteile und die Regeln des Spiels beschrieben. Bezeichnung und Zugart der Figuren übernimmt Alfons mit leichten Modifikationen aus dem Arabischen.

Der König (*rey*) soll auf seinem Thron sitzen mit einer Krone auf dem Kopf und einem Schwert in der Hand, „als wenn er Gericht abhielte oder ein Urteil spreche". Er soll bedächtig vorrücken in gerader und schräger Richtung, „wie einer der sich nach allen Seiten umsieht und überlegt, was er tun soll".[98]

Der Fähnrich (*alférez, alfferza)*, der sein Feldzeichen trägt, steht neben ihm. Er soll „den König bewachen und sich nicht von ihm trennen". Er geht schräg einen Schritt. Beim ersten Zug kann er jedoch schräg oder gerade ins nächste Feld springen.

Die Elefanten (*alffiles*) springen über drei Felder in schräger Richtung. Sie sollen „Kampftürme auf dem Rücken tragen, auf deren Spitzen sich bewaffnete Männer befinden, als ob sie in den Krieg ziehen wollen".

Die Pferde (*cauallos*) springen wie die Elefanten ins dritte Feld, doch schräg, „gleichgültig in welche Richtung. Sie sollen bewaffneten Rittern gleichen".

Die Türme (*roques*) sind die besten Figuren, „denn die können in einem Zug von einem Ende des Brettes zum anderen gelangen, wohin es ihnen beliebt". Sie sollen „Reihen bewaffneter Ritter gleichen, die sich dicht beinander halten".

Die Fußsoldaten (*peones*) rücken ein Feld vor, „so wie das Fußvolk des Heeres nur langsam weiterzieht", und sie schlagen schräg. Beim ersten Schritt können sie jedoch schon drei Felder weit ziehen. Erreichen sie die achte Reihe, werden sie verwandelt, „und das bedeutet, daß man aus geringem Stand zu den Höheren aufsteigen kann." Verwandelte Fußsoldaten werden zu *peones alferzados*. Sie dürfen bei ihrem ersten Zug ins dritte Feld springen, danach ziehen sie wie der gewöhnliche alférez. Man soll sie „machen wie das Volk, so wie es sich bewaffnet und zurüstet, wenn es in den Krieg zieht".

Man gewinnt, wie im arabischen Schach, durch Schachmatt, durch Patt und durch den Beraubungssieg, das heißt durch Wegnahme des letzten feindlichen Steines, sodaß der König alleine bleibt. Den Hauptteil des Codex bilden über hundert Mansuben (Schachprobleme), die Alfons aus arabischen Handschriften entlehnt. Zur besseren Beschreibung hat er bereits ein eigenes Notationssystem erdacht. Das Schachbrett wird in zwei Hälften zerlegt, die Felder numeriert, sodaß jeder Zug genau nachvollziehbar ist. Die Ausgangsstellung wird durch das Bild, das Diagramm mit stilisierten Figuren, veranschaulicht. An dieser Form der Darstellung hat sich bis zur Gegenwart nichts geändert, der alfonsinische Codex präsentiert somit ein erstes ausdifferenziertes Aufschreibsystem in Europa.

Obwohl Alfons im wesentlichen die älteren arabischen Regeln übernimmt, bereiten die kleinen Modifikationen die Dynamisierung des europäischen Schachspiels am Ende des 15. Jahrhunderts vor: Der Doppelschritt des Bauern ist erfunden, mit dem Sprung des alférez und des peon alferzado werden zusätzliche, kombinatorische Elemente dem alten Spiel hinzugefügt und die Tür zur Moderne aufgestoßen.

Das Spiel der Vernunft präsentiert sich bei Alfons dem Weisen am Ende des 13. Jahrhunderts als Spiel der Toleranz, die in einer undogmatischen, heiteren Atmosphäre zumindest momenthaft Wirklichkeit werden kann. Die Sehnsucht der europäischen Kunst nach diesem Moment wirkt noch lange nach: Gotthold Ephraim Lessing wird die Schachmetapher der Toleranz im 18. Jahrhundert im *Nathan der Weise* aufnehmen wie Steve Zaillian am Ende des 20. Jahrhunderts in seinem Film *Searching for Bobby Fischer*.[99]

30 Wer den Codex genau betrachtet, kann auf einigen Tafeln auch einige kleine Hinweise erkennen, mit denen die anonymen Zeichner sich und ihre Herkunft verewigt haben: Vom Schachbrett hängt ein Tuch mit vier Kordeln, die arbah kanfot, wie sie religiöse Juden über ihrem Gebetsschal tragen.[100]

Rubinstein hat sich nach der Ablehnung von Grünfelds Remisangebot entschlossen, auf Gewinn zu spielen. Sein 23. Zug ist ♔g1–f1, ein flexibles, abwartendes Manöver: Der König strebt in die Mitte, um die Felder der offenen Linie zu decken; er steht nun auf einem weißen Feld, um möglichen Schachgeboten auf den schwarzen Diagonalen zu entgehen. Grünfeld spielt weiter aktiv. Mit 23. ... g7–g6 greift er den vorgeschobenen Bauern Rubinsteins an. Die sich öffnenden Linien versprechen Chancen gegen Rubinsteins König. Rubinstein schlägt (24. f5xg6), Grünfelds Antwort ist erzwungen (24. ... h7xg6). Unmerklich hat sich die Spannung der Stellung erhöht: Die Bauernstruktur am Königsflügel ist aus dem Gleichgewicht geraten. Dem f- und g-Bauern des Schwarzen stehen der g- und h-Bauer des Weißen gegenüber. Denkt man die Damen und Läufer vom Brett, so könnte auf der h-Linie ein entfernter, weißer Freibauer entstehen, der weiße König könnte über die Diagonale nach c4 gelangen und den Doppelbauern erobern. Es ist kurz nach 12 Uhr Mittag. Die Tische im Speisesaal des Hotel Imperial werden für den Lunch vorbereitet.

23. ♔g1–f1 g7–g6
24. f5xg6 h7xg6

21

1907 wurde Rubinstein unsterblich. Seine Partie gegen Gersz Rotlevi – gespielt am 4
26. Dezember in Lodz – wurde als die „Unsterbliche Partie Rubinsteins" bezeichnet. Rubinsteins Kombination im 22. Zug ist eine Folge von äußerst präzise berechneten Dame- und Turmopfern und von einer Plötzlichkeit und Tiefe, wie sie in der Schachgeschichte nur selten vorkommt. Vor einem unabwendbaren Matt stehend, mußte Rotlevi vier Züge später aufgeben. Die Partie ging rund um die Welt und machte den jungen Meister berühmt. Über seine Begegnung mit dem armen Rotlevi, der in der Schachgeschichte stets nur als Verlierer dieser einen Partie erinnert wird, verfaßte im übrigen Ernst Jünger einen der schönsten Texte, die je über einen Schachmeister geschrieben wurden.[101]

Hinter Rubinstein lag zu diesem Zeitpunkt bereits ein erfolgreiches Jahr. In Ostende 1907 ging er bereits kaum zwei Jahre nach seinem internationalen Debut in Barmen als Mitfavorit an den Start. Gleichauf mit Ossip Bernstein gewann Rubinstein das Turnier mit 19,5 Punkten aus 29 Partien vor Jacques Mieses und Aaron Nimzowitsch. Erstmals fiel auch der besondere Stil Rubinsteins auf: Sein strenges und ruhiges Positionsspiel, seine Meisterschaft im Endspiel. Rubinstein wurde erstmals als Schüler von Siegbert Tarrasch bezeichnet, sein Lehrbuch des modernen Positionsspiels *Dreihundert Schachpartien* (1895) hatte Rubinstein studiert und kannte alle Partien auswendig.[102]

Nach Ostende war das internationale Turnier in Karlsbad das wichtigste Ereignis des Jahres. Allein die Einladung war eine große Ehre, Rubinstein gewann das Turnier vor Maróczy und Leonhardt; Marshall wurde nur 12., Janowski 15., und der große Tschigorin belegte gar nur den 18. Platz. Mehr als das Preisgeld zählte die symbolische Bedeutung des Karlsbader Turnieres 1907. Angeführt von Rubinstein hatte die jüngere Generation der um 1880 geborenen Meister erstmals über die ältere, allesbeherrschende Gilde der Generation von Emanuel Lasker (1868 – 1941) gesiegt. Ein Generationswechsel kündigte sich an. Im Oktober 1907 erschien eine Charakteristik Rubinsteins durch Weltmeister Lasker, voll des Lobes für den jungen Kollegen, aber doch auch mit Einschränkungen: „Wenngleich Rubinstein mit gewaltigen Sprüngen und Sätzen an die Spitze gelangt ist, möchte ich ihn nicht mit einem Meteor vergleichen. Andererseits bin ich vollkommen überzeugt, daß er in Zukunft zu den Fixsternen am Schachhimmel gehören wird. Meiner Einschätzung nach ist er jedoch kein Weltmeister, kein Champion, wenn wir den Titel auf jene beschränken, die weit über den anderen stehen. Allerdings wird man gut beraten sein, in Rubinstein einen wichtigen Faktor zu sehen, mit dem gerechnet werden muß und zu rechnen sein wird. Bei Turnieren wird man ihn vorne finden. Rubinsteins Stil ist durchwegs modern, er strebt instinktiv eher nach Korrektheit als nach Brillanz. Sein bedeutendster Vorzug ist sein Mut in Verbindung mit einem tiefen positionellen Verständnis und seine Ausdauer. Er vermag brillant zu spielen, falls man ihm die Gelegenheit dazu gibt."[103]

Weltmeister Lasker wird Rubinstein „die Gelegenheit" bei einem Wettkampf wohlweislich nie geben, doch von seiner eigenen Stärke war Rubinstein bei seinem Sieg in Karlsbad schon vollständig überzeugt: In der vorletzten Runde des Turniers führte Rubinstein einen Punkt vor seinem schärfsten Konkurrenten Geza Maróczy[104]. Ein rasches Remis gegen Heinrich Wolf, einen engen Freund Maróczys, hätte zum Turniersieg bereits gereicht. Am Vorabend der entscheidenden Partie versprach Wolf, dem „polnischen Emporkömmling"[105] eine Lektion zu erteilen und durch einen Sieg gegen Rubinstein Maróczy den Turniergewinn zu ermöglichen. Nach zehn Zügen verließ Wolf jedoch der große Mut des Vorabends, und er bot Rubinstein ein Remis an. Zur Überraschung aller lehnte Rubinstein ab, bis zum 24. Zug hatte er eine klare Gewinnstellung aufgebaut. Anstatt hier jedoch den einfachen Gewinnzug zu machen, spielte Rubinstein auf Zugwiederholung und wickelte – wieder zur Überraschung aller – zum Unentschieden ab. Nach Partieschluß wurde Rubinstein von den Zusehern und Kollegen mit Fragen bestürmt. Natürlich habe er den Gewinnzug gesehen, so Rubinstein, doch „es genügte ein Unentschieden". Warum er dann nicht, wie jeder andere es getan hätte, das Remisangebot von Wolf im 10. Zug angenommen habe? „Gegen Wolf", antwortete Rubinstein, „mache ich Remis, wenn *ich* es will." Eine stolze und doch seltsam-unvernünftige Antwort für einen, den man den „Spinoza des Schachspiels" nannte.[106]

Die internationalen Turniere von Prag und Wien im darauffolgenden Jahr 1908 brachten jeweils nur 4. Plätze, aber Rubinstein hatte nun endgültig zu seinem Stil gefunden: Kristallklare Partien mit Endspielen von höchster Präzision, größte Ökonomie und Einfachheit bei der Gewinnführung, Zugfolgen ohne jeden gefälligen Dekor oder Manierismus.

Das Hauptereignis des Jahres 1909, das Turnier in St. Petersburg, gewann Rubin-
4 stein gemeinsam mit Weltmeister Lasker mit großem Vorsprung vor Duras und Spielmann. Obwohl Rubinstein Turniersieg und Preisgeld mit dem Weltmeister teilen mußte, zeigen ihn die Partien in St. Petersburg 1909 am Höhepunkt seines künstlerischen

Schaffens. An keiner Stelle seiner Laufbahn – und an keiner Stelle der Schachgeschichte – wird das Streben nach Absolutheit und Klarheit deutlicher als in Rubinsteins Spiel bei diesem Turnier.

Rubinsteins Eröffnungsprogramm in St. Petersburg war äußerst begrenzt, aber perfekt vorbereitet: Alle Weißpartien eröffnete er mit dem Damenbauern, er vermied – wie sein Leben lang – jedes Experiment und jede modische Variante und kam in keiner Eröffnung in Schwierigkeiten.

In der ersten Runde gegen Eugene Znosko-Borowski[107] beantwortete Rubinstein 5
eine leise Abweichung des Gegners von der Hauptvariante und ein zu optimistisches
Vorgehen im Zentrum mit einer scharfen Kombination, die sofort eine Figur und die
Partie gewinnt. In Runde zwei verteidigte sich Rubinstein gegen einen nur scheinbar
mächtigen Angriff Speyers kaltblütig und zwang den Angreifer zu einigen Abtäuschen. 6
Im Endspiel mit ungleichfarbigen Läufern war Rubinstein in seinem Element. Speyer
versuchte noch, eine Festung aufzubauen, doch wurde er von Rubinstein in der Folge
systematisch an die Wand gespielt, bis er nach über sechs Stunden Spielzeit im 55. Zug
aufgeben mußte.

Rubinsteins Sieg in der dritten Runde bei seiner ersten Partie gegen Emanuel 7
Lasker ist bekannt. Rubinstein überspielte den Weltmeister in der Eröffnung glatt und gewann im ausgehenden Mittelspiel nach einer tiefen Kombination einen Bauern. Lasker fand die bestmögliche Verteidigung, doch Rubinstein drängte ihn in einem schwierigen Turmendspiel mit vier gegen drei Bauern langsam zurück. Am Ende gerät Lasker in Zugzwang und muß die Partie verlorengeben. Ohne einen schweren Fehler begangen zu haben, war er dem Spiel Rubinsteins im ersten Aufeinandertreffen unterlegen.

Gegen Milan Vidmar[108], den Rubinstein schon ein Jahr zuvor in Prag besiegt 8
hatte, sicherte sich Rubinstein mit den schwarzen Steinen zunächst das Läuferpaar,
danach Raumvorteil und verdichtete die strategische Überlegenheit in 78 Zügen zum
Gewinn, ohne Vidmar eine einzige Chance zum Ausgleich zu lassen. Rubinsteins Partie
gegen Jacques Mieses[109] in Runde sieben nach zwei kurzen Unentschieden gegen Perlis 9
und Burn ist ein Meisterwerk der Strategie der Zentralisierung und der Endspielführung: Scheinbar vermag Schwarz nach der Eröffnung auszugleichen, als Rubinstein im 17. Zug unerwartet einen starken Läufer gegen einen Springer tauscht. Offenbar ein Fehler, doch die strategische Konzeption, die Rubinstein mit diesem Manöver einleitete, ließ Schwarz ohne Verteidigung. Rubinsteins Turm dringt am Königsflügel ein, und Weiß entfesselt trotz des wenigen verbliebenen Materials einen subtilen Angriff gegen den schwarzen König. Schließlich entscheidet der letzte Bauer im Springerendspiel.

In der nächsten Runde traf Rubinstein auf Oldrich Duras. Der tschechische Groß- 10
meister, einer der stärksten und erfolgreichsten Positionsspieler seiner Zeit, spielte
seine Lieblingsvariante in der Spanischen Eröffnung, doch Rubinsteins Spiel bleibt
unbeeindruckt und selbstbewußt. Nachdem Springer und Läufer getauscht sind,
erlangt Rubinstein mit seinen Türmen die Herrschaft über die einzige offene Linie und
gewinnt nach einem Flügelangriff einen Bauern. Der Rest der Zugfolge ist Sache der
Technik, der Gewinn scheint sich wie von selbst und leicht zu ergeben. In Runde neun
verlor Rubinstein nach zwei schweren Fehlern in besserer Position seine erste und einzige Partie gegen Fjodor Dus-Chotimirski[110], sein Endspiel am Tag danach gegen Erich 11

12 Cohn gehört aber bis heute zu den berühmtesten: Mit Weiß legte Cohn die Partie
gegen Rubinstein vom ersten Zug auf Abtausch an, in der Hoffnung gegen den stär-
keren Meister ein Remis zu erreichen. Rubinstein wich den Vereinfachungen seines
Gegners nicht aus, Figur auf Figur verschwindet vom Brett. Bereits im 25. Zug ist ein
Bauernendspiel erreicht, doch weist Cohns Stellung durch einen Doppelbauer eine
Schwäche auf, die Rubinstein schon lange zuvor antizipiert hatte. Im 40. Zug muß Weiß
aufgeben. Rubinstein führt zu diesem Zeitpunkt in der Tabelle.

Rubinsteins Partie gegen Richard Teichmann in Runde 12 wird Remis, doch in
13 Runde 13 gewinnt Rubinstein wieder, und zwar gegen Carl Schlechter: Rubinstein
erlangte nach der Eröffnung Raumvorteil, öffnet im 21. Zug die Stellung und führt wie
gegen Lasker einen kleinen Vorteil zum Gewinn. Ganz ähnlich verläuft auch seine
14 Partie in der darauffolgenden Runde gegen Leo Fleischmann[111]. Mit Schwarz gleicht
Rubinstein das Spiel rasch aus, zwei Turmpaare werden getauscht, ein Remis scheint die
logische Folge. Mit wenig Material gelingt Rubinstein jedoch nach zwei schwächeren
Bauernzügen Fleischmanns ein unwiderstehlicher Angriff, der die Partie im 52. Zug ent-
15–17 scheidet. Gegen Turnierende schlug Rubinstein in klaren Partien Freimann und Salwe,
Bernstein gelang ein knappes Remis. Auch Rudolf Spielmann[112] hielt in der 18. Runde
zunächst die Stellung und hätte sogar, wie Lasker im Turnierbuch später nachwies, im
18 34. Zug eine Gewinnmöglichkeit gehabt. Spielmann übersieht sie und fand sich vier
Züge später in einem Turmendspiel mit vier gegen vier Bauern. Das Endspiel führte
Rubinstein mit maschineller Präzision vom 39. bis zum 75. Zug zum Gewinn.

Vor der letzten Runde führte Rubinstein einen halben Punkt vor Lasker, das übrige
Feld war weit abgeschlagen. Lasker, der Taktiker, hatte sich trotz seiner Niederlage
gegen den Strategen in der zweiten Turnierhälfte langsam an den führenden Rubinstein herangearbeitet und bewies in der letzten Runde die besseren Nerven. In einer va-
banque-Partie schlug er Teichmann, während Rubinstein froh sein mußte, mit einem
19 Unentschieden gegen Savielly Tartakower den Turniersieg zu teilen. Das ehrgeizige
Finale Laskers glich einem Wink des alternden Weltmeisters dem jungen Konkurrenten
gegenüber: Er mag vielleicht der bessere Spieler sein, aber das allein wird nicht genügen,
um zu bestehen.

Dennoch: Rubinstein hatte seinen Stil gefunden. Er ist im Grunde die Verneinung individuellen Stils. Die Zugfolgen der St. Petersburger Partien scheinen abzulaufen wie Uhrwerke: gleichmäßig, zwangsläufig und unpersönlich. Die Endspiele gegen Lasker, Spielmann und Cohn arbeiten wie im Takt einer Maschine und erwecken den Eindruck, daß Rubinstein nicht gegen einen Gegner, sondern gegen das Spiel selbst spielt. Seine Varianten bleiben stets berechenbar mit einem klar definierten, strategischen Ziel und einer operablen Lösung, die aus dem Dickicht der Varianten ruhig und kalt herausgearbeitet wird. Am Höhepunkt der Komplikation wie in den Partien gegen Schlechter oder Speyer wirkt Rubinsteins Spiel deshalb höchst einfach, leicht und spinozistisch klar: Alle Taktik weicht der strategischen Lösung.

In St. Petersburg war Rubinstein dem Ideal der Klarheit nahegekommen, der absoluten Partie vom ersten bis zum letzten Zug, die gegen jeden, sogar gegen den Weltmeister (oder einen Gott), gespielt werden kann. Der Traum vom Absoluten versetzt den Spieler, wie Rubinstein in seinem kurzen Text 1926 notiert, in einen „Fieberzustand"[113], der ihn mit dem Glück des Künstlers oder der Erkenntnis erfüllt. Alle

Unwägbarkeit scheint gebannt, die Lösung des Problems, das die Stellung enthält, erschließt sich methodisch und zwangsläufig, das Chaos des Zufalls mündet in Strategie.

In der Wirklichkeit kippt der Traum der Absolutheit und Klarheit jedoch in den Alptraum: Er setzt den Träumenden unter den Zwang, *alle* Partien zu gewinnen. Der Versuch, den taktischen Zufall mittels Strategie zu bannen, wird durch ein einziges Remis, eine einzige Niederlage nicht nur gestört, sondern in einem Moment zerstört, denn tritt der Zufall ein einziges Mal in Erscheinung, so kann er überall und zu jeder Zeit wiederkehren. Das Leben ist ein Leben in Furcht vor ihm, so brillant man zeitweise auch spielen mag.

25. g2–g3 ♔g8–g7
26. h2–h4 ♕d8–d7

Mit 25. g2–g3 schafft Rubinstein Raum für seinen König und bereitet das nächste Manöver vor. Grünfelds König verläßt die Diagonale des Läufers auf c4 (25. ... ♔g8–g7). Im 26. Zug engt Rubinstein das mögliche Gegenspiel von Schwarz mit 26. h2–h4 ein. Ein aktives Eingreifen des Läufers über g5 ist nun unmöglich. Ein weiterer Schritt des Bauern (nach h5) droht den Königsflügel Grünfelds weiter zu schwächen, doch die schwarze Stellung ist fest und gegen jeden direkten Angriff immun. Grünfeld stellt die Dame auf ein weißes Feld (26. ... ♕d8–d7) und deckt damit präventiv die Bauern auf c6 und f7.

22

Am Ende des 15. Jahrhunderts ereignet sich im Regelwerk des Schachspiels ein radikaler Bruch: Die schwächste Figur des arabischen Schachspiels, der Wesir, der nur ein Feld weit in der Diagonale ziehen konnte, wird zur Dame, der stärksten Figur im modernen Schach. Gleichzeitig entsteht aus dem arabischen Elefanten mit seiner beschränkten Wirkungskraft der moderne Läufer, der ab nun die ganze Diagonale beherrscht.

Die neue, langschrittige Gangart von Läufer und Dame revolutionierte – zusammen mit der Rochade des Königs und dem Doppelschritt des Bauern – Stil und Ästhetik des Spiels. Aus dem arabischen Schach, das Alfons der Weise noch am Ende des 13. Jahrhunderts ob seiner „Geruhsamkeit" über die anderen Spiele stellte, entwickelt sich ein dynamisches Brettspiel der plötzlichen Kombinationen, unerwarteten Wendungen, Fallen und der raschen Entscheidungen. Die Regeln des mittelalterlichen Schachspiels scheinen innerhalb weniger Jahrzehnte fast vollständig in Vergessenheit zu geraten und bleiben nur noch in wenigen Enklaven lebendig. Schon die Lehrbücher des Damiano (1512), Ruy Lopez (1561), Selenus (1616) und Greco (1619) erwähnen nur noch die neuen Regeln.

Der Bruch mit den alten Spielregeln erfolgt parallel zu den bekannten Innovationen der Renaissance in Wissenschaft, Kunst und Technologie; es verwundert dennoch, daß sich die Innovationskraft der Renaissance selbst auf so hermetische Systeme wie das Regelwerk eines Spiels überträgt. Die Veränderungen im Schachspiel zeigen deshalb, daß die europäische Moderne nicht nur in punktuellen technologischen, politischen und wissenschaftlichen Revolutionen im 15. und 16. Jahrhundert besteht, sondern einen Prozeß darstellt, in dem sich Veränderungen in der Struktur des Wissens auf die Ebene des Alltags, der Zeichen und der Wahrnehmung übertragen.[114]

Das Epizentrum der Veränderung ist die iberische Halbinsel. Erstmals explizit beschrieben werden die neuen Regeln in der *Repetición de amores y arte de axedres* des Spaniers Luis de Lucena aus dem Jahr 1496 oder 1497. Lucenas Buch besteht aus zwei Teilen. Der erste und kürzere ist der Liebe gewidmet, der umfangreichere dem Schachspiel. Neben Hinweisen zur Eröffnungstheorie enthält die Repetición 150 Schachprobleme. Eine Hälfte der Probleme ist nach den mittelalterlichen Regeln verfaßt – Lucena nennt die alte Spielweise „del viejo" –, die andere Hälfte nach den neuen Regeln – „de la dama". Lucenas Buch bildet deshalb ein Scharnier zwischen der alten und der neuen Welt des Schachspiels. Die Mehrzahl der Probleme verdankt Lucena älteren Handschriften, doch gab es damals wie heute in der Problemkunst kein Copyright.

Der Problemsammlung stellt Lucena eine Erklärung der neuen Regeln voraus. „Wenn man erfährt", schreibt Lucena „wie jedes Stück zieht, wird man den Unterschied erkennen zwischen dem Spiel, wie wir es jetzt spielen, welches man das der Dame nennt, und dem alten, welches vordem üblich war. Diese Erklärung wird zugleich dazu dienen, die Verschiedenheit der Aufgaben, deren 150 wie in einem vollständigen Rosenkranze sind, aufzufassen."[115]

Es folgt eine Erklärung jener Regeln, nach denen mit wenigen Ausnahmen heute noch weltweit gespielt wird. In der Notation und in der Bezeichnung der Dame als *alferezza* bei den alten Problemen folgt Lucena noch dem alfonsinischen Vorbild aus dem 13. Jahrhundert, wie Lucena allgemein auf historische Quellen zurückgreifen konnte. In den Schriften des Kunrad von Ammenhausen aus 1337 wird eine besondere Form des Schachspiels erwähnt, das auf einem 12 x 8 Feldern großen Brett gespielt wurde. Neben Turm, Springer und dem arabischen Elefant sah das Spiel unter anderem einen „Currier" vor, der bereits wie der Läufer bei Lucena über die ganze Diagonale zog. Auch im „Riesenschach" des Alfons findet sich bereits die Figur des „Krokodils", dessen Gangart dem modernen Läufer entspricht. Schließlich ist in den Spielbeschreibungen aus der Lombardei als Besonderheit schon der „Königssprung" enthalten, den auch Lucena in seine neuen Regeln aufnimmt und der den Doppelzug der Rochade vorbereitet. Der König darf bei Lucena im ersten Zug wie ein Turm, Springer oder Läufer ziehen.[116]

Der Bruch des Neuen mit den alten Regeln bei Lucena ist somit weniger als ein singulärer Schöpfungsakt zu verstehen, sondern eher als die Einebnung von regionalen Disparitäten durch Kodifikation – ein Prozeß, der vor Lucena beginnt und der erst Ende des 19. Jahrhunderts durch die Herausgabe von international verbindlichen Turnierregeln endgültig abgeschlossen werden wird.[117] Es löst also nicht ein Paradigma ein anderes ab, sondern eines unter vielen vorhandenen wird am Ende des 15. Jahrhunderts hegemonial.

Daß sich die neuen Regeln des Lucena und nicht andere durchgesetzt haben, ist kein Zufall. Ihre Akzeptanz ist auf vielen Ebenen zu suchen. Die Beschleunigung des Spiels durch die langschrittige Gangart der Dame und des Läufers, die Idee der Überwindung großer Distanzen, entspricht zunächst modellhaft der Erhöhung der

Geschwindigkeit im Warentausch, dem veränderten Zeitbewußtsein der zunehmend urbanen Bevölkerung und den neuen Abbildungsverfahren in Kunst und Wissenschaft.[118] Das neue Schachspiel „de la dama" ist in seiner Struktur ein Modell der veränderten Gesellschaft. Der Bruch der Moderne ist an dieser Stelle allerdings tiefgreifender als jeder vorhergehende. Änderten sich im europäischen Mittelalter nur Bezeichnung und Design der Figuren – also Repräsentationen der Regeln –, ändern sich nun die Regeln selbst, werden allgemein normiert und international gültig. Die Festlegung der Regeln des Spieles entsprach der allgemeinen Normierung von Zeit, Masse und Länge im 15. Jahrhundert. Bis in die beginnende Neuzeit kannte man kaum länderübergreifende einheitliche Maßsysteme für Gewichte, Längen und Zeitabläufe, wie sie etwa für exakte Navigation auf hoher See, den internationalen Geldhandel und für die Landvermessung benötigt wurden.[119]

Die rasche Verbreitung der neuen Regeln in ganz Europa findet ihre Begründung im Buchdruck, in der Herkunft des Autors und in einem der Zeit und der Konkurrenz der anderen Spiele gegenüber verbesserten Regelsystem. Das Buch des Lucena ist das erste gedruckte Schachbuch und wurde von Leonhard Hutz und Lope Sanz in Salamanca hergestellt. Buchhandel, Verlagswesen und Druck waren noch nicht getrennt, ein Umstand, der für die explosionsartige Verbreitung der neuen Regeln von Spanien bis nach Deutschland von größerer Bedeutung ist als die Distribution der winzigen Auflage des Lucena. Viele Drucker kamen aus den großen Werkstätten Nürnbergs und bereisten ganz Europa, um die Kunst des Druckens mit den beweglichen Lettern des Meisters Gutenberg zu verbreiten. Die reisenden Drucker gehörten zur intellektuellen Elite des modernen Europa, mit sich führten sie auf ihren Reisen die neuesten Kenntnisse, die sie vor Ort weitergaben, und vor allem die Bücher, die sie selbst gedruckt hatten. Die Wege und Verbindungen einiger Drucker wie Leonhard Hutz lassen sich rekonstruieren. Hutz war deutscher Herkunft und von 1491 bis 1496 druckte er gemeinsam mit Peter Hagenbach in Valencia elf Bücher. Nach der Trennung von Hagenbach ging er nach Salamanca und stellte gemeinsam mit Lope Sanz das Schachbuch des Lucena her. Danach führte sein Weg nach Saragossa und 1506 zurück nach Valencia. In dieser Zeit wurde zumindest zwischen Valencia und Salamanca in lesekundigen Kreisen offenbar bereits nach den neuen Regeln gespielt.[120]

Über den Autor selbst, Luis de Lucena, weiß man nur wenig mehr als er selbst über sich in seinem Buch sagt: Ein Student in Salamanca, der Italien und Frankreich bereist hat. Mehr ist über seinen Vater, Don Juan Remirez de Lucena, in Erfahrung zu bringen, und zwar aus den Quellen der Inquisition Torquemadas. Juan Remirez de Lucena war Botschafter König Ferdinand des Katholischen und Isabella von Spanien in Rom, er konvertierte vom Judentum zum Christentum. Als Humanist trat er für die Gleichberechtigung der Juden ein.[121] Juan Remirez wurde 1505 von der Inquisition verhaftet und in Zaragoza eingesperrt, später jedoch begnadigt, als er widerrief, um dem Scheiterhaufen zu entgehen.

Die Herkunft des Autors Luis de Lucena aus einer Familie der conversos ist ebenfalls für die Verbreitung der neuen Regeln von Bedeutung. Die conversos gehörten zur intellektuellen Elite des Landes und bildeten eine enge Gemeinschaft. In den 90er Jahren des 15. Jahrhunderts verschlechterte sich die Situation für die Juden Spaniens rapide. 1490 wurden in Salamanca zehntausende Dokumente und Bücher jüdischer

27. ♔f1–g2 ♕d7–d6

Herkunft verbrannt. Die Folge des Generaledikts Ferdinands und Isabellas von 1492, Grundlage für die Vertreibung der Juden, war ein Exodus über ganz Europa. 50.000 Familien meist hochgebildeter Juden mußten das Land verlassen. Ihr Weg führte über Portugal nach Nordafrika, nach Italien bis in die Türkei, und auf ihrer Flucht vor der Inquisition trugen die Sefardim die Kenntnis des neuen Spiels im Gepäck und brachten sie in alle Welt.[122] Wie so oft ist auch hier die Geschichte des Schachspiels in Europa eng und auf traurige Weise mit der Geschichte des Judentums verknüpft.

Die Akzeptanz und rasche Verbreitung der neuen Regeln in ganz Europa hat zudem eine profane Basis. Sie ist in der Verwendung der Regeln begründet und erklärt den paradigmatischen Wandel vielleicht eher als metaphysische Konstruktionen. Schach wurde nicht nur bei Hofe gespielt, sondern auch in den Spelunken und dort nicht um Ritterehre, sondern um Geld; seit dem Mittelalter gab es in Europa Berufsspieler, die ihre Kunst auf Jahrmärkten und den Messen ausübten und die – heute wie damals – von ihrer kleinen Kunst leben mußten.[123] Mit dem schnelleren Spiel der Moderne, das ein Matt oft schon in wenigen Zügen erlaubte, war auch viel schneller Geld zu verdienen.

50, 51

Lucenas Varianten sind daher nicht mehr die ästhetischen Aufstellungsmuster der arabischen Manuskripte, nach deren Erreichen der Kampf erst beginnt, sondern brutale Zugfolgen, die von der Grundstellung bis zum Matt führen. Ihre Kenntnis brachte nach einem Fehler des Gegners den raschest- und höchstmöglichen Gewinn. So differenziert das neue Regelwerk des Lucena das Ziel der Schachpartie nicht allegorisch, sondern ökonomisch: Wer den anderen Matt setzt, der soll nach Lucena den doppelten Einsatz erhalten, das Patt, das noch bei den Arabern als Gewinn gegolten hatte, bringt nur den halben Einsatz. Die Regeln des Lucena enthalten daher auch praktische Empfehlungen wie die folgende: „Spielst Du während der Nacht mit nur einer Kerze", rät Lucena seinem Leser, „stell sie möglichst auf die linke Seite, denn dort stört sie weniger. Spielst Du bei Tag, setze Deinen Gegner gegen das Licht." Und an anderer Stelle: „Spiel wenn Dein Gegner ausgiebig gegessen und getrunken hat. Aber für Dich nur Wasser niemals Wein. Und nimm nur ein leichtes Mahl zu dir, wenn Du lange spielst."

Der Fortschritt des Denkens war bei Lucena, wie man sieht, ein pragmatischer, und sein Pragmatismus steht bis heute in Geltung. In Lucenas Welt geht es darum zu gewinnen: möglichst rasch und möglichst viel. Und damit entsprechen Lucenas neue Regeln im Schachspiel den Spielregeln der europäischen Moderne.

Das Spiel dauert nun an die vier Stunden. Mit 27. ♔f1–g2 verhindert Rubinstein das Eindringen der schwarzen Dame, die von h3 das weiße Spiel am Königsflügel lähmen könnte. Grünfeld wartet ab und spielt 27. ... ♕d7–d6. Eine Blockade mit Dame und Läufer ist auf den schwarzen Feldern errichtet. Es wird klar, daß es am 5. August 1929 kein schnelles Remis geben wird. Die Vormittagssession ist fast beendet. Mehrere Partien wurden bereits unterbrochen.

23

Mit dem Buch des Lucena (1496/97) hatten sich die Regeln des modernen Schachspiels
etabliert. Dame und Läufer waren langschrittig geworden, das einstmals bedächtige
Spiel hatte seinen Charakter grundlegend geändert. Theorie und Praxis eines schnellen,
kombinatorischen Spiels konnten sich von nun an entwickeln. Bei Luis de Lucena stan- *54–59*
den noch die alte und neue Spielweise gleichberechtigt nebeneinander. Von der alten
Spielweise ist im Buch des Portugiesen Damiano aus Odemira *Questo libro e da imparare giocare a scachi et de le partite*, das 1512 in Rom erschien, nicht mehr die Rede.
Damiano beschreibt die alten Regeln nicht mehr, sondern hebt nur noch den Vorteil der
neuen Regeln – „alla rabiosa" nennt er sie – hervor. Das Buch Damianos ist das erste
Lehrbuch des neuen Schachspiels. Die Schachprobleme rücken zugunsten der Eröffnungstheorie und der Analyse von Strategien für das Mittelspiel in den Hintergrund, in
übersichtlichen Kapiteln analysiert Damiano unter anderem bereits das Königs- und
Damengambit, die russische Verteidigung, das Guioco piano in der italienischen Verteidigung und natürlich die nach ihm benannte Eröffnung, er beschreibt Vorgabepartien
und die Kunst des Blindspiels.

Sein Buch verkaufte sich so gut, daß es innerhalb von 50 Jahren zu sieben Nachdrucken kam. Druck und vor allem die Diagrammerstellung waren teuer, sodaß die vielen Auflagen und Raubdrucke des Damiano die Popularität des neuen Spiels im mediterranen Europa anzeigen. In den Stadtstaaten Italiens und in Frankreich etablierten sich im 16. Jahrhundert durch den Reichtum und das Mäzenatentum der kunstsinnigen Fürsten regelrechte Schachzentren, von denen, nachdem die Regeln zumindest in ihren entscheidenden Aspekten international kodifiziert waren, die wichtigsten Impulse für die Theorie des Spiels ausgingen. Eine länderübergreifende Diskussion der Varianten war nun möglich, was im 16. Jahrhundert zu Innovationsschüben in der Eröffnungstheorie führte.

1561 erschien das *Libro de la invención liberal y arte del juego del axedrex* von Ruy Lopez de Segura (1530 – 1580). Ruy Lopez war Geistlicher am Hofe von Philipp II. und hatte 1560 Rom besucht. Sein „Libro del Axedrex" wurde ins Italienische, Französische und Deutsche übersetzt, und er kritisierte darin einige Varianten Damianos scharf. Nach Ruy Lopez ist die Spanische Verteidung benannt, da er den Läuferzug 3. ♗f1–b5 als Widerlegung des von Damiano empfohlenen 2. ... ♘b8–c6 (nach 1. e2–e4 e7–e5 2.♘g1–3) ansah. Die alten Regeln erwähnt Ruy Lopez aber nicht einmal mehr. Es ist – kaum 70 Jahre nach dem Buch des Lucena – als hätte es sie nie gegeben. Sein Lehrbuch enthält auch keine Studien mehr, denn die Aufmerksamkeit gilt ausschließlich dem praktischen Spiel.

Am Hofe Philipp II. in Madrid wurde 1575 auch das erste internationale Schachturnier gespielt. Die Italiener Leonardo di Bona da Cutri, genannt „il Puttino" (der Kleine), und Paolo Boi trafen auf die Spanier Ruy Lopez und Alfonso Ceron. Die beiden italienischen Meister gewannen den Wettkampf überlegen und wurden von Philipp II. offenbar reich belohnt. Interessant ist, daß die Kodifikation der neuen Regeln in wichtigen Details noch nicht abgeschlossen war. So wurde in Spanien das Patt als Sieg gewertet, in Italien aber schon als Unentschieden. Uneinigkeit bestand auch über die genaue Ausführung der Rochade, nicht mehr aber über den Doppelschritt des Bauern, den noch

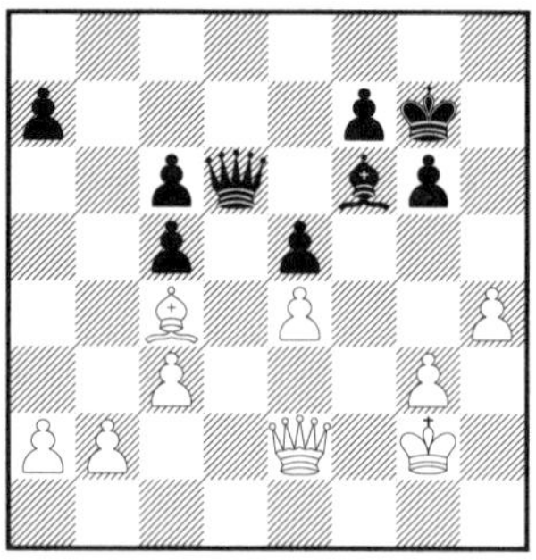

28. ♗c4–b3 ♕d6–d7
29. ♕e2–c4 ♕d7–d2+

Damiano abgelehnt hatte.[124] Die regionalen Besonderheiten erforderten, daß man sich vor den Wettkämpfen auf die geltenden Regeln einigte. Die Festschreibung der Normen dauerte noch bis zum Londoner Turnier 1851, wo Howard Staunton ein detailliertes und zitierfähiges Regelwerk entwarf, das später allgemein akzeptiert wurde.

Den Schachmeistern des 16. Jahrhunderts und ihrem mitunter abenteuerlichen Wanderleben hat Alessandro Salvio in seiner Aventure *Il Puttino* (1634) ein literarisches Denkmal gesetzt.[125] Auf dem Weg nach Madrid hätte Leonardo di Bona mit Seeräubern eine Partie um sein Leben spielen müssen und schließlich sogar durch seinen Erfolg bei Philipp II. seine Vaterstadt in Kalabrien von den Steuern befreit. Am Ende sei Leonardo durch einen eifersüchtigen Rivalen im Jahr 1587 vergiftet worden. Auch Paolo Boi wird bei Salvio von algerischen Seeräubern festgenommen, rettet jedoch nach allerlei Verwicklungen durch eine Blindpartie sein Leben. Aber auch Boi endet der Legende zufolge nicht auf natürliche Weise: Im Jahr 1598 trifft er im Wettkampf auf Salvio selbst, der ihn durch eine siebenzügige Kombination besiegt. Drei Tage später vergiftet sich Boi aus Gram über die Niederlage.

Von Salvios Räuberpistole ist nicht entscheidend, ob sie wahr ist oder nicht, er zeichnet ein idealisiertes Bild der Schachmeister: Sie gleichen zwar fahrenden Rittern, aus den adeligen Abenteurern sind jedoch bürgerliche Helden geworden, deren Waffe nicht das Schwert ist, sondern das Schachbrett und die überlegene Kenntnis der Varianten.

Im 28. Zug zieht Rubinstein den Läufer zurück (28. ♗c4–b3). Der Läufer räumt das Feld c4 für die Dame und überdeckt zugleich das Feld d1. Grünfelds 28. ... ♕d6–d7 ist ein selbstbewußter Zug. Er wartet ab und setzt auf die Beweglichkeit seiner Dame, falls Rubinstein angreifen sollte. Das folgende Manöver Rubinsteins erforderte hohe Präzision: 29. ♕e2–c4 ist ein programmatischer Zug, Weiß deckt die latenten Schwächen in der schwarzen Position auf. Dame und Läufer fixierten den schwarzen Bauern auf f7, klar wird, daß der c-Bauer kaum zu halten ist. Ein Rückzug der Dame nach e7, um alle Angriffsziele zu decken, führt bereits zu einer zugzwangartigen passiven Stellung. Grünfeld führt, wie im vorigen Zug geplant, die Verteidigung aktiv und dringt mit 29. ... ♕d7–d2+ in die offene weiße Königsstellung ein. Mobilität steht gegen strategischen Vorteil.
Die erste Zeitkontrolle ist erreicht. Die Partie wird an dieser Stelle unterbrochen, und die Uhren werden um 1 Uhr Mittag abgestellt.

24

Mit den neuen Regeln und der neuen beschleunigten Spielkunst der Renaissance änderte sich auch die Metaphorik des Spiels. Schon im christlichen Mittelalter waren fast alle Motivschichten der Schachallegorie, die in der Renaissance und im Barock begegnen, freigelegt: Die Liebe sollte – wie in den Échecs amoureux – ein Schachspiel sein, wie das Sterben eine Schachpartie mit dem Tod sei. Auch der Staat ist schon in der Schachpredigt des Jacobus von Cessolis ein Spielbrett, auf dem alle Figuren ihre Positionen und Funktionen haben und in dessen Zentrum der König steht.

Im Theatrum mundi des Mittelalters herrschte aber noch die Rationalität der göttlichen Ordnung. Die Menschen waren nicht mehr als Figuren in einem göttlichen Spiel. Im Zuge der Entchristianisierung des europäischen Denkens in der Renaissance übertragen sich die freieren Wertvorstellungen einer zunehmend säkularen Kultur auch auf die Schachallegorie. Die alten Motivschichten der mittelalterlichen Schachallegorie fächern sich auf, werden variiert und den neuen Verhältnissen angepaßt. Dabei reißt der frühe Humanismus den Menschen aus seiner Verankerung, er wird frei in dem Sinn, daß er als Spielfigur die Position auf dem Schachbrett und den eigenen Wert im Spiel langsam selbst bestimmen muß.

In *Gargantua und Pantagruel* von François Rabelais ist die Devise der freien Mönche in der Abtei Thélème „Tu, was du willst". Den Rabelaisschen Mönchen fehlt jeder Glaube, außer an sich selbst und an die eigene Freiheit. Unter dieser Devise steht auch ein lebendes, von Musik begleitetes Schach am Hof von Madame Quintessenz (!), an dem die nach der Wahrheit suchenden Panurge und Pantagruel aus Touraine teilnehmen.

Rabelais greift mit seiner Schilderung des lebenden Schachspiels auf den Wiegendruck des Dominikaners Francesco Colonna, den Traumliebeskampf des Poliphilus *(Hypnerotomachia Poliphili)*, aus dem Jahr 1499 zurück. Bei Colonna kommt der Held Poliphilus in den prächtigen Palast der Königin Willensfreiheit, wo Symmetrie und Ordnung herrschen: „Da zeigten sich meinen Augen eher göttliche als menschliche Dinge. Eine prächtige Inszenierung in einer überwältigenden, weiträumigen Halle (...) von vollendet quadratischer Form."[126] Begleitet wird die Schachpartie bei Colonna von einer „Melodie von süßem Einklang und großer Harmonie", nach der die Planeten als Schachfiguren tanzen und sich, ohne zu kämpfen, ganz dem Sphärenklang hingeben. Die Königin „Willensfreiheit" gibt die Melodie vor, aber alle Entscheidungen am Schachbrett fügen sich der kosmischen Harmonie.[127]

Bei Rabelais ist Mitte des 16. Jahrhunderts von kosmischer Ordnung und Sphärenharmonie keine Rede mehr. Zwar tanzen seine Figuren wie bei Colonna, aber der Tanz ist ein grotesker, sinnverwirrender Kampf, ein „Gemetzel" zwischen einem silbernen und goldenen König, bei dem die Musik immer schneller wird, bis die Figuren zu „schwirrenden Drehkreiseln"[128] werden. Die Figuren dienen zwar noch dem jeweiligen König, aber sie scheinen bereits Entscheidungsgewalt über sich selbst zu haben: Sie lauern in Hinterhalten, trauern um die geschlagenen Figuren und opfern sich tapfer – aber nur wenn es sein muß. Die Musik, die noch bei Francesco Colonna die Regel der Bewegung vollständig enthielt, gibt in der Schachchoreographie von Rabelais nur noch den Rhythmus vor, die Bewegung der Figuren wird frei, die einstmals harmonische Partie gerät aus den Fugen. Obwohl die Partien der Renaissance wie bei Rabelais chaotisch, die Verbindungen der Menschmarionetten zu den göttlichen Spielregeln unsicher werden, bleibt das Spiel die Metapher der Ordnung. Der Spieler ist nun aber ganz auf sich allein gestellt.

Dadurch erhält das Schachspiel als Bestandteil des profanen gesellschaftlichen Raumes sogar politische und pädagogische Relevanz. Der deutsche Übersetzer des *Scacchia ludus*, einer langatmigen lateinischen Versdichtung von Marcus Hieronymus Vida aus dem Jahr 1527, in der Apollo beim Schachspiel Merkur unterliegt, begründet seine Übersetzungsarbeit mit den Vorteilen des Spiels für die Jugend: „Dann so die unstäthe gemühtter der Jugend damit umbgeben vergessen sie leichtlich aller anderen unnutzen göckeley unnd Narrenwerck: werden darbey von dem eyferigen und nachgirigen zorn zur langmuth unnd frewd angeführet: werden den brennenden Veneris Pfeilen entzogen und in Kriegssachen unterwiesen: werden abgehalten von oberigen fressen und sauffen und in die schöne lustgerten der freyen Künste begleitet."[129]

Vom Nutzen des Spiels als Anleitung „in Kriegssachen" profitieren vor allem die Fürsten. Viele Potentaten des 16. und 17. Jahrhunderts ließen sich von ihren Portraitmalern am Schachbrett darstellen. Das königliche Spiel wird zur Metapher der rationalen Machtausübung, der weltlichen Legitimität des Fürsten und zum Symbol politischer Klugheit. Das Schachspiel erscheint zwar nach wie vor als Metapher des Krieges, aber zwischengeschaltet ist nun die Politik, die Diplomatie und die Erkenntnis der Mechanik des Staatswesens. Das königliche Spiel ist notwendig, denn alles „wird durch Weißheit und Verstand reiflich erwogen und betrachtet und ist diesselbig in diesem Leben zu Fried= und Kriegs=zeit so nothwendig als die Arzney zur Leibs=Gesundheit."[130]

Mehrfach ließ sich daher Herzog August von Braunschweig-Lüneburg als Schach-
84 spieler portraitieren. Unter dem Psyeudonym Gustavus Selenus veröffentlichte er 1616 das *Schach=oder König=Spiel*, in weiten Teilen die deutsche Übersetzung des „Libro del Axedrex" von Ruy Lopez. In der selbständig verfaßten Einleitung weist er auf den Grund der Erfindung des Schachspiels hin. Der Erfinder wollte dartun, daß „macht und hoheit eines Fürsten ohne der unterthanen beystand und hülfe nicht bestehen noch sicher" sein könnte.[131] Das Schachspiel ist nützlich, aber nicht wie bei Cessolis, um die göttliche Ordnung des Staates zu repräsentieren, sondern um militärisches und strategisches Denken zu fördern. Die Figuren geraten in Bewegung und gespielt wird das Spiel der Politik. Im Fürstenspiegel ist das Schachspiel daher ein „geistiger Exerzierplatz", eine Schule der „arte imperatorie", welche dem machiavellistischen Fürst und seinen Untertanen die Kriegskunst symbolisch näherbringen soll.

In Luis de Escobars Schrift *Las quatro cientas rispuestas*, die 1545 also kaum zehn Jahre nach Machiavellis *Il Principe* erscheint, ist das Schachspiel daher das einzig nützliche Spiel für den Fürst: „Fast alle Spiele seyndt schädtlich und ärgerlich aber das Schachspiel ist rhümlich und nutzlich. Denn wer den Schach hat erfunden, der hat ein Modell gemacht der Kriegßkunst."[132] Durch die Verweltlichung der Metapher kehrt die Schachallegorie auf der Ebene der Politik zum Ursprung des Sinnbildes des Krieges zurück, den sie bis heute nicht abgelegt hat.

Die Besonnenheit, die das Schachspiel symbolisiert, ist aber auch die Besonnenheit zum Töten, wenn das platonische „Leitseil der Vernunft", an dem der Mensch am göttlichen Willen hängt, einmal durchtrennt ist. Erstmals werden daher pädagogische Stimmen gegen die Ausbreitung des Schachspiels unter der Jugend laut. 1622 warnt *Pastor Souter* vor den Folgen: Schach lehre den Straßenräuber Fallstricke zu spannen, „macht den Frieden verhaßt und reizt zu den Waffen."[133] Der Humanismus erkennt die andere, dunkle Seite des Spiels der Vernunft.

Um drei Uhr Nachmittag werden die Uhren wieder angestellt. Zwei Partien der 5. Runde des Karlsbader Turniers wurden schon am Vormittag entschieden. Marshall hatte sich gegen Sir George Thomas[134] in 25 Zügen durchgesetzt und Maróczy gegen Karl Gilg[135] gewonnen. Rubinstein benötigt einige Minuten, um sich zu konzentrieren. Das Eindringen der schwarzen Dame mit Schachgebot hat taktische Drohungen geschaffen. Sie stören die klare Strategie, denn ein unachtsames Ausweichen des Königs könnte Grünfeld ein ewiges Schach und damit das Unentschieden ermöglichen. Rubinstein findet den besten Zug. Statt Zuflucht hinter seinem Bauern auf h3 zu suchen, führt Rubinstein den König ins Freie: 30. ♔g2–f3. Alle Felder um den König, auf denen Schach geboten werden könnte, sind von Dame und Läufer überdeckt. Schwarz steht vor schweren Problemen. Eine Rückkehr der Dame oder ein Schlagen des b-Bauern kommt aufgrund der Drohung ♕c4xf7+ nicht in Frage. Grünfeld stellt daher mit 30. ... ♔g7–h6 eine Falle: Schlägt Rubinstein nun den f-Bauern, würde die Partie nach dem Damenschach auf d3 in einem ewigen Schach enden.

30. ♔g2–f3 ♔g7–h6

25

Spätestens seit seinem Turniersieg in St. Petersburg 1909 galt Rubinstein als seriöser Kandidat zur Weltmeisterschaft. Die Wettkämpfe von 1908 bis 1910 gegen Teichmann, Marshall, Mieses und Flamberg gewann Rubinstein, wie er alle Wettkämpfe seiner Karriere nach der ersten unentschiedenen Begegnung mit Salwe 1903 gewann.

Nach einer Reise durch Deutschland, die Rubinstein nach Berlin, Hannover und Frankfurt führte, und nach einem siegreichen Turnier in Vilna übersiedelte Rubinstein 1910 von Lodz nach Warschau. Seit Jahrzehnten war Warschau eine der bedeutendsten jüdischen Gemeinden in Europa, Station der Vertriebenen aus dem Osten und aus den kleineren Gemeinden der Umgebung, fast 40% der Bewohner waren Juden.[136] Ab 1910 – fünf Jahre nach der Revolution – verstärkte sich jedoch erneut die Repression, die sich zunehmend auch gegen assimilierte Juden richtete.

Das Turnier im baskischen San Sebastian war 1911 das wichtigste Schachereignis. 6
Zum ersten Mal trat der Kubaner José Raul Capablanca[137] in Europa auf, und gleich bei seinem Debut gewann er das Turnier. An zweiter Stelle placierte sich Rubinstein gleichauf mit Milan Vidmar. Rubinstein schlug als einziger Capablanca – im übrigen mit einem ganz ähnlichen Manöver wie gegen Lasker zwei Jahre zuvor in St. Petersburg –, und er hätte das Turnier gewinnen können, hätte er eine Gewinnchance in der letzten Runde gegen Spielmann genützt. Erstmals glaubte man, eine besondere Nervosität Rubinsteins bei Entscheidungspartien entdecken zu können.[138]

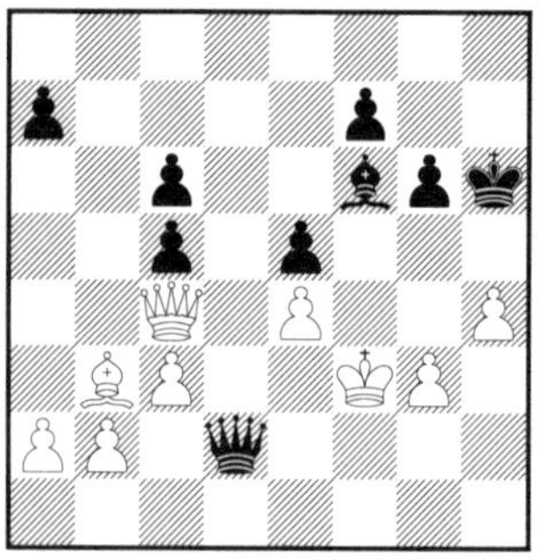

31. ♕c4xc5 ♕d2xb2

In Capablanca erwuchs Rubinstein ein Konkurrent in der Herausforderung Laskers, sein Spiel war dem Rubinsteins prima vista ähnlich. Capablanca vermied taktisch komplizierte Stellungen, sein Stil war einfach und klar. Doch begnügte er sich häufig mit einem raschen Unentschieden, und er kannte das Unbedingte der Partien Rubinsteins nicht. Dennoch war Capablanca fast unschlagbar. Vor allem aber war der Kubaner sechs Jahre jünger als Rubinstein und verfügte über die besten Verbindungen zum Geldadel seiner schachbegeisterten Heimat, ein Umstand, der für die Ausrichtung einer Weltmeisterschaft von größter Bedeutung war.

Beim Zweiten Karlsbader Kongreß 1911 wurde Rubinstein hinter Richard Teichmann unter 26 Teilnehmern gleichauf mit Schlechter zweiter, aber neben Glanzpartien wie gegen Duras und Alapin passierten Rubinstein auch schwere, unerklärliche Fehler wie gegen Marshall, Kostic oder Tartakower, die ganze und halbe Punkte kosteten.

Rubinsteins 31. Zug ♕c4xc5 ist rätselhaft. Weiß überläßt seinen vitalen b-Bauer dem Schicksal und tauscht ihn gegen den schwachen Doppelbauer auf der c-Linie. Die Entscheidung mußte er schon einige Züge zuvor getroffen haben. Doch mit Rubinsteins 31. Zug vollendet sich seine strategische Konzeption, die er mit dem Tausch des Läufers gegen den schwarzen Springer im 17. Zug begonnen hatte. Der Bauer ist nun erobert, wenngleich das materielle Gleichgewicht nach Grünfelds 31. ... ♕d2xb2 sofort wiederhergestellt ist. Zwar sind nun drei schwarze Bauern bedroht, doch wie immer Rubinstein schlägt, erlangt Schwarz wahlweise mit ♕c1, ♕h2 oder ♕xc3 eine gefährliche Initiative, die trotz Bauernverlust das Unentschieden sicherstellt. Was will Rubinstein noch, mag Grünfeld gedacht haben.

26

Durch die Förderung von bürgerlichen und adeligen Mäzenen bildeten die Berufsspieler der italienischen Stadtstaaten des 16. und 17. Jahrhunderts die Schachavantgarde ihrer Zeit.

Meister im praktischen Spiel wie Lorenzo Ponziani und Giambattista Lolli aus Modena wurden zu den Helden jener Epoche, die man in Anklang an die Kunstgeschichte Romantik nennt. Das Stilideal der italienischen Schule war die plötzlich aufblitzende, heroische Kombination und das freie Figurenspiel. Die Leichtfiguren wurden rasch entwickelt und der kürzeste Weg von der Grundstellung zu einem möglichst verwickelten Kampf gesucht. In ihrem Spiel hatte die italienische Romantik den besonderen Wert des modernen Schachspiels gegenüber dem arabischen erkannt: Durch die Langschrittigkeit der Dame und des Läufers war ein dynamisches System entstanden, in dem es möglich und vorteilhaft war, Material in Zeit umzuwandeln. Das Figurenopfer war daher in der Romantik das ästhetische Ideal der Epoche. Strategische Bauernzüge oder bedächtiges Manövrieren galten als verpönt.

Der letzte der großen italienischen Meister war der Kalabrese Gioacchino Greco *57–59*
(1600 – 1634). Er bereiste Frankreich, England und Spanien und starb schließlich auf einer Fahrt nach Südamerika, wohin er einen reichen Gönner begleitete. Sein 1621 in Rom verfaßtes Manuskript erschien erstmals 1656 in London und erlebte über vierzig verschiedene Ausgaben. Im Vergleich mit den Lehrbüchern des Damiano und Ruy Lopez prägte Greco einen neuen Typ von Schachbuch. Er beschränkte seine Darstellung nicht auf kurze Eröffnungsvarianten, sondern beschrieb den Verlauf ganzer Partien. Grecos Musterpartien hatten zwar lehrhaften Charakter, zeigten den Weg aus der Eröffnung zu einem vorteilhaften Mittelspiel, doch wurde die aufgezeichnete Partie bei Greco erstmals als Ganzes wahrgenommen, und zwar als ein in sich stimmiges Kunstwerk, das eine abenteuerliche Geschichte erzählt. Sie endete meist in einer überraschenden Kombination, sodaß das Nachspielen der Partien dem Leser nicht nur Nutzen für sein eigenes Spiel, sondern ästhetisches Erleben bot.

Zu Beginn des 18. Jahrhunderts hatte das Schachspiel einen festen Platz im Geistesleben Europas eingenommen. Seine Geschichte wurde erstmals zum Gegenstand wissenschaftlicher Untersuchungen. 1694 erschien die zweibändige Studie des Oxforder Bibliothekars und Orientalisten Thomas Hyde (1636 – 1702) *De ludis orientalibus* mit einer in vielem bis heute gültigen Analyse der persischen und arabischen Ursprünge des Spiels.[139] 1719 hielt Nicolas Frêret vor der Akademie der Wissenschaften in Paris einen vielbeachteten Vortrag über die Frühgeschichte des Schachspiels, den *Martin Wieland* 1781 übersetzte und im Teutschen Merkur publizierte.[140] Bis Hyde und Frêret hatte man wie selbstverständlich das antike Griechenland als Ursprungsort des Schachspiels angenommen, seinen Erfinder in Odysseus oder Palamedes gesehen. Das Ergebnis der Forschungen Hydes und Frêrets, daß das Spiel der Vernunft seinen Ort nicht in der europäischen Antike, sondern im Orient hat, war weit über den Gegenstand des Schachspiels hinaus eine Sensation.

Von Rom, Modena und Florenz verlagerte sich das Zentrum der Innovation im Schachspiel nach London und Paris. In den westeuropäischen Metropolen hatte sich im späten 17. und frühen 18. Jahrhundert ein neuer Raum für das Schachspiel etabliert: das Kaffeehaus. Die neuen Kaffeehäuser waren ein sozialer Korridor zwischen Öffentlichkeit und Privatheit, den sich die bürgerliche Gesellschaft geschaffen hatte, in dem Informationen ausgetauscht, aber auch Geschäfte abgeschlossen wurden. So war das Versicherungsunternehmen Lloyd's of London ursprünglich ein Kaffeehaus. Das Café war zugleich Treffpunkt für Freunde wie – im Gegensatz zum später entstandenen „Club" – die Bühne für das öffentliche politische Gespräch, in dem soziale Rangunterschiede zugunsten des freien Disputes zeitweilig außer Kraft gesetzt waren. Das Café war der Ort der persönlichen Begegnung, die jedoch unpersönlich und öffentlich verlief, und damit wie geschaffen als Bühne für das Schachspiel.[141]

Nicht zufällig läßt Denis Diderot seinen Dialogroman *Rameaus Neffe*, die schönste Satire der Aufklärung auf sich selbst, im prominentesten Schachcafé des 18. Jahrhunderts, dem Café de la Régence in Paris, spielen: „Ist es zu kalt oder der Tag verregnet, flüchte ich mich ins Café de la Régence; da sehe ich zu meiner Unterhaltung den Schachmeistern zu. Paris ist der Ort in der Welt und das Café de la Régence der Ort in

Paris, wo man dieses Spiel am besten spielt. Dort, bei Rey, belagern sich der kluge Légal, der scharfsinnige Philidor und der gründliche Mayot; dort sieht man die staunenswertesten Züge und hört die minderwertigsten Reden; denn kann man ein gescheiter Kopf und großer Schachspieler sein wie Légal, so kann man auch ein großer Schachspieler und Dummkopf sein wie Foubert und Mayot."[142]

Was einer ist und woher er kommt, ob er in Wahrheit ein Dummkopf ist oder nicht, spielt am Schachbrett keine Rolle. Es zählt das Spiel, wie der philosophische Dialog, den Diderots „Ich" und „Er" führen, in diesem Sinn ein kunstvolles rhetorisches Spiel ist, in dem der zynische Rameau über das moralisierende, fiktive Ich Diderots den Sieg davonträgt. Das Spiel fragt weder nach absoluter Wahrheit, noch bildet es Identität aus – somit die ideale mise en scène für den skeptischen Dialog des Aufklärers, der eben im Begriff war, den Glauben an Wahrheit und Identität zu verlieren: „Er: Wir verschlingen gierig die Lüge, die uns schmeichelt, doch wir kosten Tropfen für Tropfen eine Wahrheit, die uns bitter schmeckt. Und dann setzen wir Mienen auf, so überzeugt, so aufrichtig! Ich: Dennoch müßt ihr einmal gegen diese Kunstprinzipien verstoßen haben, muß Euch aus Versehen eine dieser bitteren Wahrheiten, die verletzen, entschlüpft sein; denn trotz der elenden, niederträchtigen, gemeinen, abscheulichen Rolle, die ihr spielt, glaube ich, daß ihr im Grunde eine zarte Seele habt. Er: Ich? Keineswegs! Der Teufel soll mich holen, wenn ich weiß, was ich im Grunde bin."[143]

Der „scharfsinnige Philidor", den Denis Diderot im Café de la Régence beobachtete, traf 1747 in Slaughter's Coffee House in London im Wettkampf auf den Syrer Phillip Stamma[144] und besiegte ihn eindeutig. François-André Danican Philidor (1726 – 1795) war Komponist und galt als stärkster Spieler seiner Zeit. Die Mehrzahl der von ihm erhaltenen Spiele sind Partien, in denen Philidor seinem Gegner zwei Züge, einen Bauern oder mehr vorgibt, um die ungleichen Kräfte auszugleichen. Philidor spielte unauffällig und trocken und gewann dennoch wie von Zauberhand. Er war auch ein Meister des Blindspiels. Er spielte bis zu drei Partien simultan ohne Ansicht des Brettes – eine Leistung, die heute angesichts des Rekordes von János Flesch mit 52 Blindpartien bescheiden anmutet, aber im 18. Jahrhundert die Aufmerksamkeit der Öffentlichkeit auf sich zog. In einem dramatischen Brief aus Paris bat Diderot den in London lebenden Philidor, unbedingt vom Blindspiel wie überhaupt vom exzessiven Schachspiel zu lassen, da das Risiko für seine Gesundheit zu groß sei.[145]

1749 veröffentlichte Philidor seine *L'analyse du Jeu des Échecs* in einer Erstauflage von 433 Stück. 1777 erweiterte und modifizierte Philidor die Erstauflage, sein Werk erreichte in einem Jahrhundert über hundert Auflagen in den verschiedensten Sprachen. Mit seiner Analyse legte Philidor den Grundstein zu der nach ihm benannten Schule, und ihre Prinzipien gehören trotz manchem Versehen Philidors bis heute zum Grundwissen über Strategie und Endspiel.

Die *Analyse du Jeu des Échecs* war zunächst ein Schlag gegen die Vorherrschaft der italienischen Romantiker und damit eine Ohrfeige für den herrschenden Geschmack: An die Stelle des ästhetischen Ideals des Opfers um jeden Preis trat bei Philidor der Gedanke an einen nachhaltigen Plan, an die Stelle der punktuellen Kombination, die sich zufällig ergibt, das strategische Spiel der Akkumulation positioneller Vorteile, an die Stelle der freien dynamischen Figurenbewegung die Beachtung der

Bedeutung der unscheinbaren Bauern. „Die Bauern", schreibt Philidor in der Vorrede, „sind die Seele des Spiels."

Auf der richtigen Führung der Bauern beruht nach Philidor allein die Entscheidung beim Angriff wie bei der Verteidigung. Wie bei Greco steht die Darstellung und der Kommentar der ganzen Partie im Vordergrund, doch sind Philidors Analysen von noch nie dagewesener Tiefe und Detailliertheit. Spekulierte die Romantik bei jedem Zug mit der Möglichkeit einer Kombination, so ging es Philidor um den wissenschaftlichen Nachweis eines strategischen Plans. Direkt gegen Ruy Lopez und Greco, deren Werke Philidor kennt, richtete er die These von der entscheidenden Bedeutung von stabilen Bauernketten. Damit stellte Philidor auch den Grundsatz der italienischen Schule vom Vorrang der Springer- und Läuferentwicklung auf den Kopf, oder, wenn man so will, vom Kopf auf die Füße: Zunächst sollen die Bauern entwickelt werden, erst danach die Figuren, die sie unterstützen.[146] 62–64

Philidors Entwicklungsprinzip führte zu einem langanhaltenden Disput zwischen der kombinatorischen und positionellen Schule. Stimmte Philidors Bauerntheorie, dann durften nach Entwicklung der Zentralbauern – Königs- und Damebauer – die beiden Läuferbauern nicht durch Figuren verstellt werden, damit sie die eigenen Zentralbauern unterstützen oder auf die Mittelbauern der Gegners einwirken können. Dies bedeutete wieder, daß Philidor die Eröffnung mit dem Königsspringer im zweiten Zug (1. e2–e4, e7–e5, 2. ♘g1–f3), welche die italienische und spanische Partie einleitet, ablehnen mußte. Tatsächlich versuchte Philidor, den „italienischen" Springerzug als völlig minderwertig zu qualifizieren. In der Erstauflage 1749 heißt es im einleitenden Kommentar zur dritten Partie an die Adresse Grecos und seiner Schüler: „Dritte Partie, in der demonstriert wird, daß das Ziehen des Königsspringers im zweiten Zug ein so schlechtes Manöver ist, daß man damit die Initiative verliert und sogar das Gegenteil erreicht." Nach der Antwort 2. ... d7–d6 – man erreicht die nach ihm benannte „Philidor-Verteidigung" – wäre nach Philidor 1749 das Spiel für den Schwarzen im höheren Sinn bereits gewonnen. Philidor belegte seinen Standpunkt mit nur wenigen Varianten, die freilich alle zum Vorteil des Nachziehenden führen, was die Italiener mit einer heftigen Kritik an der *Analyse* beantworteten. In der Ausgabe von 1777 schwächte Philidor den Kommentar zum zweiten Zug in der dritten Partie etwas ab, ohne aber von seiner grundsätzlichen Kritik abzurücken: „Dieser Zug ist nicht vollständig korrekt, da die Aussichten des Nachziehenden danach sehr gut sind", schreibt der älter und vorsichtiger gewordene Philidor, „da die Initiative auf ihn übergeht." Auch diese Formulierung wurde heftig befehdet.

Der Streit zwischen italienischer und französischer Schule, zwischen romantischer Kombinationskunst und wissenschaftlichem Positionsspiel währte über 150 Jahre und wurde endgültig erst im späten 20. Jahrhundert in der Synthese der Neoromantik und der positionellen Kombination aufgehoben. Erstmals gab es im 18. Jahrhundert jedoch parallel mehrere Schulen, die sich widersprachen, und konkurrierende strategische Auffassungen des Spiels, die zur Ausbildung von unterschiedlichen Stilidealen und Ästhetiken führten. Im Gegensatz zur autonomen, zweckfreien Kunst nach Kant ist der Kunstbegriff im Schachspiel allerdings ein handwerklich-pragmatischer geblieben: Schön und damit gut ist jene Strategie, mit der sich eine Partie gewinnen läßt. Und zunächst gewann die Schule Philidors.

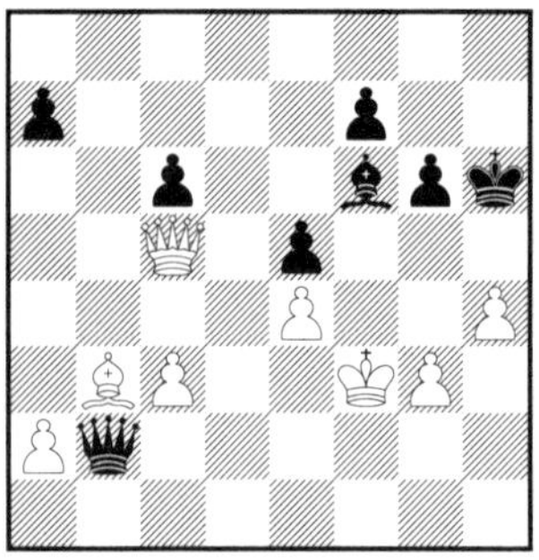

32. ♕c5–e3+ ♔h6–g7

Rubinsteins 32. Zug lautet ♕c5–e3+. Das Schachgebot zwingt den schwarzen König auf die 7. Reihe zurück. Das Zwischenstellen des Bauern g4–g5 hätte nach ♔f3–g4 zum Verlust, das Vorgehen des Königs nach h5 sogar zum Matt in zwei Zügen geführt (32. ... ♔h6–h5? 33. g3–g4+ ♔h5xh4 34. ♕e3–h6 matt). Der Rückzug des Königs ist daher erzwungen: 32. ... ♔h6–g7.

27

Mit dem wissenschaftlichen Positionsspiel Philidors wurde die Kunst des Schachspiels im Zeitalter der Aufklärung auf ein trockenes mechanisches Verfahren reduziert. Wie in der Mechanik bestand es in der Anwendung von Regeln und konnte deshalb im Prinzip von Maschinen ausgeführt werden konnte. Das Schachspiel war zwar den Menschen vorbehalten, aber was unterschied die Menschen schon von der Maschine? Der Stachel der Frage beschäftigte die Aufklärung von Descartes und Leibniz bis La Mettrie und führte zu immer neuen Versuchen, entweder eine spezifische Differenz zwischen Mensch und Maschine zu konstituieren oder eine solche Unterscheidung aufzugeben. In der Kunst und Literatur führte der Gedanke an die Simulation menschlicher Handlungen durch einen Automat erstmals seit dem Spätmittelalter zu einem neuen Motiv in der Schachallegorie: der schachspielende Automat als Metapher der Mechanik des menschlichen Geistes.[147]

61, 62 Ihren Ausgangspunkt nimmt die Idee der schachspielenden Maschine von der Erfindung des Baron Wolfgang von Kempelen (1734 – 1804), dem „Türken", den Kempelen 1769 in Wien einer verblüfften Weltöffentlichkeit präsentierte. Der Türke war ein Kind des Zufalls – in Gestalt eines technisch begabten, aufstiegshungrigen Hofsekretärs – und einer Laune der Macht, verkörpert durch Maria Theresia. Die Herrscherin fand von Zeit zu Zeit Gefallen an Zerstreuungen. Begeistert war sie von den Magnetismus-Experimenten des Franzosen Pelletier. Seine Vorführungen entsprachen ganz dem Geschmack seiner Zeit, in der Spiel und Aufklärung einander noch nicht widersprachen. Die langweilige Dingwelt schien bei Pelletier durch geheimnisvolle Ströme lebendig und durch die Begabung zu selbständiger Bewegung lustvoll aus den gewohnten Fugen zu geraten. In Anschluß an eines der Experimente Pelletiers entspann sich zwischen Maria Theresia und dem Hofsekretär Kempelen ein Gespräch, von dem die Biedermanns-Chronik aus 1784 berichtet, daß „die Monarchinn Ihr Wohlgefallen äußerte, mit dem Beysatz, daß die schönsten Erfindungen Ausländer zu Urhebern hätten."[148]

In der Tat waren die „schönsten Erfindungen" traditionell fest in romanischer Hand. Die mechanische Ente und der Flötenspieler Vaucansons waren bereits weltbekannt, der Ruhm der zeichnenden, schreibenden und musizierenden Androiden von Jaquet-Droz hatte längst auch den Wiener Hof erreicht. Wie eine andere zeitgenössische Quelle vermerkt, „versicherte (Kempelen) die Monarchinn, daß er sich getraue eine Maschine zu verfertigen, die alles das, was allerhöchst dieselbe eben anzusehen gewürdiget haben, weit übertreffen sollte. Ihro Majestät feuerte ihn an mit den allergnädigsten Ausdrücken zur Ausführung seines Vorhabens, welche er als einen Befehl ansah, und in kurzer Zeit ein Automatum zustande brachte, welches alles, was man bisher von dergleichen Werken gesehen hat, sehr weit übertrifft."[149]

Kempelen begab sich daraufhin von Wien in seine Werkstatt nach Preßburg, und der Schachautomat, den er der Kaiserin sechs Monate später vorstellte, sollte die eben noch goutierten Pelletierschen Experimente wie die Androiden von Jaquet-Droz als Spielzeug erweisen: Die Maschine Kempelens hatte von der Ratio Besitz ergriffen und eine Puppe das schwerste aller Spiele, das Schach, erlernt.

Das Wiener Publikum begegnete dem Automaten mit einer Mischung aus Schock und Lust. Die lebensgroße Puppe in türkischer Tracht saß an der Rückwand eines eleganten Holzkastens. Die Vorderseite, auf der ein Schachbrett mit Metallfiguren stand, wies drei Türen auf, darunter eine Schublade. Vor der Vorstellung öffnete Kempelen die beiden Abteilungen, um das Innere des Kastens vorzuzeigen. Die Zuseher erblickten ein Gewirr aus Walzen, Hebeln und Zahnrädern verschiedenster Größen. Mit einer Kerze durchleuchtete Kempelen den Automat Abteil für Abteil, und noch vor Beginn der Partie wies Kempelen sein Publikum daraufhin, daß es sich bei der Vorführung um eine Täuschung hande. Die Offenheit des Vortrages steigerte noch das Interesse. Danach bat Kempelen einen Freiwilligen aus dem Publikum an das Schachbrett, und danach begann der Türke, sich selbständig zu bewegen. Merkwürdigerweise spielte er mit der linken Hand. Der Türke zog rasch, scheinbar ohne zu überlegen. Bei jedem Zug war ein Rasseln und das Ächzen von Zahnrädern zu hören. Versuchte der Gegner, seinen leblosen Partner durch einen irregulären Zug zu irritieren, stellte der Automat die falsch gesetzte Figur auf das Ausgangsfeld zurück und zog selbst, sodaß der Gegner zur Strafe einen Zug verlor. „Schach" kündigt der Türke durch ein dreifaches Nicken an. Nach dem „Matt" verfiel er wieder in eine starre Ruheposition.[150]

Nach der Vorstellung war die Kritik sich einig: Man hatte eine technische Sensation gesehen, vielleicht die Sensation technischer Erfolge schlechthin. Wohl runzelten Skeptiker von Anbeginn an die Stirne, aber für einen kurzen historischen Augenblick schien vieles, sogar die denkende Maschine möglich zu sein. An dieser Lust am schachspielenden Golem hat sich bis heute wenig geändert.[151]

Wolfgang von Kempelen war wie sein Vater Beamter und als Konzipist der ungarischen Hofkammer in den Dienst Maria Theresias getreten. Kempelen avancierte rasch zum Vertrauten der Herrscherin, und er führte zu dieser Zeit eine berufliche Doppel- oder Dreifachexistenz, wie sie für hohe Beamte unter Maria Theresia typisch war. So plante er eine Pumpmaschine für die Fontäne im kaiserlichen Schloß, verfaßte anakreontische Lyrik, radierte und zeichnete nicht ohne Geschick und war mit den ersten Konstruktionszeichnungen zum Bau einer Sprechmaschine beschäftigt.

Nach der erfolgreichen Premiere des Türken hatte Kempelen eine Serie von Vorführungen für die Wiener Gesellschaft gegeben. Die Vorstellungen waren bestbesucht, der Türke wurde Tagesgespräch nicht nur in Wien. In der Folge erschienen Artikel, Briefe, Kundmachungen und Flugschriften über das Geheimnis der schachspielenden Maschine in ganz Europa. War es tatsächlich gelungen, einem Automaten nicht nur das Körnerpicken oder das Addieren, sondern das freie, nicht vorherbestimmte Handeln beizubringen, funktionierte der Türke also autonom, dann wäre er durch die Simulation der Freiheit der menschlichen Urteilskraft die „wunderbarste über jedwede Vergleichung turmhoch erhabne Erfindung der Menschheit", wie Edgar Allan Poe noch 1836 – allerdings skeptisch – bemerken wird.[152]

Die Beobachter der Vorführungen um 1770 waren „nach sorgfältiger Untersuchung" zur Überzeugung gelangt, daß das „Automatum sich ganz alleine überlassen"[153] sei: „Die Maschine wirkt gänzlich durch sich selbst, so daß sie nicht den mindesten Einfluß erhält. Niemand steckt darinn verborgen", schreibt ein Korrespondent der Brünner Zeitung noch 1780, „aber eine Menge kleiner Rollen, worüber Saiten gespannt waren, verwirrten meinen Begriff, und es kam mir vor, als wenns eine Reihe von Vernunftschlüssen wären, deren letzteres Resultat darinn besteht, daß die Partie gewonnen ist."[154]

Dem Rätseln und Staunen über die Technik des denkenden Automaten folgte in aller Regel die Huldigungsadresse an seinen Schöpfer. Kempelen galt als „neuer Prometheus", als Genie der Mechanik, ja als fortschrittlicher Aufklärer, zugehörig jenen „Biedermännern, die an Vertilgung der Vorurteile, der Misbräuche und des Aberglaubens Theil genommen, mithin die gute Sache eifrig unterstützt und befördert haben."[155]

Kempelen mag die plötzliche Popularität mit Genuß und mit Schaudern verfolgt haben, denn je bekannter der Türke wurde, desto entschlossener wurden Erklärungen für das Wunder der denkenden Maschine eingefordert. Immer drängender wurden die Fragen nach dem Geheimnis der neuen Technik, und immer schwieriger wurde es, ihnen diskret auszuweichen. Die Gefahr, daß der Trick durch einen falschen Handgriff während der Vorstellung oder durch eine Indiskretion aufflog, war groß, und Kempelen hatte einen Ruf als seriöser Ingenieur und als Beamter zu verlieren. Obwohl Kempelen bei jeder Vorstellung betonte, daß es sich um eine Täuschung handle, war es zu spät, die Täuschung zu erläutern und so alle „sorgfältigsten Beobachter" für Dummköpfe zu erklären. Schließlich erklärte Kempelen, daß die Maschine irreparabel beschädigt sei. Aus diesem Grund werde es keine weiteren Vorstellungen geben.

Die Karriere des Türken war damit für zehn Jahre unterbrochen, doch im Dezember 1781 traf überraschend der Sohn Katharinas II., Großfürst Paul, zu einem fünfwöchigen Besuch in Wien ein. Kempelen hatte Jahre angestrengten und erfolgreichen Arbeitens hinter sich. Der Türke war inmitten der vielen Projekte fast vergessen, aber es mag Kempelen geschmeichelt haben, daß man sich des Automaten erinnerte, und so wurde der Türke zur Belustigung der hohen Gäste aus seinem zehnjährigen Verlies befreit. Er funktionierte tadellos, wie der vlaemische Indicateur festhält: „Die Gräfin hatte die Geneigtheit mit dem Selbstbewegenden ein Schachspiel zu spielen und es gefiel der Automat allgemein sehr gut."[156]

Der Türke gefiel so gut, daß Großfürst Paul anregte, den Automaten auch in anderen Städten zu zeigen. Der Vorschlag mußte Kempelen gerade recht kommen, denn trotz aller Erfolge hatte sich die finanzielle Lage Kempelens verschlechtert. Die Experimente zu einer Sprechmaschine hatten große Lücken in das Privatvermögen der Kempelens geschlagen. Kempelen suchte um Urlaub an, um den Türken in ganz Europa präsentieren zu können. Eine zweijährige Tournee quer durch Europa begann. Die Reise führte über Frankfurt, Dresden, Leipzig, Paris, Amsterdam bis London. Im Pariser Café de la Régence verlor der Türke gegen Philidor, was aber seiner Popularität keinen Abbruch tat. Der Londoner Aufenthalt war der glanzvollste. Zeitgerecht erschien die englische Übersetzung der Beschreibung des Türken von Kempelens Freund Karl Gottlieb von Windisch, die gerade so viel von seinem Geheimnis preisgab, um das Interesse bestmöglich zu schüren. Für unbedarfte Besucher der Vorstellungen Kempelens war er nach wie vor ein unerklärliches Wunder, nach wie vor fähig, die stärksten, auch metaphysischen Reaktionen hervorzurufen. Windisch berichtet: „Eine alte Dame schlug ein Kreuz mit einem andächtigen Seufzer vor sich, und schlich an ein etwas entferntes Fenster, um dem bösen Feind, den sie unfehlbar bey oder in der Maschine vermuthete, nicht so nahe zu seyn."[157]

Die Furcht vor dem „bösen Feind" war im ausgehenden 18. Jahrhundert schon selten geworden. Die Welt, in der alles möglich war, brauchte Erklärungen, und erschienen in den 70er Jahren fast ausschließlich noch staunende Berichte über den Türken, so waren es nun hauptsächlich um kritische Distanz bemühte Analysen. Das technische Wunder wurde Gegenstand der Wissenschaften und der Politik.

Nach der Frankfurter Vorstellung veröffentlichte Johann Philipp Ostertag „philosophische Grillen" über den Kempelenschen Schachspieler.[158] Er sah übernatürliche Kräfte im Türken wirken, nach der Leipziger Präsentation 1784 wurde der wissenschaftliche Zugriff um einiges härter. Der Mathematiker Johann Jacob Hindenburg und nach ihm Carl Friedrich Ebert schlossen bereits Metaphysik aus und machten elektrische und magnetische Ströme für eine externe Lenkung des Türken verantwortlich. Beide hielten ihn für einen echten Automaten.[159] Dem Einwand konnte Kempelen noch leicht begegnen, indem er jedermann einlud, einen starken Magneten zur Vorstellung mitzubringen. Gleichzeitig wurden jedoch sowohl in Paris und London als auch in Deutschland die Stimmen immer lauter, die einen Pseudo-Automaten vermuteten. Kempelen wurde nicht nur Täuschung, sondern Betrug vorgehalten.[160] Die Schwierigkeit des Nachweises eines verborgenen Spielers in der Maschine schlug bisweilen in Wut um. Prominentestes Beispiel ist wohl das Pamphlet des Revolutionärs und Aufklärers Friedrich Nicolai gegen den Türken. „Ich bin ein Freund der Wahrheit", schreibt Nicolai in seinen Reisebeschreibungen, „und ein Feind der Vorspiegelungen", um den Türken (und den verhaßten Österreicher Kempelen) in Bausch und Bogen zu verdammen.[161]

Kempelen wird diese überschießende Kritik kaum gestört haben. Das Geschäft ging ausgezeichnet, und wenn auch manche Detektive der vollständigen Erklärung recht nahegekommen waren: zu beweisen war nichts, und in diesem Sinne stand das Recht auf der Seite des Angeklagten. Allerdings war aus dem „promethischen Geschöpf" nun einer geworden, gegen den Voruntersuchungen im Gange waren.

1785 kehrt der Türke nach Wien zurück. Einige Quellen sprechen von einem Abstecher Kempelens nach Berlin, wo er Friedrich II. das Geheimnis des denkenden Automaten um eine sagenhafte Summe verkauft haben soll. Friedrich – naturgemäß enttäuscht vom Ergebnis der Erklärung Kempelens – soll klug genug gewesen sein, darüber zu schweigen. 1786 wurde Kempelen zum Hofrat der vereinigten ungarisch-siebenbürgischen Hofkanzlei bestellt und beendete 1791 die Arbeit an der Sprechmaschine.[162] Bis zum Tod Kempelens im März 1804 blieb der Türke in Lagerräumen des Schlosses Schönbrunn eingemottet.

Am 12. Februar 1806 erschien in der Wiener Zeitung die Ankündigung, daß Carl von Kempelen, der den Türken von seinem Vater geerbt hatte, den automatischen Schachspieler „zum Vortheil armer Familien" sehen ließ. Kempelen hatte bis zu seinem

Tode 1804 das Geheimnis nicht preisgegeben, aber einige deutsche Wissenschaftler waren der Lösung sehr nahe gekommen. Allen voran hatte Freiherr Joseph Friedrich zu
61, 62 Racknitz mit großem Aufwand den Türken in zwei Modellen nachgebaut, um die Welt von den Mystifikationen über die denkende Maschine zu befreien.[163] Racknitz entdeckte – wie übrigens vier Jahre vor ihm Lorenz Boeckmann aus Karlsruhe[164] –, daß ein im Inneren des Kastens verborgener Spieler das äußere Geschehen am Schachbrett verfolgen könnte, wenn die Schachfiguren mit Magnetkernen versehen wären, wodurch bei Betreten eines bestimmten Feldes unmittelbar darunter angebrachte Metallnadeln angehoben würden. Zugleich beschrieb Racknitz die Lenkung des Türken von innen mit großer Präzision: Mittels einer Storchschnabelmechanik war es dem Spieler möglich, Bewegungen am inneren (verkleinerten) Schachbrett über einen Seilzug durch den linken Arm des Türken auf das große Schachbrett zu übertragen.[165] Man möchte annehmen, daß diese Enttarnungen zureichten, um aus dem Türken eine Technikreliquie im Status einer museumsreifen Kuriosität zu machen. Doch die Arbeiten Boeckmanns und Racknitzs blieben fast resonanzlos.[166] Noch ein halbes Jahrhundert nach seinem ersten Auftreten gab es Berichte, die im Türken einen echten Schachautomaten oder eine geheimnisvolle Lenkung von außen vermuteten. 1806 verkaufte Carl von Kempelen den Türken an den Mechanikus Maelzel, womit ein neuer Abschnitt in der Karriere des Automaten begann.

Bei Johann Nepomuk Maelzel befand sich der Türke erstmals in der Gesellschaft anderer Automaten. Maelzel verfügte über einen selbstgebauten Trompeter, eine mechanische Seiltänzerin und über ein Panharmonicum, ein mechanisches Orchester, für das immerhin Ludwig van Beethoven 1813 die Ouvertüre op. 91 komponierte. Der Türke ergänzte die Societät der Automaten ideal, denn sofort nach seinem Erwerb begab sich Maelzel auf Tournee. Inmitten der sinnlichen und artistischen Darbietungen präsentierte der schachspielende Automat die Simulation der intellektuellen Tätigkeiten des Menschen.

Die erste Reise führte Maelzels künstliche Welt über Deutschland und Frankreich bis nach Amsterdam. Spätestens 1808 ist Maelzel wieder in Wien, denn er wurde mit der Aufgabe eines k.k. Hofmaschinisten betraut. Für dieses Amt hatte er sich vor allem durch die Gunst Eugène de Beauharnais', des Stiefsohns Napoleons und Vizekönigs von Italien, qualifiziert, der Maelzel ein Technik-Observatorium in der Burg finanzierte, in dem Maelzel seine und andere mechanischen Erfindungen sammelte und zeigte. Eugène de Beauharnais war es auch, der ein Treffen Maelzels mit Napoleon in Schönbrunn arrangierte. Maelzel wußte, daß Napoleon wie Friedrich II. ein begeisterter Schachspieler war. Am Morgen des 9. Oktobers 1809 präsentierte er dem Herrscher den Türken. Es zeugt von großem Selbstbewußtsein, daß sich Maelzel auf die Partie mit Napoleon einließ und mehr noch, daß er dem Türken gestattete, diese entscheidende Partie zu gewinnen. Ein Problem zu gewinnen, bestand freilich nicht: Napoleon war ein Amateur, aber im Türken saß mit Johann Allgaier einer der stärksten Spieler und Schachtheoretiker seiner Zeit. Die Allgaier-Variante im Königsgambit ist noch heute ein fixer Bestandteil der Eröffnungstheorie.[167]

Nach dieser Partie erreichte der Türke einen zweiten Höhepunkt seiner Popularität. Sein Wert stieg ins Unermeßliche. Maelzel verkaufte ihn deshalb um das Vermögen von 30.000 Gulden an Eugène de Beauharnais. So übersiedelte der Automat von

Wien nach Mailand und privatisierte in der Casa Buonaparte, da Eugène wohl das Gerät, aber keinen Spieler vom Format eines Allgaiers zur Verfügung hatte.

Nach dem Vertrag von Fontainebleau 1814 verlor Eugène seine Besitzungen in Italien und begab sich in die Landgrafschaft Leuchtenberg, wohin der Türke 1817 von Mailand aus gebracht wurde. Im selben Jahr trat auch Maelzel wieder auf den Plan und kaufte den Türken überraschend zurück. Allerdings wurde eine Ratenzahlung vereinbart und Maelzel die Auflage erteilt, den Kontinent nicht zu verlassen. Maelzel hatte in der Zwischenzeit seine Zelte in Paris aufgeschlagen, wo er einen ständigen Automatensalon und eine Metronomherstellung eingerichtet hatte. 1819 zeigte er den Türken wieder im Café de la Régence, von den Schachspielern und der französischen Presse wurde er „wie ein alter Bekannter" empfangen. Kempelens Aufenthalt in Paris 1785 war noch in Erinnerung.

Ein Jahr später ging der Türke erneut auf Tournee. Gemeinsam mit der mechanischen Seiltänzerin und einem beweglichen Diorama wird er in London, Liverpool, Manchester und in schottischen Städten gezeigt. Die Siege waren glanzvoll, denn Maelzel konnte für die Lenkung des Türken William Lewis, den stärksten Spieler des Englands der 20er Jahre, verpflichten. Wieder rätselte die Welt, erneut war das Medieninteresse kaum zu überbieten. Fünfzig der ca. 300 in England gespielten Partien wurden publiziert[168], und neue Erklärungsversuche erschienen. Zunächst anonym „by an Oxford graduate", der die Vermutung zu belegen versuchte, daß Maelzel die Arme des Türken mit haarfeinen Drähten lenkt.[169] Dem Einwand war leicht zu begegnen, 1821 legte jedoch Robert Willis eine Studie vor, die erstmals das System des Verstecks des Spielers im Automaten plausibel zu erklären vermochte.[170] Es folgten kurze Reisen unter anderem nach Amsterdam; an die Fersen des Türken hatten sich nun zwei gänzlich unterschiedliche Verfolger geheftet: Zum einen wurde der Aufsatz von Willis populär, zum anderen stand der Türke nach wie vor im Eigentum von Eugéne und später seiner Erben, die auf termingerechten Ratenzahlungen bestanden. Es drohten endgültige Enttarnung und zugleich die Verpfändung. Doch Maelzel fand einen Ausweg: Am 20. Dezember 1825 schiffte sich der Türke in Le Havre ein und überquerte auf dem Postboot Howard den Atlantik.

Im Chaos der Flucht in die Neue Welt hatte Maelzel jedoch den Spieler am Kontinent zurücklassen müssen. Während der Überfahrt weihte Maelzel eine junge Französin kurzentschlossen in das Geheimnis des Türken ein. Noch an Bord der Howard lehrte sie Maelzel die Grundbegriffe des Schachspiels und gewann sie als Spielerin; die Lehrzeit war allerdings kurz, und deshalb führte der Türke bei seinen ersten Vorstellungen in New York nur einfache Turmendspiele durch. Dennoch war die Premiere am 13. April 1826 im National Hotel glanzvoll.[171] Maelzel hatte die Reduktion der intellektuellen Fähigkeiten des Türken ausgeglichen, indem er seinen Showcharakter erhöht hatte: Mit dem Automaten konnte man jetzt auch Whist spielen, und durch eine Sprechvorrichtung konnte er nun „Schach" sagen. Drei Monate später traf endlich der Elsässer Schachprofessional Wilhelm Schlumberger ein, der den Türken bereits in Paris bedient hatte. Schlumberger verhalf der Maschine wieder zu ihrer früheren Spielstärke. Im nächsten Jahr pendelte der Türke zwischen New York, Boston, Philadelphia und Baltimore, und nahezu alle der frühen Vorstellungen in Amerika waren ausverkauft; über jeden Abend wurde detailliert berichtet.

Die Rezeption des Türken in der Neuen Welt war anders als noch vor wenigen Jahren in Europa. Ob skeptisch oder emphatisch, der Türke wurde in Europa als spätbarocke Materialisation der Utopie einer denkenden Maschine diskutiert. Seine Aura gewann der Türke aus der Kraft dieser Utopie. In Amerika bestand wenig Interesse an derlei Spekulationen. Der Türke bekam bald Konkurrenz: Während noch Freiherr zu Racknitz mühsam Modelle zur Erklärung des Automaten erstellt hatte, so kopierten die Brüder Walker das Original und stiegen mit ihrem „American Automaton Chess Player" selbst ins Automatengeschäft ein.[172]

In Baltimore ereignete sich schließlich die Katastrophe, die schon Kempelen befürchtet hatte: Zwei Jugendliche beobachteten Schlumberger, als er nach der Vorstellung aus dem Türken stieg. Die „Baltimore Gazette" berichtete in drei Folgen, sodaß erstmals ein Beweis für die Existenz des Menschen in der Maschine erbracht war.[173] Maelzel dementierte zwar, brach aber den Aufenthalt in Baltimore am 2. Juni 1827 ab. Der Türke reiste weiter. Philadelphia, Boston, New York waren die Stationen der nächsten Jahre. Nach einem kurzen Aufenthalt Maelzels in Europa 1829 wurde der Türke unter anderem in Charleston und Washington und später in Pittsburg und Cincinnati gezeigt.

Im Spätherbst 1834 wurde in Richmond gespielt, wo ihn Edgar Allan Poe mehrmals beobachtete. Durch seine eineinhalb Jahre später erscheinende Schrift *Maelzel's Chess Player* gelangte der Türke endgültig über den Tagesruhm hinaus in die literarische Unsterblichkeit. Kriminalistische Spurensuche, genaue Beobachtung des scheinbar Nebensächlichen verbunden mit mathematisch-präzisen Argumenten sollten das Geheimnis enträtseln, das – hätte man die Pressemeldungen der letzten 10 Jahre zur Verfügung gehabt – keines mehr war: Von Brewsters „Letters on Natural Magic" übernahm Poe die Geschichte von Kempelens Schachspieler inklusive mancher Fehler, wie die Zitierung des Freiherrn zu Racknitz als „Mr. Freyhere". Recht schief war auch Poes Argument, der Türke könne schon deswegen keine Maschine sein, weil sie manchmal verliert, doch der Essay fand Wirkung und Verbreitung.[174] Der Türke war gezwungen, sich weiter zurückzuziehen. Über den Mississippi gelangt er schließlich Ende 1836 bis nach New Orleans.[175]

In New Orleans erreichte Maelzel eine weitere Hiobsbotschaft. Ein ehemaliger Spieler, Jacques-François Mouret (1787–1837), hatte mit der Tradition des Schweigens gebrochen und im Pariser „Magazin pittoresque" einen detaillierten Bericht aus erster Hand veröffentlicht, der von der National Gazette am 6. Februar 1837 aufgegriffen wurde. Mit dieser Publikation war die Magie des Türken auch in Amerika erschöpft. Im November 1837 brach der Türke von New Orleans nach Havanna auf. Die ersten Vorstellungen in Havanna waren wieder sehr gut besucht, doch im April 1838 erkrankte Schlumberger und starb wenig später an Malaria. Am 14. Juli 1838 schiffte sich Maelzel auf der Otis von Havanna nach Philadelphia ein. Über den Passagier wurde berichtet, daß er äußerst schweigsam war und die Kabine nur verließ, um mit dem Kapitän eine Partie Schach zu spielen. Eine Woche nach Abfahrt wurde Maelzel inmitten leerer Weinflaschen tot in seiner Kabine aufgefunden.

Aus dem Nachlaß Maelzels ersteigerte John Ohl den Türken um 400 Dollar und verkaufte ihn rasch weiter an den schachbegeisterten Physiker John K. Mitchell, der gemeinsam mit anderen Mitgliedern des Schachclubs von Philadelphia einige Privatvorführungen gab. Das Amusement hielt sich allerdings in Grenzen, und so schenkte Dr. Mitchell 1840 den Türken Peale's Museum neben dem Nationaltheater in Philadelphia.

Vierzehn Jahre später, am 5. Juli 1854, brach während der Vorstellung im Nationaltheater ein Brand aus. Zuschauer kamen nicht zu Schaden, doch das Feuer zerstörte das Theater vollständig. Der Brand griff schließlich auf Peale's Museum über. Einige wertvolle chinesische Stücke konnten noch gerettet werden, doch an eine Evakuierung des sperrigen Schachautomaten aus Österreich war nicht zu denken. Der Türke verbrannte.

33. ♕e3xa7 ♕b2xc3+
34. ♔f3–g4 ♕c3–d3

Die Zeit der romantischen Automaten war Mitte des 19. Jahrhunderts abgelaufen. Im Zeitalter der Automation hatten sie ihre Aura verloren, und die Wissenschaft schickte sich an, echte Automaten zu bauen. Um 1837 entwarf der englische Mathematiker Charles Babbage (1791 – 1871) eine „Analytische Maschine". Sie sollte einen Speicher haben, eine Bibliothek und mit Lochkarten mit den Menschen kommunizieren können. Mit der Analytischen Maschine sollte man nicht nur rechnen können, sondern sie könnte – läßt man ihr nur genügend Zeit – jede gewünschte Operation ausführen; im Prinzip präludiert die Maschine von Babbage bereits den modernen Computer.[176] Kaum ein halbes Jahrhundert nach dem Ende des Türken beendete der Ingenieur Leonardo Torres y Quevedo, der Vorsitzende der Akademie der Wissenschaften in Madrid, seine Konstruktion eines elektromechanischen Schachspielers. Der Automat von Torres y Quevedo konnte den schwarzen König mit Turm und König von jeder beliebigen Position aus in spätestens 63 Zügen mattsetzen. Diese Leistung war bescheiden, aber der Mensch war nun tatsächlich aus der Maschine verschwunden.

Rubinsteins 33. Zug ist ♕e3xa7. Er entschied sich zu schlagen, obwohl er seinen c-Bauern mit Schachgebot verliert. Grünfelds 33. ... ♕b2xc3+ sichert das materielle Gleichgewicht und bewahrt durch das Schachgebot die Initiative. Rubinsteins 34. Zug ist ♔f3–g4, der weiße König entkommt der Dame über die 4. Reihe. Der schwarze f-Bauer, der mit Schach geschlagen werden kann, ist nun nicht mehr zu halten, mit ihm fiele der Läufer auf f6, womit die Partie schon am frühen Nachmittag und ohne großen Kräfteverlust entschieden gewesen wäre.
Grünfelds Antwort ist ein Schock: Er spielt a tempo 34. ... ♕c3–d3.

28

1912 war das „magische Jahr"[177] Rubinsteins, es ist rasch erzählt: 1. Rang im doppelrundigen Turnier von San Sebastian im Februar und März bei 11 Teilnehmern mit 12,5 Punkten vor Nimzowitsch, Spielmann und Tarrasch; 1. Rang beim internationalen Turnier in Pistyan von Mai bis Juni mit 2,5 Punkten Vorsprung vor Spielmann und Marshall;

35. ♕a7xf7+ ♔g7–h6

1. Rang beim 18. Kongreß des Deutschen Schachbundes in Breslau gemeinsam mit Duras mit 12 Punkten vor Teichmann, Schlechter und Tarrasch bei 18 Teilnehmern; schließlich 1. Rang beim doppelrundigen russischen Nationalturnier in Vilna mit 12 Punkten und Doppelsiegen gegen Flamberg, den späteren Weltmeister Aljechin und Levenfisch. Zählt man die Warschauer Stadtmeisterschaft 1912, die zur Jahreswende 1911 gespielt wurde und die Rubinstein mit 13 Punkten aus 14 Partien vor Salwe und Flamberg gewann, zu diesem Jahr, hatte Rubinstein 1912 fünf Turniere gewonnen und ein Score von 51 Siegen, 26 Unentschieden und 8 Niederlagen gegen die stärkste Konkurrenz erzielt.

Fast war Rubinstein am Ende seiner Fahrt angelangt. Er schien unverwundbar, und sein Ziel, die Weltmeisterschaft gegen Lasker, war in greifbarer Nähe.

Die Partie Spielmann gegen Edgar Colle[178] ist zu Ende gegangen. Spielmann hat in der fünften Runde des Karlsbader Turniers seinen fünften Sieg gefeiert. Man gratuliert. Rubinstein zögert einige Minuten, dann schlägt er Grünfelds Bauern auf f7. Sein 35. Zug lautet ♕a7xf7+. Grünfeld antwortet wieder a tempo 35. ... ♔g7–h6. Der schwarze Läufer steht en price.

29

„Das Schicksal", notiert Arthur Schopenhauer in den *Aphorismen zur Lebensweisheit,* „mischt die Karten und wir spielen. Meine gegenwärtige Betrachtung auszudrücken, wäre aber das folgende Gleichniß am geeignetsten. Es ist im Leben wie im Schachspiel: wir entwerfen einen Plan: dieser bleibt jedoch bedingt durch Das, was im Schachspiel dem Gegner, im Leben dem Schicksal zu thun belieben wird. Die Modifikationen, welche hierdurch unser Plan erleidet, sind meistens so groß, daß er in der Ausführung kaum noch an einigen Grundzügen zu erkennen ist." Und weiter: „Uebrigens giebt es in unserem Lebenslaufe noch etwas, welches über das Alles hinausliegt. Es ist nämlich eine triviale und nur zu häufig bestätigte Wahrheit, daß wir oft törichter sind, als wir glauben (...)"[179]

Schopenhauer, dessen Philosophie der Lebensweisheit des Orients mehr verdankt als der Tradition abendländischer Moderne, diente der Vergleich des Lebens mit dem Schachspiel zur Akzeptanz eines unberechenbaren und unabänderlichen Schicksals. Das Leben ist eine „mißliche Sache"[180], man spielt im Angesicht des je individuellen Todes ein aussichtsloses Spiel und versucht, es sich in der schlechtesten aller Welten so halbwegs einzurichten: „Das Leben selbst gleicht einem Meer voll Klippen und Strudel, und der Mensch dem Schiffer, der solche mit der größten Behutsamkeit und Sorgfalt vermeidet und sich durchwindet, jedoch zugleich weiß, daß, wenn es ihm auch gelingt mit aller Anstrengung und Kunst, sich durchzuwinden, er eben dadurch mit jedem Schritt, dem größten, dem totalen, dem unvermeidlichen und unheilbaren Schiffbruch näher kommt, ja gerade auf ihn zusteuert, dem Tode: dieser ist das endliche Ziel der mühseligen Fahrt und für ihn schlimmer als alle Klippen, denen er auswich."[181]

Das Leben ist „nicht eigentlich da, um genossen, sondern um überstanden, abgetan zu werden"[182], denn „Leben ist Leiden"[183], wie der Leitsatz von Schopenhauers pessimistischer Anthropologie lautet. Wie das Schachspiel ist das Leben im Grunde profan, der Plan geht nicht auf, die Partie, die mit dem Tod endet und in der Gewißheit des Endes gespielt wird, ist Zug um Zug eine Abfolge von Enttäuschungen, Niederlagen und Schmerzen. Daß der Mensch überhaupt das Spiel dem Nichtspiel, das Sein dem Nichtsein vorzieht und glaubt, Glück darin finden zu können, beruht auf einem „angeborenen Irrtum des Menschen"[184]. Der Irrtum, der ihn trotz allem am Leben und am Spielen hält, ist jedoch das eigentlich Erstaunliche und macht seine Betrachtung für Schopenhauer interessant: Ein universaler und ursprünglicher Wille wirkt offenbar in der Welt und hält ihre Spielmechanik in Gang.

Schopenhauer ist Schüler Kants. Sein Hauptwerk *Die Welt als Wille und Vorstellung*, das er 1818 in Dresden fertigstellt, brachte ihn unter Berufung auf Kants Transzendentalphilosophie in scharfe Konfrontation mit der herrschenden deutschen Philosophie. Die Welt ist für den Kantschüler Schopenhauer Vorstellung, alles Erkennbare ist nur Objekt für ein Subjekt, die Sinneswelt Erscheinung, allerdings geht die Wirklichkeit für Schopenhauer in der Erscheinung nicht auf. Wie für Kant zerfällt die Welt für Schopenhauer zwischen den Erscheinungen und dem Ding-an-sich, dem noumenon, das nicht erkennbar ist, doch im Gegensatz zu Kant deutet Schopenhauer das Ding-an-sich als Wille, das innere Wesen der Welt. Der Begriff Wille „ist der einzige unter allen möglichen, welcher seinen Ursprung nicht in der Erscheinung, nicht in bloßer anschaulicher Vorstellung hat, sondern aus dem Inneren kommt, aus dem unmittelbarsten Bewußtsein eines jeden hervorgeht, in welchem dieser sein eigenes Individuum seinem Wesen nach unmittelbar ohne alle Form, selbst ohne die von Subjekt und Objekt erkennt und zugleich selbst ist, dahier das Erkennende und Erkannte zusammenfallen."[185]

Die Welt basiert auf einem ursächlichen und blindwirkenden Willen. Wie das Regelwerk des Schachspiels ist die Welt eine Abfolge von nicht hintergehbaren Willensakten, die sich in ihrem Grund jedem Befragen und jedem theoretischen Zugriff entziehen. Der Wille zum Leben ist wie der Wille zum Spielen sinnlos, ein „blinder Drang, ein völlig grundloser, unmotivierter Trieb"[186]. Die Philosophie fragt nicht „nach dem Woher und Wohin und Warum, sondern immer und überall nur nach dem Was der Welt".[187] Da das Weltsystem als Ergebnis des Wirkens eines alogischen Willens ein Spielsystem ohne Sinn ist, sind Askese und Erdulden die einzige Haltung, um es zu überstehen. Jede Form von Optimismus erscheint Schopenhauer daher „nicht bloß als eine absurde, sondern auch als eine wahrhaft ruchlose Denkungsart".[188]

Eine derart fundamental pessimistische Anthropologie war zu Beginn des 19. Jahrhunderts nur schwer zu akzeptieren. Die bürgerliche Ideologie war für einen historischen Moment lang die des unbeschränkten Fortschrittes und eines quasireligiösen Messianismus, sodaß Schopenhauers Pessimismus noch jahrzehntelang unbeachtet blieb. Dennoch lassen sich die Krisenerscheinungen des Glaubens an das Ideal des Fortschritts anhand der unterschiedlichen Verwendung der Spielmetapher schon eine Generation vor Schopenhauer deutlich machen. Mit Immanuel Kants *Kritik der Urteilskraft* (1790), Friedrich Schillers *Briefe zur ästhetischen Erziehung des Menschen* (1795) und Johann Gottlieb Fichtes *Die Bestimmung des Menschen* (1800) hat der Spielbegriff die Bühne der akademischen Philosophie betreten und seitdem nicht mehr verlassen. Das profane Spiel – bis dahin allenfalls ein Randthema der Reflexion – wurde nobilitiert und zu einem Modellbegriff der Metaphysik, an dem sich gleichermaßen Fortschrittsoptimismus wie Zweifel abarbeiten.

Während Schiller das Spiel und die Welt des ästhetischen Scheines mit offenen Armen begrüßt, war Fichte die Welt als Spiel gedacht ein „Ungeheuer". Ohne „erhabene Bestimmung" durch einen „großen Zweck" sei der Verstand, der den Menschen vor allen anderen Wesen auszeichnet, bloß der „spielende und leere Bildner von Nichts, und zu Nichts"[189]. Ohne Ernst und Interesse verwandle sich das Leben „in ein bloßes Spiel", warnt Fichte in *Die Bestimmung des Menschen* kaum fünf Jahre nach Schiller, „das von nichts ausgeht und auf nichts hinausläuft".[190]

Bis zu Schiller und Fichte wurde Spiel als relationaler Begriff gedacht, das heißt in seiner semantischen Opposition zu anderen Begriffen. Spiel beschäftigte vorwiegend unter der Perspektive seines pädagogischen Nutzens oder Schadens, und noch bei Hegel erscheint Spiel entweder lapidar als „dem Ernste der Abhängigkeit und Not entgegengesetzt"[191] oder pejorativ als „romantisches Spiel"[192] gegen die Ästhetik der Jenaer Frühromantik gewandt.

In der Aufklärung wird Spiel als Kinderspiel verstanden und in seiner Relation zu Arbeit reflektiert. So ist in *Some thoughts concerning education* von John Locke (1693) Spiel nicht ein Problem der Ontologie, sondern der Erholung. Für das Kind ist Spiel nach Locke „so nötig wie Arbeit oder Nahrung. Weil aber keine Erholung ohne Vergnügen stattfinden kann, dieses jedoch nicht immer von der Vernunft, sondern viel öfter von der Einbildung abhängt, muß man den Kindern nicht bloß erlauben, sich zu zerstreuen, sondern ihnen auch gestatten, dies auf ihre eigene Art zu tun. (...) Ich halte es für hinreichend erwiesen, daß Kinder es grundsätzlich hassen, müßig zu sein. Alle Sorge hat sich deshalb darauf zu richten, ihren Hang zur Geschäftigkeit fortwährend auf etwas ihnen Nützliches zu lenken."[193] Das Mittel dazu ist Spiel.

Jean Jacques Rousseau verschärft in *Emile ou de l'éducation* (1762) den Gedanken Lockes, indem das Spielen nicht nur als Erholung zu dulden sei, sondern ein Recht des Kindes auf Spiel existiere, hingegen bleibt Kant gegenüber der Einschätzung der Vorteile des Spiels skeptisch: „Man hat", heißt es in Kants Pädagogik, „verschiedene Erziehungspläne entworfen, um, welches auch sehr löblich ist, zu versuchen, welche Methode bei der Erziehung die beste sei. Man ist unter anderem auch darauf verfallen, die Kinder alles wie im Spiele lernen zu lassen. (...) Dies thut eine ganz verkehrte Wirkung. Das Kind soll spielen, es soll Erholungstunden haben, aber es muß auch arbeiten lernen. (...) Es ist ohnedies schon ein besonderes Unglück für den Menschen, daß er so sehr zur Unthätigkeit geneigt ist. Je mehr ein Mensch gefaullenzt hat, desto schwerer entschließt er sich dazu, zu arbeiten. Bei der Arbeit ist die Beschäftigung nicht an sich selbst angenehm, sondern man unternimmt sie einer anderen Absicht wegen. Die Beschäftigung bei dem Spiele dagegen ist an sich angenehm, ohne weiter irgend einen Zweck zu beabsichtigen. (...) Es ist äußerst schädlich, wenn man das Kind dazu gewöhnt, Alles als Spiel zu betrachten. Es muß Zeit haben, sich zu erholen, aber es muß auch eine Zeit für dasselbe sein, in der es arbeitet."[194]

In einer älteren Relation von Spiel, der Vorstellung vom Theatrum mundi, die bis ins Mittelalter zurückgeht, steht das Verhältnis von Intimität und Wahrheit auf der einen Seite und die Notwendigkeit gesellschaftlichen Rollenverhaltens durch Spiel (als Schein und Lüge) auf der anderen zur Diskussion. Als relationaler Begriff ist Spiel auch im Blick der Philosophen bloß Gegenstand der Pädagogik und Soziologie, aber kein ontologisches Problem. Man fragt weder nach dem Ursprung des Spiels in der Welt noch nach dem Ursprung der Welt im Spiel. Zwar bezeichnet schon Platon den Menschen als „Spielzeug Gottes“[195] – dies sei im übrigen die beste Seite an ihm –, und für Jacobus von Cessolis ist der Mensch eine Schachfigur, aber Gott selbst spielt nicht. Es gilt, die Spielregeln des Schöpfers zu erkennen, aber nicht zu befragen, da seine Existenz als personaler Gott sicher ist und seine Regeln in sich vernünftig sind. Daß alles „nur“ ein Spiel sein könnte, daß Spiel als Weltmetapher gedacht ein Ungeheuer darstellen oder mit Schiller einzige Möglichkeit der Befreiung sein könnte, beschäftigte und beunruhigte weder Platon noch Cessolis noch Locke oder Rousseau.

In der Transzendentalphilosophie wird Spiel vom profanen Relationsbegriff zu einem Substanzbegriff. Zunächst in der Ästhetik, als Kant das „freie Spiel“ des Erkenntnisvermögens und der Gemütskräfte, des Gestaltens und Empfindens zu einer fundamentalen Kategorie seiner Analytik des Schönen erhebt. Daß die Substantialisierung im deutschen Idealismus und in der Ästhetik geschieht, ist für sich bezeichnend. Das Schaudern Fichtes vor einer Welt als Spiel und die erwartungsvolle Freude Schillers, der alle Hoffnung „aufs Spiel“ setzt, haben deshalb eine gemeinsame Wurzel: Den Zweifel an der Existenz und an der Kraft eines transzendenten Ideals. Die Vorstellung, daß der Weltenbaumeister selbst ein Spieler gewesen sein könnte, daß „alles ein Spiel ist“, führt zu einer deterministischen, materialistischen Weltsicht. Sie ist im Wort Heraklits vorbereitet, daß die Zeit, der Weltlauf, wie das „Spiel eines Kindes“ sei.[196] Das Kind, welches das Spiel in Gang gesetzt hat, könnte ein gütiger Gott gewesen sein, aber auch ein deus malinus.

Im Zeitalter des Fortschrittes und des Geschichtsoptimismus ist die Vorstellung, daß „alles Spiel ist“, ein Schock. Alles wäre „nur“ ein Spiel. Dieses „Nur“ ist die Erfahrung einer Bedrohung, die die Generationen vor Fichte und Schiller nicht erlebt haben: die Verflachung des Ideals von Sittlichkeit und Humanität und in der Folge die Erfahrung des Sinnlosen und Absurden. Mit dem Spielbegriff betritt daher nicht nur ein Modell der Metaphysik die Bühne der Philosophie, sondern auch der unheimliche Gast des Nihilismus: Wenn die Welt ein Spiel ist, so mag sie zwar schön sein und ihre Existenz als ästhetisches Phänomen rechtfertigen, sittlich ist sie nicht. Spiel basiert zwar auf Regeln, doch vermitteln Spielregeln für den Spielenden weder Freiheit noch Moral noch Sinn. Spiel ist immanent, durch sein Regelwerk deterministisch und geschlossen, der einzige Sinn von Spiel liegt darin, es gut zu spielen. Die Freiheit des Menschen als des Subjekts eines Spieles ist damit bloßer Schein, denn, wie Hans-Georg Gadamer richtig erkannte, „das eigentliche Subjekt des Spieles ist nicht der Spieler, sondern das Spiel selbst.“[197]

Die Auseinandersetzung des Idealismus mit dem „Spiel“ deutet daher auf eine metaphysische Ermüdung am Ideal hin und die Konjunktur des Spielbegriffes in der Ästhetik auf eine Strategie, den Schock des Absurden der Welt durch ihre ästhetische Legimation zu verarbeiten. Die Auseinandersetzung zwischen Geschichtsoptimismus und -pessimismus wird auf die Ebene der Ästhetik transformiert: dagegen rebellierend und als Warnung vor dem Leviathan bei Fichte, emphatisch akklamiert als Hoffnung auf Identität und auf revolutionäre Befreiung bei Schiller. Eine Betrachtung der Kontexte bei Fichte und Schiller erhellt daher eine Etappe in der Verschiebung der Spielmetapher, wie sie sich im 19. Jahrhundert vom Zweifel am Sinn des Spiels bis zur heiteren Verzweiflung durch die Gewißheit des Sinnlosen ereignet.

Wie Schopenhauer ist auch Fichte Schüler Kants und teilt somit Kants Problem der Entzweiung des Menschen in der Moderne und seine Ausgangsfrage nach den Bedingungen der Möglichkeit von Erkenntnis und einer radikal freien, moralischen Subjektivität. Mit dem Cogito Descartes' wurde das Subjekt in der Aufklärung aus der kosmischen Ordnung entfernt. Mit dem Selbstbewußtsein des Menschen entstand eine Trennung zwischen der Welt des Subjekts und Objekts, zwischen denen die Vernunft vermittelt. Die Aufklärung bis Kant ließ jedoch das Dilemma der moralischen Freiheit des Menschen offen: Durch die Objektivierung der Natur wird auch die menschliche Natur zu einem Objekt, das kausal bzw. mechanisch erklärbar ist. Damit wird die Entscheidungsfreiheit des Menschen aber negiert. Sie wäre in ihrem Funktionieren vollständig erklärbar wie ein Uhrwerk. Für die radikale Freiheitsauffassung des deutschen Idealismus ist ein solcher Utilitarismus aber nicht akzeptabel. Das freie Subjekt müßte jenseits der Mechanik der Natur seine Entscheidungen frei und autonom treffen können. Wäre das Subjekt in seiner Entscheidung nicht moralisch frei, so verschwände es als Einheit. Kant transzendiert in seiner Betrachtung der Subjektivität das empirische Subjekt und schließt von der spezifischen Art der Erfahrung des Objekts auf die Beschaffenheit des Subjekts, das durch seinen Verstand die Wirklichkeit selbst hervorbringt. Ein Rückschluß auf die Gestalt der Dinge-an-sich ist von daher nicht möglich. Wie die Dinge wirklich sind, bleibt mit den Mitteln der Vernunft unerkennbar.

In Kants Konstruktion der transzendentalen Subjektivität hat sich daher etwas Skandalöses eingestellt: Dem Menschen bleibt die Erkenntnis des Dings-an-sich verwehrt. Damit müßte aber die Hoffnung des Idealismus auf eine Vereinigung der Gegensätze zwischen Natur und Mensch, zwischen Vernunft und Sinnlichkeit, die in der Moderne aufgebrochen sind, aufgegeben werden. Sie kann nur in einem vollständigen Idealismus konstruiert werden.[198]

An die Stelle, an die Schopenhauer einen bewußtlosen, blinden Willen als letztes Prinzip in der Natur einsetzt, stellt Fichte, um den Dualismus Kants zwischen dem Ding-an-sich und dem moralisch freien Subjekt zu schließen, das bewußte Wollen, die Handlung des moralisch freien Subjekts. Im Mittelpunkt des subjektiven Idealismus Fichtes steht das Konzept des handelnden Menschen, der durch seine „Tathandlung" die Welt setzt. Das Subjekt Fichtes ist omnikompetent, die Tathandlung der Inbegriff von Geist, Wille und Sittlichkeit. Die Vorstellung Fichtes vom Menschen ist die eines praktisch-vernünftigen Wesens, eines Subjekts des Wissens und des Willens. Sein Wissen verlangt ein Objekt, sein Wille einen Widerstand, an dem er tätig werden kann. Durch seine schöpferische Subjektivität setzt der Mensch die Objektwelt, und das Subjekt vermag, sich dieser Freiheit der Weltschöpfung durch „intellektuelle Anschauung" zu vergewissern. Der Mensch kennt weder Grenzen noch Schranken, die seinen Willen und sein Wissen begrenzen könnten: „Ich bin", schreibt Fichte emphatisch, „ein durch sich selbst herausgegriffener Teil aus den Vernunftwesen."[199] Indem das Ich Fichtes die Welt erschafft, ist seine Bestimmung die Freiheit, eine unbeschränkte Freiheit des Subjekts, gerade indem sie ständig auf Beschränkungen trifft: „Wir müssen eine Freiheit aufzeigen, die nicht Freiheit wäre, wenn sie nicht beschränkt wäre, und eine Beschränkung, die nicht beschränkt würde, wenn sie nicht frei wäre."[200]

Der einzelne ist nach Fichte zur Freiheit verpflichtet, denn er wird gelenkt vom „Gefühl eines Sollens, eines inneren kategorischen Treibens zum Handeln".[201] Mit dem Gedanken an die schöpferische Kraft des Ichs und seiner Bestimmung zur Freiheit ist die Sittlichkeit urspünglich verknüpft, denn nur der „sittliche Trieb" ist in der Lage, „uns zu sagen, daß irgendetwas schlechthin geschehen solle".[202] Das „radikale Übel" ist für Fichte, auch darin ist er Schüler Kants, daher die „Trägheit", durch welche auf die moralische Bestimmung zur Freiheit vergessen wird. Der spielende Mensch arbeitet nicht. Er wäre Prophet einer zweckfreien Welt ohne Mühe und Pflicht, insofern unsittlich und unfrei und damit der Vorstellung Fichtes vom Menschen als handelndem Subjekt, das gegen alle Widerstände sich seiner Freiheit vergewissert, diametral entgegengesetzt.

Freiheit ist in der Kantinterpretation Fichtes nicht nur Pflicht, sondern, indem Freiheit dialektisch mit der Beschränkung der Freiheit verbunden bleibt, ein endloser Kampf. Nach Freiheit zu streben, ist die Bestimmung des Menschen, der die Welt setzt, sie kann und darf aber niemals Realität werden. Denn hätte die Freiheit alle Beschränkungen überwunden, wäre ein Zustand der Harmonie und der Einheit mit der Welt und Natur hergestellt, und sie verschwände. Der Mensch würde vom moralisch freien Subjekt zu einem Naturwesen. Das Sollen zur Handlung und zur Freiheit darf bei Fichte daher als Ideal nie zum Sein gelangen.

Wenngleich Freiheit bei Fichte ein Ideal bleibt, hat ihm die politische Philosophie der Freiheit und Tathandlung den Vorwurf des Atheismus eingebracht und schließlich zum Verlust seiner Jenaer Professur geführt. Im „Philosophischen Journal" vom Oktober 1798, das beschlagnahmt wurde, hatte Fichte jede nicht im Subjekt selbst wurzelnde Vorstellung Gottes abgelehnt, was sich zwingend aus Fichtes monistischer Vorstellung ergibt: Indem Fichte die Welt auf das Ich zurückführt, die Welt in der intellektuellen Anschauung des Ich verankert ist und aus ihr abgeleitet werden muß, kann Gott als aktiver Ordner der äußeren Welt nicht gedacht werden. Der Gedanke an einen außerhalb des Subjekts existierenden Gott wäre nach Fichte „totaler Unsinn", denn nur die „moralische Ordnung" des weltsetzenden Ich und seines notwendigen Zweckes zur sittlichen Handlung sind das Göttliche.

Der Weltschöpfer außerhalb des Menschen wird zu einer Eigenschaft des Menschen selbst, die creatio continua schrumpft zu einem Mechanismus im Ich, das zwar moralisch und sittlich ist, aber der personale Gott außerhalb ist ausgelöscht. Wie gegen Spinozas Philosophie der Immanenz ist daher der Atheismusvorwurf gegen Fichte nicht zu Unrecht erhoben worden. Die Frage ist, ob Gott, der bei Fichte von außerhalb in den Menschen hineinstürzt, nicht durch ihn hindurchstürzt und im freien Fall aus der Welt verschwindet.

Für Fichte ist die Ablehnung des Konzeptes Spiel daher in zweifacher Hinsicht wesentlich: Zum einen immanent, weil es das Konzept der moralischen Freiheit in Frage stellt, zum anderen politisch, weil es naheliegt und den Verdacht der Häresie zum Verdacht des Nihilismus verschärft. Die Auseinandersetzung Fichtes mit dem Spielbegriff setzt daher nicht in der „Wissenschafts- und Sittenlehre" (1794/95 und 1798) ein, wo dieser Begriff noch keine Rolle spielt, sondern erst in der „Bestimmung des Menschen" (1800) – Fichtes erstem Buch nach dem Atheismusvorwurf.

Die „Bestimmung des Menschen" sollte eine populäre Fassung der Wissenschaftslehre sein, und Fichte stand dabei vor dem schwierigen Problem, einerseits den Kritikern, die ihm Atheismus und Nihilismus unterstellten, zu begegnen und andererseits die Positionen seiner früheren Schriften nicht aufzugeben. Tatsächlich wurde historisch der Vorwurf des Nihilismus erstmals nicht gegen Nietzsche, sondern gegen Fichte erhoben, und zwar von Friedrich Heinrich Jacobi in seinem Brief an Fichte vom März 1799. Für Jacobi ergab die Vollendung der Transzendentalphilosophie Kants durch Fichte eine vollendete rationale Philosophie. Doch gerade vor dem Monismus erschrickt Jacobi. In der Setzung der Welt durch das vernünftige Subjekt entstünde Welt durch ein bloßes „Weben des Webens", wie bei einem Strumpfe, der sich selber strickt: „Diesem meinem Strumpfe gebe ich Streifen, Blume, Sonne, Mond und Sterne, alle möglichen Figuren und erkenne: wie alles dies nichts ist, als ein Produkt der, zwischen dem Ich des Fadens und dem Nicht-Ich der Drähte schwebenden produktiven Einbildungskraft der Finger."[203]

Ein Gott als „Ich ohne empirischen Einschlag oder sonst eine Beimischung oder Zutat" schafft die Welt aus dem Nichts und zugleich ins Nichts, eine Welt ohne Wahrheit und Sinn entstünde; eine Vorstellung, der Jacobi den „Salto mortale" in den Glauben vorzieht: „Wahrlich es soll mich nicht verdrießen, wenn Sie, oder wer es sei, Chimärismus nennen wollen, was ich dem Idealismus, den ich Nihilismus schelte, entgegensetze."[204]

Der Vorwurf des Nihilismus durch Vollendung des Idealismus traf. Die Kreation der Welt durch die vollendete Rationalität des Ichs wäre ein, wie Fichte selbst erkennen muß, „zweckloses und nichts bedeutendes Spiel"[205], in dem weder Sittlichkeit noch moralische Freiheit existieren. Im „Weben des Webens" wäre die Welt ein „in sich selbst zurücklaufender Cirkel, jenes unaufhörlich sich wiederholende Spiel, jenes Ungeheuer, das sich selbst verschlingt, um sich wieder zu gebären, wie es schon war".[206] Das „ganze menschliche Leben verwandelte sich in ein Schauspiel für einen bösartigen Geist"[207], denn die Welt als Spiel „spielt sich ab" und läßt ihren Bewohner in einer existentiellen Leere ohne metaphysisches Wertsystem und tröstlichen Sinnhorizont, der den Weg aus Schopenhauers Jammertal in eine bessere Zukunft weist, zurück.

Vom moralischen Gebot der Freiheit bliebe nichts mehr, denn im Spiel läßt sich Freiheit sittlich nicht mehr begründen. Im Spiel stürzt somit nicht nur Gott durch den Menschen hindurch ins Nichts, sondern es endet auch das Ringen um moralische Freiheit durch Vernunft. Der konsequente subjektive Idealismus, in dem das Fichtesche Ich gegen die Beschränkungen und die Widerstände sich selbst aufrichtet und als Vernunftsubjekt die Welt setzt, kippt somit entweder in den „Solipsismus und Wahnsinn" (Jean Pauls Interpretation in den *Clavis Fichtiana*[208]) oder in den Determinismus, indem in der Welt des Spiels weder Freiheit noch Zufall herrschen. Alle Varianten des Spiels sind vorherbestimmbar und mechanisch aus dem Regelwerk ableitbar. Die Freiheit des Spielers wäre somit keine moralische Freiheit, sondern nur Einsicht in die Notwendigkeit. „Alles läuft", konstatiert Schiller daher zu Recht über Fichtes Wissenschaftslehre 1794, „auf einen subjektiven Spinozismus hinaus."[209]

Bei Spinoza bedeutet die Einsicht, sich selbst als Glied im rationalen Spielgefüge des Daseins zu betrachten, noch höchstes Glück. Der Mensch wird von intellektueller Liebe zu Gott erfüllt, in der intuitiven Gewißheit, daß Gott als die eine, unendliche Substanz ident mit den Regeln des Spiels und all seinen Varianten ist. Im 19. Jahrhundert verändert sich die Erfahrung der Immanenz und des Determinismus abrupt. Die Immanenz der Welt wird als schreckliches Spiel, als leere Transzendenz erfahren. Wo Jacobi dieser Erfahrung den Salto mortale in den Glauben vorzieht und Schopenhauer sich trauernd in sie einfügt, flieht Fichte – zwischen der Skylla des Solipsismus und der Charybdis des Determinismus navigierend – in den Appell an die Pflicht und an die sich als sittlich begründende Gemeinschaft.

Das „Weben des Webens" durch das weltsetzende Ich wäre ein zweckfreies Spiel, doch nur wenn das Ich ein einzelnes bliebe. Der Zweckfreiheit versucht Fichte zu entgehen, indem er die Tathandlung des einzelnen als praktische in der Gemeinschaft fundiert, im modernen Begriff: handlungstheoretisch in der Kommunikationsgemeinschaft auflöst. In den „Pflichten des Gelehrten" heißt es: „Das letzte Ziel alles seines Wirkens in der Gesellschaft ist: die Menschen sollen alle einstimmen; aber nur über das rein Vernünftige stimmen alle zusammen; denn das ist das einige, was ihnen gemeinschaftlich ist. (...) Auf dieses Ziel soll alles unser Denken und Handeln, und selbst unsere individuelle Ausbildung abzwecken: nicht wir selbst sind unser Endzweck, sondern alle sind es."[210]

Ziel des Willens und des Wissens ist für Fichte nicht das solitäre Spiel des einzelnen. Seine Welt, die er als solitäres Wesen setzt (und dessen Teil das Ich absurderweise dann selbst ist), wäre ein solipsistisches Konstrukt, das er nur allein verstehen und für sich selbst bewohnen kann. Das Wissen dient der Herstellung einer Gemeinschaft der Vernünftigen, welche die Wahrheit diskursiv produziert und die ohne ein Apriori der Sittlichkeit und Moralität nicht gedacht werden kann. Dem rationalen Selbstbewußtsein des Ich ist daher der Glauben an die Gemeinschaft der Vernünftigen und die praktische Seite des Wissens vorgeordnet, und diese unmittelbare Gewißheit unterscheidet das Tätigsein des Ich von einem nichtigen Spiel.[211]

Um die Welt vor dem „Ungeheuer Spiel" zu retten, muß Fichte seinen Monismus in eine Handlungstheorie münden lassen. Ihr Apriori ist die Gemeinschaft der praktischen Vernunft, die durch Moralität und Sittlichkeit „erhabene Zwecke" verfolgt und durch „stetes Fortschreiten zum Vollkommenen in einer geraden Linie"[212] gelangt. An dieser Möglichkeit des „Fortschreitens zum Vollkommenen" als dem Ziel der Geschichte freilich darf man nicht zweifeln, daran muß man glauben, will man nicht „im Nichts versinken". Wozu Moralität, Sittlichkeit und die erhabene Bestimmung der Gemeinschaft allerdings politisch in der Lage sind, zeigt sich in Fichtes Werk an anderer Stelle. Nicht „alle" gehören für Fichte zur tugendhaften Gemeinschaft derer, die in ihrem Kopf die Welt und die Freiheit erzeugen. Anderen sollte er abgeschnitten werden. Zur Frage der Verleihung der Bürgerrechte an die Juden schreibt Fichte: „Aber ihnen Bürgerrechte zu geben, da sehe ich wenigstens kein Mittel, als das, in einer Nacht ihnen allen die Köpfe abzuschneiden, und andere aufzusetzen, in denen auch nicht eine jüdische Idee sei. Um uns vor ihnen zu schützen, dazu sehe ich kein anderes Mittel, als ihnen ihr gelobtes Land zu erobern, und sie alle dahin zu schicken."[213]

Sichtbar wird in der Empfehlung Fichtes zum Kopfabschneiden der totalitäre Charakter der tugendhaften Gemeinschaft bei der Verwirklichung der moralischen Freiheit. „Das große Bedenken also ist", schreibt Schiller nicht zuletzt in Hinblick auf Fichtes Philosophie der Freiheit im dritten Brief *Über die ästhetische Erziehung des*

Menschen, „daß um der Würde des Menschen willen seine Existenz nicht in Gefahr geraten darf."[214]

Damit ist auch der Grundgedanke der Erziehungsbriefe Schillers umrissen: Um die Freiheit zu verwirklichen, muß der Mensch erst moralisch gebildet werden. Mittel zur moralischen Erziehung des Menschen soll nach Schiller die Kunst sein: „Alle Verbesserung im Politischen soll von Veredelung des Charakters ausgehen – aber wie kann sich unter den Einflüssen einer barbarischen Staatsverfassung der Charakter veredeln? Man müßte also zu diesem Zwecke ein Werkzeug aufsuchen, welches der Staat nicht hergibt, und Quellen dazu eröffnen, die sich bei aller politischen Verderbnis rein und lauter erhalten. (...) Dieses Werkzeug ist die schöne Kunst, diese Quellen öffnen sich in ihren unsterblichen Mustern."[215]

Als theoretisches Fundament der Erziehung des Menschen wählt Schiller den Begriff des Spiels. Der Spieltrieb vermittelt zwischen den beiden Grundtrieben des Menschen, dem Formtrieb und dem Stofftrieb, den Schiller auch sinnlichen Trieb nennt: Der sinnliche Trieb repräsentiert das „physische Dasein des Menschen", er hält ihn in der Welt fest, während der Formtrieb seinen Freiheitsdrang verkörpert: „Der erste dieser Triebe, den ich den sinnlichen nennen will, geht aus von dem physischen Dasein des Menschen oder von seiner sinnlichen Natur. (...) Soweit der Mensch endlich ist, erstreckt sich das Gebiet dieses Triebs; (...) Mit unzerreißbaren Banden fesselt er den höher strebenden Geist an die Sinnenwelt, und von ihrer freiesten Wanderung ins Unendliche ruft er die Abstraktion in die Grenzen der Gegenwart zurück. (...) Der zweite jener Triebe, den man den Formtrieb nennen kann, geht aus von dem absoluten Dasein des Menschen oder von seiner vernünftigen Natur und ist bestrebt, ihn in Freiheit zu setzen, Harmonie in die Verschiedenheit seines Erscheinens zu bringen und bei allem Wechsel des Zustandes seine Person zu behaupten."[216]

Der Stofftrieb beruht auf Empfindungen und ist rezeptiv auf die ihn umgebende Natur gerichtet, wogegen der Formtrieb auf Vernunft fußt und aktiv die Freiheit verwirklichen will. Beide Triebe arbeiten im Menschen gegeneinander, woraus sich bei Schiller der Identitätsverlust des modernen Menschen ergibt. In der Entzweiung seiner Persönlichkeit kommt er nicht zur Einheit, zur „vollständigen Anschauung seiner Menschlichkeit"[217], indem Vernunft und Sinnlichkeit einander ausschließen. An die antithetische Triebstruktur des Menschen knüpft Schiller weitreichende staatspolitische Konzepte: Während der sinnliche Trieb zum Naturstaat führt, der den einzelnen der Herrschaft der Kräfte ausliefert, unterstellt der Formtrieb ihn unter die Herrschaft der Gesetze, beide bedingen durch ihre Unvollkommenheit Unfreiheit. Der moderne Mensch steht somit unter einem doppelten Druck, dem physischen Zwang der Natur und dem moralischen Zwang der Freiheit. Beide Triebe waren in der antiken Polis noch vereint, doch sie sind im Laufe der Geschichte auseinandergefallen und produzieren die Entfremdung des einzelnen sich selbst und dem Staat gegenüber.

Um beide Triebe zu vereinen und zu einem Vernunftstaat zu gelangen, der Freiheit garantiert, muß der sittliche Charakter des Menschen daher gebildet werden und die „Mitte" zwischen sinnlichem Trieb und Formtrieb gefunden werden. Dies leistet der Spieltrieb: „Der sinnliche Trieb will, daß Veränderung sei, daß die Zeit einen Inhalt habe; der Formtrieb will, daß die Zeit aufgehoben, daß keine Veränderung sei. Derjenige Trieb also, in welchem beide verbunden wirken (...), der Spieltrieb also würde dahin gerichtet sein, die Zeit in der Zeit aufzuheben, Werden mit absolutem Sein, Veränderung mit Identität zu vereinbaren."[218] Der Gegenstand des sinnlichen Triebes ist das „Leben in weitester Bedeutung. (...) Der Gegenstand des Formtriebes (...) heißt Gestalt. (...) Der Gegenstand des Spieltriebes, in einem allgemeinen Schema vorgestellt, wird also lebende Gestalt heißen können; ein Begriff, der allen ästhetischen Beschaffenheiten der Erscheinungen und mit einem Worte dem, was man in weitester Bedeutung Schönheit nennt, zur Bezeichnung dient."[219]

Die Wiederherstellung der zerstörten Totalität leistet die Ästhetik: „Es gibt keinen anderen Weg, den sinnlichen Menschen vernünftig zu machen, als daß man denselben zuvor ästhetisch macht." Im zweckfreien Spiel hebt die Kunst alle realen Einschränkungen auf und erhebt zugleich die Menschen „in der Zeit". Im Spiel versöhnt die Kunst daher auch Vernunft und Sinnlichkeit, sodaß der einzelne durch die „lebende Gestalt des Schönen" zur Freiheit gebildet wird und Identität erlangt: „Denn, um es endlich einmal herauszusagen, der Mensch spielt nur, wo er in voller Bedeutung des Wortes Mensch ist, und er ist nur da ganz Mensch, wo er spielt."[220]

Im zweckfreien Spiel wird ein „ästhetischer Zustand" erreicht, in dem sich die Schönheit verwirklicht. Es ereignet sich der Übergang vom passiven Zustand des Empfindens (als Ergebnis des Stofftriebs) zum tätigen des Denkens und Wollens, dem Formtrieb. Die Synthese, ein „mittlerer Zustand ästhetischer Freiheit"[221] ist erreicht. „Mitten im furchtbaren Reich der Kräfte und mitten in dem heiligen Reich der Gesetze baut der ästhetische Bildungstrieb unvermerkt an einem dritten, fröhlichen Reiche des Spiels und des Scheins, worin er dem Menschen die Fesseln aller Verhältnisse abnimmt und ihn von allem, was Zwang heißt, sowohl im Physischen als im Moralischen entbindet."[222] Ein „ästhetischer Staat" käme zur Wirklichkeit, in dem Kunst und Leben, das Allgemeine und Individuelle gegeneinander aufgehoben sind: „Freiheit zu geben durch Freiheit ist das Grundgesetz dieses Reichs. Der dynamische Staat kann die Gesellschaft bloß möglich machen, indem er die Natur durch Natur bloß bezähmt; der ethische Staat kann sie bloß (moralisch) notwendig machen, indem er den einzelnen Willen dem allgemeinen unterwirft; der ästhetische Staat allein kann sie wirklich machen, weil er den Willen des Ganzen durch die Natur des Individuums vollzieht. Wenn schon das Bedürfnis den Menschen in die Gesellschaft nötigt und die Vernunft gesellige Grundsätze in ihm pflanzt, so kann die Schönheit allein ihm einen geselligen Charakter erteilen."[223]

Schiller setzt alle Hoffnung auf das Spiel und auf die Kunst. Der Spieltrieb vereint die gegensätzliche Triebstruktur des Menschen zu einer Einheit, die Kunst wirkt als Bildnerin des ästhetischen Staates trotz der Herrschaft einer „barbarischen Staatsverfassung". In ihrem politischen Charakter erscheint Schillers Spieltheorie als letzter heroischer Versuch der Transzendentalphilosophie, ein Ideal zu retten und zu einer Synthese zu finden, indem die ästhetischen Begriffe politisiert und zugleich die politischen ästhetisiert werden.

Im Kontext seiner eigenen Schriften betrachtet, zeigt sich jedoch, daß die Spieltheorie Schillers in Wahrheit die Verlustanzeige für ein bereits verlorenes Ideal ist. Nur im autonomen, von der Wirklichkeit getrennten Spiel „im Reich des ästhetischen Scheins" wird das Ideal der Gleichheit über den Katalysator Kunst erfüllt.[224] Noch 1789, sechs Jahre vor Erscheinen der Erziehungsbriefe im ersten Jahrgang der Horen, hat dies in *Die Künstler* bei Schiller anders geklungen: „Der Menschheit Würde ist in eure Hand gegeben, Bewahret sie!/ Sie sinkt mit euch! Mit euch wird die Gesunkene sich heben!/ Der Dichtung heilige Magie/ Dient einem weisen Weltenplane,/ Still lenke sie zum Ozeane/ Der großen Harmonie."

Zwischen 1789 und 1795 lag für Schiller nicht nur die Beschäftigung mit Kant sondern auch die Erfahrung der Französischen Revolution. Ihr Ideal war schon 1793, als Schiller an seiner Spieltheorie zu arbeiten begann, im Blut des Terrors ertrunken. Im ersten Brief an den Herzog von Augustenburg im Juli 1793 muß Schiller seine politische Desillusionierung im Anblick der Herrschaft der Vernunft und ihrer Gewalt eingestehen: „Ja ich bin so weit entfernt, an den Anfang einer Regeneration im Politischen zu glauben, daß mir die Ereignisse der Zeit vielmehr alle Hoffnung dazu auf Jahrhunderte benehmen." Die politischen Verhältnisse dienen Schiller nur noch zur Bestätigung, „daß derjenige noch nicht reif ist zur bürgerlichen Freiheit, dem noch so vieles zur menschlichen fehlt".[225]

Die Spieltheorie ist im Werk Schillers somit eine Etappe im Bewußtwerden des Verlustes eines Ideals. Schon ein Jahr nach Erscheinen der Erziehungsbriefe heißt es in *Die Ideale* (1796): „Erloschen sind die heiteren Sonnen,/ Die meiner Jugend Pfad erhellt,/ Die Ideale sind zerronnen,/ Die einst das trunkne Herz geschwellt.". Und schließlich 1801 im *Antritt des neuen Jahrhunderts*: „Edler Freund! Wo öffnet sich dem Frieden,/wo der Freiheit sich ein Zufluchtsort?/ Das Jahrhundert ist im Sturm geschieden,/ und das neue öffnet sich mit Mord."

Die Synthese von Vernunft und Sinnlichkeit im ästhetischen Zustand, von Stoff- und Formtrieb im Spiel und von dynamischem und ethischem Staat im ästhetischen bleibt bei Schiller nur Postulat. Er vermochte zwar, Kants streng epistemologische Sichtweise in eine existenzielle umzuwandeln, das Ich als Prinzip bei Kant durch die Perspektive des Spiels als empirisches Ich in der Welt zu fassen, doch bleibt Schillers Spieltheorie gerade deshalb desultorisch. In der anthropologischen Aufweichung kommt die Dialektik auch immanent nicht in Gang, indem die Entgegensetzungen abstrakt bleiben, These und Antithese (Stofftrieb und Formtrieb) nicht schon ineinander enthalten sind. Die Synthese (das Spiel) ist zwar der Zukunft zugekehrt, aber der Welt abgekehrt, und dies hat Schiller selbst erkannt.

Insofern blieb die Spieltheorie in Schillers Werk selbst merkwürdig folgenlos, doch nicht für die messianisch-religiösen Bewegungen nach Schiller. Die Sehnsucht nach einer Äquivokation von Ästhetik und Ethik im Spiel, der Wunsch nach einer ungezwungenen Identität in einer ludischen Kultur und der Anspruch des Menschen auf Seinstotalität in einem ästhetischen Staat blieben für alle romantischen Bewegungen von Schiller bis zur Gegenwart Kernpunkte ihrer politischen Programmatik. Noch Herbert Marcuse erträumte sich vom Spieltrieb die Unterordnung der Arbeit „unter die frei sich entfaltenden Möglichkeiten des Menschen und der Natur"[226] und die Verwirklichung eines alternativen Realitätsprinzips gegenüber der Entfremdung in der bürgerlichen Gesellschaft.

Betrachtet man Schillers Syntheseversuch konkreter, so geht es darum, den zerstörten Gemeinschaftssinn jenseits der Entfremdung durch die Institutionen der Moderne wiederherzustellen. „Nur die schöne Mitteilung vereint die Gesellschaft, weil sie sich auf das Gemeinsame aller bezieht."[227] Durch das ästhetische Spiel bildet sich

36. ♕f7–c4 ♕d3–d2
37. ♕c4–f1 ♔h6–g7

eine Sprache, wo jeder Mensch „in eigener Hütte still mit sich selbst und, sobald er heraustritt, mit dem ganzen Geschlechte spricht". Die ästhetische Utopie formuliert das Ideal einer Kommunikationsgemeinschaft, in die wie bei Fichte alle fröhlich, frei und zwanglos einstimmen können, seine Sehnsucht nach dem Ideal der Freiheit durch Spiel ist Produkt der Enttäuschung über die fehlende (deutsche) Nation: „Zur Nation euch zu bilden", heißt es in den *Xenien*, „ihr hoffet es, Deutsche, vergebens./ Bildet, ihr könnt es, dafür freier zu Menschen euch aus!" Die politische Utopie der Freiheit erweist sich somit bei Schiller wie bei Fichte letzlich als Substitut für die Utopie der nationalen Gemeinschaft, und wie aggressiv die Sehnsucht nach ihr sein kann, hat das 20. Jahrhundert erwiesen.

Die Vorstellung Fichtes vom weltsetzenden Ich und den ästhetischen Vernunftstaat, von dem Schiller träumt, hat Lewis Carroll im zweiten Band von „Alice im Wunderland" beschrieben. In *Through the Looking-Glass* (1872) geht das Mädchen Alice durch den Spiegel am Kamin des Wohnzimmers und gerät in eine Traumwelt, die nach einem Schachspiel funktioniert. Das Konstruktionsprinzip der Erzählung ist eine Schachpartie der schwarzen Königin gegen Alice. Alice vertraut auf ihrer Reise durch die Spielwelt auf die Vernunft, doch wird sie ständig von der unerbittlichen Sprachlogik der Schachfiguren überrumpelt. Alle Züge sind in sich logisch und doch erschreckend sinnlos, alle Syllogismen erscheinen kohärent, aber in Carrolls Spielwelt ist die Vernunft selbst aus den Fugen geraten. Die Vorstellung vom schönen Spiel im Idealismus ist in ein
surreales Spiel gekippt. Am Ende ist alles zweifelhaft, ob Alice geträumt hat oder ob sie **66–68**
selbst der Traum einer Schachfigur ist:

„‚Er träumt', sagte Zwiddeldei, ‚und was glaubst du wohl träumt er?'
Alice sagte: ‚Das weiß keiner.'
‚Nun, dich träumt er!' rief Zwiddeldei und klatschte triumphierend in die Hände.
‚Und wenn er aufhört von Dir zu träumen, was meinst du, wo du dann wärst?'
‚Wo ich jetzt bin, natürlich', sagte Alice.
‚So siehst du aus!' entgegnete Zwiddeldei verächtlich. ‚Gar nirgends wärst du. Du bist doch nur so etwas, was in seinem Traum vorkommt.'
‚Der König da', fügte Zwiddeldum hinzu, ‚brauchte bloß aufzuwachen, und schon gingst du aus – peng – wie eine Kerze!' (...)
‚Doch ich bin wirklich!' sagte Alice und begann zu weinen.
‚Vom Weinen wirst du kein bißchen wirklicher', bemerkte Zwiddeldei."[228]

Mit seinen letzten beiden Zügen hatte Grünfeld, so gut es ging, die exponierte Lage des weißen Königs für ein taktisches Spiel genützt. Er hatte den f-Bauern geopfert und seinen Läufer en price stehenlassen. Den Läufer darf Rubinstein nicht schlagen: Die schwarze Dame könnte von e4 und h1 ewiges Schach geben. Andererseits droht Grünfeld ♕d3–e2+ mit Remis. Rubinsteins Antwort kurz nach 4 Uhr Nachmittag ist die einzig plausible: 36. ♕f7–c4. Er überdeckt die prekären Felder und droht mit Damentausch unter günstigen Bedingungen. Grünfelds Verteidigung erreicht ihren Höhepunkt. Er spielt 36.

♕d3–d2, ein bösartiger Zug. Die Hauptdrohung ist, das Spiel auf den schwarzen Feldern mit einem Läuferopfer auf h4 durchzusetzen. Schlägt Rubinstein dann mit dem g-Bauern (38. g3x♗h4), setzt Schwarz mit ♕d2–g2 matt. Das Schlagen mit dem König bedeutet ein Matt in zwei Zügen: 38. ♔g4xh4 ♕d2–h2+ 39. ♔h4–g4 ♕h2–h5 matt. Rubinstein ist daher mit 37. ♕c4–f1 zum Rückzug der Dame gezwungen. Grünfeld deckt nun den Läufer auf f6, und zwar durch 37. ♔h6–g7.

30

Im gesamten Jahr 1913 spielte Rubinstein nach seinen fünf Turniersiegen 1912 weder einen Wettkampf noch ein Turnier. Rubinstein stand vor der Weltmeisterschaft, die Verhandlungen mit Emanuel Lasker, dem angesichts der Spielstärke Rubinsteins wenig Chancen auf eine Titelverteidigung eingeräumt wurden, liefen an, doch Lasker lavierte geschickt. Wie schon gegen Carl Schlechter 1910 zögerte er eine klare Entscheidung über den genauen Termin – die Rede war von Herbst 1914 –, Preisgeld und über die Dauer der Weltmeisterschaft hinaus. Die Entscheidung sollte das Großmeisterturnier in St. Petersburg 1914 bringen. Würde es Rubinstein gelingen, auch dieses Turnier zu gewinnen, so könnte sich Lasker der Herausforderung nicht mehr entziehen.

Das Petersburger Turnier begann am 21. April 1914, Rubinstein reiste bereits eine Woche vor Turnierbeginn an. Der russische Schachmeister und Mitorganisator Grigorij Levenfisch erinnert sich: „Rubinstein traf eine Woche vor Turnierbeginn ein, und er erhielt ein sehr gutes Zimmer im Hotel Europa. Zwei Tage später brachte er seine Unzufriedenheit mit dem Zimmer zum Ausdruck, da er vom Lärm des Hotellifts gestört werde. Einer der Organisatoren bot ihm ein Zimmer in seiner Wohnung an. Die Wohnung hatte sechs Räume, ihr Besitzer war Junggeselle und lebte allein. Rubinstein übersiedelte, aber wieder war er unzufrieden – die Stille des Ortes deprimierte ihn. Er mußte wieder im Hotel untergebracht werden. Es war für mich offensichtlich, daß seine psychische Gesundheit zerrüttet war und dieser Umstand verhieß ihm eine ungewisse Zukunft."[229]

1991 wurde in Seattle von Nathan Divinsky ein Tagebuch Rubinsteins 1913–1914 über das St. Petersburger Turnier veröffentlicht. Seine Authentizität steht nicht außer Zweifel. Wenn der Text hier dennoch aufgenommen wird, so als literarische Quelle. Es gilt vielleicht für den folgenden Text, was Sigmund Freud am 31. Mai 1936 an Arnold Zweig schrieb: „Wer Biograph wird, verpflichtet sich zur Lüge, zur Verheimlichung, Heuchelei, Schönfärberei und selbst zur Verhehlung seines Unverständnisses, denn die biographische Wahrheit ist nicht zu haben, und wenn man sie hätte, wäre sie nicht zu brauchen."[230]

Aus einem Tagebuch 1913 – 1914:

„12. Oktober 1913 Ich wurde heute 31, und ich fühle, daß ich nun bereit bin, die letzten Stufen zu nehmen, um Weltmeister zu werden. Es wäre, wie wenn ein Traum wahr werden würde, besonders für einen kleinen jüdischen Bub aus Stawiski. Ich habe das Herz meiner Großeltern gebrochen, als ich die Jeshiwa verließ und nach Lodz gezogen bin, um in der Nähe von Georg Salwe zu sein. Salwe hat mich viel gelehrt, und es wäre eine Dankesgabe für ihn und meine Familie, könnte ich ihnen beweisen, daß ich sie einer besonderen Sache wegen verlassen habe, und zwar um der beste Schachspieler der Welt zu werden. Die letzten Jahre waren erfolgreich. Allein im letzten Jahr habe ich fünf Hauptturniere gewonnen. Und da ist mein geteilter erster Platz mit Lasker in St. Petersburg 1909. Ich arbeite hart an den Eröffnungen und fühle mich im Mittelspiel wohl. Aber besonders liebe ich das Endspiel – es ist fast, als ob eine geheimnisvolle Hand meine Schulter berührt und mich Feinheiten erkennen läßt, von denen ich nicht einmal ahnte, daß sie existieren. Manchmal glaube ich, ich könnte das Endspiel selbst gegen Gott spielen. Wie können Menschen ohne eine Leidenschaft wie das Schachspiel leben, die alles aufzehrt?

1. Jänner 1914 Ich habe die Einladung zum Turnier nach St. Petersburg im April angenommen, und ich bin erpicht auf den Kampf, weil sowohl Lasker als auch der junge Kubaner Capablanca da sein werden. Ich habe gegen beide schöne Gewinne erzielt – gegen Lasker in St. Petersburg 1909 und gegen Capablanca in San Sebastian 1911. Nichtsdestoweniger ist Lasker immer noch Weltmeister, und Capablanca ist der Liebling der Presse und der Öffentlichkeit. Alle sagen, daß es ein harter Kampf zwischen uns drei werden wird, aber angesichts meines hundertprozentigen Scores gegen beide kann ich nicht verstehen, warum man nicht mich als den eindeutig stärksten Spieler der Welt ansieht. Lasker ist bereit, ein Match gegen mich auszutragen, nur kann ich die 2500 Dollar Einsatz nicht aufbringen, die er verlangt. Ich beschuldige ihn nicht wegen seiner hohen Forderung. Seitdem er 1910 Schlechter so glücklich entronnen ist, hat er es nicht mehr gewagt anzutreten, und jetzt mit 45 hat er vielleicht schon bessere Tage gesehen. Natürlich ist er ein großer Kämpfer sowohl im Mittelspiel als auch im Endspiel. Seine Eröffnungsvorbereitungen sind allerdings lachhaft. Ich fühle mich stark und fühle, daß ich es schaffen kann. Im Grunde ist es fast unfair von mir, mit dem alternden Lasker einen Wettkampf auf Leben und Tod zu spielen. Capablanca ist auf der anderen Seite erst 25, aber sein Spiel ist zu geradlinig, zu amerikanisch und offen. In seinem Herzen trägt er weder Gift noch Leidenschaft. Die anderen Teilnehmer sind:

Dr. Siegbert Tarrasch: Er ist 52, mein Score gegen ihn ist 1 Sieg, drei Remis und kein Verlust. Er war in den 90er Jahren sehr stark, aber das Alter macht ihm zu schaffen. Er verfügt über ein tiefes Verständnis des Spiels, aber seit seiner Niederlage gegen Lasker 1908, ist er nicht mehr der, der er einmal war.

David Janowski: Alter 45. Seine Zeit ist auch vorbei. Mein Score gegen ihn ist 3 Siege, kein Remis und zwei Niederlagen. Ich bin ziemlich sicher, daß ich ihn schlagen kann. Nebenbei ist er undiszipliniert und hat einen schlechten Charakter: ein Spieler, ein Angeber, ein Ignorant. – Ich mag ihn nicht!

Ossip Bernstein: Er ist nur zehn Tage älter als ich und ein sehr starker Spieler. Mein Score gegen ihn ist 1 Sieg, 6 Remis und 1 Niederlage. Er ist Rechtsanwalt und Finanzier und hat sich nicht vollständig dem Schach verschrieben – ansonsten wäre er in Laskers Kategorie. Ein gefährlicher Gegner, ich muß sehr vorsichtig sein, wenn ich auf ihn treffe.

Frank J. Marshall: Alter 36. Er ist hilflos in Matches, aber bei Turnieren ein ganz anderes Tier. Obwohl ich mit 10 Siegen, elf Unentschieden und sechs Niederlagen gegen ihn führe, muß ich sehr auf ihn achtgeben.

Isidor Gunsberg: Alter 59 und J. H. Blackburn: Alter 72, beide waren einmal stark, aber spielen lange nicht mehr so gut. Gegen Blackburn habe ich 2 Unentschieden, keinen Sieg und keine Niederlage, Gunsberg bin ich am Brett nie begegnet.

Aaron Nimzowitsch: Alter 27. Sein Spiel hat Tiefe, aber er ist mehr ein Theoretiker als ein Spieler. Ich habe 3 Siege, 4 Remis und eine Niederlage gegen ihn.

Alexander Aljechin: Alter 21. Er ist ein dreister Aufsteiger, kombiniert gut, aber er hat keine Zukunft. Ich habe 3 Siege, kein Remis und keine Niederlage gegen ihn.

Es ist bemerkenswert, daß 7 von 11 Teilnehmern Juden sind – eine Anzahl, die in keinem Verhältnis zu unserem Anteil an der Bevölkerung steht. Nur Capablanca, Aljechin, Marshall und Blackburn sind nicht jüdisch. Die Österreicher werden nicht kommen wegen einigen politischen Spannungen mit Rußland. Die Dummheit der Menschen ist kolossal. (...)

Insgesamt habe ich ein Score von 36 zu 23 Punkten gegen die Teilnehmer, also 61 Prozent. Die Vereinbarung sieht vor, daß wir ein volles Rundenturnier spielen werden, die ersten fünf werden danach ein doppelrundiges Finale spielen, wobei die Ergebnisse der Vorrunde angerechnet werden. Meine Prognose ist, daß sich Rubinstein, Lasker, Capablanca, Bernstein und Marshall für das Finale qualifizieren werden. (...)

21. April 1914 Heute war die erste Runde, und ich hatte Schwarz gegen
21 Marshall. Er spielte eher vorsichtig, und ich hatte wenig Möglichkeiten, auf Gewinn zu spielen. Mit dem halben Punkt gegen Marshall liege ich jedoch in meinem erwarteten Turnierplan.

22. April 1914 Ich war heute, in der zweiten Runde, spielfrei. Obwohl die Leute sehr freundlich zu mir sind – viele wollten Autogramme von mir und nicht wenige wünschten, meine Hand zu schütteln – kam ein seltsames Gefühl über mich. Es war nicht besonders angenehm und verursachte ein déjà vu, so als ob es mich schon einmal besucht hätte – obwohl ich mich an keine derartigen Beobachtungen erinnern kann. Ich zögere sogar, darüber zu schreiben. Ich hatte das Gefühl, daß diese Fremden mir Böses wollen, daß sie schmutzig sind und mich verseuchen würden. Es gibt offenbar auch viele schwarze Fliegen im Zimmer, und mir kam vor, daß sie es auf mich abgesehen hatten. Ich wusch mir in regelmäßigen Abständen die Hände und das Gesicht. Um dem Drang nicht ständig nachzugeben, lief ich auf mein Zimmer und sperrte mich ein.

22 24. April 1914 Heute hatte ich in der dritten Runde Weiß gegen Capablanca. Ich erreichte gutes Spiel und gewann einen Bauern. Er kämpfte, und wir kamen in ein interessantes Damenendspiel, genau von der Art, wie es mir zu mir paßt. (...) Remis, ich bin sehr enttäuscht, aber ich glaube, ich kann das Finale schaffen. (...)

26. April 1914 Heute ist meine zweite Partie gegen Weltmeister Lasker. In 23
unserer ersten Partie (St. Petersburg 1909) hatte ich Weiß und erzielte einen wunderbaren Sieg. Heute habe ich Schwarz, wir werden sehen, wie es sich entwickelt. Ich
glaube, er wird vorsichtig spielen und in der Eröffnung sehr aufmerksam sein, um zu
seiner Revanche zu kommen. Ich bin zuversichtlich und gut vorbereitet (...) Es war
eine schreckliche Tortur, und ich habe verloren. Ich bin scheinbar nicht mehr der
Rubinstein, der ich noch vorige Woche war. (...) Das schlimme war, daß mich die Fliegen geplagt haben – sie landeten nicht auf Lasker – vielleicht hielten seine Zigarren
sie ab. Diese Störungen verursachten schwächere Züge, nicht wirkliche Fehler, aber
Züge, die Weiß erlaubten, seine Position zu verstärken.

28. April 1914 Ich habe heute in der fünften Runde Weiß gegen Aljechin, und 24
ich kann mit einem Gewinn mein Ergebnis ausgleichen. Gelassen bin ich nicht, meine
Niederlage gegen Lasker geht mir im Kopf herum. (...) Wahrhaft, ich bin verdammt
und verlassen. (...) Wie konnte ich so schlecht spielen? Wie konnte ich meine Partie
wegwerfen, meine Ehre, meine Würde, alles? Ich bin ein Patzer geworden – mein
Zauber hat mich verlassen. (...) Ein Desaster. Wie soll ich mich für das Finale qualifizieren? Ich muß fünf Punkte aus sechs Partien holen.

29. April 1914 Ich hatte heute Schwarz gegen den mächtigen Bernstein. Ich 25
erreichte eine Gewinnstellung, machte einen überhasteten Zug, und erhielt wieder
den unerwarteten „Schlag in Gesicht". Ich tat alles, um zu gewinnen, aber Bernstein
hielt das Endspiel mit seinem wie üblich kräftigen und effektiven Stil. Ich war nur ein
einziges Tempo vom Gewinn entfernt, aber ich mußte das Remis nehmen. Es sieht so
aus, als ob ich auf die vier schwächsten Gegner in den vier letzten Runden treffen
werde, und ich brauche vier klare Siege. Will Gott mich prüfen?

1. Mai 1914 Heute hatte ich Weiß gegen Tarrasch, und ich erreichte eine 26
vielversprechende Position, aber ich fand nicht den richtigen Weg und war fast verloren. (...) Nach einem guten, harten Kampf machten wir Remis. (...) Wenn ich nun alle
vier Partien gewinne, schaffe ich es noch in das Finale.

2. Mai 1914 Ich habe schließlich doch meine erste Partie in diesem Turnier 27
gewonnen, gegen Janowski, aber die Götter haben mich schrecklich auf die Folter
gespannt. (...)

3. Mai 1914 Ich hatte Weiß gegen Gunsberg. Er spielte eine irreguläre Eröff- 28
nung, und ich hatte keine Probleme zu gewinnen – meine beste Partie im Turnier. (...)

5. Mai 1914 Ich bin aus dem Finale – und mich hat ein 72jähriger Gaukler aus
dem Turnier geworfen: J.H. Blackburn. (...) Ich konnte die Götter hören, wie sie über 29
mich lachten, als ich mich in meinem Zimmer versteckte und weinte.

Sommer 1914 Je schneller ich aus St. Petersburg herauskomme, desto besser. (...) Im Finale spielte Lasker das beste Schach seines Lebens, und vielleicht das beste Schach, das je gespielt wurde. Er überholte Capablanca und gewann den ersten Preis. Ich bin nach wie vor tief enttäuscht. Die ganze Welt ist verrückt geworden – überall in Europa ist der Krieg ausgebrochen, und wer kann sagen, wann der Wahnsinn ein Ende hat?"

Weltmeister Lasker war seinem potentiellen Herausforderer entgangen. In der „Berliner Zeitung am Mittag" findet sich im Herbst des Jahres ein bemerkenswerter

38. ♕f1–d1 ♕d2–g2

Artikel Laskers über das Versagen Rubinsteins – beleidigend mild, bösartig im Lob und doch weitsichtig: „Den Sieggewohnten hat hier das Schicksal zum ersten Male rauh angepackt. Er merkt nun, daß es keine Phrase ist, wenn man sagt, das Leben sei ein Kampf. Für einen Moment hat er darüber seine Fassung verloren. Er ist wie ein Schütze, dessen Hand plötzlich zittert und dessen Kugel daher nicht trifft. Ist dem so, so wird die Lehre für ihn heilsam sein. Wer einmal eine Niederlage erlitten hat, fürchtet sich nicht mehr davor. Er hat das Schlimmste durchgekostet, und fernerhin erträgt er Unbill mit Gleichmut. Solche Erfahrung gehört zum Manne, wenigstens zu einem, der zu kämpfen gewohnt ist. Rubinstein hat den Stil, der sicher der herrschende werden wird. Der Charakter dieses Stils ist unpersönlich. Rubinstein fühlt nicht, daß er gegen ein Individuum spielt, sondern sagt: In dieser Stellung spielt A gegen B, und fragt dann: was ist der rechte Zug? Er fragt nicht bloß, er findet. Auf diese Art hat er die Theorie des Schachs bereichert, ungemein wie kein anderer. Aber nun ist das Schicksal gekommen und hat ein wenig ironisch, bei alldem gütig lächelnd gesagt: A gegen B? Das glaube ich dir doch nicht. Dazu ist dein Herz zu menschlich. Nun, Rubinstein, der Objektive, wird bald wiederkehren. Er wird bleiben, denn er wird Bleibendes schaffen. Lassen wir den Gebeugten in seine Kammer gehen. (...)"[231] Für Rubinstein gab es keine zweite Chance.

Fünfzehn Jahre später ist Rubinsteins 38. Zug gegen Grünfeld ♕f1–d1. Er bietet Damentausch an. Grünfeld lehnt klarerweise ab: 38. ♕d2–g2 hält die Dame in aggressiver Position gegenüber dem exponierten König Rubinsteins und bedroht den Bauern auf e4. Damit wäre ein Eindringen der Dame Rubinsteins auf d7 zwecklos. Es wird Tee gereicht. Nimzowitsch muß gegen Fred Yates[232] aufgeben, einen Moment später schließt Capablanca Frieden mit Esteban Canal[233].

31

Seit dem 19. Jahrhundert fanden mit immer größerer Regelmäßigkeit internationale Wettkämpfe statt. Schach wurde professionell in aller Welt gespielt, die nationale Vorherrschaft am Schachbrett war seit Philidor zu einer prestigeträchtigen Angelegenheit geworden. Schachfiguren zu standardisieren, industriell herzustellen und weltweit zu vertreiben, bot deshalb eine nicht unbedeutende Marktchance, denn bis ins 19. Jahrhundert standen nur regional konventionalisierte, sehr unterschiedliche Figurentypen zur Verfügung oder repräsentative Sets, die für das praktische Spiel ungeeignet waren.

Bis in die Renaissance war das Leitmotiv der repräsentativen Schachfiguren die naturalistische Darstellung der höfischen Ordnung. Der König wurde als König abgebildet, die Dame war eine Herrscherin und der Bischof ein kirchlicher Würdenträger. Die sprachliche Bezeichnung der Figur und seine kulturelle Repräsentation im Design standen in einer eindeutigen, mimetischen Beziehung. Die bürgerliche Gesellschaft konnte dagegen zu keinem einheitlichen Thema von Schachfiguren finden. Ihre

Motivik fächerte sich auf und entfernte sich weit von der ursprünglichen Allegorie der höfischen Ordnung und des Krieges. Über längere Zeit noch blieben die Darstellung der Politik, der Herrscherhäuser und des öffentlichen Handelns zentrale Bezugspunkte für die Gestaltung, doch schon bald konnte alles zum Thema der Schachfiguren werden. Im 18. Jahrhundert war der Besitz eines repräsentativen Schachspiels nichts Außergewöhnliches mehr. Damit büßten die Figurensätze ihre Aura ein, aus der geheimnisvollen Pretiose wurde hübscher Dekor. In französischen Manufakturen war das Schauspielthema beliebt, Porzellan-Schachspiele mit Meerestieren als Figuren entstanden in Italien, und Berner Handwerker schnitzten Serien putziger Bärenschachs. Karikatureske und gefällige Spielsätze vom Rokoko bis zum Jugendstil aus allen erdenklichen Materialien bevölkerten den bürgerlichen Salon.[234]

Parallel und unabhängig von den repräsentativen Figurensätzen war aber seit 83, 99a
dem Mittelalter ein Markt für Figurensätze entstanden, mit denen im Alltag gespielt werden konnte. Sie waren einfach und abstrakt, mußten rasch produziert und distribuiert werden. Da die Gebrauchsformen fast ausschließlich aus Holz hergestellt wurden, sind sie heute bis auf wenige Ausnahmen verloren. Nur noch die Darstellungen in den Musterbüchern der Handwerker und in den frühen Schachbüchern lassen die Vielfalt des Designs erahnen. Ausgangsform der Spielsätze für den Alltag war zumeist der Zylinder, der auf einen runden profilierten Sockel gestellt werden konnte. Der Schaft wurde durch Bearbeitung verjüngt, sodaß bauchige, asymmetrische Baluster, tiefe Einschnürungen, Ringe, Kugeln und Scheiben unterschiedlicher Größe aus dem Werkstück herausgearbeitet wurden. Durch Schnitzarbeiten entstanden aus den Scheiben Zacken für symbolisierte Kronen. Schließlich konnten asymmetrische Teile für den Läufer und Springer aufmontiert werden, wodurch einfache oder bizarre Formen in großer Varietät je nach Möglichkeit des bereitstehenden Materials, des Bedarfs und der Fertigkeit des Handwerkers entstanden. Viele der modernen Formen des 19. und 20. Jahrhunderts sind Steigerungen der alten abstrakten Gebrauchsformen, wie sie bei Alfons dem Weisen (1283), bei Selenus (1616) und Thomas Hyde (1694) 34, 83e–h, 84
beschrieben sind.[235]

In vielen Lehrbüchern der Drechslermeister sind Schachfiguren abgebildet, ihre Herstellung ist bis heute ein beliebtes Thema der Gesellenprüfung. Meister wie Anton Edel (1810 – 1870) aus München setzten ihren Ehrgeiz daran, immer filigranere Figuren 110
aus Elfenbein oder teuren Hölzern zu erzeugen, deren unzählige Teile mit kleinsten Gewinden verschraubt wurden. Später wurde die Produktion der fein gedrechselten Figuren auch nach Indien verlegt, wo detailgetreue Kopien der Filigranarbeiten um einen Bruchteil der Kosten hergestellt werden konnten, was zu einer Nivellierung der Schnitzkunst in Europa führte.

Gespielt wurde mit den wuchtig-strengen Northern Uprights ebenso wie mit 143
den abgerundeten, orientalisch anmutenden St. Georges, in Südeuropa und in der Tür- 139
kei wurden die alten Formen der Muslimsets verwendet. Die Farbgebung der Figuren schwankte, sie war aber selten schwarz und weiß, sondern zumeist rot/weiß oder grün/weiß. In den privaten Salons und Clubs der guten Gesellschaft Englands waren die anmutigen Barleycorn Sets von Toy Bros., Lund and Calvet aus Bein oder Buchsbaum 133, 135
beliebt. Dame und König sind mit feinen floralen Ornamenten geschmückt und stehen steil aufgerichtet auf extrem flachen Sockeln. Sie kamen zu Beginn des 19. Jahr-

hunderts in Mode, nachdem der Handel mit Dièppe, dem französischen Zentrum der Elfenbeinschnitzerei und Produzent vieler Schachsätze, infolge der napoleonischen Kriege zusammengebrochen war. Für das schnelle und professionelle Spiel im Café de
112, 113 la Régence in Paris, in Slaughter's oder Parsloe's in London gebrauchte man robustere Figuren nach dem Typ der Spielsätze Charles Hastilows oder Directoire-Figuren, wie sie
111b in der Encyclopédie von d'Alembert beschrieben sind.

Ein Figurensatz hat sich schließlich unter den tausend verschiedenen durchgesetzt und hat eine einzigartige Karriere in der Designgeschichte der Schachfiguren gemacht. Das *Staunton-Set* hat beim Londoner Turnier während der „Great Exhibition of Art and Industry" 1851 die internationale Turnierszene betreten und seitdem nicht mehr verlassen. Die nach Howard Staunton benannten Schachfiguren wurde unter der Nummer 58607 zwei Jahre zuvor von der Firma Jaques – Wholesale Ivory Turners zum
144b Patent angemeldet.[236] John Jaques sen. begann schon 1839, sich mit der Standardisierung der Figurensätze zu beschäftigen, um ein einfach zu produzierendes, aber formschönes Set „at a reasonable price" anbieten zu können. Bei der Patentierung griff John Jaques auf einen Entwurf von Nathaniel Cook aus dem Jahr 1835 zurück und gewann Howard Staunton, den stärksten Spieler der Welt, dem Design seinen Namen zu überlassen. Dies war eine geschickte Marketingstrategie, denn Staunton war durch seine Schachbücher nicht nur der populärste Spieler seiner Zeit, sondern auch Herausgeber des „Chess Players Chronicle", der in aller Welt gelesen wurde, und Kolumnist von Schachspalten in wichtigen Tageszeitungen.

Nach leichten Modifikationen und Vereinfachungen für die industrielle Massenproduktion eroberte das Staunton-Set von London aus den Weltmarkt und gilt bis in die Gegenwart als internationaler Standard. Heute ist kein bedeutendes Turnier oder internationaler Wettkampf mit anderen als den Stauntonfiguren vorstellbar. Ihre normative Kraft haben sie im 20. Jahrhundert noch weiter erhöht, indem ihre Proportionen Grundlage für die Figurensymbole im Diagrammdruck wurden.

Der Erfolg des Staunton-Sets ist im Design selbst begründet. Die Figuren sind massiv, aber einfach in ihrer Konfiguration und unkompliziert in ihrer Herstellung. Ursprünglich wurden sie aus Elfenbein oder aus Buchsbaum gedrechselt – bis auf den Springer und die Malteserkrone des Königs aus einem Stück –, heute dominieren bei der Herstellung Elfenbeinimitate aus Plastik oder Weichhölzer.

144a Das Design sieht drei verschiedene Durchmesser der runden Basis vor. Der größte ist für Dame und König, ein etwas kleinerer für Turm, Läufer und Springer und der kleinste für die Bauern. Die Figuren stehen auf breiten, wenig profilierten Sockelscheiben. Vom Sockel erweitert sich der Schaft zunächst leicht bis zu einem ersten zarten Ring, verjüngt sich danach zu einem breiteren zweiten Ring und wird durch unterschiedliche Oberteile abgeschlossen.

Der Schaft von Dame und König ist ident. Nur die Kronabschlüsse – eine asymmetrische Malteserkrone beim König und eine stark stilisierte Zackenkrone mit kleiner zentraler Kugel bei der Dame – sind verschieden. Der Turm ist ein Mauerturm, dessen sechs Zinnen seinen Abschluß bilden, in der Proportion ist er massiver als der naturalistische Springer und der Läufer. Die schräge Kerbe im tropfenförmigen Abschluß des Läufers assoziiert sowohl die bischöfliche Mitra als auch seine diagonale Gangart. Der Bauer ist sehr einfach gehalten mit einer kleinen Kugel als Abschluß. In ihrer abstrakten, aber doch konventionellen Gestaltung nehmen die Staunton-Figuren die Geschichte der figürlichen Darstellungen Europas auf, ohne sie in besonderer Weise zu variieren oder sie im Zeichen der Innovation zu negieren. Fast könnte man in ihrem Design die Materialisierung einer Beschreibung erkennen, die sich schon im Buch von Damiano in der Übersetzung aus dem Jahr 1562 findet: „Merke, der König ist die höchste und längste, die Königin die nächsthöchste, der Bischof hat eine scharfe Spitze, in der Mitte gespalten, nicht unähnlich einer Bischofsmitra, der Springer hat eine schrägabgeschnittene Spitze, wie wenn er den Ritterschlag erhalten hätte, der Turm ist ähnlich wie der König und die Königin, aber nicht so lang. Die Bauern sind die kleinsten und geringsten von allen, daran man sie am besten erkennen kann."[237]

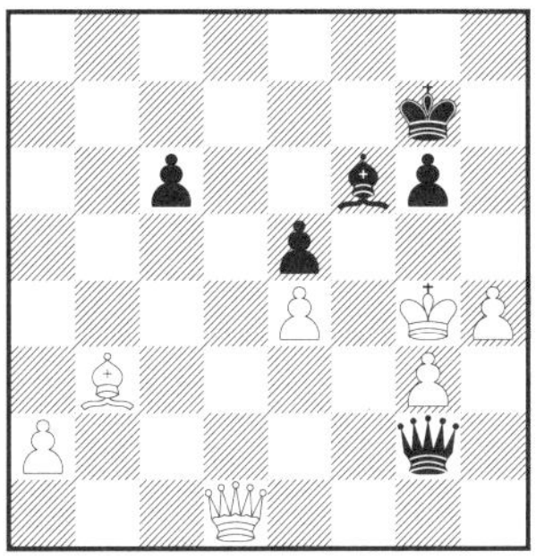

39. ♕d1–f3 ♕g2–d2
40. ♔g4–h3 ♕d2–d8

Der Entwurf Nathaniel Cooks besticht durch seine Klarheit, seinen verhaltenen Symbolismus und vor allem durch seine unübertroffene Praktikabilität: Die Figuren sind standfest, ohne plump zu wirken, und durch die unterschiedlichen Abschlüsse leicht unterscheidbar, da der Blick des Spielers von schräg oben auf sie fällt. Durch den breiten Sockel und den niederen Schwerpunkt ergibt sich eine hervorragende Standfestigkeit. Zusätzlich sind die Figuren durch eine Bleieinlage im Sockel beschwert. Die an die Unterseite der Sockeln aufgeklebte Filzscheibe erleichtert das Ziehen über das Brett, der große zweite Ring am Ende des Mittelteiles bietet idealen Halt für Daumen, Zeige- und Mittelfinger beim Heben der Figuren.[238]

Nach Staunton hielten sich andere Figurensätze nur noch in Enklaven, wie der bullige, tannenbaumförmige „Altwiener Spielsatz" aus dem Biedermeier oder die schmucklosen „Northern Uprights". Sie alle jedoch waren am Ende des 19. Jahrhunderts schon als regionale Besonderheit, als Abweichung von einer Norm definiert, die der internationale Standard des Staunton-Sets vorgab. Alle Verbesserungsversuche
im 20. Jahrhundert – unter ihnen die Entwürfe von Josef Hartwig am Bauhaus, von 156–158
Marcel Duchamp und Man Ray – scheiterten.

Wie ultimativ der Siegeszug des Staunton-Sets im 20. Jahrhundert war, zeigt sich in der akribischen Analyse des russischen Historikers Isaak Linder. Linder beschreibt auf über hundert Seiten die Vielfalt und Evolution der russischen Gebrauchformen vom 9. Jahrhundert bis zur Gegenwart. Nach Staunton verbleibt im Text nur noch eine Seite über Besonderheiten: Als einzige Innovation im Design nach Staunton erwähnt Linder das Weltraumschach, mit dem die sowjetischen Kosmonauten Nikolajew und Sewastjanow an Bord des Raumschiffes Sojus 9 gespielt haben und das von tüchtigen sowjetischen Ingenieuren eigens für den Zustand der Schwerelosigkeit konzipiert worden war.[239] An diese Möglichkeit hatte die Brüder Jaques nicht gedacht. Der Weltraum wäre auch, wie man heute weiß, kein besonderer Markt gewesen.

Mit 39. ♕d1–f3 sichert Weiß den Königsflügel und bietet erneut Damentausch an. Schwarz weicht wieder aus: 39. ... ♕g2–d2 enthält zudem einen kleinen taktischen Witz. Nach ♕d2–d7+ wäre Weiß zur Aufgabe gezwungen. Rubinstein zieht daher den König zurück: 40. ♔g4–h3. Mit 40. ♕d2–d8 verhindert Schwarz das sofortige Vorgehen des weißen g-Bauern. Die schwarze Initiative ist zum Stillstand gekommen, eine neue Phase des Endspiels beginnt.

Weiß hat einen Mehrbauern, aber durch die ungleichfarbigen Läufer sind die Chancen auf eine erfolgreiche Verteidigung für Schwarz intakt.

32

Das Londoner Turnier, das während der Weltausstellung 1851 durchgeführt wurde, war in vielerlei Hinsicht eine Wende im Schachspiel. Hatte sich mit Luis de Lucenas „Repetición" Ende des 15. Jahrhunderts das Regelwerk des Schachspiels, seine Grammatik, ausdifferenziert, wurde Mitte des 19. Jahrhunderts begonnen, die äußeren Spielbedingungen, so wie sie im wesentlichen heute noch gültig sind, zu definieren. Das Londoner Turnier 1851 gilt als das erste moderne Schachturnier, denn es zog erstmals eine Trennlinie zwischen dem privaten Spiel als Vergnügen, Zeitvertreib und Entspannung und dem öffentlichen Spiel als Arbeit, reguläre Einkommensquelle und Beruf.

Bereits 17 Jahre zuvor, im Sommer und Herbst 1834, hatte in London ein spektakulärer Wettkampf zwischen dem französischen Meister Louis Charles Mahé de Labour-
66, 67 donnais und Alexander McDonnell, dem stärksten Spieler Englands, stattgefunden. Nach 88 Partien und mehrmonatigem Kampf siegte Labourdonnais mit großem Vorsprung. Obwohl der Wettkampf zwischen dem französischen und englischen Champion bereits eine Sache von hohem nationalem Prestige war, obwohl die Partien aufgezeichnet und veröffentlicht wurden, waren die Wettkampfbedingungen weitgehend noch ungeregelt. Es gab wie zu Philidors Zeiten weder eine Zeitbeschränkung für die Partien noch ein Reglement über das Verhalten der Spieler und Zuschauer während des Wettkampfes. Der Chronist, George Walker, berichtet von zu spät kommenden Kiebitzen, welche die Spieler während der Partie unterbrachen, um sie zu begrüßen, und sich nach ihrer Einschätzung der Stellung erkundigten. Einen Eindruck über die noch entspannte Atmosphäre vermittelt ein Zeitungsbericht. Labourdonnais „pflegte, wenn er nicht am Zug war und zumal wenn er auf Gewinn stand, viel zu reden und zu lachen, während er laut saftige Flüche von sich gab, wenn es nicht nach seinem Geschmack ging. Ein anderer Beobachter schilderte, wie der Franzose sich ausgiebig mit den Zuschauern meistens über Politik unterhielt und oft seine Züge machte, noch während er redete. Gelegentlich flossen auch Witze und Schnurren wie eine Flut von seinen Lippen (...), und er bezeugte sein Mißfallen durch allerhand sehr deutliche Gebärden, die sich in extremen Fällen oft zu offenem Schelten steigerten."[240]

Parallel zum Londoner Turnier 1851 wurde ein erster internationaler Kongreß von Schachmeistern abgehalten, der zu einer europaweiten Kodifizierung einheitlicher Regeln, der Verwendung einheitlicher Turnierfiguren, der Einführung eines einheitlichen Notationssystems und einer einheitlichen Form der Zeitbeschränkung beitragen sollte. Es galt wie in allen anderen Bereichen der modernen Industriegesellschaft, supranationale Normen festzuschreiben, ein Fundament von Geboten und Verboten zu legen, von dem sich regionale Abweichungen nicht als Besonderheiten, sondern als Übertretungen einer existierenden internationalen Norm definieren ließen. Zu Beginn des 19. Jahrhunderts waren überall in Europa Vereine und nationale Schachgesellschaften gegründet worden, die über ihre eigenen Satzungen verfügten. Die Teilnehmer des Londoner Kongresses traten als Vertreter ihrer Länder auf – eine Trennung zwischen Funktionär und Spieler gab es noch nicht –, und da Spieler aus England, Frankreich, Deutschland, Italien und Rußland am Start waren, war die Frage, welche Nation die Definitionsgewalt über die internationalen Normen erhalten sollte und ob ein diplomatischer Konsens bei den Formulierungen gefunden werden konnte. Im Schachleben bildete sich nun ab, was auf der Bühne der politischen Diplomatie und der Handelsbeziehungen in Europa bereits Alltag war. Das private Spiel wurde zu einer ernsten Angelegenheit.

Federführend bei der Planung war der englische Meister Howard Staunton, im *68, 69* bürgerlichen Beruf Herausgeber der Werke Shakespeares. Seine Einführung in das Kongreßprogramm liest sich wie ein politisches Manifest im Zeitalter des Nationalismus, seiner Überschreitung und des Glaubens an den Fortschritt: „Wenn auch die Partien von McDonnel und De la Bourdonnais zur Instruktion und zur Freunde des wahrhaft Studierenden weiterleben werden, wie groß, dachten wir, wäre erst der Gewinn für unsere Schachliteratur, wenn wir der Brillanz Frankreichs und der Analytik Englands die Solidität Deutschlands, die Subtilität Italiens und Originalität Rußlands zugesellen. Aber noch wichtiger als diese sind die Ergebnisse, die von einem weltumspannenden Kongreß der Schachspieler zu erwarten sind. In früheren Zeiten konnte ein einzelnes Land, wenn es am Zenit seiner Zivilisation angelangt war, die Vorherrschaft im Schach beanspruchen. In der ersten Zeit des europäischen Schach, die iberische Halbinsel; im Mittelalter, Italien; später dann Frankreich, das mit Recht für sich die Herrschaft in allen Dingen, die unser Spiel betreffen, beanspruchen kann. Aber es blieb unserem friedlichen Zeitalter des intellektuellen Fortschritts und der verstärkten Beziehungen zwischen den verschiedenen Ländern Europas vorbehalten, große Schachmeister in fast allen Teilen der Welt zu entdecken. Wer allerdings könnte es in der gegenwärtigen Phase der Zivilisation wagen, Gesetze vorzuformulieren, denen sich die anderen Länder anzuschließen hätten? Welches Land könnte sich einer derartigen geistigen Anmaßung schuldig machen? Wenn unsere Erfahrung nicht trügt, daß es notwendig ist, existierende Anomalien aus dem Regelwerk zu entfernen und zu einem gültigen und universellen Code zu finden, bleibt uns nur ein Weg. Es ist unsere Pflicht, uns als allgemeine Versammlung der Schachspieler auszurufen, um zu bestimmen, was gültig ist und was abweichend. (...) Die Definition der Einheitlichkeit der Regel ist von essentieller Bedeutung (...), Einheitlichkeit wäre eine große Hilfe, alle jene theoretischen Unausgegorenheiten auszuräumen, welche im vollendetsten intellektuellen Zeitvertreib, der jemals erfunden wurde, noch verblieben sind."[241]

Dem Kongreß, der sich „anmaßte", im Namen des Fortschritts die Norm von der Abweichung zu benennen, waren bereits jahrelange Diskussionen über internationale Turnierregeln vorausgegangen. Tatsächlich wichen selbst basale Regeln in einzelnen Ländern stark ab. In Italien war etwa eine andere Regelung, wann eine Partie als Remis gelten sollte, üblich als in den übrigen Ländern Europas, in vielen russischen Schachclubs hielt sich bis zur Mitte des 19. Jahrhunderts die „universelle Dame", eine Figur, die Turm, Läufer und Springer vereinte. Unklarheit herrschte über die Ausführung der Rochade und über die Sanktion eines Spielers, der einen illegalen Zug machte.

In den 40er Jahren setzte deshalb ein regelrechtes diplomatisches Ringen vor allem zwischen Deutschland und England bei der Ausformulierung von Details ein.

41. ♕f3–c3 ♕d8–d6
42. g3–g4 ♗f6–d8

1843 war ein deutsches Regelkompendium im *Handbuch des Schachspiels* von Paul Rudolph von Bilguer erschienen, das am Londoner Kongreß von Heydebrand und von der Lasa vertreten und verteidigt wurde. Dem stand der legistische Abschnitt in der Einleitung von Stauntons *Chess-Player's Handbook* (1848) entgegen. Trotz hoher Übereinstimmung beider Texte konnte der Kongreß 1951 nicht entscheiden, ob zukünftig nach den deutschen Gesetzen Bilguers, dessen Formulierungen teilweise auf das Buch des Selenus (1616) zurückgingen, oder ob „according to English laws", wie es Staunton forderte, gespielt werden sollte. Die Debatte ging deshalb nach dem Kongreß weiter. In der Auflage 1860 präsentierte Staunton in seinem Handbook einen *Revised Code of Laws*, der nach Verhandlungen mit von Heydebrand und der Lasa aus Berlin und Carl Friedrich von Jaenisch aus Sankt Petersburg zustandegekommen, aber noch nicht abgeschlossen war. Man hatte sich jedoch in der Zwischenzeit über die grundlegende Struktur eines Regelwerkes geeinigt und auch die historische Dimension entdeckt. Die Entwürfe von Schachregeln von Ruy Lopez 1561 bis zu den Londoner Clubregeln 1844 wurden nun gesammelt, verglichen und ausgewertet. Die legistischen Vorarbeiten von Staunton, von Heydebrand und der Lasa und Jaenisch erregten in den 60er Jahren auch erstmals öffentliche Aufmerksamkeit. Fast zeitgleich erschienen Artikel zur Diskussion der Schachregeln im „Memoir of the British Chess Association" – dem Vorläufer des British Chess Magazine –, in der „Berliner Schachzeitung" und in vielen verstreuten Mitteilungen der Schachgesellschaften in Paris und Wien.

Die Debatte dauerte bis zur nächsten Auflage von Stauntons Handbook aus dem Jahr 1879. Die 66seitige, kleingedruckte Einleitung Stauntons *The Laws of Chess and Regulation for Playing* wurde zur allgemein anerkannten Grundlage von Vereins- und Turniersatzungen und im Regelkompendium der 1924 gegründeten Fédération Internationale des Échecs (FIDE), dem internationalen Schachverband, 1929 fast wortgleich übernommen. Der Prozeß der Ausdifferenzierung der Schachregeln war damit abgeschlossen, regionale Gewohnheiten waren durch ein kasuistisches Regelwerk ersetzt worden. Zugleich hatte damit Englisch Deutsch als internationale Verkehrssprache des Schachspiels abgelöst. Nur noch wenige deutsche Fremdwörter in der englischen Schachterminologie erinnern heute an die einstige Hegemonie der deutschen Sprache.[242]

Das Spiel in Karlsbad dauert nun fast sechs Stunden. Rubinsteins 41. Zug lautet ♕f3–c3. Nachdem sein König wieder in Sicherheit und die taktische Initiative des Schwarzen verflacht ist, setzt Weiß sein strategisches Konzept fort. c3 ist ein ideales Feld für die Dame: Von hier aus wird der Bauer auf c6 unter Druck gesetzt, die Felder der d-Linie, die Schwarz beherrscht, werden überdeckt und das Feld a5 ist nun in weißer Hand: Der freie a-Bauer könnte in Bewegung gesetzt werden. Grünfeld deckt seine Bauern auf der c- und e-Linie: 41. ... ♕d8–d6. Rubinsteins Antwort 42. g3–g4 bedeutet weiteren Raumgewinn. Grünfeld berührt seinen Läufer nach 29 Zügen zum ersten Mal und zieht ihn auf die 8. Reihe zurück: 42. ... ♗f6–d8. Er wird am Damenflügel benötigt.

33

Ein entscheidendes Problemfeld der Reglementierungsversuche im 19. Jahrhundert war die unbeschränkte Bedenkzeit. Das professionelle Schach hatte sich so weit kommerzialisiert, daß das bewußt langsame Spielen als Taktik angewandt wurde, um den Gegner zu ermüden. Die *Morals of Chess*, wie sie kein geringerer als Benjamin Franklin 1791 in Paris formuliert hatte, wurden immer fraglicher. Im Londoner Kongreßbuch 1851 findet sich quasi kontrafaktisch eine pathetische Beschwörung der Ehre und des Amateurismus. „Schach", schreibt Howard Staunton, „war erfunden worden, damit sich Menschen mit Genie und praktischer Energie dabei erholen können, für Menschen, die sich ihrer Verantwortung im Umgang mit anderen bewußt sind; für Menschen, die sogar in ihren Vergnügungen danach trachten, an die Grenzen ihrer intellektuellen Fähigkeiten zu gehen. Daraus entspringt seine soziale Bedeutsamkeit und seine vollendete Vorzüglichkeit. So betrachtet, ist Schach Gegenstand unserer höchsten Bewunderung; betrachten wir es als Müßiggang oder als reines Spiel, dann erniedrigen wir es. Schach war nie, und solange eine Gesellschaft existiert, wird nie ein Beruf sein. Es vermag sehr wohl, den Geist eines im Beruf Stehenden zu stärken, es darf jedoch niemals sein Lebensinhalt werden. Dies deshalb, da sein wahrer Wert verloren ginge durch den Eiferer oder den Söldner, da Gewinn um jeden Preis wichtiger wäre als die Wissenschaft."[243]

Die Beschwörung des Guten und Wahren ist bei Staunton schon obsolet. Längst gab es in allen Cafés Europas die „Eiferer und Söldner", denen jedes erlaubte Mittel recht war, um zu gewinnen, und sei es durch überlanges Nachdenken. Es hat sie in der Geschichte des Schachspiels immer gegeben, doch im 19. Jahrhundert wurde *Spielzeit* endgültig zur *Arbeitszeit* und Zeit deshalb im Schach wie in der Industrie zur knappen Ressource. Die Durchschnittsdauer der Partien beim Wettkampf Saint-Amant gegen 69
Staunton 1843 jedoch betrug neun Stunden, manche Partie beim Londoner Turnier 1851 dauerte bis zu zwanzig Stunden. Als besonders langsam galt der Deutsche Louis Paulsen. In seinen Partien mit Paul Morphy in New York 1857 dachte er bis zu zwei Stunden über einen einzigen Zug nach – zu lange für die schnelle Welt der industriellen Revolution. „Time is money", der Schlachtruf des Taylorismus galt für den Industriearbeiter ebenso wie für den Schachspieler.

Die Normierung der Arbeitszeit, die in der Industriegesellschaft nicht mehr aufgabenbezogen definiert war, sondern einem äußeren maschinellen Rhythmus gehorchte, war auch Ergebnis einer sozialen Disziplinierung des einzelnen in der Arbeit wie in der Freizeit. Das 19. Jahrhundert ist das Jahrhundert der Pünklichkeit. Ihre Metapher sind die Fahrpläne der Eisenbahn: Erstmals war es möglich, weite Strecken auf die Minute genau zu überwinden und wie Phileas Fogg, der Held aus Jules Vernes *In achtzig Tagen um die Erde,* „pünktlich auf die Sekunde" zu erscheinen. Tatsächlich verband der anonyme Autor eines Artikels, der 1852 ein Jahr nach dem Londoner Turnier im „Chess Player's Chronicle" erschien, eine launische Kritik an der Langsamkeit des Spiels mit der Rasanz und der Zeitersparnis durch die Eisenbahn: „Bis heute haben Jurien Beschuldigte verurteilt, aber einzelne Henker haben sie aufgeknüpft, um Zeit zu sparen. Die Eisenbahn-Gesellschaften sind heutzutage sogar bereit, unsere Knochen, manchmal sogar unser Genick, zu brechen, nur um Zeit zu sparen. Unsere Schachspieler sind die einzigen in diesem Land, die diesen Umstand ignorieren."[244]

Bereits 1836 hatte Saint-Amant in der Pariser Schachzeitschrift „Le Palamède" eine Zeitbegrenzung für das Nachdenken über einzelne Züge vorgeschlagen. Stauntons konkreter Plan für eine Zeitbegrenzung lautete 1844 noch „10 – 30 Minuten pro Zug". Bei Zeitüberschreitung sollte der Spieler mit einer Guinee bestraft werden. Der meritokratische Vorschlag Stauntons wurde 1867 beim Turnier in Paris aufgegriffen. Zehn Züge mußten in einer Stunde gespielt werden, ein Mehrverbrauch von 15 Minuten konnte vom Spieler mit 20 Francs erkauft werden. Das Ergebnis war dasselbe wie beim Großmeisterturnier in Nürnberg, wo jede Minute Zeitüberschreitung – erlaubt waren nur noch fünf Minuten pro Zug – mit einer Mark Bußgeld zugunsten der Turnierkasse bestraft wurden: Das Strafgeld konnte in vielen Fällen nicht eingetrieben werden, sodaß sich bald eine krudere Bestimmung in den Reglements durchsetzte: Zeitüberschreitung bewirkt den Verlust der Partie.

Reglementiert wurde nicht mehr die Dauer einzelner Züge, sondern einer bestimmten Anzahl von Zügen. Die Zeitmessung erfolgte zunächst durch zwei Sanduhren: War ein Spieler am Zug, wurde seine Uhr durch Umkippen in Bewegung versetzt, nach Absolvierung des Zuges wurde sie in waagrechter Stellung zum Stillstand gebracht und die Sanduhr seines Gegners in Gang gesetzt. Erstmals wurde die Zeit im Wettkampf Kolisch gegen Anderssen 1861 auf diese Weise mit zwei Stunden für 24 Züge limitiert. Die Zeitkontrollen variierten danach stark: In Paris 1867 mußten zehn Züge in einer halben Stunde absolviert werden, in Dundee im selben Jahre 30 Züge in zwei Stunden, 1871 in Baden-Baden 20 Züge in einer Stunde.

Auch technisch wurde experimentiert: Statt Sanduhren wurde beim Wettkampf Anderssen – Steinitz 1866 die Zeit von einem Schiedsrichter mit Stoppuhr gemessen und Zug für Zug addiert, was bei Turnieren mit vielen Spielern ausgeschlossen war. Beim Londoner Turnier 1883 wurde erstmals die mechanische Doppeluhr von Thomas Bright Wilson eingesetzt, wie sie heute noch gebräuchlich ist. Sie verband zwei Uhrwerke mit einem Balken. Wurde der Balken nach Absolvierung eines Zuges auf einer Seite gedrückt, stoppte die Uhr und setzte das andere Uhrwerk in Gang. Ein Zähler im Uhrwerk maß die Zuganzahl und eine Glocke ertönte, sobald die vorgeschriebene Zugzahl erbracht war. Die Uhrmacher Fattorini und Schierwater meldeten eigene Patente auf Schachuhren an. Der radikalste Vorschlag kam vom Liverpooler Uhrmacher Samuel Walker. Sein „Time Indicator for Chess" (1900) hatte nur ein Laufwerk und maß das Zeitverhältnis zwischen den Spielern: Für einen Spieler ging das Laufwerk in Uhrzeigerrichtung, für den anderen in die Gegenrichtung, sodaß anstatt eines absoluten Zeitlimits die Differenz des Zeitverbrauches der Spieler als Maß genommen wurde. Das Spiel war somit auch ein Kampf um die Zeitdifferenz, das Patent Walkers setzte sich allerdings nicht durch.

Trotz Mechanisierung und Minutenanzeige war jedoch das Zeitlimit noch nicht exakt genug bestimmt. Es ging nun bereits um Sekunden. 1899 montierte der Holländer H. D. Meijer ein kleines Fähnchen auf das Ziffernblatt, drei Minuten vor der Zwölf. Der Zeiger erfaßte das Fähnchen, hob es an, und es fiel herab, wenn der Zeiger den Zenit erreicht hatte. Der Zeitpunkt der Zeitüberschreitung konnte mittels der „Guillotine" (die englische Bezeichnung für das Fähnchen) nun auf die Sekunde genau bestimmt werden. Innerhalb von kaum 20 Jahren gehörte die Guillotine Meijers zum Turnierstandard.

Die immer größere Exaktheit bei den Messungen, die stete Verkürzung der Bedenkzeit und die immer detailliertere Kasuistik des Regelwerkes zeigen einen radikalen Wandel in der Sozialgeschichte des Schachspiels an: Die Spieler waren zu Sportlern, die Gentlemen zu Arbeitern geworden, die sich dem Diktat des Reglements und dem Rhythmus der Arbeitszeit zu unterwerfen hatten. Beim Wiener Turnier 1882 überschritt Mason in der dritten Runde gegen Bird die Zeit. Bird reklamierte jedoch nicht, spielte weiter und verlor schließlich. Der Konkurrent Masons um den Turniersieg, Weltmeister Wilhelm Steinitz, protestierte daraufhin bei der Turnierleitung, die ihm recht gab und den Sieg Bird zusprach. Steinitz gewann das Turnier schließlich mit einem Punkt Vorsprung vor Mason.

43. g4–g5 ♗d8–b6
44. ♕c3–f3 ♕d6–f8

Der 43. Zug von Rubinstein ist g4–g5. Weiß konzentriert sich auf sein strategisches Konzept und widersteht der Versuchung, überhastet anzugreifen. Die taktische Drohung ♕c3–c4 wäre nach ♕d6–f8 nur Zeitverlust. Grünfeld vollendet die Überführung des Läufers auf den Damenflügel: 43. ... ♗d8–b6, die weiße Dame pendelt zurück auf den Königsflügel: Nach 44. ♕c3–f3 droht matt in zwei Zügen. Schwarz stellt die Damen zum Tausch: 44. ... ♕d6–f8 und drückt seine Uhr.
Die zweite Zeitkontrolle ist um 5 Uhr Nachmittag erreicht. Ein Schiedsrichter kontrolliert die Partieformulare.

34

Trotz seines Scheiterns in St. Petersburg hatte sich Rubinstein nach seinem Siegeslauf 1912 vor dem Ersten Weltkrieg ein kleines Vermögen erspielt. Während des russischen Rückzuges aus Polen wurden 1915 alle Einlagen der Staatsbank, private wie öffentliche Gelder, aus Polen abgezogen, der Wert des Rubels fiel ins Bodenlose und war bald nicht mehr konvertierbar. Rubinstein verlor den Großteil seines Geldes.[245] Seine ökonomische Lage war infolge des Krieges wieder prekär geworden und sollte es bis zu seinem Tod bleiben. Die Weltmeisterschaft war nach der Katastrophe in St. Petersburg 1914 in weite Ferne gerückt, es gab Krieg und einen neuen Stern am Himmel des Schachspiels, der heller als alle anderen strahlte: Capablanca. *101, 102*

Während des Krieges gewann Rubinstein zwar einige kleinere und schwach besetzte Turniere in Warschau 1916 und 1918 und in Lodz 1917, das große internationale Schachleben kam jedoch vollständig zum Erliegen. Die wenigen Partien Rubinsteins, die aus dem Ersten Weltkrieg erhalten sind, zeigen seinen Stil noch auf der Höhe: Ein tiefes Bauernopfer im Endspiel gegen Lowcki, das allerdings im Remis endete, ein Bauernendspiel gegen Josek Gottesdiener, das vom 26. bis zum 45. Zug berechnet werden mußte, *30*
und vor allem die Glanzpartie mit Schwarz gegen Samuel Factor – ein Bauerndurchbruch *31*
im 42. Zug öffnet die Stellung, Weiß verliert einen Bauern, und Rubinstein führt den Vorteil präzise zum Gewinn. Gegen die schwache Eröffnung Belitzmanns im März 1917 *32*
gelingt Rubinstein eine hübsche Miniatur im Stil Anderssens: Er setzt in 18 Zügen matt.

9

10

11

12

9 um 1925

10 Berlin 1918 (v. links: Lasker, Rubinstein, Kagan, Schlechter, Tarrasch)

11 Teplitz-Schönau 1922 (sitzend v. links: Spielmann, Tartakower, Grünfeld, Réti, Rubinstein)

12 Simultan um 1926

13

14

13 Semmering 1926 (stehend v. links: Spielmann, Kmoch, Treybal, Rosselli, Réti, Vajda, Yates, Tietz, Gilg, Tartakower, H. Wolf, Davidson; sitzend v. links: Nimzowitsch, Aljechin, Grünfeld, Tarrasch, Michel, Vidmar, Rubinstein)

14 um 1930

45. ♕f3xf8+ ♔g7xf8

Die Situation der Juden in Polen beschreibt Piotr Wróbel: „Die Juden Zentral- und Osteuropas traf der Kriegsbeginn unvorbereitet. Sie hatten weder eigene Grenzen zu verteidigen, noch waren sie an einem bewaffneten Konflikt interessiert oder von dessen Wert überzeugt. Nichtsdestoweniger teilten viele die patriotische Begeisterung, die Europa wie eine Welle überflutete. Das allgemeine Chaos während der ersten Kriegstage erzeugte eine dichte Atmosphäre. Die Urlauber kehrten nach Warschau zurück, die Bahnhöfe waren überfüllt. Die Mehrzahl der Restaurants war geschlossen, Alkohol war verboten. Ohne besondere Erlaubnis durfte niemand seinen Wohnsitz verlassen."[246] Zu Kriegsbeginn setzten Massendeportationen russischer Juden unter dem Vorwand der Kollaboration mit den Deutschen ein. Die Restriktionen in dem mit Flüchtlingen überfüllten Warschau wurden verschärft, sodaß viele Juden die Besetzung Warschaus im Mai 1915 in der Hoffnung auf eine Erleichterung ihrer Lage begrüßten. Zu ihnen gehörte Rubinstein, und für die Turniere, die er während der deutschen Besatzung spielte, wurde er vom British Chess Magazine hart kritisiert.

Wann genau Rubinstein von Warschau nach Szczuscyn, einem Dorf unweit von seinem Geburtsort Stawiski, zog, ist unklar. Ende 1917 heiratete der 35jährige Rubin-
7 stein in Szczuscyn die um elf Jahre jüngere Eugenie Lew, die ihn bis zu ihrem Tod begleiten wird. Ein Jahr nach der Heirat wird Rubinsteins ältester Sohn Jonas geboren.

Gegen Kriegsende spielt Rubinstein bereits wieder in Berlin. Im Jänner 1918 gewinnt er einen Wettkampf mit Carl Schlechter mit 3,5 zu 2,5 Punkten – Lasker hatte vier Jahre zuvor gegen Schlechter den Wettkampf um die Weltmeisterschaft nur unentschieden halten können. Danach nimmt Rubinstein an zwei starkbesetzten Viererturnieren teil. Das erste endet in einem Debakel: Ohne einen einzigen Sieg wird Rubinstein letzter hinter Vidmar, Schlechter und Mieses. Beim darauffolgenden Turnier belegt Rubinstein hinter Lasker den zweiten Rang vor Schlechter und Tarrasch. Sein
33 Endspiel in Berlin gegen Tarrasch zählt zu den schönsten Partien Rubinsteins.

In der Warschauer Stadtmeisterschaft, die Rubinstein in den Jahren vor dem Weltkrieg nach Belieben gewann, wird er 1919 nur Dritter, ein respektables Resultat, das jedem Großmeister genügt hätte, doch eine Beleidigung für einen, der sein Spiel als vollkommen erachtete.

Das Spiel tritt in seine letzte Phase ein. Im 45. Zug tauscht Rubinstein die Damen: 45. ♕f3xf8+, Grünfeld: 45. ... ♔g7xf8. Ein Endspiel mit ungleichfarbigen Läufern und vier gegen drei Bauern ist entstanden. In vielen Fällen ist Schwarz in der Lage, auf den Feldern seines Läufers eine Blockade zu errichten, gegen die Weiß machtlos ist, oder Bauern zu tauschen und seinen Läufer gegen den letzten Bauern zu opfern. Will Weiß etwas erreichen, erfordert sein Spiel äußerste Präzision.

35

Ein drittes Ziel, das Howard Staunton neben der internationalen Kodifizierung der Regeln und der Beschränkung der Bedenkzeit dem Londoner Kongreß 1851 vorgab, war die Erarbeitung einer weltweit verständlichen Sprache für die Aufzeichnung von Schachpartien: „Schon lange war es ein Wunsch der eifrigsten und wißbegierigsten Liebhaber des Spiels, ein gemeinsames Notationssystem für ganz Europa einzurichten. In diesem Fall gilt das Argument von Erasmus, der die Verwendung einer gemeinsamen Sprache für die Gebildeten in allen Ländern empfahl. Hätten wir ein einheitliches Notationssystem, würde die Wissenschaft in ganz Europa rascher Fortschritte machen. Bedenken wir, wie rasch eine einzige Variante den Wert einer ganzen Eröffnung zu verändern vermag, und bedenken wir, daß diese Varianten zur Zeit noch in Büchern mit sehr unterschiedlichen Notationssystemen dargestellt werden, wird man zugeben müssen, daß der Vorteil einer gemeinsamen Schachsprache unschätzbar wäre. Gäbe es ein anerkanntes Notationssystem, könnte ein Spieler in sechs Monaten mehr Fortschritte machen als die Mehrzahl der Amateure in ihrem ganzen Leben."[247]

Eine transnationale, gemeinsame Sprache im Sinne des Erasmus zu erfinden, war im Schachspiel des 19. Jahrhundert ein ähnlich faszinierendes Projekt wie die Konstruktion der Welthilfssprachen Volapük und später Esperanto. Schach hatte sich in allen Nationen Europas zu einem Spiel entwickelt, das in seiner sozialen Wertung weit über den anderen Spielen stand. Die Mitgliedszahlen der Schachgesellschaften stiegen rasant, sodaß eine Kunstsprache für Schachpartien, welche die nationalen Sprachgrenzen sprengt, neben allgemein gültigen Regeln und einem einheitlichen Design der Schachfiguren ein entscheidender Schritt zur Internationalisierung gewesen wäre – und naturgemäß eine neue große Absatzchance für den expandierenden Schachbuchmarkt. Auf diesem bewegte sich nicht zuletzt Staunton selbst als Autor.

Das Notationssystem für Schachpartien erfüllt dieselbe Funktion wie die Notenschrift in der Musik. Indem eine Schachpartie eine Abfolge von eineindeutigen Bewegungen auf einer geschlossenen Matrix darstellt, scheint die Ausarbeitung eines einheitlichen Notationssystems einfach zu lösen. In der Notenschrift war der Prozeß der einheitlichen Aufzeichnung von Musik durch Grapheme auf Linien bereits im 15. Jahrhundert im wesentlichen abgeschlossen und nur noch eine Frage der technischen Reproduzierbarkeit. Im Schachspiel erwies sich das Problem jedoch als überraschend schwierig, indem verschiedene nationalsprachliche Symbolsysteme miteinander konkurrierten und logisch-mathematische Kalküle der Beschreibung rasch an die Grenzen ihrer Rezeptionsfähigkeit stoßen. Zu Zeiten Stauntons herrschte jedenfalls eine lästige Vielfalt an Notationssystemen. Ihre Geschichte ist einerseits die einer Verknappung und Formalisierung und andererseits eine Geschichte des Ringens um Exaktheit und Praktikabilität.

Im europäischen Mittelalter und in den arabischen Handschriften wurden Zugfolgen erzählend beschrieben. Die narrative Perspektive wechselte etwa im Codex Alfons des Weisen (1283) jeweils von Weiß zu Schwarz. Die Ausgangsstellung wurde graphisch durch ein Diagramm mit Figurensymbolen definiert, die Figuren wurden, da es noch kein übergeordnetes sprachliches Koordinatensystem gab, in ihrer Stellung in bezug auf den König und die Dame bezeichnet. Man sprach vom „Königsspringer" und vom „Bauern vor dem Springer der Dame, der zwei Schritte weit gezogen wird, worauf

Schwarz seinen Turm auf das Feld des eigenen Königs stellt" usw. Die älteste geschriebene, vollständige Schachpartie findet sich in der Göttinger Handschrift auf Latein. Die Zugfolge wurde wie schon in den arabischen Handschriften mit ganzen Sätzen in Hypotaxen beschrieben.

Vom Mittelalter zur Neuzeit ereignete sich zunächst der Übergang von einer narrativen zu einer deskriptiven Notation. Die beschreibende Notation hielt sich bis weit in das 18. Jahrhundert, noch in der dritten Auflage der deutschen Übersetzung des Philidor, *Die Kunst im Schachspiel ein Meister zu werden* (1771), werden Züge natürlichsprachlich beschrieben, wie: „5. Weiß: Der Springer des Königs, auf das dritte Feld des Laufers. Schwarz: Die Dame, auf das vierte Feld von dem Thurm ihres Königs." Noch gab es keine übergeordnete Perspektive. Der unpersönliche Blick von oben auf das Schachbrett war dem Bild, dem Diagramm, überlassen. Im Vergleich zu älteren Werken wurde 1771 in der sprachlichen Beschreibung jedoch ein Fortschritt im Sinne der Rationalisierung erzielt. Alle kohäsiven oder interpretierenden Partikel (wie „hingegen" oder „daraufhin") wurden als redundant eingespart, sodaß die Narration einer Deskription wich. Die Notation der Partie erzählte nicht mehr eine Geschichte, sondern glich bereits einem Formular. Die deskriptive Darstellung war trotz der sprachlichen Verknappung freilich umständlich und aufwendig, die Aufzeichnung einer Partie von 30 Zügen nahm in deskriptiver Notation acht Seiten in Anspruch, sodaß früh nach Verkehrs- und Eilschriften gesucht wurde.

Die einfachste Lösung bestand zunächst in der Abkürzung der Figurennamen und in der Numerierung der horizontalen Reihe von 1 – 8 jeweils aus der Perspektive von Weiß und Schwarz. In Stauntons *Handbook* (1847) etwa liest sich die Zugfolge einer Variante der Ponzianieröffnung (in heutiger Kurznotation: 1. e4 e5 2. c3 ♘f6 3. d4 ♘xe4 4. d4xe5 d5 5. ♗e3) folgendermaßen:

WHITE.	BLACK.
1. P(awn) to K(ing)s 4th.	1. P. to K's 4th
2. P. to Q(een)B(ishop)s 3rd.	2. K.Kt(Knight) to B's 3rd.
3. P. to Q's 4th.	3. K.Kt. takes K.P.
4. Q.P. takes P.	4. P. to Q's 4th.
5. Q.B. to K's 3rd.	

Statt vollständiger Sätze oder Satzteile hat diese Form deskriptiver Notation den Charakter der Tabelle. Der Amerikaner Miron Hazeltine reduzierte ab 1855 die Bewegungshinweise („to") und die Verba („takes") auf Symbole (zB.: 1. P-K4 P-K4), aber schon Walker hatte in seiner Partiensammlung 1844 gezeigt, daß „1. PK4 PK4") auch genügt. Eine noch weitergehende Reduktion der Beschreibung auf Symbole wurde 1836 in Paris – *Nouvelle notation pour les parties ou les coups d'échecs* – vorgeschlagen. Der 5. Zug einer Variante des Königsgambits (in heutiger Notation: 5. f4 x e5) erschien in der Pariser Kurzschrift in folgender Form:

> „5. ˙f:4R':r'=r" (= 5. le Pion du Fou du Roi faisant un pas á la 4. case du Roi adverse, prend le Pion du Roi adverse et devient Pion du Roi)

Die minimalistische Pariser Schrift erwies sich als zu abstrakt und wurde nicht akzeptiert. Allgemein liegen die Nachteile der deskriptiven Abkürzungsnotation auf der Hand: Es fehlt ein übergeordnetes Koordinatensystem zum Nachspielen der Partie (die Perspektive wechselt von Weiß zu Schwarz und erzeugt damit Ambiguitäten), und die Abkürzungen der Figurennamen wechseln von Sprache zu Sprache.

Parallel dazu entwickelten sich in Europa früh abstrakte Sprachen mit übergeordneter Perspektive. Eine erste alphabetische Kurznotation erfand der lombardische Rechtsgelehrte Nicolas de Nicolaï um 1300. Er definierte die Felder des Schachbrettes mit einer arbiträren Buchstabenkombination. Die horizontalen Reihen bezeichnete Nicolaï mit den Großbuchstaben A – H, die vertikalen mit Kleinbuchstaben von k – q, sodaß Kombinationen wie Ap (= a2) oder Fl (= f6) entstanden. In die Diagramme schrieb er die lateinische Figurenbezeichnung mit schwarzer und roter Tinte. Noch Wittgenstein wird sich in seinem privaten Schachbuch dieses Verfahrens im 20. Jahrhundert bedienen.[248] Die rein alphabetischen Codes (Udemann und Gringmuth) setzten sich jedoch ebensowenig durch wie die rein numerischen, die mit analogen Zahlen- statt Buchstabenkombinationen (Viktor Käfer 1842) arbeiten. Beide Notationssysteme sind offenbar zu reduziert, um noch lesbar zu sein, und nicht in der Lage, die räumliche Dynamik des Geschehens am Schachbrett anschaulich abzubilden.

Eine praktikable Lösung bestand in einer alphanumerischen Notation mit übergeordneter Perspektive, die erstmals Phillip Stamma 1737 in seinen *Schachspiel-Geheimnissen*, einer Sammlung alter Endspiele, anwandte. Die horizontalen Felder wurden mit Buchstaben von A – H, die vertikalen mit Zahlen von 1 – 8 bezeichnet. Für die Bezeichnungen der Figuren verwendete Stamma ebenfalls arbiträre Abkürzungen: „A" bedeutete Königsturm, „B" Königsspringer usw., für die Bauern setzte Stamma „P". Durch diese Kurznotation war es möglich, Ausgangsstellungen von Problemen ohne die drucktechnisch aufwendigen Diagramme zu definieren und Zugfolgen lesbar und eindeutig wiederzugeben. Stammas alphanumerische Kurznotation wurde in Deutschland rasch populär und in den Lehrbüchern von Allgaier (1795/96), Alexandre (1837) und Bilguer (1843) angewandt und perfektioniert. Im Grunde ist diese alphanumerische Notation heute mit einigen kleinen Verbesserungen internationaler Standard.

In Stammas Notation wäre bereits die ideale abstrakte Sprache des Erasmus gefunden, nach der Staunton mehr als ein Jahrhundert später Ausschau hielt. Obwohl kein Zweifel an ihrer Überlegenheit bestand, stieß sie als „deutsche Notation" in England, Spanien und Frankreich zu Beginn des 19. Jahrhunderts auf Ablehnung. Der Engländer Lewis lehnte Stammas „deutsches System" 1818 mit dem Argument ab, die Notation „würde allgemein als ermüdend und langweilig" empfunden.[249] Die Gegenargumente waren alles andere als rational, aber die Konstituierung internationaler Normen gehorcht selten den Geboten der Rationalität.

Am Ende des Jahrhunderts jedoch hatte sich die alphanumerische Notation mit Koordinaten als Standard weitgehend durchgesetzt. Im Zeichen des Fortschritts und der Rationalisierung wurde auch versucht, die Arbeit des Mitschreibens von Partien zu mechanisieren. 1871 wurde von F. E. Brand in St. Petersburg der „Scaccograph" erfunden. Das Gerät wurde von Batterien betrieben und konnte Ausgangs- und Endfeld jedes Zuges automatisch auf Papier ausdrucken. Weitere Patente für selbstschreibende Schachbretter wurden von Hours-Humbert in Besançon (1887), Würtenberger in Zürich (1888), Duras und Simunek in Berlin (1929) und von Fey in Pennsylvania (1945) ange-

46. ♔h3–g4 ♗b6–e3
47. ♗b3–a4 c6–c5

meldet. Keiner der Prototypen ging in Serie, die Vielzahl der Patente aus aller Welt zeigt jedoch, wie tief der Gedanke an höchstmögliche Rationalisierung im Bewußtsein bereits verankert war und daß er im Zeitalter des Fortschritts auch in die entlegensten Winkel der Freizeit vordrang. Er vollendet sich durch die selbstschreibenden und selbstanalysierenden Schachprogramme in der unmittelbaren Gegenwart.

In der postindustriellen Revolution scheint sich auch der Traum einer gemeinsamen Sprache technologisch zu erfüllen. Die elektronische Generierung von Zeichen erlaubt die einfache Darstellung von Icons im Text, die nationalen Abkürzungen für Figuren werden durch international konventionalisierte Ikone ersetzt. In gewissem Sinn kehrt man daher in der Gegenwart von einer Symbolschrift zu einer Bildschrift zurück, wie sie schon Alfons der Weise 1283 für die Herstellung von Diagrammen vorsah. Freilich: Man kann sie schreiben, sprechen kann man sie nicht.

Rubinsteins 46. Zug ist ♔h3–g4. Der König wird zentralisiert. Auch Grünfeld überführt den Läufer in das Zentrum. Sein Zug ist 46. ... ♗b6–e3. Von hier aus entfaltet der Läufer auf den Diagonalen seine höchste Kraft: Er überdeckt Randfelder sowohl am Damen- als auch am Königsflügel. Bevor Rubinstein die Bauernstruktur verändert, laviert er. 47. ♗b3–a4 greift den schwarzen Bauern auf c6 an. Die schwarze Antwort ist erzwungen: 47. c6–c5. Eine kleine Änderung hat sich ergeben: Der Bauer auf c5 verstellt nun die Diagonale des Läufers von e3 nach a7.

36

Wie in der Mode, der Kunst und in der Wissenschaft unterliegen auch die Stile und Prinzipien im Schachspiel der Veränderung: Die Innovationen in der Schachtheorie gehen von kleinen Gruppen aus und entstehen an Bruchstellen der Schachgeschichte. In Theorieschüben bahnt sich ein neues Paradigma seinen Weg vom Theorierand ins Zentrum, gewinnt dort an Hegemonie, bis es von einer neuen Innovation abgelöst wird.[250]

Aufgrund seiner Komplexität läßt sich das Schachspiel durch eine mathematische Theorie, die in vollständiger Autonomie vom Zeitgeist formuliert wird, nicht erschöpfen. Der französische Mathematiker Henri Poincaré (1854 – 1912), der als Begründer der Theorie indeterminierbarer Systeme gilt, hat das Schachspiel in seiner *Mechanik abgeschlossener Systeme* gelegentlich als Beispiel für seine Erwägungen zum Aufbau wissenschaftlicher Hypothesen verwendet. Allgemeingültige Thesen lassen sich mit Zugfolgen nicht verifizieren, aber aufgrund der Vielzahl möglicher Varianten ebensowenig falsifizieren. Zwar lassen sich die Wirkungsweisen einzelner Figuren und einfacher Stellungen exakt berechnen (wie das Kraftgesetz von zwei Körpern), doch das Zusammenwirken aller Figuren erweist sich – wie im Drei-Körper-Problem der Physik – als indeterminierbar. Dies bedeutet, daß sich die Positionen nicht in der Gesetzlichkeit der Newtonschen Physik verändern: Eine minimale Veränderung der Eingangsbedingungen (eine winzige, scheinbar unbedeutende Veränderung der Position) bewirkt unprognostizierbare Ausgangsergebnisse; Gleichungen vom Typ der Newtonschen Physik erweisen sich durch die systeminhärenten Störfaktoren und Rückkoppelungen der Effekte als unlösbar.[251] Bei der Schachtheorie handelt es sich deshalb nicht um eine Theorie von Axiomen, sondern um Konventionen, deren Formulierung zeit- und in letzter Instanz gesellschaftsbedingt ist. Sie hängt von der jeweils herrschenden Auffassung von Raum und Bewegung ab.[252]

Bis zur Mitte des 18. Jahrhunderts hatte die Schachtheorie aus einer Handvoll Regeln für das Endspiel und Listen von Eröffnungsvarianten bestanden. Die Varianten waren im wesentlichen Fallen, in die man den Gegner lockte und durch die nach kruden Abweichungen die Partie rasch gewonnen werden konnte. Fortschritte wurden dadurch erzielt, daß die Listen länger und detaillierter wurden. Doch seit der Auseinandersetzung zwischen Philidor und den italienischen Meistern aus Modena zur Mitte des 18. Jahrhundert war klar, daß es im Schachspiel unterschiedliche Prinzipien gibt, die miteinander in Konkurrenz stehen und die unabhängig von der Zugfolge und unabhängig vom Individuum des Spielers formuliert werden können. Sie beanspruchen Gültigkeit auch unabhängig von der aktuell am Brett entstandenen Position.

In den Lehrbüchern von Domenico Ercole del Rio (*Sopra il giuoco degli scacchi* 61
osservazioni pratiche d'anonimo autore Modenese, 1750), Giambattista Lolli (*Osservazioni teorico-pratiche sopra il giuoco degli scacchi*, 1763) und von Domenico Lorenzo Ponziani (*Il giuoco incomparabile degli scacchi*, 1769) herrscht das Prinzip der raschen Figurenentwicklung und des Angriffs. Das Spiel ist linear: Die beste Strategie ist ein möglichst geradliniger Angriff auf den gegnerischen König, jeder Zeitverlust durch Bauernzüge ist zu vermeiden, indem er dem Gegner die Möglichkeit zum Angriff gibt. Das Spiel ist ein Ringen um Initiative, die um jeden Preis behauptet werden muß. Das Stilideal war daher die Opferkombination, welche Material in Zeitgewinn transformiert und unmittelbar zum Matt führt. Die Positionen, die solche Kombinationen ermöglichten, ergaben sich wie zufällig und entsprangen der unhinterfragbaren Intuition des Genies.

In Philidors *L'analyse du Jeu des Échecs* (1749) spielen hingegen die Prinzipien 62
des Tempos, des Angriffs und der Initiative durch rasche Figurenentwicklung eine untergeordnete Rolle. Im Vordergrund steht die Betrachtung der Kontrolle des Raumes und der dauerhaften Struktur der Position. Philidor erkannte als erster die Bedeutung des Zentrums und der Bauern: Wer die Zentralfelder beherrscht, beherrscht das gesamte Brett, der Kampf in einer Schachpartie geht im Grunde um die Vorherrschaft über das Zentrum des Raumes. Die aktuelle Aufstellung der Figuren ist für Philidor weniger bedeutsam als die Struktur der Bauern, denn, da die Bauern nur in eine Richtung bewegt werden können, bestimmt ihre Anordnung die dauerhaften Stärken und Schwächen einer Position. Die Rückständigkeit, Verdopplung oder Isolation der Bauern führt zum Verlust von Raum und schließlich bei korrektem Spiel zu materiellem Nachteil. Die Bauern sind daher, wie Philidor formuliert, „die Seele des Spiels". Philidor analysierte bereits Strategien des Raumes wie „Prophylaxe", das Schaffen von „Blockaden" und das „positionelle Opfer": Material wird preisgegeben nicht zur Erlangung einer kurzfristigen Initiative, sondern zur nachhaltigen Beherrschung des Raumes.[253]

Trotz der Forschungen Philidors und seines praktischen Erfolges herrschte bis zur Mitte des 19. Jahrhunderts der romantische Kombinationsstil und das ästhetische Ideal
65, 67, 70 der intuitiven, plötzlich aufblitzenden Opferkombination. Wer besser kombinieren konnte, gewann das Spiel. Eine Wende erzeugte erst das Spiel des Amerikaners Paul Morphy (1837 – 1884), der in seiner kurzen Schachkarriere alle romantischen Meister seiner Zeit schlug. Morphy war kein Theoretiker, doch gewann er 1858 scheinbar mühelos Wettkämpfe gegen Daniel Harrwitz, Johann Jakob Löwenthal und sogar gegen Adolf Anderssen.[254]

Das Geheimnis von Morphys Erfolg lag in der Verbindung von taktischer Initiative und positioneller Kombination: In seinem Spiel kam die italienische und französische Schule zu einer ersten Synthese, indem Morphy erkannte, daß sich das Streben nach Initiative durch rasche Figurenentwicklung und die dauerhafte Beherrschung von
72–77 Raum nicht ausschlossen. Vor allem in seinem Wettkampf mit Harrwitz in Paris 1858 demonstrierte Morphy die dynamischen Transformationsmöglichkeiten von Zeit und Raum, indem er Initiative und Entwicklungsvorsprung in Raumgewinn und danach den positionellen Vorteil in eine umso stärkere Initiative umwandelte. Ohne eine eigene Theorie zu formulieren oder eigene Eröffnungsvarianten zu erfinden, gewann Morphy daher gegen den statischen Stil der Positions- wie der Kombinationsspieler und präludierte in seiner Praxis die Moderne der nächsten Jahrzehnte.

Nach seinem Wettkampfsieg gegen Adolf Anderssen 1866 galt der in Prag geborene Wilhelm Steinitz (1836 – 1900) als stärkster Schachspieler der Welt. Steinitz wurde zum Schöpfer einer fundamental neuen, modernen Theorie des Schachspiels, die in ihren Grundzügen heute noch gültig ist und die eine kopernikanische Wende in der Schachtheorie erzeugte. Das atemlose Staunen über die Genialität eines Spielers wich vollständig der Betrachtung der Strukturen seines Spiels. Die Grundbegriffe von Steinitzs System wie die „Stabilität und Flexibilität von Bauernstrukturen", „positionelles Gleichgewicht" oder „Akkumulation minimaler Vorteile" sind heute selbstverständlich. Zunächst spielte Steinitz jedoch das Spiel seiner Zeit: In taktisch brillanten Partien schlug er in London nacheinander Blackburn, Anderssen und Bird und belegte in Turnieren vordere Plätze. Der Stil des frühen Steinitz ist geprägt von scharfen Gambitvarianten und riskanten Mattangriffen, wie es dem Zeitgeist und seinem ästhe-
79 tischen Ideal entsprach.[255]

Das Wiener Turnier 1873 brachte eine radikale Wendung: Steinitz gewann das Turnier (und dabei 16 Partien in Folge) in einem scheinbar zaghaften, positionellen Stil, der jedes Risiko zu vermeiden schien.[256] Im Gegensatz zu den offenen Partien seiner Jugend bevorzugte Steinitz nun geschlossene Stellungen. Doch tiefer als jeder andere vor ihm hatte sich Steinitz mit der positionellen Theorie des Schachspiels befaßt und allgemeine Grundsätze zur Strategie vorformuliert, nach denen er seine Partien gestaltete.

Zu Beginn steht nach Steinitz jede Partie in einem dynamischen Gleichgewicht, bei korrektem Spiel beider Parteien ist das logische Ergebis ein Remis. Jeder Gewinn ist daher nicht das Resultat eines genialen Zuges, sondern bloß die Konsequenz zumindest eines positionellen Fehlers des Gegners. Solange das Gleichgewicht in einer Partie aufrecht ist, kann ein plötzlicher Angriff gegen eine korrekt geführte Verteidigung nicht
82, 83, 86–89 erfolgreich sein. Im Gegenteil vermag der Verteidigende, den Angreifer zu zwingen, seine Figuren umzugruppieren und positionelle Zugeständnisse zu machen, sodaß er

strategisch in Vorteil kommt und die Partie gewinnen wird. Die Kunst der Gewinnführung liegt daher nicht im Angriff, sondern in einer systematischen Störung des positionellen Gleichgewichtes der Stellung. Sie wird erreicht, indem minimale Vorteile akkumuliert werden. Von entscheidender Bedeutung ist die Akkumulation der Vorteile durch ein Spiel auf beiden Flügeln des Schachbrettes, durch die Kontrolle des Zentrums und die weitblickende Beachtung der Bauernformation und ihrer potentiellen Schwächen. „Heute", schreibt Steinitz 1885 in einer Stilanalyse seiner Zeit, „bildet der direkte Angriff auf den Königsflügel die Ausnahme, während er früher die Regel war. Allgemein wird der Angriff nun hauptsächlich im Zentrum oder am Damenflügel geführt. (...) Der rückhaltlose Angriff auf dem Königsflügel wurde durch strategisches Manövrieren, Vorstöße und Gegenvorstöße ersetzt, um kleine Vorteile zu erreichen und sie zu akkumulieren."[257]

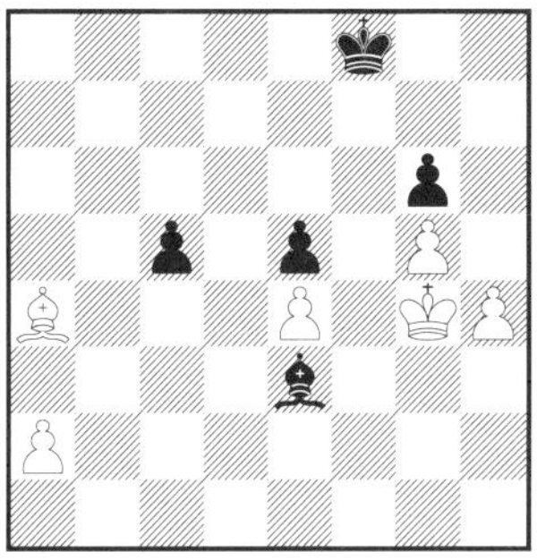

48. ♗a4–b3 ♗e3–d2

Das System des späten Steinitz löst somit die klassischen Kategorien von Verteidigung und Angriff zugunsten einer strukturellen Auffassung des Raumes und seiner Beherrschung auf. Eine neue Ästhetik der Langsamkeit war die Folge. Als höchstes Stilideal erscheint in ihr nicht mehr die mutige, aber mutwillige Opferkombination oder der „schneidige" Angriff, sondern die nachhaltige Bewertung der Stellungsstruktur oder sogar die Verteidigung. Die Theoreme von Steinitz wurden zunächst nicht verstanden. Seine langsamen Manöver wirkten auf die kontemporäre Kritik fremd, ja langatmig, doch im Gegensatz zur Ästhetik, in der man durch die Subjektivierung des ästhetischen Erlebens im 18. Jahrhundert bekanntlich über Geschmack nicht streiten kann, orientiert sich der Fortschritt im Schachspiel am objektiven Ergebnis: Der Erfolg von Steinitz in den nächsten Jahren gab dem neuen Stil recht, sodaß die wichtigsten Meister seiner Zeit seinen Stil übernahmen und seine Theoreme modifizierten und zuspitzten.[258] Der Fortschritt in der Schachtheorie bestand nach Steinitz nun nicht mehr in der positivistischen Verlängerung der Eröffnungslisten, sondern in der Suche nach strukturellen Gesetzen des Spiels.

Rubinsteins Läufer kehrt nach b3 zurück: 48. ♗a4–b3. Sein Manövrieren war scheinbar ein Zeitverlust, doch die Position hat sich leise verändert: Der schwarze Bauer auf c5 blockiert nicht nur die Diagonale des Läufers, sondern auch den eigenen König, der nach Klärung der Situation am Königsflügel über e7, d6 und c5 in die weiße Stellung einbrechen könnte. Vorsorglich blockiert Grünfeld das Feld a5 mit seinem Läufer. Sein Zug ist 48. ... ♗e3–d2.

37

Emanuel Lasker (1868 – 1941), der Nachfolger von Steinitz am Weltmeisterschaftsthron ab 1894, entwickelte aus den allgemeinen Gesetzen von Steinitz einen eigenwilligen, individuellen Stil des psychologischen Kampfes.[259] Prima vista scheint in Laskers Werk die Kunst der Verteidigung, die er von Steinitz übernahm, im Mittelpunkt zu stehen. In vielen seiner Gewinnpartien spielte Lasker auch als Weltmeister die Eröffnung belanglos, ja fehlerhaft und verlor häufig in einer frühen Phase der Partie die Initiative. 90, 94, 95, 99 Laskers Defensivspiel war jedoch ein subtiles, äußerst aggressives Spiel auf Gewinn. Getreu der These, daß Angriffe ohne positionelle Basis zu Schwächen in der Stellung des Angreifenden führen müssen, verleitete Lasker die Romantiker dazu anzugreifen und so die eigene Position zu desavouieren. Durch seine technische Souveränität und durch den Schock, den der gescheiterte Angriff beim Gegner auslöste, gewann Lasker danach häufig im Conter.

Lasker ergänzte das System von Steinitz somit um das kommunikative Element: Der Kampf am Schachbrett ist nicht monologisch, sondern ein Dialog zwischen zwei Spielern mit einer je eigenen Lebensgeschichte. Laskers Spiel ist im wesentlichen ein Spiel des *Common Sense*, so der Titel seines 1917 in New York erschienen Lehrbuches.[260] Der „objektiv beste Zug", wenn es ihn denn überhaupt gab, ist für die aktuelle Verwendung des Zuges nicht unbedingt wesentlich. Bezeichnend ist die Anekdote, die über eine Analyse Laskers nach einer Partie erzählt wird. Von Schülern befragt, ob ein bestimmter Springerzug gut oder schlecht ist, antwortete Lasker: „Gegen Tarrasch ist er hervorragend, gegen Janowski ein schwerer Fehler." Laskers Relativismus ist nicht unwissenschaftlich, jedoch ein Produkt des Instrumentalismus seiner Zeit. Die Recherche nach der unterschiedlichen Verwendungsweise eines Zuges in einer konkreten Situation wird tendenziell über die Suche nach einer nichtsituativen Wahrheit gestellt.

Gegenüber dem Relativismus Laskers mutet das Spiel von Siegbert Tarrasch (1862 – 1934) dogmatisch an. In seinen Lehrbüchern – *Dreihundert Schachpartien* (1895) und *Die moderne Schachpartie* (1912) – versuchte Tarrasch, die anspruchsvollen Theoreme von Steinitz zu vereinfachen und zu didaktisieren. Die Anwendung einiger strategischer Konventionen – Besetzung des Zentrums, rasche Figurenentwicklung, harmonischer Aufbau, Besitz des Läuferpaares etc. – führt bei Tarrasch mechanisch zum Gewinn der Partie.

Tarrasch ergänzte das System von Steinitz jedoch um einen weiteren wichtigen Gedanken: den der Mobilität. Durch die Transformationsmöglichkeit von Zeit in Raum und Raum in Zeit kann der strategische Vorteil, den ein Spieler erlangt, nach Tarrasch nur zeitlich beschränkt sein. Mobilität ist die Aufhebung der starren Kategorien von Zeit und Raum in die Kategorie der Beweglichkeit und Wirksamkeit: Ein momentaner positioneller Nachteil kann durch die Erhöhung der Mobilität anderer Figuren kompensiert werden.

Das Problem der Mobilität entzündete sich an der sogenannten „Tarrasch-Variante" im Damengambit und wurde in hunderten Partien diskutiert. In der Tarrasch-Variante wird durch Abtäusche ein Bauer im Zentrum isoliert, was in der Betrachtung von Steinitz einen entscheidenden positionellen Nachteil meint, da er durch seine Isolation leicht angegriffen und von anderen Bauern nicht gedeckt werden kann. Für Steinitz ist die Stellung mit dem isolierten Bauern in letzter Konsequenz verloren, da der Bauer im Endspiel erobert werden kann. „Vor dem Endspiel aber", schreibt Tarrasch 98 ironisch, „hat Gott das Mittelspiel gesetzt." Die Schwäche des statischen Raumkonzeptes sind jedoch, versuchte Tarrasch nachzuweisen, die Idealisierungen, die es von der Dynamik der Position zugunsten einer Analyse seiner Tiefenstruktur vornehmen muß. Der Gewinn wird nicht durch Akkumulation (Addition) von minimalen Vorteilen erzielt, sondern durch Transformationen von Statik in Dynamik. In Tarraschs Konzept wird deshalb der statische Mangel in der Architektur der Stellung, der sich erst im Endspiel zeigt, durch die erhöhte Mobilität der Figuren im Mittelspiel kompensiert. Der isolierte Bauer ist keine Schwäche, sondern eine Stärke, wenn man den richtigen Zeitpunkt der Transformation erkennt, in der die Dialektik von Raumgewinn in Zeitgewinn in Gang gesetzt wird.

49. ♗b3–c4 ♔f8–g7
50. a2–a4 ♔g7–f8

Fast zeitgleich gehen die Partien von Savielly Tartakower gegen Friedrich Sämisch[261] (Remis) und Albert Becker[262] gegen Max Euwe[263] zu Ende. Professor Becker siegte nach einigen Manierismen des jungen Holländers. Rubinsteins 49. Zug ist ♗b3–c4. Der Läufer kehrt auf das Feld, das er im 19. Zug erreicht hatte, zurück und blockiert den schwarzen c-Bauern. Grünfeld wartet ab. Sein Zug ist 49. ... ♔f8–g7. Erst jetzt aktiviert Rubinstein seinen einzigen Freibauern: 50. a2–a4. Nochmals ein Wartezug des Schwarzen: 50. ... ♔g7–f8, denn das Feld a5 ist vom Läufer beherrscht. Es ist nicht zu sehen, wie Weiß die Stellung erfolgreich öffnen könnte, um seinen Vorteil trotz der ungleichfarbigen Läufer zu realisieren.

38

Für die jungen radikalen Meister der 20er Jahre – Richard Réti, Gyula Breyer und vor allem Aaron Nimzowitsch – war die Schule Tarraschs eine Trivialisierung der Gedanken Steinitzens: nichts als mechanisches Schulschach aufgrund zweifelhafter Theoreme und überkommener Konventionen.

Die sogenannte „Hypermoderne Schule" ist der Einbruch der Avantgarde in die Schachgeschichte. Innerhalb weniger Jahre wurden die Theoreme der klassischen Moderne über den Haufen geworfen. Im Nachwort zu den *Neuen Ideen im Schachspiel* verglich Richard Réti 1922 die Hypermoderne mit dem Expressionismus: „Die Kulturgeschichte lehrt uns, daß fruchtbare neue Ideen meist in gleichem Zeitraum auf allen möglichen Kulturgebieten Eingang finden. In der Kunst stehen wir heute beim Expressionismus. (...) Die neuen Ideen im Schach haben mit dem Expressionismus manche Ähnlichkeit. Unser Ideal ist nicht mehr das, was man ‚gesundes Spiel', ‚naturgemäße Entwicklung' nannte – naturgemäß im wörtlichsten Sinne, denn diese ältere Art der Entwicklung war der Entwicklung, wie wir sie in der Natur sehen, direkt abgelauscht; wir glauben, daß in der Ausführung menschlicher Ideen tiefere Möglichkeiten verborgen liegen als in den Werken der Natur, oder richtiger gesagt, daß – wenigstens für uns Menschen – der menschliche Geist das Höchste darstellt, was die Natur geschaffen hat. Und daher wollen wir nicht die Natur nachahmen, sondern wir wollen unseren eigenen Ideen Wirklichkeit geben. (...) Die Künstler, die allem Spott und allen Anfeindungen derer, die zwar vor dem Forum des Geistes wenig zählen, aber leider die große Überzahl bilden, zum Trotz, statt Nachbildner der Natur zu sein, ihre eigenen Ideen zur Wirklichkeit machen, mögen in Stunden des Zweifels, von denen kein schöpferischer

Mensch frei ist, wissen und daraus Hoffnung schöpfen, daß auf dem engen Gebiete des Schachs diese neuen Ideen im Kampf mit den alten siegreich sind."[264]

Die Moderne Laskers und Tarraschs war zu diesem Zeitpunkt das herrschende Paradigma und wurde nun selbst zum Gegenstand der Kritik. Mit der Hypermoderne tritt die moderne Theorie wie die Kunst durch den frühen Kubismus und Dada in das Stadium einer radikalen Selbstreflexion ein. Tatsächlich waren die Programme und Partien der Hypermodernen von ähnlicher Radikalität wie die Manifeste der Dadaisten. So betrachtete Breyer in einem Aufsatz die Ausgangsstellung (!) unter dem lakonischen
100 Titel *Eine komplizierte Stellung* und versuchte nachzuweisen, daß Weiß nach dem Zug e2–e4 „in den letzten Zügen liegt". Ebenso trachtete Aaron Nimzowitsch mit seinen Analysen zur Caro-Kann-Verteidigung danach, den ersten Zug von Weiß mit dem Königsbauern durch die asymmetrische Antwort (c7–c6) als „verfrüht" zu widerlegen. Auf 1. e2–e4 mit c7–c6 zu antworten war in den kakanischen und wilhelminischen Turniersälen ähnlich provokant, wie ein Theaterstück mit Merdre zu beginnen: Eine Ohrfeige für den guten Geschmack.

Während sich die ältere Garde der Großmeister in den Elfenbeinturm von Einladungsturnieren zurückzog und nur selten – dann allerdings Gift und Galle spuckend – auf diese Anwürfe reagierte, waren die Aufsätze der Hypermodernen wegweisend für die junge Generation und für eine neue Auffassung des Schach. Norman Mailer hat später Muhammed Alis Taktik gegen George Foreman mit dem neuen Stil der Hypermodernen im Schach verglichen[265], doch während Ali gewann, wurden die Revolutionäre mit ihrer neuen Spielweise zunächst von den erfahrenen Großmeistern der klassischen Moderne zu Boden geworfen, und es dauerte Jahre, bis sich der neue Stil durchsetzte.

Den Hypermodernen im Schach ging es zunächst nicht um neue Stilregeln, sondern um die Darstellung der Ausnahmen. Die Theorien der Väter der Moderne mochten vielleicht stimmen, doch sie beschrieben – wie die Gravitationstheorie Newtons – nur Spezialfälle einer um vieles komplexeren Wirklichkeit. In einer scharfen Replik auf den damaligen Weltmeister Emanuel Lasker formulierte der junge Richard Réti: „Dieses Suchen des Allgemeinen, diese Geringschätzung der Einzelheiten ist wohl philosophisch gedacht, aber sicherlich nicht künstlerisch gefühlt. Und hier liegt auch der deutlich ausgesprochene Unterschied gegen die Neuerer. Ihn interessierte das allgemeine Gesetz, uns Jüngere interessierte die Ausnahme, die Durchbrechung der Regel."[266] Für die Hypermoderne und Nimzowitsch galt, was für Dada galt: Das einzige Gesetz, das interessierte, war das Gesetz der Ausnahme. Systematisch wurden deshalb Eröffnungen und Strategien analysiert, welche von Steinitz, Lasker oder Tarrasch aus „allgemeinen Gründen" abgelehnt wurden, um zu beweisen, daß diese „allgemeinen Gründe" den rationalen Prinzipien einer vorbildlosen, traditionsungebundenen Moderne zuwiderlaufen.

Die Revolution löste Nimzowitsch aus. Zunächst indem er 1911 Siegbert Tarrasch mit einer hypermodernen Eröffnung, der kakophonischen Hanham-Variante in der Französischen Verteidigung, besiegte, was allein schon eine schlimme Demütigung war. Damit nicht genug, veröffentlichte Nimzowitsch 1912 eine Artikelserie mit dem provokanten Titel: *Entspricht Dr. Tarraschs „Die moderne Schachpartie" wirklich moderner Auffassung?*[267] In weniger als einem Jahr hatte Nimzowitsch die gesamte herrschende Schachtheorie in der Person ihres Präceptors zum Duell gefordert: „Dr. Tarrasch (...) ist von einer unerbittlichen Geradlinigkeit, ich sage nicht Konsequenz, denn das wäre nicht das Gleiche (Geradlinigkeit: das ist Scheinkonsequenz; wenn man will, Konsequenz fürs Auge statt für den forschenden Geist). Aber das Spiel ist jetzt ungleich komplizierter, die Auffassung hat sich vertieft! Neue Ideen suchen sich Geltung zu verschaffen."[268]

Nimzowitschs Manifest richtete sich vor allem gegen das „unglaubliche Faible der pseudoklassischen Schule für dekorative Wirkung", gegen die Bezeichnungen „häßlich", „ungesund" oder „geschmackvoll" in der Schachtheorie.[269] Unschwer ist in der Polemik Nimzowitschs gegen den „Dekor" und die „Konsequenz fürs Auge", gegen Geschmack und den konservativen Dogmatismus ihre Entsprechung in der Kritik der Avantgarden an der „geistlosen Netzhautmalerei des Impressionismus" (Marcel Duchamp) und am bürgerlichen Geschmack als ästhetische Kategorie zu erkennen.[270]

Zum Zeitpunkt der ersten Aufsätze der Hypermodernen war Nimzowitsch noch keineswegs als Großmeister ausgewiesen, und sein Kampf „gegen die Philister" isolierte Nimzowitsch in der Turnierszene. Er galt als begabt, jedoch als bizarr. Jede einzelne Partie war ein Kampf ums Prinzipielle, und es sollte bis zum Karlsbader Turnier 1929 dauern, bis er durch den Gewinn des ersten Preises die Gültigkeit seiner Theorien unter Beweis stellen konnte.

1912 beschreibt Emanuel Lasker, kein Freund der Neuerer, den jungen Meister: „Zwei Charakterzüge treten bei ihm hervor, er ist listenreich und ein wenig absonderlich. Er wird höher klimmen, aber die Spitze zu erreichen, wird ihm wohl nicht gelingen; denn der Typ des Odysseus erringt im Schach zwar große Erfolge, doch nicht den großen Stil."[271] Gerade um die Abschaffung des großen Stils ging es jedoch.

Die Theorie, stellte Nimzowitsch fest, das ist im Schachspiel immer die Praxis der anderen Meister. Und ihr Wahrheitsgehalt ist historisch nur von beschränkter Haltbarkeit. So wurde die „Unsterbliche Partie", gespielt von Anderssen gegen Kieseritzky 70
in London 1851 und Höhepunkt der romantischen Ästhetik, einer hämischen Kritik unterzogen. „So schlecht würde heute kein Kaffeehausmeister mehr spielen. Aber das war der Stil der damaligen Zeit", kommentierte Réti das große Juwel der Schachgeschichte lakonisch.[272] Rétis Partiekommentar liest sich fast wie ein Beleg für die These Marcel Duchamps, daß jedes Kunstwerk nach einiger Zeit seine Aura verliert. Was für die Kunst gilt, gilt hier auch für das Schachspiel.

Die „Modernität" der Hypermodernen im Schach ist daher nicht als wissenschaftliche Moderne, als Moderne des absoluten Fortschritts und des positiven Wissens zu verstehen, wie sie als szientistisches Konzept den Werken von Philidor bis Tarrasch unterlegt ist. Die Experimente Rétis, Nimzowitschs und Breyers sind „modern" in jener ästhetischen Kernbedeutung, wie sie Charles Baudelaire verwendet. Die Moderne ist für Baudelaire ein ästhetisches Genießen der Gegenwart, des Augenblicks, den der Künstler als einer, der aus dem Alltag ausschert, für sich in Anspruch nimmt. Das moderne Kunstwerk befindet sich an der Schnittstelle von Aktualität und Ewigkeit: „Die Modernität ist das Vorübergehende, das Entschwindende, das Zufällige, ist die Hälfte der Kunst, deren andere Hälfte das Ewige und Unabänderliche ist."[273]

Modern ist ein Kunstwerk durch seine Aktualität. Es vermittelt sowohl Zeitgebundenheit als auch Ewigkeit. Dadurch ist seine Wahrheit einerseits immer ephemer, das Aktuelle ist aber andererseits authentisch und nicht trivial: „Das Schöne", schreibt

Baudelaire in *Le paintre de la vie moderne* ganz im Sinne Rétis, „wird aus einem ewigen, unveränderlichen Element gebildet (...) und aus einem relativen, bedingten Element (...), das von einem Zeitabschnitt, der Mode, dem geistigen Leben, der Leidenschaft dargestellt wird. Ohne dieses zweite Element, als welches gleichsam der amüsante, glänzende Überguß ist, der den göttlichen Kuchen verdaulich macht, wäre das erste Element für die menschliche Natur unzuträglich."[274]

Modernität ist „Jetztzeit" (Walter Benjamin), ihre Kunstwerke erschöpfen sich im authentischen Erleben des Augenblicks. Aber gerade im radikalen Erleben des Moments vermag der moderne Künstler, die Normalität der Gegenwart zu überwinden, indem er eingeschliffene Wahrnehmungsweisen durchbricht, sie deautomatisiert und damit die im Alltag verborgene Schönheit decouvriert. Die Hypermoderne war deshalb wie die Avantgarde ein Projekt der Negation eingeschliffener Wahrnehmungsweisen.

100, 104–109 Neben aller Provokation ging es der hypermodernen Avantgarde jedoch auch um die Durchsetzung einer neuen Auffassung von Raum, in dessen Mittelpunkt eine funktionale Auffassung des Zentrums steht und aus der eine neue Ästhetik resultiert. Nimzowitsch stimmte mit Tarrasch überein, daß das Beherrschen der Zentralfelder entscheidend für das Erlangen einer überlegenen Position ist. Doch Tarrasch setzte das Beherrschen gleich mit der Besetzung des Zentrums durch Figuren und Bauern. In der Perspektive Nimzowitschs war dies eine Scheinkonsequenz aus der Lehre von Steinitz. Das Zentrum beherrschen heißt für Nimzowitsch, eben nicht das Zentrum zu besetzen, sondern Wirkung durch den Druck der Figuren *auf* das Zentrum auszuüben.

Diese funktionelle Auffassung ergibt völlig neue strategische Pläne in der Eröffnung: Die Zentrumsbauern werden zurückgehalten, die Springer oft nur eingeschränkt entwickelt und die Läufer über die Flanken fianchettiert, um Druck auf die gegnerischen Zentralfelder auszuüben. Die Beherrschung des Zentrums erfolgt funktionell – nicht durch das Setzen der Figuren *ins* Zentrum, sondern durch die ideelle Wirkungsweise der Figuren *auf* das Zentrum. Tarraschs Dogmatismus schlägt ins Gegenteil um: Jede Figur, die das Zentrum besetzt, „verliert die Beherrschung", denn sie kann zum Angriffsobjekt für die Wirkung der gegnerischen Figuren werden.

Damit erreicht die hypermoderne Partie eine neue, skandalöse Ästhetik. Nicht mehr das plötzliche Opfer nach rascher Figurenentwicklung ist das höchste Stilideal, sondern Elastizität und die nachhaltige Hemmung des Gegners.[275] Nicht mehr die (wie auch immer banale) Mattkombination gilt als schön, sondern die ruhige Entfaltung von verborgenen Wirkungen und Gegenwirkungen und die Durchsetzung einer topographischen Idee auf dem Schachbrett. In vielem kehrte die Hypermoderne daher zu Steinitzens klarer und reiner Raumtheorie zurück. In vielen Partien trat Nimzowitsch daher gegen das Mobilitätskonzept Tarraschs an und versuchte, die Tarraschvariante durch sein Konzept der Blockade zu widerlegen. In den 20er Jahren hat Savielly Tartakower versucht, die Revolution der Hypermodernen zur Schule zu machen. Sein Buch *Die hypermoderne Schachpartie* (1925) faßt die schwierigen, positionellen Leitsätze von Nimzowitschs System in der dadaistischen Losung „Credo quia absurdum" zusammen: Die Hypermoderne sei die pure Antilogik im Schach.

Gegen Tartakowers Schachdada blieb Nimzowitsch jedoch skeptisch. Am Ende von *Mein System* heißt es in Abgrenzung zu Tartakower: „Tartakowers interessanter Versuch, eine neue schachrevolutionäre Idee zu schaffen, muß als gescheitert betrachtet werden. (...) Wir Modernen sind an die Gesetze der Logik ebenso gebunden wie die Nichtmodernen, nur daß wir eben eine Verinnerlichung der toten Dogmen, eine Belebung derselben anstrebten."[276] Nimzowitsch sah sein Werk als Teil der Moderne von Steinitz, nicht als ihre Widerlegung im Zeichen einer Antilogik. Die Wahrheit war zwar nur noch eine des künstlerisch erlebten Augenblicks, aber an ihre Existenz mußte man glauben.

In der Abfolge der Stilperioden war die Revolution der Hypermoderne der letzte Versuch einer künstlerischen Avantgarde und des Kampfes um ein im Schachspiel verborgenes Prinzip. Der Stil der Großmeister der Gegenwart ist pragmatisch und eklektizistisch, im Grunde hat der Relativismus Laskers gesiegt. Ein Zustand wie in der Kunst der 80er Jahre, die mit dem Begriff „Postmoderne" etikettiert wird, wurde auch im Schachspiel erreicht: Je nach Gelegenheit und Gegner bedient man sich eines der historischen Prinzipien. Ein Kasparow spielt heute, wenn es nützt, manchmal wie Tarrasch, manchmal wie Nimzowitsch, mit dem Unterschied freilich, daß die Meister der Gegenwart durch die Fortschritte der Theorie ungleich mehr über das Schachspiel wissen. Doch die Frage nach dem Stil und der Schule ist wie in der Kunst historisch geworden: Der Kampf um die Gültigkeit von Prinzipien ist in der heutigen Turnierpraxis dem Wettstreit um den größeren Fundus an Zitaten gewichen.[277]

51. ♔g4–f3 ♔f8–e7
52. ♔f3–e2 ♗d2–a5

Der 51. Zug von Weiß ist ♔g4–f3. Der König Rubinsteins begibt sich auf eine lange Reise zum Damenflügel und verläßt seine Bauern. Sie anzugreifen wäre ein Fehler. Falls der schwarze Läufer versucht, über e1 den Bauern auf h4 zu gewinnen, überschreitet der weiße Bauer auf der a-Linie das Feld a5 und geht in die Dame. Rubinsteins subtiles Blockademanöver vom 47. bis zum 49. Zug – die Verstellung des Feldes c5 – wird nun verständlich. Auch Grünfeld zentralisiert den König. Sein 51. Zug ist ♔f8–e7. Die Folge ist klar. Rubinstein zieht 52. ♔f3–e2. Grünfelds Läufer zieht sich auf a5 zurück (52. ... ♗d2–a5).

39

1919 übersiedelte die Familie Rubinstein von Szczusczyn nach Göteborg. Gemeinsam mit Richard Réti und Rudolf Spielmann redigierte Rubinstein die vierte Auflage des Lehrbuches der Brüder Collijn.[278] Mit über 400 Seiten war das schwedische *Lärobok* eine der wichtigsten eröffnungstheoretischen Werke der 20er Jahre. Erstmals kommentierte Rubinstein Partien und veröffentlichte seine im Geheimen von 1903 an erstellten Analysen. Savielly Tartakower vermutete bereits 1924, daß viele Niederlagen Rubinsteins auf das Konto dieser Veröffentlichung gingen: „Vielleicht ist Rubinstein um seine Simonshaare teilweise auch dadurch gekommen, daß er viele seiner theoretischen Geheimnisse im Collijnschen Lehrbuch preisgab und dann noch den Mut hatte, die dort niedergelegten Varianten gegen die sozusagen von ihm selbst eingepaukten Gegner praktisch anzuwenden."[279] Die Mehrzahl der Großmeister analysiert und kommentiert

Partien und Eröffnungsvarianten, doch erfolgen Kommentar und Analyse gleichsam augenzwinkernd: Die veröffentlichten Varianten bleiben entweder unvollständig, sodaß Pointen für besondere Gelegenheiten aufbewahrt werden, mitunter werden bewußt Fehler eingebaut, oder die korrekt analysierte Variante wird aus dem eigenen Repertoire gestrichen. Anders Rubinstein, dem es nicht um den Sieg, sondern um Erkenntnis ging. War seine Variante korrekt, so mußte sie ihre Wahrheit auch in der Praxis unabhängig vom Wissensstand des Gegners beweisen: Sie konnte, ja mußte deshalb preisgegeben werden. Daß die Analyse in den Händen des Gegners eine gefährliche Waffe darstellt, ihm einen Vorsprung in der Vorbereitung gewährt, der am Brett bei tickender Uhr kaum aufgeholt werden kann, kam Rubinstein offenbar nicht in den Sinn. Die Veröffentlichung seiner Vorbereitungen war daher naiv und arrogant zugleich. Sie verrät eine Überheblichkeit, die zwar wissenschaftlich gedacht, die im Spiel jedoch verhängnisvoll war.

Im Dezember 1919 erreichte Rubinstein beim Vierkampf mit Spielmann, Bogoljubow und Réti in Stockholm nur noch die Hälfte der möglichen Punkte. Spielmann gewann überlegen. Im ersten internationalen Meisterturnier nach Kriegsende in Göteborg 1920 war Rubinstein wieder besser disponiert. Das Turnier wurde der große Triumph Rétis, doch gelang es Rubinstein, den zweiten Platz zu belegen – noch vor Bogoljubow, Kostic, Mieses, Tartakower und Tarrasch. Rubinstein verlor zwar zwei
34 Partien, doch in der 7. Runde spielte er gegen den Turniergewinner sein Spiel: Systematisch beschränkte er die Wirkungskraft des Springers Rétis, reduzierte das Material, bis die strategische Grundidee wirksam werden konnte. Das Bauernendspiel war elementar gewonnen.

Doch es wurde zu diesem Zeitpunkt für Rubinstein schwierig, nach außen das psychische Gleichgewicht zu halten und Niederlagen zu verkraften. Beim Turnier in Den Haag 1921 wurde Rubinstein Dritter hinter Aljechin und Tartakower. Rubinstein gewann zwar einige Partien – unter anderem gegen den jungen Max Euwe –, verlor jedoch gegen die beiden Erstplazierten. E. Straat erinnert sich an die Begegnung mit Rubinstein nach dem Turnier in Amsterdam. Man kam auf das Turnier und auf die Niederlage gegen Aljechin zu sprechen, was einen Zusammenbruch Rubinsteins zur Folge hatte. Mit lauter tragischer Stimme, so Straat, schrie Rubinstein mitten auf der Amsterdamer Leidenstraße: „Aber ich bin der größte Stratege, ich bin der größte Stratege der Welt!" und schlug sich dabei heftig auf die Brust.[280]

Immer häufiger erschienen nun Berichte mit Andeutungen über Rubinsteins Melancholie, sein Schweigen, die Verzweiflung und das Gefühl, gescheitert und überflüssig zu sein. Anekdoten wie die, welche Straat erzählt, verdichteten sich durch ihre schiere Menge, schaukelten sich gegenseitig von der veröffentlichten zur öffentlichen Meinung hoch, und bald hatte jeder eine Geschichte über Rubinsteins Besonderheiten zu erzählen. Die Erzählungen wurden rasch zu Befunden, die Psychoanalyse wurde bemüht, denn sein Zweifel und seine Verzweiflung blieben unverständlich. Im Blick der Öffentlichkeit galt Rubinstein nach wie vor als einer der glänzendsten Meister, als der, der 1912 alle Turniere gewonnen hatte, und als potentieller Kandidat für eine Weltmeisterschaft. Die Einschätzung Rubinsteins über seine Zukunft und seine Reaktion war dagegen – gemessen am Ziel, das er vor Augen gehabt hatte – realistisch und eben dadurch ein öffentliches Ärgernis.

1921 war die Ära Capablancas angebrochen. Noch im Jahr zuvor hatte Rubinstein um seine Chance für die Weltmeisterschaft gekämpft. Während der Verhandlungen über ein Match Capablanca gegen Lasker in Havanna pochte Rubinstein auf sein Vorrecht, gegen Lasker anzutreten und verwies auf die vor 1914 abgeschlossene Vereinbarung. In Erkenntnis der Unmöglichkeit, selbst einen Preisfonds zu organisieren, schlug Rubinstein schließlich einen Dreikampf über je 15 Partien zwischen Capablanca, Lasker und ihm vor, der über den Titel entscheiden sollte. Havanna hatte freilich kein Interesse an einem Dreikampf, Rubinstein war aus dem Spiel. Im April und Mai 1921 eroberte Capablanca im Wettkampf den Weltmeisterschaftstitel von Lasker. Nach 14 Partien hatte Lasker ohne einen einzigen Sieg vier Niederlagen erlitten und gab den Wettkampf verloren. Der Plan einer Weltmeisterschaft gegen Lasker war nun definitiv passé. Wohl erklärte sich Capablanca zu einem Wettkampf mit Rubinstein bereit, aber das Einverständnis des neuen Weltmeisters hatte eher symbolischen Charakter: Für Rubinstein war es ausgeschlossen, die notwendigen finanziellen Mittel für eine Herausforderung des Kubaners aufzubringen.

1920 war Rubinstein von Göteborg für kurze Zeit nach Szczusczyn, dem Heimatdorf seiner Frau, zurückgekehrt. Zwei Jahre danach verlegte er den Wohnsitz der Familie nach Deutschland. Vom wenigen, aus der Vorkriegszeit erhaltenen Kapital wurde in Rehbrücke, einer Siedlung in der Nähe von Potsdam, ein kleines Haus gekauft. Die Brinkmannstraße Nr. 6 blieb bis 1926 das Refugium der Familie: ein großer Garten mit altem Baumbestand, ein eigenes Arbeitszimmer für Rubinstein. Die Familie versorgte sich mit Lebensmitteln weitgehend selbst, Rubinsteins Sohn Jonas besuchte die Volksschule in Deutschland. Mit seinem Sohn sprach Rubinstein ausschließlich deutsch, mit seiner Frau russisch. Bis 1926 konnte die Familie trotz der Wirtschaftskrise von den Einkünften Rubinsteins existieren, danach wurde die finanzielle Lage immer schwieriger.

Beim Londoner Turnier 1922 siegte der neue Weltmeister Capablanca vor der gesamten Weltelite überlegen mit 13 Punkten aus 15 Partien. Hinter Aljechin und Vidmar belegte Rubinstein den vierten Rang. Im darauffolgenden Turnier scheiterte Rubinstein in der letzten Runde. Nach einem groben Fehler mußte er gegen Boris Kostic aufgeben. Réti und Spielmann zogen an ihm vorbei, doch es gelangen Rubinstein wieder einige Meisterwerke: Gegen Tarrasch opferte Rubinstein nach exakter positioneller Vorarbeit die Dame, um das Endspiel mit Mehrbauern zu realisieren. Seine Partie gegen Johner gewann Rubinstein im Mattangriff mit einer präzisen Kombination, und gegen Heinrich Wolf verschaffte sich Rubinstein durch zwei Bauernopfer im Endspiel den entscheidenden Angriff.

Nach einem kleineren Doppelrundenturnier in Hastings mit sechs Teilnehmern (Rubinstein belegte den zweiten Rang, aber wieder hinter Aljechin) brachte das Turnier 1922 in Wien noch einmal einen großen strahlenden Höhepunkt. Ungeschlagen
gewann Rubinstein das Turnier mit 11,5 Punkten vor Tartakower, Wolf, Aljechin und 37
Maróczy. Gegen Aljechin gewann Rubinstein in 26 Zügen, die Revanche für die Niederlage in London und vor allem in St. Petersburg 1914.

1923 war ein Unglücksjahr. Beim dritten Karlsbader Turnier bleibt Rubinstein unplaziert, er verlor nicht weniger als sechsmal und gewann nur vier Partien. Ohne Preis bleibt er auch in Mährisch-Ostrau, im Feld von 14 Teilnehmern wurde er nur Zehnter. Das Turnier gewann hingegen der 56jährige Exweltmeister Lasker. Schlimmer

53. ♔e2–d1 ♗a5–b4
54. ♗c4–e2 ♔e7–d6

noch als das Resultat war der Wandel in Rubinsteins Stil: Sein Spiel wirkte zaghaft und unsicher. Viele Partien gegen schwächere Gegner endeten daher Remis.

Dennoch bringen die nächsten drei Jahre bis 1926 zumindest äußerlich wieder die alten Erfolge. Zweiter in Baden-Baden 1925, allerdings wieder weit hinter Aljechin, auch in Marienbad im selben Jahr hielt die gute Form noch an. Gemeinsam mit Nimzowitsch gewinnt Rubinstein das Turnier mit 11 Punkten trotz zweier Niederlagen. Beim Moskauer Turnier, dem Hauptereignis des Jahres 1925, versagt Rubinstein jedoch völlig. Es ist das Turnier von Efim Bogoljubow[281], der vor Lasker und Capablanca mit 1,5 Punkten Vorsprung gewinnt. Rubinstein ist der Anspannung des Turniers nicht gewachsen. Sieben Gewinne stehen acht Niederlagen entgegen, ohne Preis wird er Zwölfter.

Die Artikel der Großmeisterkollegen, die über Rubinsteins Spiel in diesen Jahren erschienen, sind allesamt Hymnen, doch sie lesen sich wie Nachrufe zu Lebzeiten. „Von einem Künstler", schreibt Réti, „dem Menschen mit dem feinst reagierenden Nervensystem, kann man nicht verlangen, daß er jederzeit Vollkommenes leiste. Deshalb darf man einen Rubinstein nicht nach dem Prozentsatz der von ihm gewonnenen Partien beurteilen, sondern nach seinen so zahlreichen großen Leistungen."[282] Und Tartakower verstieg sich zur Formulierung, daß Rubinstein das „Turmendspiel einer von den Göttern vor tausend Jahren begonnenen Schachpartie"[283] sei. Rubinstein war zu diesem Zeitpunkt 43 Jahre alt, die Phasen des wochenlangen Schweigens häuften sich.

Rubinsteins 53. Zug ist ♔e2–d1. Der König strebt dem Damenflügel zu, das Feld e2 wird für den Läufer geräumt. Grünfeld antwortet 53. ... ♗a5–b4, es gibt keine Alternative. Mit 54. ♗c4–e2 wird der Läufer von der Blockade des schwarzen c-Bauern entbunden, da sie nicht mehr notwendig ist. Von e2 aus unterstützt er den Durchbruch des Bauern auf der h-Linie. Grünfeld führt den König in das Zentrum: 54. ... ♔e7–d6. Er befindet sich nun auf dem besten Verteidigungsfeld, indem der a- und g-Bauer in seiner Reichweite sind.

40

„Ich möchte Schach spielen," schreibt Ludwig Wittgenstein, „und jemand setzt dem weißen König eine Papierkrone auf, ohne jedoch den Gebrauch der Figur zu ändern; jedoch sagt er mir, daß für ihn die Krone im Spiel Bedeutung hat, die er mit Regeln nicht ausdrücken kann. Ich sage: ‚Solange die Krone den Gebrauch der Figur nicht ändert, hat sie nicht das, was ich eine Bedeutung nenne.'"[284] Wie die Bedeutung eines Wortes ergibt sich die Bedeutung einer Schachfigur durch ihren Gebrauch im Spiel.

157 Josef Hartwigs Figurensatz für ein Schachspiel aus dem Jahr 1924, das *Bauhaus-Schach*, bildet den End- wie Kristallisationspunkt einer jahrhundertelangen Entwicklung, indem es die Regeln des Spiels direkt in Formen zu übertragen sucht. Von seinen Ursprüngen bis zur Gegenwart ist das Schachspiel Gegenstand künstlerischer Gestaltung und Imago der historischen Veränderung einer Form gewesen. Von den frühen

arabischen und persischen Spielsätzen bis zum Surrealismus entstanden unzählige Varianten von Gebrauchs- und Repräsentationsformen, die von der Zeit und vom Ort ihres Entstehens erzählen. Das Bauhaus-Schach treibt diese figurative Vielfalt durch die höchstmögliche Vereinfachung auf drei Grundformen (Dreieck, Kreis und Quadrat) an ein Ende. Hartwigs Entwurf 1924 gilt daher bis heute als Beispiel einer vollendeten Symbiose von Form und Funktion. Die Form der Figuren soll die Funktion der Figuren am Schachbrett, ihre Bewegungsart, abbilden. Der Läufer bewegt sich über die Diagonale (ein Diagonalkreuz), der Turm über die Vertikale und Horizontale (ein Würfel), die Bewegungsregeln des Spiels werden direkt und in höchster Ökonomie und Reinheit in ihre materiale Form übertragen. Auf diese Weise materialisiert das Bauhaus-Schach die ästhetische Maxime der wichtigsten Strömungen der klassischen Avantgarde: Seine Modernität orientiert sich nicht mehr an der Geschichte, das moderne Design legitimiert sich einzig in Hinblick auf seine Rationalität und die Immanenz seiner Logik, in der „die Ordnung und Verknüpfung der Ideen die selbe ist wie die Ordnung und Verknüpfung der Dinge" (Spinoza), in der „das Gesetzmäßige, Konstruktive und Funktionelle zur eindeutigen Anschauung" (Mondrian) gebracht worden ist.

Josef Hartwig leitete am Bauhaus in Weimar von 1921 bis 1925 die Stein- und Holzbildhauerwerkstatt, von 1923 bis 1924 beschäftigte er sich intensiv mit Schachfiguren. Die Figuren seines ersten experimentellen Entwurfes (1923, aus Kirschbaum **157a**
mattiert, 3 – 7 cm) bestehen aus Würfel (Bauer), kleinem Quader (Turm), stehendem Winkel (Springer), Pyramide (Läufer), Zylinder mit Kugel (Dame) und Quader mit diagonal gestelltem Würfel (König). Der Figurensatz weist noch flache Sockel auf. Im zweiten Figurensatz, der ab 1924 in Serie ging, läßt Hartwig die Sockel weg und reduziert **157b**
die streng stereometrischen Formen (Birnbaum, natur und schwarz gebeizt, 2 – 5 cm) noch weiter: Der Bauer erscheint nun als kleiner, der Turm als großer Würfel, der Springer als zwei sich überschneidende rechte Winkel, der Läufer als Diagonalkreuz, der König als großer Würfel mit einem kleinen diagonal gestellten Würfel, die Dame als Würfel mit einer Kugel als Oberteil.

Der zweite Entwurf besticht durch seine Klarheit, Einfachheit und Kohärenz. Die Bewegungsregel und die Wertigkeit der Figuren wird vollständig vom Signifikant, dem Ding, repräsentiert. „Da die Funktion der Dinge", schreibt Hartwig programmatisch, „das elementarste ihres Wesens ist, demgegenüber die äußere Form etwas Sekundäres bedeutet, so kann bei der Gestaltung des Schachspieles nur der eine Weg zum Ziele führen, je nach ihrer Gangart und ihrem Wert versinnbildlicht."[285]

Der Anspruch ist hoch, und durch die Betonung Hartwigs, daß nur „der eine Weg zum Ziele" führt, mag man bemerken: Es geht um ein Prinzip, um ein ästhetisches wie um ein politisches, das sich am Design des Schachspiels abarbeitet. Fragt man, was das Ziel des Weges ist (oder einmal war), was *Funktion* in diesem Fall meinen kann, ist man an die Formutopie des Bauhaus verwiesen. Diese ist alles andere als einheitlich, doch bei allen Unterschieden, die das expressive Pathos eines Johannes Itten (Leiter der Vorlehre am Bauhaus) von der marxistischen Analytik eines Hannes Meyer (ab 1928 Nachfolger von Walter Gropius) und beide von der strengen Bau-Kunst eines Mies van der Rohe (Direktor des Bauhaus ab 1930) trennt, so blieb doch der gemeinsame Grundgedanke der Kampf um ein Prinzip, das Streben nach einer Absolutheit, die weder Tradition noch Kompromisse duldet.

„Organische Gestaltung der Dinge aus ihrem eigenen gegenwartsgebundenen Gesetz heraus, ohne romantische Beschönigungen und Verspieltheiten", heißt es etwa bei Gropius, der den kleinsten gemeinsamen Nenner der divergenten Stömungen zusammenfaßt, „Beschränkung auf typische, jedem verständliche Grundformen und -farben. Einfachheit im Vielfachen, knappe Ausnutzung von Raum, Stoff, Zeit und Geld."[286]

Der funktionale Reduktionismus unter der Prämisse der Rationalität war im Selbstanspruch nicht Spielerei, sondern ein politisches Projekt. Nach wenigen Jahren seines Bestehens trat unter dem Einfluß von van Doesburg und De Stijl als Ideal des Bauhaus das Streben nach Funktionalität an die Stelle des Expressionismus. Die umfassende Gestaltung der Umwelt, von der Teekugel bis zum Massenwohnbau, diente dazu, „ein kristallines Sinnbild eines neuen kommenden Glaubens"[287] zu geben. Der ästhetische Fluchtpunkt in der Perspektive des Funktionellen ist die Maschine, denn – so ein anderer Lehrer am Bauhaus, László Moholny-Nagy, – „vor der Maschine ist jedermann gleich (...). Die Technologie kennt keine Tradition und kein Klassenbewußtsein". Ein „neues visuelles Wertsystem" soll geschaffen werden, um „dem harmonischen Bild, das Verfall, Betrug und Ausbeutung verdeckt hatte, ins Gesicht zu spucken".[288]

Die formale, konstruktivistische Phase des Bauhaus wurde bekanntlich durch Wassily Kandinskys Beiträge zum Katalog der Weimarer Ausstellung 1923 („Die Grundelemente der Form" und „Farbkurs und Seminar") eingeleitet. Die Grundformen Dreieck, Kreis und Quadrat bilden dieses neue Wertsystem sowohl zur Analyse einer „Vorgeschichte des Sichtbaren" (Paul Klee) als auch als Waffe einer revolutionären Avantgarde gegen Tradition und Ornament. „Alle Dinge dieser Welt", heißt es im 1. Leitsatz in *bauen*, „sind ein Produkt der Formel: Funktion mal Ökonomie."[289]

Dieses Formprinzip erfüllt das Schachspiel Josef Hartwigs in besonderer Weise: Höchste Ökonomie durch Reduktion auf die Grundformen Würfel, Schrägkreuz und Kugel, höchste Funktionalität durch Versinnbildlichung der Bewegungsarten der Figuren durch die Form. Gelänge die vollständige Transformation der Funktion in Form, so wäre sein Entwurf gültig, und zwar so lange wie die Regeln im Schachspiel bestehen.

Betrachten wir den Figurensatz Hartwigs etwas genauer, zeigt sich jedoch ein Riß in seiner Konzeption. In Hartwigs Kommentar zu seinem Schachspiel heißt es:

> „*Bauer und Turm* ziehen winkelrecht zum Brettrand:
> ausgedrückt durch den Würfel.
> Der *Springer* bewegt sich rechtwinkelig in Hakenform
> auf vier Feldern: vier Würfel, rechtwinkelig kombiniert.
> Der *Läufer* zieht diagonal zum Brettrand:
> ein Schrägkreuz, aus einem Würfel geschnitten.
> Der *König* zieht winkelrecht und diagonal:
> kleiner Würfel übereck auf einem größeren.
> Die *Dame*, die beweglichste Figur, besteht aus Zylinder und Kugel.
> Sie steht in starkem Kontrast zu König, Turm und Bauer,
> deren Form ein Würfel ist, das Symbol des Schweren und Massigen."[290]

Bis zum König ist die Formgebung der Figuren als Übersetzung ihrer Funktion motiviert und Hartwigs Text daher in sich kohärent. Damit ist auch die strenge Ingenieurs-Logik der Deskription (*das* Problem – Doppelpunkt – *die* Lösung) schlüssig: Die horizontale und vertikale Bewegung des Turmes entspricht dem großen Würfel, die geringere Wertigkeit, aber ähnliche Bewegungsform der Bauern der geringeren Kubatur des kleinen Würfels, die Bewegung des Läufers über die Diagonale dem Schrägkreuz. Sogar die erratische Bewegung des Springers und die kurzschrittige Bewegungsart des Königs sind im Konzept funktional integriert.

Hartwigs Problem beginnt mit dem Oberteil der Dame. Der beschreibende Text muß deshalb auf den Doppelpunkt verzichten, die Lösung verliert an Eineindeutigkeit. Die runde Form der Dame bildet im Text nur noch den „Kontrast" zum König. Bliebe Hartwig in seinem eigenen funktionalen Konzept, so hätte er das Schrägkreuz des Läufers auf den Würfel des Turmes setzen müssen, da die Dame die Kräfte des Läufers und des Turmes in sich vereint. Damit aber wäre nicht nur die Höhe des Königs überschritten, was der besonderen Bedeutung seiner Funktion widerspricht, sondern es wäre auch unnötig, die dritte Grundform – die Kugel – in das Design zu integrieren: Ohne den Kreis als Gegensatz zu Dreieck und Quadrat entstünde aber ein radikal reduziertes und in seiner Reduktion langweiliges Design, dessen Figuren kaum noch zu unterscheiden sind. Versuchte man das Problem zu lösen, indem man als Oberteil nur einen halben Läufer verwendet (oder das Schrägkreuz einfräst), so käme das einer eingeschränkten Läuferfunktion der Dame gleich und würde eher verwirren als die wahre Funktion im Sinne Hartwigs „versinnbildlichen".

Der Riß, den die Konzeption von Hartwigs Dame durchzieht, ist nicht zu kitten. Durch ihn bricht die Geschichte in die Utopie des „reinen Designs" und fordert ihren Tribut. So hat man in der Rezeption im runden Oberteil der Dame – der „Königin" – auch eher das Pendent zum „König" gesehen. Ihr Kubus, heißt es in einem Katalog, ist von einer Kugel „gekrönt".[291] In dieser, sich an der Geschichte der Namen der Spielfiguren orientierenden Interpretation muß man aber die Bezeichnungen der Funktionen kennen, die historisch entstanden und veränderbar sind. Es entspannt sich ein dichtes semiotisches Netz aus dem Zusammenspiel von Bezeichnung, Figuration und Regel. Es läßt sich vollständig und endgültig in *einer* Form nicht lösen, sondern nimmt die Geschichte seines Gewordenseins in sich auf.

An dieser Stelle, der Erkenntnis, daß sich die Bedeutung des Zeichens nicht aus abstrakter Logik, sondern aus dem *tatsächlichen* Gebrauch ergibt, scheitert somit der Versuch einer heiligmäßig reinen, asketischen Form, welche die Funktion jenseits der Geschichte zum Sprechen brächte. Sie scheitert in sich und zugleich an ihrem unbedingten Anspruch nach Reinheit.

Hartwigs Figuren wollten durch den selbstauferlegten Reduktionismus das Schachspiel zugunsten seiner abstrakten Funktion von der Geschichte reinigen. Sein Ringen um Klarheit und Deutlichkeit, konzipiert als paradigmatischer Befreiungsversuch der Moderne von den Gespenstern der Tradition, erweist sich jedoch als zwanghaft und seltsamerweise als vormodern: Der Weg zur Wahrheit der Form (Quadrat, Dreieck, Kreis) führt hier nur über die Askese des Künstlers, der die Vielgestaltigkeit der Welt erst vergessen muß und keinen Zugang zur Wahrheit findet, wenn er nicht zuvor die Arbeit der Läuterung an sich selbst vollzogen hat. Es ist kein Zufall, daß sich die

55. h4–h5 g6xh5
56. ♗e2xh5 ♔d6–e7

Studierenden am Bauhaus, bevor sie in eine Klasse eintreten durften, einer mönchischen Vorlehre unterwerfen mußten. Auf dem Programm des Vorkurses standen vegetarisches Essen, Eurhythmie, Meditationen und Atemübungen, die den Körper vorbereiten und reinigen sollten. Worauf eigentlich vorbereiten? Wovon reinigen? „Schönheit ist Glanz des Wahren, Antwort des Innen auf ein Außen", notiert Mies van der Rohe in der Dessauer Zeit des Bauhaus.[292] Am höchsten Punkt der Rationalität kippt die Utopie des Funktionalismus in zustandsgebundene Innerlichkeit. Doch hatte die Moderne nicht eben damit gebrochen?[293]

Hartwigs Figurensatz wurde niemals in einem Schachturnier verwendet. Zu klein sind die Figuren, zu wenig standfest, die quadratische Grundfläche ist denkbar ungeeignet zum Spiel auf einem Brett mit quadratischen Feldern. Hartwigs Figuren sind dem Design des Staunton-Sets, das aus unzähligen Vorformen entwickelt und perfektioniert wurde, deutlich unterlegen, denn ihre Funktionalität ist rein *symbolisch*, praktikabel sind sie nicht. Der Spieler ist jedoch gegenüber der Symbolik indifferent, er will nicht ihre Bedeutung erkennen, sondern spielen. So blieben Hartwigs revolutionäre Figuren stets nur schöner Dekor und repräsentieren in der Dysfunktionalität ihrer Formensprache selbst, was sie ursprünglich in der Repräsentation der Funktion auflösen wollten: ein zweckfreies ästhetisches Spiel. Und gerade deshalb stehen sie heute im Museum und nicht im Turniersaal.

Schachweltmeisterin Vera Menschik hat auch ihre vierte Partie verloren. Nach aussichtsreichem Spiel muß sie nach zwei Fehlern gegen Karl Treybal[294] im 56. Zug aufgeben. Rubinsteins 55. Zug lautet h4–h5. Er erzwingt die folgende Abwicklung: 55. ... g6xh5 56. ♗e2xh5 ♔d6–e7. Der schwarze König muß durch das Zusammenspiel des Läufers und des g-Bauern sein ideales Feld verlassen, um rechtzeitig das Feld f8 oder f6 zu erreichen. Rubinstein hat nun einen weiteren Freibauern auf der g-Linie geschaffen, das Material wurde jedoch weiter reduziert.

41

Im Vergleich zu Josef Hartwigs streng funktionalistischem Figurensatz, das aufräumen wollte mit der bürgerlichen Tradition des hübschen Dekors, wirkt das Schachspiel von
156 Marcel Duchamp (1887 – 1968) kaum innovativ. Seine Turmfigur stellt einen Mauerturm dar, der Läufer weist die für die Mitra des Bischofs typische Kerbe auf, wie sie seit Jahrhunderten schon gebräuchlich war, der König trägt eine Krone, und der Springer ist, wenn auch stilisiert, naturalistisch als Pferd gestaltet. Proportion und Ikonographie von Duchamps Schachspiel erinnern stark an die handelsübliche Form des Staunton-Sets – nur einige kleine, abstrahierende Modifikationen hat Duchamp an Nathaniel Cooks Design von 1839 angebracht und Ensembleteile und Sockel ein wenig vereinfacht. Die Veränderungen sind jedoch minimal im Gegensatz zu den viel radikaleren Variationen der Schachfiguren im 20. Jahrhundert – von Man Ray (1920), Yves Tanguy (1938),

Max Ernst (1943), Alexander Calder (1950) und Germaine Richier (1955) bis zu den 158, 160, 161
Spielen von Paul Wunderlich (1984) und Alfred Hrdlicka (1988).

Duchamps Spielsatz bleibt an der Tradition der Gebrauchsformen orientiert. Der Prototyp stammt aus der ersten Hälfte des Jahres 1919 in Buenos Aires, wo Duchamp auch die entsprechenden Schachsymbole für den Diagrammdruck und für ein Taschenschach aus Hornplättchen entwarf. Bis auf den Springer drechselte Duchamp den Prototyp seines Figurensatzes selbst und wollte ihn unter dem Namen *Marshall's Chessmen* – benannt nach dem populären amerikanischen Großmeister Frank Marshall – auf den Markt bringen. Sehr vorsichtig modifizierte und detaillierte Duchamp danach seinen Entwurf fast ein halbes Jahrhundert lang, ohne ihn mehr grundlegend zu verändern.

Das konservative Design seiner Schachfiguren überrascht, bedenkt man, daß Marcel Duchamp als Bürgerschreck, Skeptiker und Erfinder des Ready-made die Kategorien der bürgerlichen Ästhetik wie kein anderer im 20. Jahrhundert erschüttert hat. Duchamp hat sich viel intensiver – und dabei gelassener – als die meisten Künstler seiner Zeit mit dem Schachspiel beschäftigt und die künstlerischen Möglichkeiten des Spiels erforscht. Duchamps Leistungen im praktischen Spiel waren beachtlich, sein Interesse für das Schachspiel war zeitlebens obsessiv, sowohl was den Künstler als auch was den Spieler Duchamp betrifft, wenn man bei Duchamp eine Trennlinie zwischen Kunst und Schachspiel ziehen will.[295]

Als Motiv ist das Schachspiel in vielen Werken Duchamps evident: Von den
frühen *Schachspielern* (1910), dem fauvistischen *Portrait der Schachspieler* (1911), dem
kubistischen *König und Königin von schnellen Akten* umgeben (1912) bis zum Ready- 69
made *Trébuchet* (1917), von den *neun männischen Formen am Friedhof der Livreen und*
Uniformen im Großen Glas (1915 – 1923), dem *Pocket Chess Set* (1943), der Assemblage 150
Gegeben sei ... (1946 – 1966), deren Boden ein schachbrettartiges Muster aufweisen
sollte, bis zur Performance *Hommage à Chaissa* (1966) in New York begleitete das 71
Schachspiel Duchamp quer durch die Kunststile seiner Zeit und über sie hinaus.

Duchamps Werke nach seinem Bruch mit der Malerei vor dem Ersten Weltkrieg bedeuteten einen Schock für den an den Kategorien der bürgerlichen Kunst geschulten Blick des Betrachters und lösten eine Revolution in der Ästhetik aus. Bereits 1913 formulierte Duchamp seine zentrale Frage: „Kann man Werke machen, die nicht ‚Kunst' sind?"[296] Die Frage ist bösartig, und allein indem sie in dieser einfachen Form gestellt wurde, erschütterte sie den kategorialen Rahmen der bürgerlichen Ästhetik, die – auf den Begriffen Genie, Werk, Aura und Schein errichtet – zu Beginn des Jahrhunderts brüchig geworden war, wie ein Sprengsatz. Duchamp teilte die Erfahrung der Avantgarde nach dem Ersten Weltkrieg: „Eine Welt ist zu Ende", heißt es bei Gropius, „die Zeit erfordert es, eine radikale Lösung zu suchen."[297] Wie viele wird Duchamp Zeuge eines zerfallenden Weltbildes und teilte auch den ästhetischen Ausgangspunkt der Experimente des Futurismus: Die konventionelle Malerei war angesichts der „Schönheit eines Propellers" am Ende.[298]

Als ästhetisches Phänomen faszinierte Duchamp wie viele Avantgardisten am Schachspiel seine subjektlose Mechanik. „Eine Schachpartie", so Duchamp in einem Interview, „ist eine visuelle und plastische Sache, zwar nicht geometrisch im plastischen Sinn, dafür aber mechanischen Charakters, weil sich etwas bewegt; sie ist eine Zeichnung, eine mechanische Realität. Die Schachfiguren sind in sich nicht schön. (...) Das Schachspiel ist schön im Bereich der Bewegung, nicht aber im visuellen Bereich. Denn diese Schönheit wird durch die imaginierte Bewegung oder Geste konstituiert, sie situiert sich ausschließlich im denkerischen Bereich."[299] Das Künstlergenie – im Blick der Avantgarden: ein verlogener Bürger – spielt in der „mechanischen Realität" des Schachspiels keine Rolle mehr.

Hermetik und Mechanik des Schachspiels wurden deshalb in der Kunst der Avantgarde wie in ihrer Theorie zur Generalmetapher eines Antihumanismus, der sich selbst als Instrument der Entmystifizierung und der Kritik der bürgerlichen Gesellschaft verstand. An die Stelle des menschlichen Spielers tritt ein anonymes Denken. In einer Schachskulptur von Max Ernst (*Der König spielt mit der Königin*, 1944) haben sich die Figuren zu einem eigenen Spiel verselbständigt: Ein überdimensionierter König greift nach einer Königin, das Spiel scheint autonom, ohne den Eingriff des Menschen zu funktionieren. Vom Gestalter des Spiels wird der menschliche Spieler zum Zuseher, zum Kiebitz.

Wie das Schachspiel von Max Ernst funktioniert die Mechanik der Sprache und sogar der Dichtung unabhängig vom menschlichen Subjekt. Für Ferdinand de Saussure, dessen Sprachtheorie als Geburtsstunde des Strukturalismus gilt, ist das Schachspiel das Modell der Sprache: „Eine Partie Schach", schreibt Saussure noch vor dem Ersten Weltkrieg, „ist gleichsam die künstliche Verwirklichung dessen, was die Sprache in ihrer natürlichen Form darstellt. (...) Der Wert der einzelnen Figuren hängt von ihrer jeweiligen Stellung auf dem Schachbrett ab, ebenso wie in der Sprache jedes Glied seinen Wert durch sein Stellungsverhältnis zu den anderen Gliedern hat."[300] Das System der Regeln des Schachspiels gleicht dem System der Regeln der langue. Der Mensch aktualisiert sie zwar im Sprechen, doch nur wie ein Schachspieler, der das System der Regeln zwar vielfältig anwenden, aber – indem er ihm unterworfen ist – während des Spiels nicht verändern kann. In strukturalistischer Sicht gleicht auch die Arbeit des Dichters der des Schachspielers. Im System der Sprach- und Spielregeln kann er die Verfahren sichtbar machen – durch das formale Spiel mit dem Material, durch eine neue Verknüpfung von Zügen, die in dieser Kombination noch nicht realisiert wurde. Im Sichtbarmachen von Verfahren wird der Dichter zum Spieler, der experimentell die Möglichkeiten der Anwendungen von Sprachregeln erkundet.

Ob in der Kunst oder in der Sprachwissenschaft: An die Stelle von Sinnlichkeit, Unmittelbarkeit und Anschaulichkeit tritt im 20. Jahrhundert das Nachvollziehen des Raffinements und der Subtilität des reinen Verfahrens. Die formalen Experimente der Avantgarde nützen die Abstraktheit und Sterilität des Schachspiels zu einer Demonstration der Vielfalt der Kombinationsmöglichkeiten von Form und Methode. Es gilt, die Möglichkeiten einer neuen, von aller (bürgerlichen) Subjektivität befreiten, naturwissenschaftlichen Ästhetik vorzuzeigen.[301]

Duchamps Beschäftigung mit dem Schachspiel ging jedoch in eine andere Richtung: Das Schachspiel wird zum Vorbild für die Arbeit des Künstlers, dessen Subjektivität bewahrt wird, jedoch in einer Zeit, in der die Kategorien der bürgerlichen Ästhetik zweifelhaft geworden sind.

Nach 1913 produzierte Duchamp innerhalb der Institution Kunst nur noch sporadisch und jenseits des Kunstmarktes an ihren Rändern. In dem Maße, in dem sich

Duchamp von der instituitionell vermittelten Kunst zurückzog, nahm ihn das Interesse für das Schachspiel gefangen. 1912 hatte Duchamp mit dem *Akt eine Treppe hinabsteigend* einen Skandalerfolg in New York errungen, eine Galerie bot ihm eine hohe Gage für seine Jahresproduktion, doch Duchamp zog es vor, Schach zu spielen. In einem Brief an Walter Arensberg aus dem Jahr 1919 heißt es: „Meine Aufmerksamkeit gehört einzig dem Schach. Ich spiele Tag und Nacht und nichts auf der Welt interessiert mich so sehr, wie den richtigen Zug zu finden. Ich verliere mehr und mehr das Interesse am Malen."[302] 1925 erwarb Duchamp nach seinem Turniersieg in Nizza das Diplom eines französischen Meisters und spielte bis 1935 in internationalen Turnieren. Danach vertrat Duchamp Frankreich regelmäßig bei Schacholympiaden, leitete 1937 die wöchentliche Schachkolumne in Luis Aragons „Çe Soir" und spielte auf höchstem Niveau Fernschach. Gemeinsam mit Vitali Halberstadt veröffentlichte Duchamp 1932 *Opposition und Schwesterfelder sind versöhnt ...*, eine Theorie seltener Endspiele im Schach. Noch in den späten 50er Jahren erzielte Duchamp bei den Meisterschaften des Staates New York beachtliche Plazierungen.

Duchamp kannte die Welt der Schachspieler somit von innen und schätzte ihr Milieu entgegen dem der Künstler: „Das Milieu der Schachspieler ist mir wesentlich sympathischer als das der Künstler, das sind so richtig umnebelte blinde Leute, Leute mit Scheuklappen, Verrückte mit Bedeutung, so wie Künstler eigentlich sein sollten, es aber nur selten sind."[303] Die Welt der Schachspieler ist von großer Hermetik, ihre Kunst teilt sich nur den Interessierten mit. Über die Frage, ob Schachspielen eine künstlerische Betätigung ist, bestand für Duchamp kein Zweifel: „Ein Schachspiel ist sehr plastisch. Sie konstruieren es. Mit dem Schach kreiert man schöne Probleme. Und diese Schönheit ist mit dem Kopf und mit den Händen gemacht. (...) Schach hat die visuellen Möglichkeiten von Kunst. Es ist eine mechanische Skulptur, die aufregende plastische Werte vorlegt. Wenn man das Spiel kennt, spürt man, daß der Läufer wie ein Hebel ist. Er bewirkt eine ganz neue Struktur, wenn er bewegt wird. Es liegt ein geistiges Ziel vor, wenn man auf die Anordnung der Figuren auf dem Brett blickt. Die Umwandlung des visuellen Aspekts in die graue Substanz ist etwas, das beim Schach immer geschieht und das auch in der Kunst geschehen sollte."[304] Daher sind „alle Schachspieler Künstler, 22
während nicht alle Künstler Schachspieler sind"[305].

Der Unterschied zwischen dem Künstler und dem Schachspieler ist für Duchamp simpel. Er besteht einzig darin, daß den Schachspielern „die Gelegenheit abgeht, Geld zu verdienen. Sozial betrachtet, ist das Schachspiel reiner als die Malerei, denn aus dem Schach können Sie kein Geld ziehen."[306] Der Schachspieler muß sich mit einer „mönchsgleichen Existenz"[307] abfinden, ohne Chance, jemals Anerkennung zu erhalten und von seiner Kunst leben zu können.

Das Schachspiel fungiert in Duchamps Ästhetik somit als ein Ort der Reinheit und Privatheit entgegen der Monetarisierung und Hektik der Bild- und Sinnproduktion in der Kunst: „Die Malerei hat sich heute wunschgemäß vulgarisiert, zum großen Vergnügen des Publikums, welches entzückt ist, in die Arkana all jener Dinge eintreten zu dürfen, die ihm früher verboten waren. Alle haben den nötigen Wortschatz, um über die Malerei zu reden, wenn auch nicht, um sie zu verstehen. Während niemand ein Gespräch zwischen zwei Mathematikern unterbrechen würde, ohne sich lächerlich zu machen, ist es völlig normal, beim Dinner lange Diskussionen über den Wert jenes

Malers im Vergleich zu diesem zu hören."[308] Demgegenüber verkörpert das Schachspiel das Private, welches sich dem vulgären Gespräch entzieht: ein schwieriges Spiel, bei dem man nicht ohne weiteres unterbrochen werden kann und das sich der Kunstplauderei auf der Basis des je individuellen Geschmackurteils entzieht. Das Schachspiel ist geschmacklos wie eine mathematische Formel und durch die Hermetik seiner Regeln zunächst massenfeindlich, denn am Spiel können nur wenige teilnehmen. Aber: „Die ganze Anstrengung der Zukunft wird es sein, gegen das was jetzt passiert, das Schweigen, die Langsamkeit und die Einsamkeit zu erfinden."[309] Das Schachspiel ist „eine Schule des Schweigens, dafür ist es wunderbar."[310]

Doch gerade durch seine Sterilität, seine Hermetik und Zerebralität schlägt die Massenfeindlichkeit des schwierigen Spiels in das Gegenteil um. Da es auf Vernunft und Verstand beruht, ist das Spiel demokratisch. Die Spielregeln mögen schwierig sein, sie können aber wie die Mathematik von jedem ohne Bindung an Tradition, Geschichte und die Kategorie des guten, also bürgerlichen Geschmacks erlernt werden.[311]

Schach ist in Duchamps Denken daher eine skeptische und rationale Kunst: Jeder Zug – vergleichbar mit einem Wort oder einem Pinselstrich – erzeugt Bilder und ist zugleich Zweifel am vorhergehenden. Von der bildenden Kunst übernimmt das Schachspiel die visuellen Möglichkeiten der sinnlich wahrnehmbaren Skulptur, bindet sie jedoch an das Erkennen eines geistigen Zieles. Das künstlerische Spiel bleibt rational, da jeder einzelne Zug überprüfbar und widerlegbar ist. Zudem ist nichts an den Bildern, die bei einem Schachspiel entstehen, von dauerhaftem Wert, da „es Bilder sind, die man nach der Partie in einem Augenblick auslöschen kann".[312] Die Arbeit des Künstlers steht für den Skeptiker Duchamp somit „im Dienst des Geistes"[313]. Damit scheint Duchamp auf die kantische Ästhetik zurückzuverweisen. Wie bei Kant ist für Duchamp Kunst das „uninteressierte und freie Spiel des Erkenntnisvermögens"[314], zweckenthoben als ein Wohlgefallen ohne Interesse, als „Zweckmäßigkeit eines Gegenstandes ohne Vorstellung eines Zweckes"[315]. Doch das „freie Spiel des Erkenntnisvermögens" diente bei Kant der sittlichen Idee zur Entfaltung von Humanität und Aufklärung: Das Sinnliche muß in Übereinstimmung mit dem Sittlichen treten, um von Wert zu sein. Eine solche Valorisierung als Anbindung an den utopischen Horizont der Aufklärung und der Emanzipation ist für Duchamp verstellt. Das Spiel bleibt destruktiv, privat und skeptisch gegen alle Versuche, ein Wesen des Schönen aus dem Einzelwerk heraus zu kreieren.

Duchamps Skepsis mündet notwendig in den Nominalismus. Als Allgemeinbegriff ist Kunst ein bloßes Spiel mit Wörtern, denen der Nominalist nicht vertraut, ein Schachspiel wie die Philosophie selbst: „Ich weigere mich, über die philosophischen Klischees nachzudenken, die seit Adam und Eva von Generation zu Generation an allen Ecken und Enden des Planeten neu aufgewärmt werden. Ich weigere mich darüber nachzudenken und darüber zu sprechen, weil ich nicht an die Sprache glaube. (...) Ich bezeichne mich bereitwillig als ‚Nominalist', sogar in der vereinfachten Form des Wortes. Dieser ganze Quatsch von der Existenz Gottes, Atheismus, Determinismus, Befreiung, Gesellschaft, Tod, usw., das sind Figuren eines Schachspieles genannt Sprache, und sie sind amüsant nur dann, wenn man sich nicht zu sehr darum kümmert, ob man diese Schachpartie gewinnt oder verliert."[316]

Kunst ist eine „Fata Morgana". Der Endpunkt des Nominalismus ist zugleich aber der Ausgangspunkt zu einer Spielästhetik, die den einzelnen in den Mittelpunkt stellt: „Der Künstler kommt ins Spiel."[317] Bei aller Sympathie hat sich Duchamp deshalb zu den Kunstbewegungen des Dadaismus, Surrealismus oder der Pop-Art, als deren Vater er gilt, nie bekannt. Tristan Tzaras Einladung zum Dada-Salon 1921 lehnte Duchamp dankend ab, denn mit dem Schachspiel hat er längst „ein Dada gefunden, das das andere aufwiegt".[318] Mit den Surrealisten, die ernst machen wollten mit der Revolution der Kunst, verkehrt Duchamp nur aus der Distanz. Der heilige Ernst zerstört die Autonomie des Spiels, und selbst die radikalste Rebellion gegen die Regeln der Kunst bewahrt den Glauben an sie. Ist der Glaube an den Allgemeinbegriff Kunst aber dahin und erkannt, daß auch seine Negation ein ihn konservierendes Element enthält, bleibt der einzelne und sein Verstand als erster und letzter Maßstab: „Die Kunst ist vorbei, das Spiel geht weiter."[319]

In der Spielästhetik Duchamps bewahrheitet sich auf verquere Weise das Wort Th. W. Adornos, „daß Kunst ihren Untergang sich einverleibt".[320] Adorno richtete es gegen Hegels Verdikt vom Ende der Kunst im romantischen Spiel[321], für Adorno überdauert Kunst dagegen in der Negation und widersteht als Erkenntnisinstrument der Verdinglichung. Insofern lehnt Adorno, der Duchamp im übrigen an keiner Stelle seiner „Ästhetischen Theorie" erwähnt, auch die Folgen von Hegels Verdikt ab: die Spielästhetik, in der das Werk kein äußeres Ziel mehr verfolgt. „Die adäquate Haltung von Kunst", schreibt Adorno, „wäre die mit geschlossenen Augen und zusammengebissenen Zähnen."[322] Kunst ist Negation, und der Künstler findet in seinem jeder Wirklichkeit gegenüber negativen Anspruch des Werkes Freiheit und Ausdruck. Kunst ist daher, so Adorno in einer ideologiekritischen Wendung gegen die Spielästhetik, alles andere als Spiel: „Die jüngste Entkunstung der Kunst"[323] bedient sich nach Adorno versteckt des Spielelements auf Kosten aller anderen. Doch Spiel ist „Regression", von Anbeginn an repressiv und disziplinär. Da die Regeln des Spiels den Spielenden stets vorgegeben sind, ist Spiel „Nötigung zum Immergleichen", das Wiederholungsmoment im Spiel „das Nachbild unfreier Arbeit"[324]. Wo Kunst und Spiel daher deckungsgleich werden, ist von Freiheit und Ausdruck des Subjekts nichts übrig. In der Kunst dagegen überlebt das Subjekt und seine Freiheit und kündet von einer unversehrten Identität, wenn auch nur negativ, fragmentarisiert und entstellt vom Zugriff der Entfremdung.

In Duchamps Spiel ist aber selbst Adornos Ort der Negation nur Kulisse, die „geschlossenen Augen und zusammengebissenen Zähne" sind eine Maske von vielen, da es keine adäquate Haltung *der* Kunst gibt. Kunst als Künderin unversehrter Identität ist ihm nichts als eine „kleine Gaunerei"[325]. In Duchamps Spiel genügt es, wenn das Ich des Spielers soweit intakt ist, daß es die Regeln des Spiels anwenden kann. Das Spiel gewährt in bestimmter Weise sogar Freiheit: Durch die Freiwilligkeit der Teilnahme inmitten einer Welt der Zwänge, durch die Autonomie vor der Zeit und durch seine Unproduktivität in einer Welt der Monetarisierung und Produktion.

Die Regeln sind im Moment des Spiels jedoch mechanisch und unhinterfragbar: Der Spieler ist eingebunden in ein Werk der Regeln und Teil einer Mechanik, in der sich der „Spielraum" für den einzelnen nicht im metaphysischen, sondern im technischen Sinn ergibt: Er meint jenen winzigen Abstand zwischen den Rädern und Achsen, der notwendig „frei" bleiben muß, damit die Mechanik überhaupt funktionieren kann. Dies ist der Raum der Freiheit, der Raum für unbestimmte Bewegungen des einzelnen, mehr nicht.

57. ♔d1–c2 c5–c4

Kunst, welche durch die utopischen Bilder der Freiheit revolutionäre Veränderung der Regeln verspricht, ist Illusion oder Ideologie. Sie kompensiert bloß die Sinndefizite, die sich aus der Erkenntnis der realen Enge des Spielraumes in der Gesellschaft ergeben. Duchamp hat eine solche kompensatorische Funktion von Kunst nicht als Verlust empfunden, sondern als Notwendigkeit akzeptiert. Insofern steht er der Hegelschen Ästhetik näher als der heroischen Avantgarde Adornos. Wenn die Malerei wieder in den „Dienst des Geistes" gestellt werden soll, geht es ebensowenig wie bei Hegel um die Subordination des Bildes unter die Herrschaft des Begriffes, sondern um eine gegenseitige Aufhebung beider Bereiche. Es gilt ein Spiel zu initiieren, das nicht von Vernunft und Rationalität suspendiert, sondern das beides in kreisender Bewegung hält, denn die Substanz des Gedankens ist bei Hegel wie bei Duchamp die Bewegung des Geistes, ohne jede „gesellschaftliche Zweckbestimmung".[326]

Der Zug, den der Spieler aus einer Reihe von Möglichkeiten selektiert, ist im Spiel richtig oder falsch, nicht mehr aber wahr oder unwahr. Als Zeichen verweist er auf keinen Referenten außerhalb des Spiels, das entstandene Werk – die Schachpartie – ist zwar sinnlich wahrnehmbar, doch virtuell und flüchtig. Da es nun weder auf etwas verweist, noch ein visuelles Artefakt im Sinne eines Originals ausbildet (sie ist beliebig oder überhaupt nicht reproduzierbar), läßt die Schachpartie die klassischen ästhetischen Kategorien der Aura und des Scheincharakters hinter sich. Sohin: „Ein ideales Kunstwerk."[327]

Duchamps Kunstspiel als Schachspiel suspendiert dabei nicht von Vernunft und Rationalität, sondern stellt dem Künstler und dem Betrachter die Aufgabe, vor der jeder Schachspieler steht: das Bild in den „Dienst des Geistes" zu stellen, die Skulptur durch die eigene Vernunft in Bewegung zu versetzen. Das Schachbrett ist die Leinwand, auf der solche Gedankenbewegungen in reinster Form sichtbar werden. Da das Schachspiel bereits selbst das „ideale Kunstwerk" ist, so ist es auch nicht nötig, die Materialität der Spielfiguren besonders zu gestalten. Die wahre Architektur des Spiels ist unsichtbar, da sie im Kopf des Spielers entsteht. Duchamps Figurensatz kann deshalb die Tradition absorbieren, gerade indem sein Zweifel an der Kunst und am Dekor der bürgerlichen Gesellschaft weit radikaler ist als der eines Josef Hartwig.

Duchamp ließ seinen Entwurf im übrigen nie in Serie produzieren, wohl in
144 Erkenntnis, daß er mit einem Set – dem Figurensatz des Nathaniel Cook – nicht konkurrieren konnte. Die ideale Form, die quasi hinter den Gedanken des Spielers verschwindet, war schon erfunden. Warum sie also wiederholen?

Rubinstein zieht 57. ♔d1–c2. Seine Drohung ist klar. Auf den weißen Feldern soll der König über c4 nach b5 oder d5 in die schwarze Stellung eindringen und einen weiteren Bauern gewinnen. Grünfeld nützt die Abwesenheit des Blockadeläufers und verschafft sich mit seinem Freibauern Gegenchancen. Sein Zug ist 57. ... c5–c4. Vidmar verliert überraschend gegen Paul Johner, der 40. Zug Vidmars wird heftig diskutiert. Ein Schiedsrichter eilt herbei. Es sind noch drei Züge bis zur Zeitkontrolle. Grünfeld befindet sich in leichter Zeitnot.

42

Der Fortschritt des Wissens, Insititutionalisierung und Professionalisierung des modernen Schachspiels im 19. Jahrhundert hatte die Welt des Spiels entzaubert, und der Prozeß der Entzauberung erzeugte auch im Schachspiel jenes Lebensgefühl, das sich in der Moderne stets einstellt, wenn sie erfolgreich ist: die Langeweile. Sie kulminierte kurz nach dem Ersten Weltkrieg und schlug gerade am Höhepunkt der „goldenen Schachzeiten" in den 20er Jahren in Pessimismus um.

Im Zeitalter der technischen Perfektion erschien das Schachspiel plötzlich nicht mehr als ein Kampf zwischen zwei Individuen, vielmehr war der Gewinn depersonalisiert: als eine Frage der wissenschaftlichen Vorbereitung, der Kenntnis der Varianten und des Wissens um Strategien, das jeder erwerben konnte. Viele Partien endeten mit Remis. Nachdem Emanuel Lasker im Weltmeisterschaftskampf gegen Capablanca 1921 in Havanna unterlegen war, sah er das Ende des Spiels gekommen. Im Schach, so Lasker, „verschwinden Elemente des Spiels und der Ungewißheit. (...) Früher war es noch möglich, reizvolle Abenteuer zu suchen, aber in unserer Zeit ist der Reiz des Unbekannten nicht mehr da".[328]

Mit José Raul Capablanca (1888 – 1942) erreichte die technische Meisterschaft einen Höhepunkt. Capablancas Spiel war stillos, aber von technischer Präzision und Klarheit, und dabei von höchster Einfachheit. Kaum je wich Capablanca Vereinfachungen aus, vermied Komplikationen und gewann durch seine begnadete Technik. Bereits 1911 schlug er bei seinem ersten internationalen Auftreten in San Sebastian die gesamte Weltelite – nur ein einziger konnte der „Schachmaschine", wie man Capablanca nannte, widerstehen: Akiba Rubinstein. In London 1922 siegte Capablanca mit 20
13 Punkten aus 15 Spielen, und von 1916 bis 1924 verlor Capablanca keine einzige Partie mehr. Freilich häuften sich die Unentschieden, und sein späterer Herausforderer Alexander Aljechin kritisierte, daß Capablancas Sicherheitsspiel den „lebendigen Geist tötete". Die Glanzzeit Capablancas wurde von vielen als Sackgasse und Endpunkt erlebt – nicht zuletzt von ihm selbst. Wie Lasker glaubte Capablanca, in seinem eigenen Spiel dem Ende des Schachspiels in die Augen zu blicken: dem Remistod durch immer höhere technische Perfektion.

Der Pessimismus der 20er Jahre rief Reformversuche auf den Plan. Eine Belebung sollte durch eine Veränderung der Regeln, die erste seit 500 Jahren, bewirkt werden, es setzte gleichsam ein Maschinensturm gegen die Mechanik des Spiels ein, um die Schäden der Modernisierung, welche der Fortschritt der Theorie mit sich gebracht hatte, auf künstlichem Weg zu kompensieren.

Laskers Vorschlag war bescheiden: Der Exweltmeister wollte die Rochade abschaffen und auf diese Weise das Spiel mit neuen Strategien ausstatten. Richard Rétis Idee ging in eine andere Richtung. Der Remistod rühre daher, argumentierte Réti, daß zum Gewinn einer Partie zumindest das Übergewicht eines Turmes notwendig sei. Durch technische Perfektion und Kenntnis der Eröffnungen wäre ein so großer Vorteil kaum mehr zu erzielen, sodaß in der modernen Zeit „feinere Nuancen des Unterschiedes" als das bloße Remis eingeführt werden müssen. Réti schwebte vor, unterschiedliche Punktebewertungen für das Matt, das Patt, das Remis und für den Beraubungssieg (jener Position, in der ein König aller Figuren bar ist) einzuführen.[329]

Gegen den Relativismus Rétis blieb der konservative, aber um die Zukunft nicht weniger besorgte Siegbert Tarrasch autoritär: Er empfahl, bestimmte Eröffnungen, die häufig zu einem Remis führen, bei Turnieren kurzerhand zu verbieten. „Man könnte verlangen", so Tarrasch 1929, „daß alle Turnierpartien mit dem Doppelschritt des Königsbauern eröffnet werden." Dem Programm Tarraschs schloß sich der amerikanische Meister Frank Marshall an.[330]

Am intensivsten wurde das experimentelle Schach Capablancas diskutiert. Sein Vorschlag sah eine Erweiterung des Schachbretts auf 10 x 10 Felder vor und die Einführung von zwei neuen Figuren: den „Marschall" (Turm + Springer) und den „Kanzler" (Läufer + Springer). Die zehn Bauern sollten auf der vergrößerten Matrix zu Beginn drei Schritte weit gehen. Tatsächlich begann man, ab 1928 Probepartien mit Capablancas neuem Schach zu spielen. Nach einigen Experimenten reduzierte man das Brett auf 8 x 10 Felder, behielt aber die neuen Figuren mit veränderter Bezeichnung („Kanzler" und „Erzbischof") bei.[331]

Betrachtet man die Vorschläge der Reformer mit Blick auf die Geschichte des Spiels, läßt sich zeigen, daß die Rettungsversuche vor dem Untergang retrovisionär angelegt waren: Die Utopien des Neuen weisen nicht in die Zukunft, sondern geradewegs in die Vergangenheit. Laskers Vorschlag (Rochadeverbot) strebt in eine Situation des Schachspiels des 14. Jahrhunderts in der Lombardei, bevor sich noch die Rochade aus dem Königssprung zu einem Doppelzug entwickelt hatte. Ebenso gab es Rétis Bewertungsrelativismus bereits im Mittelalter, als Patt und Matt in vielen Varianten des Schachspiels unterschiedlich gewertet wurden. Noch in der Renaissance findet sich die Regel in der „Repetición" des Lucena am Ende des 15. Jahrhunderts. Schließlich weist das Eröffnungsverbot von Tarrasch und Marshall auf das arabische Schachspiel hin, in dem Tabiyas – ästhetische Aufstellungsmuster – den Spielern vorgeschrieben werden konnten.

Am innovativsten mutet Capablancas Vorschlag an. Er greift nicht in die bestehenden Regeln ein, sondern fügt dem alten Ensemble zwei neue Elemente hinzu. Doch auch für Capablancas Idee finden sich viele Vorläufer in der Geschichte. Im „City of London Chess Magazine" erschien bereits 1884 ein Artikel von H. E. Bird, der über die Monotonie des modernen Schachspiels raisoniert. Bird schlägt, wie nach ihm Capablanca, die Einführung zweier neuer Figuren vor, nur benannte er seine Figuren anders: Der „Wächter" neben der Dame sollte die Kräfte von Turm und Springer vereinen, der „Stallmeister" Läufer und Springer und zwischen König und Läufer stehen. Blättert man weiter in die Geschichte, findet sich ein identes Figurenpaar in Pietro Carreras 1617 erschienenem *Il Gioco degli Scacchi*, die Carrera „Held" und „Kentaur" benannte, und schon in der Handschrift Alfons des Weisen 1283 gibt es ein „Riesenschach" mit einer „Giraffe" und einem „Einhorn", welche die Gangart der Figuren Capablancas vorwegnehmen.

Die Experimente zu einer künstlichen Reform machen deshalb ein Mißverständnis der Reformer der Geschichte des Spiels gegenüber deutlich: Spiel ist Teil der gesellschaftlichen Wirklichkeit, in seiner Entwicklungsgeschichte hat sich das Schachspiel, so wie es heute begegnet, aus unzähligen Nebenvarianten auskristallisiert.[332] Seine Geschichte ist nicht eine Geschichte der Vervollkommnung, sie stellt vielmehr eine Geschichte der Anpassung an soziale Verhältnisse und des Verwerfens von untauglichen Varianten dar. Erst in der Renaissance entwickelt sich das Regelwerk des Schachspiels zu einem überregional gültigen Standard. Die Moderne ebnete durch Buchdruck, Internationalisierung und Professionalisierung bestehende regionale Disparitäten ein und setzte universelle Spielregeln durch, nach denen weltweit gespielt werden konnte und die zu einer rasanten und unbeschränkbaren Akkumulation des Wissens beitrugen. Dieser Prozeß der Modernisierung ist irreversibel, die Schäden und Defizite, die er produziert, können weder per Dekret noch durch Verbote oder künstliche Reformen aufgehoben werden.

Als Teil der gesellschaftlichen Wirklichkeit paßt sich ein Spiel an, verändert sich im Prozeß der Anpassung, oder es wird – was in der Geschichte der Spiele der viel wahrscheinlichere Fall ist – vergessen. Die Mehrzahl der Regelsysteme von alten Brettspielen ist heute vergessen, an ihre Existenz erinnern nur noch Fragmente der Spielbretter oder rätselhafte Wandbilder von Spielszenen. An einem bestimmten Punkt der gesellschaftlichen Entwicklung unterlagen sie der Konkurrenz anderer Spiele, die dem Zeitgeist adäquater waren. Nur wenigen Spielen ist es gelungen, längere Zeiträume zu überdauern und sich über einen regionalen Kulturkreis hinaus zu entfalten. Zu diesen wenigen universellen Spielen gehört das Schachspiel. Mißt man den Erfolg eines Spiels an der Zeitspanne, seit der es gespielt wird, und am kulturellen Echo, das es zu erzeugen vermochte, so ist das Schachspiel das erfolgreichste Brettspiel der Menschheit. Dieser perennierende und transkulturelle Erfolg ist das eigentlich Erstaunliche am Schachspiel. Er ist in der Dynamik und im ästhetischen Rätselcharakter der Struktur des Spiels begründet.

Betrachten wir das Schachspiel als System (seine Matrix, das Inventar und die Bewegungsregeln), so erscheint es nicht harmonisch, sondern im Gegenteil höchst inkonsequent: Auf einem Koordinatensystem mit 64 Feldern bewegen sich 32 Figuren, soweit ist die Struktur homogen, indem die Hälfte der Felder zu Beginn von Figuren besetzt ist. Doch die 32 Figuren weisen sechs unterschiedliche Gangarten auf. Von drei Figuren (Turm, Springer und Läufer) existiert je ein Paar, von zwei Figuren (Dame und König) jeweils nur eine. Eine Figur (Bauer) erscheint dagegen gleich achtfach am Brett.

Ebenso sind in der Matrix erhebliche Asymmetrien eingebaut. Zunächst im Spielbrett selbst: Da es aus 8 x 8 Feldern besteht, verfügt das Schachbrett seltsamerweise über kein Zentralfeld. Die Läufer schneiden zwar die Diagonale des Quadrats, doch begegnen sie einander nicht, da sie sich auf Feldern und nicht auf Linien bewegen. Durch die gerade Felderzahl steht der König auch nicht im Zentrum seiner Figuren, wie es zu erwarten wäre, sondern am Feld rechts der Mitte. Dadurch ergibt sich eine unterschiedliche Wertigkeit der beiden Hälften des Brettes, des Damen- und Königsflügels, was zu unterschiedlichen Eröffnungen und Strategien führt.

Für Dissonanzen sorgt weiters die uneinheitliche Schlag- und Gangart der Figuren. Während alle Figuren so schlagen, wie sie bewegt werden, schlagen die Bauern schräg, bewegen sich jedoch vorwärts (und nur vorwärts). Als einzige Figur haben sie zusätzlich die Möglichkeit zur Metamorphose. Erreichen sie das gegenüberliegende Ende des Brettes, werden sie in andere Figuren verwandelt. Ihr Wert ist daher relativ. Vor Probleme stellt auch die erratische Bewegungsart des Springers. Während die anderen Figuren nur so weit ziehen, bis sie an einen Widerstand stoßen, kann der Springer Hindernisse durch einen schrägen Sprung überwinden. Schließlich ist die

Königsfigur privilegiert: Sie kann nicht geschlagen werden. Das Spielziel besteht nicht im einfachen Beraubungssieg wie im Mühlespiel oder in der Umzingelung möglichst vieler Spielsteine des Gegners wie im Weiqi (Go), sondern in der Gefangennahme dieser einzigen Figur. Damit ist der Wert aller anderen Figuren relativ und abhängig von der am Brett entstandenen Situation. Ein einziger Bauer kann wichtiger sein als die Dame, der Springer kann dem Turm überlegen sein, sodaß ein bereits kraß im Nachteil befindlicher Spieler die Partie durch ein unerwartetes Manöver noch zu seinen Gunsten entscheiden kann.

Die Bewegungsart der Figuren, ihre Relation zueinander und die Matrix des Schachbrettes, auf der sie sich bewegen, ist somit als alles andere als einheitlich, symmetrisch und in sich kohärent. Gerade durch die strukturelle Unvollkommenheit des Spiels, die Relativität der Werte und durch die Plötzlichkeit der Entscheidung ergibt sich aber eine *Dynamik*, durch welche das Schachspiel allen anderen Brettspielen überlegen ist. Durch diese Dynamik erklärt sich auch sein Erfolg, und zwar: als Modell einer dynamischen, rätselhaften, sich plötzlich verändernden Welt fungieren zu können.

Jeder, der es spielt, versucht, das System mit den Mitteln der Vernunft zu beherrschen. Durch die Komplexität ist eine vollständige Beherrschung des Systems allerdings ausgeschlossen. Der Spieler bewegt sich durch ein Labyrinth von Varianten, entscheidet sich für eine unter unzähligen und ist sich im Moment der Entscheidung bewußt, nur einige wenige überprüft zu haben.

Dennoch ist der Spieler auf seinem Weg durch das Labyrinth kraft seiner Vernunft nicht blind, sondern nur kurzsichtig: Er sieht wenig, doch er kann sehen. Marcel Duchamp hat das Schachspiel einmal als ein Spiel bezeichnet, „das fast zu schwierig für die Beschränktheit des menschlichen Geistes ist".[333] Die Pointe in Duchamps Formulierung liegt im Wort „fast": Das Schachspiel ist ein System von hoher, aber eben nicht zu hoher Komplexität, es ist schwierig, aber eben nur „fast" zu schwierig.

Daraus resultiert der ästhetische *Rätselcharakter* des Schachspiels. Wie bei einem logischen oder topographischen Rätsel muß eine Chance, ein erkennbarer Mechanismus bestehen, um das Rätsel zu lösen. Ist die Aufgabe zu komplex oder existiert keine Methode, verliert das Rätsel jeden Reiz. Offenbar hat das Schachspiel als System ein ideales Maß an Komplexität der menschlichen Raum- und Bewegungsvorstellungen ausgebildet. Wie sehr die Wahrnehmung von Komplexität gesellschaftlich vermittelt ist, zeigen die historischen Veränderungen im Regelwerk des Schachspiels. Nicht zufällig verändert sich das Spiel durch die neue Gangart der Dame und Läufers an eben jenem Punkt in der Geschichte, als sich die gesellschaftliche Wirklichkeit in der Renaissance grundlegend verändert und sich durch die Veränderung der materiellen Basis im Warenverkehr und im urbanen Leben die Komplexität der gesellschaftlichen Wahrnehmung erhöht.

Dies ist jedoch höchst selten der Fall, und deshalb werden Reformen nur selten akzeptiert. Zu Beginn des 20. Jahrhunderts wurden unabhängig voneinander von Ferdinand Maack und Ervand Kogbetlianz Varianten eines dreidimensionalen „Raumschach" entwickelt, die unzählige Nachfolger gefunden haben. Die flache Welt des Schachbrettes wurde im „Raumschach" durch ein Spiel auf drei oder mehr Ebenen ersetzt. Die Figuren können wie Flugzeuge den König von oben angreifen, wodurch sich die Kriegsmetapher des Spiels dem modernen Luftkrieg anpaßt. Die Komplexität des Spiels wurde aber in einer Weise erhöht, daß das „Raumschach" bislang nur im Science-fiction-Film Beachtung fand: Das Spiel auf 512 Feldern oder mehr ist zu komplex, sein Rätselcharakter geht verloren – und es wird dadurch banal.

Ebensowenig hat sich der Vorschlag von Bertolt Brecht nach einem neuen Spiel und neuen Regeln durchgesetzt, den er 1936 während einer Partie mit Walter Benjamin entwickelte. Brecht war ein ungeduldiger Angriffsspieler, den die Verteidigungstaktik Benjamins ebenso ermüdete, wie Lasker das Spiel Capablancas. „Wir müssen", so Brecht, „ein neues Spiel erschaffen. Ein Spiel, wo sich die Stellungen nicht immer gleich bleiben; wo die Funktion der Figuren sich ändert, wenn sie eine Weile auf ein und derselben Stelle gestanden haben: sie werden dann entweder wirksamer oder auch schwächer. So entwickelt sich das ja nicht; das bleibt sich zu lange gleich."[334]

So reizvoll die Idee Brechts nach einer permanenten Revolution der Regeln auch einmal war, die Spieler und die Geschichte waren anderer Ansicht.

58. ♗h5–e2 c4–c3
59. ♔c2–b3 ♔e7–f7

Rubinsteins 58. Zug ist ♗h5–e2. Der Läufer hat seine Aufgabe am Damenflügel erfüllt und bedroht den Bauern auf c4. Grünfelds Antwort, 58. ... c4–c3, erscheint plausibel: Bauernverlust wird vermieden und der eigene Freibauer forciert. Nur noch zwei Felder trennen ihn von der Verwandlung. Zusätzlich ist das Einzugsfeld des Bauern schwarz, sodaß Weiß nun an die Beherrschung des Feldes c2 gebunden ist: Läufer oder König Rubinsteins müssen es bewachen und sind damit zur Passivität verurteilt. Ein anderer, verborgener Weg wäre das Opfer des Bauern durch einen Gegenangriff auf den weißen g-Bauern gewesen. [Die Variante könnte lauten: 58. ... ♔e7–f7 59. ♗e2xc4+ ♔f7–g6 60. ♔c2–b3 ♗b4–d2 61. ♗c4–d5 ♔g6xg5 62. ♔b3–c4 ♔g5–f6 63. ♔c4–b5 ♔f6–e7 64. a4–a5 ♔e7–d8 65. ♔b5–b6 ♔d8–c8, und Schwarz kann die Stellung erfolgreich blockieren.] Grünfeld verfolgte jedoch eine andere Idee. Rubinstein spielt 59. ♔c2–b3, die schwarze Antwort, auf der seine Endspielkonzeption beruht, ist überraschend. Er spielt 59. ... ♔e7–f7. Statt seinen Läufer zurückzuziehen, beginnt Grünfeld Rubinsteins Bauern auf g5 zu attackieren. Schlägt Weiß den Läufer, geht der c-Bauer in die Dame, ein taktischer Schlag, mit dem Grünfeld ein entscheidendes Tempo gewinnt oder zu gewinnen glaubt.

Grünfeld drückt die Uhr, die dritte Zeitkontrolle ist erreicht. Es ist kurz vor sieben Uhr. Alle Zuseher haben sich um den Tisch von Rubinstein und Grünfeld versammelt. Beide Spieler vereinbaren, die Partie nicht zu vertagen, sondern fortzusetzen.

43

Milan Vidmar hat in seinen Erinnerungen die Periode von 1900 bis 1930 als die „goldenen Schachzeiten" bezeichnet.[335] In diesen Jahren wurden in ganz Europa große internationale Turniere veranstaltet und in der Theorie des Spiels erhebliche Fortschritte erzielt. Schachturniere wurden nun regelmäßig in Publikationen dokumentiert. Das soziale Ansehen der professionellen Schachmeister stieg, Weltmeisterschaften wurden vom neu gegründeten internationalen Schachverband (FIDE) durchgeführt, und es etablierte sich ein Kreis von Großmeistern, die quer durch Europa von Turnier zu Turnier zogen. Weltmeister wie Wilhelm Steinitz, Emanuel Lasker oder José Raul Capablanca wurden wie zuvor nur Philidor weit über den engen Kreis des Spiels hinaus bekannt und zu einem Faktor im kulturellen Leben ihrer Zeit.

Die Popularität der Spitze widerspiegelt die zunehmende Popularisierung des Schachspiels im privaten und öffentlichen Bereich der bürgerlichen Gesellschaft – in den Cafés, Salons und Clubs. Die Schachlehrbücher von Staunton, Tarrasch, Lasker und Dufresne/Mieses erreichten hohe Auflagen, und viele große Tageszeitungen unterhielten wöchentliche oder sogar tägliche Schachkolumnen. Gemessen an der sozialen Situation der professionellen Schachspieler um 1800 waren dies tatsächlich „goldene Schachzeiten" im Sinne Vidmars.[336]

Zu den bedeutendsten Schachmetropolen zählte neben Berlin, Paris, St. Petersburg und London auch Wien. Während bis 1870 in Wien kein einziges nennenswertes Turnier stattfand, so war Wien von 1873 bis 1925 Austragungsort von nicht weniger als 20 internationalen Großmeisterturnieren.[337] Angesichts der enormen Kosten und der langen Dauer der Turniere fanden in ganz Europa kaum mehr als drei solch hochkarätiger Ereignisse pro Jahr statt. Die Hauptstadt der Donaumonarchie war in diesem Zeitraum also zu einem der wichtigsten Schachzentren der Welt aufgestiegen.

Die Ursache für den Aufstieg Wiens zu einer Schachmetropole ist zum einen Resultat der großen ostjüdischen Immigrationswelle um 1880, durch die wichtige Theoretiker und bedeutende Spieler aus dem Osten in Wien ansässig wurden. Zum anderen wurde der Aufschwung Wiens durch die Existenz einiger weniger jüdischer Mäzene bewirkt. Albert Anselm Salomon Rothschild (1844 – 1910), Ignatz Kolisch (1837 – 1889) und Leopold Trebitsch (1842 – 1906) ermöglichten durch ihr Mäzenatentum überhaupt erst überregionale Veranstaltungen in Wien, zu denen sich Meister aus ganz Europa einfanden; viele blieben in Wien. Das florierende Schachleben vor der Jahrhundertwende war deshalb alles andere als „hausgemacht", war aber gerade deshalb eng mit der Geschichte Wiens und Österreichs – dem Toleranzpatent von Joseph II. 1782 und den Reformen zur Gleichstellung der Juden 1860 unter Franz Joseph I. – verknüpft.[338] Unter den vielen ostjüdischen Emigranten befanden sich viele bedeutende Schachmeister wie Ossip Bernstein, Savielly Tartakower und Akiba Rubinstein. Die bedeutendsten Impulse für die Theorie des Spiels kamen von jüdischen Meistern aus dem Osten wie Wilhelm Steinitz, Aaron Nimzowitsch oder Richard Réti, sodaß sich das reiche Schachleben im Westen also zum Gutteil dem jüdischen Exodus aus dem Elend im Osten verdankte.[339]

An der Wende zum 20. Jahrhundert wird das Schachspiel in vielen Quellen als „jüdisches Spiel" bezeichnet, bis zur Gegenwart ist die Rede von einer besonderen

„Begabung der Juden" für das Schachspiel.[340] „Wo sich ein Schachclub aufthut", schreibt etwa Ascharin 1894, „da sind die Söhne Israels gewiß nicht die Letzten, welche um Einlaß bitten. Hat man sie aufgenommen, so gehören sie zu den eifrigsten Besuchern, rastlos bestrebt, sich hervorzuthun, – und der Erfolg fehlt ihnen selten."[341] Daß dieses Interesse soziale und nicht „ethnische" Ursachen hat, ist trivial, der Irrtum ist aber für die Geschichte des Antisemitismus im privaten Leben bezeichnend.

Bereits 1911 meldete sich Schachweltmeister Emanuel Lasker in einem kurzen Artikel in „Pester Lloyd" zur Frage einer „speziellen Begabung" oder eines „Spieltalents" zu Wort: „Die meisten werden unbedenklich antworten, daß die Juden vermöge ihrer hohen Intelligenz für eine Betätigung des Verstandes, wie das Schachspiel, vorzugsweise geeignet seien. Sie werden entweder freudestrahlend oder achselzuckend, je nach dem Maße der Sympathie, die sie den Juden gewähren, hinzufügen, daß die Juden den Christen in dem Punkt nun einmal überlegen sind. (...) Solch ein Urteil schlüge den Tatsachen ins Gesicht. Der Jude ist gewiß nicht intelligenter als der Christ."[342] Intelligenz im Schachspiel ist für Lasker Urteilsvermögen, das auf Gedächtnis und Phantasie beruht. „Im Gedächtnisse ist eine Menge von Tatsachen aufgestapelt, die falsch oder richtig beobachtet worden sind. Sind diese Tatsachen übersichtlich und im richtigen Kausalverhältnis geordnet, so ergibt sich daraus ein gutes Urteilsvermögen. Wer aber wenig oder irrig aufgefaßte Tatsachen in sich aufgenommen hat, hat ein schlechtes Urteil. Die Juden haben nun Vorfahren, die die Welt der Tatsachen in sehr falschem Licht gesehen haben. Das Ghetto war kein günstiger Beobachtungsposten. Daher ist ihr Urteil, so weit sie es ererbt haben, schwach. Und auch ihre Fähigkeit zur Beobachtung, weil wenig geübt, steht auf niedriger Stufe."[343] Die spekulative Phantasie ist nach Lasker bei Juden jedoch eine „kräftige", da sie aus der Not geboren ist: „Jede unterdrückte Nation hat mehr Phantasie als die Unterdrückerin, denn sie hat eine Sehnsucht mehr als jene. Die treibende Kraft der Phantasie ist der Wille. Jede Not, die man zu beseitigen trachtet, regt die Phantasie an, die Sattheit, das befriedigte Verlangen gebrauchen die Einbildung nicht." Zur Phantasie waren Juden daher in der Geschichte stets „gezwungen, weil sie keinen leichten Posten erhalten. Die Sinekuren bleiben denen vorbehalten, denen die Mächtigen freundlich gesinnt sind, und dazu gehören die Juden nicht."[344]

Aus der romantischen Kunst des Schachspiels war in der zweiten Hälfte des 19. Jahrhunderts eine Wissenschaft mit rationalen Normen und erlernbaren Gesetzen geworden – für den damaligen, an der Romantik geschulten Geschmack eine Provokation. Die Subtilität der Verteidigungskunst eines Steinitz, Tarrasch, Lasker oder Nimzowitsch galt als bizarr, ihre Partien waren für viele Amateure, deren Wissen zu beschränkt war, um sie zu verstehen, übervorsichtig oder langweilig. Wie in der Kunst und in der Wissenschaft hatte die Moderne innerhalb weniger Jahrzehnte im Schachspiel Einzug gehalten – und die Protagonisten des Neuen waren Juden.

Die Kritik an der Moderne im Schach hatte deshalb nicht nur wissenschaftlichen, sondern auch ideologischen Charakter. Ihren erbittertsten Gegner fanden die Modernen im Schachspiel in Franz Gutmayer (1857 – 1937), einem heute zurecht vergessenen, aber damals überaus populären Wiener Schachpublizisten. Seine gut zwei Dutzend Bücher, die zwischen 1898 und 1928 erschienen, bildeten die Basis für die Doktrin der Schachschriftsteller des NS-Regimes. Gutmayer war eine gescheiterte Existenz: Als

Schulabbrecher war er zunächst im Annoncengeschäft tätig, nach einer Erbschaft widmete er sich der Schachschriftstellerei und gründete die „Schachgesellschaft Morphy" zu Ehren des amerikanischen Meisters Paul Morphy, den er für das letzte große Genie im Schachspiel hielt. Gutmayer verarmte nach dem Ende des Ersten Weltkrieges völlig und fand ab 1921 im Versorgungsheim Lainz Aufnahme. Den Meistertitel konnte er nie erringen.

Seine Bücher hatten aber Einfluß auf eine breite Anzahl von Amateuren, von denen er zum Teil wie ein Prophet verehrt wurde. Gutmayers Stil war deftig – Abraham a Santa Clara war sein Vorbild –, seine Weltsicht war einfach: Die hohen Ideale der Kunst des Schachspiels waren in der modernen, von Juden beherrschten Welt verkommen. Er selbst war ihr Retter und zugleich Märtyrer: „Ich bin der frohe Botschafter, der eine neue, feurige, energische Spielweise lehrt – freilich, da muß ich auch gekreuzigt werden. Diese honorargierige, gewissenlose Rasse von Schacherschächern mit übelriechenden Prunknamen von heute, sie ist vom Publikum bereits gerichtet."[345]

Gutmayer gerierte sich als ein Zeitkritiker der Moderne, der lebensphilosophische Ideologie mit einer diffamierenden Stilkritik im Schach verband. Manche Passage bei Gutmayer liest sich daher wie eine mißglückte Parodie auf Nietzsche, über die man lachen könnte, seine Sprache antizipiert jedoch bereits den faschistischen Jargon der kommenden Jahrzehnte: „Hoch über dem Nichts von einem armseligen, lahmen Positionsspieler, von einem modernen Schachpraktiker, sehe ich im Geist eine kühnkräftige Rasse von Übermachtspielern emporwachsen, heranblühen und ausreifen, die, auf mein System gestützt, nicht Tod noch Teufel fürchten, – Spielpraktiker mit einer großen Verachtung im Mundwinkel vor jeder Art von Remis, siegesfrohe, mutigheitere, kühn-verwegene und doch wieder kalt-besonnene Kämpen und Kämpfer, Zerschmetterer, Niederwerfer, Vernichter, die mit napoleonischer Wucht und Machtgewalt jeden Widerstand zu zerbrechen wissen und alle ihre Gegner in den Staub stürzen, Schachpraktiker mit einem hohen Willen zur Macht, zum Siege und Triumphe, deren Devise lautet: siegen oder sterben, triumphieren oder verderben. Ich werde sie nicht mehr erleben, doch künftige Generationen werden mich aufs Piedestal heben, werden meine Literatur heilig sprechen und an einer stumpfen, abweisenden Gegenwart mich rächen."[346]

Die Gedankenwelt Gutmayers kannte zwei Leitfiguren: Napoleon, das „Genie des großen Führers und Feldherrn", und Paul Morphy, das Genie am Schachbrett, die „Siriussonne". Der Amerikaner Paul Charles Morphy (1837 – 1884) war 1858 in Europa aufgetaucht und hatte in sechs Monaten nacheinander Löwenthal, Harrwitz und Anderssen in Wettkämpfen geschlagen. Wenig später verschwand Morphy wieder, zog sich vom Schachspiel zurück und starb in geistiger Umnachtung.

Wie um Bobby Fischer entstand um Morphy rasch ein Künstlermythos, dessen sich Gutmayer bediente: Das einsame Genie mußte an einer dekadenten Welt scheitern, in der die hohen Ideale der romantischen Kunst verlorengegangen sind.[347] An die Stelle der kunstvollen intuitiven Praxis ist die Theorie, an die Stelle des „offenen Kampfes" das „feige Totsitzen" des Gegners getreten. Vor allem haben nach Gutmayer die Juden im Schach aus der „schönen Kunst" eine Einnahmequelle gemacht und durch die Kommerzialisierung das hohe Ideal zerstört. Paraphrasen auf diese Modernismus- und Kapitalismuskritik aus vormoderner Perspektive finden sich in allen Gutmayer-

Werken. Einige Passagen aus seinen Büchern 1916 – 1922 seien zitiert: „Die Dekadenten mißbrauchen das Schach zu verächtlichen Zwecken: zu Gelderwerb, Titelschinderein. (...) Diesen königlichen Vogel mißhandeln, verstümmeln sie ganz jämmerlich: reißen ihm die Flügel aus, stutzen ihm den Schweif, kastrieren ihn – machen ein dummes Haustier daraus, das ihnen schlechte Milch und zähes Fleisch liefert, diese Asiaten und Idioten![348] (...) Eine Herde Schweine hat sich im Garten der Kunst in die Sonne, an die schönsten Plätze hingerekelt. Nun stinken, grunzen und rülpsen sie nach Herzenslust. Tod und Verdammnis, man muß diese häßlichen Tiere abstechen und die Kunst an dieser übelriechenden Rasse rächen.[349] (...) Es sind lauter Judasse, die für ein paar Silberlinge, d.h. für einen Bauern diese verraten, verkaufen, ausliefern und preisgeben. (...) Woran fehlt es ihnen zuletzt? An dem Gewissen, dem Stolz, dem Ehrgeiz des Künstlers! Sie wollen in allererster Linie Geld verdienen, Honorare, Diäten einstreichen. (...) Sie sind vor allem – Geschäftsleute, Sportmenschen. Der Teufel hole den verfluchten Mammon, der alle Verhältnisse verdirbt und zerstört und den Verfall in die höchsten Institutionen, in die edelsten Künste noch hineinträgt.[350] (...) Da wird lang und breit unterhandelt, über pekuniäre Bedingungen gemäkelt und gefeilscht. (...) Freilich Lasker ist Israelite. Er hat den Geschäftssinn seiner Rasse, aber nicht ihre Abgebrühtheit.[351] (...) Selbst der größte Schachjude mit der stinkigsten Spielweise fühlt das Bedürfnis, seinen schmutzigen Stil weiss anzustreichen. Er nennt ihn logisch-konsequent, wissenschaftlich und macht den Kunststil als unsolide verächtlich. Diese Scheinheiligkeit ist hier – Kreditnotwendigkeit. Er muß ein sauberes Kleid anziehen. Nackt würde er sich zu hässlich ausnehmen – wie ein Affe, der die anderen laust.[352] (...) Aber zu den Geldmenschen, zu dieser übelriechenden Rasse von Allzuvielen rede ich nicht. Sie gingen mir immer wider den Geschmack, auch wenn sie unter falscher Maske, in Verkleidung als Weltmeister und Großmeister auftreten. Die Schachkunst soll frei bleiben von schmutziger, unsauberer Geldgier."[353]

Der faschistische Jargon Gutmayers von Schmutz und Sauberkeit, seine biologistische Metaphorik bedarf keiner weiteren Interpretation – Steinitz und Lasker sind ihm „Bandwürmer", „Perverse", „Kamele", „Blattläuse", „Bazillen", „Wahnsinnige", „Systemkrüppel", „Schweine", „Verarmer wahrer, echter Schachkunst", „Raupen, häßliche Tiere", ihre Partien sind „stinkiger Kohl" –, zu bedenken ist allerdings, daß dies zum Teil von prominenten Verlagen publiziert wurde.

Die „wahre Schachkunst" ist bei Gutmayer antitheoretisch, das Kunstideal liegt in der Vergangenheit, das durch Juden, ihren Stil und ihre Geldgier gefährdet wird. Bereits 1916 differenziert Gutmayer deshalb den mutig arischen von einem feigen jüdischen Stil: „Der erste: Wille zur Macht und Übermacht mit der Tendenz, das feindliche Spiel zu zerschlagen. Der andere: Wille zum koscheren Geschäft mit der Tendenz, jedenfalls sicher zu gehen. Kein Risiko, lieber zehnmal ein ekelhaft feiges Remis. Daher nur machen, was man genau sieht. Horizont: Die eigene krumme Nase. Perspektive: Ein fettes Honorar."[354]

Für die Mehrzahl der Meister blieb Gutmayer ein Außenseiter, aber seine Bücher wurden gelesen, seine antisemitischen Diffamierungen fielen im Wiener Schachmilieu der 20er Jahre auf fruchtbaren Boden. Gutmayers Lehrbuch der romantischen Schachkunst *Der Weg zur Meisterschaft* erreichte mehrere Auflagen. Sein Programm, das dann ein anderer in anderem Maßstab Wirklichkeit werden ließ, veröffentlichte er ebenfalls bereits 1916 in Versform: „Ich will sie wieder befreien – die vielen Schächerbuden/ Von der großen Läuseplage, –/ von den schmutzigen Schacherjuden./ Ich will zu Schanden machen den schlechten Stil von heute,/ den sie eingeführt haben aus Palästina – unsere Leute."[355]

Wie leicht modernitätskritische Ideologie und Rassismus auch in die entlegensten Winkeln des privaten Lebens vordrang, und wie friktionsfrei und schamlos sich viele an die herrschende Ideologie anschmiegten, zeigen die theoretischen und editorischen Projekte der Schachschriftsteller von 1938 bis 1945.

Gutmayer hatte schon zu Beginn des Jahrhunderts den Weg vorgezeigt, wie Rassismus und Schachtheorie zu verknüpfen waren: Eine fiktive deutsche Romantik erlebte gegen das „feige jüdische Schach" eine Renaissance. Doch zunächst war für die NS-Autoren ein anderes, schwieriges Problem zu lösen: Die Schachgeschichte mußte arisiert und die vielen jüdischen Meister aus ihr eliminiert werden. Ein Beispiel dafür ist die Editionsgeschichte des populärsten deutschen Schachbuches, *Das kleine Lehrbuch des Schachspiels* von Jean Dufresne und Jacques Mieses. In der 15., von Max Blümich 1941 besorgten Auflage fehlt im Vergleich zur 14. Auflage (1939), die zwar bereits verändert, aber noch nicht radikal umgeschrieben worden war, im Titel der jahrzehntelange Koautor, der Leipziger Meister Jacques Mieses. Im ausführlichen Register der Biographien – ein Schachlexikon – ließ Blümich alle Schachmeister, von denen er vermutete, sie seien jüdischer Herkunft, einfach fort. Diese Amputation der Geschichte führte zu einem absurden Ergebnis. Es fehlten Großmeister, die jeder kannte, ja sogar Weltmeister. Aus der Geschichte ausradiert wurden neben vielen anderen: Alapin, Breyer, Fine, Flamberg, Janowski, Kolisch, Weltmeister Lasker, Lilienthal, Löwenthal, Nimzowitsch, Reshewsky, Réti, Rubinstein, Salwe, Showalter, Spielmann, Weltmeister Steinitz, Tarrasch, Tartakower und Winawer.

Noch schwieriger wurde für den Geschichtsfälscher die Darstellung der Turniere und der Weltmeisterschaften. Blümich entschloß sich zu radikalen Streichungen. Wurden etwa in der 14. Auflage alle Weltmeisterschaftskämpfe ab 1890 auf vier Seiten detailliert angeführt, beschränkt sich Blümich in der 15. Auflage auf den Satz: „Auch die Zahl der Zweikämpfe um die Weltmeisterschaft häufte sich zusehens, nachdem Capablanca (...) von Aljechin 1927 in Buenos Aires mit 6 : 3 bei 25 Remisen geschlagen wurde."[356] Fast unlösbar war das Problem der Namen der Schacheröffnungen und Varianten, denn viele trugen die Namen ihrer Erfinder. Blümich zensierte, wo es ging, erfand Bezeichnungen wie „Preußische Partie", doch um die Bezeichnung „Nimzoindische Verteidigung" kam selbst er nicht herum.

Eine niederträchtige Lösung fand Blümich schließlich für den Partieteil, den Hauptteil der Einführung: Partien jüdischer Meister ließen sich zwar nicht vermeiden, ansonsten wäre das Lehrbuch zu einem dünnen Heftchen geworden, aber Blümich wählte – bis auf eine einzige Partie von Ignatz Kolisch – ausnahmslos Verlustpartien jüdischer Großmeister aus. So sah die deutsche Jugend die Heroen der „goldenen Schachzeiten", wenn sie deren Partien schon studieren mußte, um Schachspielen zu lernen, wenigstens ständig nur verlieren – ein an Lächerlichkeit und Schäbigkeit kaum zu überbietender Editionsgedanke.

Direkt an Gutmayers Theorien schließen die Artikel von Diemer, Gerbec und Weltmeister Alexander Aljechin an. In *Schach-Kampf und Kunst* (1943) entwickelte Emil

J. Diemer, ein prominenter Meister und Mitschöpfer des vielgespielten Blackmar-Diemergambits, die Idee eines „deutschen Kampf-Schachs". Konkret versuchte Diemer, die Schacheröffnungen nach politischen und rassischen Merkmalen zu bewerten. Die Juden sind die Schöpfer der positionellen, geschlossenen Eröffnungen, während das „deutsche Kampfschach" – Synonym für Mut und Risiko – offene und kombinationsreiche Eröffnungen bevorzugt, welche dem „deutschen Wesen" adäquat sind. Schach ist das Symbol des Lebens: „Ich sehe in dieser Angst vor der Verantwortung, vor dem Risiko, vor der ‚großen Tat', vor dem ‚Gefährlich-Leben' den letzten Ausdruck jüdischen Einflusses auf unsere Schachjugend. Warum sollte es im Schach anders sein, diesem ‚Symbol menschlichen Lebens', dieser Parallelerscheinung zu allen menschlichen Auseinandersetzungen auf kulturellem und politischem Gebiete, als auf allen anderen Gebieten des heutigen menschlichen Daseins? Hie Kampf, hie ‚Maginotgeist'!"[357]

Einige Jahre vor Diemer hatte der Wiener Theodor Gerbec (1887 – 1946), Mitarbeiter und Herausgeber der Deutschen Schachzeitung, den Stil jüdischer Schachmeister am Beispiel des amerikanischen Weltmeisterschaftskandidaten Reuben Fine als „opportunistisch", „passiv" und „feig" gekennzeichnet. Seine Artikel wiederholten im Grunde die Plattheiten Gutmayers, doch fügte Gerbec der antisemitischen Kapitalismus- und Modernismuskritik Gutmayers das Element des Antiamerikanismus und Antiurbanismus hinzu – ein ähnliches Phänomen, wie es in der Kritik der Zwölftonmusik, des Kubismus und des Jazz zu finden ist: „Und von Schönheit kann man bei den Partien eines Flohr oder Fine wahrhaftig nicht reden. Reines Sicherheitsschach ist so ziemlich das Übelste, was bisher auf den 64 Feldern verzapft worden ist. (...) Es scheint, daß dieser Stil in erster Linie aus Amerika stammt. Das ist der gleiche nüchterne, anödende Stil, der die geschmacklosen Wolkenkratzer baut und das ganze Leben mechanisiert und, was die Hauptsache ist, Erfolg bringt. Der gleiche Zwang, der das amerikanische Leben in die Bahnen der Spekulation zwängt. Spekulatives Schach ist aber das Letzte, was wir brauchen können und wird nie einen Fortschritt bedeuten."[358]

Unschwer kann man in Diemers und Gerbecs Aufsätzen Anklänge an Oswald Spenglers *Der Untergang des Abendlandes*, das in den 30er Jahren den Höhepunkt seiner Popularität erreichte, erkennen. Spenglers zivilisationskritisches Pamphlet war eine breit angelegte, irrationalistische Kritik an der modernen Gesellschaft, an der „Maschinenhaftigkeit" und „Seelenlosigkeit" des „irreligiösen und unmetaphysischen Weltstädtertums."[359] Seine Kritik des Prinzips der „Kausalität", dem Spengler die Idee des „Schicksals" entgegenstellte, ließ sich auch auf das Schachspiel anwenden: „Kausalität", schreibt Spengler, „ist das Verstandesmäßige, Gesetzhafte, Aussprechbare, das Merkmal unseres gesamten verstehenden Wachseins. Schicksal ist das Wort für eine nicht zu beschreibende innere Gewißheit. (...) Das eine fordert Unterscheidung, also Zerstörung, das andere ist durch und durch Schöpfung. Darin liegt die Beziehung des Schicksals zum Leben, der Kausalität zum Tod."[360] Das jüdische Spiel ist destruktiv, wissenschaftlich und hingegeben ans Tote, das arische Spiel ist dagegen sich selbst gewiß, schicksalshaft lebendig und innerlich.

Wird man, wenn auch mit großer Mühe, Autoren wie Gutmayer, Gerbec und vielleicht sogar Diemer als einzelne und vereinzelte Spinner abtun können, so meldete sich 1941 die größte Autorität im Schachspiel, Weltmeister Alexander Aljechin, zu Wort. Vom 18. – 23. 3. 1941 veröffentlichte Aljechin in der Pariser Zeitung eine Artikelserie in sechs Folgen zum Thema *Jüdisches und arisches Schach*. Aljechins Artikel wurde im selben Jahr mehrfach nachgedruckt und kursierten noch lange nach 1941 als Typoskript.[361]

106, 110, 113, 114

Alexander Aljechin (1892 – 1946) war eine schillernde Persönlichkeit und der größte Kombinationskünstler seiner Zeit. Nach eher mühsamem Aufstieg hatte er 1927 die Weltmeisterschaft von Capablanca erobert und sich in den 30er Jahren – trotz einer Niederlage gegen den Holländer Max Euwe – durch sein aggressives und dynamisches Spiel den Nimbus eines Unbesiegbaren erworben. Viele Turniere gewann er mit souveränem Vorsprung, und es existieren unzählige Anekdoten über den Trinker, Choleriker, Antisemiten und Egomanen Aljechin. Was sein politisches Leben neben dem Schachbrett betraf, war Aljechin ein Opportunist.

In seiner verhängnisvollen Artikelserie elaborierte Aljechin die Gutmayersche Opposition von arisch-romantischer Kunst auf der einen Seite und jüdisch-opportunistischem Spiel auf der anderen: „Was ist eigentlich der jüdische Schachgedanke? Diese Frage ist nicht schwer zu beantworten: 1. materieller Gewinn um jeden Preis, 2. Opportunismus – ein bis zum äußersten getriebener Opportunismus, der jeden Schatten einer möglichen Gefahr beseitigen will. (...) Wie Nimzowitsch mit seinem System, so fand auch Réti mit seiner Schrift ‚Die neuen Ideen im Schach' bei der Mehrzahl der anglojüdischen Pseudo-Intellektuellen warmen Beifall. Und dieser billige Bluff, diese schamlose Selbstreklame wurde von der durch jüdische Journalisten vergifteten Schachwelt widerstandslos geschluckt und jauchzend widerhallte das Geschrei der Juden und Judenfreunde (...)."[362] In dieser Art ging es durch sechs lange Artikel, in der Aljechin das „jüdisch-angloamerikanische Schach" von einem „arisch-deutschen Schach" differenzieren wollte. Sein besonderer Haß galt Akiba Rubinstein, dem Konkurrenten in den 10er und 20er Jahren, den „halben Großmeister und Viertelmenschen (...) irgendwo in Belgien schachtot für immer."[363] Sich selbst zählte Aljechin, der gealterte russische Emigrant, zu den Deutschen.

Der Weg der Ideologie, der vom Antisemitismus Gutmayers ausging und über die schäbige Geschichtsfälschung Blümichs zur rassistischen Hetze von Blendern wie Gerbec oder Diemer führte, mündet bei Aljechin in die bewußte Lüge. Denn anders als Gutmayer, Diemer oder Gerbec war Aljechin jüdischen Großmeistern jahrzehntelang am Brett gegenübergesessen; ihr Spiel, das er nun als „jüdisch" verwarf, hatte er jahrzehntelang in Kommentaren gelobt. Als prominenter Experte lieferte er ein theoretisches Unterfutter für ihre physische Verfolgung und für die Absurdität einer rassistischen Schachtheorie. Nach 1945 versuchte Aljechin, sich von seinen Artikeln zu distanzieren, er starb im März 1946, kurz nachdem ihn die Nachricht erreicht hatte, daß der französische Schachverband eine Untersuchung gegen ihn führen wird.

Die einstige Schachmetropole Wien versank im übrigen nach dem Zweiten Weltkrieg in völlige Bedeutungslosigkeit. Die Meister, die in Wien bis in die 30erJahre gelebt hatten, waren wie die jüdischen Mäzene ermordet oder vertrieben worden.[364] 1972 trat der wohlhabende Spediteur Rachmiel Weissberg an die Funktionäre des Wiener Schachvereines heran, um ein Meisterturnier im Gedenken an seine kürzlich verstorbene Frau abzuhalten. Er wolle, so Weissberg, das Turnier zur Gänze finanzieren. Eine einzige Bedingung stellte Weissberg: Ein „Glaubensgenosse soll am Turnier teilnehmen". Dem bescheidenen Wunsch konnte nicht entsprochen werden. Die „goldenen Schachzeiten", von denen Vidmar sprach, waren lange vorbei.

Mit dem 60. Zug ♗e2–d3 überdeckt Rubinstein das Feld c2. Grünfelds Antwort erfolgt a tempo, sie ist erzwungen: 60. ... ♗b4–a5. Der Verlust des weißen Mehrbauern ist nun unvermeidlich. Rubinstein zieht 61. ♔b3–c4, und Grünfeld greift den totgeweihten Bauern auf g5 an. Sein Zug ist 61. ... ♔f7–g6. Beider Pläne stehen fest. Das Spiel ist nach fast achtstündigem Kampf in seine entscheidende Phase eingetreten.

60. ♗e2–d3 ♗b4–a5
61. ♔b3–c4 ♔f7–g6

44

Das ganze Jahr 1926 war Rubinstein bei Turnieren in Europa unterwegs. Sein ungeselliges Verhalten hatte für viele befremdlichen Charakter angenommen, dennoch folgten Einladungen zu den großen Turnieren des Jahres. Es gelang Rubinstein, sich jeweils in der Spitzengruppe zu placieren: Sechster Rang am Semmering im März – das Turnier gewann Spielmann vor Aljechin –, dritter Rang in Dresden hinter Nimzowitsch und Aljechin, wieder Dritter im Juni in Budapest gemeinsam mit Kmoch und Takács hinter Grünfeld und Monticelli und im August in Hannover zweiter Rang hinter Nimzowitsch. Das Turnierjahr ging für Rubinstein in Berlin zu Ende: zweiter hinter Bogoljubow. Das Jahr hindurch erzielte Rubinstein großmeisterliche Ergebnisse, er gewann jedoch keinen einzigen ersten Preis. Rubinstein war nun einer unter vielen, und die jüngere Generation zog an ihm vorbei, allen voran Alexander Aljechin, dessen unversöhnlicher Haß ihm gewiß war.[365]

Nur noch selten blitzte die schöpferische Kraft Rubinsteins auf, wie gegen Ernst Grünfeld beim Semmering-Turnier 1926: In einer remislichen Stellung mit ungleichfarbigen Läufern trifft Grünfeld im 40. Zug ein kombinatorischer Blitz. Rubinstein opfert *38,* **13**
seinen Läufer gegen einen Bauern, tauscht danach einen Turm und lanciert einen entscheidenden Mattangriff. Doch zumeist reichte die Konzentration nicht mehr aus, um eine ganze Partie oder gar ein ganzes Turnier kohärent zu Ende zu bringen. Bezeichnend ist die Partie gegen Fred Yates in 84 Zügen, die ebenfalls am Semmering *39*
1926 gespielt wurde: Mit Schwarz überspielte Rubinstein den Engländer in der Eröffnung und verschaffte sich in einer taktisch zugespitzten Position durch ein temporäres Bauernopfer im 14. Zug Vorteil. Sieben Züge später gewann Rubinstein den Bauern zurück und verdichtete den Positionsvorteil mit herrlichem Druckspiel zu einer Gewinnstellung. Im 43. Zug verliert Rubinstein jedoch plötzlich den Faden, und anstatt die Partie stilgerecht und sicher mit einer einfachen Mattkombination abzuschließen, vereinfacht er die Stellung so weit, daß Yates wieder Remischancen erhielt. Erst im Turmendspiel gelang es Rubinstein, nach großen Mühen den Widerstand zu brechen und die Partie doch noch zu gewinnen. Ein gewaltiges Ringen, aber kein Meisterwerk, das in sich stimmig wäre wie die Partien aus St. Petersburg 1909.

Ende 1927 hatte der um sechs Jahre jüngere Alexander Aljechin den Weltmeisterschaftstitel von Capablanca in Buenos Aires gewonnen. Eine neue Ära begann, und Rubinstein mußte nach Lasker und Capablanca den dritten Weltmeister akzeptieren, ohne je die Chance erhalten zu haben, selbst um den Titel zu spielen.

15

16

17

15 Sauerbrunn 1929 (mit Siegbert Tarrasch)

16 Karlsbad 1929 (1. Reihe sitzend v. links: Menschik, Spielmann, Vidmar, Capablanca, Tietz, Bogoljubow, Nimzowitsch, Rubinstein, Maróczy; 2. Reihe: Johner, Grünfeld, Euwe, Mattison, Thomas, Brinckmann, Sämisch, Gilg; 3. Reihe: Yates, Tartakower, Marshall, Treybal, Canal, Becker, Colle)

17 Rogaska Slatina 1929 (v. links: Kramer, Joanovic, Rubinstein, Hönlinger, Pirc)

18

19

AKIBA RUBINSTEIN
MAITRE D'ECHECS
4, RUE Mme COURTMANS, 4
BERCHEM-ANVERS

20

18 um 1930

19 Kohlezeichnung v. Samy Rubinstein um 1950

20 Briefkopf A. Rubinstein um 1928

62. ♔c4–b5 ♗a5–d8

Im Laufe des Jahres 1926 mußte Rubinstein das Haus in Rehbrücke bei Potsdam verkaufen, die Familie übersiedelte nach Belgien und nahm kurzfristig Quartier beim Schwager Rubinsteins in der Rue Mme Courtmann in Berchem, einem Vorort von Antwerpen. Im März 1927 wurde Rubinsteins zweiter Sohn Samy geboren. Die Einkünfte reichten nicht mehr, um die Familie zu erhalten, aufgrund der Wirtschaftskrise sanken die Preisgelder der Turniere in Europa rapide. Die Inflation tat ein übriges. Beim Berliner Tagblatt-Turnier 1928 blieb Rubinstein unplaziert, bis 1930 abonnierte Rubinstein zweite, dritte und vierte Plätze: Karlsbad, Ramsgate, Budapest 1929, San Remo und Scarborogh 1930 brachten kaum mehr als die Spesen.

Ein letztes Mal zeigte Rubinstein die Kraft seines Genies bei der Schacholympiade in Hamburg 1930, wo er die polnische Mannschaft am Spitzenbrett mit 15 Punkten aus 17 Partien zur Goldmedaille führte. Rubinstein erzielte das beste Ergebnis aller Teilnehmer. Sein Sieg gegen den Inder Sultan Khan erinnert an den strengen Stil
41 und die Präzision der Vorkriegszeit. 1931 konnte Rubinstein bei der Olympiade in Prag zwar nicht an das Hamburger Ergebnis anschließen, aber er hielt sich mit sechs Siegen gegen drei Niederlagen bei sieben Remis noch über Wasser. Das Desaster folgte in Rotterdam 1931, wo ein kleines doppelrundiges Turnier mit Tartakower, Landau und Colle am Turnierkalender stand. Mit nur zwei Punkten wurde Rubinstein abgeschlagen letzter.

Rotterdam war das letzte Turnier Rubinsteins, ein Anlaß aufzugeben, aber nicht die Ursache. Rubinstein stand im 50. Lebensjahr. Seine Karriere, die Suche nach Klarheit und Absolutheit, hatte 30 Jahre gedauert, Rubinstein hatte noch ebenso lange zu leben.

Rubinsteins 62. Zug in Karlsbad ist ♔c4–b5. Er bedroht den Läufer. Grünfelds Antwort lautet 62. ... ♗a5–d8. Die Blockade auf a5, die über 20 Züge gehalten hat, muß nun aufgegeben werden, aber der Plan Grünfelds ist klar: Der Läufer wird rechtzeitig die Diagonale von g1–a7 erreichen, um den weißen Freibauern abzufangen, der König wird in die weiße Stellung eindringen und den eigenen Freibauern auf c3 unterstützen.

45

Eine antike Vasenmalerei zeigt zwei griechische Helden bei einem Brettspiel vor Troja. Nachdenklich sitzen sie vor einem Spielbrett mit abstrakten Figuren. Ob es sich dabei um ein Schachspiel handelt, ist fraglich, doch für den englischen Abt Alexander Neckham bestand am Ende des 12. Jahrhunderts kein Zweifel, daß das Schachspiel von den Griechen erfunden wurde und daß sein Erfinder kein anderer als der listenreiche Odysseus gewesen sein mußte.

Homers Odysseus gilt als erster Held der Moderne und als Protagonist einer Vernunft, die von der Welt Besitz ergreift. Mit der Odysseus-Gestalt auf der Heimfahrt von Troja hat sich das Denken der Moderne einem archaischen Denken entwunden, das weitgehend noch die Ilias beherrscht. Achill, der Held der Ilias, ist noch ein Spielball der Götter und des Schicksals. Während er wutschnaubend und triebgebunden auf die endlose Zahl seiner Feinde zustürmt, bis er selber fällt, handelt Odysseus selbstbestimmt und zweckrational. Er ist ganz auf sich und seine Vernunft gestellt. Sein Kampf etwa mit dem Riesen Polyphem im IX. Gesang der Odyssee gleicht einem Schachspiel: Gegen die Gewalt des Kyklopen tritt Odysseus mit Schlauheit an, er obsiegt, indem er wie ein Schachspieler kombiniert, strategisch handelt und seine Affekte zügelt. Odysseus ist in der Lage, Menschen wie Schachfiguren zu opfern, und am Ende erreicht er sein Ziel. Er blendet den Riesen und entkommt stolz und unversehrt.[366]

Vom Mittelalter bis ins 19. Jahrhundert erscheint die Figur des Schachspielers in der europäischen Kunst odysseushaft – als Allegorie der Umsicht und der Klugheit. Sein Spielen ist Ausdruck der Macht und der rationalen Freiheit des modernen Menschen. Selbstbewußt beherrscht er die Natur, indem er ihre Regeln kennt, und er gewinnt während des Spiels im Bewußtsein seiner Überlegenheit Identität. Das Schachspiel selbst erscheint als Metapher einer durch Vernunft beherrschbaren Welt, als geschlossener Raum, den sich der menschliche Spieler durch seine Entscheidungen unterwirft und frei gestaltet – unabhängig von Tradition, Instinkt und Natur. Als vernünftig erscheint der Spieler, indem er selbst in scheinbar ausweglosen Situationen zweckrational entscheidet, seine Entscheidungen vor ihrer Anwendung auf ihre Operabilität hin prüft und sie danach kaltblütig in Handlungen überführt.

In der Vernunftkritik des 20. Jahrhunderts verändert sich bekanntlich die Einschätzung der Odysseusgestalt radikal. Die dunkle Seite seiner Zweckrationalität und seines auf Herrschaft über die Natur ausgerichteten Handelns wird deutlich – als instrumentell verkürzte Vernunft, die das eigene Denken soweit diszipliniert, bis es im Streben nach Herrschaft über die Natur der eigenen Natur und dem eigenen Körper Gewalt antun muß.[367] Damit verändert sich auch der Blick auf den Schachspieler und sein Spiel.

Im Schachroman des 20. Jahrhunderts erscheint der Schachspieler als ein durch seine eigene Rationalität Beschädigter an der Grenze zum Wahnsinn und darüber hinaus. Er strebt im Spiel nach Macht und Selbsterhaltung, wenngleich er kaum mehr über ein Selbst verfügt, das zu erhalten lohnt. Das Spiel, die durch Vernunft beherrschbare Welt, erscheint nun als groteskes, gefängnishaft geschlossenes Labyrinth. Es gleicht dem Palast in Jorge Luis Borges Erzählung *Der Unsterbliche*, den die Götter irgendwann zurückgelassen hatten und durch den der Mensch auf der Suche nach Sinn und Ursprung taumelt: „,Die Götter, die ihn gebaut haben, waren wahnsinnig.' Das sagte ich, wie ich mich genau erinnere, mit einem unbegreiflichen Aufbegehren, das fast ein Gewissensbiß war, mehr mit einem intellektuellen Schauder denn einem Angstgefühl. Zum Eindruck ungeheuren Alters gesellten sich andere: der Eindruck von Endlosigkeit, von Gräßlichkeit, von verwickelter Sinnlosigkeit. (...) Aus den Überresten der Trümmer erbauten sie die unsinnige Stadt, die ich durchstreift hatte: als eine Art Parodie oder Kehrseite, aber auch als Heiligtum der vernunftlosen Gottheiten, die mit der Welt ihr Spiel treiben und von denen wir nichts wissen, außer daß sie nicht dem Menschen gleichen. Diese Gründung war das letzte Zeichen, zu dem die Unsterblichen sich herabließen; sie bezeichnet eine Stufe, auf der sie, zu der Einsicht gelangt, alles Tun sei eitel, im Denken zu leben beschlossen, das heißt in der reinen Spekulation. Sie errichteten den Bau, vergaßen ihn (...)."[368]

Die Welt als Schachspiel gedacht ist im 20. Jahrhundert eine Welt ohne Transzendenz und metaphysisches Ideal. In der Erkenntnis der Immanenz des Spiels und der rationalen Freiheit des einzelnen Spielers vermag sich allerdings nun nicht mehr jenes heitere Selbstbewußtsein einzustellen, wie es Odysseus charakterisiert und wie es die Aufklärung seit Descartes versprach. „Wir spielen", bringt Kurt Schwitters die Stimmungslage einer am Ideal ermüdeten Gesellschaft auf den Punkt, „wir spielen, bis uns der Tod abholt."[369]

Dem melancholischen Blick der Gegenwart auf den Spieler und sein Spiel ging die Erfahrung des Nihilismus im 19. Jahrhundert voraus. Sie fußte weniger auf Reflexion als auf einem Schock über den Verlust von Identität und Sinn, wie er bereits in der frühen Romantik evident ist und ein letztes Mal vom deutschen Idealismus bei Fichte und Schiller zurückgewiesen wurde.[370] Tschechows trauriger Laevskij in *Das Duell* (1891), Turgenjews Basarow in *Väter und Söhne* (1862), der junge Iwanowitsch in Fjodor Dostojewskijs *Der Spieler* (1866), aber auch die Alice in Lewis Carrolls düsterem *Through the Looking-glass* (1872) sind die literarischen Protagonisten des Nihilismus, Echo und zugleich Verstärker einer Stimmungslage. Sie streben nicht mehr nach Identität oder Gemeinschaft im Spiel, sondern haben sich im Gegenteil „losgesagt vom Leben, von der Pflicht des Bürgers und der Menschen".[371] Wo noch bei Schiller der spielende Mensch zu einer Ganzheit kommen soll, in der Zweckfreiheit des Spiels an der Gemeinschaft aller teilhat und im Spiel am Modell einer sittlichen Gesellschaft baut, ist Dostojewskijs Spieler ein „Verlorener", der Gesellschaft und Moral verachtet, ohne zu bereuen: „Ich habe mich", läßt Dostojewskij den jungen Aleksej sagen, „ganz einfach zugrundegerichtet. Meine Lage läßt sich überhaupt mit nichts vergleichen, und es hat keinen Zweck, mir selbst Moral zu predigen! Kann es etwas Dümmeres geben als Moral in so einer Zeit?"[372]

Im Roman des 20. Jahrhunderts entwickelt sich die Schachspielmetapher in unterschiedliche Richtungen, aber jeweils auf Grundlage der Erfahrung des Nihilismus: In seiner autoritär-militaristischen Variante bei Ernst Jünger, als Erfahrung der Selbstbezüglichkeit und Isolation des bürgerlichen Intellektuellen bei Stefan Zweig, als absurde Groteske bei Samuel Beckett, im Verständnis einer zwar sinnlosen, aber doch nach Regeln funktionierenden Welt schließlich bei Friedrich Dürrenmatt.

In seinem späten utopischen Roman *Eumeswil* (1977) charakterisiert Ernst Jünger den Protagonist der Erzählung, Mario, als Schachspieler. Eumeswil ist ein fiktiver afrikanischer Stadtstaat, über den der Tyrann Condor von der Kasbah aus herrscht. Mario dient ihm als Historiker und Steward. Eumeswil ist die Chiffre für eine Gesellschaft ohne Utopie und Zukunft, die zwar am Ende ist, in der der Ich-Erzähler jedoch bereit ist, bis zum Ende mitzuspielen: „Ich bin also dabei, als ob Eumeswil ein Traum, ein Spiel oder auch ein Experiment wäre. (...) Wenn ich die Partie des Condors bis zum Ende mitspiele, so ist es kein Lehens- und Treueverhältnis, das mich bindet, noch weniger Partei. Es ist vielmehr die eigene Sauberkeit. Daher werde ich im Endspiel zuverlässiger."[373] Ein Umsturz kündigt sich in der Kasbah an, der den Condor und seine Getreuen stürzen wird, aber damit wird sich für Mario nichts ändern. In Eumeswil ist ein Zustand des Posthistoire erreicht: „Die großen Ideen, für die sich Millionen töten ließen, sind verbraucht. (...) In unserer Epigonenwelt dahinsiechender Großreiche und verkommener Stadtstaaten beschränkt sich das Streben auf die groben Bedürfnisse. Die

Geschichte ist tot; das erleichtert den historischen Rückblick und hält ihn von Vorurteilen frei, jedenfalls für jene, die den Schmerz erlitten und hinter sich gebracht haben."[374]

Von hier aus ist die Betrachtung der Geschichte nur das „Nachspielen der großen Partien. (...) Wir spielen es durch in traumhafter Wiederholung, weil uns nichts Besseres einfällt.".[375] Die Geschichte selbst ist ein Schachspiel, dessen Züge der Historiker analytisch aber unbeteiligt beurteilt. In der stoischen Haltung soll auch die eigene Lebensgeschichte als Spiel objektiviert werden, indem „man sich selbst als Phänomen aus einiger Entfernung betrachten kann wie eine Figur im Schachspiel – mit einem Wort, daß man die historische Einordnung wichtiger nimmt als die persönliche. (...) Wem es gelingt, das Leben als Spiel zu treiben, der wird auch in der Nessel und in Schierling Honig finden; selbst Widrigkeiten und Gefahren bringen ihm Genuß."[376] Der Spieler hält sich an die Regeln des Spiels, er spielt nach Jünger jedoch nur in der Haltung der Desinvolture mit und im Bewußtsein, daß andere Spiele mit anderen Regeln um nichts besser sind: „Man spielt schlecht und recht mit dem anderen, doch wirft man das Brett nicht um," lautet das Credo des Schachspielers Mario.[377]

In Jüngers Eumeswil soll das Spielbewußtsein Metapher einer stoischen Ethik des Ertragens und Duldens sein. Die Schachmetapher erfüllt bei Jünger aber zugleich eine zweite, politische Funktion. In Jüngers verquerer Gesellschaftstheorie unterscheidet das Schachspiel und die Beachtung seiner Regeln den Anarch – Jüngers politische Leitfigur seit seinem Essay *Der Waldgang* (1951) – vom Partisan und Verbrecher. Ein Anarch wie Mario hält sich im Gegensatz zum Partisan an die Regeln und gewinnt durch ihre Akzeptanz eine unangreifbare innere Freiheit: „Der Unterschied liegt im Verhältnis zum Gesetz. Der Partisan will es ändern, der Kriminelle es brechen; der Anarch will weder das eine noch das andere. Er ist weder für noch gegen das Gesetz. (...) Der Anarch kennt die Spielregeln. Er hat sie als Historiker studiert und schwingt sich als Zeitgenosse in sie ein. Wo es geht, führt er sein eigenes Spiel in ihrem Rahmen."[378]

Die Gleichgültigkeit seines Helden, sein „Einschwingen", mit dem er die Geschichte und das eigene Leben wie ein Schachspiel betrachtet und die Regeln des Spiels, jedes Spiels, als gegeben erträgt, ohne nach deren Rechtfertigung zu fragen, ist bei Jünger, blickt man etwas genauer, nicht nur die Haltung des Stoikers, sondern und vor allem die Tugend des Soldaten. Die Welt als Spiel gedacht ist der Vollzug des formalen, militärischen Rituals. Am Kasernenhof, der für Jünger die ganze Welt ist, ist die Frage nach dem Urspung der Spielregeln nicht erlaubt, sie sind wie das sinnlose Exerzieren reine Form.

Durch seine Kriegssymbolik fügt sich das Schachspiel nahtlos in dieses soldatische Weltbild Jüngers ein. Am Höhepunkt des Romans, als der Untergang des Condors schon feststeht, gerät Jünger die Schilderung einer Schachpartie auf der Kasbah zu einem landserromantischen Delirium der Gleichheit aller: „Das Brett steht neben dem Wein und den Früchten; es darf nicht berührt werden. Das Spiel kennt nur den Gegner, nicht den Feind. Es wird als Agon unter Gleichen geführt. So ist es für den Anarchen nicht minder als für den König geschaffen – der kühne Angriff, die raffinierte Schlinge, die ihm gelegt wird, rufen olympisches Behagen in ihm hervor."[379] Im Spiel kann der zivile Held, der in Jüngers Prosa immer Soldat außer Dienst bleibt, General sein oder besser: ungestraft den General spielen. Am Kasernenhof oder im Krieg sind alle Spieler plötzlich auch gleich, indem für alle gleichermaßen das Befragen der Regeln verboten ist und für alle der Zwang zum Mitspielen besteht. Diese Spielerfahrung ist rauschhaft, und in ihr gewinnt alles zumindest für einen Moment Sinn und Eros. Der zunächst souveräne Held verliert beim Schachspiel deshalb am Ende vollständig die Contenance: „Der Genuß ist archaisch; ich bewege die Bauern und Offiziere, den hurtigen Läufer, den listigen Springer, den mächtigen Elefanten, den König, den Vezier. Es ist still auf der Kasbah; das Schicksal verdichtet sich. Ich erreiche einen Zustand, in dem die Figuren nicht mehr bedeutend, sondern sinnvoll sind. Sie werden eigenmächtig; der simple Soldat verwandelt sich in den Feldherrn; der Marschallstab wird sichtbar, den er im Tornister trug. Ob Elfenbein, Holz, Ton oder Marmor – die Materie verdichtet sich. Sie bringt sich auf den letzten Nenner, gleichviel ob die Partie um Haselnüsse, um Königreiche oder ‚nur um die Ehre' geht. Letzthin spielen wir alle immer um Leben und Tod."[380]

Wenn wie in Jüngers politischem Kosmos schon immer alles am Spiel steht, man immer nur um Leben und Tod spielt, ist es freilich egal, ob man sich „in der Tyrannis, dem Demos oder im Freudenhaus bewegt"[381]. Wenn es zureicht, durch die schweigende Akzeptanz der Spielregeln „Freiheit" zu erlangen, ist es auch gleichgültig, ob Tyrann oder Demos die Regeln formuliert haben. In einem Weltbild, in dem die Grenzen zwischen Spiel und Wirklichkeit, Regel und Ritual aufgehoben werden können, indem die Teilnahme am Spiel per Strafe erzwungen werden kann, sind Partisanen nichts als Spielverderber. Dem Mitspielenden ist dagegen jenseits jeder Moral alles erlaubt, solange er sich an die Spielregeln hält und „das Brett nicht umwirft".

Jüngers Homo ludens ist somit einer, der sich dem Ritual unterwirft, ein Soldat in Zivil, der den Formalismus der Regel bewußtlos vollzieht, also im Grunde ein Automat. Um den Erhalt der menschlichen Spieler gegenüber den Automaten zeigte sich Jünger stets seltsam besorgt. In seiner furchtbaren Ansprache auf dem Schlachtfeld von Verdun am 24. Juni 1979, wo für den Schriftsteller die Gelegenheit und die Notwendigkeit bestanden hätte, auf den Unterschied zwischen Spiel und Wirklichkeit hinzuweisen, fiel Jünger nicht mehr ein, als vor dem „Schachautomaten" zu warnen, der durch die „Verzifferung der Welt uns alle matt zu setzen droht".[382] Wenn die Grenzen zwischen Spiel und Wirklichkeit so vollständig wie bei Jünger aufgehoben sind, bleibt offenbar als einzige Sorge, daß nicht Maschinen die Menschen, sondern die Menschen einander im Spiel massakrieren. Ob symbolisch am Schachbrett oder am Schlachtfeld, macht für Jünger keinen Unterschied.

Im Gegensatz zur vollendeten Spielwelt von Eumeswil verschwimmen die Grenzen zwischen Schachspiel und Wirklichkeit in der letzter Prosadichtung von Stefan
73 Zweig, *Schachnovelle* (1941), nur partiell. Der Rahmen der Novelle besteht in einer Schachpartie an Bord eines Passagierschiffes von New York nach Buenos Aires. Der Schachweltmeister Mirko Czentovic wird von einem ehrgeizigen Amateur zu einer Reihe von Schachpartien herausgefordert. Czentovic wird von Zweig als „Spezimen intellektueller Eingleisigkeit"[383] ohne Bildung, Phantasie und sonstiges Talent geschildert, er gewinnt leicht, bis ein Fremder, der österreichische Emigrant Dr. B., in das Spiel eingreift und mit einigen genialen Zügen dem Weltmeister ein Remis abringt.

Das Kernstück der Novelle besteht in der Erzählung des Dr. B. Als Vermögensverwalter der Klöster Österreichs wurde B. von der Gestapo verhaftet und monatelang in völliger Isolation von der Außenwelt arrestiert, in der Annahme, B. sei im Besitz wichtiger Geheiminformationen. Die Tortur der Isolation zermürbt den Intellektuellen, doch gelingt es B., während eines Verhörs ein Buch zu stehlen, zu seiner Enttäuschung bloß eine Sammlung von Schachpartien. Mühsam macht sich B. mit der Nomenklatur vertraut und beginnt, Tag für Tag die Partien nachzuspielen – zunächst mit aus Brot geformten Figuren auf der karierten Bettdecke, danach, als ihm das Buch entzogen wird, blind aus dem Gedächtnis. Durch das Schachspiel gewinnt B. zunächst die intellektuelle Disziplin zurück, um den Naziverhören zu widerstehen. Das Nachspielen der Partien ermöglicht ihm die Flucht aus der raum- und zeitlosen Leere seiner Isolationshaft: „Unendliche Abwechslung beseelte täglich die stumme Zelle, und gerade die Regelmäßigkeit meiner Exerzitien gab meiner Denkfähigkleit die schon erschütterte Sicherheit zurück; ich empfand mein Gehirn aufgefrischt und durch die ständige Denkdisziplin sogar noch gleichsam neu geschliffen."[384]

Wenig später erfaßt B. jedoch eine „Schachvergiftung". In der Einsamkeit seines Zimmers erfindet er neue Partien und spielt sie mit sich selbst durch. Er gerät in einen Zustand „künstlicher Schizophrenie"[385]: „Aber ich hatte keine Wahl als diesen Widersinn, um nicht dem puren Irrsinn oder einem völligen geistigen Marasmus zu verfallen. Ich war durch meine fürchterliche Situation gezwungen, diese Spaltung in ein Ich Schwarz und ein Ich Weiß zumindest zu versuchen, um nicht erdrückt zu werden von dem grauenhaften Nichts um mich."[386] Die künstliche Schizophrenie verselbständigt sich, aus der Unwirklichkeit der Zelle stürzt B. im Schachfieber in den imaginären Raum der Schachwelt: „Aber selbst diese Selbstzerteilung war noch nicht das Gefährlichste an meinem abstrusen Experiment, sondern daß ich durch das selbständige Ersinnen von Partien mit einemmal den Boden unter den Füßen verlor und ins Bodenlose geriet. (...) Von dem Augenblick an, da ich aber gegen mich zu spielen versuchte, begann ich mich unbewußt herauszufordern. Jedes meiner beiden Ich, mein Ich Schwarz und mein Ich Weiß, hatten zu wetteifern gegeneinander und gerieten jedes für sein Teil in einen Ehrgeiz, in eine Ungeduld, zu siegen, zu gewinnen; ich fieberte als Ich Schwarz nach jedem Zug, was das Ich Weiß tun würde. Jedes meiner beiden Ich triumphierte, wenn das andere einen Fehler machte, und erbitterte sich gleichzeitig über sein Ungeschick. (...) Aus der Spielfreude war eine Spiellust geworden, aus der Spiellust ein Spielzwang, eine Manie, eine frenetische Wut, die nicht nur meine wachen Stunden, sondern allmählich auch meinen Schlaf durchdrang. Ich konnte nur Schach denken, nur in Schachbewegungen, Schachproblemen. (...) Selbst wenn ich zum Verhör gerufen wurde, konnte ich nicht mehr konzis an meine Verantwortung denken; ich habe die Empfindung, daß bei den letzten Vernehmungen ich mich ziemlich konfus ausgedrückt haben muß, denn die Verhörenden blickten sich manchmal befremdet an. Aber in Wirklichkeit wartete ich, während sie fragten und berieten, in meiner unseligen Gier doch nur darauf, wieder zurückgeführt zu werden in meine Zelle, um mein Spiel, mein irres Spiel, fortzusetzen, eine neue Partie und noch eine und noch eine."[387]

Die Krise der Ich-Dissoziation rettet B. auf seltsame Weise das Leben. Er wird von den Gestapo-Schergen entlassen, die angesichts seines Zustandes die Hoffnung auf brauchbare Informationen aufgegeben hatten. An Bord des Schiffes, das ihn in die Emigration bringen soll, spielt B. gegen Czentovic nun die erste Partie seines Lebens mit einem menschlichen Gegenüber. Zweig stilisiert die Begegnung zum Kampf des sensiblen Intellektuellen gegen den einseitigen und bornierten Berufsspieler, zum Kampf der Phantasie gegen die Routine. B. gewinnt, bei der Revanchepartie erfaßt ihn jedoch wieder das Fieber. Er bricht die Partie ab, um nie wieder Schach zu spielen. Der Intellektuelle verliert zwar die Partie, aber es gelingt bei Zweig zumindest die Flucht aus der Unwirklichkeit der Spielwelt, aus der Haft des Faschismus ebenso wie aus der Einsamkeit des Schachspiels.[388]

Bei Samuel Beckett ist an eine Befreiung des einzelnen aus seinem Lebensgefängnis nicht mehr zu denken. Das Leben: ein Endspiel zum Tode. In *Murphy* (1938), Becketts erstem vollendeten Roman, ist aus dem stolzen Odysseus, der einst als Vernunftsubjekt die Welt beherrschte, ein Katatoniker geworden. Murphy ist, wie Beckett selbst zur Zeit der Manuskripterstellung, ein irischer Emigrant in England, er verbringt seine Tage stumm, nackt und gefesselt in einem Schaukelstuhl. Nur die Krücke des Schachspiels erlaubt ihm noch eine Art geselligen Umgangs mit den Menschen. Um den Nachstellungen der Welt zu entgehen, flieht Murphy als Pfleger in eine Irrenanstalt, dem Magdalen Mental Mercyseat, und spielt nachts mit einem Insassen, Mr. Endon, eine groteske Partie Schach, über die er seine Pflichten vergißt und die schließlich zu Murphys Ende führt.[389] Stumm und dumpf sitzen Murphy und Endon einander beim Spiel gegenüber, ohne etwas von der eigenen oder der anderen Identität zu wissen. Ihr nächtliches Spiel spottet der Utopie des Idealismus auf die Herstellung „des ganzen Menschen" Hohn. Im kalten Licht von Becketts Irrenhaus erscheinen die Hoffnungen auf Identität und die Herausbildung einer freien Gesellschaft, die Sinnlichkeit und Vernunft im Spiel versöhnen soll, am Ende angelangt und vom nihilistischen Zweifel an der Größe und Vollkommenheit der menschlichen Vernunft zerfressen.

Ob im Roman oder in den Bildern des 20. Jahrhunderts wie bei Alfred Hrdlicka: Auf die Schachspieler wartet allesamt der Tod oder der Nervenarzt. Das rationale Selbst des Spielers ist nur noch so weit intakt, daß es die Spielregeln anwenden kann. Sie sind verstrickt in ein Spiel der Vernunft, das im Spiegel der Literatur und Kunst als nicht beherrschbar erscheint.[390]

In besonderer Weise hat sich Friedrich Dürrenmatt in seiner Prosa und in seinen theoretischen Schriften der Schachmetapher bedient und ihre Polyvalenz genützt. Im „Weltgeschehen als ein Schachspiel vorgestellt", schreibt Dürrenmatt 1979, sind grundsätzlich zwei Partien denkbar, eine deterministische und eine kausale: „Beim deterministischen Schachspiel sitzen sich zwei vollkommene Schachspieler gegenüber, zwei starre und sture Göttergötzen der Urwelt etwa, Ormuzd und Ahriman meinetwegen, oder das gute und das schlechte Prinzip oder der alte und neue Zeitgeist oder die alte und die neue Klasse oder zwei vollkommene Computer usw., die miteinander kämpfen. Die Menschen sind die Schachfiguren. (...) Zwei vollkommene Schachspieler vermögen sich nicht zu besiegen, sie verharren in ewigem Patt, in ewiger Koexistenz, Siege sind nur Scheinsiege. Die Welt ist durch Prädestination determiniert, statt des Chaos' herrscht eine unbarmherzige Ordnung. Bei der kausalen Partie dagegen spielen die Schachfiguren selber, sie sind die Ursachen ihrer Wirkungen, ihre guten Züge sind die ihren, ihre Fehler sind die ihren. Die zwei vollkommenen Schachspieler fallen in einen Schachspieler zusammen, der die Partie nicht mehr spielt, sondern begutachtet, genauer, er spielt sie auf eine delikatere Weise als die beiden Spieler des deterministischen Schachs: er führt die Partie als Schiedsrichter."[391]

Als solcher ist der Schiedsrichter nicht unbedingt gerecht, denn die Welt ist Dürrenmatt eine „abgefallene Welt, das Chaos ist größer als die Ordnung". Die Frage, die Dürrenmatt über die Spielmetapher stellt, ist, ob Gott würfelt, ob die Welt „ihrer Struktur nach eine Lotterie ist"[392] oder ob sie nach den Prinzipien eines Schachspiels entworfen ist. Dies sei eine Frage des Glaubens, Dürrenmatt entscheidet sich für die letztere Variante: Die Welt ist zwar nicht gerecht, doch basiert sie wie eine Schachpartie auf Vernunft; ihr Sein hat zwar keinen Sinn, aber sie funktioniert nach Regeln; der Mensch ist dem anderen zwar ein Wolf, „aber jeder Wolf ist dem anderen gegenüber zu gewissen Spielregeln verpflichtet."[393]

In der Gesellschaft herrschen nach Dürrenmatt – und dies unterscheidet seine Spielmetapher fundamental von der Jüngers – verschiedene Spiele: Das große Wolfsspiel etwa im Kapitalismus und das Gute-Hirte-Spiel im Sozialismus. Dem Wissenschaftler wie dem Künstler kommt die Aufgabe zu, die Spielregeln der jeweiligen Inszenierung zu analysieren, indem er sie modellhaft „durchspielt". Gerade indem die Welt „Spielcharakter" hat, können ihre Regeln durch das Spiel des Künstlers abgebildet und verstehbar gemacht werden: „Ich denke die Welt durch, indem ich sie durchspiele," heißt es im *Monstervortrag über Gerechtigkeit und Recht*.[394]

In seinem Spiel gewinnt der Künstler Distanz zur Wirklichkeit und vermag, die Spiele der Politik dramaturgisch nachzuspielen und auf diese Weise jeden Anspruch auf Absolutheit der Spielregeln zu unterwandern: „Ich denke dramaturgisch. Das heißt meine Denktechnik als Dramatiker besteht darin, die gesellschaftliche Wirklichkeit des Menschen in Theater zu verwandeln und mit dieser verwandelten Wirklichkeit weiterzudenken. Ich denke die Welt durch, indem ich sie durchspiele.(...) Versucht das politisch dialektische Denken eine Lehre aufzustellen, wie beim Schachspiel Weiß gewinnt, stellt das dramaturgisch dialektische Denken eine Beschreibung des Schachspiels dar, bei der es gleichgültig ist, ob Weiß oder Schwarz gewinnt, ob die Partie matt oder patt ausgeht, allein das Spiel an sich zählt, die Thematik der Eröffnung, die Dramatik des Endspiels: Das dramaturgische Denken, auf die Politik angewandt, hinter ihre Regeln zu kommen, nicht hinter ihren Inhalt. (...) Das dramaturgische Denken könnte die Politik hindern, sich ihren Maßstab, ihr Ziel und ihre Gegner absolut zu setzen."[395]

Ob dramaturgisch oder politisch, deterministisch oder kausal – für den einzelnen ist das Weltspiel Dürrenmatts grausam und unerbittlich. Das Leben ist wie bei Beckett ein labyrinthisches Endspiel ohne Sinn. Wie der Seher Tiresias, „der die Welt seiner Vernunft unterwerfen wollte", um „einen zaghaften Anschein von Ordnung, die zarte Ahnung einer Gesetzmäßigkeit in die trübe, geile und oft blutige Flut der Ereignisse zu bringen"[396], so scheitert jeder.

Die Seher der Gegenwart sind in Dürrenmatts Werk die Detektive. Wie Tiresias sollen sie Logik in einen verworrenen Fall bringen. Dürrenmatts Kriminalisten Bärlach und Matthäi sind dabei Schachspieler, und auch wenn sie ihre Partien gegen das Böse teilweise gewinnen, scheitern sie und gehen an ihrer Schachlogik angesichts der Komplexität der Wirklichkeit zugrunde.

In *Das Versprechen. Requiem auf den Kriminalroman* (1957) konfrontiert sich der Schriftsteller ironisch mit einem echten Kriminalisten, der dem Autor in der Exposition des Romans die Leviten liest: „Nein, ich ärgere mich vielmehr über die Handlung in euren Romanen. Hier wird der Schwindel zu toll und zu unverschämt. Ihr baut eure Handlungen logisch auf; wie bei einem Schachspiel geht es zu, hier der Verbrecher, hier das Opfer, hier der Mitwisser, hier der Nutznießer; es genügt, daß der Detektiv die Regeln kennt und die Partie wiederholt, und schon hat er den Verbrecher gestellt, der Gerechtigkeit zum Siege verholfen. (...) Ihr versucht nicht, euch mit einer Realität herumzuschlagen, die sich uns immer wieder entzieht, sondern ihr stellt eine Welt auf, die zu bewältigen ist. Diese Welt mag vollkommen sein, möglich, aber sie ist eine Lüge."[397] Wie die Detektive im ausgehenden 19. Jahrhundert betreibt Matthäi die Suche nach einem Mörder mit der Logik des Schachspielers. Alle seine Züge sind durchdacht und die einzigen, die in der Partie mit dem Täter möglich sind. Aber Matthäis Kombinationen gehen nicht auf. Er scheitert am bloßen Zufall, der Mörder wird nie gefaßt, der Schachspieler Matthäi verfällt dem Wahnsinn. Wenngleich die Welt als Ganzes deterministisch ist, erschließt sich ihr logischer Zusammenhang für den einzelnen nicht. Wie im Schachspiel erweisen sich ihre Varianten als zu komplex, daß sie von einem einzigen zu Ende gedacht werden können.

Auch Dürrenmatts zweite Detektivfigur, „der unerbittliche Schachspieler Bärlach"[398] scheitert an der Komplexität der Wirklichkeit. „Wir sind beide Wissenschaftler mit entgegengesetzten Zielen, Schachspieler, die an einem Brett sitzen", sagt der Naziarzt Emmenberger in *Der Verdacht* (1951) zu Bärlach, als er ihn in der Falle glaubt, „Ihr Zug ist getan, nun kommt der meine."[399] Bärlach spielt am Ende besser, doch sein Sieg ist ein Pyrrhussieg. Nur durch einen unwahrscheinlichen Trick – eine „petite combinaison", wie sie das Schicksal manchmal in ausweglosen Situationen bereithält – gewinnt er seine Partie doch noch und löst den Fall. Aber Gerechtigkeit kennt das Spiel nicht: „Das Gesetz ist nicht das Gesetz, sondern die Macht; dieser Spruch steht über den Tälern geschrieben, in denen wir zugrunde gehen. Nichts ist sich selber in dieser Welt, alles ist Lüge. (...) Da werden wir, ohne gefragt zu werden, auf irgendeine brüchige Scholle gesetzt, wir wissen nicht wozu; da stieren wir in ein Weltall hinein, ungeheuer an Leere und ungeheuer an Fülle, eine sinnlose Verschwendung, und da treiben wir den fernen Katarakten entgegen, die einmal kommen müssen – das einzige, was wir wissen. So leben wir, um zu sterben, so atmen und sprechen wir, so lieben wir, und so haben wir Kinder und Kindeskinder, um mit ihnen, die wir lieben und die wir aus unserem Fleische hervorgebracht haben, in Aas verwandelt zu werden, um in die gleichgültigen toten Elemente zu zerfallen, aus denen wir zusammengesetzt sind. Die Karten wurden gemischt, ausgespielt und zusammengeräumt; Ç'est ça."[400]

Seinen philosophischen und naturwissenschaftlichen Schriften hat Dürrenmatt ein Gedicht mit dem Titel *Spielregeln* vorangestellt:

„Im Unerbittlichen
fordere nicht Unerfüllbares
Halte die Spielregeln ein

Richte nicht die Gerichteten
Du bist einer von ihnen
Mische dich nicht ein, du bist
eingemischt

Sei menschlich, nimm Abstand
Jeden trifft ein eigener Pfeil
Du kannst niemanden schützen

Unrechtes geschieht nicht
aber Furchtbares

Was geschieht, bist du
Es geschieht dir recht"

63. a4–a5 ♗d8xg5
64. a5–a6 ♗g5–e3

Zwei logische Züge folgen nun rasch aufeinander. Rubinstein forciert den a-Bauern, Schwarz erreicht mit seinem Läufer die Diagonale: 63. a4–a5 ♗d8xg5 64. a5–a6 ♗g5–e3. Nur noch acht Steine befinden sich am Brett, es besteht materielles Gleichgewicht. Die Partie Bogoljubow gegen Mattison wird abgebrochen und vertagt.

46

Nach der Niederlage in Rotterdam 1931 hatte sich Rubinstein kaum 50jährig vom Turnierschach zurückgezogen und war nicht mehr bereit, Einladungen anzunehmen. Seine „Krankheit" nahm, wie Rubinsteins Sohn Samy berichtet, in dieser Zeit „große Ausmaße an"[401], was immer dies bedeuten mag. Der ältere Bruder Jonas erinnert sich an den schweigenden Vater, der den Söhnen beim Schachspiel zusieht, sich jedoch nicht einmischt und bei groben Fehlern wortlos das Zimmer verläßt.

Die Familie bewohnt seit 1930 ein kleines Haus in der Rue Camusel in Brüssel, Rubinsteins Ehefrau betreibt ein koscheres Restaurant in der Rue de Vièrges. 1932 wird das Haus aufgegeben, und die Familie übersiedelt in eine Mietwohnung im ersten Stock der Rue Faussé aux Loups, Nr. 38, im Zentrum der Stadt. Rubinstein hat ein eigenes Zimmer, das er in den nächsten zehn Jahren selten verläßt. Im Erdgeschoß der Rue Faussé aux Loups wird von Rubinsteins Ehefrau Eugenie ein neues Restaurant eröffnet.

1940 besetzen die Deutschen Belgien, 1942 erreicht die massive Verfolgung der Juden einen Höhepunkt. Zu Beginn des Jahres wird Rubinstein von seiner Familie in einer Nervenheilanstalt, der Privatklinik des Dr. Titeca in der Rue Lucerne, untergebracht. Rubinstein bleibt dort bis 1944 und entgeht der Deportation. Das Restaurant wird als jüdisches Unternehmen registriert und geschlossen, die Familie trennt sich für einige Zeit. Eugenie versteckt sich mit dem jüngeren Sohn Samy in der Nähe Brüssels, Jonas überlebt unter falschem Namen in verschiedenen Wohnungen im Zentrum der Stadt. Nach Kriegsende kommt die Familie wieder zusammen und übersiedelt in die Rue Château d'Eau in Uccle, einem Vorort im Südosten Brüssels. Das Restaurant bleibt geschlossen, die Kosten für die Hospitalisierung Rubinsteins in der Klinik Titecas werden nach den Bemühungen von Max Euwe vom Internationalen Schachverband getragen. Die Pflege Rubinsteins übernimmt nach dem Krieg wieder seine Ehefrau.

65. ♔b5–c6 ♔g6–g5
66. ♔c6–b7 ♔g5–f4

Obwohl Rubinstein keine Turniere mehr spielte, sind noch drei kleine Ereignisse bekannt, bei denen er sich dem Schachspiel widmete. Zur Jahreswende 1945/46 spielte Rubinstein mit dem belgischen Großmeister Alberic O'Kelly eine Serie freier Übungspartien zu einer seltenen Variante in der Spanischen Eröffnung, die O'Kelly zu dieser Zeit untersuchte. In allen drei Partien, die erhalten sind, führte Rubinstein die schwarzen Steine. Zwei Partien gewann er, die dritte wurde unentschieden. Weiters gab Rubinstein im März 1946 im Schachklub Lüttich eine Simultanvorstellung gegen 30 Gegner. Er gewann 24 Partien, remisierte vier und verlor nur zwei. 1947 spielte Rubinstein schließlich noch eine Partie gegen den aus Polen gebürtigen kanadischen Meister Abraham Yanofsky. Zugfolge und Ergebnis sind nicht erhalten, doch berichtet Yanofsky, daß Rubinstein „in guter Verfassung" gewesen sei.[402]

Ob sich Rubinstein danach noch mit dem Schachspiel befaßte, ist unbekannt. In seinem Nachlaß fanden sich keine aktuellen Schachbücher, lediglich einige handschriftliche Eröffnungsanalysen zum Damengambit und zur Französischen Verteidigung ohne Datum. Die Varianten waren alle von Rubinstein selbst wieder durchgestrichen worden.

Nach dem Tod Eugenies 1954 verschlechterte sich Rubinsteins Zustand. Er wurde von seinen Söhnen im jüdischen Altersheim in der Rue de la Glacière untergebracht. Die vielen Portraitskizzen seines Sohnes Samy zeigen einen Mann mit langem Vollbart und stets mit grauer Kappe. Rubinstein stirbt am 14. März 1961 im 80. Lebensjahr. Begraben ist er neben seiner Frau am Cimetière de Etterbeck á Wetzembeck Parck, Nr. 681.

In Karlsbad 1929 folgt der erwartete Wettlauf der Könige: 65. ♔b5–c6 ♔g6–g5 66. ♔c6–b7 ♔g5–f4. Grünfeld hatte weit gerechnet und die Position nach dem 66. Zug bereits acht Züge vorher gesehen: Er wird den Läufer für den a-Bauern opfern und mit seinem König über e3, d2 und c1 bis zur ersten Reihe vordringen und den Blockadeläufer Rubinsteins ständig mit seinem König verfolgen. [Die Variante Grünfelds lautet: 67. a6–a7 ♗e3xa7 68. ♔b7xa7 ♔f4–e3 69. ♗d3–b1 ♔e3–d2 70. ♔a7–b6 ♔d2–c1 71. ♗b1–d3 ♔c1–d2 72. ♗d3–b1 ♔d2–c1, und so fort. Weicht der Läufer über a2 aus, gewinnt Schwarz sogar mit ♔c1–b2.]
Also Remis?

47

Im September 1994 nahm das Schachprogramm Genius 3.0 des Engländers Richard Lang an einem Turnier der Professional Chess Association in London teil. Am Start war die Elite der Schachwelt. Nie zuvor hatte ein Schachcomputer bei einem Turnier von so hohem Niveau teilgenommen. Vor Beginn weigerten sich mehrere Großmeister, gegen das Programm zu spielen, und zwar nicht, wie man in einem Memorandum verlauten ließ, aus Angst vor der Maschine, sondern „aus prinzipiellen Gründen". So nahm es Weltmeister Garri Kasparow, der dem Sponsor – einer Computerfirma – in besonderer

Weise verpflichtet war, auf sich, in der ersten Runde gegen das Programm anzutreten. Nach einem Remis in der ersten Partie verlor Kasparow mit Weiß die zweite und mußte aus dem Turnier ausscheiden. Kasparows Niederlage war eine Sensation, denn erstmals war ein Weltmeister in einer seriösen Partie gegen eine Maschine unterlegen. Erst im Semifinale des Turniers gelang es dem indischen Großmeister Viswanathan Anand, das Geniusprogramm zu besiegen und – wie es in aufgeregten Medienberichten hieß – „die menschliche Ehre zu retten"[403].

Die Niederlage des Weltmeisters kam im Grunde nicht unerwartet. Schon in den späten 80er Jahren schaffte es Deep Thought, der amerikanische Großrechner von IBM, 135, 142
regelmäßig, Internationale Meister zu besiegen. Doch mit seinen 24 parallelgeschalteten Platinen und einem Rechenbedarf, der die Kapazität einer ganzen Universität erfordert, war Deep Thought stationär, eine Maschine mit Ausmaßen, die keine Analogie zum Menschen zuläßt. Eine Niederlage gegen die tonnenschwere Apparatur wurde deshalb von der Öffentlichkeit nicht als narzißtische Enttäuschung des Menschen im Spiel gegen die Maschine gewertet. Das Erstaunliche am Gewinn von Genius war dagegen, daß das Programm auf einer Diskette Platz hat. Genius ist im Handel erhältlich und läuft auf jedem Personal Computer. Der Sieg der Maschine über den Weltmeister kündet von einer weiteren Desillusionierung des Menschen nach Kopernikus, Darwin und Freud: Der Mensch, der sein Ich als Mittelpunkt der Welt wähnte, rückte wieder um ein Stück weiter aus ihrem Zentrum; der stolze Homo ludens wird ein Automatenhirt, zum Appendix einer Technik, welche das Spiel der Vernunft und seine Regeln besser beherrscht als er selbst. Der nächste Weltmeister im Schachspiel 141
könnte ein Computer sein, der übernächste einer, der von Computern programmiert wurde.

Wiewohl alt, wurde diese Vorstellung in der Gegenwart dankbar aufgenommen und führte zu einer Renaissance des Spielbegriffes in der Kunst, Psychologie und Philosophie: Wenn die Spiele des Menschen, so komplex sie auch sein mögen, vollständig simulierbar sind, entfällt die Beschäftigung mit den Widersprüchen in der Geschichte, entfällt die Frage nach dem Zusammenhalt von Geist und Leib und die Frage nach der Differenz zwischen Simulakrum und Wirklichkeit. Alle Wirklichkeit wäre virtuell, ihre Wirksamkeit nur eine Frage von Wahrscheinlichkeiten, alle Intelligenz wäre fortan in bestimmter Weise künstlich. Es entfällt auch die lästige Frage nach dem Status des menschlichen Bewußtseins; es wäre nicht mehr als eine Art übergeordnetes Programm, das im menschlichen Gehirn die Entscheidungen aufgrund ablaufender Subprogramme trifft – ob auf Basis von Kohlenstoff mit Nervensträngen oder auf Basis von Silizium mit elektronischen Schaltkreisen ist gleichgültig.[404]

Am Ende des 20. Jahrhunderts spiegelt sich scheinbar nochmals die Diskussion um den „L'homme machine". Von Kepler und Comenius, von Leibniz und Descartes bis zu La Mettrie und Schopenhauer war das Beispiel für das Funktionieren oder Nichtfunktionieren des menschlichen Automaten das mechanische Uhrwerk, sein Prüfstein war das Beherrschen des Schachspiels als Metapher für das Beherrschen der Welt und für die Denk- und Entscheidungsfähigkeit des Menschen. Der Mensch: ein lernfähiges Uhrwerk mit der Begabung, Schach zu spielen.[405] In der Gegenwart haben sich die technischen Voraussetzungen der Diskussion radikal gewandelt. Im Schachcomputer der Gegenwart, der keine bestimmte oder jede beliebige Form hat, steckt nun tatsächlich kein Mensch mehr wie in der Pseudomaschine des Baron von Kempelen. Mehr noch: die Maschine ist in der Praxis erfolgreich und beginnt, ihre Partien zu gewinnen.

Es bewahrheitet sich im Schachspiel somit eine Prognose von Alan Mathison Turing (1912 – 1954), die berühmt geworden ist und zu heftigen Kontroversen geführt hat. In den späten 40er Jahren hatte Turing prophezeiht, „daß es nicht lange dauern wird, bis unsere schwachen Kräfte übertroffen sein werden, wenn die maschinelle Denkmethode einmal eingesetzt hat. (...) Ab einem bestimmten Zeitpunkt müßten wir daher damit rechnen, daß die Maschinen die Macht übernehmen."[406] Bis dahin war Turing nur einer Handvoll Logikern durch seine Adnote zum Entscheidungsproblem des Göttinger Mathematikers David Hilbert bekannt. In *On Computerable Numbers with an Application to the Entscheidungsproblem* formulierte Turing 1937 ein Gedankenexperiment: Jedes Denken, das klaren Vorschriften folgt, kann mechanisch vollzogen werden. Alle Formalisierung in der Mathematik bedeutet nach Turing im Grunde eine Mechanisierung, durch welche Denkprozesse in eindeutig definierbare Handlungsprozesse überführt werden. Eine Maschine kann daher im Prinzip jede gewünschte Operation ausführen, wenn diese eindeutig determiniert ist und in einer kontextfreien, formalen Sprache beschrieben werden kann.

Das gedankliche Experiment führte Turing zur Idee der Konstruktion einer universalen Maschine.[407] Die Architektur von Turings Universalmaschine ist höchst einfach: Sie besteht aus einem Speicher und aus einer Lese/Schreibvorrichtung. Der Speicher ist nach Turing ein Band, das in Felder unterteilt ist, worauf je ein Zeichen gedruckt ist. Die Lese/Schreibvorrichtung kann auf dem Band Zeichen abtasten und verschieben, indem sie das Band vor- und rückwärtsbewegt und in bestimmten Positionen anhalten kann. Auf diese Weise kann jedes einzelne Zeichen auf dem Band gelesen, verschoben und gelöscht werden, und zwar so, daß die anderen Zeichen nicht in ihrer Position und Wertigkeit beeinflußt werden. Das Verhalten der Maschine wird vollständig von den abgetasteten Zeichen bestimmt. Damit ist im Prinzip der moderne Computer beschrieben.

Räumt man der Turingmaschine für ihre Arbeit unbegrenzte Speicherkapazität und sehr viel Zeit ein, so kann sie nicht bloß Zeichen verschieben und dadurch einfache Rechnungen ausführen, sondern jede Operation ausführen, die klaren Vorschriften folgt, denn jedes formale System ist zumindest im Prinzip lesbar als Folge einer endlichen Zeichenreihe. Die Maschine Turings hat deshalb universalen Charakter. Sie kann nicht nur jede Operation ausführen, sondern jede denkbare Maschine simulieren: „Die Bedeutung der universalen Maschine," schreibt Turing deshalb in *Intelligent Machinery*, „ist klar. Wir brauchen nicht unzählige unterschiedliche Maschinen für unterschiedliche Aufgaben. Eine einzige wird genügen. Das technische Problem der Herstellung verschiedener Maschinen für verschiedene Zwecke ist ersetzt durch die Schreibarbeit, die Universalmaschine zu ‚programmieren'."[408]

Der Stachel an Turings Idee ist, daß auch jede Funktion, die von einem Menschen nach Vorschriften ausgeführt wird, von einer solchen universalen Maschine ausgeführt werden kann. Jedes regelgeleitete menschliche Verhalten läßt sich nach Turing in Elementaroperationen aufspalten, die nachzuvollziehen auch einer einfachen Mechanik mit Band und Lese/Schreibvorrichtung möglich ist. Invers betrachtet ist der Mensch nichts als eine universale Maschine in Turings Verständnis: „Es ist möglich, den Effekt einer Rechenmaschine zu erreichen, indem man eine Liste von Handlungsanweisungen niederschreibt und einen Menschen bittet, sie auszuführen. Eine derartige Kombination eines Menschen mit geschriebenen Instruktionen wird ‚Papiermaschine' genannt. Ein Mensch, ausgestattet mit Papier, Bleistift und Radiergummi sowie strikter Disziplin unterworfen, ist in der Tat eine Universalmaschine."[409]

Da sich das menschliche Denken, solange es Regeln folgt, in Elementaroperationen zerlegen läßt, gibt die Turingmaschine ein Modell für Denkprozesse ab. Mentalistische und mechanistische Positionen werden deckungsgleich und das cartesianische Leib-Seele-Problem aufgelöst, da die Turingmaschine abstrakt und ihr Funktionieren nicht an ein bestimmtes materielles Substrat gebunden ist. Ist somit am Geist nichts wesentlich Biologisches, lassen sich kognitive Vorgänge im menschlichen Gehirn auch mit gänzlich anderen physikalischen Mitteln realisieren.[410]

Mitte der 30er Jahre, als der 25jährige Turing seinen Plan faßte, war die Universalmaschine eine technische Utopie. Es war noch kein Gerät in Sicht, das in annehmbarer Zeit eine solche Simulation realisieren könnte. Der Zweite Weltkrieg brachte einen technischen Innovationsschub, Schnellrechner wie Eniac von John von Neumann oder Colossus (von Turing selbst) wurden während des Krieges entwickelt. Mit ihren tausenden Vakuumröhren waren sie zwar langsam, doch stellten sie erstmals eine geeignete Hardware zumindest zur Erprobung des Modells einer Universalmaschine dar. Die universale Maschine Turings hat ihren Ursprung daher im universalen Krieg. Nebenprodukt und erstes praktisches Heurisma im Frieden war für Turing der Schachcomputer.

So überrascht es nicht, daß Turing wenige Monate nach dem Ende des Zweiten Weltkrieges erklärte, daß er beabsichtige, „ein Gehirn zu bauen"[411]: „Die Schaltkreise, die in elektronischen Rechenmaschinen verwendet werden, scheinen die wesentlichen Eigenschaften von Nerven zu haben. Sie sind in der Lage, Informationen von einem Punkt zu einem anderen zu übertragen, wie auch, sie zu speichern. Gewiß der Nerv hat viele Vorteile. Er ist kompakt, verschleißt nicht (...) und verbraucht sehr wenig Energie. Gegenüber diesen Vorteilen besitzen elektronische Schaltkreise nur einen einzigen Vorzug, die Geschwindigkeit. Dieser Vorteil zählt jedoch in einem Maß, daß er die Überlegenheit des Nervs vielleicht aufwiegen kann."[412] Das Vorhaben der Zukunft besteht nach Turing darin, eine „denkende Maschine" zu bauen, am besten „einen Menschen als ganzen", mit Sensoren, Kameras und künstlichen Gliedern, eine mit basalen Programmen ausgestattete Kindmaschine, die lernfähig ist und sich in einem Erziehungsprozeß Weltwissen und Erfahrung aneignet. Dieser ganzheitliche Weg erschien Turing zwar als der „sichere", um eine denkende Maschine herzustellen, aber „alles in allem doch zu langsam und unpraktikabel. Stattdessen schlagen wir vor auszuprobieren, was mit einem ‚Gehirn' anzufangen ist, das mehr oder weniger ohne Körper und höchstens mit Seh-, Sprach- und Hörorganen versehen ist. Wir stehen dann dem Problem gegenüber, angemessene Denkarbeiten für die Maschine zu finden, in denen sie ihre Fähigkeiten ausüben kann."[413]

Oberste Priorität beim Auffinden der „angemessenen Denkarbeit" für die Universalmaschine nimmt für Turing das Schachspiel ein: „Wir dürfen hoffen, daß Maschinen schließlich auf allen rein intellektuellen Gebieten mit dem Menschen konkurrieren, aber mit welchem sollte man am besten beginnen?" fragt Turing in *Computing Machinery and Intelligence*, „Auch dies ist eine schwierige Entscheidung.

Viele glauben, daß eine abstrakte Tätigkeit, beispielsweise das Schachspielen, am geeignetsten wäre."[414]

Der Vorteil des Schachspiels zur Erprobung des elektronischen Gehirns lag für Turing darin, daß die Tätigkeit kein sinnliches Faktum von außen einbezieht. Alle Vorgänge des Schachspiels können mit einer endlichen Menge von Symbolen beschrieben und mechanisch nachvollzogen werden, alle Handlungen des Schachspielers könnten durch eine endliche Liste von Vorschriften im Sinne einer „Bedienungsanweisung" formuliert werden. Zugleich ist das Schachspiel auch ein System von zureichender Komplexität, sodaß es nicht durch einen einfachen Algorithmus oder durch bloße Rechenarbeit gelöst werden kann, somit ein ideales Feld zur Erprobung heuristischer Techniken in der Kognitionswissenschaft: „Wenn man eine erfolgreiche Schachmaschine entwickeln könnte, wäre man imstande, zum Inneren des menschlichen intellektuellen Könnens vorzudringen."[415]

Ging es im Krieg um den Zeitvorsprung, der durch die Rechenleistung erzielt werden konnte, so ging es nun um ein Prinzip. Am Gehirn, ist Turing überzeugt, ist nichts „Geheimnisvolles" oder gar „Heiliges"; die Entwicklung einer erfolgreichen Schachmaschine ist im Kontext der Theorie Turings und seiner Schüler deshalb auch ein bedeutender Schritt zur Auslöschung aller metaphysischen Illusionen über den Menschen und seine Fähigkeiten. Die Frage ist, ob Turings Auslöschungsversuch am Beispiel des Schachspiels erfolgreich war.

In einem internen Bericht an die englische Regierung 1946 schreibt Turing über die Verwendungsmöglichkeiten der geplanten digitalen Maschinen: „Ausgehend von einer gegebenen Stellung im Schachspiel könnte die Machine dazu gebracht werden, eine Liste aller ‚Gewinnkombinationen' bis zu einer Tiefe von etwa drei Zügen auf jeder Seite aufzustellen. Das (...) wirft die Frage auf: ‚Kann eine Maschine Schach spielen?' Es wäre ziemlich einfach, sie ein sehr schlechtes Spiel spielen zu lassen. Es wäre schlecht, weil das Schachspiel Intelligenz erfordert. Wir haben am Anfang dieses Abschnitts behauptet, daß die Maschine als völlig frei von Intelligenz behandelt werden sollte. Es gibt jedoch Hinweise darauf, daß es möglich ist, die Maschine Intelligenz zeigen zu lassen, auf die Gefahr hin, daß ihr gelegentlich ernsthafte Fehler unterlaufen. Im Zuge der Verfolgung dieses Aspekts könnte die Maschine wahrscheinlich dazu gebracht werden, sehr gut Schach zu spielen."[416]

Was Turing mit „Intelligenz" meinte, bleibt unklar, Turing selbst hielt das Problem einer Definition auch für bedeutungslos. Als Schüler Wittgensteins versuchte Turing auch gar nicht, das Problem zu „lösen", sondern es „aufzulösen". Statt sich auf eine Diskussion über Geist und Seele einzulassen, soll der Grad der Intelligenz einer Maschine durch den einfachen Vergleich ihrer Leistung mit der eines Menschen beurteilt werden. Zur Erprobung schlug Turing ein Imitationspiel vor[417]: Ein Beobachter soll aufgrund schriftlicher Antworten entscheiden, wer von zwei Personen, die sich in einem anderen Raum aufhalten, Mann und Frau sei. Der Mann soll bemüht sein, die Frau zu imitieren, die Frau soll den Beobachter durch ihre Antworten überzeugen. Die Pointe von Turings Spiel zwischen Mann und Frau ist nun, daß das Spiel, wer immer es gewinnt, über das Geschlecht nichts aussagt: Selbst wenn der Beobachter die Antworten im Imitationsspiel falsch zuordnet, ändert sich nichts am biologischen Faktum des Geschlechts. Gelingt einer Maschine eine erfolgreiche Simulation menschlichen Verhaltens, bleibt sie zwar in ihrer Materialität unverrückbar eine Maschine, wie eine Frau eine Frau bleibt, auf der Ebene der Zeichen jedoch, auf der Begriffe wie Denken und Intelligenz verhandelt werden, spielt das biologische oder materielle Substrat keine Rolle. Eine Maschine, die so gut bzw. intelligent wie ein Mensch zu arbeiten scheint, *ist* für Turing so gut bzw. intelligent wie ein Mensch. Da die Turingmaschine abstrakt ist und im Prinzip alle Maschinen simulieren kann, wäre die Zeichenproduktion des Menschen, wenn sie Vorschriften folgt, nur Teil der Turingmaschine. Bewährt sie sich als Teilnehmer im Imitationsspiel, so müßte man ihr die Attribute „intelligent" und „denkend" zuordnen dürfen. Ist das Spiel einer Schachmaschine nicht von dem eines Menschen zu unterscheiden, so wäre man daher gezwungen, von einer „intelligenten Maschine" zu sprechen (oder man müßte die Begriffe „Denken" und „Intelligenz" auch für den Menschen sein lassen).

Für Turing kondensiert eine ganze Wolke philosophischer Diskurse über Mensch und Maschine zu dem bekannten Tropfen Sprachbetrachtung. Könnten sich Maschinen, die auf seinem Prinzip konstruiert sind, im Imitationsspiel bewähren, würden sich die Grundlagen der Rede über den Menschen radikal verändern: „Meiner Meinung nach wird es in ca. 50 Jahren möglich sein, Rechenmaschinen mit einer Speicherkapazität von ungefähr 10^9 zu programmieren, die das Imitationsspiel so vollendet spielen, daß die Chance für einen durchschnittlichen Fragesteller, nach einer fünfminütigen Fragezeit die richtige Identifizierung herauszufinden, nicht höher als sieben zu zehn steht. Die ursprüngliche Fragestellung ‚Können Maschinen denken?' halte ich für zu bedeutungslos, als daß sie ernsthaft diskutiert werden sollte. Nichtsdestoweniger glaube ich, daß am Ende unseres Jahrhunderts der Sprachgebrauch und die allgemeine gebildete Meinung sich so stark gewandelt haben werden, daß man von denkenden Maschinen reden kann, ohne mit Widerspruch rechnen zu müssen."[418] Aus dem Blickpunkt der Gegenwart wird man Turings Prognose deshalb recht geben müssen – mit dem kleinen Zusatz vielleicht, daß man heute nicht nur „von denkenden Maschinen reden", sondern auch die Frage stellen kann, unter welchen Bedingungen sich dieser Sprachgebrauch so weit verändert hat, sodaß man bei der Rede von denkenden Maschinen nicht mehr „mit Widerspruch rechnen" muß.

Turings These einer denkenden Maschine war zunächst ein schwer zu akzeptierender Schock, und bekanntlich wurden Einwände aller Art formuliert, um eine Differenz zwischen Mensch und Maschine aufrechtzuerhalten. Zentral ist der Einwand, daß das sterile Schachspiel als Paradigma für die Simulation des menschlichen Urteils- und Entscheidungsvermögens nicht geeignet ist. Es sei unmöglich, eine Maschine herzustellen, die beim Schachspiel wie der Mensch Freude oder Schmerz entwickelt. Dem Einwand begegnete bereits Turing selbst: Ob die Maschine Gefühle entwickelt, kann man nie wissen, da man nie sicher sein kann, daß ein anderer Mensch so fühlt wie man selbst oder überhaupt etwas empfindet. Indem jedes Wissen um die Wahrheit der Gefühle anderer fehlt, genügt es, daß die Maschine den Eindruck von Gefühlen erweckt, und dies läßt sich technisch bewerkstelligen.[419] Insofern bleibt das Argument der Inadäquatheit des Schachspiels äußerlich. Die Grenzen von Turings mechanischem Denken sind daher inwendig – also am Beispiel des Schachspiels selbst – aufzuzeigen.

Ausgangspunkt der maschinellen Simulation der Tätigkeit des Schachspielers ist die exakte Definition eines Raumes, des Spielziels und der Bewegungsregeln der

Figuren, um die kognitiven Prozesse der Entscheidung für oder gegen einen Zug zu kontrollieren und zu mechanisieren. Bereits während des Zweiten Weltkrieges erarbeitete Turing dazu jene Grundlagen, nach denen auch heute noch jeder Computer spielt.[420] Das Programm, mit dem Turing des „Angriff auf das Schachspiel" führen wollte, fußt auf drei Prinzipien: dem Prinzip des „minimalen Maximums", der „Abschätzfunktion" und der „selektiven Variantenberechnung".

Die zentrale Idee Turings war die Anwendung des Prinzips des minimalen Maximums auf das Schachspiel. Das *Minimax-Prinzip* wurde erstmals 1921 von E. Borel und später von Claude Shannon und John von Neumann auf die Spieltheorie angewendet. Es besagt, daß ein Spieler in einer Wettbewerbssituation steht, in der er stets mit dem besten Zug seines Gegners rechnen muß. Die grundlegende Strategie bei der Auffindung des besten Zuges ist es daher, den für den Gegner am wenigsten vorteilhaften Zug zu machen. Im Gegensatz zu Kartenspielen ist Schach ein Spiel mit vollständiger Information, es besteht ein vollständiger Satz von Regeln, die angeben, was in jeder Lage zu tun ist. Die Maschine könnte – ausgestattet nur mit den Grundgesetzen des Spiels – einige Züge weit alle sich ergebenden Stellungen „brute force" durchrechnen. Es entsteht ein Variantenbaum, an dessen Ende eine Unzahl von Positionen stehen. Jeder erreichten Stellung wird nun ein numerischer Wert in einer Skala von z. B. 0 (absolut günstig für Schwarz) und 100 (absolut günstig für Weiß) zugeordnet. Die Maschine, die nach dem „Minimax-Prinzip" verfährt, wählt aus den möglichen Zügen daher jenen aus, der am Ende seiner Berechnung für sie den höchsten Wert verspricht.

Der Wert, welcher der Maschine den richtigen Weg weist, ergibt sich aus einer *Abschätzfunktion*. Sie umfaßt eine Liste verschiedener quantitativer Parameter. Erkennt die Maschine innerhalb der Varianten ein Matt, wird der Stellung der Wert 100 zugeordnet. Dies ist jedoch nur sehr selten der Fall. Die einfachste Abschätzfunktion in einer Stellung ohne Matt ist das Spielmaterial. In der „Bewertung des Materials" etwa wird jeder Figur ein bestimmter Wert zugeordnet (z.B.: Dame = 10, Turm = 5, Bauer = 1), der von der Maschine addiert wird und einen Faktor der Abschätzung darstellt: Die Stellung mit einer höheren Zahl wird als bessere Stellung definiert. Um aber überhaupt spielen zu können, bedarf die Maschine noch weiterer, schwieriger zu quantifizierender Parameter. Sie umfassen die Beweglichkeit der Figuren und Königssicherheit, also die Bewertung der Position.

Der Gesamtwert von Material- und Positionswert ergibt den Eintrag auf der Skala, nach dem die Maschine ihre Entscheidung trifft.[421] Trotz hoher Rechenleistungen ist das brute-force-Rechnen aller Varianten nur bis zu einem bestimmten Punkt möglich. Schon nach nur zwei Zügen ergibt sich eine überaus komplexe Baumstruktur von Varianten, die mit jedem weiteren Halbzug exponentiell breiter wird. Geht man wie Turing und Shannon von durchschnittlich 40 Zugmöglichkeiten aus, die in jeder Stellung von der Maschine bewertet werden müssen, ergeben sich nach nur zwei ganzen Zügen schon 40^4 Möglichkeiten, das sind über 2,5 Millionen zu bewertende Positionen.

Die ersten praktischen Ergebnisse der Arbeit mit Schachcomputern waren daher enttäuschend. Das 1948 von Donald Michie und Shaun Wylie in Oxford entwickelte Schachprogramm *Machiavelli* konnte gerade einen Zug weit rechen. Der im selben Jahr von Turing und David Champernowne konstruierte *Turochamp* kam kaum weiter, und es dauerte drei Jahre, bis auf einer Maschine der Manchester University erstmals ein sehr einfaches Matt in zwei Zügen mit sieben Figuren gelöst werden konnte. Durch die lange Übertragungsdauer von Daten und Programm benötigte die Manchester-Maschine zwei Sekunden für die Abschätzung einer einzigen Stellung.[422] Der Horizont der Berechnung in der brute-force-Methode ist daher durch die Breite des Variantenbaumes rasch erreicht. Selbst Maschinen, die bis zu 10^5 Stellungen pro Sekunde abschätzen können, können in annehmbarer Zeit von der Ausgangsstellung aus kaum tiefer als drei Züge weit analysieren. Alles, was außerhalb dieses Horizontes liegt, bleibt der Maschine verborgen, wodurch die Leistungsfähigkeit der Abschätzfunktion stark relativiert wird.

Um auch nur ein Anfängerspiel zu simulieren, war es daher notwendig, eine *Selektion der Variantenberechnung* einzuführen. Wie der menschliche Spieler soll die Maschine nicht alle Varianten errechnen und abschätzen, sondern nur wenige, um diese wenigen Varianten tiefer als andere verfolgen zu können. Dies ist nur möglich, wenn die Breite des Zug um Zug exponentiell anwachsenden Variantenbaumes verkleinert wird und vorweg nur „plausible Züge"[423] in die Berechnung einbezogen werden. Um definieren zu können, was plausibel ist und was nicht, mußten „allgemeine Grundsätze" wie Bauernstruktur, offene Linien, Beherrschung des Zentrums eingeführt werden. Zunächst glich das Spiel der Automaten einer Karikatur selbst einer Begegnung unter Amateuren, aber ab den 50er Jahren gelang es selektiv arbeitenden Programmen, den Fortgang einer normalen Partie Schach zu simulieren und Anfänger zu schlagen.

Durch die Prinzipien des „Minimax", der „Abschätzfunktion" und der „selektiven Variantenberechnung aufgrund allgemeiner Grundsätze" scheint Turings Traum von der denkenden Maschine weitgehend realisiert. Die Fortschritte der Schachcomputer bestanden seitdem nur noch in der Erhöhung der Speicherkapazität und der Rechengeschwindigkeit und in der Optimierung der Parameter. Heute gelingt es nur noch Experten, das mechanische Spiel der Computer von dem der Menschen zu unterscheiden. Schachcomputer bewähren sich im Imitationsspiel. Dennoch scheitert Turings „Angriff auf das Schachspiel durch die maschinelle Denkmethode"[424] am Schachspiel selbst, der Traum einer vollständigen Substitution des menschlichen Spiels durch die Maschine bleibt unerfüllbar.

Das Paradigma des Schachspiels wählte Turing, da es ihm als ein von der Welt vollständig abgeschlossenes und eindeutig definierbares System erschien. Die Geschlossenheit des abzubildenden Systems ist für die Turingmaschine wie für alle numerischen Modelle essentiell. Indem das Schachspiel ein deterministisches System ist, könnte man versuchen, es erschöpfend in allen Varianten auszurechen oder den besten Zug durch eine Formel anzugeben. Beide Methoden scheitern an der Komplexität des Schachspiels: Eine vollständige Berechnung aller Varianten mißlingt, da die Maschine vom ersten Zug an unendlich lange auf der Suche nach einem Matt rechen würde und nie dazu käme, sich in einem Imitationsspiel zu bewähren. Man kann es aber aufgrund der hohen Komplexität auch nicht durch eine Formel, deren Anwendung immer den besten Zug ergibt, bewältigen. Wie schon Poincaré wußte, bleibt das Wissen um den besten Zug probabilistisch.[425]

Wie gezeigt war Turing deshalb gezwungen, neben den basalen Spielregeln auch Bewertungskriterien der Abschätzfunktion und der Variantenselektion in das Programm der Maschine aufzunehmen. Die „allgemeinen Bewertungsregeln", die Turing benötigt, ermöglichen der Maschine, ihre Berechnungen an einem bestimmten Punkt abzubrechen, die Stellung abzuschätzen und in annehmbarer Zeit einen plausiblen Zug zu machen. Die Bewertungsregeln gelten der Maschine wie die Spielregeln als *Gesetz*, sie beruhen jedoch auf *Konventionen*.

Turings Maschinen wären unter Umständen sogar so weit lernfähig, daß sie in der Lage sind, das ihnen programmierte Ensemble der allgemeinen Bewertungsregeln selbständig zu optimieren, indem sie es durch die Analyse der eigenen Partien modulieren und die Faktoren möglichst optimal aufeinander abstimmen. Die schachspielende Turingmaschine ist jedoch nicht in der Lage, *neue* Bewertungsregeln zu schaffen oder sie bei ihrer Abschätzung auszublenden.

Eben dies ist dem menschlichen Spieler möglich. Er vermag, den Unterschied zwischen Spielgesetz und den Parametern der allgemeinen Bewertungsregeln zu erkennen, weil er weiß, daß die Bewertungsregeln nicht auf einem mathematischen Kalkül, sondern eben nur auf allgemeinen Grundsätzen beruhen; die allgemeinen Grundsätze sind Konventionen, die stimmen können oder einmal gestimmt haben, die aber nicht stimmen müssen. Die Konventionen, die zur Abschätzung einer Position notwendig sind, sind zeitgebunden und widerrufbar.

Üblicherweise orientiert sich der Spieler an den „allgemeinen Grundsätzen", welche seine Zeit vorgibt, ohne sie zu überdenken. Die Konvention ermöglicht dem Spieler wie der Maschine, nur wenige Varianten genauer berechnen zu müssen. Solange sich der Spieler in dieser Art diszipliniert an die Vorschriften der Konventionen hält, nur das berechnet, was die Konvention empfiehlt, ist sein Spiel mit dem der Maschine ident. Die Maschine *muß* sich jedoch, einmal programmiert, an sie halten. Die Konvention gilt ihr als unverrückbares Gesetz, ansonsten würde sie ewig rechnen.

Der Schachspieler spielt in aller Regel so gut wie es seine Zeit erlaubt – aber manchmal ein wenig besser. Im Gegensatz zur Maschine kann er sich von den Konventionen und Bewertungsregeln seiner Zeit lösen. Von Zeit zu Zeit verändert er die Konventionen des Schachspiels, wie er die Konventionen der Kunst und der Wissenschaft verändert. Ein und dieselbe Stellung wurde im 18. Jahrhundert gänzlich anders bewertet als im 20. und wird im 22. Jahrhundert wieder anders bewertet werden. Die Bewertungen und damit die Abschätzungen sind somit zeitlich *veränderbar*. In aller Regel sind die Versuche des einzelnen, gegen die allgemeinen Grundsätze der Konvention zu verstoßen, schwere Fehler (und führen zum Verlust der Partie). Doch bisweilen werden die Verstöße des einzelnen gemerkt und als wertvoll aufgenommen: Das Neue entsteht. Für die Turingmaschine, die weder Geschichte noch Widerspruch kennt, ist das Neue dagegen stets nur Defekt oder Zufall.

Die Geschichte des Schachspiels zeigt, daß die Entwicklung der Konventionen in Homologie zur Entwicklung des gesellschaftlichen Ganzen erfolgt, also vielleicht zufällig, aber nicht beliebig ist. Damit erweist sich das Schachspiel nicht als hermetisches, sondern als offenes System, womit eine der Grundvoraussetzungen für eine vollständige Simulation durch eine Turingmaschine, die Abgeschlossenheit, nicht mehr gegeben ist.

Der Widerspruch des einzelnen Spielers gegen die allgemeine Konvention ist dabei nicht eine Sache des Gefühls oder eine irrationale Handlung. Im Gegenteil: Die Freiheit, die er im Verstoß gegen die Konventionen hie und da für sich in Anspruch nimmt, ist kalkuliert. Der Spieler weiß, daß die Geschichte der Konventionen, die sein Denken bestimmt, eine Geschichte der Irrtümer darstellt. Sobald er nur so spielt, wie alle anderen es tun, nur jene Varianten berechnet, die alle aufgrund der herrschenden Konvention berechnen, wird er sein Spiel nicht gewinnen können.

Von Zeit zu Zeit muß er sich, will er gewinnen, über die allgemeinen Konventionen hinwegsetzen und auf der Suche nach dem Neuen Zugfolgen des Variantenbaumes berechnen, welche die zur Intelligenz verdammte Maschine aufgrund der Identität von Konvention und Spielregel niemals in Betracht ziehen kann. Er vermag somit, aufgrund seiner Freiheit dümmer zu sein, als es der Schachcomputer jemals sein kann, – ein Vorsprung, den auch die intelligenteste Turingmaschine niemals wird aufholen können.

67. ♗d3–b1 ♗e3–d4
68. a6–a7 ♗d4xa7
69. ♔b7xa7 ♔f4–e3
70. ♔a7–b6
Schwarz gibt auf.

Der 67. Zug Rubinsteins lautet ♗d3–b1. Ein stiller Zug in einer Miniatur mit acht Steinen, die Partie ist plötzlich vorbei. Scheinbar ohne ersichtlichen Grund hat Rubinstein den Läufer zurückgezogen. Doch ein einziges Tempo gewinnt die Partie. Mechanisch werden die restlichen Züge abgespult. Es folgte: 67. ... ♗e3–d4 (was sonst?) 68. a6–a7 ♗d4xa7 69. ♔b7xa7 ♔f4–e3 70. ♔a7–b6. Und Rubinstein gewinnt. Der Form halber wurde die Partie noch abgebrochen, doch Grünfeld gab die Partie verloren. Der Schluß wäre unter Meistern zu einfach, um ihn sich zeigen zu lassen: 70. ... ♔e3–d2 71. ♔b6–c5 ♔d2–c1 72. ♔c5–c4 ♔c1xb1 73. ♔c4xc3. Nur noch vier Figuren sind am Brett, doch wird Rubinstein in drei Zügen den Bauern auf e5 gewinnen und den letzten Bauern, der seit dem 7. Zug unbewegt auf e4 gestanden ist, in eine Dame verwandeln.

Es ist kurz nach 7 Uhr und noch taghell auf der Karlsbader Abendpromenade.

1 Es besteht keine Veranlassung, den vorliegenden Text zu rechtfertigen – er wird sich selbst rechtfertigen oder nicht –, dennoch erscheint ein kleiner Wegweiser angebracht. Der folgende Text in 47 Kapiteln, der Bildatlas in Teil II, die Partien (Teil III) und die Bücher (Teil IV) handeln vom Schachspiel und seiner Geschichte. Mit der Bestimmung des Gegenstandes, der Frage, was das Schachspiel sei, haben sich viele geplagt: Von Omar, dem Zeltmacher, bis zum Phänomenologen Roman Ingarden, vom Inquisitor Petrus Damiani im 11. Jahrhundert bis zum Kybernetiker Alan Turing, allesamt mit zweifelhaftem Erfolg. Eine Antwort-in-einem-Satz hat meines Wissens nach bislang nur Michael Botwinnik gefunden. Auf die Frage eines Interviewers, was Schach sei, antwortete der Schachweltmeister: „Wenn ich es spiele ist es Wissenschaft, bei Michael Tal ist es Kunst, wenn Sie es spielen, ist es ein Spiel." Für die meisten ist das Schachspiel ein Spiel wie tausend andere, aber doch ein besonderes Spiel. Blättert man im *Wörterbuch der übernommenen Ideen* von *Gustave Flaubert,* findet man unter dem Stichwort „Spiel" den folgenden Eintrag: „*Spiel.* Unschuldige Spiele; man zähle solche auf. – Gesellschaftsspiele. – Spiele und Lachen. Brot und Spiele. – Man empöre sich wider diese ‚fatale Leidenschaft'. – Ernste Spiele, als da sind: Whist, Schach etc. – Vulgäre: Piquet, Ecarté, Bézigue, Skat. – Fürs Kaffeehaus: Domino, Puff. – Blöde: Dame, Siebzehn und vier. – Noble: Billard." Von all den Spielen, die Gustave Flaubert in dieser Rubrik aufzählt, erhält aber nur das Schachspiel einen eigenen Eintrag: „*Schach.* Zu ernst für ein Spiel, zu belanglos für eine Wissenschaft" (Flaubert 1987, S. 89). Flauberts Bestimmung ist lapidar, gemessen an anderen, gewichtigeren Definitionsversuchen der Philosophen, Psychologen, Anthropologen und Kulturwissenschaftler von Jan Huizinga bis Roger Caillois, doch erkennt Flaubert eines sehr klar: die Zwischenstellung des Schachspiels zwischen einer profanen und zugleich hoch valorisierten Tätigkeit, zwischen hohem Ansehen und Liederlichkeit, zwischen Belanglosigkeit und Ernst. Um die Bewegungen des Schachspiels an diesem unbenennbaren Ort quer durch die Geschichte geht es im folgenden. Die über tausendjährige Geschichte des Schachspiels ist von einzigartiger Kontinuität und Internationalität. Es ist wohl eine der stabilsten und universellsten Grammatiken. Dennoch ist seine Geschichte auch eine der Veränderung. Die historischen Veränderungen des Spiels erfolgen auf vier Ebenen: (1) Der Ebene der Spielregeln, nach denen gespielt werden muß, (2) der Ebene der Kalküle, Konventionen und Stile, nach denen gespielt werden soll, (3) der Ebene der Bezeichnungen und des Designs der Spielfiguren, mit denen gespielt wird, und (4) der Ebene der Metaphern und Allegorien, die mit dem Schachspiel als Weltsymbol verbunden werden. Ich habe versucht, die Veränderungen des Spiels als Veränderung eines Zeichensystems darzustellen. Den Ausgangspunkt bilden die drei Fragekreise, die *Michel Foucault* in der *Ordnung der Dinge* formulierte und um die bei aller Unterschiedlichkeit auch Foucaults spätere Werke kreisen: (1) Die Plötzlichkeit, mit der sich Veränderungen in der Geschichte als Brüche ereignen, (2) die Fragwürdigkeit kausaler Erklärungen zu den Ursachen des Wandels und (3) die Rolle des einzelnen, des Subjekts, das von den Regeln beherrscht und überwältigt wird und das als einzelner doch stets irgendwie mit „im Spiel" ist, wenn die Regeln neu formuliert werden. Ich habe dazu eine parataktische Schreibweise gewählt, in der einzelne Quellen, Dokumente und Bilder nebeneinandergestellt werden. Methodisches Vorbild ist der Bilderatlas *Mnemosyne* von *Aby Warburg.* Es gilt, wie Warburg schreibt, „das Publikum gleichsam durch einen Indizienbeweis der Mitarbeit zu überführen" (Warburg 1993, S. 369). Durch die Montage ergibt sich ein historischer Raum, der im Doppelsinn des Wortes „durchmessen" wird: Man durchmißt den Raum als Flaneur und kann den Weg des Spiels durch die unterschiedlichsten diachronen und geographischen Passagen verfolgen. Man durchmißt den Raum aber auch im szientistischen Sinn, indem einzelne Punkte miteinander verbunden werden und ihre Abstände voneinander ausgemessen werden können. Die Recherche versteht sich nicht als Archäologie, sondern als Reise, die an verschiedene Bruchstellen der Geschichte des Schachspiels führt. Bruchstellen, an denen etwas Neues entsteht, sind zumeist Fundstellen, an denen am Beispiel des Schachspiels Veränderungen gezeigt werden können, die auch für andere Diskurse gelten. Der Raum, der durch die Montage zwischen den Buchdeckeln entstanden ist, ist mein Raum, die Quellen, die ich ausgewählt habe, sind naturgemäß subjektiv gewählt. Anders ausgedrückt: Ich spiele eine unter sehr vielen möglichen Varianten im Spiel mit der Geschichte. Ich betone diesen Umstand, um dem methodischen Mißverständnis vorzubeugen, es handle sich im folgenden um eine „Kulturgeschichte" oder eine „Mentalitätengeschichte". Statt des Flutlichts, den Kulturgeschichte erfordert, habe ich einige wenige Spots auf bestimmte Punkte, an denen Veränderungen im Zeichensystem sichtbar werden, geworfen. Zudem vermag ich weniger denn je, mit dem Wort „Kultur" einen begrifflichen Gehalt zu verbinden. In einer Kulturgeschichte läuft die Geschichte ab wie geschmiert, das eine ergibt sich aus dem anderen, der historische Wandel erklärt sich kausal und macht Sinn (und sei es bloß als List der Vernunft). „Kultur" liefert, so meine ich, heute eine Art Kitt zwischen immer schon beschädigten Puzzleteilen, die nicht recht zueinander passen wollen (weil sie nie gepaßt haben) und die kein klares Bild und damit keinen Sinn ergeben (weil es nie ein klares Bild und einen Sinn gab). Durch den Kulturbegriff wird die Kontinuität eines Überlieferungszusammenhanges hergestellt, zumeist ergibt sich ein Prozeß der Zivilisierung und Differenzierung. Ich habe eine solche beruhigende Kontinuität des Kulturellen nicht gefunden. Der „kulturelle Wandel" ist häufig nichts als eine plötzlich auftretende Negation des Alten, mitunter lassen sich verstehbare Gründe für das Entstehen des Neuen angeben, Plausibilitäten, Analogien und Korrespondenzen herstellen, das Neue ergibt sich aber nicht zwangsläufig oder notwendig. Die Geschichte des Schachspiels läuft nicht ab wie geschmiert, vielleicht, weil das filmische Bild einer kontinuierlich ablaufenden Geschichte nicht stimmt: Es ist zwar tröstlich, aber in Wahrheit gibt es keinen, der den Projektor bedient, den Schnitt und die Auswahl der Bilder muß man selbst besorgen. Insofern ist die Metapher einer „Dekonstruktion" der Strukturen der Geschichte nicht angebracht: Die Strukturen setzt man selbst zusammen, die Dekonstruktion ist immer die je eigene Dekonstruktion der Geschichte. Eher stimmt schon das

Bild von *Lévi-Strauss* einer intellektuellen *bricolage*. Man greift einige Bilder aus einer unendlich großen Schachtel der Geschichte und fügt sie zu einem neuen Bild zusammen. Ebensowenig vermag die vorliegende Recherche einer „Mentalitätengeschichte" des Spiels zu genügen – im Sinne der heute beliebten historischen Anthropologie, wie sie mit den geschichtstheoretischen Arbeiten von Lucien Febvre, George Duby oder Robert Mandrou verbunden ist. Höchst unklar bleibt der begriffliche Gehalt des „Mentalen" in der Geschichte. Mitunter hat die Mentalitätengeschichte als Geschichte des Alltags und des privaten Lebens hervorragende Einzelarbeiten hervorgebracht (mitunter Knopfologien im Sinne Husserls), als Konzept jedoch erscheint „Mentalitätengeschichte" noch zweifelhafter als das Konzept der Kulturgeschichte. Auf der Suche nach Mentalitäten, Ideenströmen und Alltagsgeschichte wird der Maßstab einer bricolage der Einzelbilder vollends beliebig, der Raum der Geschichte nicht durchmessen, sondern durchtaumelt – auf der Suche nach dem „Interessanten". Dies habe ich zu vermeiden versucht, indem ich nicht das „Typische" oder „Alltägliche" (eine Fiktion), sondern Quellen gesammelt habe, die das beste in einer Zeit verfügbare Wissen über das Schachspiel repräsentieren, also „Kunst" im Sinne einer Verdinglichung des Kulturellen zu einem Artefakt darstellen (siehe Untertitel). Der historische Raum des Schachspiels umfaßt diachrone Schichten des Signifikats (der Regeln) und seiner verschiedenen Repräsentationen: der Konventionen, der Allegorien und des Designs der Schachfiguren. Hinzu tritt die Lebensgeschichte des einzelnen Spielers. Da der einzelne Spieler nie gänzlich in seiner Zeit aufgeht und nie gänzlich als Subjekt hinter dem anonymen Regelwerk „verschwindet", habe ich mich bei der Darstellung weniger von strukturalistischen Konzepten leiten lassen, als von *Julio Cortázars Rayuela*. Cortázar erzählt in seinem Roman noch eine Geschichte, die ein Ganzes bildet und Kohärenz aufweist, doch läßt sich das Zeichenmaterial auch in anderen Richtungen lesen. Seine Geschichte ist nicht mehr als ein Vorschlag (wer auf technologische Metaphern wert legt, kann in Rayuela ein frühes Beispiel für einen Hypertext entdecken). Ich habe die verschiedenen Schichten zwar voneinander getrennt dargestellt, aber doch eine Leserichtung vorgeschlagen, die von Kapitel 1 – 47 dem Datum folgt und eine Zusammenschau der Entwicklung und Interaktion von Signifikat und Repräsentation, von Syntax, Semantik und Pragmatik des Spiels ermöglicht. Um eine Klammer anzubringen, habe ich einen Mechanismus angewandt, der in der Schachliteratur von den mittelalterlichen *Échecs Amoureux* bis zu *Fernando Arrabals Hohe Türme trifft der Blitz* schon häufig als dramaturgischer Rahmen verwendet wurde. Die lineare Partie mit der Geschichte folgt den Zügen einer Schachpartie. Zu den Zügen werden die einzelnen Abschnitte und Argumente gestellt; die scheinhafte Kohärenz soll den Leser verführen, meiner Variante durch die Geschichte zu vertrauen und ihr lesend zu folgen. Es gibt freilich andere Leserichtungen, welche die Ebenen des Spiels voneinander trennen. Die folgenden schlage ich vor:

Zur Geschichte der Regeln und der Stile des Schachspiels: I/4 – 10 – 11 – (14) – 20 – (21) – 22 – 23 – 26 – 32 – 33 – 35 – 36 – 37 – 38 – 42 – 43 – 47 – III/2 – IV/2

Zur Geschichte des Schachspiels als Weltsymbol: I/2 – 4 – 6 – 8 – 11 – 13 – 14 – 16 – 17 – 19 – 20 – (23) – 24 – 27 – 29 – 38 – 41 – (42) – (43) – 45 – 47 – II/1

Zur Geschichte des Designs der Schachfiguren: I/4 – 6 – 8 – 17 – (20) – 31 – (35) – 40 – 41 – II/2

Zur Lebensgeschichte Akiba Rubinsteins: I/3 – 5 – 7 – 9 – 12 – 15 – 18 – 21 – 25 – 28 – 30 – 34 – (36) – (37) – (38) – 39 – (43) – 44 – (45) – 46 – III/1

Ganz andere Varianten (z.B.: Motivgeschichte des Schachspiels in der Literatur, in der bildenden Kunst und im Film; Geschichte der Bezeichnungen der Schachfiguren) sind möglich. Sie können vom Leser über das Inhaltsverzeichnis oder über das Register erstellt werden. Er hat dann allerdings ein anderes Buch gelesen.

2 Kmoch 1929, S. 75.

3 *Ernst Franz Grünfeld* (1893 – 1962) wurde in Wien geboren. Das Schachspiel erlernte Grünfeld erst im Alter von 18 Jahren, beeindruckt von dem 1910 ausgetragenen Weltmeisterschaftskampf Lasker gegen Schlechter. Ab 1913 spielte Grünfeld mit geringem Erfolg für den Landstraßer Schachbund, arbeitete jedoch verbissen und spielte vor dem Ersten Weltkrieg über 220 Fernpartien, um Eröffnungsideen zu erproben. Nach dem Weltkrieg gab Grünfeld seinen bürgerlichen Beruf als Kaufmann auf und wurde Berufsspieler. Bald galt Grünfeld durch sein extensives Studium der Eröffnungstheorie als der „Mann mit dem Variantenkoffer". Grünfeld wurde mit Nimzowitsch und Réti ein Vordenker der Hypermodernen Schule (vgl. Kap. 38 in dieser Arbeit) und erarbeitete die wichtigsten Strategien in der nach ihm benannten Grünfeldindischen Verteidigung, die heute zu den meistgespielten Eröffnungen gehört. Zu Grünfelds größten Erfolgen zählen die ersten Ränge bei den Turnieren in Margate 1923 (vor Aljechin), Frankfurt 1923, wo er den deutschen Meistertitel errang, Meran 1924, Budapest 1926 und Mährisch-Ostrau 1933. Viermal wurde er Sieger bei den Trebitsch-Gedenkturnieren in Wien. In den 30er Jahren entwickelte sich jedoch aus dem originellen Denker ein übervorsichtig agierender Theoretiker. Nach dem Zweiten Weltkrieg verflacht sein Stil; Grünfeld wird zu einem friedlichen Remisspieler, der gleichermaßen mit Weiß und mit Schwarz Remis anstrebt. Von 1950 bis 1953 erscheint sein zweibändiges *Taschenbuch der Eröffnungen im Schach*. Grünfeld stirbt am 2. April 1962 in bitterer Armut. Zu Grünfelds Biographie vgl. Ehn 1993.

4 Kmoch 1929, S. 82.

5 Die Idee von Odysseus als Erfinder des Schachspiels und vom griechischen Ursprung des Spiels wird vor allem durch eine Stelle in der Odyssee gestützt: „Aber die mutigen Freier erblickte sie an des Palastes/ Pforte, wo sie ihr Herz mit Steineschieben ergötzten, ..." (I. Gesang, v 106 – 107). Beim „Steineschieben" in der Übersetzung von Johann Heinrich Voss handelt es sich um das Spiel *Petteia*, einem griechischen Stategiespiel ägyptischen Ursprungs, das auf einem 5 x 5 Felder großen Brett gespielt wurde. Was und ob es etwas mit dem Schachspiel zu tun hat, ist unklar.

6 „Betrachte z.B. einmal die Vorgänge, die wir ‚Spiele' nennen. Ich meine Brettspiele, Kartenspiele, Ballspiele, Kampfspiele, usw. Was ist allen diesen gemeinsam? – Sag nicht: Es *muß* ihnen etwas gemeinsam sein, sonst hießen sie nicht

'Spiele' – sondern *schau*, ob ihnen allen etwas gemeinsam ist. – Denn wenn du sie anschaust, wirst du zwar nicht etwas sehen, was *allen* gemeinsam wäre, aber du wirst Ähnlichkeiten, Verwandtschaften, sehen, und zwar eine ganze Reihe. Wie gesagt: denk nicht, sondern schau! – Schau z.B. die Brettspiele an, mit ihren mannigfachen Verwandtschaften" (Wittgenstein 1977, § 66). Mit Wittgenstein herrschen zwischen den Spielen Familienähnlichkeiten. Schach gehört zur Familie der Brettspiele. Vergleichen wir das Regelsystem des Schachspiels mit anderen (älteren) Brettspielen, so stellt es jedoch eine besondere Abstraktionsleistung dar. Der älteste Fund eines Brettspiels stammt aus der Stadt Ur im Reich der Sumerer aus dem 3. Jahrtausend v. Chr. Das *Königliche Spiel von Ur* besteht aus einem kleinen Holzkasten, in dessen Oberfläche Ornamente aus Lapislazuli, Sandstein und Muschelkalk eingelegt sind. Die Regeln konnte man, so gut es geht, rekonstruieren. Spielsteine von zwei Parteien wandern über 20 Felder, bis sie am anderen Ende anlangen. Der Motor der Bewegung der Steine sind die Würfel. Ähnliche Rennspiele finden sich in den Totenbüchern im Ägypten des Neuen Reiches. Das berühmteste ist *Senet*, eine Protoform des Backgammon, das unter verschiedenen Namen einen Gang durch die Zeit unternommen hat. Als Ludus Duodecim Scriptorum wurde es von den Römern gespielt, als Tric-Trac oder Puffspiel hat es in veränderter Form eine Karriere durch die Spelunken und Königshöfe des Mittelalters gemacht. Wie im Königlichen Spiel von Ur können die Steine der Parteien die anderen schlagen, und man gewinnt, wenn man das andere Ende des Brettes zuerst erreicht hat. Dies gilt auch für die alten ägyptischen Spirallaufspiele, bei denen die gegnerischen Steine blockiert oder geschlagen werden können. Nach endlosen Gefahren erreicht der Stein, der man ein wenig selbst ist, das Ziel. Die Computerspiele des ausgehenden 20. Jahrhunderts sind ein Echo dieser altägyptischen Spirallaufspiele. Eine andere Klasse alter Brettspiele sind die Strategiespiele. Der Motor der Bewegung ist die Vernunft des Spielers. Überlebt haben das indische *Pachisi*, das zu viert gespielt wird, und das chinesische *Weiqi* (japan. „*Go*"). Es wird erstmals im 5. Jahrhundert v. Chr. in China erwähnt und ist ein reines Strategiespiel. Auf einem Brett mit 19 x 19 Linien setzen die Spieler abwechselnd ihre Steine und versuchen, den Gegner zu umzingeln. Wenngleich die Regeln sehr einfach sind und einmal gesetzte Steine nicht mehr bewegt werden können, ist Go anders als die einfacheren Rennspiele aufgrund seiner hohen Komplexität durch einen Algorithmus nicht zu lösen. Noch älter als das Weiqi ist das *Mühlespiel*, dessen Spuren ins 2. Jahrtausend v. Chr. reichen. Bereits vor der Jahrtausendwende findet man Mühlebretter in rad- und rautenförmigen Varianten in Irland wie in China. Die Mühlesteine werden gesetzt und gezogen. Setzt ein Spieler drei Steine in einer Linie, so darf er einen Stein des Gegners entfernen. Man siegt durch Beraubung. Unter den Brettspielen der frühen Hochkulturen findet man somit jene Grundstrukturen, die man bei fast allen Spielen der Gegenwart antreffen kann: Die Rennspiele und Strategiespiele, Spiele mit Figuren nur einer und mit unterschiedlicher Gangart, Jagdspiele mit symmetrischer und asymmetrischer Verteilung der Parteien, Setz- und Ziehspiele, Beute- und Umzingelungsspiele, Spiele mit Würfeln und Spiele der Vernunft. Die Struktur des Schachspiels mit der privilegierten Königsfigur, Spielsteinen mit sechs unterschiedlichen Wertigkeiten, der Möglichkeit zur Bauernverwandlung etc. ist dynamischer als die aller anderen Brettspiele. Vgl. dazu ausführlicher Kap. 42 in dieser Arbeit. Zu den antiken Brettspielen sind die klassischen Darstellungen von Murray 1913, d'Allemagne 1950 und Falkener 1961 hervorzuheben. Einen materialreichen Überblick gibt u.a. Glonegger 1988; zur Struktur der Brettspiele im Vergleich mit dem Schachspiel siehe bes. H. Holländer 1994.

7 Zur Weizenkornlegende vgl. unter vielen anderen Quellen die Version von Ifrah 1991, S. 482ff.

8 Zum Buch vom Schatrang vgl. Murray 1913, S. 150 ff, Bidev 1977, S. 68 und Sanvito 1996.

9 Zu al-Masudi vgl. Murray 1913, S. 37; Wichmann/Wichmann 1960, S. 16; Gamer 1964, S. 36; zur arabischen Schachliteratur vgl. bes. die Dissertation von Wieber 1972.

10 Jones 1799, S. 160.

11 Vom Fehlen von frühen indischen Schachfiguren kann nicht unmittelbar auf die Abszenz des Schachspiels in Indien geschlossen werden. Durch die klimatischen Bedingungen und durch Kriege sind kaum kunsthandwerkliche Arbeiten aus Holz oder Textil aus der Zeit vor dem 17. Jahrhundert erhalten (vgl. Hall 1971, S. 239 f). Zur Figur des Elefantenreiters vgl. Pastoureau 1990; Kluge-Pinsker 1991, S. 11; weitere Literatur ausführlich in Eder 1994a; Burjakow 1994.

12 Zum Relief aus Bharhut vgl. Coomaraswamy 1956, Rosenfeld 1960, Schlingloff 1991, S. 7 f. Die wissenschaftliche Spekulation über die Protogeschichte des Schachspiels währt seit mehreren Jahrhunderten, und zwar im wesentlichen seit dem Erscheinen von Thomas Hydes *De Ludis Orientalibus* (1694). Goethe schwankt in seinen *Noten und Abhandlungen zu besserem Verständnis des West-Östlichen Divans* zwischen Persien und Indien: „Aus dem Westlande scheint sich nicht viel selbst nach dem nächsten Osten verloren zu haben, Indien hielt man vorzüglich im Auge; und da denn doch den Verehrern des Feuers und der Elemente jene verrückt-monstrose Religion, dem Lebemenschen aber eine abstruse Philosophie keineswegs annehmlich sein konnte, so nahm man von dorther, was allen Menschen immer gleich willkommen ist, Schriften, die sich auf Weltklugheit beziehen; da man denn auf die Fabeln des Bidpai den höchsten Wert legte und dadurch schon eine künftige Poesie in ihrem tiefsten Grund zerstörte. Zugleich hatte man aus derselben Quelle das Schachspiel erhalten, welches, in bezug mit jener Weltklugheit, allem Dichtersinn den Garaus zu machen völlig geeignet ist" (Goethe 1819 – 1827, S. 771). Seitdem ist eine Fülle von spielhistorischer Literatur zum Thema erschienen, die hier nicht referiert werden soll. Bereits in den „Monatsberichten der königlich preußischen Akademie der Wissenschaften zu Berlin" (1873/1874) findet sich ein über 60seitiger Bericht des deutschen Indologen *A. Weber* aus dem Februar und November 1872 über die „indischen Quellen des Schachspiels". Das Thema wurde weitergeführt vor allem von den Klassikern der Schachgeschichtsforschung A. van der Linde (1874), T. von Heydebrand und der Lasa (1897) und

H. J. R. Murray (1913) und reicht bis hin zu Thieme (1994), für den aufgrund der Etymologien der Nomenklatur „die indische Herkunft des Schach außer Zweifel" steht (Thieme 1994, S. 21). Häretische Meinungen über den Ursprungsort wurden früh vor allem von Kohtz (1910 – 1913) – Persien – und später von Needham (1962, S. 314 ff) sowie Bidev (gesammelt in Bidev 1986), die beide für China plädieren, geäußert. Wenige Fortschritte wurden seitdem trotz erheblicher Anstrengungen der Indologen (vgl. Bhatta 1994, Bock-Raming 1996) erzielt. In letzter Zeit jedoch hat sich das Erkenntnisinteresse vom Ort des Ursprungs deutlich auf die Frage nach der Protostruktur verschoben. Drei grundsätzlich verschiedene Positionen sind erkennbar: (1) Schach als Synthese von frühen Jagd- und Strategiespielen (vgl. H. Holländer 1994), wodurch eine Ableitung aus einem Würfelspiel nicht in Frage kommt; (2) Schach als reines Zahlenspiel (Bidev 1975, Calvo 1994), das keinen mimetischen Charakter hat, und (3) Schach im Verständnis der Klassiker des 19. Jahrhunderts als Übungsspiel für den Krieg, in dem die Heeresteile der indischen Armee auf das Spielbrett übertragen werden (z.B. Syed 1993). These 1 (Synthese von frühen Jagd- und Strategiespielen) argumentiert im wesentlichen syntaktisch mit der übergeordneten Funktion der Königsfigur, die gejagt und nicht geschlagen wird. These 2 (reines Zahlenspiel) argumentiert ebenfalls syntaktisch, aber mit Analogieschlüssen zu den magischen Quadraten: Die Gangart der Figuren ist unabhängig von ihrer Bezeichnung und von ihrem Design zu sehen, beides kam später hinzu und ist historisch und kulturell nur eine variable Repräsentation der Tiefenstruktur des Spiels. Im besonderen diente die Gangart des Springers, der Rösselsprung, zur Konstruktion von magischen Quadraten (vgl. Anm. 20). These 3 (Übungsspiel für den Krieg) argumentiert semantisch und rekonstruiert die Etymologien vom Arabischen über das Persische bis zum Sanskrit (vgl. Anm. 32). Mit der Annahme unterschiedlicher Protostrukturen ergeben sich klarerweise unterschiedliche Topographien. Zur Diskussion stehen Indien, Persien, Babylonien und neuerdings Ägypten. Wenn in dieser Frage überhaupt Fortschritte gemacht werden können, wird m. E. viel davon abhängen, die in den historischen Quellen genannten Angaben über Orte auch im historischen Kontext zu interpretieren. Wenngleich viele arabische Quellen „Indien" als Ursprungsort nennen, bleibt zu fragen, was ein arabischer Schriftsteller des 10. oder 11. Jahrhunderts oder ein europäischer König wie Alfons der Weise 1283 mit „Indien" gemeint haben könnte. Einen glänzenden Überblick über den aktuellen Forschungsstand gibt E. Meissenburg in seiner Einleitung zu Bhatta 1994.

13 Vgl. Döblin 1984 (=1926).

14 Samuel 1943, S. 26f.

15 Heschel 1950, S. 51.

16 Unter vielen anderen, die eine Verbindung zwischen Schachspiel und Talmud herstellen, vgl. Ascharin 1894, Kalmann 1898 und Spanier 1984, S. 59 f. Zur Aufarbeitung der Quellen bis zum 19. Jahrhundert vgl. bes. den Essay von Steinschneider in van der Linde 1874, Bd. 1, S. 155 ff, Keats 1994 bis 1995 und Ehn 1994; zum Thema Judentum und Schachspiel im 20. Jahrhundert vgl. Kap. 43 in dieser Arbeit mit weiteren Literaturangaben.

17 vgl. Ketubbot 61b; die „iskundree" sind in Kedushin 21b und in Nedarim 25a erwähnt. Folgt man der Interpretation Rashis (Rabbi Schlomo Jizchaki aus Troyes, 1040 – 1105), so wäre „nardshir" mit Schachspiel zu übersetzen. Nathan ben Jehiel von Rom (1035 – 1110) verwendet in seiner Übersetzung ins Italienische „dadi" (Würfel). Dunkel ist auch die Etymologie der „iskundree". Kohut (1892) leitet es von „Iskander ibn-Phillip Maquedony" (Alexander, Sohn des Phillip von Makedonien) her. Das „Spiel des Alexander" wäre eine Synthese aus dem griechischen Petteia und dem indischen Chaturanga, das Alexander auf seinen Feldzügen kennengelernt haben könnte. Kohuts Annahme, der Keats 1994 folgt, ist pure Spekulation. Die Akte über den talmudischen Ursprung des Schachspiels hat im übrigen schon Delitzsch 1840 nicht zu unrecht geschlossen: „Wir haben also für das Schachspiel keinen erheblichen Beweis" (Delitzsch 1840, S. 50).

18 Zur Diskussion der Ikonographie der Afrasiab-Figuren vgl. Burjakow 1994, Linder 1992 u. 1994, S. 60ff.

19 Zum Schach in Island vgl. Fiske 1905; Spuren der Wikinger aus Uppland und Södermanland auf ihrem Weg nach Byzanz finden sich entlang der großen russischen Flüsse lange vor der Jahrtausendwende. Der arabische Geograph und Historiker Ibn Rustah berichtet um 920 von großen Wikingerstädten bei Kiew (vgl. Magnusson 1980, S. 117). Unter Fürst Oleg kontrollierten sie die wichtigsten Handelsrouten. Ihr Weg führte über Novgorod, Smolensk und Kiew den Dniepr hinunter durch das Schwarze Meer bis Konstantinopel, wo sie in Kontakt mit persischen, indischen und chinesischen Händlern traten. Berichtet wird auch von den Spielsteinen, welche die Wikinger in den Norden verbrachten. Snori Sturluson, der an vielen Stellen der Sagas auch das Schachspiel erwähnt, erzählt von Wikingersöldnern als Offiziere und Generäle im Dienst der verschiedenen byzantinischen Herrscher. Ihnen mußte das Schachspiel als strategisches Kriegsspiel wohl gefallen haben.

20 Die historische Verbindung zwischen *Mathematik und Schachspiel* ist auf vielerlei Ebenen evident. Viele moderne Mathematiker (z. B.: Euler, Poincaré, Gödel, Weyl, Turing) publizierten über die Probleme des Schachspiels (z. B.: die Suche nach dem Algorithmus der Springercharade) und verwendeten das Schachspiel häufig als erläuternde Metapher und Experimentierfeld für logische oder spieltheoretische Modelle (nicht zuletzt für die mathematische Universalmaschine, den Computer, vgl. Kap. 47 in dieser Arbeit). Was für die moderne Mathematik gilt, gilt auch für die Zeit des frühen Mittelalters, auch wenn die Aufbereitung der Geschichte der Mathematik ähnlich schlecht ist wie die des Schachspiels. Dennoch kann man erstaunliche Übereinstimmungen der Entwicklung und Expansion zwischen dem Schachspiel und der Geschichte der Rechenverfahren und Ziffern feststellen. Augenfällig, wenn auch verwirrend, ist (1) die *Analogie des Rechenbrettes und des Schachbrettes*. In China wurden noch vor den Kugelrechenbrettern 8 x 8 Felder große Schachbretter verwendet, auf denen Rechnungen durch das Auflegen von Stäbchen (tche'ou) vollzogen wurden. Jede Spalte entsprach dabei einer Zehnerpotenz, sodaß durch das Stellenwertsystem am Schachbrett Rechnungen aller

Art vollzogen werden konnten (vgl. Needham 1959, Bd. 3, S. 70 ff). Dies sagt freilich m. E. über den Ursprung des Schachspiels nichts aus. (Auch die Mayas verfügten über das Positionssystem, im Gegensatz zu den Chinesen sogar über ein Zeichen für die Zahl Null und über Stelen, die „großen steinernen Schachbrettern" glichen [Guitel 1975, S. 408], und kommen trotzdem nicht als Erfinder des Schachspiels in Frage. Die Chinesen haben die indischen Rechenmethoden [mit dem Zeichen für die Ziffer Null] durch die Expansion des Buddhismus erst am Anfang des 8. Jahrhunderts übernommen.) Sehr wohl sagt aber die Ähnlichkeit des Rechenbrettes mit dem Schachbrett etwas über die Expansion des Schachspiels aus. So ähneln die Münzzähltafeln der europäischen Renaissance, auf deren Felder man die apices legte, Schachbrettern. Sie wurden nicht zufällig als „exchequers" oder „checker-boards" bezeichnet. Noch heute nennt man aus diesem Grund den englischen Finanzminister „Chancellor of the Exchequer" („Kanzler des Schachbrettes", vgl. Ifrah 1991, S. 145). Ebenso sind die magischen Quadrate im engen Zusammenhang mit dem Schachspiel und dem Erlernen der neuen Rechenmethode zu sehen (vgl. Bidev 1975 und Kohtz 1986). Das Ergebnis ist vielfach verblüffend. Das 8 x 8 Felder große magische Quadrat von Safadi etwa ergibt durch Addition der Zahlen auf der Diagonalen, Vertikalen und Horizontalen jeweils die Summe von 260. Dieselbe Summe erhält man als Besonderheit auch durch alle Gangarten der Schachfiguren nach acht Zügen von jedem beliebigen Ausgangsfeld aus (zum Quadrat von Safadi vgl. Wieber 1972, S. 119, Calvo 1994, S. 30). Spielt man auf einem magischen Quadrat der Ordnung 8 die „Almudshannach", eine alte arabische Eröffnung, und addiert die Zahlen der in den ersten beiden Zügen beteiligten Felder, so erhält man ebenfalls die Zahl 260. Das magische Quadrat kann in Kombination mit der Gangart der Schachzüge als memotechnische Hilfe zum Merken der neuen Ziffern und zur Demonstration ihrer Überlegenheit gegenüber den Zahlenschriften der Antike verstanden werden. Auch hier ist das Schachspiel der Begleiter und Katalysator des kulturellen Transfers der Rechenmethode. Noch im 20. Jahrhundert verwendet die Montessori-Pädagogik das „Schachbrett als großes Multiplikationsbrett". Die Kinder erlernen durch Auflegen und Verschieben von Ziffernplättchen und Perlenstäbchen auf den Feldern des Schachbrettes das Multiplizieren mit mehrstelligen Zahlen (vgl. Montessori-Vereinigung, Materialbuch Teil 3, Mathematik, Abschnitt 4.7, Aachen 1992). Die Wurzeln des mathematischen Spiels am Spiel- und im besonderen am Schachbrett lassen sich bis ins Mittelalter zurückverfolgen. Bei Vinzenz von Beauvais (um 1250) zählte das Schachspiel zu den „Artes mechanicae". Erwähnt sei auch das schachähnliche Zahlenkampfspiel („Rithmimachie"), das zu Beginn des 11. Jahrhunderts vom Würzburger Asilo erfunden wurde und in dem das Rechnen mit großen Zahlen spielerisch und kreativ geübt werden kann (vgl. zur Rithmimachie Borst 1993, S. 457 ff). In der Handschrift von Einsiedeln (um 1000) wird das Schachspiel („De aleae ratione") im Abschnitt gleich nach der Erklärung des Rechenbrettes („De ratione abaci") behandelt. Was (2) die moderne *Zahlenschrift und Rechenmethode* betrifft, so geht sie, indem sie ein Positionssystem mit dem Gebrauch der Ziffer Null voraussetzt, eindeutig auf das Ziffernsystem zurück, das vor ungefähr 1500 Jahren in Indien entwickelt wurde. Die ältesten Funde sind Kupfertafeln in Sanskrit aus dem 6. – 8. Jahrhundert (vgl. Ifrah 1991, S. 486, mit ausführlichen Literaturhinweisen). Mitte des 7. Jahrhunderts erwähnt der syrische Bischof Sebokt die besonderen Rechenkünste der Hindu, „die mit neun Ziffern vollzogen werden", also etwa zeitgleich mit den ersten gesicherten Hinweisen auf die Existenz des Schachspiels. Im 8. Jahrhundert wurde das indische System im arabischen Orient eingeführt und den arabischen Schreibstilen angeglichen. Viele arabische Autoren persischer Herkunft wie al-Biruni schreiben über die neue indische Mathematik ebenso wie über das Schachspiel. Al-Sabhadis Variante der Legende vom Weizenkorn, welche die neue Rechenart durch die Schachmetapher demonstriert, wurde bereits erwähnt (vgl. Kap. 4). Der arabische Schriftsteller nennt die Zahlen auch „indische Figuren" (zit. nach Ifrah 1991, S. 482), was immer er mit „Indien" auch gemeint haben könnte. Im Verlauf des 9. Jahrhunderts gelangt die indische Arithmetik zu den Arabern der Maghreb und von dort rasch nach Europa. Erstmals werden die neuen Ziffern und Rechenmethoden in Europa in Nordspanien, im Codex Vigilanus, erwähnt, der Transfer erfolgte durch den Kontakt der christlichen und mohammedanischen Welt in Katalanien, ebenso wie das Schachspiel zunächst über die iberische Halbinsel nach Europa gelangte. In Europa war es vor allem der jüdische Gelehrte Abraham Ibn Ezra, der nach langen Reisen in den Orient die indische Rechenmethode zu Beginn des 12. Jahrhunderts in seinem „Buch der Zahl" auf Hebräisch beschieb (Séfer Ha Mispar, vgl. dazu Steinschneider 1893, S. 69). Ibn Ezra war es aber auch, der als erster die Regeln des Schachspiels in Europa beschrieb (vgl. Kap. 11 in dieser Arbeit). Das sind nur einige historische Parallelen zwischen der Expansion des Schachspiels und der Arithmetik, nicht mehr als Parallelen, die einander nicht berühren und deren Ausgangspunkt irgendwo in der Geschichte Persiens oder Indiens außer Blick gerät, die aber doch ab einem bestimmten Zeitpunkt einen gemeinsamen Weg von Schachspiel und indischer Mathematik durch die Zeit und durch den Raum plausibel erscheinen lassen.

21 Vgl. dazu mit weiteren Literaturangaben Howe 1976.

22 Machschabot (Ba'al Makhshoves) 1972, S. 38 – 40.

23 Zur Datierung der frühen Funde aus Venafro vgl. die Monographie von Sanvito 1994; zu den Schachfiguren, die bei den Ausgrabungen in Nowgorod gefunden wurden, siehe Linder 1994, S. 170 ff; zu den Figuren aus dem Ambo von Aachen und anderen Funden vgl. bes. Kluge-Pinsker 1991 u. 1996.

24 Vgl. die Schilderung des Fischerle in Canetti 1978 (= 1935), S. 154 – 162.

25 Vgl. dazu Kap. 43 und ausführlich Ehn 1994, Steinkohl 1995, Ehn/Strouhal 1996.

26 *Vera Francevna Menschik* (1906 – 1944) wurde als Kind eines tschechischen Vaters und einer englischen Mutter in Moskau geboren. 1921 übersiedelte sie gemeinsam mit ihrer Schwester Olga nach England und nahm Schachstunden bei G. Maróczy. 1927 wurde sie nach dem Turniergewinn um die Weltmeisterschaft in London Weltmeisterin. Sie verteidigte ihren Titel gegen Sonja Graf (Rotterdam 1934, Semmering 1937) und gewann faktisch alle Frauenturniere vor dem Zweiten Weltkrieg. Mehrfach nahm sie auch an Männerturnieren mit wechselndem Erfolg teil. Im Wettkampf 1942 schlug sie Jaques Mieses. Vera Menschik starb 1944 mit ihrer Mutter und Schwester bei einem Bombenangriff in London. Zu Menschik vgl. die Biographie von Bikowa 1957.

27 *Aaron Isayewitsch Nimzowitsch* (1886 - 1935) wurde in Riga als Kind jüdischer Eltern geboren; er studierte zunächst Mathematik. Sein internationales Debut feierte er in Ostende 1907. Seit 1922 lebte er in Kopenhagen. Nimzowitsch war einer der wichtigsten Theoretiker des Jahrhunderts (zu seinem theoretischen Werk vgl. Kap. 38 in dieser Arbeit und Nimzowitsch 1925/1926, 1928). Nimzowitsch nahm an 22 Turnieren teil und gewann acht (geteilte) erste Preise. 1926 akzeptierte Capablanca seine Herausforderung um ein Titelmatch, das jedoch nicht zustande kam. Aljechin vermied einen Wettkampf mit ihm. Es sollte bis zum Jahr 1929 dauern, bis er durch den alleinigen Turniergewinn in Karlsbad die Validität seiner an Steinitz orientierten Theoreme beweisen konnte. 1935 starb Nimzowitsch an einer Lungenentzündung in seinem Chambre meublée in Kopenhagen. Zu Biographie und Partiesammlung vgl. Marten 1995.

28 *Savielly Grigorewitsch Tartakower* (1887 – 1956) wurde in Rostow als Sohn polnisch-österreichischer Eltern geboren. Nach der Ermordung seiner Eltern bei einem Pogrom 1899 verließ Tartakower Rußland und lebte in Genf und in Wien, wo er 1909 zum Doktor der Rechte promoviert wurde. In seiner fast 50jährigen Karriere spielte Tartakower über 100 Turniere und 20 Wettkämpfe. Seit 1924 lebte er in Paris und nahm die französische Staatsbürgerschaft an. 1925 veröffentlichte er sein vielbeachtetes Buch *Die hypermoderne Schachpartie* (vgl. Kap. 38 in dieser Arbeit). Zu seinen Partien mit einigen autobiographischen Hinweisen vgl. Tartakower 1953 und 1956.

29 Zu den Modi der Berechnung vgl. detailliert mit weiteren Literaturhinweisen Bonsdorff et al. 1978.

30 Der Weg des *Schachspiels in östlicher Richtung* ist wenig erforscht. Durch die Expansion der muslimischen Welt wurde das Schatrang offenbar in den Norden Indiens reimportiert. Der persische Berater, der im indischen Chaturanga noch fehlt, erscheint im Bengalischen als „Mantri" und im Hindi als „Farzin". Von Indien gelangt es hauptsächlich durch buddhistische Missionare in die südostasiatischen Länder; der ambivalente persische „Rukh" ist mit Ausnahme des Indonesischen („Rukh" zu „Tir", Festung) in den südostasiatischen Sprachen häufig mit „Wagen" übersetzt (zu Indonesien vgl. ausführlich Beauchamp 1996). Auch im chinesischen *Xiangqi,* das Spielfiguren nur als Plättchen mit Beschriftung darstellt und ein stark divergentes Regelsystem aufweist, nimmt die Turmbezeichnung „Che" (Wagen) den persisch-arabischen „Rukh" als indischen Kampfwagen auf. Im japanischen *Shogi* ist ein beweglicher Turm „Hi-Sha" (Fliegendes Fahrzeug) nur im Dai-Shogi, das auf einem 13 x 13 Felder großen Brett gespielt wird, belegt. Eine Besonderheit bildet das tibetanische und mongolische Schach. Im tibetanischen *Chandraki* wurde das persische Schatrang offenbar vollständig demilitarisiert (Löwe, Tiger, Kamel, Pferd, Wagen). Sogar die Fußsoldaten wurden zu „Kindern". Im mongolischen *Shatara* gelang dies nur teilweise und dabei über eine phonetische Assimilation des arabischen „Firz" (Farzin) zu „Birs", da das Mongolische keinen stimmlosen labiodentalen Reibelaut (f) ausgebildet hat. Dieser wurde durch das stimmhafte bilabiale Phonem (b) ersetzt, sodaß durch das neu entstandene „Birs" vermutlich auf semantischer Ebene aus dem „Berater" eine „große Katze" wurde. Das Erstaunliche ist, daß diese phonetischen Assimilations- und Integrationsprozesse das Gesamtsystem nicht zum Einsturz bringen, sondern im Gegenteil es assoziativ mit neuer Bedeutung aufladen. Je weiter sich das Schachspiel räumlich vom Ursprung der Terminologie entfernt, desto undeutlicher wird seine persische Symbolik.

31 Zur Deutung des Rukh vgl. bes. Bossong 1978, S. 57 ff; zur Interpretation als „Wange" vgl. neuerdings Thieme 1994, S. 20.

32 Weltweit verbreitet wurde die persische Terminologie in ihrer arabisierten Form. Nach Eroberung des Perserreiches durch Omar I. im 7. Jahrhundert wurde die mittelpersische Nomenklatur fast vollständig ins Arabische übernommen („*Schah*", „*Firsan*", „*Fil*", „*Faras*", „*Rukh*", „*Baidak*"). Entlang der arabischen Handelswege gelangten die arabischen Bezeichnungen die Wolga hinauf nach Osteuropa. Vier Termini wurden direkt übersetzt (arab. „Schah" zu „*Tsar*", König; „Fil" zu „*Slon*", Elefant; „Faras" zu „*Konj*", Pferd; „Baidak" zu „*Peschka*", Fußsoldat). Eine Übertragung des orientalischen „Firsan" (Berater) in das altrussische Wertsystem gelang jedoch nicht. Der Fürst an der Alten Rus war selbst aktiv und brauchte keinen Wesir an seiner Seite. Deshalb blieb der Terminus unübersetzt, und hält sich als Exotismus, auch nachdem die „Königin" längst schon aus Westeuropa importiert war und in den figürlichen Spielsätzen Verwendung fand. Bei der russischen Bezeichnung „*Ladja*" (Boot) für arab. „Rukh" liegt ein Neologismus vor, offenbar durch eine Interpretation der abstrakten arabischen Figur. Die arabische Turmfigur ist an der Oberseite zinnenförmig nach innen eingeschnitten, wodurch sich an den Seiten zwei Erhöhungen ergeben, die dem höherliegenden Rumpf und Kiel eines Nachens ähneln. Tatsächlich wird der „Turm" in den repräsentativen Figurensätzen des alten Rußlands als Boot dargestellt. Einmal geprägt erweist sich die Fachterminologie durch ihre Autonomie als sehr konservativ. Als Bezeichnung wird „Ladja" wie der „Ferz" für Dame auch dann beibehalten, als die eigenständige russische Figuration des Bootes zu Beginn des 18. Jahrhunderts durch die Einführung des Festungsturmes ersetzt wurde. Da das abstrakte Spielmaterial des Alltags undeutbar war, kommt dem sprachlichen Signifikant der Ensembleteile im kulturellen Transferprozeß besondere Bedeutung zu. Vier Möglichkeiten bestehen, die fremden Bezeichnungen zu verarbeiten und kulturell zu absorbieren: (1) Die Terminologie wird vollständig oder teilweise aus der Ausgangs- oder Übergangssprache übersetzt (*semantische Transformation*). Teile des Begriffssystems können (2) auf lautlicher Ebene interpretiert und über den Umweg der Phonetik mit neuen Bedeutungen versehen werden (*phonetische Assimilation*). Die Begriffe können

(3) aber auch unverändert übernommen und ohne weitere Modifikation akzeptiert werden. Sie haben in der Zielsprache damit keine Bedeutung mehr außerhalb des Schachspiels (*Exotismus*). Schließlich besteht (4) die Möglichkeit, den Transformationsprozeß zu unterbrechen und eine neue Bedeutung für die Spielfigur zu erfinden (*Neologismus*). Der kulturelle Transfer führt durch viele räumliche und zeitliche Passagen. Dabei wirken *Ent- und Verdeutlichungsprozesse* auf das Bezeichnungs- und Figurationssystem ein. Einerseits wird das alte System der Terminologie *entdeutlicht*, indem Teile des Systems während der Transformation semantisch verändert werden, wenn sie in der Zielsprache nicht integrierbar sind. Dies hat andererseits zur Folge, daß *Verdeutlichungsprozesse* alle Figuren betreffen können, um die Kohärenz des Gesamtsystems semantisch zu stabilisieren (vgl. auch Anm. 79). Der folgende Überblick macht die Vielgestalt der phonetischen und semantischen Transformationsprozesse der Schachterminologie deutlich. Ich habe jeweils nur einige der sprachspezifisch wesentlichen Bezeichnungen für die Schachfiguren angeführt und mich dabei an der Standardsprache in schriftlichen Quellen orientiert. Nicht berücksichtigt werden umgangssprachliche oder dialektale Varianten (z.B.: bairisch-österr. „Rössel", „Pferd", „Hupfer" für Springer), deren Analyse eine eigene soziolinguistische Untersuchung im Rahmen der Verwendung von Fachterminologie im Alltag erfordert. Ausgegangen wird von Sanskrit, Persisch und Arabisch, in einigen Fällen habe ich, um später darauf zurückgreifen zu können, diachron unterschiedliche Quellen einer Sprache angeführt. In Klammer wurde an einigen Stellen die außersprachliche Bedeutung der Figurenbezeichnung angeführt, soweit sie mir zum Verständnis der Transformationsprozesse der Schachbezeichnungen notwendig erschien und soweit sie sich mit einiger Sicherheit feststellen ließ. Besonders hinzuweisen ist bei der Geschichte der Schachnomenklatur auf die Arbeiten von Davidson 1949, S. 201 ff und B. Holländer 1996.

Sanskrit (Mahâbhârata)
K (*raja) (König)
D —
L hastin (Elefant)
S aschwa (Reiter)
T ratha (Kampfwagen)
B padata (Fußsoldat)

Persisch
K schah (König)
D farzin/parzen (Berater, General)
L pil (Elefant)
S asp (Pferd)
T rahy/rukh (Kampfwagen)
B padadak/piyada (Fußsoldaten)

Arabisch
K schah (—)
D firsan/farzin (Berater, Wesir)
L fil (Elefant)
S faras (Pferd)
T rukhkh (?)
B baidak (Fußsoldaten)

Beispiele für Figurenbezeichnungen vom 10. – 15. Jahrhundert

Synthetisches Latein 1 (Das „Gedicht von Einsiedeln", 2. Hälfte 10. Jahrhundert)
K rex
D regina
L comes/curvus
S eques
T rochus
B pedes

Synthetisches Latein 2 („Carmina Burana", 2. Hälfte 11. Jahrhundert)
K rex
D femina/regina
L alficus
S eques
T rochus
B pedes

Synthetisches Latein 3 (Das „Gedicht von Winchester", Mitte 12. Jahrhundert)
K rex
D regina/ferzia (Königin/?= bei Bauernverwandlung)
L calvus
S eques, equestris, caballarius
T rochus
B pedes

Synthetisches Latein 4 (Alexander Neckam „De naturis rerum", Ende 12. Jahrhundert)
K rex
D regina
L senex/alphicus
S miles
T rochus
B pedes

Synthetisches Latein 5 (Nicolas de Nicolaï, Ende 13. Jahrhundert)
K roi/rex
D royne/fierge/ fercia/regina
L alfinus
S miles
T roccus
B pedo

Synthetisches Latein 6 (Johannes Gallensis, „Summa collacionum", um 1260)
K rex
D regina
L alphinus
S miles
T rochus
B pedinus

Französisch 1 („Ogier le Dannoys", 12. – 13. Jahrhundert)
K roy
D fierce
L auffin
S chevalier
T roc
B paon

Französisch 2 („Roman de la Rose", um 1300)
K rois
D fierche
L fos
S chevalier
T ros
B paon

Hebräisch (Das „Schachgedicht" von Abraham Ibn Ezra, 1. Hälfte 12. Jahrhundert)
K melek
D perez (?)
L pil (—)
S sûs
T rûh
B rogel

Spanisch (Das „Spielebuch" von Alfonso el Sabio, 1283)
K rey
D alférez (Fahnenträger)
L alfil
S cuallo
T roque
B peone

Englisch 1 („Reason and Sensuality", Lydgate, um 1430)
K kynge
D queen/fers
L awfyn/alfin
S eques/knyght
T roke/rokus
B paune

Englisch 2 („Game and Playe of the Chesse", Caxton 1476)
K kynge
D queen

L alphyn
S knyght
T woke
B pawn

Spanisch („Repetición", Luis de Lucena, 1496/97)
K rey
D dama/alferezza
L arfil
S cavallo
T roque
B peon

Deutsch („Schachzabel" Jacob Mennel, 1507)
K König
D Königin, Frawe
L Alt
S Ritter
T Rach
B Fende

Beispiele für Figurenbezeichnungen im 16. und 17. Jahrhundert

Französisch
K Roy
D Dame/Reine
L Fol/Prestre
S Chevalier/Sauteur
T Tour/Roc/Château
B Pieton/Piôn

Italienisch
K Rè
D Dama/Regina
L Alfiéro/Alfino
S Cavallo
T Torre/Rocco/Castello
B Pedina/Fante/Pedone

Fränkisch
K Roy/Konig
D Reine/Konigin
L Fol/Sauteurs
S Chevalier/Ritter
T Roc/Elephant
B Pion/Baur

Spanisch
K Rey
D Dama
L Alférez/Alfiéres
S Cavallero
T Roque
B Peôn

Schwedisch
K Konung
D Drottning
L Lopare
S Springare
T Elephant
B Bonder

Russisch
K Korolle
D Koroleva/Krala
L Slônie
S Kônie
T Lôdia
B Péshie

Polnisch
K Krôl
D Krôlwa/Bâba
L Pôp
S Rycerz
T Roch
B Pieszek/Cholop

Deutsch (nach Hyde 1694 u. Selenus 1616)
K Konig
D Konigin
L Lauffer/Hund
S Springer/Ritter/Reuter
T Elephant/Roc/Roch
B Baur

Dänisch
K König/Konge
D Königin/Dronninge
L Biscop/Bisp
S Kidder
T Elephant/Rock
B Bonde

Beispiele für Figurenbezeichnungen im 20. Jahrhundert

Deutsch
K König
D Dame/Königin
L Läufer
S Springer
T Turm
B Bauer

Englisch
K King
D Queen
L Bishop
S Knight
T Rook (—)
B Pawn (—)

Finnisch
K Kuningata
D Kuningas
L Lähetti (Bote)
S Hevonen (Pferd)
T Torni (Turm)
B Sotilas (Soldat)

Französisch
K Roi
D Dame
L Fou (Narr)
S Cavalier
T Roc/Tour (—/Turm)
B Pion

Gälisch
K Ri (König)
D Beinrioghan (Königin)
L Easbog (Bischof)
S Ridire (Reiter)
T Caislean (Festung)
B Fiann/Fear (Soldat, Mann)

Griechisch
K Basiles
D Basilissa
L Trellos/Axiomatikos
S Ippos
T Pergos
P Stratiotes/Pioni

Hebräisch
K Melech
D Malka (Königin)
L Ratz/Fil/Zaken (Läufer, Elefant, Berater)
S Parasch (Ritter)
T Migdal (Turm)
B Hayal (Fußsoldat)

Holländisch
K Koning
D Koningin/Dam
L Looper (Läufer)
S Springer
T Taarn
B Knegt/Bonde

Isländisch
K Kongur
D Drotning (Königin)
L Biskop
S Riddari (Reiter)
T Hrokur (Held)
B Peth (—)

Italienisch
K Re
D Donna
L Alfiere (Fahne/Zeichen)
S Cavallo
T Rocco/torre
B Pedona

Polnisch
K Krol
D Krolowa/Dama
L Goniec (Bote)
S Kon/Konik (Pferd/Pony)
T Wieza (Turm)
P Pionek/Pieszak

Portugiesisch
K Rei
D Rainha/Dama
L Delphim/Bispo
S Cavalo
T Roque/Torre/Castello
P Piao

Russisch
K Tsar
D Fers/krala (—/Königin)
L Slon (Elefant)
S Konj (Pferd)
T Ladja (Boot)
B Peschka

Schwedisch
K Kung
D Drottning
L Löpare (Läufer)
S Häst/Springare
T Torn
B Bonde

Spanisch
K Rey
D Reina/Senora
L Alfil/Obispo
S Caballo
T Roque/Torre
B Peon

Tschechisch
K Kral
D Kralovna/Dama
L Behoun
S Kun/Jerdec (Pferd/Springer)
T Hroch/Vez (Nilpferd?/Turm)
B Sedlak/Pesak (Fußgänger/Fußsoldat)

Türkisch
K Schah (—)
D Wezir (Berater)
L Fil (Elefant?)
S Suvari/At (Pferd)
T Kale, Rukh (—)
B Peiade (—)

Ungarisch
K Kiraly (König)
D Kiaralne (Dame)
L Futar (Läufer)
S Urgo/Lo/Huzar (Springer/Pferd/Reiter)
T Bastya/Torony (Festung/Turm)
B Paraszt/Gyalog (Fußgänger/Fußsoldat)

33 Alle politischen Versuche, den *König* im Schachspiel terminologisch abzuschaffen, waren im übrigen vergebens. An das Dekret der Französischen Revolution, durch welches der König in „Fahne" (Drapeau) umbenannt werden sollte, hielt sich niemand (vgl. Maßmann 1983 = 1839, S. 119). Ebensowenig hat sich die Umbenennung des Königs zu „Hauptfigur" im Deutschen Wehrschach (1942) durchgesetzt. Zum „Führer" konnte der „Schah" ja nicht werden, denn es hätte im Schachspiel deren zwei geben und einer von beiden hätte matt werden müssen. Das Wehrschach blieb denn auch Makulatur, die Idee der „Hauptfigur" bietet jedoch ein traurig-kurioses Beispiel für die Durchdringung auch der letzten Winkel des Alltags durch nationalsozialistische Mentalität (vgl. dazu auch Kap. 43 in dieser Arbeit).

34 Zum kulturhistorischen Hintergrund vgl. bes. Petzold 1986, 48ff.

35 Zit. nach van der Linde 1874, Bd. 1, S. 121; zum Schachspiel in der arabischen Literatur bis zur 2. Hälfte des 16. Jahrhunderts vgl. ausführlich die Dissertation von Wieber 1972.

36 Die ersten *alijat* – Spieler der obersten Kategorie – waren Jabir al-Kufi, Abu'n-Na'am, Rabrar und Abdalghaffar al-Ansari, die unter der Regierung von al-Ma'mum öffentliche Wettkämpfe miteinander bestritten. Später waren es al-Adli, der Perser ar-Razi, der ihn 847 im Wettkampf schlug, der türkische Historiker as-Suli und sein Schüler al-Lajlal („der Stotterer"), die den Ruf des arabischen Schachs vor allem durch Endspielsammlungen und Aufzeichnungen von Partieanfängen begründeten. Ihr Spiel galt in Europa noch bis weit in das 18. Jahrhundert als unerreichtes Vorbild (vgl. Petzold 1986, S. 50f.).

37 Vgl. Murray 1913, S. 14ff.

38 Yahaya ben Yahaya zit. nach Murray 1913, S. 189 und Calvo 1993, S. 89.

39 Zur Reise Ziriabs vgl. Vernet 1978, S. 29, mit weiteren Literaturangaben und bes. Calvo 1993.

40 Siehe Calvo 1993, S. 93.

41 Zum Gedicht von Ibn Ezra vgl. mit weiteren Literaturangaben Steinschneider in van der Linde 1874, Bd. 1, S. 164 ff, Ehn 1994, S. 42, und Keats 1995, S. 18 – 41.

42 Zu den Transformationsprozessen und Integration der Nomenklatur siehe ausführlich die Anm. 32 in dieser Arbeit.

43 Zum Testament von Urgel vgl. ausführlich von Heydebrand und der Lasa 1897, S. 28 – 40.

44 Kogan 1938, S. 214. Die wichtigsten Monographien zu Leben und Werk von Rubinstein sind: Kmoch 1933 (im Reprint und mit neuem Nachwort 1981), Razuwajew/Murakweri 1980, Pytel 1987 und vor allem der erste der auf zwei Bände angelegten Arbeit von Donaldson/Minev 1994. Wesentliches Material zum biographischen Hintergrund liefert die Arbeit von Bernold 1995, die Interviews mit Rubinsteins Söhnen Samy und Jonas enthält.

45 Rubinstein 1926, S. 19

46 Petrus Alfonsi 1970, S. 152 – 153; zu Petrus Alfonsi im Kontext von Erasmus vgl. Elias 1976, S. 76 (Bd.1), im Kontext der jüdischen Philosophie des Mittelalters vgl. Simon/Simon 1984, S. 108 ff. Ganz ähnlich heißt es bei *Konrad von Würzburg* in der 2. Hälfte des 13. Jahrhunderts: „Birsen, beizen unde jagen/ kunde er wol und treip sind vil./ Schachzabel und Saitenspil/ Daz war sin kurzeweile" (van der Linde 1874, Bd. 1, S. 137; Runkel 1995, S. 60).

47 In der Übersetzung von van der Linde 1881b, S. 142 f (Ruodlieb Kap. IV, v 222ff), zur Schachepisode im Ruodlieb vgl. bes.: Gamer 1958.

48 Zu den Quirinalia von Metellus vgl. Murray 1913, S. 416; van der Linde 1874, Bd. 1, S. 29.

49 Zur Olafs saga vgl. Gamer 1964; Murray 1913, S. 443; van der Linde 1874, Bd. 1, S. 28.

50 Zum Huon von Bordeaux vgl. allgem. Kralik 1901; zur Schachepisode siehe Lampe 1962, S. 44.

51 Die Dialoge des Buddha zit. nach Lampe 1962, S. 10, zur frühen Sanskritliteratur zum Schach vgl. neuerdings besonders Bock-Raming 1993, 1996 und Bhatta 1994.

52 Zu den Spielverboten des Koran vgl. ausführlich Wieber 1972, S. 94 ff.

53 Zum Talmud vgl. bes. Delitzsch 1840, Steinschneider 1874, Keats 1994, siehe auch Anm. 16 und 17 in dieser Arbeit.

54 Gekürzt zit. nach Fine 1982, S. 10.

55 Der Brief von Petrus Damiani zit. nach van der Linde 1874, Bd. 1, S. 140 – 141, in etwas abweichender Übersetzung Rhode 1936, S. 65 – 66, und Gamer 1964, S. 31 – 32. Zur Analyse vgl. vor allem Petschar 1986, S. 153 ff.

56 Zu den Spielverboten vgl. van der Linde 1874, Bd. 1, S. 145; Spielverbote oder freiwilliger Verzicht auf Spiele finden sich auch im Judentum. Bisweilen war das Schachspiel davon ausgenommen, wie in Frankfurt nach der großen Feuersbrunst 1711: „Anno 1711 nach dem grossen Brand hat die Frankfurter Gemeinde einen Schluss gemacht, dass in 14 Jahren solche Spiele, aus Betrübniss und Busse, sollen unterlassen bleiben, doch dass bey Krancken und Kindbetterinnen zur Lust, um ihnen die Zeit zu vertreiben, zu spielen vergönnt, und dann das Schach-Spiel, welches das gantze Jahr ihnen erlaubt ist, auch jetzo nach dem Brand, dahero auch einige vermögliche Juden solches Schach-Spiel ihre Kinder lehren und informiren lassen, weil es nicht so gewinnsüchtig, hingegen den Verstand schärffet, und nachdenklich ist" (Schudt 1714, 6. Buch, S. 317).

57 Spielteuffel 1562, 13b – 15a.

58 Zur Interpretation vgl. Murray 1913, S. 409, und gegenteilig Gamer 1964, S. 34.

59 Die Erhöhung der spanischen Mystikerin fand ihre Begründung wohl in der nicht seltenen Erwähnung des Schachspiels in ihren Schriften. Dabei hatte Teresa selbst Zweifel über die Zulässigkeit des Spiels: „Ihr werdet mich vielleicht tadeln, daß ich von einem Spiele rede, das man in diesem Kloster nicht hat und auch nicht haben soll. Daraus seht ihr aber, was für eine Mutter euch Gott gegeben hat, da sie sogar mit einer solchen Eitelkeit vertraut ist. Man sagt zwar, dieses Spiel sei zuweilen erlaubt; aber wie weit mehr wird uns jene andere Art des Spielens erlaubt sein, und wie bald würden wir, wenn wir uns darin eifrig übten, dem Göttlichen König Schach bieten, sodaß er uns nicht mehr entkommen kann noch auch entkommen will" (Wege der Vollkommenheit, Kap. 16, Sämtl. Werke 5, S. 85f., zit. nach Seifert 1989, S. 119; vgl. auch Anm. 69 in dieser Arbeit).

60 *Michael Iwanowitsch Tschigorin* (1850 – 1908) wurde in der Nähe von St. Petersburg geboren. Er verschrieb sich erst spät dem Spiel und gab einen Beamtenposten bei der russischen Post auf, um Professional und zum stärksten Spieler Rußlands zu werden. 1889 und 1892 verlor Tschigorin knapp in Titelmatches gegen Wilhelm Steinitz. Er besiegte in Wettkämpfen Alapin (1880), Schiffers (1880, 1895, 1897), Charousek (1896), Ed. Lasker (1903) und Salwe (1903). Unentschieden wurden seine Matches mit Gunsberg (1880) und Tarrasch (1892). Tschigorin gewann viele erste Preise bei Turnieren und konnte 1891 sogar einen kurzen telegraphischen Wettkampf mit Steinitz für sich entscheiden. Tschigorin gilt als Romantiker und als Begründer der russischen Schule, des Angriffsspiels auf wissenschaftlich-methodischer Grundlage. Ob dies nicht ein Irrtum ist, der aus den Kategorien herrührt, sei dahingestellt. Mit Sicherheit war Tschigorin einer der stärksten Spieler seiner Zeit, der entscheidende Beiträge zur Eröffnungstheorie in der Spanischen Partie und im Damengambit verfaßte. Zur Biographie Tschigorins vgl. bes. Grekow 1949; als Romanfigur erscheint er in Panov 1968.

61 *Emanuel Stepanowitsch Schiffers* (1850 – 1904) war nach Tschigorin der stärkste Spieler Rußlands vor der Jahrhundertwende. Wie Tschigorin wuchs er in St. Petersburg auf und lebte als Schachlehrer und Vortragender. Für die sowjetische Schachgeschichte gilt er neben Tschigorin und Semjon Alapin (1859 – 1923) als Vorkämpfer der russischen Schachschule. Zu Werk und Biographie vgl. Linder 1979b , S. 160 – 207.

62 *Ossip Samoilowitsch Bernstein* (1882 – 1962) wurde in der Ukraine geboren. Bernstein stammte aus einer wohlhabenden Familie und wurde 1906 in Heidelberg zum Doktor der Rechtswissenschaft promoviert. Zunächst praktizierte er als Rechtsanwalt in Moskau, floh nach der Oktoberrevolution und ließ sich danach in Paris nieder. 1907 teilte er den ersten Preis in Ostende mit Rubinstein. Vor dem Ersten Weltkrieg gehörte Bernstein zur Weltspitze, zog sich danach jedoch oft jahrelang vom aktiven Spiel zurück. Im Zweiten Weltkrieg emigrierte Bernstein nach Spanien und kehrte 1946 wieder nach Paris zurück. 1956 spielte er wieder in Ostende, fast ein halbes Jahrhundert nach seinem ersten Preis. Zu Bernstein vgl. Tartakower 1930.

63 Western Daily Mercury, 2. 4. 1909; zit. nach Donaldson/Minev 1994, S. 2.

64 Cafferty 1994, S. 552.

65 Johannes Gallensis 1260, zit. nach van der Linde 1874, Bd. 1, S. 150.

66 Herrmann von Fritzlar zit. nach van der Linde 1874, Bd. 1, S. 151; das Motiv des Schachspiels als *Spiel mit dem Tod* reicht vom Mittelalter bis in das 20. Jahrhundert. Es erweist sich motivgeschichtlich als überaus statisch. Einige wenige Beispiele: Neben Gallensis und Hermann von Fritzlar scheint eine der ersten Quellen ein Gedicht von *Sebastian Brant* („Kurtz ist die zyt, lug für dich guott/ Die stund ist usz, es naht der dott// Kein zyt ich beitt, schach mats, ich sprich/ Kein alltt noch venden fristen dich ...") und der Dialog zwischen König und Tod im *Lübecker Totentanz* („Steckt denn des Todes Faust auch Königen ihr Ziel?/ So gleicht das Regiment dem Schach und Königsspiel./ Mein Scepter streckte sich vom Süden bis zum Norden,/ Nun bin ich durch den Tod besetzt und Schachmatt worden"; in der Fassung von N. Schloss 1701). Im *Straßburger Münster* befand sich ein Fresco aus dem 15. Jahrhundert mit folgendem Dialog zwischen Engel und Tod: „O mensch, merck gar eben/ Es giltt dir sele und leben// Ich sag dir, es ist daran,/ du solt totlich schachmatt han.//" Die Allegorie des Todes als Schachspieler setzt sich auch in der Renaissance und später im Barock im Motiv der *Vanitas*, des Lebens als nichtigem Spiel, fort. Das Schachbrett wird zu einem häufig wiederkehrenden symbolischen Bestandteil der Stilleben und Vanitasportraits (vgl. dazu ausführlich Faber 1988, allgemein: Ariès 1980, S. 412 ff) und wirkt noch in den Aphorismen von Schopenhauer fort (vgl. Kap. 29 in dieser Arbeit). Ironisch wird das Motiv schon im *Quijote* von *Cervantes* zu Beginn des 17. Jahrhunderts verwendet. Der Don vergleicht das Leben und den Tod mit einem Schauspiel: „Wenn es aber zum Schlusse geht, das heißt, wenn das Leben endet, da zieht der Tod ihnen allen die Gewänder aus, die sie voneinander unterschieden, und im Grab sind alle wieder gleich." Sancho Pansa antwortet mit der Schachmetapher: „Ein prächtiger Vergleich! Zwar ist er nicht so neu, daß ich ihn nicht schon zu öfteren und verschiedenen Malen gehört hätte, gerade wie den Vergleich mit dem Schachspiel, wo jeder Stein, solang das Spiel dauert, seine besondere Verrichtung hat und, wenn das Spiel zu Ende ist, alle vermischt und zusammengelegt und untereinandergeworfen und in einen Beutel gelegt werden, wie man die Toten ins Grab legt." (Cervantes 2. Buch, Kap. 12; 1956, S. 628). Eine fast wortidente Passage findet sich in *Francisco de Luques Faxardos* kurz zuvor erschienenem *Fiel des engaño contra la ociosidad y los juegas* (Madrid 1603). Auch *Johann Gottfried von Herder* verbindet am Ende von *Das Schachspiel* das Motiv der Partie mit dem Tod: „Schach dem Könige, Schach! – Siehe, geendet sind/ Unsre Züge; du siehst Ritter und Bauer jetzt,/ König, Springer und Narr hier in der Büchse Grab/ Durch- und übereinander ruhn.// Also gehet die Welt: Liktor und Konsul geht/ In die Büchse, der Held und der Besiegte./ Du vollführe dein Amt; spiele des Lebens Spiel,/ Das ein Höherer durch dich spielt.//" Politisch variiert wird das Thema des toten Königs bei Herder von *Ferdinand Freilegrath* 1846: „Von Dorf zu Dorf, von Stadt zu Stadt,/ Von Land zu Land – mich schiert es wenig/ Kein Zug des Schicksals setzt mich matt: –/ Matt werden kann ja nur der König!", aus: *Springer, Epilog des Dichters*). Ganz im Stil der mittelalterlichen Predigtsammlungen heißt es dagegen in *An Freund Hain* von *Julius Langbehn* (1851 – 1907): „Denn wie bei dem Schachspiel man am Ende/ Könige und Bauern drauf und drauf/ In ein Kästchen wirft – so hört der Stände/ Unterschied in deinen Kammern auf.//" Im 20. Jahrhundert findet man das Motiv des schachspielenden Todes in *Das Siebente Siegel* von *Ingmar Bergman* (1957) und in der Ikonographie der amerikanischen und sowjetischen Propaganda des kalten Krieges, in der der Sensenmann – der politische Gegner – mit der Atombombe die Figuren schlägt („A pawn in their game ...").

67 Omar Khayyam (1910), zit. in der freien dtsch. Übertragung in Faber 1988, S. 220.

68 Eine Ausnahme bildet die Schachmetapher in den Predigten des Dominikaners *Girolama Savonarola* (1452 – 1498): „Mensch, der Teufel spielt Schach mit dir und müht sich, dich zu schlagen und dir auf diesem Felde (dem Tode) Schach und Matt zu bieten. Halte dich also bereit und sei bedacht, weil du, wenn du hier gewinnst, alles übrige gewonnen hast; wenn du aber verlierst, wird, was du auch immer getan hast, nichts gelten" (zit. nach Aries 1980, S. 140). Nach Aries tritt Ende des 15. Jahrhunderts die Idee der entscheidenden Prüfung in der Todesstunde an die Stelle der Vorstellung des Jüngsten Gerichts.

69 Zu den Échecs amoureux vgl. Sieper 1898, Kraft 1977 und die Einleitung zur Ausgabe von Legaré 1991. Ähnlich wie das Todesmotiv findet auch das mittelalterliche *Liebesmotiv* seine Fortsetzung quer durch die Jahrhunderte und quer durch die unterschiedlichsten Genres. In der Liebesallegorie des Schachspiels lassen sich drei Motivschichten unterscheiden: Die Darstellung der „Kasuistik der Liebe" als ein distanziertes Spiel der Geschlechter, das Regeln zu folgen hat, die Männerphantasie der „Gefährlichkeit der Dame", die durch ihre Kraft Schrecken verbreitet, und die „Mechanik der Sexualität", des amoralische und entindividualisierte Spiel des Begehrens. Im Minnedienst ist das Schachspiel zunächst Anlaß der Begegnung. So begegnet *Tristan* seiner Isolde unter dem Vorwand des Schachspiels. Häufig findet sich das Motiv des schachspielenden Paares in bildlichen Darstellungen von Schäferszenen vom 14. bis zum 18. Jahrhundert. Ein recht frühes Beispiel einer Variation der Échecs amoureux in der Renaissance ist das *Scachs d'amor-Manuskript* aus dem Ende des 15. Jahrhunderts (Ribelles Comim 1915, Bd. 1, S. 275 – 297), in dem Mars in einer Liebes-Schachpartie Venus erobert. Komplexer ist die Struktur in der mühsamen, über 650 Hexameter umfassenden Dichtung *Scacchia ludus* von *Marcus Hieronymus Vida* aus dem Jahr 1527. Merkur besiegt Apollo, der Liebeskampf ereignet sich nun am Schachbrett selbst, in dem die Schachdame erstmals als kraftvolle, für den König gefährliche Figur thematisiert wird (v 600 – 605, Vida 1826). *Teresa von Avila* (1515 – 1582) verbindet das Verhältnis zwischen König und Königin am Schachbrett mit der Liebe zu Gott: „In diesem Spiele (dem Schachspiel, E. S.) ist es die Königin, die dem König am meisten zusetzen kann; alle übrigen Figuren unterstützen sie. Den himmlischen König kann aber keine Königin derart nötigen, sich zu ergeben, wie die Demut. Diese zog ihn herab in den Schoß der Jungfrau, und mittels dieser Tugend werden auch wir ihn wie mit einem Härchen in unsere Seele ziehen." (*Wege der Vollkommenheit*, Kap. 16, Sämtliche Schriften 5, S. 86, zit. nach Seifert 1989, S. 120, vgl. auch Anm. 59). Unübersehbar ist bei Teresas Schachmetapher der Übergang der christlichen Agape zum ekstatischen Eros, wenn sie beim Schachspiel mit Jesus vom „Gemattetwerden", vom „Besiegen" und vom „Herabziehen in den Schoß der Jungfrau" spricht. Über diesen Grundakkord, die „Gefährlichkeit der Dame" und ihre Sexualität, wird endlos – vor allem in verschwitzten Humoresken und Lustspielen – improvisiert. Schreckliche Verse haben unter anderem *Friedrich Rückert* (1788 – 1866, „Ich lade dich, Geliebter,/ Heut' abends auf ein Schach./ Leicht wirst du matt mich machen,/ Ich fühle mich schon schwach.//" ... aus: *Einladung zum Schachspiel*) und *Roda Roda* (1872 – 1945, „Es war ein König alt und schwach,/ er kroch auf zwei Krücken, ach ... /" aus: *Schachballade*) verschuldet. Aber auch *Goethe* diente das Schachspiel im *Götz von Berlichingen mit der eisernen Hand* zur Charakterisierung der weiblichen Gefahr. Die unheimliche Adelheit von Walldorf wird von Franz am Schachbrett geschildert: „Wie ich von dem Bischof Abschied nahm, saß sie bei ihm. Sie spielten Schach. Er war sehr gnädig, reichte mir seine Hand zu küssen und sagte mir vieles, davon ich nichts vernahm. Denn ich sah seine Nachbarin, sie hatte ihr Auge aufs Brett geheftet, als wenn sie einem großen Streich nachsänne. Ein feiner lauernder Zug um Mund und Wange! Ich hätte der elfenbeinerne König sein mögen." (Götz, 1. Akt, Jaxthausen). Eine andere Motivschicht des Liebesschachs thematisiert das Verhältnis von Intimität und Öffentlichkeit des Lebens. Gespielt wird in der Semiöffentlickeit der Kammer. Schon in Eliduc – dem letzten Teil der altbretonischen *Lais* von *Marie de France* aus der zweiten Hälfte des 12. Jahrhunderts – tritt der Vater unvermittelt in das Schlafzimmer der Guilljadun. Er setzt sich mit einem Ritter an das Bett der Tochter und spielt mit ihm eine Partie Schach. Am anderen Ende des Bettes sitzt die Tochter, und der Vater erklärt ihr während des Spiels die Regeln: Ein in unseren Augen brutaler Einbruch des öffentlichen Spiels in die Privatheit der Kammer, die jedoch im 12. Jahrhundert noch durchlässig schien. Auch in *Giovanni Boccaccios Decamerone* und in den *Erzählungen aus Tausendundeiner Nacht* wird, wenn nicht gerade erzählt wird, Schach gespielt. Das Schachspiel paßt sich nahtlos in die frivole Atmosphäre der privaten und doch öffentlichen Gemächer des Landgutes und des Harems ein – Liebesverstecke, wie es auch die Schachmaschine des Baron von Kempelen sein kann (vgl. Beck 1798, Heinse 1803). Erst im 20. Jahrhundert verändert sich das Motiv. Beispiele sind die verzweifelte amour fou in *Wsewolod Pudowkins* Filmkomödie *Chess Fever* (Shachmatnaja gorjacka, Mokau 1925) und der kalte groteske Mechaniksex in Marcel Duchamps *Das Große Glas* (1916 – 1923, zur Interpretation vgl. Anm. 94 in dieser Arbeit). Die latente Erotik der Begegnung am Schachbrett nützte Duchamp auch in der berühmten Fotoserie von *J. Wasser*, die ihn zur Eröffnung seiner Ausstellung in Pasadena 1963 mit einer nackten Frau (Eve Babitz) am Schachbrett zeigt (zur Deutung der Homoerotik vgl. Fine 1956, Reider 1959 sowie den Bildzyklus *Schach* von *Alfred Hrdlicka*). Nach 1945 findet sich das Motiv der „Eroberung" noch häufig im Film und in der Werbung, wenngleich sich die „Dame" immer seltener „ergibt". Bekanntestes Beispiel ist die Gewinnpartie der Detektivin Vicky (Faye Dunaway) gegen den Genleman-Gangster Crown (Steve McQueen) in *The Thomas Crown Affair* von Norman Jewison (USA 1968): „Crown: ‚Want to play?' Vicky: ‚Try me.' Crown: ‚I'm very good.' Vicky: ‚I bet you are'." Schließlich kippt das Motiv in der unmittelbaren Gegenwart: In seinem Video (*Why do Things Get in a Muddle?*, 1984) variiert *Gary Hill* die absurde Welterfahrung der Alice in *Through the Looking-Glass* von *Lewis Carroll*. Alice hat allerdings einen Vater bekommen, und beide führen am Schachbrett einen hermetischen, latent erotischen Dialog, in dem im Sinne von Gregory Batsons Kommunikationstheorie die Grenzen von Bedeutung und Sinn im Spiel des Sprechens aufgehoben sind. Eine ähnliche Funktion erfüllt der Dialog am Schachbrett zwischen Ivan und der Erzählerin in *Malina* von *Ingeborg Bachmann* (1971, S. 44 – 47, S. 128). Bei *Oliver Schwarz* (*Modell Motel Museum*, Berlin 1991) sitzt das Objekt des Begehrens nackt und allein vor einem Schachcomputer, der männliche Spieler ist verschwunden. In der Duchamp-Hommage *C'est la vie Rose* von *Hans Christof Stenzel* (Deutschland 1976) schließlich, in der ein androgynes Wesen (Rrose Sellavy) mit dem Schachbrett in der Hand durch die USA zieht, sind die Geschlechtergrenzen vollends unklar geworden. Rrose Sellavy prostituiert sich am Schachbrett, ihr/sein Einsatz ist Sex, falls der Gegner gewinnt. Sie/Er verliert freilich keine Partie, und es bleibt beim abstrakten Begehren. Erfüllt wird die Liebe durch die Begegnung der Geschlechter am Schachbrett heute nur noch in der Werbung oder im historisierenden Trivialroman (vgl. das Happy-End der Restauratorin Julia und des Schachmeisters César in *Das Geheimnis der schwarzen Dame* von Arturo Pérez-Reverte 1990).

70 Duby 1993, S. 86.

71 Zum Fensterbild vgl. Ferdinand de la Roche La Carelle: Histoire du Beaujolais et des Sires de Beaujeu, suivie de l'armorial de la province, Bd. 1, Lyon 1853, S. 188 ff; zit. nach Faber 1988, S. 29.

72 Zu den Lewis Chessmen vgl. die Monographie von Taylor 1978 mit weiteren Literaturangaben.

73 Vgl. den frühen Aufsatz von Madden 1832, S. 248 f.

74 Die altenglischen Bezeichnungen werden zitiert nach Lydgate (1430) in Hyde 1694.

75 Zur Deutung des „rook" vgl. Murray 1913, S. 75 f, zum „ladja" Linder 1994, S. 173 und Anm. 31 und 32 in dieser Arbeit.

76 Zum Wandteppich von Bayeux vgl. Wichmann/Wichmann 1960, S. 33.

77 Zur Dame als Jeanne d'Arc vgl. Silbermann/Unzicker 1975, S. 43 ff; die Dame erscheint als Maria bei Petzold 1986, S. 149 ff.

78 Zum Schachspiel von Saint Denis vgl. Pastoureau 1990, S. 30 ff; Kluge-Pinsker 1991, S. 22 ff.

79 Wem die strukturale Interpretation nicht genügt, um den *Wandel vom Wesir zur Dame* aus der Position der Königin neben dem König im Modell des Hofes zu erklären, ist auf die historische Linguistik und den Gebrauch der Schachfiguren im Alltag verwiesen. Auf phonetischer Ebene könnte der Transfer des Wesirs wie bei der Integration des arabischen Kampfwagens einen Umweg über das Latein genommen haben: In Abraham Ibn Ezras Schachgedicht wie in der alfonsinischen Terminologie 1283 blieb der arabische „firsan" (Wesir) noch unübersetzt. Aus dem altspanischen „alfférza" weisen die Etymologen einen Weg über altprovencalisch „fersa" zu altfranzösisch „fierce" und „vièrge", welche die „Virgo" (Jungfrau) neben dem „König" ergibt. Dieser Weg ist zwar plausibel, doch geleitet er über dünnes etymologisches Eis, denn altfranz. „vièrge" ist in der Bedeutung als Schachfigur nicht belegbar (vgl. Bossong 1978, S. 63 f, Sanvito 1996 und kritisch B. Holländer 1996). Eine andere Erklärung ist profaner, aber nicht unbedingt besser. Sie nimmt den Begriff „Dame" als Ausgangspunkt und setzt eine Entwicklung von „Dame" zu „domina" zu „Königin" an (van der Linde 1881b, S. 241). Altspanisch „dama" ist mehrdeutig. „Dama" kann sowohl die vornehme Frau (señora) bezeichnen, aber auch einen Spielstein im Damespiel (jugar a las damas) oder in einem beliebigen Brettspiel (juego de damas) wie dem Schachspiel oder dem Trictrac (Backgammon). Im Damespiel kann „Dama" zudem jenen Spielstein bezeichnen, der – ähnlich wie im Schach der Bauer – umgewandelt wird, wenn er die achte Reihe betritt und zum „peon coronado", zum gekrönten Bauer, wird. Eine Interferenz der Terminologien von Schach- und Damespiel liegt nahe. So wurden am Strand von Uig neben den Lewis Chessmen ja auch Damensteine gefunden. Im Alltag treten Schach- und Damespiel bis heute häufig gemeinsam auf: Die Spielsteine werden (und wurden) zusammen in einfachen Klappkästen aufbewahrt, gespielt wird auf demselben Brett, gemeinsam werden die Steine gebraucht (vgl. Stoep 1984, Ehn 1996). Die Entlehnung eines Begriffes aus dem anderen, verwandten Spiel vermag, die Leerstelle im Schachsystem aufzufüllen, die durch die Fremdheit des Wesirs aufgebrochen ist. Die Transformation des arabischen Schachspiels in das Modell des europäischen Hofes konnte so bequem und ökonomisch vollendet werden. Allerdings datieren die frühesten Nachrichten über das Damespiel erst aus dem 14. Jahrhundert. Allgemein läßt sich zu den mentalitätengeschichtlichen Explikationen des Wandels vom Wesir zur Dame sagen, daß sie alle ein gewisses Maß an Plausibilität aufweisen, aber nicht mehr. Eine „Ursache" des Wandels im Sinne von Kausalität „entdecken" zu wollen, ist ebenso sinnhaft bzw. sinnlos, wie nach der Ursache eines Lautwandels bzw. nach dem ersten oder letzten Sprecher der mittelhochdeutschen Monophthongierung zu fragen.

80 Lambe 1765, S. 22.

81 *Oldrich Duras* (1882 – 1957) wurde in Böhmen geboren und gehörte vor 1914 zu den zehn stärksten Spielern der Welt. Duras war Beamter und zog sich nach dem durch den Ausbruch des Ersten Weltkriegs unvollendeten Turnier von Mannheim 1914 vom Turnierschach zurück. Davor spielte er in den stärksten Turnieren und war berühmt für seine Zähigkeit. Erste Preise erzielte er in Wien 1908 (gemeinsam mit Maróczy und Schlechter), in Prag im selben Jahr (gemeinsam mit Schlechter) und in Breslau 1912 (gemeinsam mit Rubinstein). Nach seinem Rücktritt widmete sich Duras vor allem der Komposition von Studien. Zu Duras vgl. die Biographie mit Partiensammlung von Louma/Podgorny/Richter 1954.

82 *Amos Burn* (1848 – 1925), geboren in Hall (England), gehörte bereits in den 70er Jahren zu den stärksten Spielern Englands. Burn war ein Schüler von Wilhelm Steinitz, blieb allerdings zeitlebens Amateur. Vom Beruf war er Börsenmakler, der mit Baumwolle und Zucker handelte. Erst spät spielte er in internationalen Turnieren. Sein bestes Resultat war Köln 1898, wo er vor Charousek, Tschigorin, Steinitz, Schlechter und Janowski den ersten Platz belegte. Von 1913 bis zu seinem Tod leitete er die Schachspalte in *The Field*. Neben Paulsen gehörte der stille und vorsichtige Burn zu den stärksten Verteidigungsspielern des 19. Jahrhunderts. Zu Burn vgl. Coles 1983.

83 *Richard Teichmann* (1868 – 1924) wurde in Lehnitzsch geboren und studierte in Berlin Sprachen. 1892 übersiedelte Teichmann nach England und lebte dort einige Zeit als Sprachlehrer. Seine internationale Karriere begann in Leipzig 1894, wo er dritter hinter Tarrasch und Lipke wurde. Bis 1914 gehörte Teichmann zur Weltspitze. In Wettkämpfen schlug er Mieses (1895), von Bardeleben (1910) und Spielmann (1914) und hielt 1921 ein Match gegen Aljechin unentschieden. Sein größter Triumph war das Karlsbader Turnier 1911, das er vor Rubinstein, Schlechter und Vidmar gewann. Seine Augenbinde und Körpergröße und die signifikante Häufigkeit, mit der Teichmann bei Turnieren fünfte Plätze belegte, lassen seinen Beinamen „Richard V." plausibel erscheinen. Zu Teichmann vgl. Spence 1970.

84 *Frank Marshall* (1877 – 1944), geboren in New York, verbrachte seine Kindheit in Montreal, bevor seine Familie in die Vereinigten Staaten zurückkehrte. Marshall war von seiner Jugend an Berufsspieler. In St. Petersburg war er einer jener fünf, die 1914 zu „Großmeistern" ernannt wurden. Während seiner langen Karriere als erfolgreichster Turnierspieler der Vereinigten Staaten nach Paul Morphy gewann er drei erste Preise: Cambridge Springs 1904 (vor Lasker und Janowski), Nürnberg 1906 (vor Duras und Schlechter) und Havanna 1913 (vor Capablanca). In Wettkämpfen gegen die absolute Weltspitze (Tarrasch 1905, Lasker 1907, Capablanca 1909) unterlag Marshall, er gewann jedoch unter anderem gegen Teichmann (1902), Janowski (1905 und 1912) und gegen Duras (1913). 1909 besiegte er Showalter und wurde zum US-Champion ernannt. 1933 erreichte er als Kapitän des US-Teams die Goldmedaille bei der Schach-Olympiade. 1915 eröffnete er den „Marshall's Chess Divan", aus dem später einer der bedeutendsten Schachclubs der Welt wurde: „Marshall's Chess Club" in der 10. Straße in Manhattan. Berühmt wurde Marshall durch eines der schönsten Manöver der Schachgeschichte: Gegen Stepan Lewitzki stellte Marshall 1912 seine Dame im 23. Zug auf ein dreifach beherrschtes Feld. Wie immer Lewitzki schlägt, er wird matt oder verliert – das wohl meistpublizierte Stellungsbild der Schachgeschichte (vgl. Partie 97). Marshall erlitt auf der Rückreise von einem Turnier in Jersey City einen Zusammenbruch und starb in der Nacht auf offener Straße. Zu Marshall vgl. unter vielen anderen Soltis 1994.

85 *Julius Perlis* (1880 – 1913) wurde in Rußland geboren und lebte als Rechtsanwalt. Seine größten Erfolge verzeichnete Perlis 1912 mit dem fünften Platz in San Sebastian. Perlis erfror beim Bergsteigen im Nebel der Ennstaler Alpen.

86 *Carl Schlechter* (1874 – 1918) wurde in Wien geboren und war der wichtigste Vertreter der Wiener Schachschule, dem modernen Positionsspiel auf Basis der Theoreme von Steinitz. Ab der Jahrhundertwende gehörte Schlechter stets zu den fünf bis sieben besten Spielern der Welt. Bis 1908 gewann er viele erste Preise (unter anderem in München 1900, Wien 1905, Ostende 1906, Wien 1908, Prag 1908 gemeinsam mit Duras) und forderte 1910 Weltmeister Lasker zu einem Titelmatch. Schlechter lag voran, verlor jedoch die letzte Partie (nachdem er versucht hatte, sie zu gewinnen!). Lasker blieb mit unentschiedenem Resultat Weltmeister. Während des Ersten Weltkrieges besorgte Schlechter die achte (und wohl beste) Auflage von Bilguers Handbuch. 1918 starb Schlechter an den Folgen einer Lungenentzündung. Manche sagen, er starb an Entkräftung, andere, daß er einfach verhungert ist. Zu Schlechters Biographie vgl. bes. Goldman 1994.

87 *David Markjelowitsch Janowski* (1868 – 1927) wurde in Polen geboren und lebte seit 1890 als Berufsspieler in Paris. „Er folgt", schrieb Frank Marshall über ihn, „dem falschen Weg mit mehr Entschlossenheit als jeder andere, dem ich begegnet bin." Selten konnte Janowski große Turniere gewinnen und verlor gegen Emanuel Lasker 1909 – 1910 drei Matches in Folge, die von seinem Mäzen Nardus (1860 – 1935) finanziert wurden. Dennoch gehörte Janowski zu den wichtigsten Kombinationskünstlern seiner Zeit. Von 1915 bis 1924 lebte Janowski in den USA und kehrte danach nach Paris zurück. Er starb in Hyères völlig mittellos an Tuberkulose. Seine größten Erfolge feierte Janowski mit ersten Rängen in Monte Carlo 1901 und Hannover 1902, seine schwersten Niederlagen erlitt er, wie viele Schachspieler, am Roulettetisch. Zur Biographie Janowskis vgl. Woronkow/Plisezki 1987.

88 Pseudo-Ovidius 1967, vgl. auch Vidmanová 1979 allgemein zur Schachallegorie in der mittelalterlichen Gesellschaft und besonders zu dem hier nicht besprochenen *Breviloquium de virtibus antiquorum principum*, welches das Vorbild für die Traktate des Galvano und Jacobus von Cessolis zu sein scheint.

89 Zum Text der Moralitas de scaccario vgl. Murray 1913, S. 559 ff.

90 Ich folge der Darstellung in Balbi 1986, S. 88 ff. Die heute befremdliche soziale Zuordnung der Dame und der Bauern ergibt sich aus der alten Spielweise, die zu Galvanos Zeit geherrscht hat: Die Dame war kurzschrittig wie der arabische Wesir. Sie konnte nur ein Feld weit in der Diagonale ziehen. Der Bauer verwandelte sich auf der achten Reihe in einen Wesir.

91 Platon 1959, Nomoi I, 466d.

92 Zur Bibliographie und zu den verschiedenen Fassungen der Handschriften vgl. van der Linde 1874, Bd. 2, S. 34 – 112 (sic), Schmidt 1961, Kliewer 1966 und Lorenzo 1973; zu den wenigen Anhaltspunkten der Biographie von Jacobus vgl. Kaeppeli 1960.

93 Zu den populares siehe bes. Müller 1981, S. 24 u. Petschar 1986, S. 163.

94 Ein fernes und skeptisches Echo auf die Schachallegorie des Jacobus als Allegorie einer gottgewollten Ordnung des Miteinanders klingt noch in Marcel Duchamps rätselhaftem *Das Große Glas* nach. Seine *Braut von ihren Junggesellen nackt entblößt, sogar* (Das Große Glas 1915 – 1923) repräsentiert eine Verbindung des Liebesmotivs in den Échecs amoureux und der Schachallegorie als Modell der sozialen Ordnung. Unter verschärften Bedingungen freilich und veränderten Voraussetzungen. Duchamp transponiert den sozialen Konflikt in einen anderen. den Kampf der Geschlechter und das vergebliche Ringen um Individualität. Vertraut man den Kommentaren Duchamps, ist das Große Glas eine Maschine und zeigt eine erotische Szene. Das Glas ist durch ein Scharnier in zwei Hälften geteilt. Auf der oberen Hälfte befindet sich die Projektion der Braut, ein gefährliches, insektenartiges Wesen, welches ein Sekret absondert, das ihr Erblühen bewirkt. Direkt unter der Braut befinden sich die neun männischen Formen am „Friedhof der Uniformen und Livreen" („Eros-Matrix"). Sie sind mit Leuchtgas aufgeblasene Gußformen, die wie im Traktat des Cessolis Berufsstände symbolisieren: Gendarm, Diener, Leichenträger, Polizist, Stationsvorsteher, Priester, Laufbursche, Kürassier und Pikkolo. Mit dünnen Röhrchen kommunizieren sie miteinander und pumpen das Leuchtgas zu den Haarsieben, an denen sie hängen. Durch die Uniform ist ihnen jede Individualität genommen, sie sind verurteilt zu dienen. Ihre Unfreiheit wird durch die Perspektive in der unteren Hälfte im Großen Glas betont – im Gegensatz zur freien Geometrie der oberen Hälfte, in der sich die Braut und die himmlische Milchstraße befindet. Wie die Bauern im Schachspiel sind die männischen Formen anonym. Ihre Bewegungsart ist im Gegensatz zu den nobiles unfrei, angelockt vom Sekret, sie stets nach oben, wo jedoch die bedrohliche Dame auf sie wartet. Wie die Bauern im Schachspiel können sie auch, falls sie den Himmel erreichen, ihre Anonymität und ihr lästiges Geschlecht abstreifen und selbst zu mächtigen Damen werden. Zumeist werden sie aber vorher von der Braut gefressen, und ihr Versuch der Metamorphose scheitert. Am Himmel erscheinen deshalb keine Amorpfeile, sondern Einschüsse der Junggesellen. Als Rose Sélavy ist Duchamp bekanntlich solch eine seltene Umwandlung geglückt. Auch den populares hat er an anderer Stelle die Freiheit geschenkt: Im Februar 1966 ließ Duchamp während der Schachperformance *Hommage à Chaissa* am Dach einer Galerie Schachfiguren an gasgefüllten Ballons in den Himmel über New York steigen. (Zur Schachmetapher in Duchamps Glas vgl. Jonasson 1993 und Strouhal 1994a, S. 41 ff mit detaillierten Literaturangaben, siehe auch Anm. 69).

95 Das Spielebuch wird in der Übersetzung von A. Steiger 1941 zitiert. Zur Biographie von Alfons vgl. Ballestros y Berreta 1963, Faber 1978; zum literarischen Werk allgemein Keller 1967 mit weiteren Literaturangaben. Zum „Libro de Açedrex" – dem Schachteil der Libros – vgl. besonders den Kommentar von R. Calvo in der Reprint-Ausgabe 1987 sowie Keats 1994a, S. 180 – 196. Zur alfonsinischen Schachterminologie liegen zwei Untersuchungen vor: Über den Transfer des Arabischen in das Spanische vgl. Bossong 1978, zur frühen Fachsprachlichkeit Scherer 1995 (vgl. dazu auch Anm. 32 und 79 in dieser Arbeit).

96 Alfonso el Sabio 1941, S. 5.

97 Ebda, S. 7 – 11.

98 Ebda, S. 17ff.

99 Zur Spielmetapher bei Lessing vgl. allgemein Göbel 1971; zur Schachmetapher in Lessings „Nathan der Weise" vgl. ausführlich Petzold 1994. Steven Zaillians Film beruht auf dem autobiographischen Roman von *Fred Waitzkin* 1984. Die *Toleranzmetapher* des Schachspiels bei Alfons war freilich wie das Liebes- und Todesschach des christlichen Mittelalters (vgl. Anm. 66 und 69 in dieser Arbeit) die Projektion einer Sehnsucht, der ein religiös und ökonomisch motivierter Antijudaismus entgegenstand. Er findet sich auch im literarischen Werk von Alfons. In den *Cantigas de Santa Maria* wird ein Bild vom Juden als Gottesmörder, Verräter und Lügner gezeichnet. 1280 ließ Alfons Don Çag de la Maleha hinrichten und förderte damit die antisemitischen Strömungen in Kastilien und Aragonien, die 200 Jahre später zur Vertreibung der Juden aus Spanien führen (vgl. Kap. 22 in dieser Arbeit). In der alfonsinischen *Chronik* schließlich wird über das Jahr 1280 erzählt, daß an einem Sabbat alle Juden verhaftet wurden. Sie wurden erst wieder freigelassen, nachdem man von ihnen die ungeheure Summe von 12000 Maravedis erpreßt hatte. Die „Steuer" wurde seitdem jedes Jahr eingehoben (vgl. Leroy 1991, S. 86). Eine antinationalistische Variante des Toleranzmotivs erzählt *Satyajit Ray* in seiner preisgekrönten Filmkomödie *Die Schachspieler* („Hatranj ke khilari", Indien 1977). In Lucknow, der Hauptstadt des Oudh und dem Sitz der Moslem-Kultur in Indien, will 1856 die East India Company militärisch die Macht übernehmen. Als sich die britischen Truppen nähern, fliehen die beiden adeligen Schachspieler Mir und Mirza, aus Angst, sie könnten zum Militär des Herrschers Nawab eingezogen werden, und setzen in einem Versteck ihr Schachspiel fort. Beide sind Freunde, verfallen jedoch in Streit, der fast mit Mord endet. Unterdessen übernehmen die Briten den Oudh. Die Freunde versöhnen sich und fahren ungerührt von der Politik fort, Schach zu spielen, aber nun, da es denn sein muß, nach den modernen britischen Regeln, nach denen der alte Wesir die Königin ist. Beide schütteln zwar den Kopf über diese Abstrusität, doch akzeptieren sie lachend und ohne Widerstand die neuen Spielregeln.

100 Keats 1994a, S. 187.

101 Vgl. Jünger 1980 (= 1967, *Rehburger Reminiszenzen*), S. 12 – 22; zur Kritik an der Schachmetapher Jüngers vgl. Kap. 45 in dieser Arbeit.

102 Zu Tarraschs Moderne vgl. Kap. 37 in dieser Arbeit.

103 Lasker 1907, S. 245; zit. bei Donaldson/Minev 1994, S. 4.

104 *Geza Maróczy* (1870 – 1951) wurde in Ungarn geboren und war im bürgerlichen Beruf zunächst Wasserbau-Ingenieur und später Mathematiklehrer. Schach erlernte er während seines Studiums in Zürich. Im ersten Jahrzehnt nach der Jahrhundertwende nahm er an 15 internationalen Turnieren teil und placierte sich jeweils im Spitzenfeld. Um die Jahrhundertwende war Maróczy nach Lasker der wohl stärkste Positionsspieler und beste Endspielspezialist seiner Zeit. 1906 wurde ein Vertrag mit Lasker für ein Titelmatch vereinbart, das allerdings nicht zustandekam. Den Ersten Weltkrieg verbrachte Maróczy in Holland und England, wo er später Schachlehrer von Weltmeisterin Vera Menschik wurde. Bis in die 30er Jahre erzielte Maróczy Spitzenresultate. Sein letzter großer Erfolg war der Turniersieg in Karlsbad 1923 (gemeinsam mit Aljechin und Bogoljubow). Zu Partien und Biographie von Maróczy vgl. Szily 1957.

105 Kmoch/Reinfeld 1950, S. 299; zit. nach Donaldson/Minev 1994, S. 79.

106 So z. B. von Hannak 1933, S. 7.

107 *Eugene Alexandrowitsch Znosko-Borowski* (1884 – 1954) wurde in Rußland geboren und lebte zunächst als Musik- und Theaterkritiker. Nach seinem Schachdebut 1902 in St. Petersburg wurde er vor allem als Schachkolumnist und Buchautor bekannt. 1920 emigrierte er nach Paris und spielte in vielen kleineren französischen Turnieren. Seinen größten Erfolg hatte er mit dem Turniergewinn in Paris 1930 vor Tartakower. Marcel Duchamp belegte in diesem Turnier im übrigen den letzten Rang.

108 *Milan Vidmar* (1885 – 1962) wurde in Ljubljana geboren, studierte in Wien von 1902 – 1907 Elektrotechnik und wurde später Dekan der Universität Ljubljana. Als Techniker und Wissenschaftler war er ein Amateur unter Professionals, seine Spielstärke war dennoch gewaltig. Bereits während seines Studiums widmete sich Vidmar intensiv dem Turnierspiel. Nach den Turnieren von Barmen (1905), Wien und Karlsbad (1907) gewann er das Turnier von Göteborg 1909. Im Turnier von San Sebastian 1911, dem ersten Auftritt von Capablanca in Europa, wurde er gemeinsam mit Rubinstein zweiter. Seine größten Erfolge hatte Vidmar Mitte der 20er Jahre, in denen er sich in fast allen Turnieren in der Spitzengruppe placieren konnte. Weder Capablanca noch Aljechin haben Vidmar die Chance auf einen Weltmeisterschaftskampf gegeben. 1939 gewann er die jugoslawische Meisterschaft. Als die Kräfte schwanden, wurde Vidmar internationaler Schiedsrichter. Von Vidmar stammt eines der schönsten Schachbücher des 20. Jahrhunderts: seine Erinnerungen *Goldene Schachzeiten* (1961). Zu Vidmar vgl. Petrovic/Klement 1975.

109 *Jacques Mieses* (1865 – 1954) wurde in Leipzig geboren, seine Karriere umfaßte einen Zeitraum von über 60 Jahren. Mit dem modernen Positionsspiel konnte sich Mieses nie anfreunden, er blieb Romantiker mit einer Vorliebe für zweischneidige Eröffnungen. So verbuchte Mieses in seiner Laufbahn mehr Schönheitspreise als Turniersiege. Sein größter Erfolg blieb der Gewinn des Trebitsch-Gedenkturnieres in Wien 1907 vor Duras, Schlechter und Maróczy. Seinen besonderen internationalen Ruf in der Schachwelt erwarb sich Mieses vor allem als Schachjournalist und Buchautor. Seine größte Leistung war vielleicht die Bearbeitung des Lehrbuches von *Jean Dufresne* (1829 – 1893), dem wichtigsten Schachbuch deutscher Sprache (vgl. dazu auch Kap. 43 in dieser Arbeit). 1939 entkam er den Nazis knapp und fand in England Zuflucht. Nach dem Erhalt der britischen Staatsbürgerschaft wurde er der erste englische Großmeister. Bis zuletzt bewahrte er seinen galligen Humor. Auf seinem letzten Turnier in Stockholm 1948 (er belegte den 3. Rang) wurde er mit 83 Jahren gegen den 84jährigen Holländer Foreest ausgelost. Nach dem Gewinn der Partie kommentierte Mieses trocken: „Ein Triumph der Jugend." Zu Jacques Mieses vgl. Wieteck 1993.

110 *Fjodor Iwanowitsch Dus-Chotimirski* (1879 – 1965) wurde in Kozel (Rußland) geboren und spielte bis 1914 in vielen russischen Turnieren. Im Westen tauchte er nur selten auf. Dus-Chotimirski gewann keine großen Turniere, konnte aber als Angriffsspieler auch Weltmeister schlagen. 1909 erhielt er einen Spezialpreis für seine Siege gegen Lasker und Rubinstein. Bei der sowjetischen Meisterschaft 1927 belegte er den dritten Rang und war danach vor allem als Organisator im sowjetischen Schachleben tätig. Zu den wenigen Anhaltspunkten seiner Biographie vgl. Dus-Chotimirski 1953.

111 *Leo Fleischmann/Forgács* (1881 – 1930) wurde in Budapest geboren. Ab 1905 nahm er an vielen Großmeisterturnieren teil, ohne besonders erfolgreich zu sein. Biographisch ist über ihn fast nichts bekannt. 1905 gewann er das B-Turnier in Barmen und wurde gemeinsam mit Schlechter dritter in Nürnberg (hinter Marshall und Duras, jedoch vor Tschigorin, Tarrasch und Vidmar). 1913 zog er sich vom Turnierschach zurück.

112 *Rudolf Spielmann* (1883 – 1942) wurde in Wien geboren. Tartakower nannte ihn einmal den „letzten Ritter des Königsgambits". Spielmann war ein obsessiver Spieler, der von St. Petersburg 1909 bis zum Zweiten Weltkrieg über 100 internationale Turniere und 50 Matches bestritt. Sein erster großer Turniersieg war der Vierkampf in Stockholm 1919 vor Bogoljubow, Réti und Rubinstein, sein größter Triumph Semmering 1926 vor Aljechin, Vidmar, Nimzowitsch und Rubinstein. Er war der vielleicht beste Kombinationsspieler der 20er Jahre, mußte jedoch im Vergleich mit Alexander Aljechin bekennen: „Ich sehe Kombinationen wie er, aber ich komme nicht in die Positionen wie er." 1939 entkam er den Nazis und starb in der schwedischen Emigration. 1936 veröffentlichte er das romantische Vademecum „Richtig opfern!", das rasch zu einem der populärsten Schachbücher seiner Zeit wurde. In den frühen 20er Jahren bearbeitete er gemeinsam mit Réti und Rubinstein das „Lärobok" der Brüder Collijn. Zu den Partien und zum Leben Spielmanns vgl. Spence 1969 – 1974 (Bd. 1 – 3).

113 Rubinstein 1926, S. 19.

114 Le Goff 1994, S. 49.

115 Van der Linde 1874, Bd. 1, S. 331. Von der Inkunable der „Repetición" existieren nur noch wenige Exemplare (Universität Salamanca, Bibliothek des Escorial, Congress-Library, Cleveland-Public-Library, königliche Bibliothek Den Haag, Privatsammlung Lothar Schmidt Bamberg). Manuskriptkopien befinden sich in Siena und Rio de Janeiro. 1953 wurde in Spanien in der Reihe „Colección Joyas Bibliografías" ein vollständiger Reprint in 250 Exemplaren aufgelegt, der heute bereits eine Rarität ist; 1954 erschien die kommentierte Ausgabe von J. Ornstein, die sich mit dem ersten, der Liebe gewidmeten Teil der „Repetición" befaßt; in Rio de Janeiro erschien 1974 ein von Altair de Souza edierter Nachdruck des Schachteiles der „Repetición".

116 Zu Kunrad von Ammenhausen vgl. Vetter 1892; zum lombardischen Schach vgl. van der Linde 1874, Bd. 1, S. 281 – 309, und Meissenburg 1996. Eine unmittelbare, aber geheimnisvolle Quelle Lucenas scheint das verschollene Buch des Katalanen *Francesch Vicent* (*Libre dels jochs partitis dels schachs*) zu sein, das wahrscheinlich 1495 in Valencia gedruckt wurde. Gerolamo Cardano erwähnt es noch 1525. Der Italiener beklagt den schlechten Druck der Diagramme „im spanischen Buch", und er hätte es nicht erwähnt, wenn es nicht schon die neuen Regeln enthalten hätte. Der letzte Hinweis auf den Vicent findet sich im Katalog des Klosters von Monserrat bei Barcelona zu Beginn des 19. Jahrhunderts. Als das Kloster im Jahre 1811 von den Franzosen gesprengt und im Spanischen Bürgerkrieg abgebrannt ist, ist offensichtlich dann das letzte Exemplar des Vicent verlorengegangen. Zum Buch des Vicent vgl. bes. Calvo 1991.

117 Zum Prozeß der Kodifikation im 19. Jahrhundert vgl. Kap. 32 in dieser Arbeit.

118 Die Veränderungen im Regelwerk des europäischen Schachspiels, die einerseits das Spiel beschleunigten und andererseits neue Raumverhältnisse schufen, ereignen sich in Analogie zu tiefgreifenden Veränderungen im *Raum- und Zeitbewußtsein* in der Kunst und Wissenschaft, in der Technik und im Alltag des 15. Jahrhunderts. Durch das neue Projektionsverfahren der „Zentralperspektive" bei Brunelleschi und Leonardo ist der Schritt von der reinen Wahrnehmungslehre zum mathematisch konstruierten Bild erfolgt. Dies bedeutete eine grundsätzliche Veränderung in der Raumvorstellung des Menschen und in der Verbindung von Theorie und Praxis (vgl. Bayerl 1978, Pedretti 1980). Zugleich wurde die Zeit am Ende des 15. Jahrhunderts zu einer knappen Ressource, was sich nicht zuletzt im Uhrenbau widerspiegelt. Der Nürnburger Uhrmachermeister Peter Henlein (1480 – 1542) konstruiert Miniaturuhren mit Spiralfederantrieb, die in einem Beutel transportiert werden können. Bereits im frühen 16. Jahrhundert begann sich aufgrund der Nachfrage das Uhrmacherhandwerk eigenständig zu entfalten und spaltete sich ab von den Kupferstechern und Gold- und Silberschmieden. Die großen mechanischen Uhren hatten in aller Regel nur Stundenzeiger, doch konstruierte Jost Bürgi bereits im 16. Jahrhundert sekundenmessende Uhren. Längst war die exakte Messung der Tageszeit Alltag geworden (zur Normierung der Zeit vgl. den Sammelband von Maurice/Mayr 1980). Eine Miniatur in der um 1450 entstandenen Handschrift „L'epître d'Othéa" von Christine de Pisan zeigt eine Temperantia die als Gottesmutter vom Himmel aus eine mechanische Uhr justiert. Eifrig diskutieren die Beobachter der göttlichen Erscheinung den Vorgang. Die Anpassung der Regeln des Schachspiels an die neuen Definitionen von Raum und Zeit überrascht weniger als die Anpassungsfähigkeit des Spiels, d.h. daß seine Struktur so flexibel ist, daß es sich den neuen Verhältnissen angleichen kann (vgl. dazu Kap. 42 in dieser Arbeit).

119 Das Bedürfnis nach allgemein gültigen *Maßen* erfaßte im 15. Jahrhundert alle Lebensbereiche des Menschen. Einige Beispiele: 1492 war nicht nur das Jahr der Entdeckung Amerikas und der Vertreibung von 200.000 Juden aus Spanien, sondern es erschien auch die erste einheitliche spanische Grammatik. Zugleich brachten die beweglichen Lettern des Buchdrucks eine Nivellierung der individuellen Handschriften. Die lokalen und regionalen Besonderheiten der Schrift wurden ersetzt durch nationale Normen, die im wesentlichen auch heute noch gültig sind (vgl. Ong 1987). Im Handelskapitalismus des 15. Jahrhunderts wurde die Produktion internationalisiert und im Sinne einer modernen Marktwirtschaft in Übereinstimmung zur globalen Konsumation gebracht. Aus der selbstversorgenden Gesellschaft des Mittelalters entstand ein engmaschiges Netz der europaweiten Warendistribution. Homogene Normen des internationalen Handels, die das Mittelalter nicht zur Verfügung hatte, wurden ebenso benötigt wie konvertierbare Währungen und ein buchhalterisch nachvollziehbares Wechselsystem. Erst mit der Hanse setzten sich in der 2. Hälfte des 15. Jahrhunderts überregionale Maß- und Gewichtssysteme durch, wobei wie im Schachspiel die praktikabelste Lösung – „the fittest rule" – überlebte. Die Lehre der „Visierkunst", die mathematischen Verfahren zur Bestimmung der Rauminhalte von Behältern, die noch nicht normiert waren, feierte hier eine erste Blüte und wurde zu einem der wichtigsten Zweige der angewandten Mathematik (vgl. dazu die Vorlesungen von Braudel 1986 sowie Dexel 1973). Gültige Normen wurden vor allem für die exakte Navigation, für die Kartographie, im modernen Festungsbau und für die bewegliche Artillerie benötigt. Hierbei kam der Entwicklung von präzisen technischen Meßinstrumenten (Proportionalzirkel, Meßrad, Quadrant, Log etc.) die größte Bedeutung zu, welche die älteren lokalen Meßstäbe und Winkeleisen verdrängten (allgemein zur Normierung im 15. Jahrhundert vgl. besonders Ludwig/Schmidtchen 1992, S. 549 ff).

120 Zur Karriere von Hutz vgl. Haebler 1924 und Calvo 1993. Zentrum der Buchdruckerkunst in der zweiten Hälfte des 15. Jahrhunderts waren die deutschen Städte. Um 1500 wurden in sechzig deutschen Städten bereits fast 300 Druckereien gezählt, Druckunternehmer wie Anton Koberger (um 1450 – 1513) beschäftigten in Nürnberg über 100 Mitarbeiter, wobei Verlag, Buchhandel und Produktion noch nicht getrennt waren (vgl. Bockwitz 1939, Kuhnert/Widmann 1952 und den Sammelband von Widmann 1972). Viele deutsche „Book-Makers", die bei Koberger das Verfahren der beweglichen Lettern und die Kunst des Vertriebes gelernt hatten, zogen nach Italien, Frankreich, Spanien und Portugal, gründeten eigene Firmen und wurden zu wichtigen internationalen Vermittlern des Wissens. In Rom war Buchhandel und Buchproduktion zu Beginn des 16. Jahrhunderts fest in deutscher Hand, während in Venedig und anderen italienischen Stadtstaaten sephardische Drucker infolge des Exodus aus Spanien ihre Vormachtstellung behaupteten (zur Geschichte der jüdischen Drucker aus Spanien in Italien, die für die Expansion der Schachregeln nicht ohne Interesse ist, vgl. Amram 1963).

121 In seiner kleinen Moralität *De vita beata* heißt es mutig gegen die Inquisition: „Denk nicht, ich sollte mich schämen, daß meine Eltern Juden sind. Sie sind es natürlich, und ich liebe meine Herkunft. Und zwar weil, wenn alte Herkunft Adel ist, wer könnte sagen, daß er von so weit herkommt? Wenn einer sagt, daß seine Ahnen Römer oder Gothen sind, so wird er hochgeschätzt, ungeachtet wie barbarisch seine Ahnen waren. Wenn aber einer sagt, seine Ahnen sind Juden, dann hält man ihn für einen Marrano, was weniger ist als der Staub auf der Erde. Oh nur ungläubige Christen können solches sagen! Eure Augen sind geblendet!" (zit. nach Keats 1994a, S. 205; zu den wenigen Anhaltspunkten der Biographie Lucenas vgl. Calvo 1996).

122 Zur Geschichte der sephardischen Diaspora nach 1492 vgl. Leroy 1991.

123 Über die *Berufsspieler des Mittelalters* in Europa ist kaum schriftliches Quellenmaterial vorhanden, doch ihre Existenz scheint sehr wahrscheinlich. In der Herberge von Florenz, in der Petrus Damiani im Jahr 1061 den Bischof beim nächtlichen Schachspiel ertappte (vgl. Kap. 14 in dieser Arbeit), wurde nicht nur gewürfelt, sondern auch professionell Schach gespielt. Am Marktplatz in Köln 1343 zog ein Krüppel die Aufmerksamkeit der Zuseher durch ein Kunststück am Schachbrett auf sich: „Er war gelähmt an beiden Händen und entwickelte mit den Füßen eine Geschicklichkeit, die manch anderer seinen Fingern wünschen mochte. Mit den Zehen spielte er Schach; er nahm einen kleinen Löffel zwischen die Zehen und warf aus einer bestimmten Entfernung jede Figur vom Schachbrett, welche man wünschen mochte" (Ennen/Eckertz 1860, Bd. 1, S. 342, zit. nach in Ehn 1994, S. 73). Spätere Quellen zeigen schon die Ausgebufftheit der echten „Zocker", die ihre Opfer systematisch „abkochen". Ein Text aus dem 15. Jahrhundert gibt die wichtigsten Regeln für den Berufsspieler preis, die offenbar auf einer langen Tradition des Glücksspiels beruhen: „Es sagte mein Lehrmeister, man müsse bei den ersten Aufgaben um einen mäßigen Einsatz spielen und verlieren und so solle man auch im weiteren Verlauf des Wettspiels zuweilen verlieren, weil dadurch die Leute zum Spielen veranlaßt werden. (...) Eine andere Vorsichtsregel ist, daß Du Dich im Anfang stelltest, als erinnerst Du Dich nicht der Aufgabe, und deshalb magst Du die Stücke (= Figuren, E. S.) anders aufsetzen, als sie es sein sollen, wobei Du oft im Anfang etwas abänderst. Endlich aber magst Du sie stellen wie Du sollst. Wenn ihm in solchem Fall irgend ein Zug einfällt, wird er leicht denken, Du erinnertest Dich nicht der Aufgabe und wird deshalb spielen. (...)" (von Heydebrand und der Lasa 1897, S. 39 f).

124 Zur Entwicklung der Regeln im 16. Jahrhundert vgl. besonders Petzold 1986, S. 172ff.

125 Dreißig Jahre zuvor, 1604, veröffentlichte Salvio den *Trattato dell'inventione et arte liberale del gioco di scacchi*, ein Schachlehrbuch, das auf das *Libro nel quale si tratta della Maniera di Giuocar' à Scacchi* (Turin 1597) von *Orazio Gianutio della Mantia* zurückgeht. Gianutios Buch erwähnt nur noch die neuen Regeln, jedoch zeigt er den Unterschied zwischen dem Königssprung (von e1 nach g1) und der freien Rochade (Königs- und Turmsprung in moderner Form). Unmittelbar nach Gianutio und Salvio erschien 1617 *Il Gioco degli Scacchi* des sizilianischen Priesters *Pietro Carrera* (1573 – 1647). Wie schon Damiano 1512 gab Carrera einen Überblick über Vorgabepartien und das Blindspiel und wie Luis de Lucena 1496/97 auch Hinweise für das praktische Spiel und die Vorbereitung. Für den Priester stand die körperliche und seelische Reinigung im Vordergrund. Nach Carrera muß ein Spieler vor einem Wettkampf „beim Essen einige Tage lang dem Fleisch widerstehen, um den Geist zu klären, dann tüchtig zur Ader gelassen werden und gleichwohl Abführ- wie Brechmittel verabreicht bekommen, um alle Gifte aus dem Körper zu verbannen. Und vor allem muß er alle Sünden beichten und Absolution erhalten, bevor er sich am Brett niederläßt, um dem Einfluß der Dämonen zu widerstehen." Betrachtete noch der Kardinalbischof Petrus Damiani das Schachspiel mit Abscheu, wird es bei Carrera geradezu zum Mittel, um die Schäfchen vor der Partie in den Beichtstuhl zu bekommen. Die Vorstellung, daß sich der Priester aus Mititello und die Heilige Teresa aus Avila (siehe Anm. 59 und 69) beim Schachspiel getroffen haben könnten, ist reizvoll, doch haben sie sich in der Geschichte leider verfehlt. Die beiden hätten sich einiges zu sagen gehabt.

126 Colonna 1964 (zit. nach B. Holländer 1994, S. 128). Das Spiel mit lebenden Personen hatte bereits eine lange und zum Teil grausame Geschichte. Der spanische General Gonsalvo da Cordova berichtet von lebenden Schachspielen am Hofe Sultan Mohammeds I. zu Beginn des 15. Jahrhunderts, bei dem die geschlagenen Spielsteine getötet wurden. Ebensolche Spiele soll Pedro Arbúes, der Inquisitor von Aragon, veranstaltet haben.

127 Zum Traumliebeskampf vgl. Murray 1913, S. 748, Lampe 1962, S. 62, und besonders B. Holländer 1994.

128 Rabelais 1979, Bd. 2, S. 1242.

129 Das Vorwort der deutschen Übersetzung Vidas zit. nach Faber 1988, S. 62.

130 Weickmann 1664, S. 63, zit. nach Faber 1988, S. 100.

131 Selenus 1616, S. 12. Der Herzog August von Braunschweig-Lüneburg war nicht nur ein Schachliebhaber, sondern er sammelte auch Uhren. Wie das Schachspiel ist die Uhr ein rationales Modell der Welt, deren Fortschritt, wie es bei Johannes Kepler heißt, kein göttliches Wesen mehr benötigt: „Die Maschine des Universums (ist) nicht mit einem beseelten göttlichen Wesen, sondern mit einem Uhrwerk zu vergleichen (...) all die verschiedenen Bewegungen hängen darin von einer materiellen Triebkraft ab, ganz wie die Bewegungen im Uhrwerk allein auf das Pendel zurückgehen" (Brief 1605, zit. in Mosivici 1982, S. 314). Die Schachfiguren gehorchen dem, der die Macht hat, sie zu ziehen; die Uhr dem, der die Macht hat, sie aufzuziehen. Aus der Sicht des Fürsten sind Schachfiguren wie Zinnsoldaten kleine Automaten, die „wie aufgezogen" kämpfen und geopfert werden. Pädagogisch wertvoll sind die kleinen Automaten im Kriegsspiel, welches der Sohn des Potentaten erlernen muß. Tatsächlich häufen sich im 17. Jahrhundert die Ankäufe von teuren Schachspielen und von Soldatenfiguren in ganz Europa (vgl. Faber 1988, S. 106). Ludwig XIV. bestellte für seinen Sohn im Jahr 1664 zwei mechanische Armeen. In den Miniatursoldaten war ein Uhrwerk eingebaut, das ihnen erlaubte, zu feuern und sogar aus dem Sattel geworfen zu werden. Aufziehen mußte sie wohl der Dauphin selbst. Gleichzeitig standen auf dem Stundenplan auch Schachstunden (Ariès 1992, S. 130). Was das Uhrwerk mimetisch leistete, leistete das Schachspiel zerebral (vgl. Anm. 118).

132 Escobar 1545 (zit. nach Faber 1988, S. 101); eine Verbindung des Vanitas- und Liebesmotivs mit der *Politikmetapher* des Schachspiels begegnet in der deftigen Komödie von *Thomas Middleton* (um 1570 – 1627). *A Game at Chesse* wurde im August 1624 im Globe Theatre in London mit großem Publikumserfolg aufgeführt. Auf der Schachbrettbühne Middletons stehen sich die politischen und religiösen Gegner Jakob I. und Philipp IV. als Protagonisten des Protestantismus und des Katholizismus gegenüber. Die beiden Parteien umfassen den gesamten Hof: Die Bischöfe erscheinen als Läufer, die Ritter (Kronprinz Karl und Botschafter Gonomar) als Springer und die Türme als Herzog von Buckingham und – auf der Seite der Spanier – Premierminister Olivarez. Die politischen Auseinandersetzungen werden von Middleton mit einer Liebesgeschichte um die Unschuld eines weißen Bauern, eines schönen Mädchens, angereichert, das den Nachstellungen des lüsternen schwarzen Läufers – eines katholischen Beichtvaters – zu erliegen droht. Am Ende wird der Bauer gerettet, König Jakob siegt und die schwarzen Figuren verschwinden wie schon in der mittelalterlichen Todesallegorie (vgl. Anm. 66) im Sack. Nach neun Vorstellungen mußte das politische Spiel aufgrund spanischer Proteste vom Spielplan abgesetzt werden. Das politische Motiv des Schachspiels findet sich häufig in den Karikaturen des 18. und 19. Jahrhunderts, eine zentrale Figur ist dabei naturgemäß Napoleon. Eine politische Schachpartie wird als Strukturprinzip der Narration auch in *The Squares of the City* von *John Brunner* 1965 verwendet. In Brunners utopischem Roman ist die Stadt ein Schachbrett gegenläufiger politischer Interessen. Um ein Verkehrsproblem zu lösen, wird der amerikanische Stadtplaner Boyd Hakluyt nach Ciudad des Vados berufen, die perfekt geplante, schachbegeisterte Hauptstadt einer südamerikanischen Republik, in der nach außen Freiheit und Ordnung herrschen. In Wahrheit ist Hakluyt jedoch nur eine Schachfigur im Spiel zwischen dem Präsidenten und seinem politischen Gegenpart, dem Innenminister. Um einen offenen Bürgerkrieg zu vermeiden, haben sich beide darauf geeinigt, die Schachpartie Tschigorin gegen Steinitz (1891) Zug um Zug auf die Politik zu übertragen. Menschen werden im politischen Spiel der beiden wie Figuren auf Felder gestellt, verschoben und geschlagen, ihre Freiheit ist nur eine scheinbare. Am Ende wird das politische Spiel der Macht naturgemäß decouvriert, und die Revolution, die den Spielereien ein Ende setzt, darf beginnen.

133 Palamedes: Sive de tabula lusoria, alea, et variis ludis, libri tres (Leiden 1622, Bd 3, S. 228), zit. nach Faber 1988, S. 107.

134 *George Alan Thomas* (1881 – 1972) wurde in Therepia (Türkei) als Kind reicher Eltern geboren und lebte in London. Im Laufe seiner langen Karriere spielte Sir George über 80 Turniere, wurde mehrfach britischer Meister und vertrat England von 1927 – 1939 bei den Schacholympiaden. Sein größter Erfolg war der Gewinn des Neujahrsturnieres von Hastings 1934/35 gemeinsam mit Euwe und Flohr vor Botwinnik und Capablanca. Thomas war auch ein hervorragender Hockeyspieler, mehrfacher englischer Badmingtonmeister und brachte es in Wimbledon immerhin ins Achtelfinale. In Karlsbad 1929 wurde er Vorletzter, am schönsten hat ihn Hans Kmoch daraufhin im Turnierbuch charakterisiert: „Sir George Thomas hat sein Vergnügen gehabt – mehr wollte er nicht. Er kann und versteht ebensoviel wie manch anderer, aber er braucht nicht soviel zu können und er muß nicht soviel verstehen. Mit 125 Pfund Sterling (etwa 20.000 Kronen) ist ein englischer Lord nur schwer aus der Reserve zu bringen" (Kmoch 1929, S. 19).

135 *Karl Gilg* (1901 – 1981) wurde in Böhmen als Kind sudetendeutscher Eltern geboren. Er vertrat zunächst die Tschechoslowakei bei den Schacholympiaden bis 1931 und zog im Zweiten Weltkrieg nach Deutschland. Bei den Deutschen Meisterschaften wurde er 1939 Dritter und spielte bis Mitte der 70er Jahre in der Bundesliga. Bekannt wurde seine Gewinnpartie gegen Aljechin am Semmering 1926.

136 Vgl. Wróbel 1991, S. 270.

137 *José Raul Capablanca* (1888 – 1942) wurde in Kuba als Sohn eines Armeeoffiziers geboren. Für die Weltmeister Aljechin, Botwinnik und Euwe war Capablanca das größte Genie der Schachgeschichte. Seine Erziehung und sein Ingenieursstudium in den USA wurde zunächst von einem kubanischen Industriellen finanziert, der jedoch 1908 seine Unterstützung zurückzog, als er bemerkte, daß Capablanca mehr Zeit im Manhattan Chess Club zubrachte als an der Columbia University. Statt zurückzukehren, forderte Capablanca 1909 Frank Marshall zu einem Wettkampf und schlug ihn klar. Nach seinem spektakulären Gewinn in San Sebastian 1911 erhielt Capablanca eine Pro-forma-Anstellung im Außenministerium Kubas als freier Botschafter, eine kluge Entscheidung, denn Capablanca wurde zum populärsten Spieler seiner Zeit. 1921 gewann er die Weltmeisterschaft in Havanna, zu der Lasker ursprünglich nicht einmal mehr antreten wollte. 1927 verlor er seinen Titel in Buenos Aires gegen Alexander Aljechin, der ihm keine Chance mehr auf einen Rückkampf gab. Einige Zahlen mögen zur Charakteristik der „Schachmaschine" Capablanca genügen. Bis 1939 spielte er in 29 internationalen Turnieren und belegte 15 erste und 9 zweite Preise. F. Görschen verzeichnet in seinem 1976 erschienenen Bändchen „Capablancas Verlustpartien" nur 34 Niederlagen im Laufe seiner gesamten Karriere. In den zehn Jahren von 1914 bis 1924 verlor Capablanca überhaupt nur eine einzige Partie. Seine beiden Bücher – *My Chess Career* (1920) und *Chess Fundamentals* (1921) –

wurden zu Bestsellern auf dem Schachbuchmarkt. Capablanca starb 1942 in New York an einem Schlaganfall. Zur Biographie und zu den Partien vgl. besonders Winter 1989 und Caparros 1991. Zu Capablancas Vorschlag einer Reform des Schachspiels vgl. auch Kap. 42 in dieser Arbeit.

138 Zur besonderen „Nervosität" Rubinsteins vgl. Cafferty 1994, S. 552, Opfermann 1991, S. 22, Pachman 1975, S. 43; dazu kritisch Donaldson/Minev 1994, S. 161.

139 Zu Thomas Hyde vgl. ausführlich Keats 1994a, S. 33 – 67.

140 „Über die ältesten Zeitkürzungsspiele" 1857.

141 Zur Geschichte der Kaffeehäuser im 18. Jahrhundert vgl. Sennett 1983, S. 112ff.

142 Diderot 1979, Bd.1, S. 7.

143 Ebda, S. 52.

144 *Phillip Stamma* wurde in Aleppo (Syrien) am Ende des 17. Jahrhunderts geboren; 1737 veröffentlichte er seinen *Essai sur le jeu des échecs* in Paris mit 100 älteren Problemen, der in erweiterter Fassung 1745 in London erschien (*The Noble Game of Chess*). Zunächst lebte Stamma als Berufsspieler in Paris, später verschaffte ihm Lord Harrington, ein Schachmäzen, eine Anstellung als Übersetzer für orientalische Sprachen in London. 1745 unterlag er im Wettkampf mit Philidor, danach verliert sich Stammas Spur. Seine historische Leistung ist die Einführung der alphanumerischen Notation, die heute verwendet wird. Zu Stammas Notationssystem siehe auch Kap. 35 in dieser Arbeit.

145 *François-André Danican*, genannt Philidor (1726 – 1795), wurde als Kind einer Musikerfamilie geboren und lebte als Musiker und Komponist. Neben Motetten, Arien und Symphonien komponierte Philidor auch Opern (u.a. „Le Sorcier" 1764, „Carmen Seculare" 1779). Von Ludwig XV. erhielt Philidor wie viele Musiker eine lebenslange Pension. Philidor pendelte zwischen Paris und London; nach London emigriert er auch 1792, um dem jakobinischen Terror zu entgehen. Verarmt, von der Gicht geplagt und einsam stirbt Philidor am 1. September 1795. Auf die Frage nach dem stärksten Spieler aller Zeiten nennt der dänische Großmeister Bent Larsen Philidor: „Denn er war seiner Zeit um gut 150 Jahre voraus, und nie zuvor oder danach zeigte ein Spieler eine derartig nachhaltige Überlegenheit über seine Zeitgenossen." Diderots Brief an Philidor wird nach Dupont-Danican 1994, S. 50, zitiert. Ausführliche Bibliographien zu Philidor in: van der Linde 1874, Bd. 2, S. 383 ff, Carroll 1960 und Dupont-Danican 1994.

146 Philidor 1749, S. 29; zum Streit um den zweiten Zug vgl. von Heydebrand und der Lasa 1897, S. 238 ff.

147 Zur Geschichte der Metaphernwelt des materialistischen Weltbildes in der Aufklärung von Descartes bis La Mettrie vgl. Kriegshofer/Strouhal 1991 mit weiteren Literaturangaben über die frühe Automatengeschichte.

148 Rautenstrauch 1784, S. 114.

149 Luca 1778, S. 322; bis dahin waren bereits Berichte über den Wiener Schachautomaten im *Journal Encylopédique* (Paris 15. 11., 15. 12. 1770, 18. 1. 1771), im *Mercure de France* (Paris, Okt., Dez. 1770, März 1771), im *Gentlemen's Magazine* (London, Jan. 1771), die *Lettres sur un automate, qui joue aux échecs* von *Louis Dutens* (Paris 1772), die *Nachricht von einer Maschine, welche das Schach spielet* (Wien 1773) von *Karl Gottlieb von Windisch* und Berichte im zweiten Band von Wekherlins *Denkwürdigkeiten von Wien* (Nördlingen 1777) und in der *Vossischen Zeitung* (Berlin 1777) erschienen. Bis 1800 kann man über hundert Publikationen in ganz Europa über den Türken zählen, im Jahr 1910 erhält der Türke eine eigene Eintragung in der 11. Auflage der Encyclopedia Britannica.

150 Den besten Überblick über die Geschichte des Kempelenschen Automaten gibt die Arbeit von Faber 1983; zur Biographie Kempelens vgl. Kadletz 1984; zur Bibliographie vgl. bes. Whyld 1994.

151 In der Literatur- und Filmgeschichte nimmt das *Motiv des schachspielenden Automaten* einen besonderen Rang ein. Neben den bekannten Texten von *Jean Paul* (*Wider die Einführung der Kempelinschen Spiel- und Sprachmaschinen* 1789 in der „Auswahl aus des Teufels Papieren"), *E. T. A. Hoffmann* (*Die Automate*, erstpubliziert in der „Zeitung für die elegante Welt" im April 1815) und *Edgar Allan Poe* (*Maelzel's Chess Player*, erstpubliziert im „Southern Literary Messenger" im April 1836, 1857 auf Französisch in der Übersetzung von Charles Baudelaire), vgl. das Lustspiel in vier Aufzügen *Die Schachmaschine* von *Heinrich Beck*, das 1798 in Mannheim zur Uraufführung gelangte, und im 19. Jahrhundert das Vaudeville von Benoit-Joseph Marsollier *Le Joueur d'Èchecs* (Paris 1801), das Theaterstück von *J. Walker* in drei Akten *Modus Operandi or the Automaton Chess Player* (London 1866), *Ludwik Niemojowskis* Novelle *Szach i mat!* (Warschau 1881, verfilmt 1967) und *Sheila Braines* Roman *Turkish Automaton* (London 1899). Im 20. Jahrhundert erwähnt *Walter Benjamin* den Kempelenschen Automaten an prominenter Stelle, und zwar in der ersten geschichtsphilosophischen These: „Bekanntlich soll es einen Automaten gegeben haben, der so konstruiert gewesen sei, daß er jeden Zug eines Schachspielers mit einem Gegenzug erwidert habe, der ihm den Gewinn der Partie sicherte. Eine Puppe in türkischer Tracht, eine Wasserpfeife im Munde, saß vor dem Brett, das auf einem geräumigen Tisch aufruhte. Durch ein System von Spiegeln wurde die Illusion erweckt, dieser Tisch sei von allen Seiten durchsichtig. In Wahrheit saß ein buckliger Zwerg darin, der ein Meister im Schachspiel war und die Hand der Puppe an Schnüren lenkte. Zu dieser Apparatur kann man sich ein Gegenstück in der Philosophie vorstellen. Gewinnen soll immer die Puppe, die man ‚historischer Materialismus' nennt. Sie kann es ohne weiteres mit jedem aufnehmen, wenn sie die Theologie in ihren Dienst nimmt, die heute bekanntlich klein und häßlich ist und sich ohnehin nicht darf blicken lassen" (Benjamin 1991 = 1921, S. 693). Benjamin diente der Vergleich mit dem Schachautomaten des Baron von Kempelen, um auf das versteckt theologische Element in der Theoriemaschine des Materialismus hinzuweisen: Will sie es mit jedem aufnehmen, und das hat sie getan, muß sie den häßlichen menschlichen Zwerg des Glaubens in den Dienst ihrer Spiele nehmen. 1926 erscheint in Paris *Henry Dupuy-Mazuels* Roman *Le Joueur d'échecs*, der wie Sheila Braine die Handlung ins revolutionäre Polen verlegt. Dupuy-Mazuels Roman wird noch 1926 von R. Bernard verfilmt (Stummfilm Paris 1926, Tonfilm von Jean Dréville 1938, Videoedition 1993). Drei Jahre zuvor war bereits bei Universal Production *Ted Brownings* Stummfilm *White Tiger* mit Priscilla Dean in der Hauptrolle erschienen. In „White Tiger" verarbeitet Browning das romantische Automatenmotiv im Kriminalfilm. Der Türke dient den Dieben Roy und Silvia als Versteck bei einem Juwelenraub. Am Ende entdecken die beiden, daß sie Zwillinge sind, die in ihrer Kindheit getrennt wurden. *Siegfried Lenz* nimmt 1947 das Kempelen-Motiv im 3. Teil seines Hörspiels *Klingendes Schachspiel* (Hamburg 1947) auf. Am populärsten wurden nach dem Zweiten Weltkrieg neben der Novelle von *R. Rebensburg Die Majestätsbeleidigung* (1949) und dem ungarischen Kempelenroman von *Szalatnei Rezsö Kempelen, a varázsló* (Budapest 1957) vor allem der Film *Maelzels Schachspieler* von *Jean Louis Buñuel* (Paris 1965) und *Thomas Gavins* Roman *Kingkill* (New York 1977). Im Science-Fiction-Film der Gegenwart gehören schachspielende Automaten zum fixen Inventar. Das Vanitasmotiv wird mit dem Motiv der Bedrohlichkeit des Nichtfunktionierens des Androiden verbunden. In *2001 – A Space Odyssey* (USA 1968) von *Stanley Kubrick* schlägt der Computer Hal, als er noch funktionierte, die Astronauten beim Schach, die er später beseitigen wird. In *Ridley Scotts Blade Runner* (1982) erhält der titanenhafte Androide durch das Lösen eines Schachrätsels Zugang zu seinem Schöpfer, besiegt ihn mit einem Damenopfer und bricht ihm anschließend das Genick.

152 Poe 1994, S. 265, Bd. 2 (= 1836).

153 Windisch 1773, S. 231.

154 Brünner Ztg. 3. 9. 1780. Drei Jahre zuvor berichtete die Vossische Zeitung in Berlin (Nr. 117/1777): „In Wien erregt die Maschine oder der Schachspieler des Herrn von Kempele, Königl. Rat bei der Kammer zu Preßburg, jedermanns Bewunderung, sie erreicht alles, wozu der menschliche Geist gelangen konnte. Sein Schachspieler, die größte Erfindung unseres Jahrhunderts in der Meßkunst, ist bekannt. (...) Diese Maschine wirkt gänzlich durch sich selbst. Sie erhält nicht den mindesten Einfluß. Niemand steckt darin verborgen."

155 Vorrede in Rautenstrauch 1784. Das Prometheusmotiv nahm *Jean Paul* in seinem Text *Wider die Einführung der Kempelinschen Spiel- und Sprachmaschinen* 1789 auf und wünschte Kempelen, den „neuen Prometheus", wegen seiner Erfindung zum Teufel: „Prometheus, der so gut wie Herr von Kempele Menschen erschuf, wurde dafür abgestraft: aber Herr von Kempele hat auch eine Leber" (Jean Paul 1927, Bd. 1, S. 292). Wie nach ihm nur E. T. A. Hoffmann hat Jean Paul die Maschine als evokatorisches Objekt, als Spiegel des entfremdeten Lebens erkannt. Die Unterhaltungsautomaten Kempelens sind ihm Zeichen für die Entfremdung des Lebens durch das Ideal des Mechanischen: „Es ist mehr als zuwohl bekannt, daß vor einiger Zeit zwei sonderbare Maschinen, wovon die eine spielte und die andere sprach, die große Tour durch Europa machten, und in den besten Städten abstiegen. Herr von Kempele leistete beiden Europafahrern als Spiel-, Sprach- und Hofmeister auf ihren Reisen so gute Gesellschaft als er konnte, und machte nicht wie tausend schlechtere Hofmeister ein Geheimnis daraus, daß er seine Eleven selbst gemacht. Indessen konnte doch niemand dazu ein besonders saures Gesicht machen, dazumal diese Maschinen jung und alt durch ihre Uneigennützigkeit völlig hinrissen: denn es ist keine Erdichtung, sondern von hundert Zeugen bestätigt, daß sie von den ansehnlichen Summen, die ihnen für ihre Reden und Spiele einliefen, keinen Pfennig für sich erhielten, sondern alles ihrem armen Vater, dem Herrn von Kempele ohne Überwindung zusteckten. (...) Schon von jeher brachte man Maschinen zum Markt, welche die Menschen außer Nahrung setzten, indem sie die Arbeiten derselben besser und schneller ausführten. Denn zum Unglück machten die Maschinen alle Zeit recht gute Arbeit und laufen den Menschen weit vor. Daher suchen Männer, die in der Verwaltung wichtiger Ämter es zu etwas mehr als träger Mittelmäßigkeit zu treiben wünschen soviel sie können ganz maschinenmäßig zu verfahren; um wenigstens künstliche Maschinen abzugeben, da sie unglücklicherweise keine natürlichen sein können" (Jean Paul 1927, S. 283 = 1789). Wie unsicher das Verhältnis des Bewohners des frühen 19. Jahrhunderts zu seiner menschlichen Identität im Verhältnis zu seinem künstlichen Simulakrum geworden ist, wie automatenhaft das Lebendige und wie lebendig der Automat erscheint, zeigt sich nicht nur bei E. T. A. Hoffmann und Jean Paul, sondern auch im populären Märchen. In *Der Affe als Mensch* verwendet *Wilhelm Hauff* 1826 Descartes' Motiv der Tiermaschine. Im deutschen Städtchen Grünwiesel etabliert sich ein Affe unerkannt als Mitglied der menschlichen Gemeinschaft. Von seinem Menschsein überzeugt er die Bewohner, indem das kluge Tier den Oberpfarrer beim Schachspiel schlägt (Hauff 1979, S. 169). Das Motiv der schachspielenden Tiermaschine hatte in Europa bereits eine lange Tradition. Einem Affen beim Schachspiel begegnet man in *Christian Fürchtegott Gellerts* Gedicht *Der Affe* (1746, der Affe, der nichts vom Spiel versteht, belehrt zwei ratsuchende Knaben), in *De Spaansche Robinson* von *Don Blas de Soria Origuela*, einer freien Bearbeitung von Daniel Defoes Robinson (1758, S. 40 ff, der Affe verblüfft mit seiner Kenntnis des Schachspiels, sodaß er von den Kiebitzen, die ihn für den Teufel halten, ertränkt wird) und im *Exilium melancholiae* (1643, S. 382; der Affe schlägt seinen Herrn zweimal im Schach und wird verprügelt). Die historische Spur des schachspielenden Affen endet bei *Petrarca*. In der *Artzney bayder Glück* (1532) heißt es in einer Kritik des Schachspiels: „Plinius sagt/ das ein Aff imm schach gespilt habe/ ein recht affenspil ists/ affen künden auch die stayn hin unn wider rucken/ inns bretspil werffen/ das klappt." Vgl. zur Motivgeschichte vor allem Faber 1988, S. 201.

156 Der vlaemische Indicator (11. 12. 1781).

157 Windisch 1783, S. 12.

158 Ostertag 1783.

159 Hindenburg 1784, Ebert 1785.

160 Vgl. Decremps 1784, Thicknesse 1784, Boeckmann 1785, Versuchte Aufklärung 1793, Etwas über den Schachspieler 1785 (Lichtenberg); dagegen sind von der Echtheit des Automaten überzeugt: Recker o. J., S. 60, Friedel 1784, S. 481 ff, Für aeltere Litteratur 1784, S. 119 f.

161 Nicolai 1785, S. 422 und 434.

162 Kempelen 1791; zur Sprechmaschine vgl. Böhme 1987.

163 Racknitz 1983 (= 1789).

164 Boeckmann 1785.

165 Racknitz 1983 (= 1789), S. 59 – 63.

166 Zur Rezeptionsgeschichte vgl. Faber 1983, S. 82.

167 Zum Treffen mit Napoleon vgl. die Pherbschen Tagebücher, Pherb 1809 (24. 9. u. 9.10.).

168 Hunnemann 1820.

169 Observations 1819.

170 Vgl. Willis 1821 (Rezension und Kurzfassung von Willis Studie).

171 Vgl. den Überblick in Allen 1859, S. 484.

172 Faber 1983, S. 104.

173 Vgl. Boys' eye-witness (...) 1827.

174 Poe 1994 (erstveröffentlicht 1836); in seinen Kriminalerzählungen war Poe (oder seine Detektiv Alain Dupin) – im Gegensatz zu Arthur Conan Doyle, Raymond Chandler und Friedrich Dürrenmatt (vgl. auch Kap. 45 in dieser Arbeit) – kein Freund der Schachmetapher. Im Gegenteil lehnt er im Vorwort zu *Die Morde in der Rue Morgue* – entstanden wenige Jahre nach dem Maelzel-Essay – den Vergleich der Tätigkeit des Schachspielers und des Detektivs explizit ab. Das Schachspiel ist zu komplex, es fordert mehr Aufmerksamkeit als Scharfsinn: „Die höheren Kräfte des Intellekts werden weit entschiedner und fruchtbarer vom bescheidenen Damespiel in Anspruch genommen als von all der bemühten Nichtigkeit des Schachs. Bei diesem letzten, worin die Figuren verschiedene und durchaus *bizarre* Bewegungen haben, mit verschiedenen und veränderlichen Werten, wird fälschlich (ein nicht ungewöhnlicher Irrtum) für tiefgründig verstanden, was nur verwickelt ist. Mächtig wird hier die *Aufmerksamkeit* ins Spiel gerufen. Wenn sie nur einen Augenblick erschlafft, ist schon ein Versehen begangen, das Nachteil oder Niederlage bringt. Da die möglichen Züge nicht nur mannigfaltig sind, sondern vielfach voneinander bedingt, vervielfältigen sich die Folgen solcher Versehen; und in neun von zehn Fällen ist es eher der angespannter aufmerksame denn der scharfsinnigere Spieler, welcher gewinnt. Beim Damespiel hingegen, wo die Züge gleichförmig sind und nur geringe Abweichung haben, sind auch die möglichen Folgen von Unachtsamkeit geringer, und da die bloße Aufmerksamkeit vergleichsweise unbeschäftigt bleibt, gehen alle Vorteile, die von den Parteien errungen werden, einzig auf höheren Scharfsinn zurück" (Poe 1994, Bd. 2, S. 243).

175 Allen 1859, S. 484.

176 Zu Babbage vgl. Hodges 1994, S. 342 (siehe Kap. 47 in dieser Arbeit).

177 Donaldson/Minev 1994, S. 204.

178 *Edgar Colle* (1897 – 1932) wurde in Belgien geboren und erzielte in den 20er Jahren beachtliche Ergebnisse, unter anderem Siege in Meran 1926 (vor Spielmann, Grünfeld, Kostic und Tartakower) und in Scarborough 1930 (vor Maróczy, Rubinstein und Sultan Khan). Berühmt wurde Colle für seine Analysen zum Damenbauernspiel, jene Eröffnung, die Rubinstein eben gegen Grünfeld spielt. Colle starb 1932 nach einer Magenoperation.

179 Schopenhauer 1991, S. 459.

180 Ders. im Gespräch mit Wieland, zit. nach Fromm 1991, S. 28.

181 Schopenhauer 1913, Bd. 10/2, S. 425.

182 Ebda, Bd. 4, S. 484.

183 Ebda, Bd. 1, S. 426.

184 Schopenhauer 1991, S. 331.

185 Ders. 1913, Bd. 1, S. 172.

186 Ebda, Bd. 2, S. 462.

187 Ebda, Bd. 1, S. 379.

188 Ebda, Bd. 1, S. 447.

189 Fichte 1971, Bd. 2, S. 278.

190 Ebda, Bd. 2, S. 253.

191 Hegel 1986 (Philosophie der Geschichte), Bd. 11, S. 318.

192 Hegel 1986 (Einleitung Ästhetik I), Bd. 13.

193 Locke, zit. im Quellenband von Scheuerl 1975, S. 17.

194 Kant ebda, S. 31.

195 Platon 1959, Nomoi 803b.

196 Zu Heraklits Spielbegriff vgl. Heidemann 1968, S. 320ff.

197 Gadamer 1965, S. 101; zur Verbindung zum Spielbegriff der existentialistischen Hermeneutik bei Heidegger und Fink vgl. ebenfalls Heidemann 1968.

198 Zur Darstellung vgl. Taylor 1984, S. 13 ff.

199 Fichte 1962 (Gesamtausgabe), Bd. 1.3, S. 177.

200 Ebda, S. 142.

201 Ebda, S. 145.

202 Ebda, Bd. 1.5, S. 143.

203 Jacobi 1816, S. 24.

204 Ebda, S. 44

205 Fichte 1971, Bd. 2, S. 271

206 Ebda, S. 317.

207 Ebda, S. 278.

208 Zit. nach Schweikert 1970, S. 43.

209 Schiller: Brief an Goethe (28. 10. 1794).

210 Fichte 1962 (Gesamtausgabe), Bd. 1.5, S. 226.

211 „Wir handeln nicht, weil wir erkennen, sondern wir erkennen, weil wir zu handeln bestimmt sind; die praktische Vernunft ist die Wurzel aller Vernunft. Die Handelnsgesetze für vernünftige Wesen sind unmittelbar gewiß: ihre Welt ist gewiß nur dadurch, daß jene gewiß sind. Wir können den ersten nicht absagen, ohne daß uns die Welt, und mit ihr wir selbst in das absolute Nichts versinken; wir erheben uns aus diesem Nichts und erhalten uns über diesem Nichts lediglich durch unsere Moralität" (Fichte 1971, Bd. 2, S. 263).

212 Ebda S. 317.

213 Ebda, Bd. 6, S. 150.

214 Schiller 1975, S. 267 (3. Brief).

215 Ebda, S. 287 (9. Brief).

216 Ebda, S. 299, 301 (12. Brief).

217 Ebda, S. 309 (14. Brief).

218 Ebda.

219 Ebda, S. 311 (15. Brief).

220 Ebda, S. 315 (15. Brief).

221 Ebda, S. 342 (23. Brief).

222 Ebda, S. 371 (27.Brief).

223 Ebda.

224 Ebda, S. 373 (27. Brief).

225 Ebda, S. 23 (Einleitung).

226 Marcuse 1980, S. 169.

227 Schiller 1975, S. 358 (26. Brief).

228 Carroll 1974 (= 1872), S. 63–64.

229 *Grigori Jokoblewitsch Levenfisch* (1889 - 1961) wurde in St. Petersburg geboren und war Ingenieur in der Glasindustrie. Als Schüler Tschigorins wurde er zu einem der führenden Meister des Sowjetschachs in den 20er und 30er Jahren. Er gewann die 10. Meisterschaft der UdSSR 1934 und hielt drei Jahre später einen Wettkampf gegen den jungen Botwinnik unentschieden. Levenfish war aber vor allem ein bedeutender Theoretiker; seine Analysen zur Drachenvariante und zur Grünfeldindischen Verteidigung sind bis heute gültig. Bleibende Bedeutung hat auch seine mit Weltmeister Smyslow 1957 herausgegebene *Theorie der Turmendspiele*. Zur Autobiographie vgl. Levenfish 1967.

230 Freud 1960, S. 423.

231 Lasker 1914, S. 104.

232 *Frederick Dewhurst Yates* (1884 - 1932) wurde in England geboren. 1909 gab Yates seinen Beruf als Buchhalter auf und wurde Schachprofessional. Zwischen 1913 bis 1931 gewann er sechsmal die britische Meisterschaft und war gemeinsam mit G. Thomas der stärkste Spieler der Insel in der ersten Hälfte des 20. Jahrhunderts. Yates war ein Angriffs- und Kombinationsspieler, in dessen Karriere weniger die Turniersiege (Kecskemet 1927) als die Schönheitspreise, die er errang, von Bedeutung sind. Zu seinen schönsten Partien zählt sein Sieg in Karlsbad 1923 gegen Aljechin, den er mit einem phantastischen Turmopfer in der siebenten Runde bezwang. Insgesamt wurde er dann nur achter. Yates leitete die Schachkolumne in der *Yorkshire Post* und versuchte, als Schachkorrespondent von den kargen Honoraren des *Manchester Guardian* zu leben. Sein Tod durch eine Vergiftung infolge eines Gasrohrgebrechens war wohl ein Unfall. Zu den Partien vgl. Yates 1934.

233 *Esteban Canal* (1896 - 1981) wurde in Peru geboren und kam 1923 nach Europa. Sein Debut feierte er in Triest, wo er hinter Paul Johner den zweiten Platz belegte. Sein größter Erfolg war der erste Platz in Budapest 1933. Bis 1950 spielte er für das peruanische Team am Spitzenbrett. Für seine Leistungen wurde ihm zwei Jahre vor seinem Tod der Großmeistertitel verliehen.

234 Zur Geschichte der repräsentativen Schachfiguren vgl. bes. Hammond 1950, Lanier Graham 1968, Mackett-Beeson 1969 und Keats 1985 sowie die Ausstellungskataloge „Zug der Könige" im Münchener Palais Preysing 1988 und „Schönes Schach" im Bayerischen Nationalmuseum und im Germanischen Nationalmuseum Nürnberg 1988; den Gebrauchsformen widmen ausführliche Kapitel die umfassenden Arbeiten von Wichmann/Wichmann 1960 und Linder 1994.

235 Vgl. dazu die Buchabbildungen in Teil II, 2 in dieser Arbeit.

236 Zur Patentgeschichte vgl. Pennell 1993.

237 Die Übersetzung zit. nach Wichmann/Wichmann 1960, S. 47.

238 Da für Schachspieler das Design der Figuren nur eine untergeordnete Rolle spielt (sie sind Ikonoklasten, die auch mit Salzstreuern oder blind spielen könnten), sind sie in aller Regel sparsam mit Lob, was ihr Handwerkszeug betrifft. Umso verwunderlicher ist die Hymnik, welche das Staunton-Set ausgelöst hat: „Nothing designed since approaches its elegance and simplicity. Still the best!" erklärt Mike Pennell, Senior Examiner am Britischen Patentamt, emphatisch (Pennell 1993, S. 5). Anthony Saidy und Norman Lessing sehen sich bei der Berührung der Figuren sogar in ihre Kindheit zurückversetzt und regredieren lustvoll: „The tactile pleasure to be derived from handling these well-proportioned pieces, suitably weighted and felted, can only be compared to the soothing effect of a well-balanced billiard cue or to the young child's attachment to his favourite blanket. They have the feel of an old glove and offer the kind of reassurance felt when playing on one's home field" (Saidy/Lessing 1974, S. 89)

239 Linder 1994, S. 195.

240 Zit. nach Pfleger/Treppner 1994, S. 21.

241 Staunton 1852, S. x – xi (Einleitung).

242 Beispiele für das Fortwirken der deutschen Sprache in der internationalen Fachterminologie sind die noch weitgehend unübersetzten Begriffe „Fingerfehler", „Kiebitz", „Patzer", „Zeitnot" – auch im Russischen –, „Zugzwang" und „Zwischenzug". Bei „Kiebitz" und „Patzer" dürfte das Jiddische als Vermittler wesentlich gewesen sein. In der deutschen Fachsprache wirken noch die französischen Fremdwörter „en passant", „j'adoube" und „en prise" fort; ebenso blieben auch die Begriffe „Rochade" und „rochieren", die auf den arabischen „Rukhkh" (Turm) zurückgehen, im Gegensatz zum englischen „to castle the king" unübersetzt.

243 Staunton 1852, S. xv.

244 Hooper/Whyld 1994, S. 355.

245 Vgl. Bernold 1995, S. 7.

246 Wróbel 1991, S. 279, Bernold 1995, S. 6.

247 Staunton 1851, S. xiv.

248 Vgl. das Handschriftenbuch der Familie Wittgenstein in der Gmundener Sammlung mit Schachproblemen, das in der Familie ab etwa 1870 geführt wurde.

249 William Lewis, zit. nach Hooper/Whyld 1994, S. 227.

250 Durch die Besonderheit des Schachspiels – Zweckfreiheit und Ästhetik auf der einen Seite, Pragmatismus und Beweisbarkeit auf der anderen – steht der Fortschritt der Theoriebildung zwischen Kunst und Wissenschaft. Er gehorcht einerseits den revolutionären Paradigmenwechseln, wie sie Th. Kuhn für die Entwicklung der Naturwissenschaft beschreibt (Kuhn 1976), andererseits enthält der Theoriefortschritt nicht nur eine experimentell beweisbare Wahrheit im Sinne eines verbesserten wissenschaftlichen Kalküls (etwa im Endspiel). Die Entwicklung der Eröffnungstheorie oder der Schachstudien funktioniert eher homolog zur Innovation in der Kunst (vgl. Groys 1992): Die neue Idee ist zunächst profan, wird zunächst nur von einer kleinen Gruppe vertreten, bis sie zu einem bestimmten Zeitpunkt „kulturell valoriert" wird, das heißt bis die Wertgrenze zwischen profanem und kulturellem Raum überschritten wird. Wahrheit vermittelt die Innovation (ebensowenig wie Innovationen in der Kunst oder in der Mode) nicht.

251 „Eine sehr kleine Ursache, die unserer Aufmerksamkeit entgeht, kann eine beträchtliche und unübersehbare Wirkung haben: Wir sagen dann, die Wirkung sei auf den Zufall zurückzuführen. Wenn wir die Naturgesetze und den Zustand des Weltalls zu Beginn genau kennen würden, könnten wir die Situation dieser Welt in einem späteren Augenblick vorhersagen. Aber selbst wenn uns die Naturgesetze keinerlei Geheimnis verbergen würden, könnten wir den Anfangszustand immer nur *näherungsweise* kennen. Wenn es uns möglich wäre, die folgende Situation mit *derselben Näherung* vorherzusagen, wäre das alles, was wir brauchten, um sagen zu können, das Phänomen sei vorhergesagt worden, es sei von Gesetzen bestimmt. Aber so ist es nicht immer. Es kann geschehen, daß kleine Unterschiede in den Anfangsbedingungen zu sehr großen Unterschieden führen. Ein kleiner Fehler zu Beginn führt zu einem gewaltigen Fehler im Ergebnis. Vorhersagen werden unmöglich, und wir stehen vor einem Zufallsereignis" (zit. nach Barrow 1992, S. 63, vgl. auch Goldfarb 1988). Wer je die Sizilianische Verteidigung gespielt hat, weiß wovon Poincaré spricht. Zur Bedeutung von Poincaré für die sog. Chaos-Theorie vgl. einführend Briggs/Peat 1993, S. 34 – 41.

252 Eine Theorie des Schachspiels hat zu unterscheiden zwischen den *Gesetzen* des Spiels (den Grundregeln der Bewegung und des Spielziels), den *Kalkülen* (Regeln z. B. im Endspiel, die mit mathematischer Exaktheit beweisbar sind und gelten, solange die Gesetze gelten), den *Konventionen* (der Theorie im engeren Sinn, die durch eine mathematische Formel oder mechanische Methode nicht bewiesen werden kann) und dem individuellen *Stil* des einzelnen (der die Konventionen des Spiels wie die Konventionen der Sprache automatisch anwendet und manchmal bewußt oder unbewußt gegen sie verstößt). Die Ebene der Konvention wird von Vertretern eines geschlossenen Weltbildes, die häufig das Schachspiel als Metapher für die Möglichkeit der Simulation heranziehen, übergangen (vgl. die Schachtheorie bei Nagel/Newman 1958, S. 34 ff; zur Argumentation der künstlichen Intelligenz vgl. Kap. 47 in dieser Arbeit).

253 Zu Philidor vgl. Kap. 26 in dieser Arbeit.

254 Zu Morphy vgl. die Monographie von Maróczy 1909.

255 Zur Biographie von Steinitz vgl. ausführlich Landsberger 1993 und Kap. 43 in dieser Arbeit.

256 Zum Wiener Turnier 1873 vgl. Lehner/Schwede 1874.

257 Steinitz 1885, S. 98 (International Chess Magazine 1/1885).

258 1876 schlug Steinitz Blackburn mit sieben Siegen (ohne Remis und Niederlage) und gewann Turnier auf Turnier. Nachdem er 1886 seinen großen Konkurrenten, den Romantiker und genialen Kombinationsspieler Johannes H. Zukertort in den Vereinigten Staaten geschlagen hatte, wurde Steinitz zum ersten offiziell anerkannten Schachweltmeister. Weitere Wettkampfsiege gegen Tschigorin (1889, 1892) und Gunsberg (1890) folgten und festigten sein System.

259 Vgl. bes. Lasker 1925 und 1926.

260 *Common Sense in Chess* umfaßt zwölf Vorlesungen Laskers, die er im Frühjahr 1895 in London hielt. Ein Meisterwerk der Verbindung von Psychologie und Strategie ist die berühmte Entscheidungspartie Laskers gegen José Raul Capablanca in St. Petersburg 1914: Vor der Schlußrunde führte Capablanca um einen halben Punkt. Ihm genügte Remis, Lasker mußte mit Weiß gewinnen. Dennoch wählte Lasker die als remisträchtig geltende Abtauschvariante in der Spanischen Eröffnung. Schwarz hat in dieser Variante zwar den kleinen positionellen Nachteil eines Doppelbauern, den er allerdings bequem durch aktives Spiel ausgleichen kann. Doch Lasker erkannte in seiner Inszenierung richtig, daß Capablanca gerade in dieser Partie nicht aktiv spielen wollte und einen möglichst raschen Weg zum Remis suchen werde. Durch das passive Spiel auf Remis blieben die positionellen Schwächen der Stellung Capablancas erhalten und wurden von Lasker kalt ausgenützt. Nach 42 Zügen brach die Position Capablancas in sich zusammen (vgl. Partie Nr. 99). Auf das Verhältnis von Laskers philosophischem Werk zum Schachspiel kann in diesem Rahmen nicht näher eingegangen werden.

261 *Friedrich Sämisch* (1896 – 1975) wuchs in Berlin auf und erlernte das Handwerk eines Buchbinders, bevor er in den frühen 20er Jahren Berufsspieler wurde. Zu seinen größten Erfolgen gehört sein Matchgewinn gegen Richard Réti 1922 und der dritte Platz in Baden-Baden 1925 hinter Aljechin und Rubinstein. In seiner Karriere gewann Sämisch viele kleinere Turniere und bereicherte die Eröffnungstheorie mit wichtigen Analysen zu Varianten in der Nimzoindischen und Königsindischen Verteidigung, die heute seinen Namen tragen. Sämisch war auch ein exzellenter Blind- und Blitzspieler, doch nach dem Zweiten Weltkrieg wurde es für ihn schwierig, die Kontrolle über die Zeit zu bewahren. Beim Turnier in Linköping 1969 verlor Sämisch alle 13 Partien durch Zeitüberschreitung, offenbar war es ihm nicht mehr möglich, dem lebenslangen Druck der Uhr standzuhalten.

262 *Albert Becker* (1896 – 1984) wurde in Wien geboren und war Gymnasialprofessor. Vor dem Zweiten Weltkrieg war Becker neben Ernst Grünfeld der führende österreichische Schachmeister, er blieb jedoch Amateur. Mehrfach siegte er bei den Trebitsch-Gedenkturnieren und belegte bei einigen internationalen Turnieren vordere Ränge. Zusätzlich war Becker Chefredakteur der Wiener Schachzeitung und Gründungsmitglied des „Deutschen Schachvereines" in Wien. Eine unrühmliche Rolle spielte Becker 1938 beim sogenannten „Anschluß" Österreichs an Nazideutschland. In den Deutschen Schachblättern erschien 1938 ein Aufruf von Otto Zander, Bundesleiter des „Großdeutschen Schachbundes", an die „Schachkameraden in Österreich", der folgendermaßen schließt: „Der Großdeutsche Schachbund bittet die berufenen Männer von nationalsozialistischer Gesinnung, die Führung im österreichischen Schach zu übernehmen und die Verschmelzung zum deutschen Einheitsbunde einzuleiten" (Deutsche Schachblätter 1938, S. 99). Die Antwort Beckers (gemeinsam mit Hans Geiger) ließ nicht lange auf sich warten: „Grenzenloser Jubel erfüllt die Herzen aller deutschen Volksgenossen in Österreich. Unser heißgeliebter Führer Adolf Hitler hat unsere und seine Heimat zu Großdeutschland heimgeführt. Wir Schachspieler Deutschösterreichs fühlen uns in diesen weltgeschichtlichen Tagen völlig eins mit unseren Schachkameraden im Deutschen Reich. (...) In unauslöschlicher Dankbarkeit für den Mann, der uns Deutschösterreicher zur Freiheit und zur Einheit geführt hat, grüßen wir unsere Schachkameraden im Großdeutschen Schachbund mit Heil Hitler" (ebda). 1939 avancierte Becker zum Mannschaftsführer der großdeutschen Nationalmannschaft. Nach der Schacholympiade in Buenos Aires 1939 konnte die deutsche Mannschaft zunächst nicht zurückkehren. Nach 1945 zog es Becker vor, für immer in Argentinien zu bleiben. In seiner Autobiographie (1975) erwähnt er seine unappetitliche Tätigkeit 1938/39, zu der ihn niemand hätte zwingen können, mit keiner Silbe.

263 *Machgielis „Max" Euwe* (1901 – 1981) wurde in Holland geboren und war im bürgerlichen Beruf Mathematiker. Schon während seines Studiums in Amsterdam gewann er 1921 die holländische Meisterschaft. Für einige Jahre spielte Euwe aus Zeitmangel nur kleinere Turniere, doch wurde er bereits 1928 Amateurweltmeister. 1935 gewann er die Weltmeisterschaft gegen Alexander Aljechin und verlor sie zwei Jahre danach im Retourmatch. Noch in Groningen 1946 wurde er zweiter hinter Botwinnik. Um 1960 zog sich Euwe vom aktiven Turnierschach zurück. Seit den späten 50er Jahren widmete sich Euwe der Programmierung von Schachcomputern (vgl. Kap. 47 in dieser Arbeit), von 1970 bis 1978 war Euwe Präsident des Internationalen Schachverbandes. Euwe zählt nicht nur zu den stärksten Spielern des Jahrhunderts, sondern auch zu den fleißigsten und besten Autoren. Von seinen vielen Büchern gehören „Strategie und Taktik" (1937), die 12bändige „Theorie der Schacheröffnungen" (1937 – 1941), sein Capablancabuch gemeinsam mit L. Prins und die „Feldherrnkunst im Schach" (1970) zum festen Bestandteil der Schachliteratur des 20. Jahrhunderts. Durch seine integre und integrative Persönlichkeit und durch sein humanitäres Engagement (etwa im Fall Rubinstein) wurde Euwe in vielem zu einem Zentrum der Schachwelt nach dem Zweiten Weltkrieg.

264 Réti 1965 (=1922), S. 56.

265 Mailer 1976, S. 228.

266 Réti 1965 (=1922), S. 53.

267 Wiener Schachzeitung (5/1912).

268 Nimzowitsch 1958 (= 1925/26), S. 235.

269 Ebda, S. 227.

270 Vgl. Kap. 41 in dieser Arbeit und ausführlich Strouhal 1994a, S. 19 ff.

271 Zit. nach J. Hannak in Nimzowitsch 1958, S. 11.

272 Réti 1965 (=1922), S. 11.

273 Baudelaire 1982, S. 286.

274 Ebda, S. 271; vgl. dazu auch Habermas 1988.

275 Nimzowitsch 1958, S. 247.

276 Ebda, S. 263.

277 Bezeichnend für den Paradigmenwechsel in der Schachtheorie in der zweiten Hälfte des 20. Jahrhunderts ist die einflußreiche Arbeit des russischen Eröffnungstheoretikers *Lew Polugajewski* (1934 – 1995). In *Aus dem Labor des Großmeisters* (1984 = 1975) untersuchte Polugajewski eine spezielle Variante in der Sizilianischen Verteidigung mit noch nie dagewesener Intensität, jedoch ohne mehr seiner Analyse ein allgemeines Prinzip zu unterlegen. Ähnlich wie Tarrasch verteidigte Polugajewki „seine" Variante jahrzehntelang, doch formulierte er nicht mehr wie Tarrasch eine allgemeine Theorie, die anhand der Variante bewiesen werden sollte. Die heuristische Suche verselbständigte sich gegenüber der Hermeneutik; das an keine allgemeinen Prinzipien gebundene *Suchen* tritt in den Mittelpunkt der Arbeit des Theoretikers. Als seine Variante durch einen Gegenzug zu Beginn der 60er Jahre von der Widerlegung bedroht war, schreibt Polugajewski: „Werde ich meine unter Qualen hervorgebrachte Variante tatsächlich zu Grabe tragen müssen? Ist die Unmenge von Kräften, Nerven und Zeit vertan? Mein ganzes Wesen sträubte sich dagegen. Der kalte Verstand sagte mir: Einwandfrei kann keine Variante sein, irgendwo findet sich immer eine Lücke. Daß es aber so schnell zur endgültigen Widerlegung kommen werde, nein, das konnte nicht sein! Trotzdem stand mein Entschluß fest: suchen, von neuem suchen!" (Polugajewski 1984, S. 60). Mit seiner Theorieferne präludierte Polugajewski die Computeranalysen der 90er Jahre, die – an kein Prinzip mehr gebunden – „suchen, von neuem suchen" und nichts sonst.

278 Vgl. Collijn 1921.

279 Tartakower 1925, S. 139.

280 Straat 1956, S. 118; vgl. Bernold 1995, S. 9.

281 *Efim Dimetrijewitsch Bogoljubow* (1889 – 1952) wurde in der Ukraine geboren und studierte zunächst Theologie und danach Landwirtschaft, bevor er um 1910 Berufsspieler wurde. Noch vor dem Ersten Weltkrieg gewann Bogoljubow die russische Meisterschaft und entschloß sich, nach dem abgebrochenen Turnier von Mannheim 1914 in Deutschland zu bleiben. Seine größten Erfolge feierte Bogoljubow in den Jahren 1922 bis 1930, in denen er in 19 Turnieren neun erste Preise errang, unter anderem die Turniergewinne in

Moskau 1925 vor Lasker und Capablanca und in Bad Kissingen 1928 vor Capablanca, Rubinstein und Euwe. 1927 wurde Bogoljubow deutscher Staatsbürger. 1929 und 1934 kämpfte Bogoljubow mit Aljechin um die Weltmeisterschaft, unterlag jedoch beide Male klar. In Wettkämpfen schlug er unter anderem Rabinowitsch 1914, Nimzowitsch 1920, Euwe 1929 und Stahlberg 1930. Bogoljubow starb nach einem Simultanmatch durch einen Schlaganfall in Triberg im Schwarzwald. Zu den Partien vgl. Spence 1971 – 1975.

282 Réti 1965 (=1922), S. 26 (Die Apologie Rubinsteins stammt aus dem Jahr 1918).

283 Tartakower 1925, S. 139.

284 Wittgenstein 1984, S. 104 f.

285 Hartwig 1924 (vgl. das Werbeblatt von Joost Schmidt 1924 in Strouhal 1995b, S. 58).

286 Gropius, März 1926.

287 Gropius 1919 (Erstes Manifest, in Bayer/Gropius/Gropius 1952, S. 16).

288 Moholny-Nagy 1972, S. 31 u. S. 18.

289 Meyer 1921, S. 12 f.

290 Hartwig 1924 (Werbeblatt).

291 Siehe z. B. den Katalog von Himmelheber/Schneider 1988, S. 73.

292 Mies van der Rohe 1986, S. 334.

293 „Zwar hat die griechische Philosophie, sagt Foucault, ‚die Vernunft begründet, aber sie hat immer daran festgehalten, daß ein Subjekt keinen Zugang zur Wahrheit haben kann, wenn es nicht *zuvor* eine Arbeit an sich geleistet hat, die es erst empfänglich macht für das Wissen der Wahrheit – eine Art Läuterung, der Bekehrung der Seele durch Kontemplation ihrer selbst.' (...) In der europäischen Kultur bleibt bis zum 16. Jahrhundert das Problem: ‚Welche Arbeit muß ich an mir selbst verrichten, um fähig und wert zu sein, zur Wahrheit zu gelangen?' Anders gesagt: Wahrheit hat immer einen Preis; kein Zugang zur Wahrheit ohne Askese. Mit dieser Tradition hat Descartes gebrochen, als er sagte: ‚Um zur Wahrheit zu gelangen genügt es, daß ich irgendein Subjekt bin, das sehen kann, was evident ist.'" (Dreyfus/Rabinow 1987, S. 290 f). Erst der Bruch mit der asketischen Tradition mit Descartes' *Discours de la méthode* (1637) ermöglichte die Überwindung der vormodernen Erkenntnisformen, indem jeder und jede der Wahrheit teilhaftig werden kann. Nichtsdestoweniger wirkt die vormoderne Tradition der Askese weit in die Moderne hinein.

294 *Karl (Karel) Treybal* (1885 – 1941) wurde in Böhmen geboren und studierte Jus in Prag. Treybal war in seinem bürgerlichen Beruf Beamter im gehobenen Rechtsdienst. Er vertrat die Tschechoslowakei bei den Schacholympiaden 1930, 1933 und 1935 und spielte, wenn es seine Zeit erlaubte, in vielen kleineren Turnieren. Sein bestes Resultat erreichte er beim Karlsbader Turnier im Hotel Imperial 1923. Treybal teilte den 6. Rang gemeinsam mit Nimzowitsch. 1941 wurde Treybal von den Nazis als Geisel ermordet.

295 Ausführlich zur Karriere und zum Schachmotiv Duchamps vgl. Brady 1961, Le Lionnais 1977, Damisch 1979, Kremer 1989, Ehn/Strouhal 1990, Strouhal 1994a, 1994b.

296 Duchamp in Stauffer 1981, S. 125.

297 Gropius 1918, zit. nach Gay 1970, S. 26.

298 Duchamp 1912 zu Brancusi nach einem Besuch des Luftfahrtsalons in Paris (zit. nach Molderings 1987, S. 23).

299 Duchamp in Cabanne 1972, S. 15.

300 Saussure 1967, S. 104 f; zum Schachspielvergleich bei Saussure vgl. Dannel 1974 und ausführlich Wunderli 1982a und 1982b. Von *Ferdinand de Saussures Cours de linguistique générale* an bildet das *Schachspiel in der Geschichte des Struktualismus* eine wichtige Metapher für Sprache, ein Modell der Semiologie und Anthropologie und der Humanwissenschaften, welche Geschichte im Sinne Foucaults als „Leere" des Subjekts denken. Die Spielmetapher umkreist die strukturalistische und poststrukturalistische Kritik der Identitätskonzepte und den Gedanken an das Verschwinden des Subjekts aus der Geschichte. Für *Michel Foucault* erscheinen die epistemologischen Brüche in der Geschichte und ihre Repräsentationen als „Schachbrett der Identitäten" (Foucault 1978, S. 27). *Claude Lévi-Strauss* greift etwa zur Schachmetapher, um die Regelgeleitetheit und den symbolischen Charakter des Gütertausches zu veranschaulichen (Lévi-Strauss 1981, S. 118). Die Vorliebe der Strukturalisten für das Schachspiel ergibt sich für *Gilles Deleuze* daraus, daß das Schach „eine Kombinatorik von Orten in einem reinen Spatium bildet, das unendlich viel tiefer ist als das reale Ausmaß des Schachbrettes und die imaginäre Ausdehnung jeder Figur" (Deleuze 1975, S. 276). Jedes Spiel erscheint als regelgeleiteter Prozeß. Betrachtet man Geschichte oder Sprache als Spiel-System, kann (oder muß) die Frage nach dem Ursprung und den Sinn der Regeln eskamotiert werden. Einer der dies täte, wäre bloß ein Spielverderber. Betrachtet werden die „anonymen Strukturen" (der Geschichte, der Grammatik, der Gesellschaft, der Institutionen etc., etc.), die den einzelnen wie ein „Gefängnis" umschließen. Da das Spiel stets noch im Gange ist, kann man die jeweiligen Regeln beschreiben, aber ohne sie mehr zu hinterfragen. Ja, selbst der rebellierende Kritiker kann als Aktant im Spiel verstanden werden, wenn Humanismus und Hermeneutik, die beide auf das Subjekt in der Geschichte nicht verzichten wollen, als Ideologie erkannt sind. Das Spiel der Strukturen ist somit end- und grenzenlos. Da ein Ausbruch aus dem „Gefängnis der Strukturen" sinnlos ist (man gelangte nur in das nächste), ist der Analytiker zum Mitspielen verdammt. Es gilt demnach nur noch das Diktum Foucaults zur Arbeit des Historikers, die Hans Petschar im Präludium seiner brillanten Studie zur Schachgeschichte zitiert: „Man muß das Verstehbare auf dem Hintergrund des Leeren erscheinen lassen, Notwendigkeiten verneinen und denken, daß das Vorhandene noch lange nicht alle Räume ausfüllt. Das hieße eine wirklich unumgehbare Herausforderung aus der Frage machen: womit kann man spielen und wie ein Spiel erfinden?" (Foucault in Petschar 1986, S. 1). Zu meiner Kritik an der Metapher des grenzenlosen Spiels vgl. den Abschnitt über Jünger in Kap. 45 in dieser Arbeit.

301 Die Verwendung der Schachmetapher in der Kunst und in der Mathematik des 20. Jahrhunderts kann unter dem Gesichtspunkt der *Krise der Repräsentation* betrachtet werden. Wie ein Schachspieler erprobt und erforscht der Künstler Kombinationen der Sprache in einem Experiment. Das Ingangsetzen des Experiments bedarf nicht mehr des Künstlergenies, dessen Werke die Welt repräsentieren, sondern der Rationalität des Kombinierenden. Im *poetischen Experiment* wird Sprache vom Instrument der Repräsentation zum Material und büßt zugunsten der Objektivität des Experiments ihre Abbildungsfunktion ein. Die ästhetische Utopie liegt dabei in der vollständigen Abschottung der Sprache gegenüber der Welt und ihrer Ideologien, denn „erst die sprache ohne wirklichkeitsbezug ermöglicht objektivität" (Wiener 1969, S. 86). Sprache repräsentiert nichts, sie wird zumindest tendenziell zur Wirklichkeit für sich. Zwischen poetischem Zeichen und einem Schachzug besteht daher für *Raymond Roussel* kein Unterschied (zu Roussels Schachmetapher vgl. Grössel 1977, S. 14 ff). „Mein Einfall wäre es", schreibt Helmut Heissenbüttel programmatisch für die Konkrete Poesie über die Arbeit des Künstlers und könnte ebensogut die des Schachspielers meinen, „die in der Wahrscheinlichkeitsrechnung jahrtausender Sprachgeschichte noch nicht vorgekommene Kombination zu finden, die einmal an einer noch so nebensächlichen Stelle angebracht, die Vibrationen des ganzen Netzes beeinflußte" (Heissenbüttel 1978, S. 246). Indem im poetischen Experiment der ästhetische Prozeß semiotisch (also am Signifikant) und nicht semantisch (an der Beziehung zwischen Signifikat und Wirklichkeit) verläuft, ist das Zeichenmaterial beliebig von einem System in das andere transformierbar. Die sterile Mechanik einer Schachpartie bot sich deshalb Avantgardisten als Algorithmus poetischer Transformationen an, ohne mehr auf Gefühl, Geschmack oder Wahrheit des Künstlersubjekts rekurrieren zu müssen. In *„8 x 8"* (1957, u.a. mit Jean Arp, Alexander Calder, Jean Cocteau, Marcel Duchamp, Max Ernst und Yves Tanguy) verarbeitete *Hans Richter* (1888 – 1976) Schachpartien zu acht filmischen Episoden. Die Schnittfolge der Sequenzen ist von der Zugfolge der Partien bestimmt. Das Ergebnis sind zufällige Kombinationen von Bild und Ton, welche die abstrakte Eigenrealität des Bild- und Tonmaterials gegenüber der Wirklichkeit der Szene und des gesprochenen Wortes betonen. In eine ähnliche Richtung ging ein sprachliches Experiment von *Ernst Jandl*. In seiner *„etüde in f"* (1971) verband Jandl Lautgedicht und Erzählung. Die Erzählung bleibt freilich abstrakt, denn als narrative Struktur, in welche der Dichter bisweilen eingreift und durch seine Kommentare eine neue Sinnebene schafft, diente Jandl die Partie Anderssen – Neumann 1865. Der Maler *Ugo Dossi* nützte die Partie Fischer – Evans zu einem üppig-abstrakten Tafelbild, indem er die flüchtigen Züge in verschiedenen Farbskalen festhielt, ebenso wie *John Cage* bei der Performance *Sightsoundsystem* (1968) die Züge seiner Partie mit Marcel Duchamp über einen Syntheziser in Töne transformierte. Die Krise der Repräsentation, wie sie für die Moderne bezeichnend ist, trifft nicht allein für die Avantgarde der Kunst, sondern auch für die Avantgarde der Mathematik des 20. Jahrhunderts zu. In ihr haben die Zeichen ihren Wirklichkeitsbezug, den sie zuvor zumindest in lockerer Weise noch gehabt haben, abgelegt. In der formalistischen Schule des Göttinger Logikers David Hilbert oder in der maschinellen Methode Alan Turings (vgl. Kap. 47) hat sich in den 20er und 30er Jahren die Symbolebene von der Wirklichkeit vollständig abgekoppelt und zu einem „axiomatischen Spiel" entleert. Auch hier wurde häufig zum Vergleich mit dem Schachspiel gegriffen, so *Hermann Weyl* in einer Kritik des Hilbertschen Formalismus 1925: „Die Sätze werden zu bedeutungslosen, aus Zeichen aufgebauten Figuren, die Mathematik ist nicht mehr Erkenntnis, sondern ein durch gewisse Konventionen geregeltes *Formelspiel*, durchaus vergleichbar mit dem Schachspiel. Den Steinen des Schachspiels entspricht ein beschränkter Vorrat an *Zeichen* in der Mathematik, einer beliebigen Aufstellung der Steine auf dem Brett die Zusammenstellung der Zeichen zu einer *Formel*. Eine oder wenige Formeln gelten als *Axiome*; ihr Gegenstück ist die vorgeschriebene Aufstellung der Steine zu Beginn einer Schachpartie. Und wie hier aus einer im Spiel auftretenden Stellung die nächste hervorgeht, indem ein Zug gemacht wird, der bestimmten Zugregeln zu genügen hat, so gelten dort formale *Schlußregeln*, nach denen aus Formeln neue Formeln gewonnen, ‚deduziert' werden können. Unter einer spielgerechten Stellung im Schach verstehe ich eine solche, welche aus der Anfangstellung in einer den Zugregeln gemäß verlaufenden Spielpartie entstanden ist. Das Analoge in der Mathematik ist die beweisbare (oder besser, die bewiesene) Formel, welche auf Grund der Schlußregeln aus den Axiomen hervorgeht. Gewisse Formeln von anschaulich beschriebenem Charakter werden als Widersprüche gebrandmarkt; im Schachspiel verstehen wir als Widerspruch etwa jede Stellung, in welcher 10 Damen der gleichen Farbe auftreten. Formeln anderer Struktur reizen, wie die Mattstellung den Schachspieler, den Mathematikspielenden dazu, sie durch eine geschickte Aneinanderkettung der Züge als Endformel in einer richtig gespielten Beweispartie zu gewinnen" (Weyl 1925, S. 535; zit. bei Heintz 1993, S. 49).

302 Duchamp zit. nach Gough-Cooper/Caumont 1993 (4. April). Im Jahr darauf wurde Duchamp Mitglied im Marshall-Chess-Club in Manhattan und gehörte bereits nach wenigen Monaten zur ersten Mannschaft des weltberühmten Clubs in der 10. Straße. 1922 traf Duchamp bei einer Partie auf Capablanca und verlor klarerweise, doch die Ehre, überhaupt gegen den Weltmeister antreten zu dürfen, erforderte intensives Studium der Theorie, Ehrgeiz und tägliche Praxis. In den Jahren 1923 bis 1938 gehörte Duchamp zu den stärksten Spielern Frankreichs. Man Ray erinnert sich, daß nichts mehr in Duchamps Atelier in dieser Zeit an den bildenden Künstler erinnerte, „der Schachtisch war das wichtigste Möbelstück" (Ray 1983, S. 225).

303 Duchamp in Cabanne 1972, S. 16.

304 Duchamp im Interview mit Laurence Gold (Stauffer 1992, S. 68).

305 Duchamp, Rede am Schachkongreß von Cazenovia 1952 (Strouhal 1994a, S. 10).

306 Duchamp im Interview mit F. Brady 1961, S. 169.

307 Ebda.

308 Duchamp 1954, zit. nach Daniels 1992, S. 262.

309 Duchamp 1936 (Stauffer 1992, S. 30).

310 Duchamp im Interview mit Drot 1963.

311 Zur Entwicklung des Begriffes Geschmack in der Ästhetik vgl. bes. Klein 1967. Skeptisch blieb Duchamp jedoch den Möglichkeiten der Kunst gegenüber als „kristallines Sinnbild eines neuen kommenden Glaubens" (Walter Gropius). Aktuelle Kunst hieß für Duchamp zwar Präzision und Antipsychologismus, ohne jedoch, an sie „zu glauben". Die Gefahr besteht, daß an die Stelle des Glaubens an die Kunst der neue Glaube an Wissenschaft und Technik tritt. Duchamp blieb auch skeptisch, was die Wissenschaft und ihren Fortschritt betrifft. An die Gesetze der Wissenschaft müsse man sich zwar halten, „doch kam ich auf die Idee, daß das Leben interessanter wäre, mehr ein *Spiel*, wenn man die Gesetze der Physik und Chemie ein wenig ausdehnen könnte. Letzten Endes müssen wir diese sogenannten Gesetze der Wissenschaft akzeptieren, weil sie das Leben bequemer machen, aber das heißt überhaupt nichts, was ihre Gültigkeit betrifft" (Duchamp in Stauffer 1973, S. 26; zum Skeptizismus bei Duchamp vgl. Molderings 1987). Skepsis ist dabei nicht zuletzt eine Frage der Form. Indem Skepsis ihre Existenz nur im Negativen hat, lebt sie von der eigenen Substanzlosigkeit: Der Funke des Zweifels hat zwar Wirkung, kann aber selbst nicht von Dauer sein. Das Schachspiel ist dabei geradezu das Spiel *radikaler Skepsis*, indem jeder Zug für sich Zweifel am vorhergehenden ist. Wie im Skeptizismus Pyrrhons sind im Schachspiel die Dinge in Wirklichkeit unerkennbar. Die kleinste Veränderung einer Stellung auf dem Schachbrett bedingt kaum kalkulierbare Ergebnisse. Der Spieler entscheidet wie der Skeptiker aufgrund der Probabilität (nicht aufgrund des Glaubens), und er ist sich bewußt, daß sich fast jede seiner Entscheidungen angesichts der Unwägbarkeit der Varianten als Fehler entpuppen kann.

312 Duchamp im Interview mit J. Tharrats, Stauffer 1992, S. 72.

313 Duchamp in Stauffer 1992, S. 66.

314 Kant 1991, S. 90 (KdU § 9).

315 Ebda., S. 78 und S. 120 (KdU § 5 und 17).

316 Duchamp in Gough-Cooper/ Caumont 1993, 8. 3. 1956.

317 Duchamp in Drot 1963.

318 Duchamp 1954 in Stauffer 1992, S. 50.

319 Das Motto des „steirischen herbst", des wichtigsten österreichischen Avantgardefestivals, vom August 1995.

320 Adorno 1977, S. 474.

321 Sowohl bei Hegel als auch in Duchamps Nominalismus scheint Kunst, wenn auch in unterschiedlicher Weise, an einem Ende angelangt. Weder das romantische Kunstwerk (Hegel) noch die naive „Netzhautmalerei" (Duchamp) sind länger das höchste Bedürfnis des Geistes. Im Stadium der Reflexion ist Kunst als eine über die bloße Anschauung hinausgehende Form des Bewußtseins für Hegel ein Vergangenes. Kunst liefert zwar Bilder, die aber der notwendigen Klarheit und Transparenz begrifflichen Denkens entbehren. Erreicht ist bei Duchamp wie bei Hegel daher ein Zustand des „Hinausgehen(s) der Kunst über sich selbst, doch innerhalb ihres eigenen Gebietes und in Form der Kunst selber" (Hegel 1986a, S. 113). Die unmittelbare geistige Einheit der (christlichen) Kunst muß in der Romantik erst reflexiv, das heißt für Hegel abstrakt und äußerlich hergestellt werden, um hernach als innere Einheit – als Welt des Gemüts, der Empfindung – erscheinen zu können. Das „sinnliche Scheinen der Idee" sinkt damit in der romantischen Kunst für Hegel „zur Wertlosigkeit hernieder". Das berühmte Knie (Hegel 1986a, S. 142) beugen weder Hegel noch Duchamp vor ihr. Im sinnlichen Scheinen der Idee ist Kunst für Hegel zwar ein Geistiges als Selbstzweck, aber nicht mehr die höchste Form seiner Erkenntnis. Gerade dadurch wird sie erst vollständig frei und vermag sich, als nichtvorstellende Bewußtseinsform, als autonomes Spiel der Bilder und Zeichen zu vervollkommenen. (Zu Duchamp und Hegels Ästhetik vgl. Strouhal 1994b).

322 Adorno 1977, S. 475.

323 Ebda, S. 470.

324 ebda, S. 471; der Gedanke ist in Walter Benjamins Vergleich von *Spiel und Lohnarbeit* in seinem Baudelaire-Essay bereits vorgeformt: „Zwar fehlt der letzteren (= der Fabriksarbeit, E. S.) der Einschlag des Abenteuers, die Fata Morgana, welche den Spieler lockt. Aber was ihr durchaus nicht abgeht, das ist die Vergeblichkeit, die Leere, das Nicht-vollenden-dürfen, welches vielmehr der Tätigkeit des Lohnarbeiters in der Fabrik innewohnt. Auch dessen vom automatischen Arbeitsgang ausgelöste Gebärde erscheint im Spiel, das nicht ohne den geschwinden Handgriff zustande kommt, welche den Einsatz macht oder die Karten aufnimmt. Was der Ruck in der Bewegung der Maschinerie, ist im Hazardspiel der sogenannte coup. Der Handgriff des Arbeiters an der Maschine ist gerade dadurch mit dem vorhergehenden ohne Zusammenhang, daß er dessen strikte Wiederholung darstellt. Indem jeder Handgriff an der Maschine gegen den ihm voraufgegangenen ebenso abgedichtet ist, wie ein coup der Hazardpartie gegen den jeweils letzten, stellt die Fron des Lohnarbeiters auf ihre Weise ein Pendent zu der Fron des Spielers. Beider Arbeit ist von Inhalt gleich sehr befreit" (Benjamin 1991, S. 633).

325 Duchamp in Drot 1963.

326 Duchamp in Cabanne 1972, S. 16.

327 Ebda.

328 Lasker zit. nach Pfleger/ Treppner 1994, S. 111. Dieselbe Erfahrung einer möglichen Erschöpfung des Spiels machte kurz vor seinem Tod Marcel Duchamp. Nach einer Analyse einer Partie der italienischen Meisterschaft 1968 bekannte er am Ende der Partie: „Das Schach ist zur Wissenschaft geworden, es ist nicht länger eine Kunst" (vgl. Strouhal 1994a, S. 105).

329 Réti 1965 (=1922), S. 55.

330 Siehe den Leserbrief von Tarrasch im Manchester Guardian am 18. 1. 1929.

331 Pritchard 1994, S. 38.

332 Nach T. R. Dawson sind derzeit etwa 40.000 Schachvarianten wie etwa das „Loosing Chess" (Freßschach) bekannt, die Regeln von rund 2000 Varianten wurden schriftlich kodifiziert und sind zum Teil urheberrechtlich geschützt. Eine Analyse von D. B. Prichard von 1450 Schachvarianten ergibt, daß sich ihre Zahl von 1970 bis 1992 verdoppelt hat (vgl. Prichard 1994, S. vii). In diesem Sample finden sich über 100 Varianten für „Schach zu viert", etwa 35 für „Schach zu dritt", 50 Varianten von „dreidimensionalem Schach", etwa 50 Varianten, in denen die Grundstellung zufällig gewählt wird (randomized chess). Etwa 25 Varianten verquicken Schach mit dem Zufall (Würfel oder Karten), 150 Varianten werden auf einem größerem Brett als 8 x 8 gespielt, etwa 30 auf einem kleineren Brett. Prichard zählt weiters 65 regionale und ältere Regelsysteme (chinesisches, japanisches Schach, Makruk in Thailand, das koreanische Schach mit jeweils eigener Geschichte des Regelsystems etwa seit dem 10. Jahrhundert), 40 Varianten mit dem Recht auf Mehrfachzüge und etwa 30, in denen eine geschlagene Figur wieder das Brett betritt. Einen Versuch einer taxonomischen Ordnung hat Michael Keller (1991) unternommen. Er teilt die Schachvarianten in 25 Gruppen mit jeweils drei bis fünf Untergruppen. Die am weitesten verbreiteten Schachvarianten sind das japanische Shogi und das chinesische Schach, Xiangqi, das von über 200 Millionen Chinesen gespielt wird, aber trotz der großen Verbreitung in China nur regional wirksam wurde. Ein Vergleich der Regelsysteme und der Differenzen von Xiangqi und europäischem Schach zeigt die verschiedenen Korrespondenzen von sozialer Struktur und Spielstruktur. Das chinesische Spielbrett besteht aus zwei Hälften mit jeweils 9 x 5 Schnittpunkten. Gespielt wird auf den Schnittpunkten der Linien. Das Brett ist durch einen ein Feld breiten Streifen („Fluß") getrennt. Jeder Spieler verfügt im modernen chinesischen Schach über einen General (= König), zwei Mandarine, Wagen (= Turm), Pferde (= Springer), Kanonen und fünf Soldaten (= Bauern). Die einzelnen Figuren weisen eine zum europäischen Schach stark unterschiedliche Gang- und Schlagart auf. Am interessantesten ist die Kanone: Ihre Gangart entspricht dem Turm, sie kann aber nur schlagen, indem sie über einen eigenen oder feindlichen Stein springt. Die Soldaten verwandeln ihre Gangart bei Überquerung des Flusses: Während sie in der eigenen Hälfte nur vertikal vorwärts ziehen, können sie nach Überquerung des Flusses auch seitwärts ziehen (und schlagen). Neben den Unterschieden der kulturellen Repräsentationen des Spiels (Design, Figurenbezeichnungen, Linien statt Felder) besteht die wesentliche Differenz im Regelwerk, und zwar in der Idee des Flusses, der beide Bretthälften trennt und den nicht alle Figuren überqueren dürfen, sowie in der Existenz der „Festung des Generals". Der General darf ein 3 x 3 großes Areal nicht verlassen und steht in einer Fernwirkung mit der gegnerischen Figur: Beide dürfen sich nicht gleichzeitig auf der gleichen Linie befinden. Während im modernen europäischen Schachspiel die freie und dynamische Transformation von Zeit, Raum und Material im Mittelpunkt steht, ist der Raum im chinesischen Schach (wie im japanischen Shogi) hierarchisiert (zwei Hälften, die Festung des Generals). Das Grundthema des Spieles ist der Kampf um das Terrain des Generals und die Einnahme seiner Festung. Die Hierarchisierung des Raumes auf der Ebene der symbolischen Ordnung des Spiels entspricht dabei der Hierarchisierung der sozialen Ordnung der chinesischen Gesellschaft. Wenngleich sich das Xiangqi in China nach wie vor hält, zeigt sich im ausgehenden 20. Jahrhundert die Expansion des europäischen Spiels als ein der Zeit adäquateres Strukturmodell. Chinas Nationalmannschaft der Männer ist bei den Schacholympiaden äußerst erfolgreich, mit Jun Xie wurde 1991 eine Chinesin Weltmeisterin der Frauen. Zum chinesischen Schach vgl. Petschar 1986, S. 60 f, detaillierte Bibliographie in Meissenburg 1987 und Prichard 1994, S. xvi.

333 Duchamp am Schachkongreß in Cazenovia 1952, Strouhal 1994a, S. 9.

334 Bert Brecht in Benjamin 1966, S. 120.

335 Vidmar 1961; vgl. zum folgenden Kapitel, das auf einer langjährigen Zusammenarbeit mit M. Ehn beruht, auch Ehn/Strouhal 1991a – f und 1996, Ehn 1994.

336 Ein trauriges, aber typisches Beispiel für die soziale Situation der Schachspieler dieser Epoche ist die Biographie von *Johann N. Allgaier* (1763 – 1823), des ersten bedeutenden Schachmeisters und Theoretikers, der in Wien ansässig geworden ist. In Schussenried (Württemberg) geboren, führte Allgaier nach abgebrochenem Theologiestudium ein Wanderleben quer durch Europa. In Wien gab er Schachstunden und spielte im Café Taroni und im Café zur Krone um Geld. Seine beste Zeit verbrachte Allgaier in einer Maschine: Er war einer der Spieler, der im berühmten Schachautomaten des Baron von Kempelen, dem Türken, verborgen war (vgl. Kap. 27 in dieser Arbeit). 1809 schlug er – im Türken versteckt – in Schönbrunn keinen geringeren als Napoleon I. Obwohl er bis zu seinem Tod der anerkannt stärkste Spieler Wiens war, verbrachte Allgaier seine letzten Lebensjahre in bitterer Armut.

337 Unter anderem bis 1914 die Großturniere 1873, 1882, 1898 (Kaiser-Jubiläumsturniere), 1890, 1899 (Kolisch-Gedenkturniere), 1903, 1908, von 1907 – 1914 (Trebitsch-Gedenkturniere).

338 Mit der Erlassung des Toleranzpatents durch Joseph II. im Jahr 1782 wurden die Lebensbedingungen der Juden in Österreich entscheidend verbessert. Das Toleranzpatent bewirkte durch die Religionsfreiheit, die Möglichkeit zur Ausübung akademischer Berufe und zur Gründung von Fabriken, die Abschaffung der Gettos, den Zwang zur Annahme deutscher Familiennamen etc. einen wichtigen integrativen Effekt für die Juden in Österreich. Erstmals begannen Juden eine größere Rolle im offiziellen kulturellen Leben Wiens zu spielen. Die Anzahl der in Wien lebenden Juden war noch 1830 gering (die Gemeinde zählte gerade 1600 Mitglieder), und es bestanden trotz der Fortschritte in der Emanzipation weiterhin erhebliche Restriktionen. Da aber in den akademischen Berufen keine Einschränkungen galten, konnten österreichische Juden Karrieren beispielsweise als Ärzte oder Journalisten machen, was zu langanhaltenden beruflichen Familientraditionen führte. Die konstitutionellen Reformen unter Franz Joseph I. führten schließlich zur Gleichstellung der Juden zumindest de jure: Juden durften in der Habsburgermonarchie ab 1860 Land besitzen, den Wohnsitz und

Beruf frei wählen, vor Gericht als Zeugen gegen Christen aussagen, ab 1867 erhielten sie Zugang zu öffentlichen Ämtern und zum Lehramt. Bis zum Ende der Donaumonarchie spielten deshalb Juden eine große Rolle beim Aufbau der rückständigen österreichischen Wirtschaft und bei der Etablierung moderner Technologien, übernahmen führende Funktionen in der Armee und in der Regierung. Mit der Erringung wichtiger sozialer Rechte und anhaltender wirtschaftlicher Prosperität stieg die Anzahl der Juden in Wien daher rasant. Betrug der Anteil der jüdischen Bevölkerung Wiens im Jahr 1857 noch 2,6%, so stieg er im Jahr 1880 auf über 10 %. In der zweiten Hälfte des 19. Jahrhunderts lassen sich zwei große jüdische Einwanderungswellen unterscheiden: Bis in die 70er Jahre immigrierten vor allem Juden aus den Kronländern Böhmen, Mähren und Schlesien nach Wien. Unter ihnen waren auch Berufsschachspieler, die ihr Glück in Wien suchten. Die Meister Ernst Falkbeer, Adolf Albin, Berthold Englisch und vor allem der spätere Weltmeister Wilhelm Steinitz kann man als typische Immigranten dieser ersten Phase der Zuwanderung ansehen. Die Immigranten sprachen zumeist Deutsch und hatten wenig Probleme bei der Integration. Nach der Ermordung des russischen Zaren Alexander II. 1881 verschlechterte sich die Situation der Juden in Rußland und Polen, die bereits vorher durch die Verelendung großer Teile der jüdischen Bevölkerung katastrophal war, bis zur Unerträglichkeit (vgl. Kap. 7, 9 und 12 in dieser Arbeit). Die offiziell geduldeten Pogrome und das Wiederinkrafttreten der antijüdischen Gesetze aus der Regierungszeit Nikolaus' I. bewirkte eine gewaltige Migrationsbewegung des Ostjudentums. Ab 1881 flohen über zwei Millionen Juden aus dem Siedlungsgebiet in den Westen, viele davon kamen nach Wien. Im Jahr 1900 lebten 147.000 Juden in Wien, die Anzahl hatte sich gegenüber 1880 in dieser zweiten Phase der Immigration mehr als verdoppelt (vgl. Pick 1982).

339 Betrachtet man die Geburtsorte der führenden Schachspieler des 19. Jahrhunderts, wird deutlich, daß bis 1871 kein Meister, der ein internationales Turnier gewinnen konnte, in Wien geboren wurde. Eine ausführliche Analyse der europäischen Schwerpunkte (Verschiebung der Dominanz westlicher Großmeister in der Periode 1800 – 1841 zur Dominanz von Großmeistern aus Osteuropa von 1841 – 1870 und besonders von 1871 – 1900) in Ehn 1994.

340 Zur Geschichte des Judentums und des Schachspiels bis zum 18. Jahrhundert vgl. neben Kap. 5 in dieser Arbeit bes. das dreibändige Werk von Keats 1994/95; zu den Quellen vgl. vor allem den Essay von M. Steinschneider in van der Linde 1874, Bd. 1, S. 155 – 202; zur neueren Geschichte vgl. Ribalow/Ribalow 1986; Spanier 1984, S. 59 – 64; Steinkohl 1995; zu Österreich vgl. Ehn/Strouhal 1991a – f, Ehn 1994, Steiner 1995, Ehn/Strouhal 1996.

341 Ascharin 1894, S. 104.

342 Lasker 1911.

343 Ebda.

344 Ebda. Wiewohl nie religiös, hatte der Vorgänger Laskers auf dem Weltmeisterschaftsthron, *Wilhelm Steinitz*, zeitlebens ein sehr reflektiertes Verhältnis zu seinem Judentum. Die Jewish Chronicle von 1899 berichtet über ihn, daß er bereits im Alter von 13 Jahren ein hervorragender Talmudkenner gewesen war, dem Wunsch seiner Eltern, Rabbiner zu werden, wollte er jedoch nicht nachkommen. Zunächst siegte sein Talent für Mathematik über den Talmud – Steinitz ging 1858 nach Wien, um sein Studium am Polytechnischen Institut zu absolvieren – danach siegte die Leidenschaft für das Schachspiel über die Mathematik. Steinitz wurde Schachlehrer von Rothschild und ab 1860 Berufsspieler. Bereits in Wien begann Steinitz, an einem Text über das „Judentum im Schach" zu schreiben, das ein Gegenstück zu Richard Wagners antisemitischer Schrift „Das Judentum in der Musik" sein sollte. Der Text blieb Fragment, doch ein Artikel von Steinitz für die New York Sun aus 1898 gibt Auskunft über seine Stellung zum Judentum und über seine Bewunderung für Amerika, dem Land, das dem Antisemitismus keinen Nährboden gab: „The oldest and purest breed of mankind is probably that of the Jews. Without political power they were able to preserve their morals through the ages of persecution. (...) Considering their small number and distribution in all parts of the world, their success in all walks of life in all countries, but more especially under free and tolerant institutions, is marvellous. (...) All parties of this country are now proud of the triumph of humanity and tolerance over raceprejudice and selfishness, and perhaps no more bloodshed may be necessary in the fight of different views about the principle of life" (New York Sun, 25. 2. 1898). In Europa, speziell in Wien um die Jahrhundertwende, entdeckte Steinitz nun eine ganz andere Situation als noch einige Jahrzehnte zuvor. Die Periode der Reformen und der Liberalität, die Steinitz in den frühen 60er Jahren als Student in Wien erlebt hatte, war vorbei, die radikal antisemitische Bewegung war stark angewachsen und verschaffte sich öffentlich Gehör. Bürgermeister Karl Lueger und die Christlichsoziale Partei machten den latenten Antisemitismus salonfähig und zum politischen Geschäft im Schielen auf Wählerstimmen. Öffentliche Beleidigungen im Landtag und Reichstag gehörten zum politischen Alltag in Wien. Bei seinen mehrfachen Aufenthalten in Wien 1896 – 1898 beschäftigte sich Steinitz intensiv mit den antisemitischen Strömungen der Zeit. In seinen späten Schriften entwarf Steinitz Gegenstrategien, die auf eine Verbesserung der sozialen Situation in Österreich abzielten. Kernpunkte seines Vorschlages an den Reichstag bildeten die Einführung einer neuen sozial orientierten Wirtschaftsform, eine Neuorganisation der Wohlfahrt und eine Solidarabgabe der Großindustrie zur Finanzierung von zinsenlosen Krediten für Klein- und Kleinstunternehmer. Anläßlich des großen internationalen Wiener Turniers 1898 berichtet Kalmann über ihn: „Aus kleinen und beengten Verhältnissen kam er, (...) noch heute erfüllen ihn die Ideale seiner Jugend. Für Menschenrecht und Menschenglück kämpft der edle Schwärmer bis zur Stunde, immer an andere denkend, sich selbst darüber gänzlich vergessend. Er nennt sich mit Stolz einen Juden und nichts betrübt ihn mehr, als das Anwachsen der Wiener antisemitischen Bewegung, welche ihn, den freien Bürger Nordamerikas, persönlich eigentlich gar nicht berührt. Sie bildet den Schmerz seines Lebens" (Kalmann 1898, S. 559 f).

345 Gutmayer 1917, S. 104; zur Kritik vgl. auch Réti 1965 (= 1922), S. 12 f.

346 Gutmayer ³1922, S. 98.

347 Zu Morphy vgl. Kap. 36 in dieser Arbeit. Zur Figur von Morphy in Romanen vgl. Lawson 1976; Beckett 1987. Zur psychoanalytischen Interpretation des „Falles Morphy" vgl. Jones 1951 und Fine 1982 (= 1956).

348 Gutmayer 1916a, S. 5.

349 Gutmayer 1916b (Vorwort).

350 Gutmayer 1922, S. 62 f.

351 Gutmayer ³1919, S. 186.

352 Gutmayer 1916b , S. 40.

353 Gutmayer 1922, S. 227.

354 Gutmayer 1916b, S. 9.

355 Gutmayer 1916c, S. 156.

356 Dufresne (hrsg. v. M. Blümich) ¹⁵1941, S. 728.

357 Diemer 1943, S. 4.

358 Gerbec 1937, S. 130 f.

359 Spengler 1988, S. 70.

360 Spengler 1988, S. 31 – 32.

361 Alexander Aljechins Text *Jüdisches und arisches Schach. Eine psychologische Studie, die – gegründet auf die Erfahrungen am schwarz-weißen Brett – den jüdischen Mangel an Mut und Gestaltungskraft nachweist* wurde unter anderem in der Pariser Zeitung (18. 3. 1941 – 23. 3. 1941), in der Deutschen Schachzeitung 1941, S. 49 – 53, 65 – 67, 82 – 84, und in der Deutschen Zeitung in den Niederlanden (März – April 1941) veröffentlicht.

362 Aljechin 1941, S. 49 (Deutsche Schachzeitung).

363 Aljechin 1941, S. 12 (Originaltyposkript).

364 Antisemitismus, austrofaschistisches Lagerdenken und nationalsozialistisches Verbandswesen haben das Wiener Schachleben der Nachkriegszeit als ein Trümmerfeld hinterlassen, in dem nichts blühte, auch im Verborgenen nicht. Der größte Teil der Mäzene und internationalen Meister war tot oder vertrieben, das kulturelle Erbe des Wiener Schachklubs (eines der größten Schacharchive der Welt) war durch Plünderung verlorengegangen, die Hakoah existierte nicht mehr. Mit Ernst Grünfeld ist 1962 der einzige und letzte Wiener Großmeister nach dem Zweiten Weltkrieg gestorben, bis heute hat er keinen Nachfolger gefunden. Weltkrieg, Schachspiel und Konzentrationslager bilden den Hintergrund für den Kriminalroman *La variante di Lüneburg* von *Paolo Maurensig*, der 1994 ein Bestseller auch im deutschsprachigen Raum werden konnte. In Maurensigs Roman wird Frisch, ein reicher deutscher Unternehmer mit Wohnsitz in Wien, durch das Spielen einer bestimmten Variante enttarnt und seine Vergangenheit als Leiter des Konzentrationslagers Bergen-Belsen decouvriert. Maurensig erzählt die Geschichte zweier Rivalen: Des ehemaligen Nazischergen Frisch und des jüdischen Meisters Tabori, der von Frisch im Konzentrationslager zum Schachspiel gezwungen wird. Der Einsatz der Partien ist das Leben der Mithäftlinge. Tabori, der sich im Spiel um das Leben der anderen verbraucht, wird schließlich von einem Schüler gerächt.

365 „Das größte Ziel von Aljechin, das er mit Ambition verfolgte, war es nach 1920, das Geheimnis Rubinstein am Weg zur Weltmeisterschaft zu löschen. Er jagte ihn, wie er selbst von Capablanca gejagt wurde. ‚Kommt Rubinstein?' waren die ersten Worte, die Aljechin uns zurief, als er uns am Abend vor Turnierbeginn im Grand Hotel in Pistyan 1922 begegnete, und er war regelrecht wütend, als er hörte, daß Rubinstein diesmal nicht teilnahm. In jedem Turnier waren die Begegnungen Rubinstein – Aljechin die absoluten Höhepunkte, bei diesen ging es immer um Leben und Tod, und man konnte auf einen Blick sehen, daß Rubinstein darunter litt. Gegen ihn spielte Aljechin sein bestes Spiel, er bewahrte für ihn die giftigsten Pfeile in seinem reichen Arsenal und auch wenn Rubinstein ihm ultimativen Widerstand entgegensetzte, verlor Rubinstein meistens" (Straat 1956, S. 118f; zu Aljechin vgl. auch Kap. 43 in dieser Arbeit).

366 Zur Interpretation der Polyphemepisode vgl. Adorno/Horkheimer 1981 (= 1944).

367 Adorno/Horkheimer 1981, S. 20.

368 Borges 1981, S. 14 u. 19; vgl. dazu auch das Gedicht *Schach* in Borges 1982, S. 47 – 49; das *Motiv des unendlichen Labyrinths* thematisiert auch *Lars Gustafsson* in *Die dritte Rochade des Bernard Foy* (1986) über die Schachmetapher. Zeit, Raum und personale Identität geraten in dem manierierten Kriminalroman über den amerikanischen Rabbiner Foy und den sinistren Präsidenten des Schwedischen Schachverbandes Hans von Lagerhielm durcheinander. Die Welt, so wie wir sie erleben, ist nur eine zufällig aktualisierte Variante einer Schachpartie, die in unendlich vielen Paralleluniversen in allen Varianten gespielt wird. Eine erste Erwähnung des Motivs der Unendlichkeit findet man in der europäischen Literatur in der *Divina Comedia*. Im 28. Gesang vergleicht *Dante* die unendliche Zahl der Funken eines Feuers mit dem Schachspiel: „Und wie der ganze Brand tat jeder Funke,/ und deren Zahl vertausendfachte sich/ mehr als die Doppelung der Schachbrettfelder" (28, v 91 – 93). Dante spielt auf die Weizenkornlegende an, die offenbar im Europa des 13. Jahrhunderts schon bekannt war (vgl. Kap. 4 in dieser Arbeit).

369 Schwitters 1947, Brief an Ch. Spengemann, zit. in Lach 1971, S. 60. Den Hinweis verdanke ich Eva Esterhazy.

370 Vgl. Kap. 29 in dieser Arbeit und zur deutschen Romantik ausführlich den glänzenden Essay von Hillebrand 1991.

371 Dostojewski 1992 (= 1866), S. 149.

372 Ebda, S. 145.

373 Jünger 1980, Bd. 17, S. 99 u. 154.

374 Ebda, S. 338.

375 Ebda, S. 316 u. 153.

376 Ebda, S. 111 u. S. 91.

377 Ebda, S. 58.

378 Ebda, S. 146 u. 247.

379 Ebda, S. 359.

380 Ebda, S. 360.

381 Ebda, S. 290.

382 Für den Hinweis auf diese Passage bin ich Rudolf Augstein zu Dank verpflichtet. Die Spielmetapher durchzieht das Gesamtwerk Ernst Jüngers. Auf den Text über G. Rotlevi wurde bereits hingewiesen (vgl. Kap. 21 in dieser Arbeit). Das Motiv der Unwirklichkeit der Welt durch die technische Simulation im Spiel, wie sie seit Mitte der 80er Jahre den Diskurs der Ästhetik beherrscht, hat Jünger früh in *Gläserne Bienen* (1957) vorweggenommen. Hinzuweisen ist auch auf die Spieltheorie von Friedrich Georg Jünger (1953), die offenbar auf Ernst Jünger großen Einfluß hatte.

383 Zweig 1975, S. 17. Als Vorlage für Czentovic haben Zweig wohl Boris Kostic oder Akiba Rubinstein gedient.

384 Zweig 1975, S. 65.

385 Ebda, S. 71.

386 Ebda, S. 67 f.

387 Ebda, S. 70 – 73.

388 Den Weg des Czentovic, des eingleisigen Berufsspielers, hat *Vladimir Nabokov* in seinem grandiosen frühen Roman *Lushins Verteidigung* (1992 = 1928) verfolgt. Schon als Kind flieht Lushin vor dem Leben in das Schachspiel und gerät in die Hände des Impresario Walentinow. Er macht aus dem Wunderkind einen Berufsspieler, der von Turnier zu Turnier zieht und das Leben vollständig durch das Schachspiel ersetzt. „Er war hellwach, zuverlässig arbeitete sein Verstand, von allen Schlacken befreit und gewahr, daß alles außerhalb des Schachs nur ein bezaubernder Traum war. (...) Das wirkliche Leben, das Schachleben war harmonisch, überschaubar und voller Abenteuer, und mit Stolz empfand Lushin, wie leicht er in diesem Leben herrschen konnte, wie hier alles seinem Willen gehorchte und sich seinen Listen und Plänen unterordnete" (Nabokov 1992, S. 152). Langsam jedoch gerät die künstliche Welt, die allein durch die „Klarheit des Denkens" und durch „unbarmherzige Logik" (ebda, S. 153) beherrschbar ist, in Unordnung. In einer Entscheidungspartie gegen den Italiener Turati versagt Lushins Verteidigung gegen die Welt. Er bricht zusammen, die Einheit seiner Person gerät aus den Fugen: „Der Lushin, der von Müdigkeit aufgelöst in seinem Zimmer lag, schlief zwar, der andere Lushin aber, der das Schachbrett immer noch vor sich sah, wachte und fand keinen Weg, sich mit seinem glücklicheren Doppelgänger zu vereinen. (...) Lushins Gedanken schweiften durch berauschende und grausige Labyrinthe und begegneten dort ab und zu den besorgten Gedanken Turatis, der das gleiche dachte wie er. (...) Lushin, der einen Überfall vorbereitete, für den er aber erst ein Labyrinth von Varianten erkunden mußte, wo jeder Schritt ein gefährliches Echo hervorrief, grübelte lange nach: Nur noch eine letzte, ungeheure Anstrengung mußte er machen, so schien es, und er fände den geheimen Zug, der zum Sieg führte. Plötzlich geschah etwas außerhalb seines Wesens, ein beißender Schmerz – und er stieß einen lauten Schrei aus, schwenkte die Hand, die mit dem Streichholz in Berührung gekommen war, das er angezündet und dann an die Zigarette zu führen vergessen hatte. Der Schmerz verging sofort, aber in dem feurigen Spalt hatte er etwas unerträglich Schreckliches erblickt, das ganze Grauen der unergründlichen Tiefen des Schachs. Er warf einen Blick auf das Schachbrett, und sein Gehirn welkte dahin in einer nie zuvor empfundenen Müdigkeit. Aber die Schachfiguren waren unerbittlich, sie hielten ihn fest und sogen ihn förmlich auf. Darin lag Entsetzen, aber auch die einzig mögliche Harmonie, denn was existierte in der Welt schon außer Schach? Nebel, das Unbekannte, Leere ..." (Nabokov 1992, S. 142 u. 158). Nach einem Zusammenbruch erhält Lushin durch die Liebe einer Frau nochmals die Chance, die Welt des Lebens und des Schachspiels zu ordnen. Sie versucht vergeblich, das Schachspiel von ihm fernzuhalten. Nach seiner Heirat glaubt Lushin zu erkennen, daß sein ganzes Leben aus einem Schachspiel besteht, aus einer gewaltigen Intrige, die sich seit seiner Kindheit gegen ihn wendet und in der sich bestimmte Zugfolgen wiederholen: „Genau wie es vorkommen kann, daß sich eine vom Problemschach her bekannte Kombination beim wirklichen Spiel auf dem Brett ungefähr wiederholt, so war jetzt in seinem gegenwärtigen Leben die mehrmalige Wiederholung eines vertrauten Musters zu erkennen" (ebda, S. 246). Eine Zeitlang gelingt Lushins Verteidigung gegen die Winkelzüge der Liebe und des Lebens, indem er die Züge seiner Gegner vorauszuahnen versucht. Der dämonische Walentinow taucht jedoch plötzlich wieder auf und versucht, Lushin zu einem Comeback und zu einem Auftritt in einem Schachfilm zu überreden. Lushin muß schließlich – genialer Schachspieler, der er ist – erkennen, „daß er keine Macht besaß, dieser Bewegung Einhalt zu gebieten" (ebda, S. 247). In einer grotesken Selbstmordszene stürzt Lushin aus dem Fenster in den Abgrund eines Hinterhofes voller „dunkler und bleicher Quadrate", ein Sturz aus der Zweidimensionalität des Schachbrettes in die Wirklichkeit. Die Vermutung Andrew Fields, daß die Figur des Lushin auf Akiba Rubinstein beruht, ist nicht ganz abwegig (vgl. dazu Field 1967, S. 177; kritisch: Dieter Zimmer in Nabokov 1992, Nachwort, S. 316). Die oben zitierte Passage des Streichholzes wird auch von Cafferty (1994, S. 554) über Rubinstein erzählt. Wenngleich Rubinstein sich erst 1932 vom Schachspiel zurückzog und Lushins Verteidigung bereits 1928 in Berlin verfaßt wurde, waren dem Schachkenner Nabokov die unzähligen Anekdoten, die um Rubinstein seit Anfang der 20er Jahre kursierten, mit Sicherheit nicht unbekannt. Viele Passagen aus Lushins Karriere (so die „Partien am Berliner Turnier", die Erwähnung der „unsterblichen Partie", die Rubinstein gegen Rotlevi 1907 gespielt hat [siehe Nabokov S. 152, vgl. Kap. 21 in dieser Arbeit], der „deutsche Kurort", in dem Lushin 1912 seine Frau kennenlernt, ähnelt Karlsbad, wo Rubinstein mehrfach gespielt hat, etc.) korrelieren mit Stationen aus Rubinsteins Leben. Dennoch liegt es nahe, daß Nabokov verschiedene Quellen verarbeitete. Eine wesentliche dürfte *Wsewolod Pudowkins* Filmgroteske *Schachfieber* (1926) gewesen sein. In „Schachfieber" wird ein Tag während des Moskauer Turniers 1925 gezeigt, prominente Schachmeister wie Capablanca und Réti spielen sich in diesem Film selbst. Wie ganz Moskau verfällt ein junger Mann so weit dem Schachwahn, unter anderem hüpft er wie ein Springer über das Schachbrettmuster am Boden seiner Wohnung, daß sich seine Geliebte von ihm trennt. Beide versuchen, Selbstmord zu begehen, und scheitern. Am Ende der amour fou finden sie beim Moskauer Turnier wieder zueinander, und sie, nun ebenfalls dem Schachfieber verfallen, bittet ihn, ihr die Sizilianische Verteidigung zu erklären. 1927 hat Nabokov das Schachgedicht *Der Springer* (Nabokov 1992, S. 309) verfaßt, und einige Elemente aus Lushins Verteidigung (das Film-, Todes- und Liebesmotiv) deuten auf Pudovkins „Schachfieber" hin. Welche Quellen Nabokov bewußt oder unbewußt auch immer verwendet hat – er hat sie als Material in seinem Lushin völlig ver-arbeitet. Viel interessanter ist die strukturelle Beziehung von Lushins Verteidigung zu einer Schachpartie. Durch die Vor- und Rückblenden, die verschiedenen Zeitebenen, die Nabokov übereinanderlegt, gleicht der Roman einem Schachproblem. Während seiner Emigrationsjahre hat sich Nabokov intensiv mit der Komposition von Schachproblemen und vor allem mit der Retroanalyse (der Rekonstruktion von Schachpartien, eine besondere Form der Schachstudie) beschäftigt. Die Arbeit des Schachkomponisten vergleicht Nabokov mit der Arbeit des Künstlers: „Die Inspiration, die den Entwurf einer solchen Schachaufgabe begleitet, ist von quasimusikalischer, quasipoetischer oder, um ganz genau zu sein, von poetisch-mathematischer Art" (Nabokov 1991, S. 393). Die Kunstgriffe des Schriftstellers ähneln dem des Problemkomponisten: „Man muß sich darüber im klaren sein, daß der Kampf bei Schachproblemen nicht eigentlich zwischen Weiß und Schwarz stattfindet, sondern zwischen dem Problemautor und dem hypothetischen Löser (genau wie bei einem erstklassigen Roman der wirkliche Zusammenstoß nicht zwischen den Figuren, sondern zwischen dem Verfasser und der Welt stattfindet), so daß der Wert eines Problems zu einem großen Teil von der Zahl der Versuche abhängt – täuschende Eröffnungen, falsche Fährten, trügerische Lösungswege, mit Scharfsinn und Liebe entworfen, um den Löser in die Irre zu führen. Doch was ich auch über diesen Gegenstand sage, es will mir nicht recht gelingen, das Vergnügen deutlich zu machen, welches der Kern dieses Vorganges ist, seine Berührungspunkte mit verschiedenen anderen, offenkundigeren und produktiveren Tätigkeiten des schöpferischen Geistes, vom Kartographieren gefährlicher Meere bis zur Niederschrift eines jener unglaublichen Romane, bei denen sich der Autor in einem Anfall klarsichtigen Wahnsinns gewisse nur für ihn allein geltende Regeln gesetzt hat, an die er sich nun hält, gewisse alptraumhafte Hindernisse, die er jetzt überwindet, freudig wie eine Gottheit, die aus den unwahrscheinlichsten Bestandteilen eine lebende Welt errichtet – Felsen und Kohlenstoff und blinden Zuckungen" (Nabokov 1991, S. 396). Diese Poetik des Schriftstellers als Problemkomponist, der im selben Moment verführt, sich hingibt und schöpft, gilt nicht zuletzt für den Autor des Lushin selbst.

389 Vgl. die absurde Partie zwischen Murphy und Endon und Becketts Kommentar in Beckett 1992, S. 190 – 192.

390 Die Folgen der Hybris des Schachspielers sind Einsamkeit, Kälte und Wahnsinn. Das *Motiv des Wahnsinns und der Einsamkeit* haben in der bildenden Kunst vor allem *Alfred Hrdlicka* 1983 in den *Schachzeichnungen I*, in der Lyrik *Ernst Jandl* mit seinem *selbstporträt des schachspielers als trinkende uhr* 1983 verarbeitet. Es steht auch im Mittelpunkt der Schachfilme von Wolfgang Petersen *Schwarz und Weiß wie Tage und Nächte* (Deutschland 1978 mit Bruno Ganz als verrücktem Schachspieler) und Carl Schenkels *Knight Moves* (USA 1991 mit Christopher Lambert als scharfsinnigem und mordverdächtigem Schachgroßmeister). Im Roman der Gegenwart hat vor allem *Fernando Arrabal* in seinem üppigen Politthriller *Hohe Türme trifft der Blitz* (1986) das Motiv des Wahnsinns der Schachspieler verarbeitet. Während der Weltmeisterschaft im Centre Pompidou zwischen Marc Amery und Elias Tarsis wird der sowjetische Außenminister von einer linksextremen Terrorgruppe entführt und ermordet. Ihr Kommandant ist Amery, der alle Aktionen der Gruppe mit der Logik des Schachspielers leitet und am Ende sowohl in der Wirklichkeit als auch am Schachbrett scheitert. Amery und Tarsis werden in jeder Faser ihrer Persönlichkeit als Antagonisten geschildert: „Tarsis ist ein Spieler mit dem Temperament eines Künstlers, der die Struktur des Schachs verinnerlicht – ebenso wie die der Welt. (...) Amery dagegen ist ein Mann der Wissenschaft, der objektiv analysiert und sich dabei auf die Statistiken verläßt" (Arrabal 1986, S. 43 – 44). Die Innovation Arrabals besteht darin, daß er beide Antagonisten am Schachbrett als Verrückte schildert. Der Romantiker Tarsis ist ein religiös wahnsinniger Sado-Masochist, der kalte Wissenschaftler Amery ist hochgradig schizophren. Am Ende siegt der Romantiker, doch Arrabal läßt keinen Zweifel daran, daß es sich auch bei seinem um ein zerstörtes Leben handelt. Als narratives Strukturprinzip greift Arrabal auf die mittelalterliche Tradition der Schachpartie zurück, wie sie schon in den Erec-Romanen und in den Échecs Amoureux erscheint. Die Züge bestimmen den Rhythmus der Zeitblenden des Romans.

391 Dürrenmatt 1986a, S. 153.

392 Dürrenmatt 1985, S. 251.

393 Dürrenmatt 1986b, S. 45.

394 Ebda, S. 91.

395 Ebda, S. 91 – 93.

396 Dürrenmatt 1982, S. 311.

397 Dürrenmatt 1986c, S. 18 – 19; wie Dürrenmatts Bärlach ist auch *Raymond Chandlers* Phil Marlowe Schachspieler. In vielen seiner Erzählungen und Romane (zB.: *The High Window 1942, The Lady in the Lake 1943, The Little Sister 1949, Red Wind 1965*) nützt Chandler das Schachspiel als Dekor und zur Charakterisierung der Einsamkeit seines Helden. Bei Chandler ist das Schachspiel ein Solitär. In keinem einzigen seiner Werke spielt Marlowe eine Partie, der einsame Detektiv spielt nach, analysiert, betrachtet, aber er spielt nicht mit: „Es war dunkel draußen. Ich ging nach Hause und zog meine alten Hauskleider an und stellte die Schachfiguren auf und mischte einen Drink und spielte eine neue Partie Capablancas nach. Sie hatte neunundfünfzig Züge. Schönes, kaltes, gefühlloses Schach, es war fast unheimlich in seiner schweigenden Unversöhnlichkeit. Als ich fertig gespielt hatte, lauschte ich eine Zeitlang am offenen Fenster und roch in die Nacht. Dann trug ich mein Glas in die Küche hinaus und spülte es aus und füllte es mit Eiswasser und stand vor dem Spülstein, ich trank es aus und sah mein Gesicht im Spiegel an. ‚Du und Capablanca', sagte ich" (Chandler 1975 = 1942, S. 263 – 264).

398 Dürrenmatt 1985, S. 113.

399 Ebda, S. 241.

400 Ebda, S. 221 – 222.

401 Pytel 1987, S. 69.

402 Helten/Richter 1981, S. 3.

403 Der Standard, 18. 9. 1994.

404 Zur Diskussion von Spiel, Simulation und Virtualität in der ästhetischen Theorie der 90er Jahre vgl. z. B.: Flusser 1991, Moser 1992, Kamper 1993, Rötzer 1995 mit weiteren Literaturangaben (vgl. auch Kap. 29 in dieser Arbeit).

405 Zur Geschichte des mechanischen Materialismus und der Automatenmetapher vgl. Heckmann 1982, Sutter 1988, Krieghofer/Strouhal 1991 und Kap. 26 in dieser Arbeit.

406 Turing 1987, S. 14 – 15.

407 Ich folge der softwareorientierten Darstellung Turings in: *Intelligent Machinery* 1987, S. 87 ff (= 1948); vgl. auch die ausführlichen Darstellungen der Universalmaschine in Weizenbaum 1978, S. 68 – 107 und Heintz 1993, S. 63 – 107.

408 Turing 1987, S. 88.

409 Turing 1987, S. 91.

410 Zu der funktionalistischen Perspektive der künstlichen Intelligenz vgl. Heintz 1993, S. 105 und 255 f. und Putnam 1990, 1991.

411 Turing zit. in Hodges 1994, S. 335.

412 Turing 1987, S. 97.

413 Ebda.

414 Turing 1987, S. 182.

415 Newell/Shaw/Simon 1958, S. 4; zit. bei Euwe 1970, S. 105.

416 Turing zit. nach Hodges 1994, S. 384 („Proposed Electronic Calculator").

417 Turing 1987, S. 149 ff; zur Kritik vgl. bes. Searle 1986, Heintz 1993, S. 261 ff und Burger 1989.

418 Turing 1987, S. 160 (ein kleiner Fehler in der deutschen Übersetzung von Gänssler u. Dossler wurde richtiggestellt).

419 Turing 1987, S. 121 (vgl. die teilweise Übereinstimmung und Differenz von Turings Argument mit Wittgensteins Analyse von Wissen und Schmerz in Wittgenstein 1977, § 303).

420 Das Interesse Turings entzündete sich durch die Analogie der Problemstellung der Schachautomaten und der Kryptoanalyse im Zweiten Weltkrieg. Turing gelang es, die durch Funk aufgefangenen Nachrichten der deutschen Chiffriermaschine Enigma zu entschlüsseln, was sich im U-Boot-Krieg als entscheidend erweisen sollte. Mit der Enigma konnten Botschaften automatisch, das heißt elektrisch, verschlüsselt werden. Durch ein komplexes System von Rotoren und Steckverbindungen wurde jeder Buchstabe mehrfach permutiert, sodaß sich über 1,3 Billionen zu überprüfende Schlüsselstellungen ergaben. Die Chiffrierung durch die Enigma galt als praktisch sicher, zudem die Grundeinstellung der Rotoren durch einen Ring seit Kriegsbeginn täglich von den Deutschen verändert wurde. Indem die Codierung jedoch durch eine Maschine erfolgte, mußte es prinzipiell möglich sein, den Code durch eine Maschine zu brechen. Das Problem war die Frage der Steuerung und die Zeit, die man für die Rechenarbeit benötigte. Es tauchte daher in der Kryptoanalytik und im Schachspiel dieselbe Frage auf: Die Berechnung und Abschätzung der Varianten in einem bestimmten Zeitraum. Ernsthaft begann sich Turing im Jahr 1941, als die Mathematiker Hugh Alexander und Jack Good zum Team der Chiffrierexperten einberufen wurden, mit der Möglichkeit eines Schachprogrammes zu beschäftigen. Alexander war mehrfacher britischer Schachmeister und Good ein starker Ligaspieler aus Cambridgeshire. Aus dieser Zeit stammen die ersten Pläne zu einem Schachautomaten, was für Turing zunächst nicht den Bau einer physikalischen Maschine bedeutete, sondern ein Kompendium von Regeln im Sinne eines Buches, mit dem ein Mensch ohne jede Kenntnis des Spiels Schachspielen könnte. In den Diskussionen mit Alexander und Good bezeichnete Turing einen solchen Spieler als „Sklaven" (vgl. Hodges 1994, S. 245). Im Schachspiel selbst waren Turings Kräfte äußerst bescheiden: Harry Golombek konnte ihm eine Dame vorgeben, ohne je eine Partie zu verlieren.

421 Die Mehrzahl der Parameter zur Abschätzfunktion sind bereits von Turing in *Digital Computers applied to Games* 1953 beschrieben; vgl. Turing 1987, S. 120 – 131.

422 Turing schwankte in den frühen 50er Jahren deshalb zwischen Optimismus und Pessimismus: „Wenn diese grobe Methode der Programmierung die einzig verfügbare wäre, wäre es offenbar für jede Maschine gänzlich unpraktikabel, mit einem kompetenten Menschenwesen unter vernünftigen Bedingungen zu konkurrieren." Jedoch: „Bevor wir allzuleicht schließen, daß kein Computer jemals in einem Meisterschaftsturnier antreten könnte, wollen wir uns in Erinnerung rufen, daß die Manchester-Maschine ein Problem nach wenigen Wochen Unterricht löste, was für einen Anfänger einen ganz akzeptablen Fortschritt darstellt" (Turing 1987, S. 130).

423 Zur Plausibilitätsprüfung vgl. Shannon 1950.

424 Turing zit. nach Hodges 1994, S. 447.

425 Zu Poincaré vgl. Kap. 36 in dieser Arbeit.

21

21 Hans Richter *8 x 8* (u.a. mit J. Arp, A. Calder, J. Cocteau, M. Duchamp, M. Ernst, R. Huelsenbeck, J. Levi, J. Matisse, D. Tanning, I. Tanguy), USA 1956–57

22 Marcel Duchamp, Schluß der *Ansprache am Schachkongreß in Cazenovia*, 1952. „From my close contact with artists and chess players I have come to the personal conclusion that while all artists are not chess players, all chess players are artists ..."

23 Marcel Duchamp – weißer König in Hans Richter, *8 x 8*, USA 1956–57.

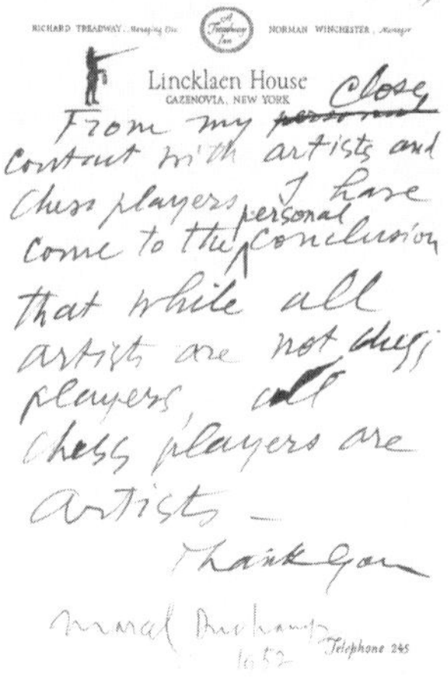

Lincklaen House
CAZENOVIA, NEW YORK

From my ~~personal~~ close contact with artists and chess players I have come to the personal conclusion that while all artists are not chess players, all chess players are artists –

Thank you

Marcel Duchamp
1952

Telephone 245

22

23

Bildatlas 1

„Mechanisch in der Anlage und doch nur wirksam durch Phantasie, begrenzt in geometrisch starrem Raum und dabei unbegrenzt in seinen Kombinationen, ständig sich entwickelnd und doch steril, ein Denken, das zu nichts führt, eine Mathematik, die nichts errechnet, eine Kunst ohne Werke, eine Architektur ohne Substanz und nichtsdestominder erwiesenermaßen dauerhafter als alle Bücher und Werke, das einzige Spiel, das allen Völkern und Zeiten zugehört und von dem niemand weiß, welcher Gott es auf die Erde gebracht, um die Langeweile zu töten, die Sinne zu schärfen, die Seele zu entspannen."
Stefan Zweig, Schachnovelle, 1941

24

24 Spieler und Kiebitze bei einem unbekannten Brettspiel, Relief an einem Stupa in Bharhut (Nordindien), 2. Jhdt. v. Chr.

25

25 Aus dem *Šâh-nâme* (Buch der Könige von Ferdousi, um 940–1020), undatierte Handschrift.

26a

26a, b *Elefantenreiter*, Elfenbeinskulptur nach indischem Vorbild (16 cm, der Legende nach eine Königsfigur aus einem Schachspiel Karls des Großen; früheste Erwähnung jedoch 1505).

26b

28

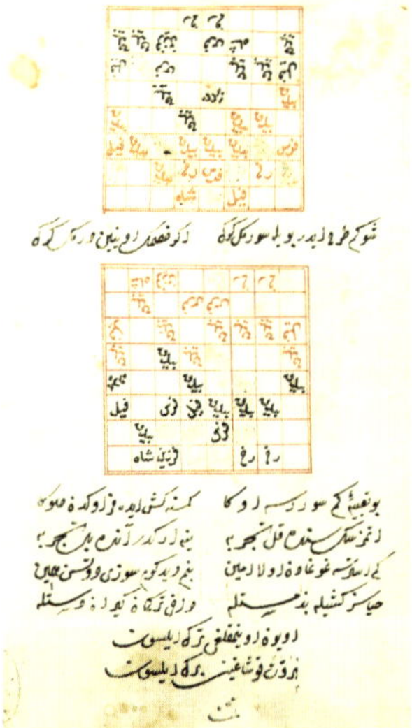

27

29

27 Schachdiagramme aus einer orientalischen Handschrift, 17./18. Jhdt.

28, 29 Zwei Mansuben *(Treatise on Chess)*, persische Handschrift, undatiert.

30

30, 31 Aus dem Spielebuch Alfons des Weisen (*Libros de Acedrex, Dados e Tablas)*, Sevilla 1283.

Este es otro iuego departido en que
a treze trebeios que an a seer enta
blados assi como esta en la figura del
entablamiento & an so de iogar del
Los prietos en guisa:
que iuegan primero & dan
mate al rey blanco en
tres uezes o en menos
de los sus iuegos mismos
si los blancos no lo so
pieren alongar. El primero iue
go dar la xaque con el roque prieto
en la casa del cauallo prieto. & si el rey
prieto se encubriere con so roque.
tomar lo a con so roque prieto. & dar
la mate. E por ende es lo meior:
por alongar el mate. que non se en
cubra & que entre en la segunda ca
sa de so roque. El segundo iuego
dar la xaque con esse mismo roque
prieto en la segunda casa del cauallo
blanco. & tomar lo el rey blanco por
fuerça con so roque blanco. El ter
cero iuego dar la xaque & mate con
el cauallo prieto en la tercera casa del
alfil blanco. E si los prietos erraren
de dar xaque cada uez al rey blanco:
es el rey prieto mate al primero iu
ego dandol xaque con qual quiere de
los peones blancos en la segunda ca
sa del roque prieto. o en la del alfil
prieto. E este es el departimiento
deste iuego. & esta es la figura del en
tablamiento.

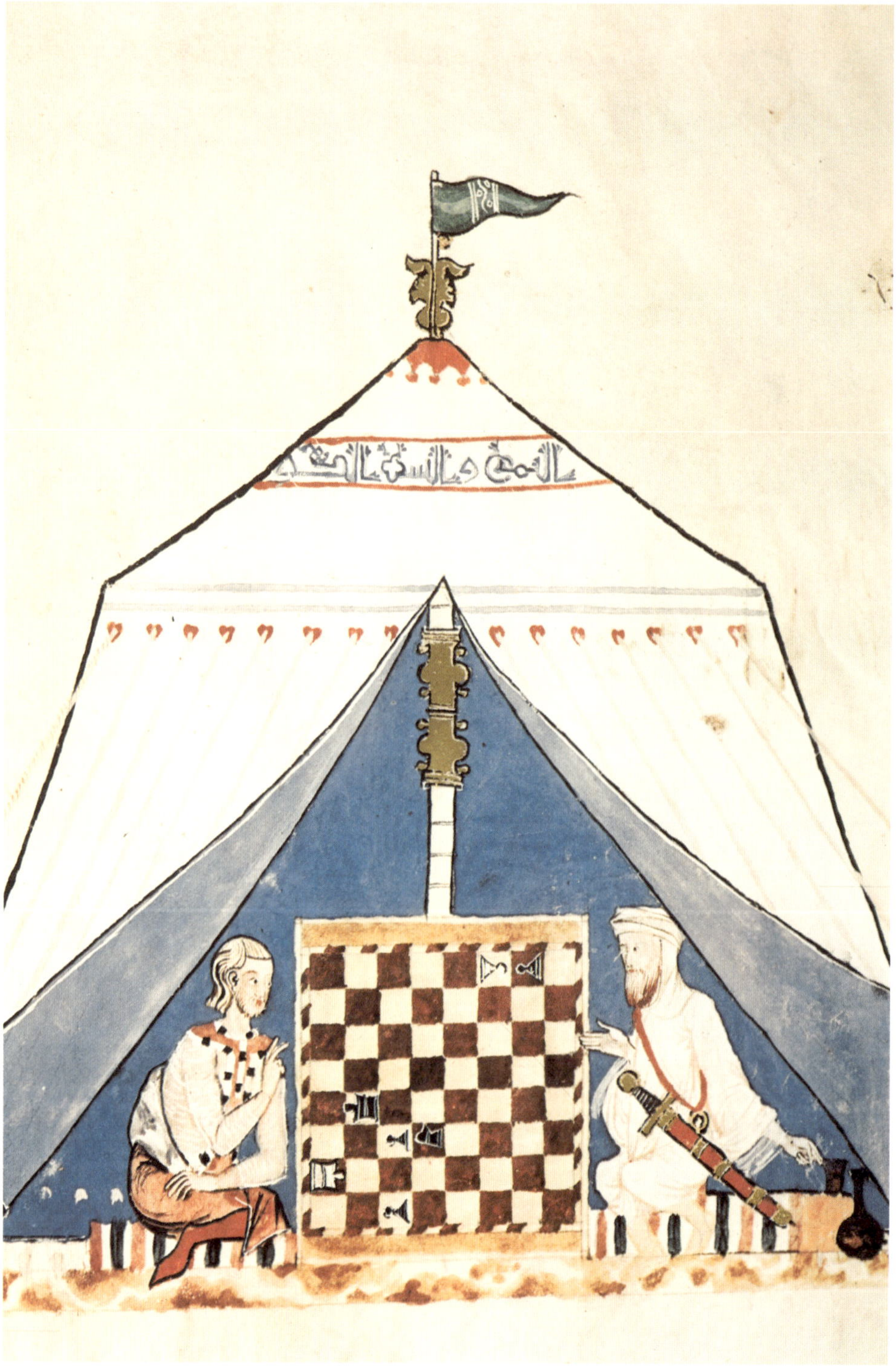

32

32, 33 Aus dem Spielebuch Alfons des Weisen (*Libros de Acedrex, Dados e Tablas*), Sevilla 1283.

32 Ein Mohammedaner und ein Christ über einer Mansube.
33 Das alfonsinische „Riesenschach".

33

34

34 Aus dem Spielebuch Alfons des Weisen (*Libros de Acedrex, Dados e Tablas)*, Sevilla 1283.

Über dem Drechsler Schachfiguren für den Alltag: Turm (*roque*), Springer (*couallo*), Läufer (*alffil* = Elefant), König (*rey*), Dame (*alférez, alfferza* = Fähnrich) und Bauer (*peon*).

35

35 Aus dem *Schachzabelbuch* von Kunrad von Ammenhausen: *„Wie der Meister Xerxes ließ machen das Schachzabelbrett und das Gestem“*, 1467.

36

36 Aus dem *Codex Manesse* (Große Heidelberger Liederhandschrift), um 1340.

37

37 Aus dem *Willehalm-Codex,* um 1334.

38

38 Miniatur aus dem *Livre des Échecs amoureux für Louise de Savoie*, um 1500.

39

39 Miniatur aus einem französischen Manuskript, um 1450.

40

40 Meister E.S., *Liebesgarten mit Schachspielern*, Kupferstich um 1450.

41

41 *Eduard II. von Beaujeu beim Schach mit der Demoiselle von Bessée*. Kupferstich 1853 nach einem Glasfenster in Villefranche, erste Hälfte 15. Jhdt.

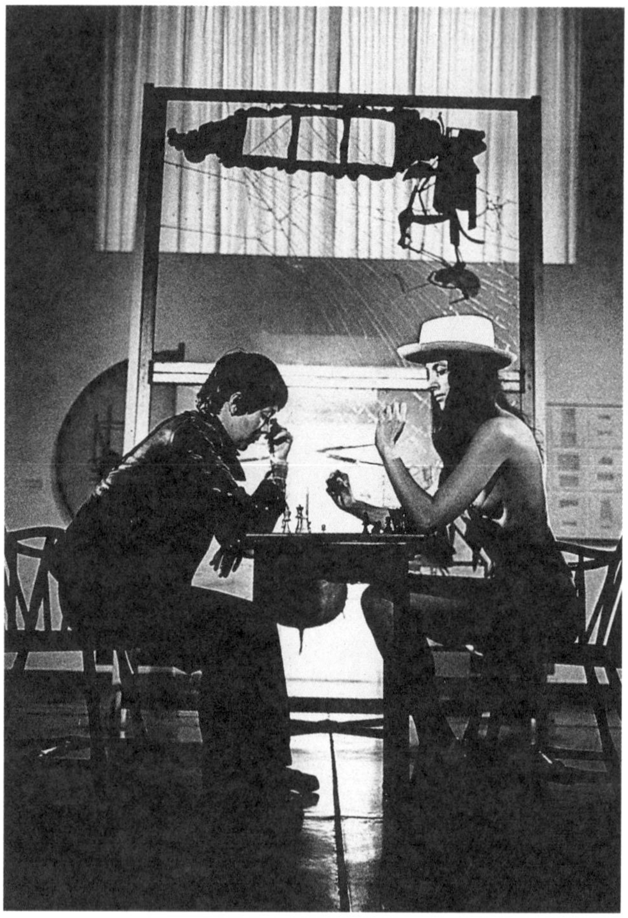

42

43

42, 43 Hans-Christof Stenzel, *C'est la vie Rose* (Duchamp-Hommage, u.a. mit I Sa Lo, K. Kalb, J. Cage, J. Halbert, H. Wilke), BRD 1976.

44

45

44 *Marcel Duchamp, Eve Babitzs durch das Große Glas gesehen*, Pasadena 1963.

45 Oliver Schwarz, *Modell Motel Museum*, Rauminstallation Berlin 1991.

46a

b

c

d

e

f

46 Aus einer Handschrift nach dem Traktat des Jacobus von Cessolis, Lombardei zwischen 1275 und 1300:

a Der *Prediger* erläutert die Figuren und ihre Funktion:
b Der *König* sei gerecht und gütig.
c Die *Königin* sei sittsam und keusch.
d Die *Alten/Läufer* des Spiels sind die Richter oder Berater, sie sorgen für Ordnung und Gesetz.
e Die *Ritter/Springer* sind zwar bewaffnet, doch zu einem untadeligen Leben verpflichtet.
f Die *Rochen/Türme* sind die Verwalter des Reiches, die den König vertreten.

g

h

i

j

k

l

m

n

Den Nobiles dienen die *Populares/ Bauern* auf unterschiedliche Weise: Der Landmann (g), der Schmied (h), der Schreiber oder Schneider (i), der Kaufmann (j), der Arzt oder Apotheker (k), der Wirt (l), der Wächter (m), der Spieler oder Taugenichts (n).

47, 48 Nächste Doppelseite: Varianten zum Traktat des Cessolis. Österreich 1465 (47), Konstanzer Handschrift 1479 (48). Die *Nobiles*: (e1, e8) der König, (d1, d8) die Königin, (c1, f1,c8, f8) die Alten/Läufer, (b1, g1, b8, g8) die Ritter/Springer, (a1, h1, a8, h8) die Rochen/Türme. Die *Populares*: (h2, h7) der Landmann, (g2, g7) der Schmied, (f2, f7) der Schreiber oder Schneider, (e2, e7) der Kaufmann, (d2, d7) der Arzt oder Apotheker, (c2, c7) der Wirt, (b2, b7) der Wächter, (a2, a7) der Spieler oder Taugenichts.

47a8

b8

c8

d8

a7

b7

c7

d7

a2

b2

c2

d2

48a1

b1

c1

d1

e8

f8

g8

h8

e7

f7

g7

h7

e2

f2

g2

h2

e1

f1

g1

h1

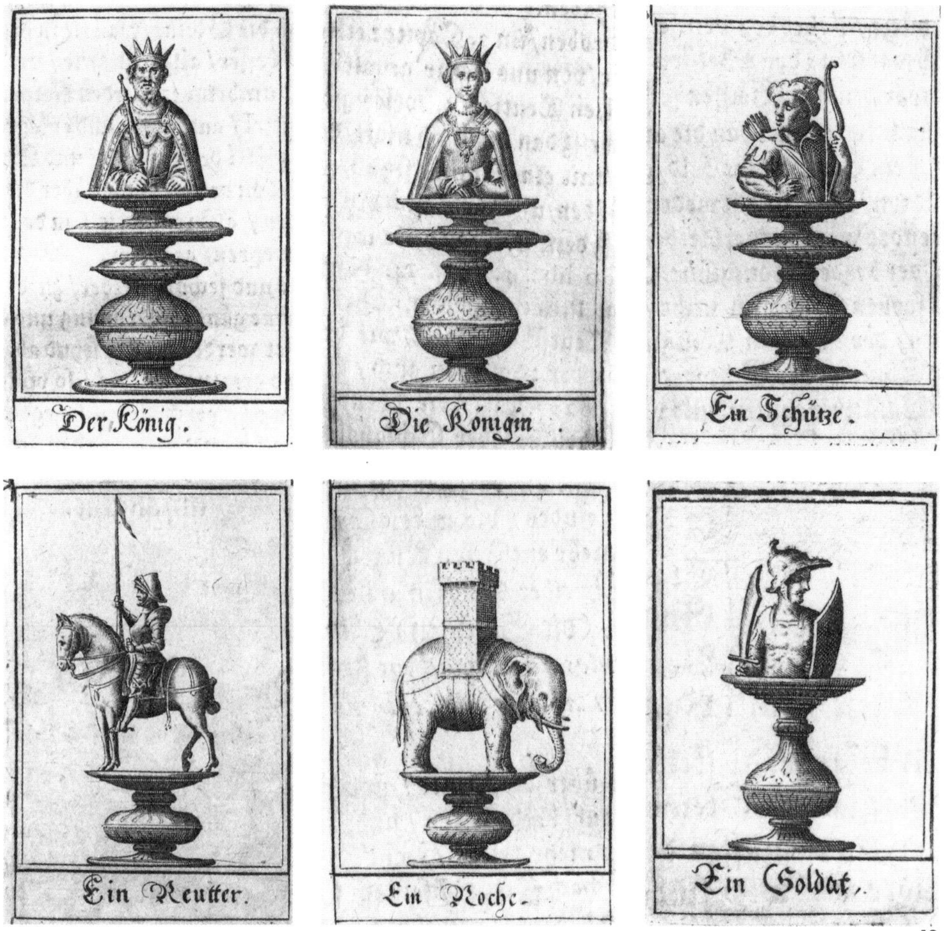

49

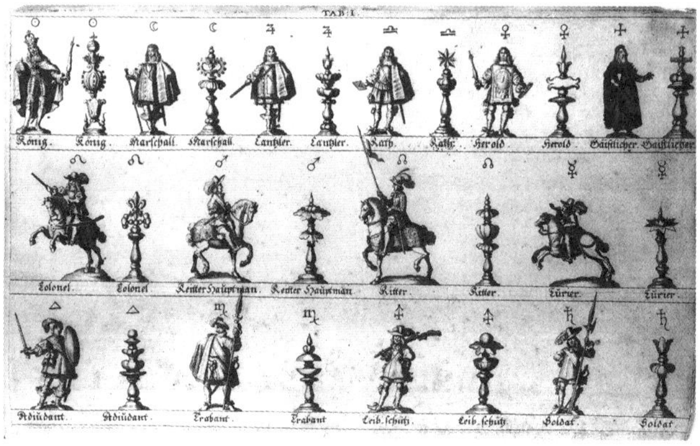

50

49 Gustavus Selenus, *Das Schach- oder König-Spiel*, Leipzig 1616.

50 Christoph Weickmann, *New=erfundenes Grosses Königs=Spiel*, Ulm 1664.

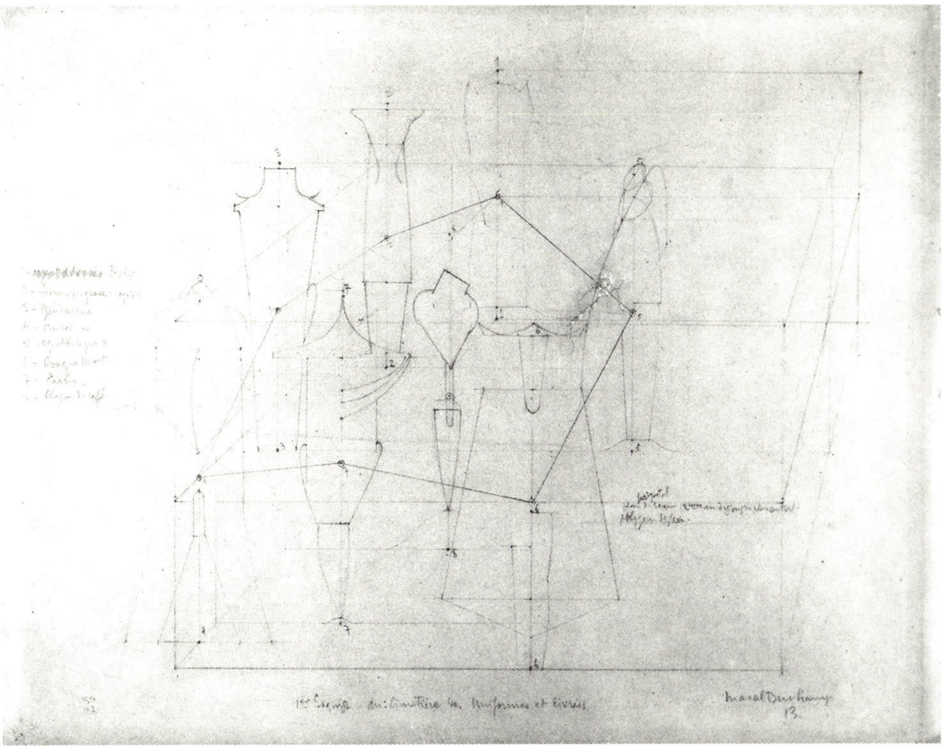

51

52

51 Marcel Duchamp, *Entwurf für die männischen Formen am Friedhof der Uniformen und Livreen*, 1913.

52 Marcel Duchamp, *Neun männische Formen*, 1914.

53

53 Aus einem Manuskript des *Renaut de Montauban*, kopiert und gemalt um 1465.

54

54 Albertus Pictor, *Spiel mit dem Tod*, Freskenmalerei in der Kirche von Täby, Schweden, zweite Hälfte 15. Jhdt.

55

56

55 Meister BR mit dem Anker,
Schachspiel mit dem Tod,
Niederrhein um 1480.

56 Melchior und Matthäus Küsel,
Der Tod als Schachmeister,
Augsburg 1657.

57

58

57 Gabriel Ehinger, Kupferstich in Johann Beck, *Leich-Begängnus/ Der Weiland Wohl=Edlen/Hoch= Ehren und Tugendreichen Frawen Reginae Barbarae Ammaninn,* Augsburg 1686.

58 Ritter und Tod aus Ingmar Bergman, *Das siebente Siegel,* Schweden 1957.

59

59 Jean Wauquelin, *Buch der Eroberungen und Taten des Alexander,* zweite Hälfte 15. Jhdt.

60

60 Lucas van Leyden, *Die Schachpartie,* Niederlande 1508.

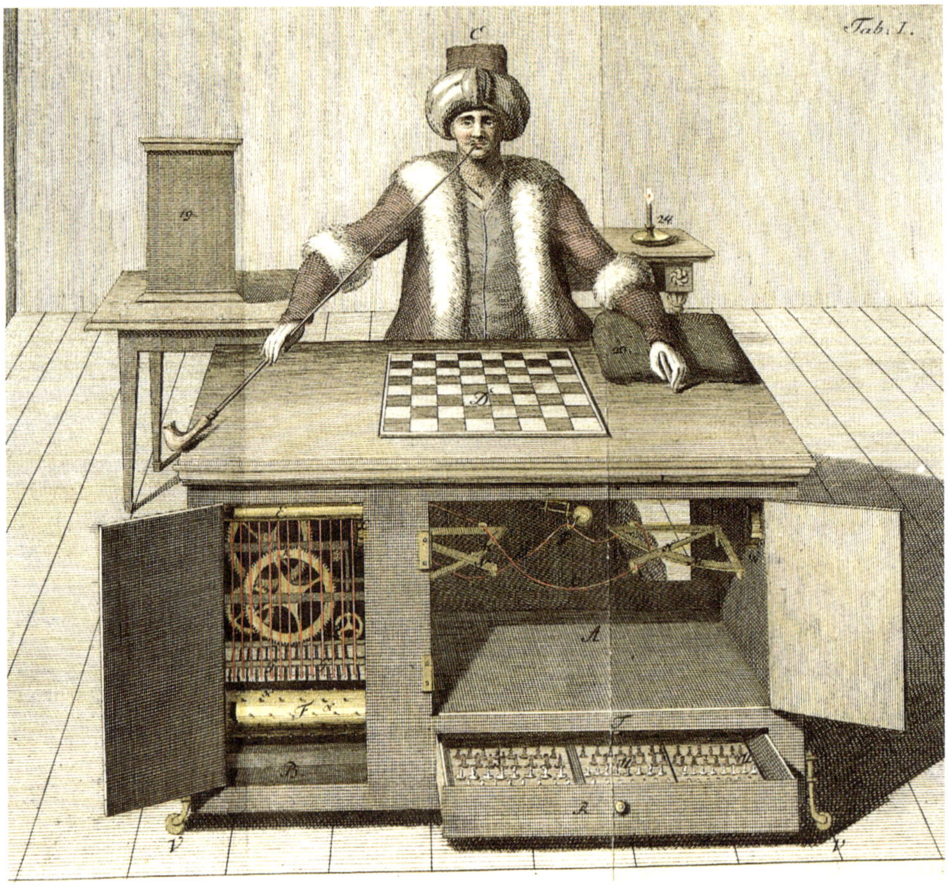

61

61, 62 Freiherr J. F. zu Racknitz, *Über den Schachspieler des Herrn von Kempelen*, Leipzig 1789.

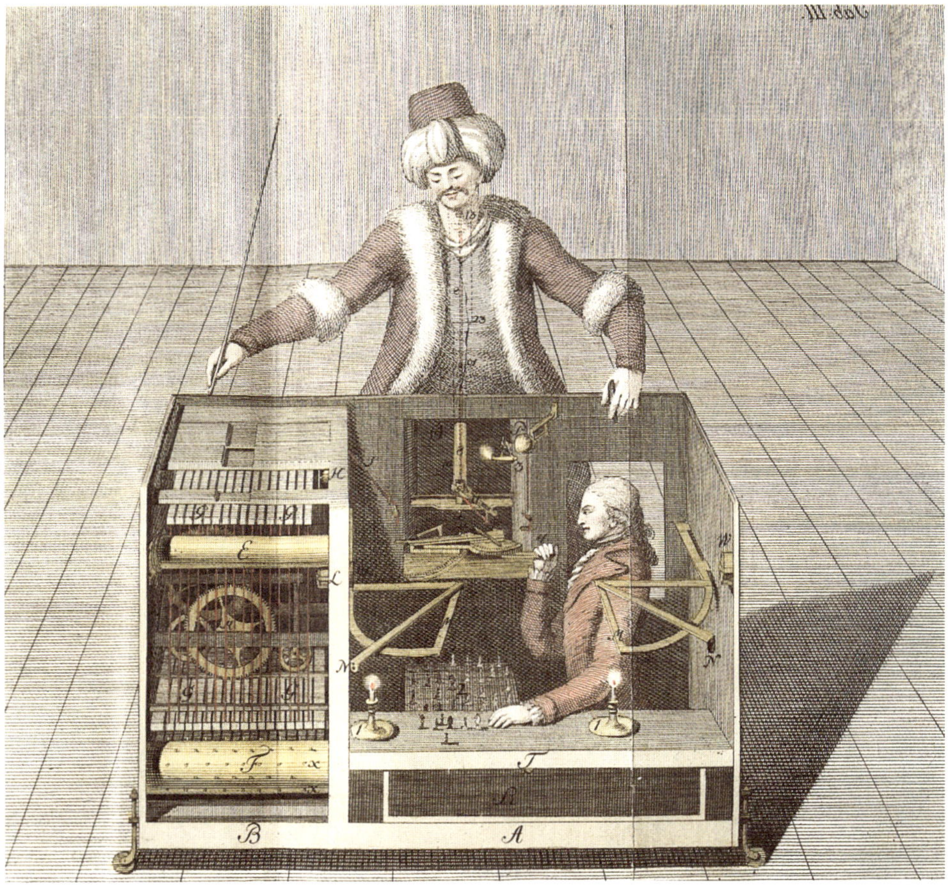

62

63

64

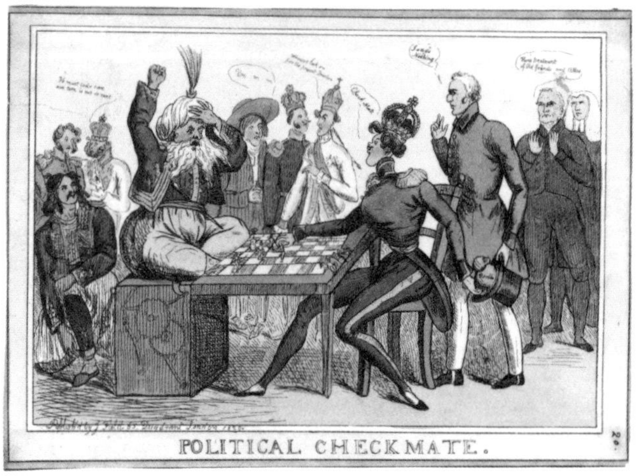

65

63 *Sketch of A New Game of Chess (not to be found in Philidor)*, London um 1810.

64 *Political Chess-Players*, London 1814.

65 *Political Checkmate*, London um 1830.

66

67

68

66–68 John Tenniel, Illustrationen zu *Alice hinter den Spiegeln* von Lewis Carroll, London 1872.

69

69 Marcel Duchamp, *König und Königin von schnellen Akten umgeben,* 1912.

70

71

70 Teeny Duchamp, Marcel Duchamp, John Cage, Performance *Reunion*, Toronto 1968.

71 Marcel Duchamp, Performance *Hommage à Chaissa*, New York 1966.

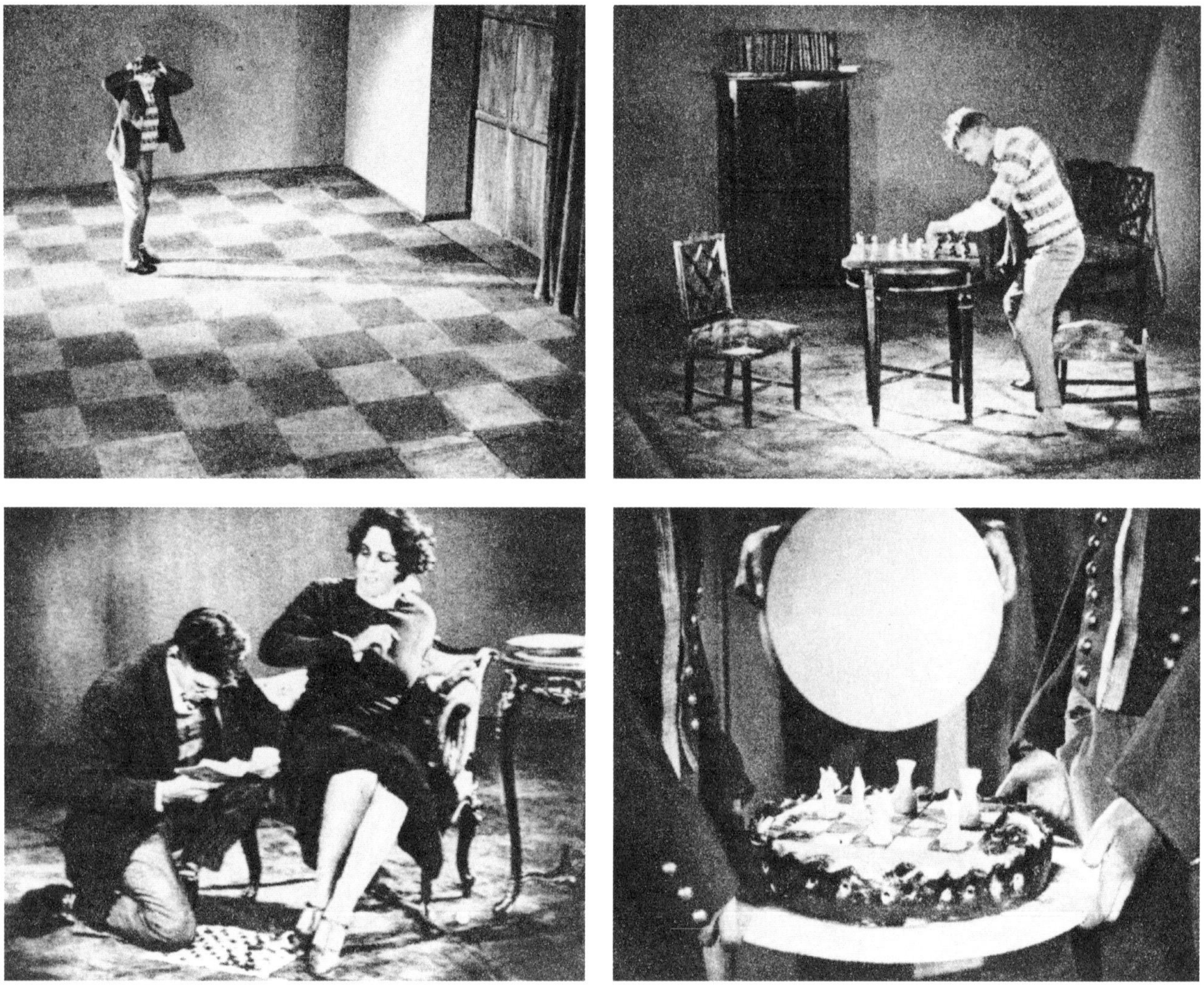

72

72 Wsewolod Pudowkin, *Schachfieber*, mit W. Forgel, UdSSR 1925.

73

73 Gerd Oswald, *Die Schachnovelle*, mit Curd Jürgens, BRD 1960, nach einem Roman von Stefan Zweig.

74

74 Marcel Duchamp, Man Ray (in René Clair, *Entr' acte*), Paris 1924.

75

75 Marcel Duchamp, Man Ray, Paris 1966.

Bildatlas 2

„Ich möchte Schach spielen, und jemand setzt dem weißen König eine Papierkrone auf, ohne jedoch den Gebrauch der Figur zu ändern; jedoch sagt er mir, daß für ihn die Krone im Spiel Bedeutung hat, die er mit Regeln nicht ausdrücken kann. Ich sage: ‚Solange die Krone den Gebrauch der Figur nicht ändert, hat sie nicht das, was ich eine Bedeutung nenne.'"
Ludwig Wittgenstein, Das Blaue Buch.

76

77a

b

c

d

e

76 Figurenfund aus dem Nishapur-Gebiet (Iran, 9. – 10. Jhdt., 1,8 – 3,6 cm)
obere Reihe: Bauern;
mittlere Reihe: Dame, König, Läufer, Springer (?);
untere Reihe: Bauer, Dame, König, Läufer, Springer, Turm.

77a–e Figurenfund aus Afrasiab (Samarkand, 7. – 8. Jhdt., Elfenbein, 2,6 – 4,1 cm)
a Turm (*rukh*) als Kampfwagen,
b Springer (*asp*) oder Dame (*farzin*, Berater) als bewaffneter Pferdereiter,
c Läufer (*pil*) als Elefant,
d König (*schah*) ohne Rüstung auf einem Dreigespann,
e Bauern (*padadak*/*piyada*) als knieende Soldaten.

78

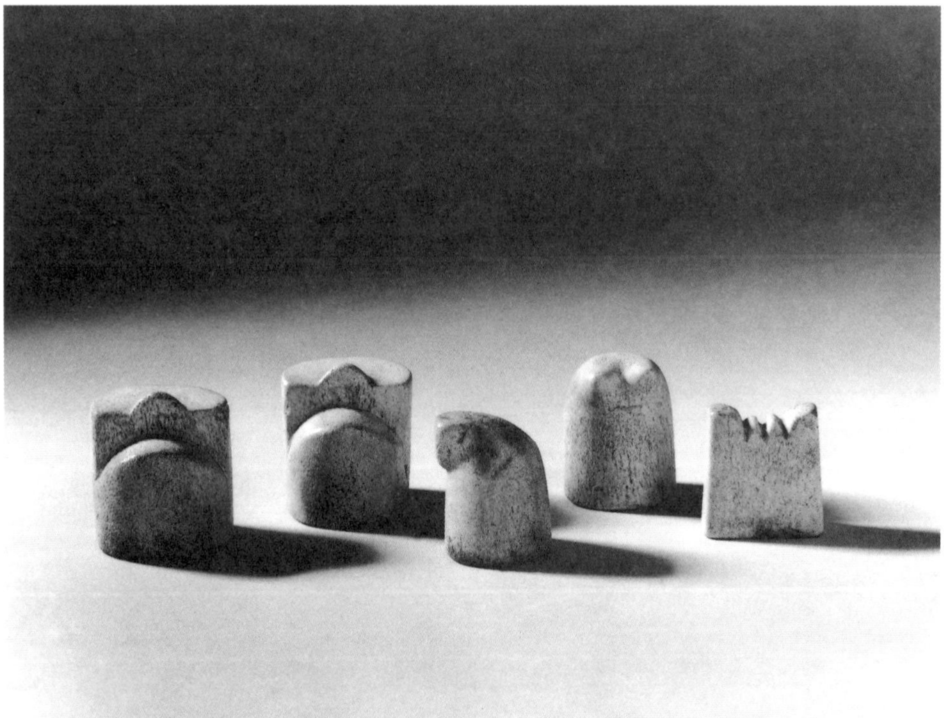

79

78 Schachfiguren von Venafro (Italien, 9. – 11. Jhdt., 2,8 – 4,5 cm) hinten: Dame (*firsan*, Wesir), zwei Könige (*schah*), zwei Türme (*rukhkh*);
Mitte: Läufer (*fil*, Elefant), Springer (*faras*, Pferd);
vorne: Bauern (*baidak*, Fußsoldaten).

79 Schachfiguren nach arabischem Vorbild (Deutschland, 10. – 12. Jhdt.?, Bein geschnitzt, 3,5 – 4 cm)
König, Dame (Wesir), Springer, Läufer (Elefant), Turm (Wagen).

80

80 Verschiedene russische Turmfiguren (*ladja,* Boot) aus Holz (Nowgorod, 14. Jhdt., 1,8 – 3 cm).

81a

b

81a–d Schachfiguren aus dem Schatz der Abtei von Saint-Denis (Ende 11. Jhdt., Elfenbein, 9,4 – 15,1 cm).

Beginn der Transformation der persischen Kriegssymbolik in das höfische Modell Europas: Neben dem *König* (a) erscheint bereits anstelle des arabischen Wesirs eine Dame als *Königin* (b), die *Läufer* (c, d) werden jedoch noch als berittene Kampfelefanten dargestellt.

c

d

82a

b

c

d

82a–f Figurenfund von der Isle of Lewis (äußere Hebriden, Mitte bis 2. Hälfte 12. Jhdt., Walroßzahn, 5 – 10,2 cm).

Integration des persischen Ensembles in das höfische Modell: Während drei Figuren übernommen werden – *König/King* (a), *Springer/Knight* als bewaffneter Reiter (d), *Bauer/Pawn* (f) –, wird es in den drei anderen Positionen sprachlich und figurativ verändert: *Dame/Queen* (b) anstelle des arabisch-persischen Wesirs, *Läufer/Bishop* als Bischof (c) anstelle des Elefanten und *Turm/Rook* (d) hier als Wächter anstelle des Kampfwagens.

e

f

83a

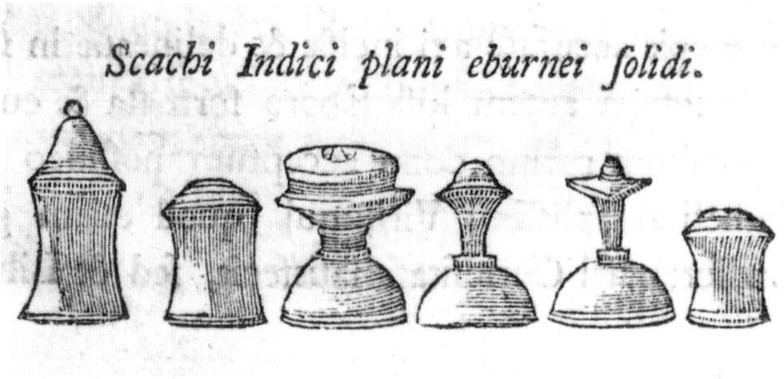

e

b

f

c

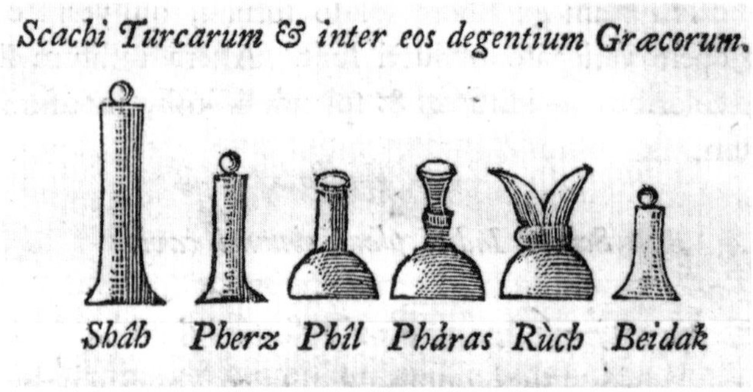

g

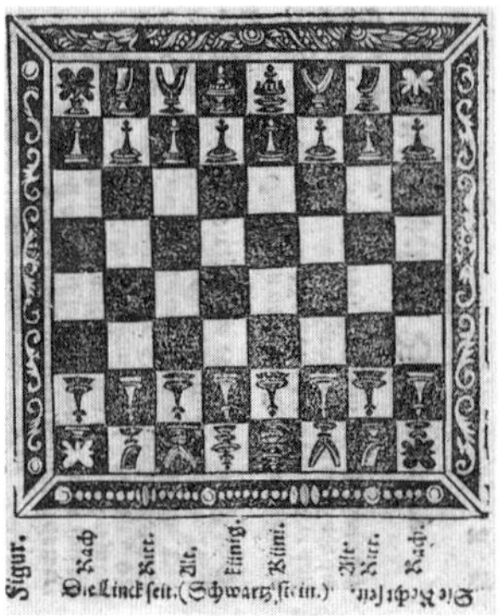

d

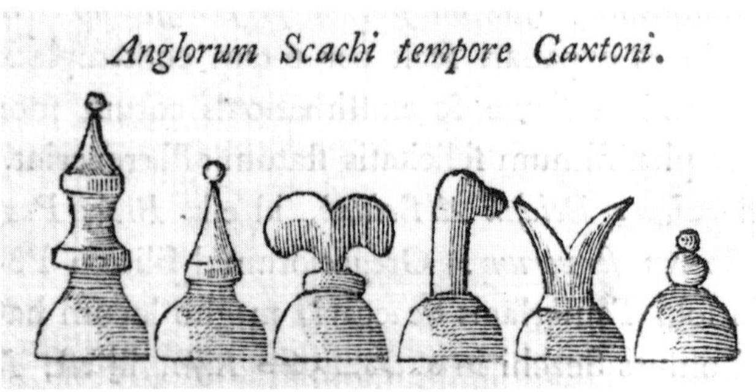

h

83a–h Frühe Darstellungen von Schachfiguren (vgl. auch 34, 35):

a Handschrift von *Nicolas de Nicolaï* (Lombardei um 1300),
b *W. Caxton* (The game and playe of the chesse, England 1474),
c *Luis de Lucena* (Repetición de amores e arte de axedres, Salamanca 1496/97),
d *Jacob Mennel* (Des Altenn Ritterlichen Spils des Schachzabels grüntlich bedeutung, hrsg. v. C. Egenolff, Frankfurt 1536),
e–h *Thomas Hyde* (De Ludis Orientalibus, Oxford 1694, indische e, f; türkisch-griechische g; englische Figuren h).

84

84 *Gustavus Selenus* (Das Schach- oder König-Spiel, Leipzig 1616).

85

85 Ägypten/Syrien, 20. Jhdt.
Elfenbein
(♔ 3,6 cm, ♙ 0,5 cm)

Im arabischen Raum entstand eine außerordentlich große Varietät von vollständig abstrakten Gebrauchsformen, wie sie bereits Thomas Hyde 1694 beschreibt (vgl. 83e–g u. 78, 79). Typisch für die sog. *muslimischen Figuren* aus Nordafrika, Persien, Indien, der Türkei und Rußland (86–93) ist die einfach gearbeitete Glocken-, Baluster- oder Spindelform des Mittelteils, der von einem pilzförmigen Aufsatz mit kleiner Spitze oder Kugel abgeschlossen wird. Gespielt wurde auf textilen Spielflächen ohne Farbunterscheidung der nur durch Linienbegrenzung getrennten Felder (vgl. 27–29).

86

86 Persien/Indien, 17. Jhdt.
Elfenbein gefärbt
(♔ 4,1 cm, ♙ 2,3 cm)

87

87 Persien, 17. Jhdt.
Elfenbein gefärbt
(♔ 4,9 cm, ♙ 2,1 cm)

88

88 Indien, 19. Jhdt.
Sandelholz/Elfenbein
(♔ 7,5 cm, ♙ 3 cm)

89

89 Indien, 2. Hälfte 19. Jhdt.
Holz bemalt
(♔ 8 cm, ♙ 2,6 cm)

90

90 Indien, 18. Jhdt. (?)
Bergkristall mit Rubinen u.
Smaragden, Verzierungen
aus Emaillack
(♔ 4,7 cm, ♙ 2,1 cm)

91

91 Indien, 17./18. Jhdt.
Elfenbein
(♔ 4,6 cm, ♙ 2,5 cm)

92

92 Zentralasien (kurdisch), 18. Jhdt. (?)
Elfenbein mit Farbdekor
(♔ 5,5 cm, ♙ 2,1 cm)

93

93 Rußland (Khomolgory),
18. Jhdt.
Walroßzahn, Teilfärbung
(♔ 8,5 cm, ♙ 4,5 cm)

94

94 Philippinen, 18. Jhdt. (?)
Hartholz
(♔ 5,1 cm, ♙ 1,7 cm)

Auf dem Weg von Persien und Indien in östlicher Richtung durchliefen die Regeln und Bezeichnungen des Schachspiels unterschiedliche Transformationsprozesse, die auch das regionale Design und die Motivik der Figuren beeinflußten. Die Spielfiguren aus *Thailand, Kambodscha* und den *Philippinen* sind wie die muslimischen Figurensätze abstrakt, der Springer ist jedoch häufig als Pferdekopf geschnitzt. Die Bauern der kambodschanischen Sets (95) bestehen häufig aus gelben und weißen Muscheln. Repräsentative Figuren aus *Burma* oder der *Mongolei* (96, 97) widerspiegeln mitunter die unterschiedlichen Figurenbezeichnungen bzw. die durch das zum Teil stark divergierende Regelwerk unterschiedlichen Wertigkeiten der Figuren in der Proportion, während in *China* für das praktische Spiel gedrechselte Schriftplättchen mit den entsprechenden Charakteren in unterschiedlichen Farben verwendet werden (98).

95

95 Kambodscha/Siam, 17. Jhdt.
Elfenbein
(♔ 3,8 cm, ♙ 0,7 cm)
(von links: Turm, Springer, Dame, König, Läufer, Bauer)

96

96 Burma, 16. Jhdt. (?)
Elfenbein
(♔ 6,4 cm, ♙ 4,1 cm)

97

97 Mongolei, Anfang 19. Jhdt.
Holz bemalt
(♔ 4,7 cm, ♙ 3,7 cm)

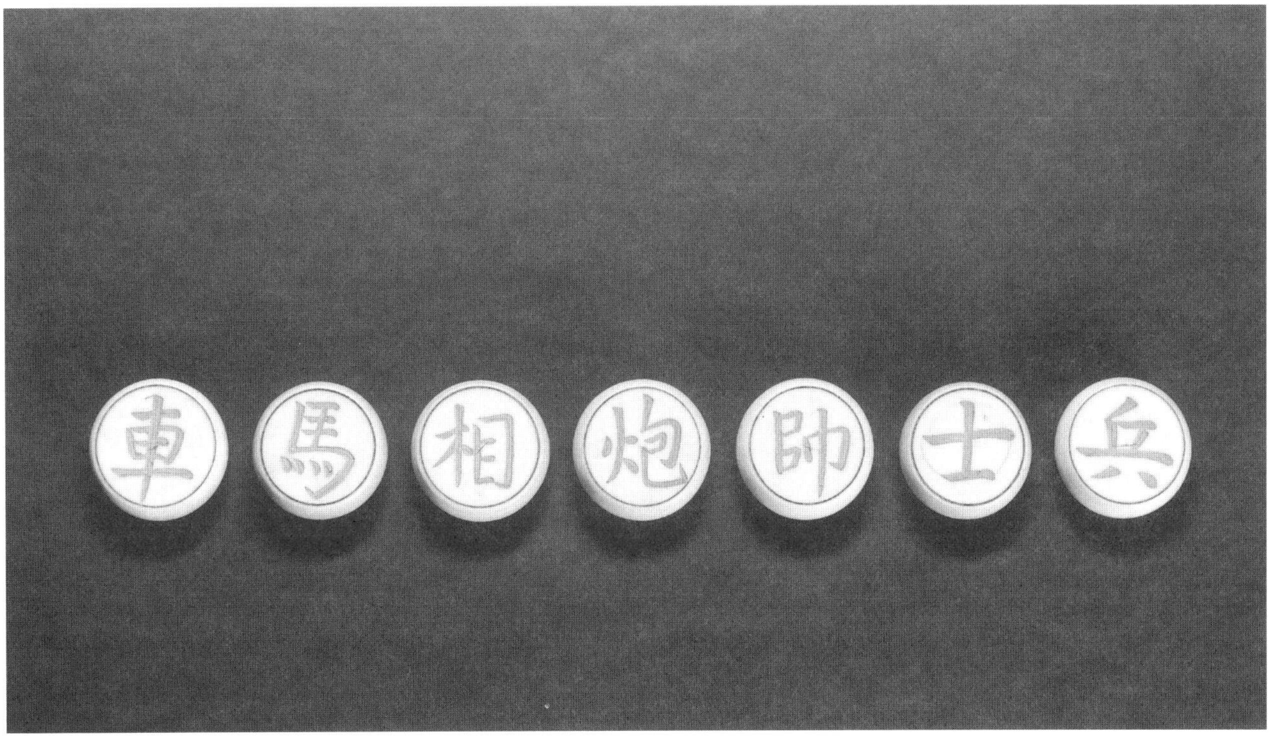

98a

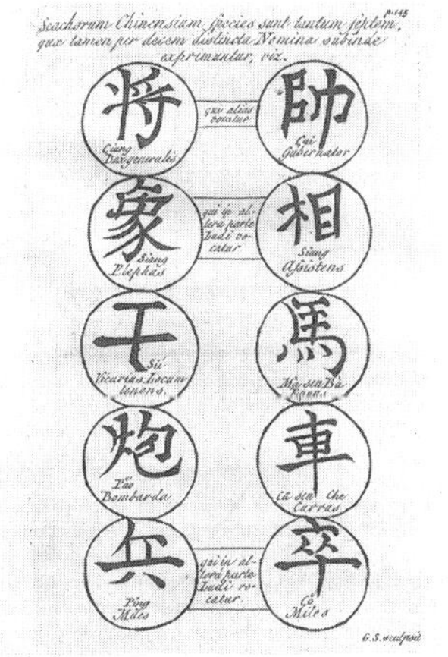

b

98a, b China, 19. Jhdt.
Elfenbein gefärbt
(Durchmesser: 3,8 cm)

Das Ensemble des chinesischen Schachspiels (Xiangqi) besteht aus Wagen (ch'e), Pferd (ma), Mandarin (hsiang), Kanone (p'ao), General (chiang), Berater (shih) und Fußsoldat (ping).

b Frühe Darstellung des chinesischen Schachspiels aus Th. Hyde, *De Ludis Orientalibus*, Oxford 1694.

99a

b

99a–f Europäische Schachbretter und Spielkassetten:

a Allegorisches Schachbrett aus dem *Livre des Échecs amoureux,* Frankreich um 1400;
b Schachbrett aus Bein und Horn (Venedig um 1500, 29,3 x 29,3 cm);
c, d, e Schach-und Trictrac-Kassette aus Holz mit Reliefintarsierung (Eger, um 1690, 52 x 52 x 11 cm);
f Spielkassette aus Metall in Buchform (Augsburg, 16. Jhdt., 8,9 x 10,8 x 2,5 cm).

c

d

e

f

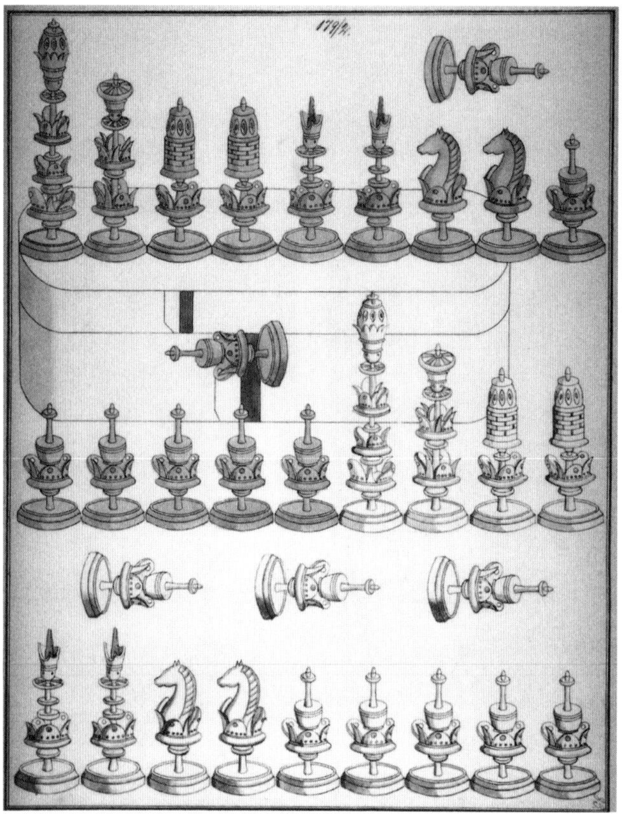

100

100 Darstellung von *Selenus-Figuren* aus einem deutschen Spielzeugkatalog, 1. Hälfte des 19. Jhdt.

Der in ganz Zentraleuropa verbreitete Figurensatz ist nach einer frühen Darstellung im Buch des Selenus (Leipzig 1616, vgl. 84) benannt, Figuren sehr ähnlichen Typs finden sich jedoch bereits in mittelalterlichen Darstellungen (vgl. 35, 99a). Typisches Merkmal der Selenus-Figuren ist der Aufbau in unterschiedlichen Etagen und Plateaus, die von Platten, Balustern und Ringen umgeben sein können. Elaboriertere Selenusfiguren stehen auf Sockeln mit Ornamentlochung, die Königsfigur kann bis zu vier übereinander angeordnete Zackenkronen mit sehr dünnem Mittelmast aufweisen (101–110).

101

101 Deutschland, 2. Hälfte 17. Jhdt.
Buchsbaum
(♔ 7,2 cm, ♙ 5,2 cm)

102

102 Deutschland, frühes 19. Jhdt.
Bein
(♔ 8,4 cm, ♙ 3,4 cm)

103

103 Deutschland, 18. Jhdt. (?)
Bein
(♔ 9,6 cm, ♙ 4 cm)

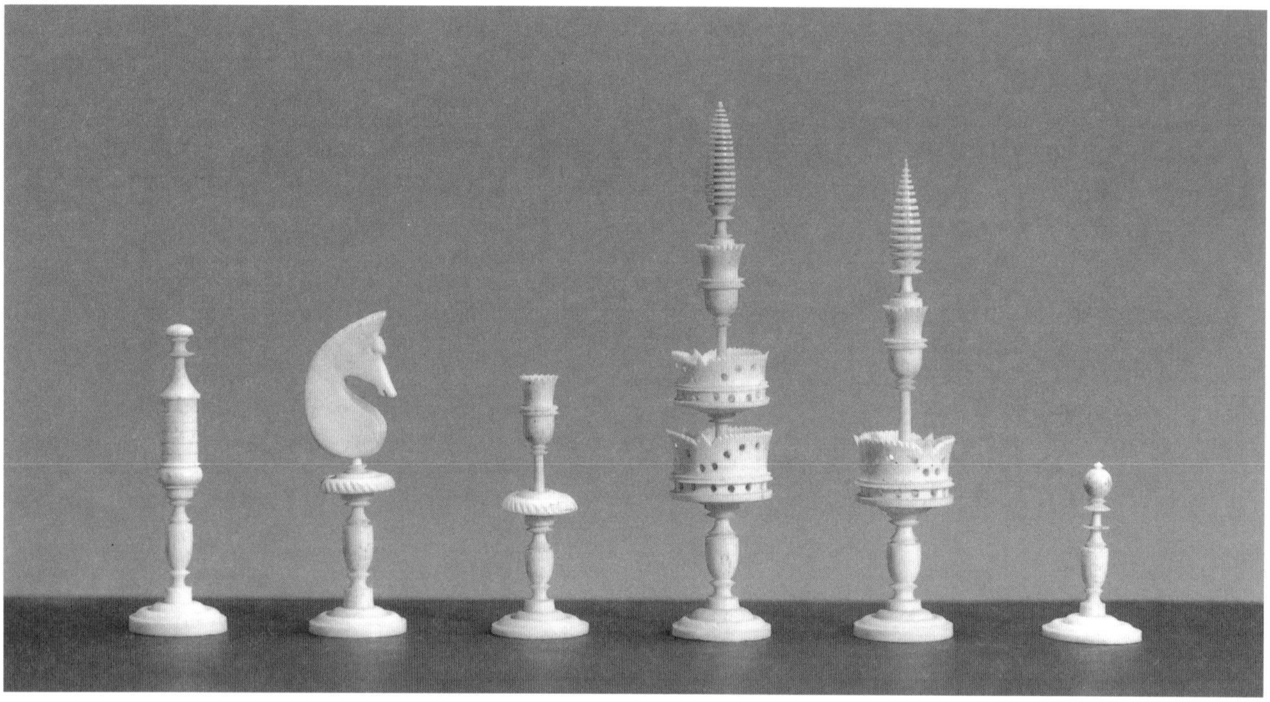

104

104 Zentraleuropa, um 1800
Bein
(♔ 11,5 cm, ♙ 4 cm)

105

105 Deutschland, Ende 18. Jhdt.
Elfenbein
(♔ 10 cm, ♙ 3,5 cm)

106

106 Dänemark (?), um 1820
Elfenbein
(♔ 8,5 cm, ♙ 5,5 cm)

107

107 Österreich (?), um 1840
Buchsbaum
(♔ 8,1 cm, ♙ 4,3 cm)

108

108 Österreich (?), Ende 18. Jhdt.
Hartholz
(♔ 11 cm, ♙ 5 cm)

109

109 Deutschland, 1. Hälfte 19. Jhdt.
Lindenholz
(♔ 14,6 cm, ♙ 7,7 cm)

110

110 Anton Edel, Mitte 19. Jhdt.
Buchsbaum/Ebenholz
(♔ 10,7 cm, ♙ 6,2 cm)

111a

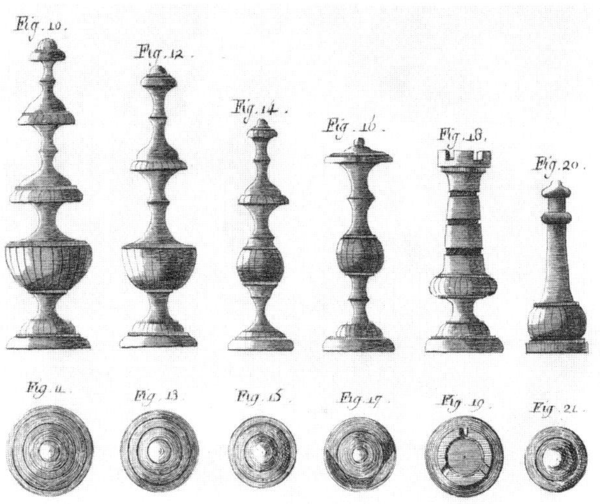

b

111a, b Frankreich, 18. Jhdt.
Buchsbaum
(♔ 10,4 cm, ♙ 5,3 cm)

Ein Grundmuster *französischer Schachspiele*, wie sie im 18. und 19. Jahrhundert unter anderem in Werkstätten von Paris, Lyon und Rouen für das praktische Spiel gedrechselt wurden, findet sich auf einem Musterblatt in der Encyclopédie von d'Alembert um 1770 (111b): Ein vasenförmiger, auf einem relativ hohen Sockel aufsitzender Mittelteil und bei König und Dame mehrere sich nach oben verjüngenden Ringe. Der Springer bleibt häufig abstrakt (111a u. 112), der Abschluß des Läufers ist gespalten. Da Figuren dieses Typs zu Philidors Zeiten im berühmten Café de la Régence verwendet wurden, werden sie in der Literatur als „Régence-Typ" bezeichnet. Die „Lyon-Sets" haben zusätzlich korbartige Verzierungen am Mittelteil und am Abschluß in der Farbe der jeweils anderen Partei. In den Elfenbeinwerkstätten von Dièppe (118, 119, 121) wurden ab Mitte des 18. Jahrhunderts dekorative, oft karikatureske Spielsätze von hoher Qualität hergestellt. Sie sind zumeist büstenförmig und polychrom bemalt, die Ensembles portraitieren häufig Mitglieder europäischer Herrscherhäuser oder präsentieren historische Schlachtanordnungen.

112

112 Frankreich (Régence),
Ende 18./Anfang 19. Jhdt.
Elfenbein
(♔ 9 cm, ♙ 4,8 cm)

113

113 Frankreich (Régence),
19. Jhdt.
Hartholz
(♔ 10 cm, ♙ 5 cm)

114

114 Frankreich (Lyon),
Ende 18./Anfang 19. Jhdt.
Hartholz mit Elfenbein
(♔ 8,4 cm, ♙ 6,1 cm)

115

115 Frankreich (Lyon),
Mitte/Ende 18. Jhdt.
Fruchtholz mit Bein
(♔ 9,6 cm, ♙ 4,9 cm)

116

116 Frankreich, um 1800
Elfenbein/Walnußholz
(♔ 8,9 cm, ♙ 5,1 cm)

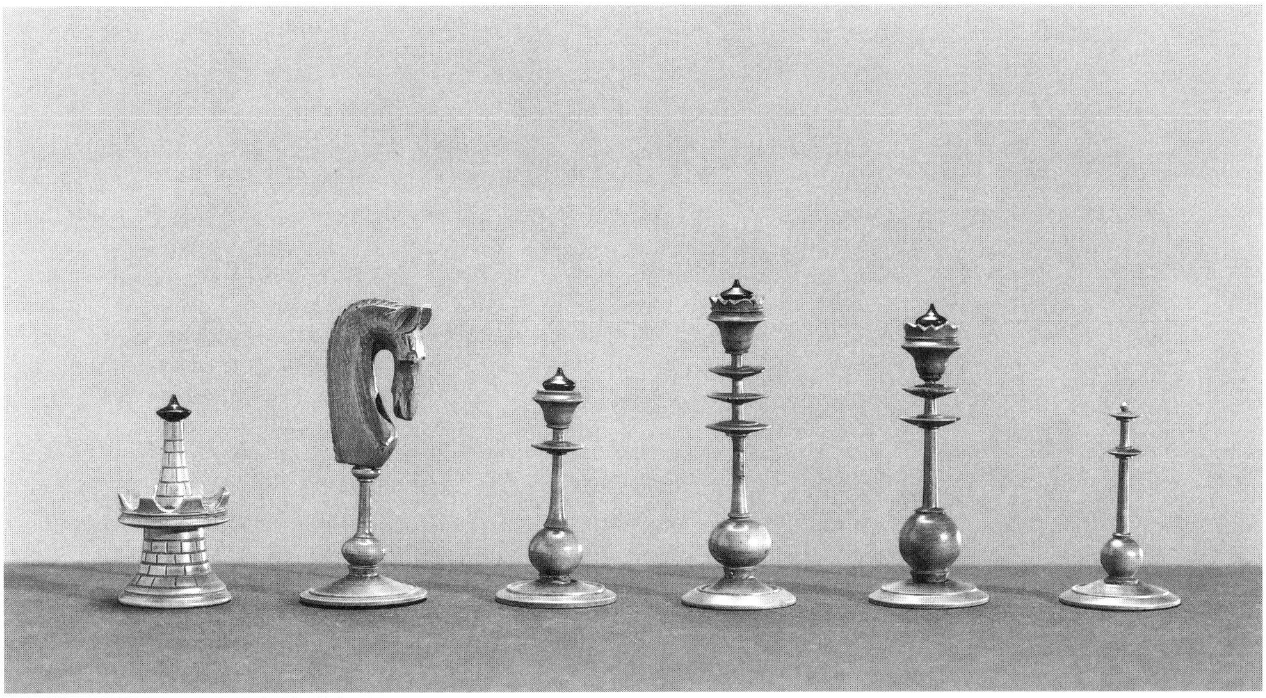

117

117 Deutschland/Holland (?), spätes 18. Jhdt.
Buchsbaum
(♔ 8,2 cm, ♙ 5 cm)

118a

118a, b Frankreich (Dièppe), 19. Jhdt.
Elfenbein

Die weißen Figuren (a) zeigen Ludwig XIV. als König der Franzosen im Konflikt mit den Senegalesen (schwarze Partei), als Läufer *(fou)* wurde Chevalier de Boufflers karikiert. Alle acht Bauern des Spiels (b) sind unterschiedlich.

118b

119

119 Frankreich (Dièppe),
2. Hälfte 18. Jhdt.
Elfenbein/Bein
(♔ 8,3 cm, ♙ 6 cm)

120

120 Frankreich (?), Dièppe-Stil, 18./19. Jhdt.
Bein, polychrom bemalt
(♔ 7,6 cm, ♙ 4 cm)

121a

121a, b Schweiz („Die Lebenden und die Toten"), um 1710
Obstholz
(♔ 9,8 cm, ♙ 7,7 cm)

121b

122a

122a, b Deutschland („Reineke-Fuchs-Set"), 19. Jhdt.
Elfenbein gefärbt
b Bauern

122b

123

123 Dänemark, 19. Jhdt.
Bein tw. gefärbt
(♔ 8,1 cm, ♙ 4,6 cm)

124

124 Spanien ? (Pulpit),
18. Jhdt.
Elfenbein tw. gefärbt
(♔ 12,1 cm, ♙ 8,3 cm)

125

125 Indien (Vizagapatam),
19. Jhdt.
Elfenbein tw. gefärbt
(♔ 17,3 cm, ♙ 8,3 cm)

Seit Beginn des 19. Jahrhunderts wurden in *Indien* unterschiedliche Figurensätze aus Elfenbein hergestellt, die ausschließlich für den *Export* bestimmt waren. Typische abstrakte Sets sind: die aus Vizagapatam stammenden Figurensätze (125) und bulligere Balusterformen mit reich verzierten Galerien und Blattornamenten und durchbrochenem Mitraaufsatz beim Läufer aus Berhampur/Bengalen (126) oder von Schnitzern in Südchina (131). Zur Motivik der repräsentativen indischen Exportsets gehört die Darstellung der Konflikte einheimischer Maharadschas mit den Truppen der Eastindia-Company („John-Company") von Schnitzern vorwiegend aus Bengalen (130). Noch bizarrer sind die „Radschasthan-Sets" mit greller Bemalung und aufwendiger Goldverzierung (128).

126

126 Indien (Berhampur/Bengalen)
1. Hälfte 19. Jhdt.
Elfenbein tw. gefärbt
(♔ 14 cm, ♙ 8,3 cm)

127a

b

127a, b Indien, 18./19. Jhdt.
Elfenbein polychrom bemalt

b Darstellung indischer Schachfiguren aus Th. Hyde, *De Ludis Orientalibus*, Oxford 1694.

128

128 Indien (Radschasthan), 19. Jhdt.
Elfenbein
(♔ 15 cm, ♙ 7,8 cm)

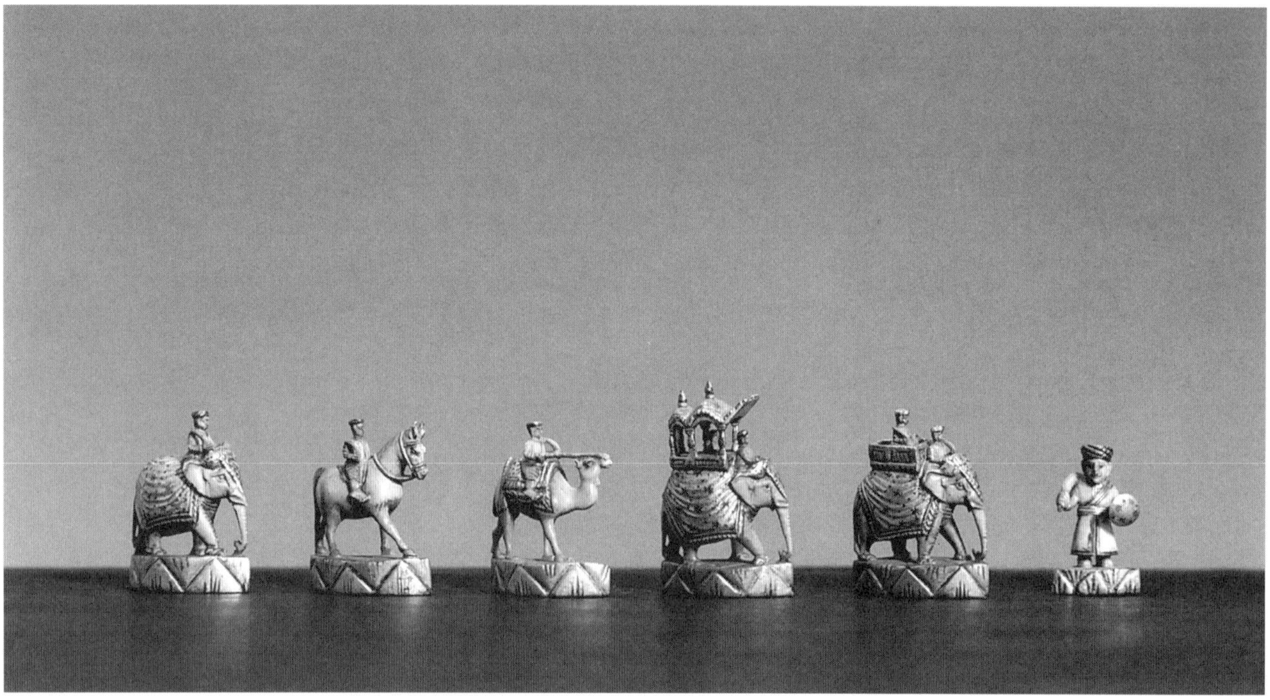

129

129 Indien, 19./20. Jhdt.
Elfenbein lackiert
(♔ 5 cm, ♙ 4 cm)

130

130 Indien (John-Set, Berhampur/Bengalen), 18. Jhdt.
Elfenbein (mit weißen u. grünen Sockeln)
(♔ 8,4 cm, ♙ 5,5 cm)

131

131 Südchina (sog. Burma)
frühes 19. Jhdt.
Elfenbein
(♔ 11,3 cm, ♙ 6,2 cm)

132

132 Indien, 19. Jhdt.
Elfenbein
(♔ 12,9 cm, ♙ 6,3 cm)

133

133 England (Calvert), Mitte 19. Jhdt. Elfenbein (♔ 9,7 cm, ♙ 4,1 cm)

Seit dem späten 18. Jahrhundert wurden gedrechselte Figuren für das tägliche Spiel aus Elfenbein, Bein und Holz in englischen Werkstätten in großen Mengen hergestellt. Die Grundform für die *englischen Figurensätze* reicht in das 17. Jahrhundert und wahrscheinlich noch viel weiter zurück (vgl. 83h). Typisch für den „Old English Pattern" (M. Mark) ist die gespaltene Mitra des Läufers (*bishop*), der Turm erscheint fast immer als Mauerturm mit Zinnen. Den Mittelteil bilden unterschiedlich tief eingeschnittene Ringe, die auf einem pilzförmigen Sockel aufsitzen (138, 139). Der Springer stellt zumeist einen hohen Pferdekopf dar. Aus diesem Grundtyp entwickelten sich viele Variationen, die in den Werkstätten von John Calvert, George Merrifield, William Lund, Charles Hastilow und John Jaques erzeugt und im ganzen Empire vertrieben wurden. Ein häufig anzutreffender Spielsatz ist der nach den eingravierten Blattverzierungen benannte „Barleycorn-Typ" mit wuchtigem, tonnenförmigem Mittelteil (135). Ein ähnlicher, etwas schlankerer Typ ohne Kornverzierung sind die „George-Washington-Spiele" (136). Weitere englische Varianten sind die Spielsätze, die im Londoner „St. George's Chess Club" verwendet wurden (139), der „Calvert-Typ" mit flachen Sockeln, länglichen Balusterstämmen und durchbrochenem Blattwerk unterhalb des Abschlusses bei König und Dame (133), die einfachen und schmucklosen Sets des Edinburgh Chess Club („Northern Upright", 143), die tropfenförmigen „Irish Chessmen" oder „Dublin-Sets" (140), die häufig auch aus Eiben- oder Erdbeerholz gedrechselt wurden, und die seit 1849 nach den Entwürfen von Nathaniel Cook von John Jaques hergestellten „Staunton Chessmen", die durch ihre hervorragende Praktikabilität weltweit bis heute erfolgreich sind (144).

134

134 England, 1. Hälfte 19. Jhdt.
Bein
(♔ 8,1 cm, ♙ 3,4 cm)

135

135 England (Barleycorn),
um 1820
Elfenbein
(♔ 11,5 cm, ♙ 4,4 cm)

136

136 England
(„George-Washington"), um 1770
Elfenbein
(♔ 8,1 cm, ♙ 3,6 cm)

137

137 England, um 1840
Elfenbein
(♔ 12,9 cm, ♙ 4,5 cm)

138

138 England,
Anfang/Mitte 19. Jhdt.
Elfenbein
(♔ 10,8 cm, ♙ 4,3 cm)

139

139 England (St.-George's),
19. Jhdt.
Buchsbaum
(♔ 10,9 cm, ♙ 5 cm)

140

140 England/Irland (Dublin), 19. Jhdt.
Buchsbaum/Ebenholz
(♔ 14,3 cm, ♙ 5,6 cm)

141

141 England/Irland, 19. Jhdt.
Hartholz
(♔ 11,5 cm , ♙ 6 cm)

142

142 England, 19. Jhdt.
Buchsbaum
(♔ 10,5 cm, ♙ 5 cm)

143

143 England (Northern Upright),
Anfang/Mitte 19. Jhdt.
Buchsbaum/Ebenholz
(♔ 11,7 cm, ♙ 5,1 cm)

144a

b

144a, b England (Nathaniel Cook, Staunton), ab 1849
Buchsbaum
(♔ 11,5 cm, ♙ 5,5 cm)

b Darstellung aus den Musterblättern der Fa. John Jaques, London 19. Jhdt.

145a

145a–c Drei englische Schachuhren:

a Gußeisene Pendeluhr (Fattorini um 1895);
b Holzuhr mit Schaukel und Guillotine (Fattorini & Sons, um 1910);
c Holzschachuhr mit Druckknöpfen (Tanner, um 1920).

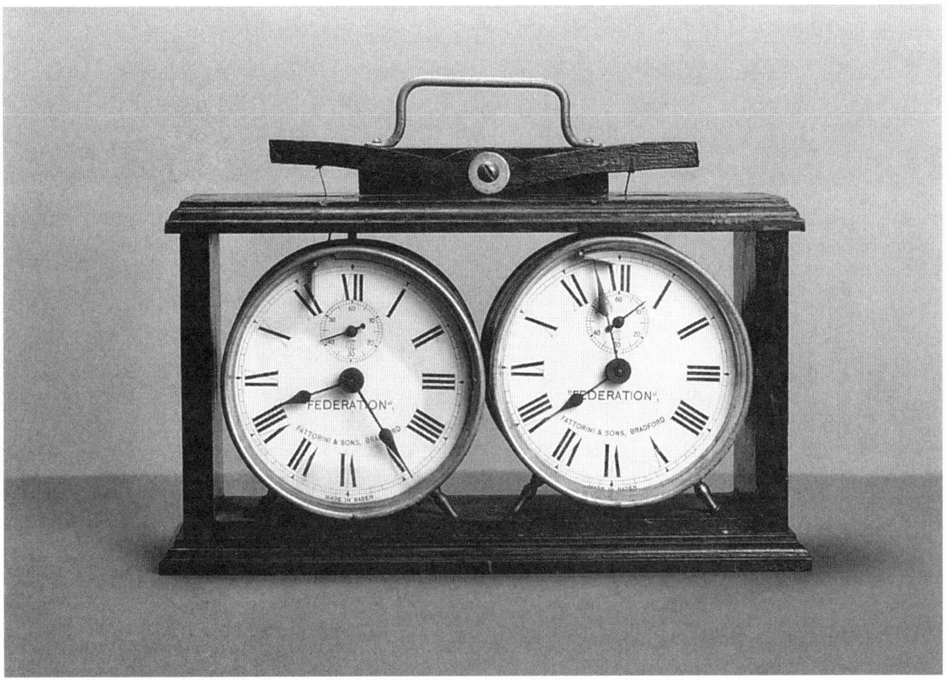
"FEDERATION"
FATTORINI & SONS, BRADFORD
"FEDERATION"
FATTORINI & SONS, BRADFORD

145b

BRITISH CHESS
FEDERATION

c

146

146 Tschechoslowakei
(Klubovki), Anfang 20. Jhdt.
Hartholz
(♔ 9,8 cm, ♙ 5,1 cm)

147

147 Österreich
(Lasker-Schlechter-Set), 1910
Buchsbaum
(♔ 11,9 cm, ♙ 5,3 cm)

148

148 Österreich, um 1920
Hartholz
(♔ 11 cm, ♙ 5,5 cm)

149

149 Österreich, ab 1920
Hartholz
(♔ 11 cm, ♙ 5,1 cm)

150

150 Marcel Duchamp, Pocket Chess Set, 1943 (Leder, Plastik bedruckt, geschlossen: 19 x 10 cm).

151

151 Flache Bleifiguren mit Standsockel in Metalldose (England, 19./20. Jhdt.).

152

152 Steckschach, „George-Washington-Typ“ (Brett 18,3 cm, ♔ 5,9 cm, ♙ 3,3 cm).

153

154

153 Steckschach in Klappkasten mit Knöpfen zur Arretierung der Position (In Statu Quo, England, 2. Hälfte 19. Jhdt., Kasten 22,5 x 22,5 x 5 cm, ♔ 1,3 cm, ♙ 1,3 cm).

154 Feldpostschach aus beschichtetem Karton, um 1940 (Schachtel 23 x 12 x 1,5 cm, Durchmesser 2,4 cm).

155

155 Deutschland, um 1940
Hartholz bemalt
(♔ 5,4 cm, ♙ 3,4 cm)

156

156 Marcel Duchamp, 1918/19
Hartholz
(♔ 12 cm, ♙ 7,5 cm)

157a

157a–c Josef Hartwig
(Bauhaus-Schach)

a 1. Entwurf (mit Originalkarton, Kirschbaum mattiert,
♔ 7,3 cm, ♙ 3,2 cm, Weimar 1923);
b 2. Entwurf (Replik 1991);
c 2. Entwurf (mit Originalkarton und -brett, Birnbaum gebeizt,
♔ 5 cm, ♙ 2 cm, Weimar 1924).

157b

c

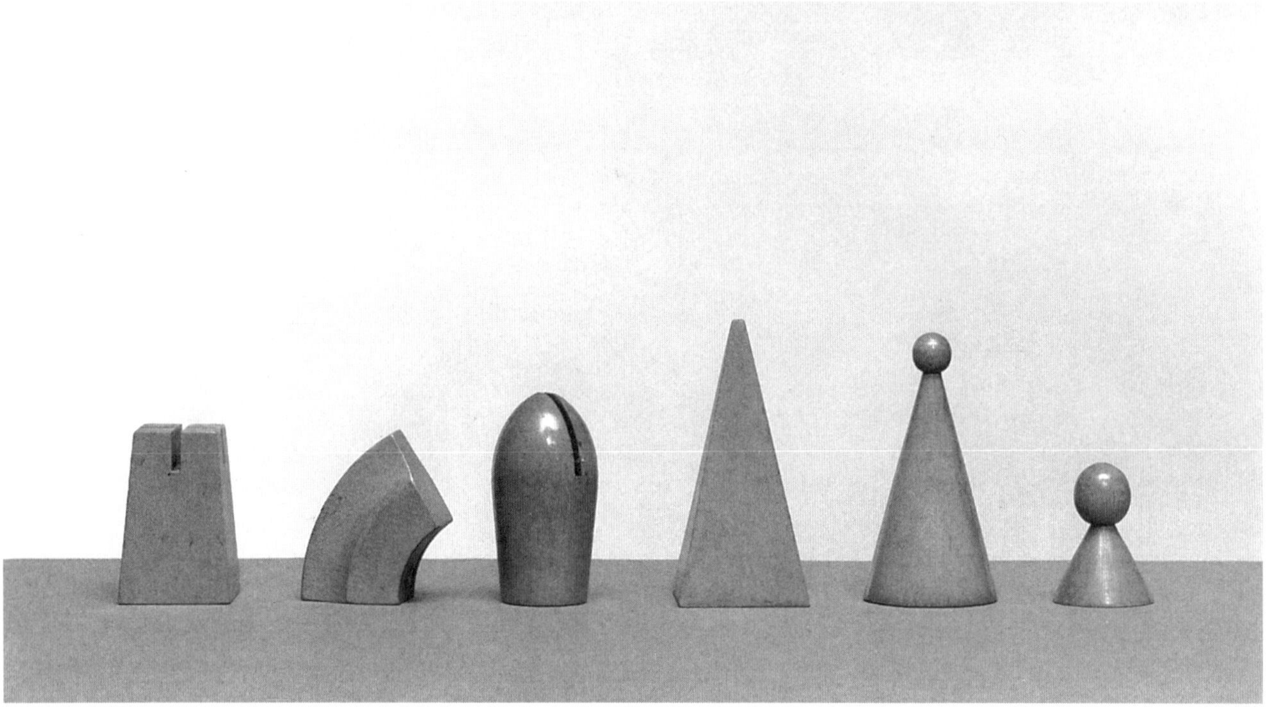

158a

b

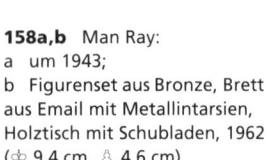

158a,b Man Ray:
a um 1943;
b Figurenset aus Bronze, Brett aus Email mit Metallintarsien, Holztisch mit Schubladen, 1962 (♔ 9,4 cm, ♙ 4,6 cm).

159a

b

159a, b Ecke Bonk:
a 1987 (Plexiglas bedruckt, Durchmesser 3,9 cm, Springersymbol von Marcel Duchamp um 1920);
b Checkett (Schach-Jackett XXL mit aufgedrucktem Schachbrett).

160

160 Max Ernst, 1943?
Hartholz lackiert
(♔ 18 cm , ♙ 7 cm)

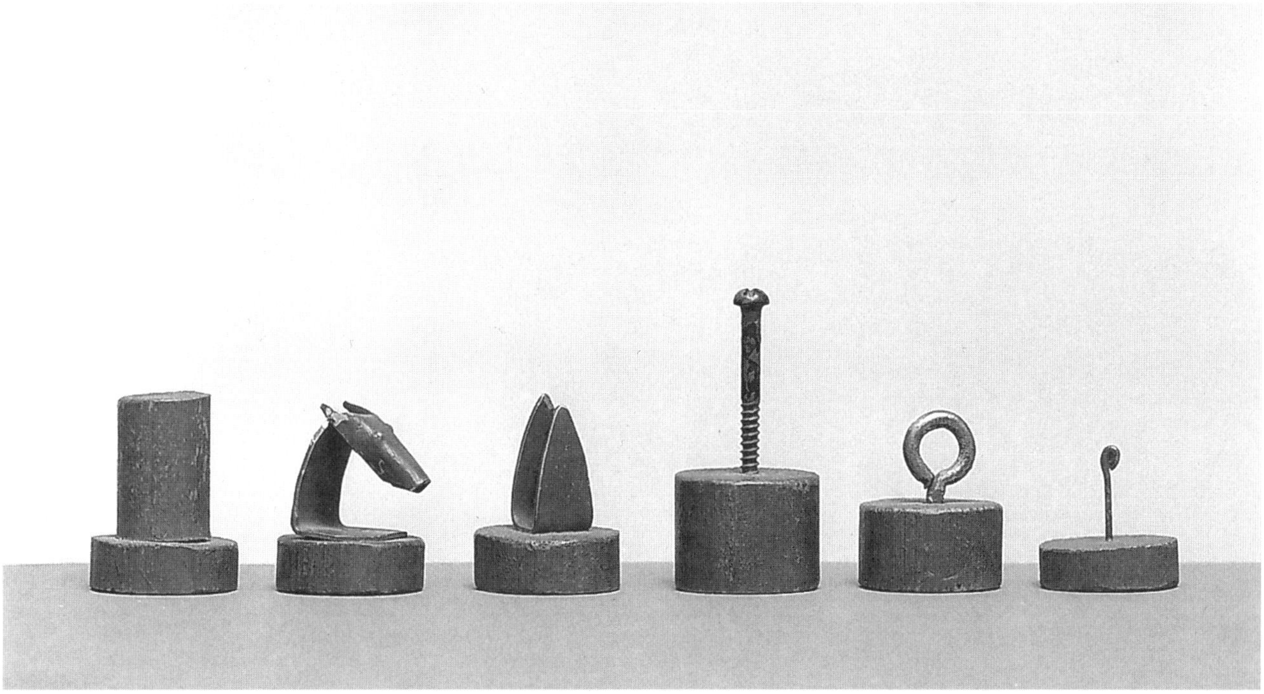

161

162

161 Alexander Calder, um 1950
Hartholz, Metall
(♔ 6,5 cm, ♙ 3 cm)

162 Teeny Duchamp mit
Calder-Set, Paris 1989

Alexander Rodschenko,
Entwurf für einen Schachtisch im Arbeiterschachclub,
UdSSR 1925.

Spiele

Die folgende Partieauswahl umfaßt 42 Partien Akiba Rubinsteins und 100 Beispiele aus der Geschichte des Schachspiels. Die Auswahl der Partien Rubinsteins gibt dem Nachspielenden Einblick in das künstlerische Werk eines einzelnen, in seine Vorlieben für bestimmte Manöver und Strategien, in das Streben des Künstlers Rubinstein nach Harmonie und Wahrheit. Eine Einordnung der Partie in den lebensgeschichtlichen Kontext ist möglich, indem die Partienummer zur entsprechenden Passage mittels des Verweises am Rand der Seite in Teil I zurückverfolgt wird.

Im zweiten Abschnitt, Spiel 43 – 142, wird anhand weniger, naturgemäß subjektiv ausgewählter Beispiele die Stilgeschichte des Schachspiels dokumentiert. Es ging nicht um eine Anthologie der schönsten Partien, vielmehr soll die Entwicklung der Konventionen im Schachspiel in den letzten zehn Jahrhunderten, Statik und Dynamik des Spiels und die Akkumulation des Wissens deutlich werden, wie sie in Teil I beschrieben ist. Spiel 43 bis 48 sind alte arabische Mansuben und Tabiyas, bei denen noch nach den alten Regeln gespielt wurde: Der Läufer ist noch der Elefant, der auf der Diagonale vom ersten ins dritte Feld sprang, die Dame noch der Wesir, die schwächste Figur, die nur ein Feld weit in der Diagonale ziehen konnte. Danach entwickelt sich das moderne Schachspiel europäischer Prägung. Die Beispiele kennzeichnen Stilepochen mit je eigenen ästhetischen Wertvorstellungen, die sich in Homologie zur Entwicklung der Kunst und der Wissenschaft entfalten: Von der romantischen Kunst der Kombination mit ihrer Ästhetik der Plötzlichkeit bis zum trockenen positionellen Spiel Philidors, vom Dynamismus Morphys bis zur neuen Raumvorstellung eines Steinitz im ausgehenden 19. Jahrhundert, von der Moderne eines Tarrasch, Lasker und Capablanca bis zur bizarren Avantgarde der Hypermoderne, von der Dynamik eines Aljechin in den 30er Jahren bis zur sowjetischen Schule und deren Vollendung durch Bobby Fischer, von der Neoromantik der 80er und frühen 90er Jahre schließlich bis zum Computerschach der unmittelbaren Gegenwart.

Auf eine Einordnung der Werke durch Zwischentitel wurde jedoch bewußt verzichtet. Deutlich wird beim Nachspielen, daß der einzelne Spieler zwar in aller Regel nur so gut spielt, wie es seine Zeit erlaubt, aber manchmal eben ein wenig besser. Bei genauerem Hinsehen lösen sich die Stilepochen wie in der Kunst- und in der Wissenschaftsgeschichte wieder auf. Sichtbar werden Übergänge, Vorgriffe und jene Falten im Zeitkontinuum der Entwicklung, in denen das Subjekt des Spielers seinen Ort hat und das Neue erzeugt.

Die Kommentare wurden knapp gehalten und sollen das Verstehen der Partie oder der Studie erleichtern. Sie orientieren sich an historischen Analysen, bei Rubinstein wurden vor allem die Annotationen in Kmoch (1933), Razuwajew/Murakweri (1980) und Donaldson/Minev (1994) verwendet.

Die Diagramme sind Momentaufnahmen, Polaroids von bestimmten, mir wesentlich erscheinenden Positionen. Bei einiger Übung, die sich schon nach wenigen Jahren einstellt, läßt sich durch das gedankliche Verbinden der Diagramme der ganze Partietext auch ohne Brett lesen. Einige Jahre danach braucht man auch die Diagramme nicht mehr.

1

Rubinstein – Bartoszkiewicz
Bialystok 1901

1.	e2–e4	e7–e5
2.	♘g1–f3	♘b8–c6
3.	♗f1–c4	♘g8–f6
4.	d2–d4	e5×d4
5.	0–0	♗f8–c5
6.	e4–e5	d7–d5
7.	e5×f6	d5×c4
8.	♖f1–e1+	♔e8–f8[a]
9.	♗c1–g5	g7×f6
10.	♗g5–h6+	♔f8–g8
11.	♘f3×d4	♗c5×d4[b]
12.	c2–c3	♗c8–f5[c]
13.	c3×d4	♘c6×d4[d]
14.	♘b1–c3	♗f5–g6
15.	♖e1–e8+	♕d8×e8
16.	♕d1×d4	♕e8–e5
17.	♘c3–d5[e]	

Schwarz gibt auf

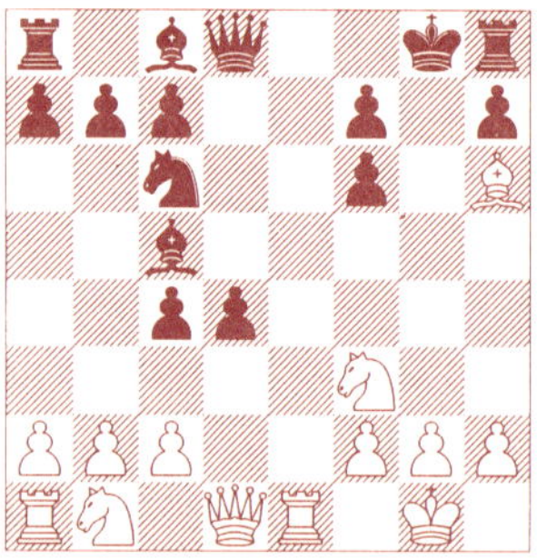
Nach 10... ♔f8–g8

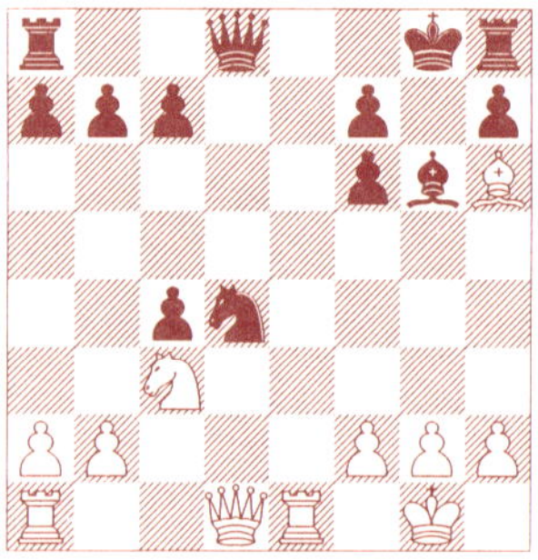
Nach 14... ♗f5–g6

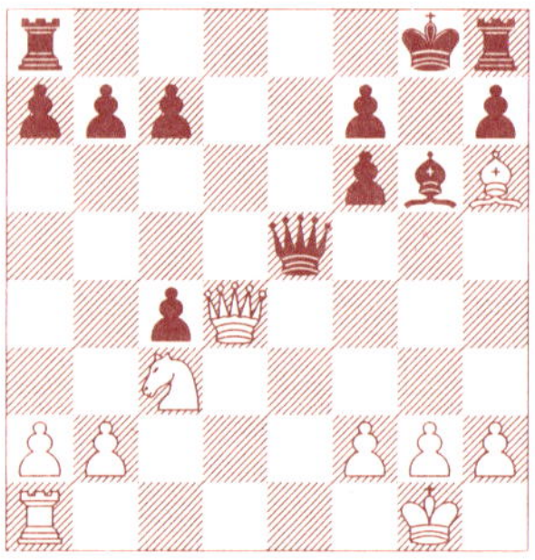
Nach 16... ♕e8–e5

[a] 8... ♗e6 9. ♘g5 ♕d5 10. ♘c3 ♕f5 11. ♘ce4
[b] 11... ♕d4 12. ♖e8; 11... ♘d4 12. c3
[c] 12... ♗e5 13. ♕d8 ♘d8 14. f4
[d] 13... ♕d4 14. ♕f3 ♗g6 (14... ♕d3 15. ♖e3 ♕d4 16. ♘c3) 15. ♘c3
[e] 17... ♕d4 18. ♘e7#

2

Schiffers – Rubinstein
Kiew 1903

1.	e2–e4	e7–e6
2.	d2–d4	d7–d5
3.	♘b1–c3	♘g8–f6
4.	♗c1–g5	d5×e4
5.	♘c3×e4	♘b8–d7
6.	♘g1–f3	♗f8–e7
7.	♘e4×f6+	♘d7×f6
8.	♗f1–d3	0–0
9.	0–0	b7–b6
10.	♘f3–e5	♗c8–b7[a]
11.	c2–c3	♖a8–c8
12.	♕d1–e2	c7–c5
13.	♖a1–d1	c5×d4
14.	c3×d4	♕d8–d5
15.	♘e5–f3	♖f8–d8
16.	b2–b3	♕d5–a5
17.	♘f3–e5	♖d8×d4
18.	♗d3×h7+	♘f6×h7
19.	♗g5×e7[b]	♖d4–e4
20.	♘e5–c4	♖e4×e2
21.	♘c4×a5	b6×a5

Weiß gab nach 44 Zügen auf

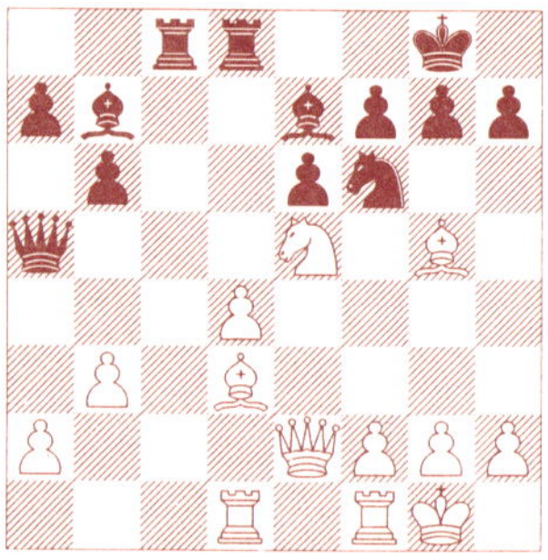
Nach 17. ♘f3–e5

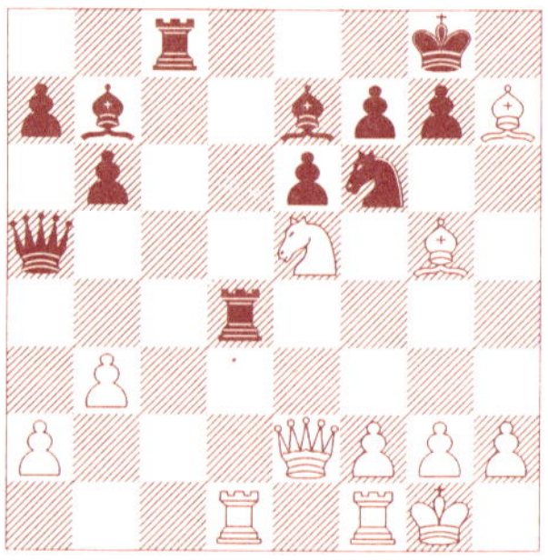
Nach 18. ♗d3×h7+

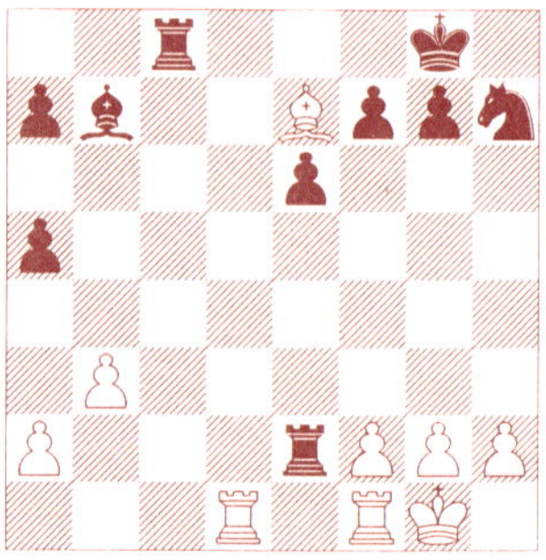
Nach 21... b6×a5

[a] 10... ♕d4 11. ♗h7
[b] 19. ♖d4 ♘g5 20. ♖d7 ♗a6

3

Rubinstein – Tschigorin

Lodz 1906

1.	d2–d4	d7–d5	**22.**	♕c5–c4	♘f5–d6
2.	♘g1–f3	♗c8–g4	**23.**	♕c4×f4	♕h4×f4
3.	e2–e3	e7–e6	**24.**	♗e3×f4	♖b8×b5
4.	c2–c4	♘b8–c6	**25.**	♔c1–c2	a4–a3
5.	♘b1–c3	♗f8–b4	**26.**	♗f4–c1	♖f8–a8
6.	♕d1–b3	♘g8–e7	**27.**	♖g1–g4	f7–f5
7.	♗c1–d2	0–0	**28.**	♖g4–b4	♖b5–a5
8.	c4×d5	♘e7×d5	**29.**	♗c1–f4	♔g8–f7
9.	♗f1–d3	♗g4×f3	**30.**	♗f4×d6	c7×d6
10.	g2×f3	♖a8–b8	**31.**	♖b4–b7+	♔f7–f6
11.	0–0–0	♗b4×c3	**32.**	♖b7–d7	♖a8–a6
12.	b2×c3	b7–b5	**33.**	c3–c4	♖a6–b6
13.	e3–e4	♘d5–e7	**34.**	f2–f4	g7–g5[d]
14.	♖h1–g1	a7–a5	**35.**	f4×g5+	♔f6×g5
15.	♗d2–e3	♘e7–g6	**36.**	♔c2–c3	h7–h5
16.	f3–f4	♕d8–h4	**37.**	h2–h4+	♔g5–g4[e]
17.	d4–d5	a5–a4[a]	**38.**	♖d7–g7+	♔g4–f4
18.	♕b3–a3	e6×d5	**39.**	♖g7–g6	♔f4–f3
19.	e4×d5	♘c6–e7[b]	**40.**	♖d1–f1+	♔f3–e2
20.	♕a3–c5	♘g6×f4	**41.**	♖f1×f5	
21.	♗d3×b5	♘e7–f5[c]		Schwarz gibt auf	

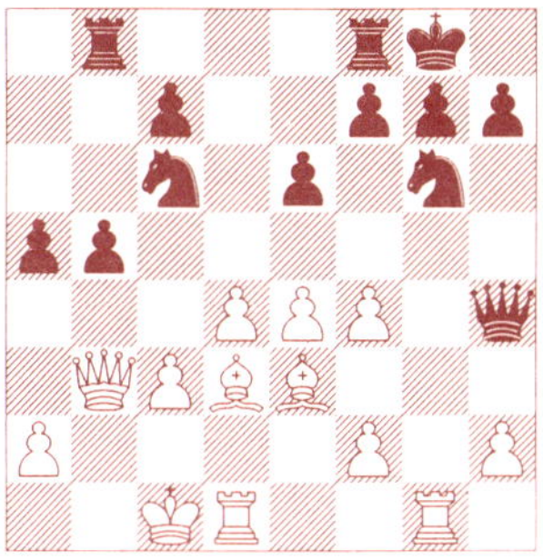

Nach 16... ♕d8–h4

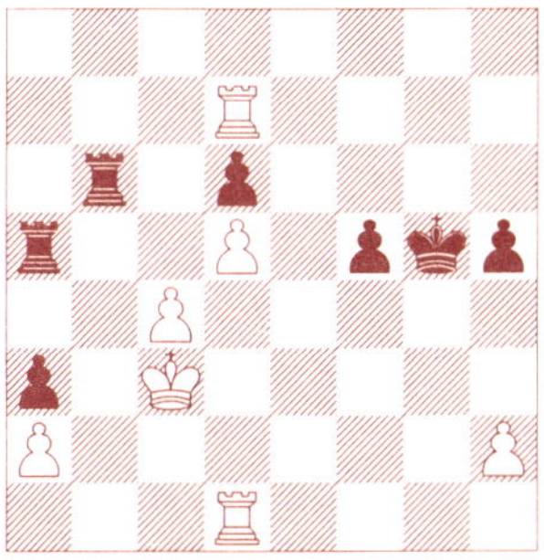

Nach 36... h7–h5

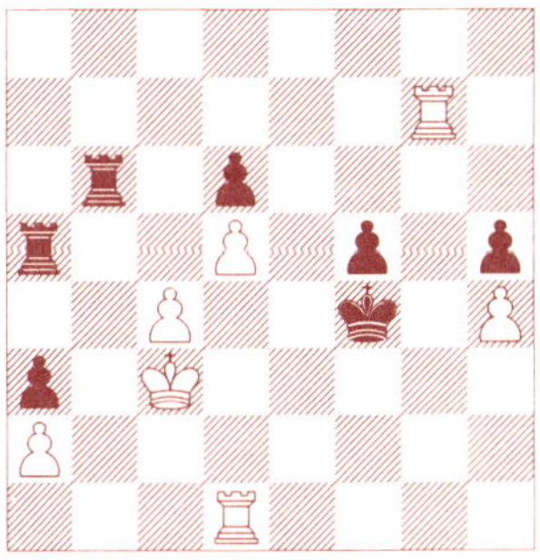

Nach 38... ♔g4–f4

[a] 17... ed5 18. ♕d5 ♘ce7 19. ♕g5; 17... ♘d8 18. ♗b5 ♘f4 19. ♗c5 ♖e8 20. ♕a4

[b] 19... b4 20. ♕a4 ♘ce7

[c] 21... ♘ed5 22. ♕d4

[d] 34... ♖b2 35. ♔c3 ♖a2 36. ♖e1 ♔g6 37. ♖g1 ♔h6 38. ♖gg7 ♖e2 39. ♖g5 ♖a6 40. ♖f7

[e] 37... ♔h4 38. ♖g7

4
Rotlevi – Rubinstein
Lodz 1907

1.	d2–d4	d7–d5
2.	♘g1–f3	e7–e6
3.	e2–e3	c7–c5
4.	c2–c4	♘b8–c6
5.	♘b1–c3	♘g8–f6
6.	d4×c5	♗f8×c5
7.	a2–a3	a7–a6
8.	b2–b4	♗c5–d6
9.	♗c1–b2	0–0
10.	♕d1–d2	♕d8–e7
11.	♗f1–d3	d5×c4
12.	♗d3×c4	b7–b5
13.	♗c4–d3	♖f8–d8
14.	♕d2–e2	♗c8–b7
15.	0–0	♘c6–e5
16.	♘f3×e5	♗d6×e5
17.	f2–f4	♗e5–c7
18.	e3–e4	♖a8–c8
19.	e4–e5	♗c7–b6+
20.	♔g1–h1	♘f6–g4
21.	♗d3–e4	♕e7–h4
22.	g2–g3[a]	♖c8×c3
23.	g3×h4[b]	♖d8–d2
24.	♕e2×d2[c]	♗b7×e4+
25.	♕d2–g2	♖c3–h3

Weiß gibt auf

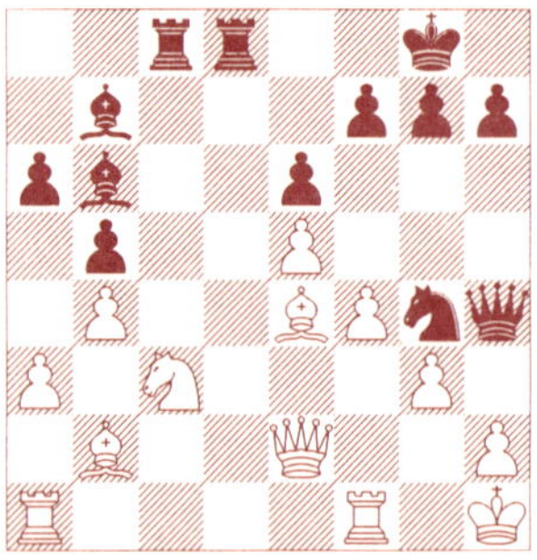

Nach 22. g2–g3

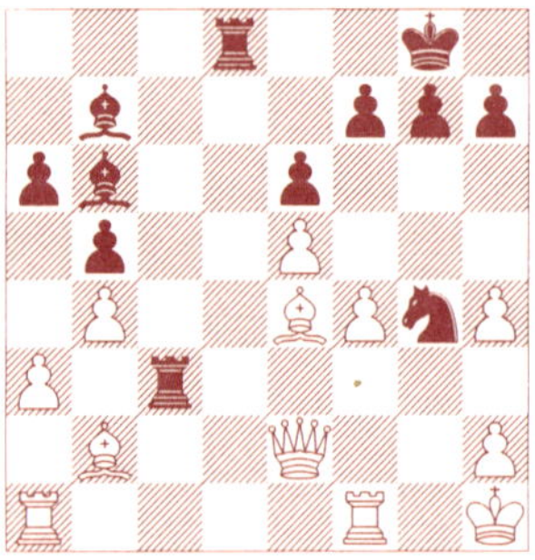

Nach 23. g3×h4

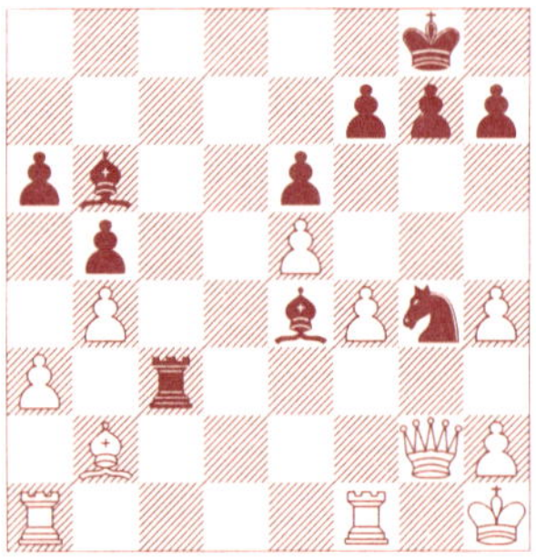

Nach 25. ♕d2–g2

[a] 22. h3 ♖c3 23. ♗c3 (23. ♕g4 ♖h3 24. ♕h3 ♕h3 25. gh3 ♗e4 26. ♔h2 ♖d2 27. ♔g3 ♖g2 28. ♔h4 ♗d8 29. ♔h5 ♗g6#) ♗e4 24. ♕g4 (24. ♕e4 ♕g3 25. hg4 ♕h4#) ♕g4 25. hg4 ♖d3

[b] 23. ♗c3 ♗e4 24. ♕e4 ♕h2; 23. ♗b7 ♖g3 24. ♖f3 ♖f3 25. ♗f3 ♘f2 26. ♔g1 ♘e4 27. ♔f1 ♘d2 28. ♔g2 ♘f3 29. ♕f3 ♖d2

[c] 24. ♕g4 ♗e4; 24. ♗c3 ♗e4 25. ♕e4 ♖h2#; 24. ♗b7 ♖e2 25. ♗g2 ♖h3

5
Rubinstein – Znosko-Borowski
St. Petersburg 1909

1.	d2–d4	d7–d5
2.	c2–c4	e7–e6
3.	♘b1–c3	♘g8–f6
4.	♗c1–g5	♗f8–e7
5.	e2–e3	♘b8–d7
6.	♘g1–f3	0–0
7.	♕d1–c2	b7–b6
8.	c4×d5	e6×d5
9.	♗f1–d3	♗c8–b7
10.	0–0–0[a]	♘f6–e4
11.	h2–h4	f7–f5
12.	♔c1–b1	c7–c5
13.	d4×c5	b6×c5[b]
14.	♘c3×e4	f5×e4
15.	♗d3×e4	d5×e4
16.	♕c2–b3+	♔g8–h8
17.	♕b3×b7	e4×f3[c]
18.	♖d1×d7	♕d8–e8
19.	♖d7×e7	♕e8–g6+
20.	♔b1–a1	♖a8–b8
21.	♕b7–e4	♕g6×e4[d]
22.	♖e7×e4	f3×g2
23.	♖h1–g1	♖f8×f2
24.	♖e4–f4	♖f2–c2[e]
25.	b2–b3	h7–h6
26.	♗g5–e7	♖b8–e8
27.	♔a1–b1	♖c2–e2
28.	♗e7×c5	♖e8–d8
29.	♗c5–d4	♖d8–c8
30.	♖f4–g4	

Schwarz gibt auf

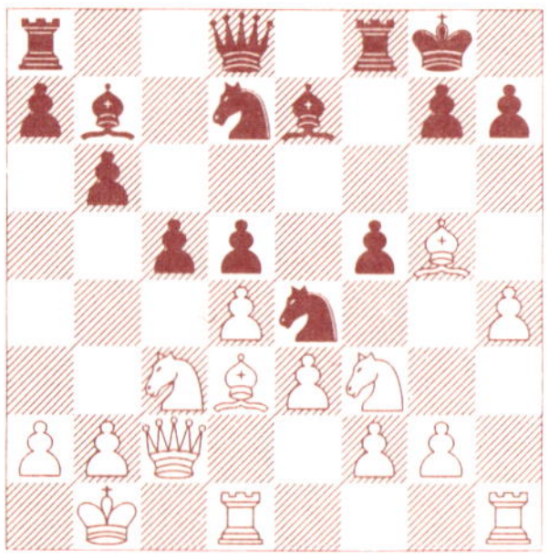

Nach 12... c7–c5

Nach 14... f5×e4

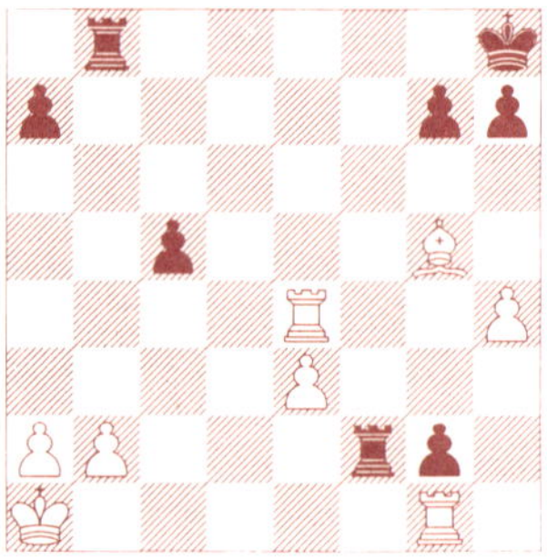

Nach 23... ♖f8×f2

[a] 10. h4 Aljechin – Yates, Hamburg 1910

[b] 13... ♘dc5 14. ♘d5 ♗d5 15. ♗c4

[c] 17... ♗g5 18. ♘g5

[d] 21... ♕b6 22. ♕e5

[e] 24... ♖bb2 25. ♖f8 ♖f8 26. ♔b2; 24... ♖fb2 25. ♖f8 ♖f8 26. ♔b2

6

Speyer – Rubinstein

St. Petersburg 1909

1.	d2–d4	d7–d5	**29.**	f2–f4	♔g8–f7
2.	c2–c4	e7–e6	**30.**	♔g1–f2	♗c6–e4
3.	♘b1–c3	d5×c4	**31.**	♖e1–e2	g7–g5
4.	♘g1–f3	a7–a6	**32.**	♖e2–d2	♗e4–d5
5.	a2–a4	c7–c5	**33.**	♔f2–g3	♔f7–e6
6.	e2–e3	♘g8–f6	**34.**	♖d2–e2+	♗d5–e4
7.	♗f1×c4	♘b8–c6	**35.**	♖e2–d2	♖d7–g7
8.	0–0	♕d8–c7	**36.**	f4×g5	♖g7×g5+
9.	♕d1–e2[a]	♗f8–e7	**37.**	♔g3–f4	♖g5–g4+
10.	♗c1–d2	0–0	**38.**	♔f4–e3	♖g4–h4
11.	♖a1–c1	♖f8–d8	**39.**	♖d2–f2	♗e4–d5
12.	♗c4–d3	c5×d4	**40.**	♗c3–d4	♖h4–e4+
13.	e3×d4	♗c8–d7	**41.**	♔e3–d3	♗d5–c6
14.	♘c3–e4	♖a8–c8	**42.**	b2–b4	♗c6–b5+
15.	♘f3–e5	♗d7–e8	**43.**	♔d3–c3	f5–f4
16.	♗d2–c3	♘c6×d4	**44.**	♗d4–c5	♔e6–f5
17.	♘e4×f6+[b]	♗e7×f6	**45.**	♔c3–d2	h7–h5
18.	♕e2–e4	♘d4–f5	**46.**	♔d2–c3	♗b5–e2
19.	g2–g4	♗f6×e5	**47.**	♖f2–g2	f4–f3
20.	♕e4×e5	♖d8×d3	**48.**	♖g2–g7	♗e2–b5
21.	♕e5×c7	♖c8×c7	**49.**	♖g7–g3	♖e4–c4+
22.	g4×f5	e6×f5	**50.**	♔c3–d2	♔f5–e4
23.	a4–a5	f7–f6	**51.**	♗c5–b6	♖c4×b4
24.	♖f1–d1	♖c7–d7	**52.**	♖g3–h3	♖b4–b2+
25.	♖d1×d3	♖d7×d3	**53.**	♔d2–c3	f3–f2
26.	♖c1–e1	♗e8–c6	**54.**	♖h3–e3+	♔e4–f4
27.	♖e1–e3	♖d3–d1+	**55.**	♖e3–e6	♔f4–f5
28.	♖e3–e1	♖d1–d7		Weiß gibt auf	

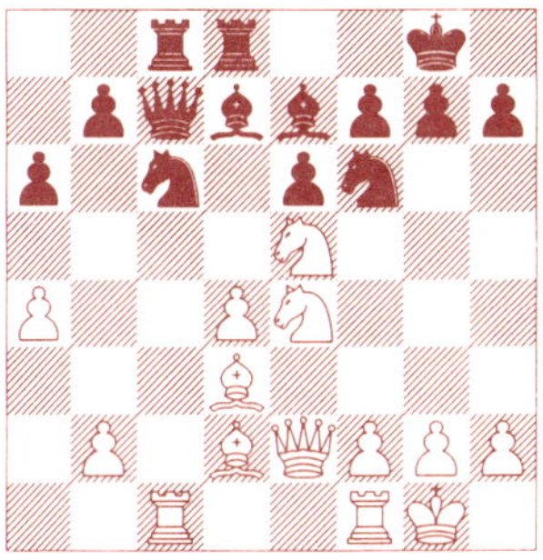

Nach 15. ♘f3–e5

Nach 19. g2–g4

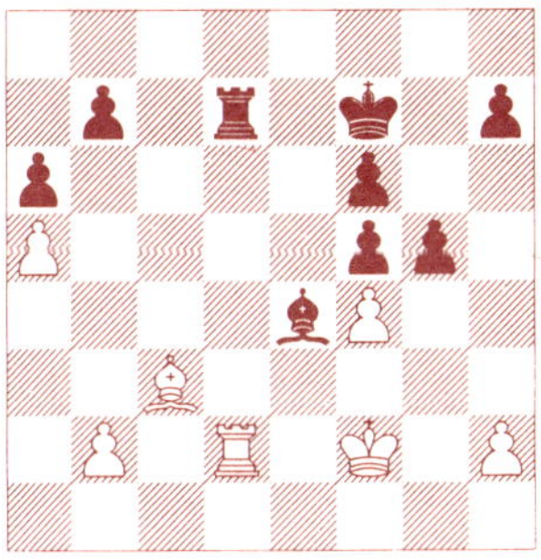

Nach 32. ♖e2–d2

[a] 9. d5 ed5 10. ♘d5 ♘d5 11. ♕d5 ♗d6 (11... ♗e6 12. ♕e4) 12. ♖d1 ♘e5 13. ♕d6 ♕d6 14. ♖d6 ♘c4

[b] 17. ♗d4 ♕c1

7

Rubinstein – Lasker

St. Petersburg 1909

Nach 15... ♖h8–e8

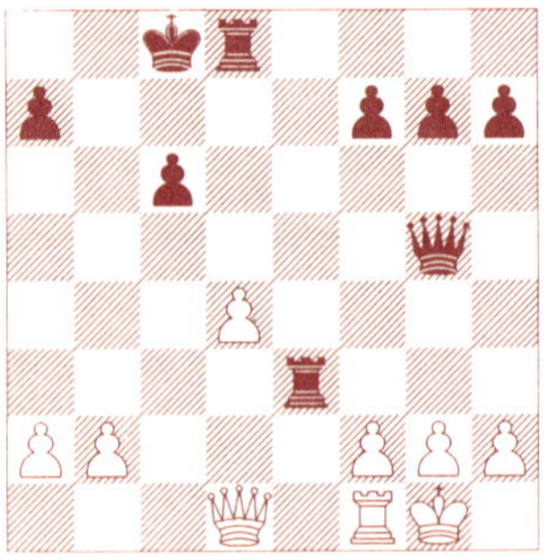

Nach 17... b7×c6

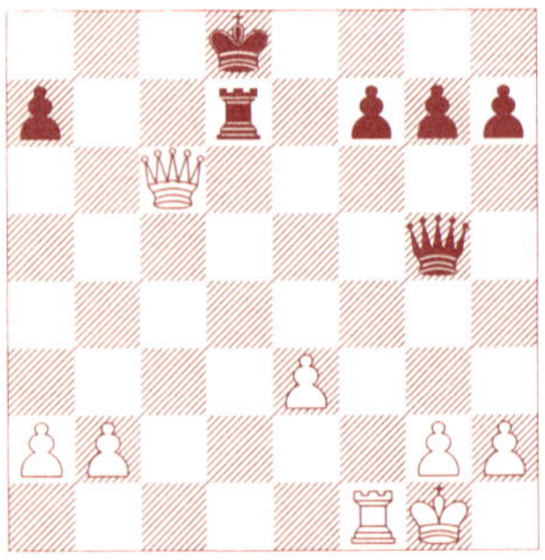

Nach 20... ♔c8–d8

1.	d2–d4	d7–d5	**22.**	♕c6–c5	♕g5–e7[e]
2.	♘g1–f3	♘g8–f6	**23.**	♕c5×e7+	♔d8×e7
3.	c2–c4	e7–e6	**24.**	♖f4×f5	♖d7–d1+
4.	♗c1–g5	c7–c5	**25.**	♔g1–f2	♖d1–d2+
5.	c4×d5	e6×d5	**26.**	♔f2–f3	♖d2×b2
6.	♘b1–c3	c5×d4	**27.**	♖f5–a5	♖b2–b7
7.	♘f3×d4	♘b8–c6	**28.**	♖a5–a6	♔e7–f8
8.	e2–e3	♗f8–e7	**29.**	e3–e4	♖b7–c7
9.	♗f1–b5	♗c8–d7	**30.**	h2–h4	♔f8–f7
10.	♗g5×f6	♗e7×f6	**31.**	g2–g4	♔f7–f8
11.	♘c3×d5	♗f6×d4	**32.**	♔f3–f4	♔f8–e7
12.	e3×d4	♕d8–g5	**33.**	h4–h5	h7–h6
13.	♗b5×c6	♗d7×c6	**34.**	♔f4–f5	♔e7–f7
14.	♘d5–e3	0–0–0[a]	**35.**	e4–e5	♖c7–b7
15.	0–0	♖h8–e8	**36.**	♖a6–d6	♔f7–e7
16.	♖a1–c1	♖e8×e3[b]	**37.**	♖d6–a6	♔e7–f7
17.	♖c1×c6+	b7×c6	**38.**	♖a6–d6	♔f7–f8
18.	♕d1–c1	♖d8×d4[c]	**39.**	♖d6–c6	♔f8–f7
19.	f2×e3	♖d4–d7	**40.**	a2–a3	
20.	♕c1×c6+	♔c8–d8		Schwarz gibt auf	
21.	♖f1–f4	f7–f5[d]			

[a] 14... ♗g2 15. ♖g1 ♕a5 16. ♕d2 ♕d2 17. ♔d2 ♗e4 18. ♖g4 ♗g6 19. ♖c1

[b] 16... ♔b8 17. ♖c5 ♕f4 18. d5 ♖e3 19. ♕c1

[c] 18... ♖e5 19. ♕c6 (19. f4 ♖c5) ♔b8 20. de5 ♕e5 21. ♖c1

[d] 21... ♕a5 22. ♕a8 ♔e7 23. ♖e4 ♔f6 24. ♕c6 ♔g5 25. h4; 21... ♖d1 22. ♔f2 ♖d2 23. ♔e1 ♕g2 24. ♖d4 ♔e7 25. ♕d6 ♔e8 26. ♕d8#

[e] 22... ♖d1 23. ♔f2 ♖d2 24. ♔e1 ♕g2 25. ♕a5

8
Vidmar – Rubinstein
St. Petersburg 1909

1.	d2–d4	d7–d5
2.	c2–c4	e7–e6
3.	♘b1–c3	d5×c4
4.	e2–e3	♘g8–f6
5.	♗f1×c4	a7–a6
6.	♘g1–f3	c7–c5
7.	0–0	♘b8–c6
8.	d4×c5	♗f8×c5
9.	♕d1×d8+	♔e8×d8
10.	a2–a3	♔d8–e7
11.	b2–b4	♗c5–d6
12.	b4–b5	♘c6–a5
13.	♗c4–a2	♗c8–d7
14.	a3–a4	♖h8–c8
15.	♗c1–b2	♘a5–c4
16.	♗a2×c4	♖c8×c4
17.	♘f3–d2	♖c4–c7
18.	♘c3–e4	♗d6–b4
19.	♖a1–b1	♘f6×e4
20.	♘d2×e4	♖c7–c4
21.	♗b2–d4	a6–a5
22.	f2–f3[a]	f7–f6
23.	♖f1–d1	♖a8–c8
24.	♖b1–b3	e6–e5
25.	♗d4–b6	♖c4–c1
26.	♖b3–d3	♖c1×d1+
27.	♖d3×d1	♗d7–e6
28.	h2–h4	♗e6–b3
29.	♖d1–a1	♖c8–c2
30.	g2–g4	g7–g6
31.	g4–g5	f6–f5
32.	♘e4–f6	h7–h5
33.	♖a1–b1	♗b3–c4
34.	♖b1–d1	♗b4–d2
35.	e3–e4	f5–f4
36.	♘f6–d5+	♗c4×d5
37.	e4×d5	♔e7–d6
38.	♔g1–f1	♗d2–e3
39.	♗b6×a5	♗e3–d4
40.	♖d1–d2	♖c2–c1+
41.	♔f1–e2	b7–b6
42.	♗a5–b4+	♔d6×d5
43.	a4–a5	b6×a5
44.	b5–b6	♖c1–b1
45.	♗b4×a5	♖b1–b5
46.	♖d2–a2	e5–e4
47.	f3×e4+	♔d5×e4
48.	♖a2–a4	f4–f3+
49.	♔e2–f1	♖b5–b1+
50.	♗a5–e1	f3–f2
51.	♖a4×d4+	♔e4×d4
52.	♔f1×f2	♖b1×b6
53.	♔f2–f3	♖b6–b5
54.	♗e1–g3	♖b5–f5+
55.	♗g3–f4	♔d4–d3
56.	♔f3–g3	♔d3–e4
57.	♗f4–b8	♖f5–f3+
58.	♔g3–g2	♖f3–b3
59.	♗b8–g3	♔e4–f5
60.	♔g2–h3	♖b3–d3
61.	♔h3–g2	♔f5–g4
62.	♗g3–e1	♖d3–d1
63.	♗e1–f2	♖d1–d2
64.	♔g2–g1	♔g4–f3
65.	♗f2–b6	♖d2–g2+
66.	♔g1–h1	♖g2–g4
67.	♗b6–g1	♖g4×h4+
68.	♗g1–h2	♖h4–g4
69.	♗h2–b8	♖g4×g5
70.	♔h1–h2	♖g5–g2+
71.	♔h2–h3	g6–g5
72.	♗b8–c7	♖g2–g1
73.	♔h3–h2	♖g1–d1
74.	♗c7–b8	g5–g4
75.	♗b8–g3	♖d1–d2+
76.	♔h2–g1	♔f3×g3
77.	♔g1–f1	♔g3–f3
78.	♔f1–e1	♖d2–d8

Weiß gibt auf

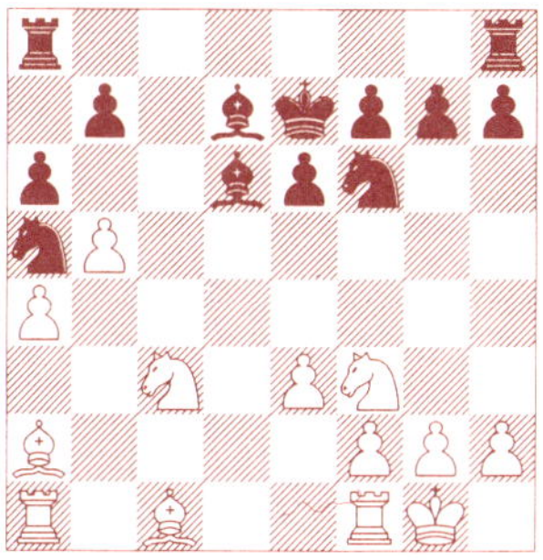

Nach 14. a3–a4

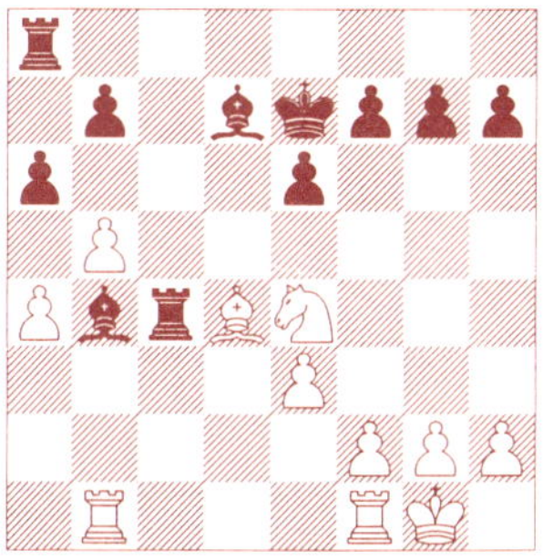

Nach 21. ♗b2–d4

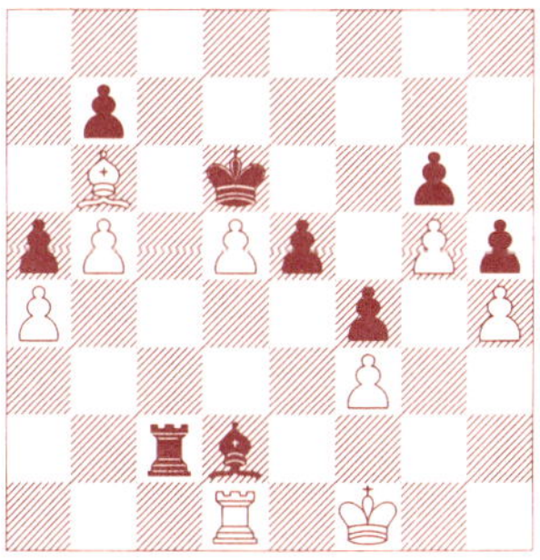

Nach 38. ♔g1–f1

[a] 22. ♖b4 ab4 23. ♗c5 ♔d8 24. ♗b6 ♔e7 25. ♗c5 ♖c5 26. ♘c5 b6 27. ♘a6 ♗c8 28. ♖b1 ♗a6 29. ba6 ♖a6 30. ♖b4

9

Rubinstein – Mieses

St. Petersburg 1909

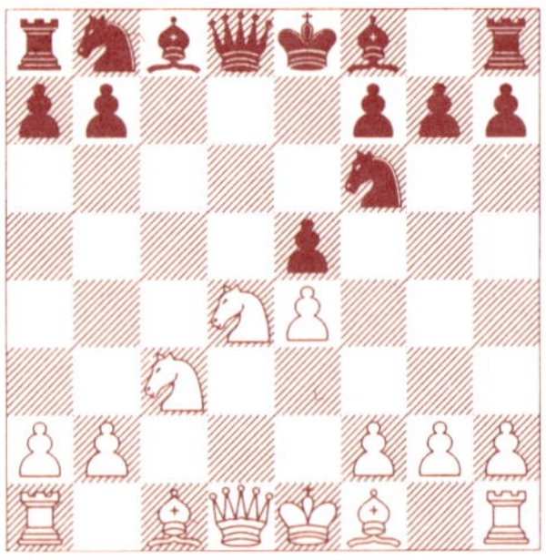

Nach 7... e7–e5

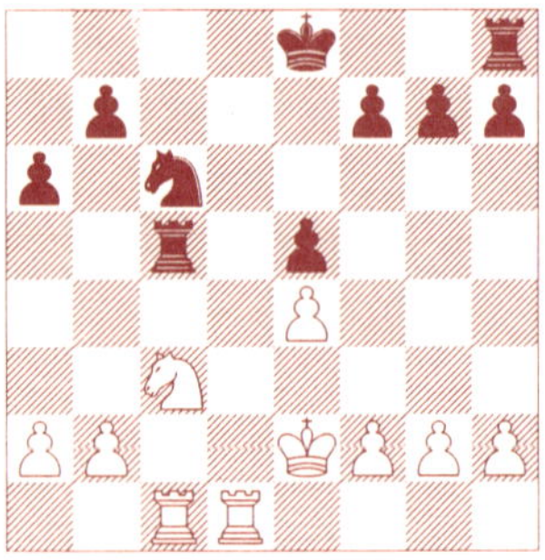

Nach 18... ♘e7–c6

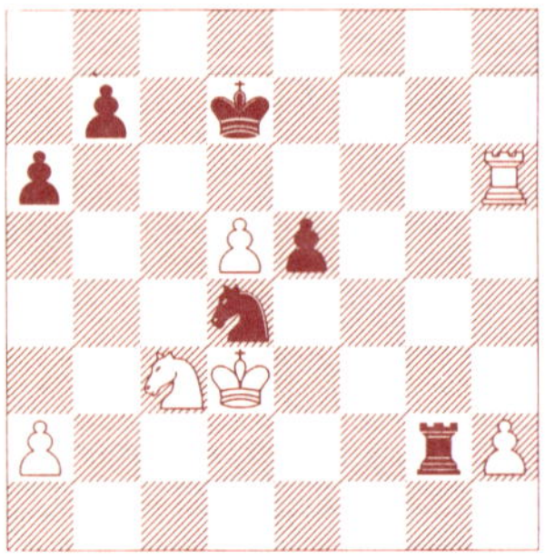

Nach 32... ♔d6–d7

1.	d2–d4	d7–d5
2.	♘g1–f3	c7–c5
3.	c2–c4	♘g8–f6
4.	c4×d5	c5×d4
5.	♘f3×d4	♘f6×d5
6.	e2–e4	♘d5–f6
7.	♘b1–c3	e7–e5[a]
8.	♗f1–b5+	♗c8–d7
9.	♘d4–f5	♘b8–c6
10.	♘f5–d6+	♗f8×d6
11.	♕d1×d6	♕d8–e7
12.	♕d6×e7+	♘c6×e7[b]
13.	♗c1–e3	a7–a6
14.	♗b5×d7+	♘f6×d7
15.	♔e1–e2	♖a8–c8
16.	♖h1–d1	♘d7–c5
17.	♗e3×c5	♖c8×c5
18.	♖a1–c1	♘e7–c6[c]
19.	♖d1–d5	♖c5×d5[d]
20.	e4×d5	♘c6–d4+
21.	♔e2–d3	♔e8–e7
22.	f2–f4	f7–f6
23.	f4×e5	f6×e5
24.	♔d3–e4	♔e7–d6
25.	♖c1–f1	♖h8–c8
26.	♖f1–f7	♖c8–c4
27.	♔e4–d3	♖c4–b4
28.	♖f7×g7	♖b4×b2
29.	♖g7×h7	♖b2×g2
30.	♖h7–h6+	♔d6–d7[e]
31.	♖h6–h7+	♔d7–d6
32.	♖h7–h6+	♔d6–d7
33.	♘c3–e4	♖g2×a2
34.	♖h6–h7+	♔d7–d8
35.	d5–d6	♘d4–b5
36.	♔d3–c4	♖a2–a5
37.	♖h7×b7	♘b5–a3+
38.	♔c4–b4	♖a5–b5+
39.	♖b7×b5	♘a3×b5
40.	♔b4–c5	♔d8–d7
41.	♔c5–d5	a6–a5
42.	♘e4–c5+	♔d7–e8
43.	♔d5×e5	♔e8–f7
44.	♘c5–b7	

Schwarz gibt auf

[a] 7... a6 8. e5 ♘d5 9. e6

[b] 12... ♔e7 13. ♗g5 ♗e6 14. f4

[c] 18... 0–0 19. ♘d5; 18... ♖c7 19. ♘a4 ♘c6 20. ♔e3 0–0 21. ♘c5 ♘d4 22. ♘d3

[d] 19... ♖c4 20. b3 ♖d4 21. ♔e3 f6 22. ♘a4 ♔e7 23. ♘c5 ♖d5 24. ed5 ♘b4 25. d6

[e] 30... ♔c5 31. ♘e4 ♔d5 32. ♖d6#

10

Duras – Rubinstein

St. Petersburg 1909

1.	e2–e4	e7–e5	**34.**	♔g2–f1	♖e3×h3
2.	♘g1–f3	♘b8–c6	**35.**	♔f1–e2	♖g8–e8+
3.	♗f1–b5	a7–a6	**36.**	♔e2–d2	♖h3×h4
4.	♗b5–a4	♘g8–f6	**37.**	♖f2–g2	♖e8–h8
5.	d2–d3	d7–d6	**38.**	♔d2–c3	♖h4–h3+
6.	c2–c4	g7–g6	**39.**	♖d4–d3	♖h3×d3+
7.	d3–d4	e5×d4	**40.**	♔c3×d3	♖h8–h3+
8.	♘f3×d4	♗c8–d7	**41.**	♔d3–d4	♖h3–f3
9.	♘d4×c6	♗d7×c6	**42.**	♔d4–d5	♖f3×f4
10.	0–0	♗f8–g7	**43.**	♔d5–c6	♖f4–g4
11.	♘b1–c3	0–0	**44.**	♖g2–f2	♖g4–g7
12.	f2–f3	♘f6–d7	**45.**	♔c6–d5	♖g7–e7
13.	♗c1–e3	♘d7–e5	**46.**	♖f2–f1	♔f6–g5
14.	♗a4–b3[a]	b7–b6	**47.**	♖f1–g1+	♔g5–f4
15.	f3–f4	♘e5–d7	**48.**	a2–a3	♔f4–f3
16.	♗e3–d4	♘d7–c5	**49.**	♖g1–f1+	♔f3–g4
17.	♗d4×g7	♔g8×g7	**50.**	♖f1–g1+	♔g4–h3
18.	♗b3–c2	a6–a5	**51.**	♖g1–f1	♖e7–e5+
19.	♕d1–g4	♘c5×e4	**52.**	♔d5–c6	♔h3–g2
20.	♘c3×e4	f7–f5	**53.**	♖f1–f4	♔g2–g3
21.	♕g4–f3	f5×e4	**54.**	♖f4–f1	♖e5–c5+
22.	♗c2×e4	♗c6×e4	**55.**	♔c6–b7	f5–f4
23.	♕f3×e4	♕d8–f6	**56.**	♖f1–c1	d6–d5
24.	♖f1–f2[b]	♖a8–e8	**57.**	♖c1–g1+	♔g3–f2
25.	♕e4–d5	♕f6–f5	**58.**	♖g1–b1	d5–d4
26.	♖a1–d1	♖e8–e4	**59.**	♖b1–c1	d4–d3
27.	g2–g3	♖f8–e8	**60.**	b3–b4	a5×b4
28.	♔g1–g2	h7–h5	**61.**	a3×b4	d3–d2
29.	b2–b3	♖e4–e3	**62.**	♖c1–c2	♔f2–e3
30.	♖d1–d4	♔g7–f6	**63.**	b4×c5	d2–d1♕
31.	h2–h3[c]	h5–h4	**64.**	♖c2–c3+	♔e3–d4
32.	♕d5×f5+[d]	g6×f5	**65.**	c5×b6	♔d4×c3
33.	g3×h4	♖e8–g8+		Weiß gibt auf	

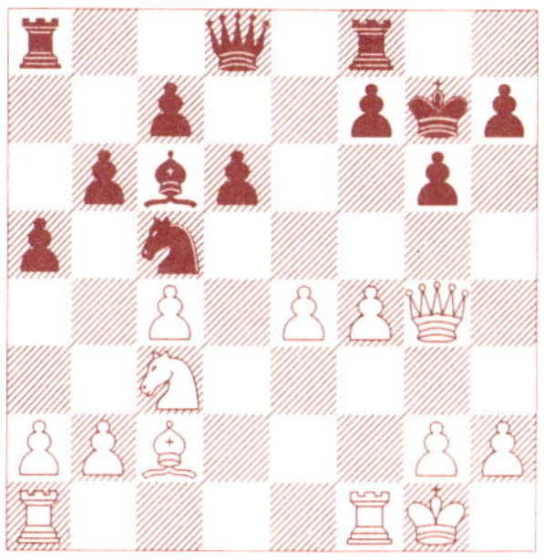

Nach 19. ♕d1–g4

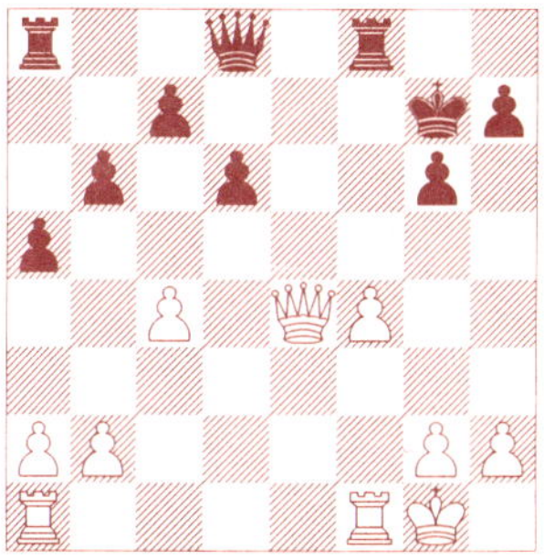

Nach 23. ♕f3×e4

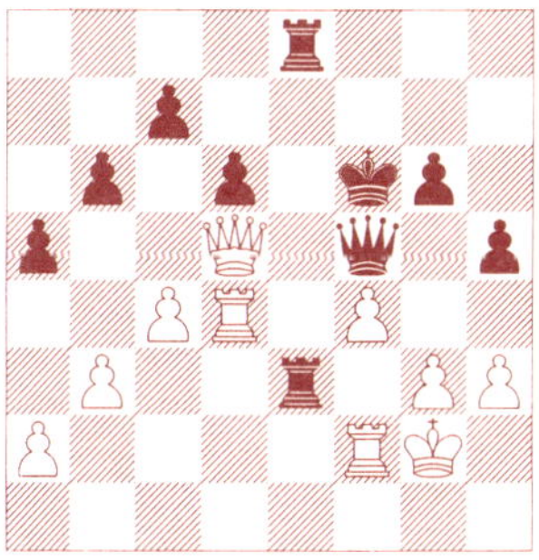

Nach 31. h2–h3

[a] 14. c5 ♘c4 15. ♕e2 ♘e3 16. ♕e3 ♗a4 17. ♘a4 dc5; 14. ♕e2 ♗a4 15. ♘a4 ♘c4 16. ♕c4 b5; 14. ♗d4 ♗a4 15. ♘a4 b5 16. cb5 ab5 17. ♘c3 b4 18. ♘d5 c6 19. ♘e3 c5 20. ♗e5 ♗e5

[b] 24. ♕c6 ♕d4 25. ♔h1 ♕c5 26. ♕c5 bc5 27. ♖ae1 ♖ae8 28. g3 g5 29. fg5 ♖f1 30. ♖f1 ♖e2

[c] 31. ♖dd2 h4 32. ♕f5 gf5 33. ♖f3 hg3 34. hg3 ♖e2 35. ♖f2 ♖d2 36. ♖d2 ♖e3

[d] 32. g4 ♖g3 33. ♔h2 ♕d5 34. cd5 ♖ee3

11

Rubinstein – Dus-Chotimirski

St. Petersburg 1909

1.	d2–d4	d7–d5
2.	♘g1–f3	c7–c5
3.	c2–c4	e7–e6
4.	c4×d5	e6×d5
5.	♘b1–c3	♗c8–e6
6.	g2–g3	♘g8–f6
7.	♗f1–g2	♘b8–c6
8.	0–0	c5–c4
9.	♗c1–g5	♗f8–e7
10.	♘f3–e5	♕d8–b6
11.	♗g5×f6	g7×f6
12.	♘e5×c4	d5×c4
13.	d4–d5	0–0[a]
14.	d5×e6	♕b6×b2
15.	e6×f7+	♔g8–h8
16.	♘c3–d5	♖a8–b8
17.	♖a1–b1	♕b2–e5
18.	♕d1–a4	c4–c3
19.	♖f1–c1[b]	b7–b5
20.	♖b1×b5[c]	♖b8×b5
21.	♕a4×b5	♘c6–d4
22.	♕b5–e8	♘d4×e2+
23.	♔g1–f1	♘e2×c1
24.	♘d5×e7	♕e5–e2+
25.	♔f1–g1	♕e2–d1+
26.	♗g2–f1	♕d1–d8
27.	♕e8×d8	♖f8×d8
28.	♘e7–c6	♖d8–f8
29.	♗f1–c4	♘c1–e2+[d]

Weiß gibt auf

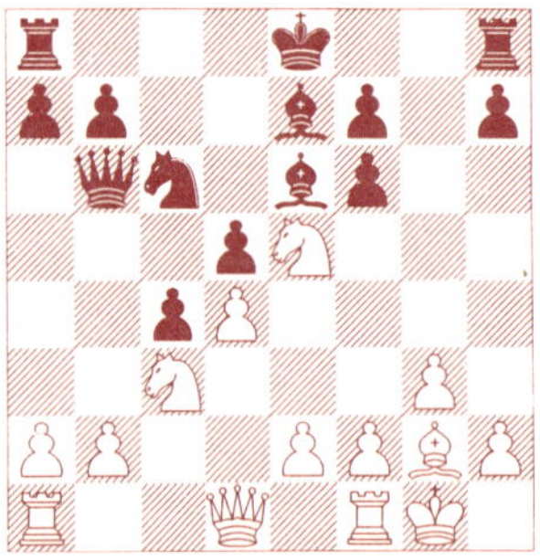

Nach 11... g7×f6

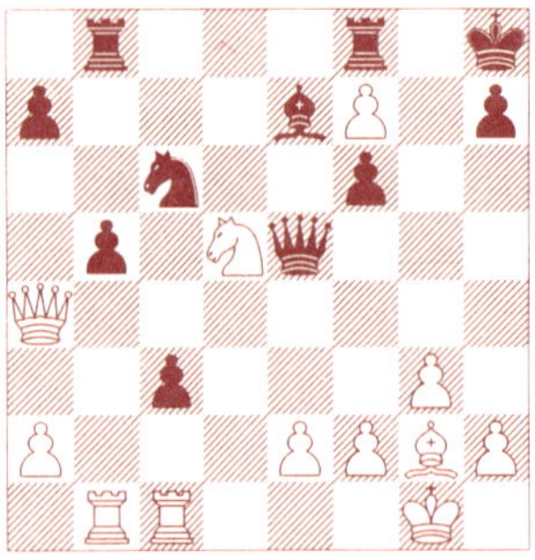

Nach 19... b7–b5

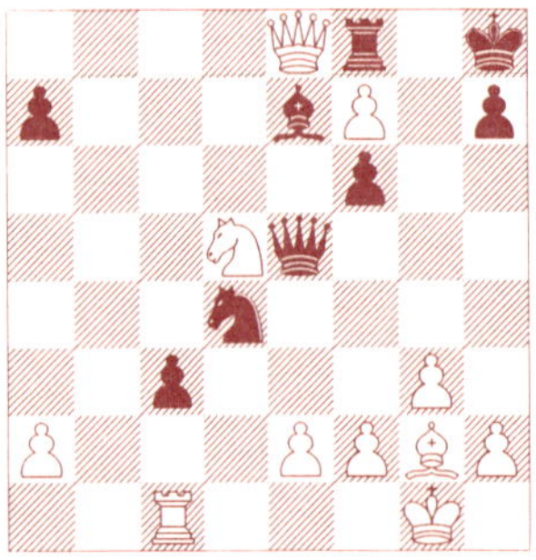

Nach 22. ♕b5–e8

[a] 13... ♖d8 14. ♕a4
[b] 19. ♕c4
[c] 20. ♕a6 ♘d4 21. ♘c3 b4 22. e3 bc3 23. ed4 ♖b1 24. ♖b1 ♕d4 25. ♕e2 ♗a3 26. ♖d1 ♕e5 27. ♕e5 fe5 28. ♗e4 ♖f7
[d] 30. ♔f1 c2

12

Cohn – Rubinstein

St. Petersburg 1909

1.	d2–d4	d7–d5
2.	♘g1–f3	c7–c5
3.	c2–c4	d5×c4
4.	d4×c5	♕d8×d1+
5.	♔e1×d1	♘b8–c6
6.	e2–e3	♗c8–g4
7.	♗f1×c4	e7–e6
8.	a2–a3	♗f8×c5
9.	b2–b4	♗c5–d6
10.	♗c1–b2	♘g8–f6
11.	♘b1–d2	♔e8–e7
12.	♔d1–e2	♗d6–e5
13.	♗b2×e5	♘c6×e5
14.	♖h1–c1	♖a8–c8
15.	♗c4–b3	♖h8–d8
16.	♘d2–c4	♘e5×c4
17.	♖c1×c4	♖c8×c4
18.	♗b3×c4	♘f6–e4
19.	♔e2–e1	♗g4×f3
20.	g2×f3	♘e4–d6
21.	♗c4–e2	♖d8–c8
22.	♔e1–d2	♘d6–c4+
23.	♗e2×c4	♖c8×c4
24.	♖a1–c1	♖c4×c1
25.	♔d2×c1	♔e7–f6
26.	♔c1–d2	♔f6–g5
27.	♔d2–e2	♔g5–h4
28.	♔e2–f1	♔h4–h3
29.	♔f1–g1	e6–e5
30.	♔g1–h1[a]	b7–b5
31.	♔h1–g1	f7–f5
32.	♔g1–h1	g7–g5
33.	♔h1–g1	h7–h5
34.	♔g1–h1	g5–g4
35.	e3–e4[b]	f5×e4
36.	f3×e4[c]	h5–h4
37.	♔h1–g1	g4–g3
38.	h2×g3	h4×g3[d]

Weiß gibt auf

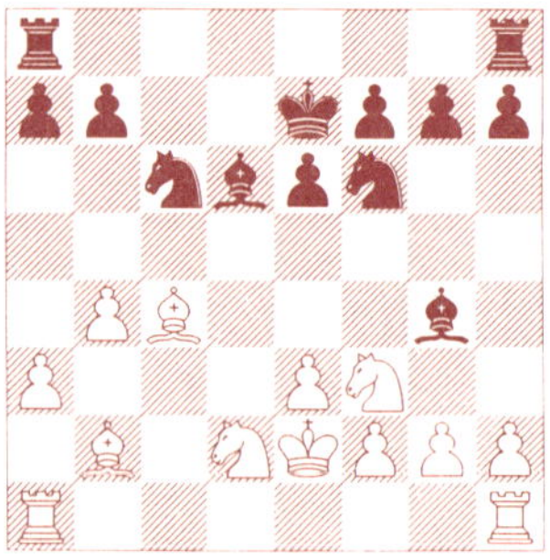

Nach 12. ♔d1–e2

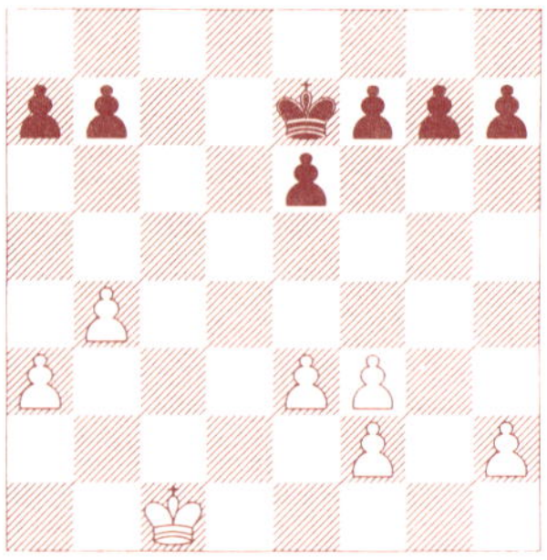

Nach 25. ♔d2×c1

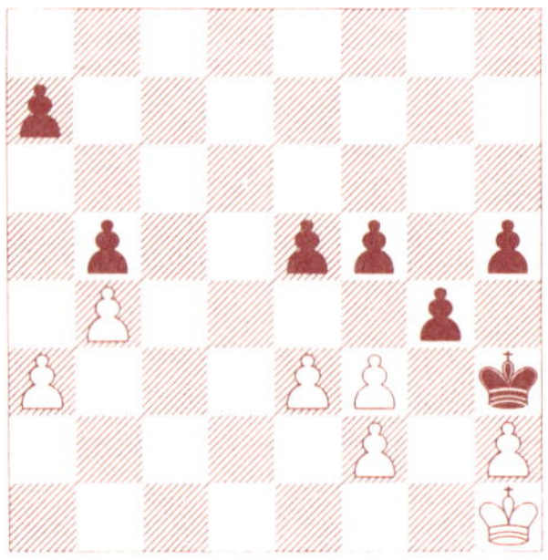

Nach 34... g5–g4

[a] 30. e4 g5 31. ♔h1 h5 32. ♔g1 h4 33. ♔h1 g4 34. fg4 ♔g4 35. ♔g2 h3
[b] 35. fg4 hg4 36. ♔g1 f4 37. ef4 ef4 38. ♔h1 g3 39. fg3 fg3 40. hg3 ♔g3 41. ♔g1 ♔f3 42. ♔f1 ♔e3 43. ♔e1 ♔d3 44. ♔d1 ♔c3 45. a4 a6 46. ab5 ab5 47. ♔c1 ♔b4 48. ♔b2
[c] 36. fg4 hg4 37. ♔g1 e3 38. fe3 e4 39. ♔h1 g3 40. hg3 ♔g3
[d] 39. f4 ef4 40. e5 g2 41. e6 ♔g3 42. e7 f3 43. e8♕ f2

13
Rubinstein – Schlechter
St. Petersburg 1909

1.	d2–d4	d7–d5
2.	♘g1–f3	e7–e6
3.	c2–c4	♘g8–f6
4.	♗c1–g5	♗f8–e7
5.	♘b1–c3	♘b8–d7
6.	e2–e3	c7–c6
7.	♗f1–d3	d5×c4
8.	♗d3×c4	♘f6–d5
9.	♗g5×e7	♕d8×e7
10.	0–0	0–0
11.	♖a1–c1	♖f8–d8[a]
12.	♕d1–c2	♘d7–f8
13.	e3–e4	♘d5–b6
14.	♗c4–b3	♗c8–d7[b]
15.	♘c3–e2	♗d7–e8
16.	♖f1–d1	♖a8–c8
17.	♕c2–c3	♖c8–c7
18.	♘e2–f4	f7–f6
19.	♕c3–a5	g7–g5[c]
20.	♘f4–e2	♘b6–c8
21.	d4–d5	♖c7–d7[d]
22.	♘e2–d4	c6×d5
23.	e4×d5	♖d7×d5[e]
24.	♗b3×d5	♖d8×d5
25.	♕a5–e1	♘c8–d6
26.	♘d4–e2	♗e8–c6[f]
27.	♖d1×d5	♗c6×d5
28.	♘f3–d4	e6–e5
29.	♘e2–c3	♕e7–f7
30.	♘c3×d5	♕f7×d5
31.	♘d4–b3	b7–b6
32.	♖c1–d1	♕d5–c6
33.	♕e1–c3	♕c6×c3
34.	b2×c3	♘d6–e4
35.	c3–c4	♔g8–f7
36.	♖d1–d8	♔f7–e7
37.	♖d8–a8	a7–a5
38.	f2–f3	♘e4–c3
39.	c4–c5	b6×c5
40.	♘b3×c5	♘c3×a2
41.	♖a8–a7+	♔e7–e8
42.	♔g1–f2	♘a2–b4
43.	♖a7×a5	♔e8–f7
44.	♔f2–e3	h7–h5
45.	♔e3–e4	♘b4–c6
46.	♖a5–a6	♘c6–e7
47.	g2–g4	h5×g4
48.	f3×g4	♔f7–g6
49.	♖a6–a7	♔g6–f7
50.	♘c5–b7	♔f7–g6
51.	♘b7–d6	♘e7–c6
52.	♖a7–c7	♘c6–d4
53.	♘d6–f5	♘d4×f5
54.	g4×f5+	♔g6–h6
55.	♔e4–f3	♘f8–h7
56.	♔f3–g4	e5–e4
57.	♖c7–e7	e4–e3
58.	♖e7×e3	♔h6–g7
59.	♖e3–e7+	

Schwarz gibt auf

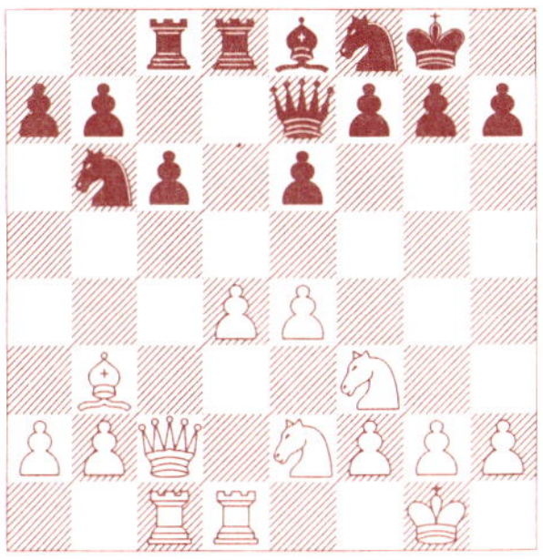
Nach 16. . . ♖a8–c8

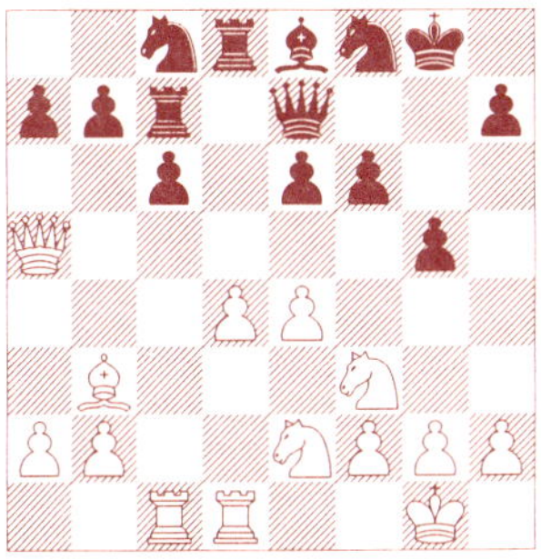
Nach 20. . . ♘b6–c8

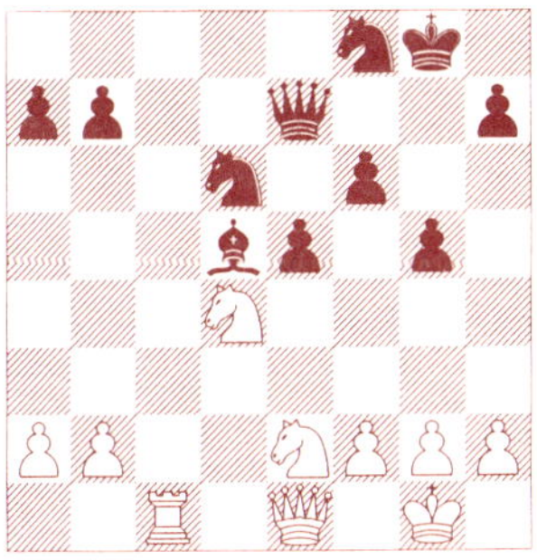
Nach 28. . . e6–e5

[a] 11. . . ♘c3 12. ♖c3 e5
[b] 14. . . c5 15. dc5 ♕c5 16. ♘d5 ♕c2 17. ♘e7 ♔h8 18. ♘e5
[c] 19. . . ♘c8 20. ♘e6; 19. . . ♖a8 20. d5 ed5 21. ed5 cd5 22. ♘d5
[d] 21. . . b6 22. ♕c3 ed5 23. ed5 ♕e2 24. d6 ♖f7 25. ♕f6 ♖dd7 26. ♖e1 ♕b5 27. ♖e8 ♕b3 28. ♕g5
[e] 23. . . ed5 24. ♗a4 b6 25. ♕a6 ♖c7 26. ♘f5
[f] 26. . . ♖b5 27. ♕d2 ♘e4 28. ♕e3

14

Fleischmann – Rubinstein
St. Petersburg 1909

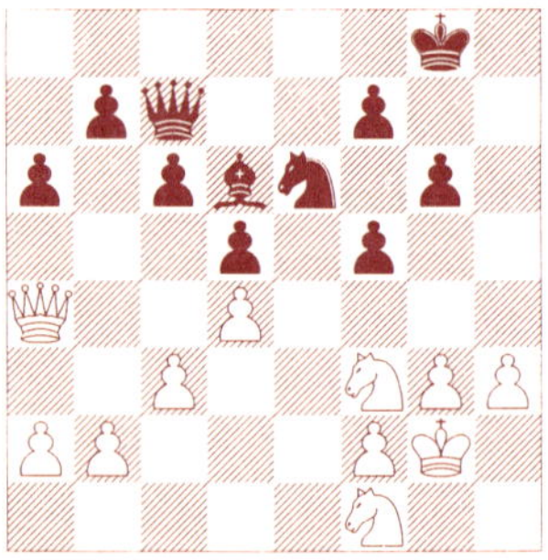

Nach 22. ♔g1–g2

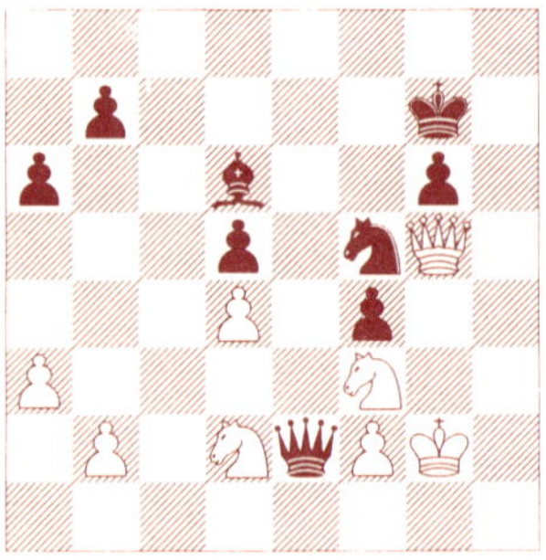

Nach 36. ♕g4–g5

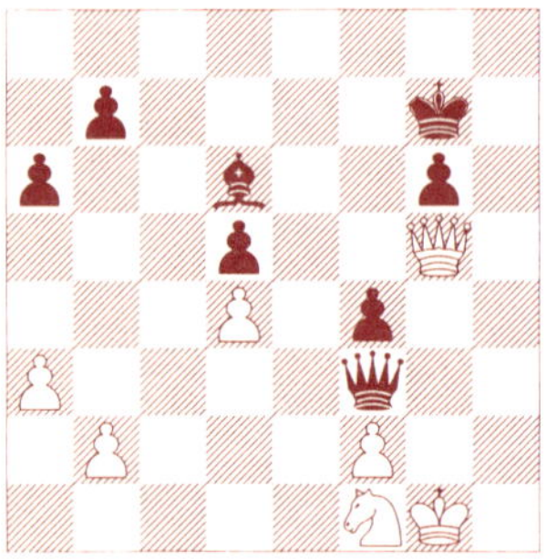

Nach 40. ♔h2–g1

1.	e2–e4	e7–e6	**28.**	♘f1–d2	♗d6–b4
2.	d2–d4	d7–d5	**29.**	h3–h4	♘g5–e4
3.	e4×d5	e6×d5	**30.**	♘d2–f1	♘e4–d6
4.	♘g1–f3	♘g8–f6	**31.**	♕c8–g4	♕e7–e4
5.	♗f1–d3	♗f8–d6	**32.**	h4–h5	♘d6–f5
6.	0–0	0–0	**33.**	h5×g6	f7×g6
7.	♗c1–g5	♗c8–g4	**34.**	a2–a3	♗b4–d6
8.	♘b1–d2	♘b8–d7	**35.**	♘f1–d2	♕e4–e2
9.	c2–c3	c7–c6	**36.**	♕g4–g5	♘f5–e3+
10.	♕d1–c2	♕d8–c7	**37.**	♔g2–g1	♕e2–d1+
11.	♖f1–e1	♖f8–e8	**38.**	♔g1–h2	♘e3–f1+
12.	h2–h3	♗g4–h5	**39.**	♘d2×f1	♕d1×f3
13.	♖e1×e8+	♖a8×e8	**40.**	♔h2–g1	♕f3–h3
14.	♖a1–e1	♖e8×e1+	**41.**	♕g5–g2[c]	♕h3×g2+
15.	♘f3×e1	♗h5–g6	**42.**	♔g1×g2	♗d6–c7
16.	♗d3×g6	h7×g6	**43.**	♘f1–d2	♗c7–b6
17.	♘e1–f3	♘d7–f8	**44.**	♘d2–b3	♔g7–f6
18.	♗g5×f6[a]	g7×f6	**45.**	f2–f3	g6–g5
19.	♕c2–a4	a7–a6	**46.**	♔g2–f2	♔f6–f5
20.	♘d2–f1	♘f8–e6	**47.**	♔f2–f1	g5–g4
21.	g2–g3	f6–f5	**48.**	f3×g4+	♔f5×g4
22.	♔g1–g2	f5–f4	**49.**	♘b3–c5	♗b6×c5
23.	g3–g4	c6–c5	**50.**	d4×c5	d5–d4
24.	♕a4–e8+	♔g8–g7	**51.**	b2–b4	d4–d3
25.	g4–g5	c5×d4	**52.**	a3–a4	f4–f3
26.	c3×d4	♕c7–e7		Weiß gibt auf	
27.	♕e8–c8[b]	♘e6×g5			

[a] 18. ♘f1 ♘e4 19. ♗c1 ♘e6 20. ♘e1 f5
[b] 27. ♕e7 ♗e7 28. h4 f6
[c] 41. ♕d5 f3 42. ♕g5 ♔h7 43. d5 b5

15

Rubinstein – Freiman

St. Petersburg 1909

1.	d2–d4	d7–d5
2.	♘g1–f3	♘g8–f6
3.	c2–c4	d5×c4
4.	e2–e3	e7–e6
5.	♗f1×c4	a7–a6
6.	0–0	c7–c5
7.	a2–a4	b7–b6[a]
8.	♕d1–e2	♗c8–b7
9.	♘b1–c3	♘b8–c6
10.	♖f1–d1	♕d8–c7
11.	d4–d5	e6×d5
12.	♗c4×d5	♗f8–e7
13.	e3–e4	0–0
14.	e4–e5	♘f6–e8
15.	♕e2–e4	♘c6–a5
16.	♗d5×b7[b]	

Schwarz gibt auf

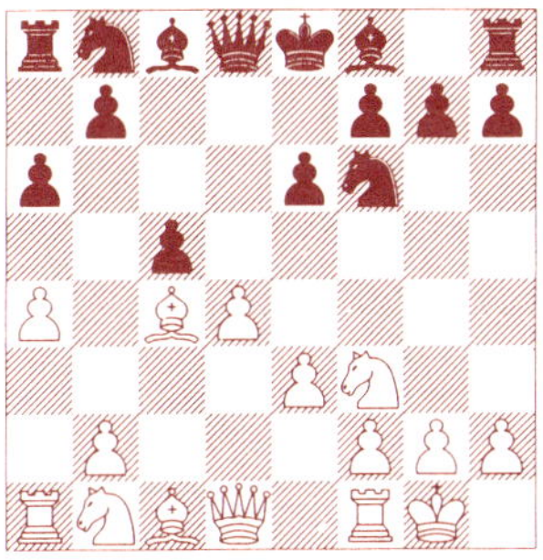

Nach 7. a2–a4

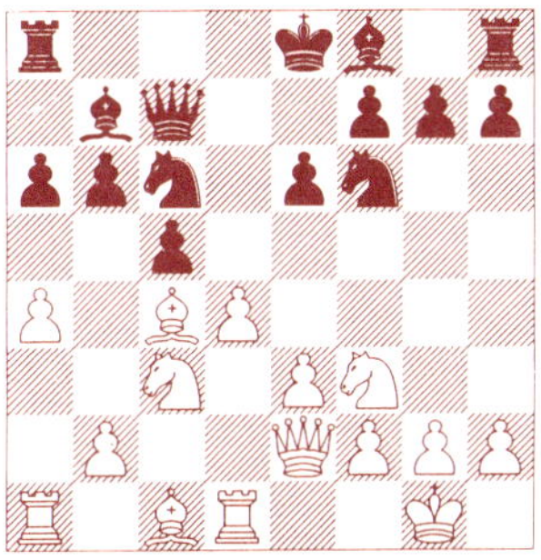

Nach 10... ♕d8–c7

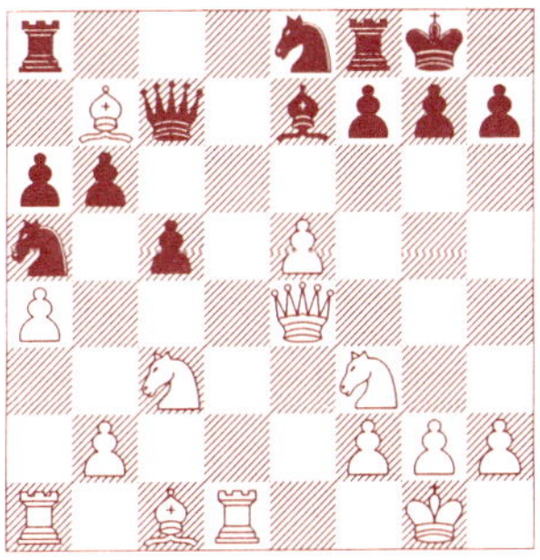

Nach 16. ♗d5×b7

[a] 7... ♘c6

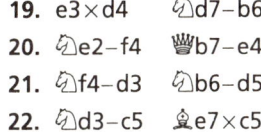

[b] 16... ♘b7 (16... ♕b7 17. ♕b7 ♘b7 18. ♖d7) 17. ♘d5 ♕d8 18. ♗h6 gh6 19. ♘f6 ♘f6 20. ef6 ♕c8 21. fe7 ♖e8 22. ♘h4

16

Rubinstein – Salwe

St. Petersburg 1909

1.	d2–d4	d7–d5
2.	♘g1–f3	♘g8–f6
3.	c2–c4	e7–e6
4.	♗c1–g5	♗f8–e7
5.	♘b1–c3	d5×c4
6.	e2–e3	a7–a6
7.	♗f1×c4	b7–b5
8.	♗c4–d3	♗c8–b7
9.	a2–a4	b5–b4
10.	♗g5×f6	g7×f6
11.	♘c3–e2	♘b8–d7
12.	♕d1–c2	c7–c5
13.	♗d3–e4	♕d8–c7
14.	♗e4×b7	♕c7×b7
15.	0–0	♖a8–c8
16.	♖f1–c1	0–0
17.	♕c2–d3	♖f8–d8
18.	♕d3–b3	c5×d4
19.	e3×d4	♘d7–b6
20.	♘e2–f4	♕b7–e4
21.	♘f4–d3	♘b6–d5
22.	♘d3–c5	♗e7×c5
23.	d4×c5	♔g8–h8
24.	♖c1–c4	♕e4–g6
25.	a4–a5	♖c8–c7
26.	g2–g3	♖d8–c8
27.	♖a1–c1	♕g6–h6
28.	♖c1–c2	♕h6–f8
29.	c5–c6	♕f8–d6
30.	♘f3–d4	e6–e5
31.	♘d4–f5	♕d6–e6
32.	♕b3–f3	♖c7×c6[a]
33.	♖c4×c6	♖c8×c6
34.	♕f3–g4	

Schwarz gibt auf

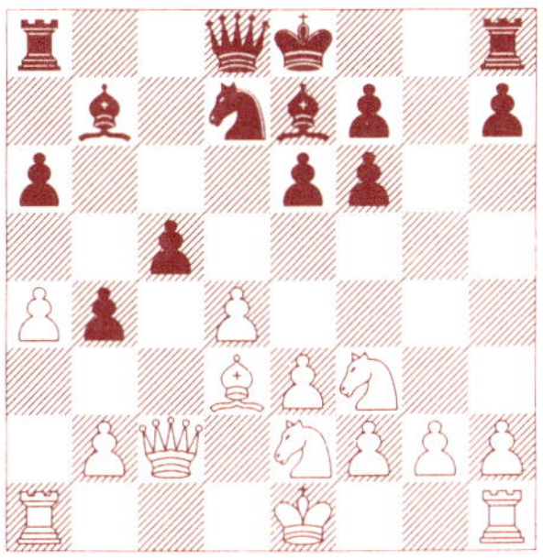

Nach 12... c7–c5

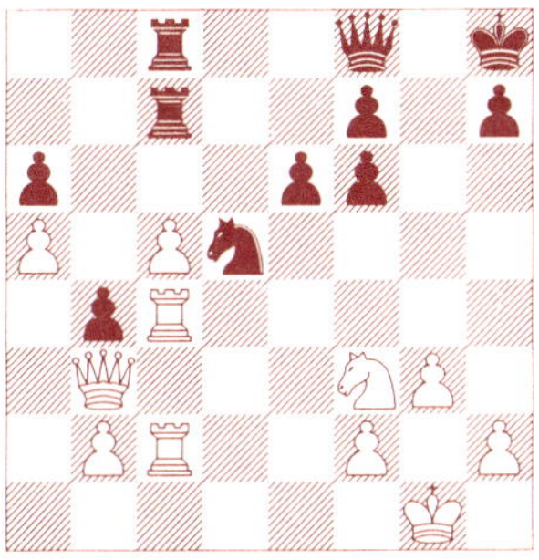

Nach 28... ♕h6–f8

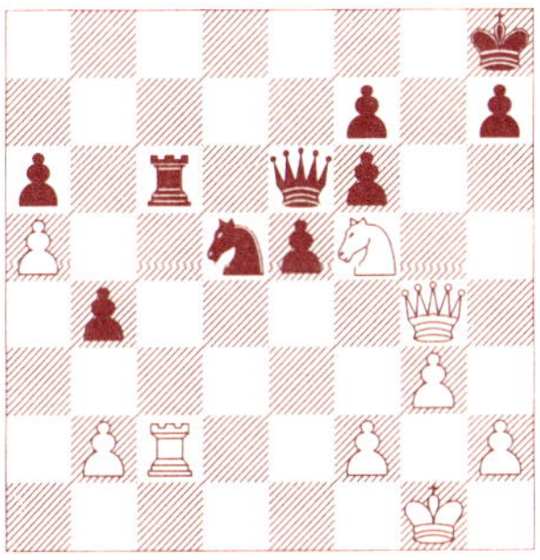

Nach 34. ♕f3–g4

[a] 32... ♘f4 33. ♘e3

17

Rubinstein – Bernstein

St. Petersburg 1909

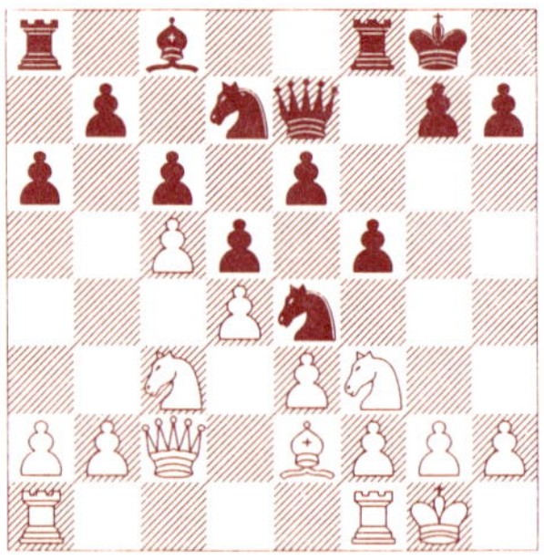

Nach 11. . . 0–0

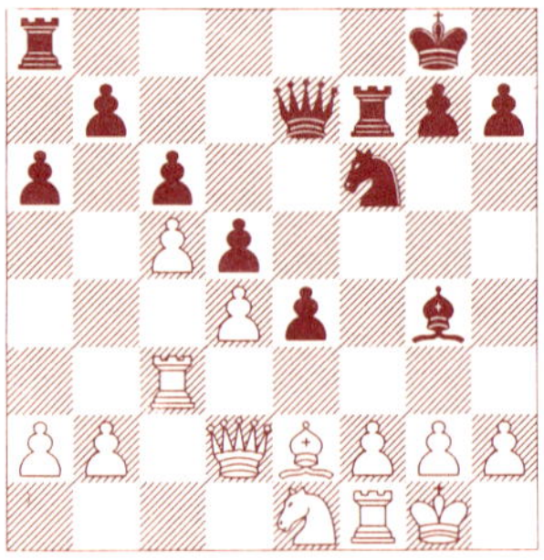

Nach 17. . . ♖f8–f7

Nach 36. ♖b8×b7+

1.	d2–d4	d7–d5
2.	♘g1–f3	e7–e6
3.	c2–c4	♘g8–f6
4.	♗c1–g5	♗f8–e7
5.	♘b1–c3	♘b8–d7
6.	e2–e3	a7–a6
7.	c4–c5	♘f6–e4
8.	♗g5×e7	♕d8×e7
9.	♕d1–c2	f7–f5
10.	♗f1–e2	c7–c6
11.	0–0	0–0
12.	♘c3×e4[a]	f5×e4
13.	♘f3–e1	e6–e5
14.	♕c2–d2	e5×d4
15.	e3×d4	♘d7–f6
16.	♖a1–c1	♗c8–g4
17.	♖c1–c3	♖f8–f7
18.	f2–f3	e4×f3
19.	♗e2×f3	♘f6–e4
20.	♗f3×e4	♖f7×f1+
21.	♔g1×f1	♕e7×e4
22.	♖c3–e3	♕e4–f4+
23.	♔f1–g1	♖a8–f8
24.	♘e1–f3	♗g4×f3
25.	g2×f3	h7–h6
26.	♕d2–d3	♖f8–f5
27.	♖e3–e8+	♔g8–f7[b]
28.	♕d3–e3	♕f4–g5+
29.	♔g1–f2	♕g5–h4+
30.	♔f2–g2	♖f5–g5+
31.	♔g2–h1	♖g5–g6
32.	a2–a3[c]	a6–a5
33.	b2–b4[d]	a5–a4
34.	b4–b5	c6×b5
35.	♖e8–b8	♖g6–e6
36.	♖b8×b7+	♖e6–e7
37.	c5–c6	♔f7–e8
38.	♖b7–b8+	♔e8–f7
39.	♖b8–b7	♔f7–e8
	Remis	

[a] 12. b4 e5 13. de5 ♘e5 14. ♘d4

[b] 27. . . ♔h7 28. ♖f8 g6 29. ♖f5 gf5

[c] 32. ♖b8 ♖e6 33. ♖b7 ♔f6 34. ♕d2 ♖e1 35. ♔g2; 32. b4 ♖f6 (32. . . ♕g5 33. ♕g5 ♖g5 34. ♖b8; 32. . . ♕f6 33. ♖b8 ♕f5 34. ♕e8 ♔f6 35. ♕d8) 33. ♕e7 ♔g6 34. ♖g8

[d] 33. ♖b8

18
Spielmann – Rubinstein
St. Petersburg 1909

1.	e2–e4	e7–e5	39.	♖c1–c2	♖a2×c2
2.	♘g1–f3	♘b8–c6	40.	♖c7×c2	♖b8–a8
3.	♗f1–b5	a7–a6	41.	♖c2–c3[e]	♖a8–a4
4.	♗b5–a4	♘g8–f6	42.	♖c3–d3	♔f8–e7
5.	0–0	♗f8–e7	43.	♔h2–g3[f]	♔e7–e6
6.	♖f1–e1	b7–b5	44.	♔g3–f3	♔e6–d5
7.	♗a4–b3	d7–d6	45.	♔f3–e2	g6–g5
8.	c2–c3	♗c8–g4[a]	46.	♖d3–b3	f7–f6
9.	h2–h3	♗g4–h5	47.	♔e2–e3	♔d5–c4
10.	d2–d3	0–0	48.	♖b3–d3	d6–d5
11.	♘b1–d2	d6–d5	49.	♔e3–d2	♖a4–a8
12.	e4×d5	♘f6×d5	50.	♔d2–c2	♖a8–a7
13.	♘d2–f1[b]	♗e7–f6	51.	♔c2–d2	♖a7–e7
14.	g2–g4	♗h5–g6	52.	♖d3–c3+[g]	♔c4×d4
15.	g4–g5	♗f6–e7	53.	a3–a4	♖e7–a7
16.	♘f3×e5	♘c6×e5	54.	♖c3–a3	♖a7–a5
17.	♖e1×e5	♘d5–b6	55.	♖a3–a1	♔d4–c4
18.	d3–d4	♘b6–d7	56.	♔d2–e3	d5–d4+
19.	♖e5–e1	♗e7×g5	57.	♔e3–d2	♖a5–f5
20.	♗c1×g5	♕d8×g5+	58.	♔d2–e1	♔c4–b4
21.	♕d1–g4	♕g5–d8	59.	♔e1–e2	♔b4–a5
22.	♘f1–g3	♘d7–f6	60.	♖a1–a3	♖f5–f4
23.	♕g4–f3	♕d8–d7	61.	♖a3–a2	♖f4–h4
24.	♔g1–h2	a6–a5	62.	♔e2–d3	♖h4×h3+
25.	a2–a3	♖a8–b8	63.	♔d3×d4	♖h3–h4+
26.	♖e1–e5	♖f8–e8	64.	♔d4–d3	♖h4×a4
27.	♖a1–g1[c]	b5–b4	65.	♖a2–e2	♖a4–f4
28.	♖e5×a5	b4×c3	66.	♔d3–e3	♔a5–b6
29.	♕f3×c3	♘f6–e4	67.	♖e2–c2	♔b6–b7
30.	♘g3×e4	♖e8×e4	68.	♖c2–c1	♖f4–a4
31.	♖a5–d5	♕d7–e7	69.	♖c1–h1	♔b7–c6
32.	♖d5–c5	♖e4–e2	70.	♖h1–h7	♖a4–a7
33.	♕c3–g3	♕e7–d6	71.	♔e3–e4	♔c6–d6
34.	♕g3×d6[d]	c7×d6	72.	♔e4–f5	g7–g6+
35.	♖c5–c7	♖e2×b2	73.	♔f5×g6	♖a7×h7
36.	♖g1–c1	♔g8–f8	74.	♔g6×h7	♔d6–e5
37.	♗b3–c2	♖b2–a2	75.	♔h7–g6	g5–g4
38.	♗c2×g6	h7×g6		Weiß gibt auf	

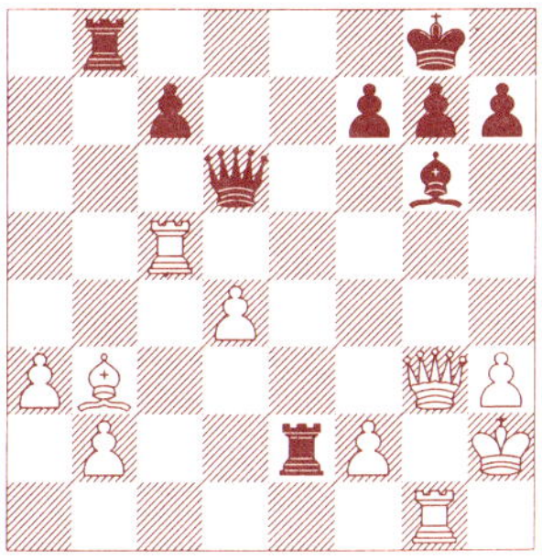
Nach 33. … ♕e7–d6

Nach 40. … ♖b8–a8

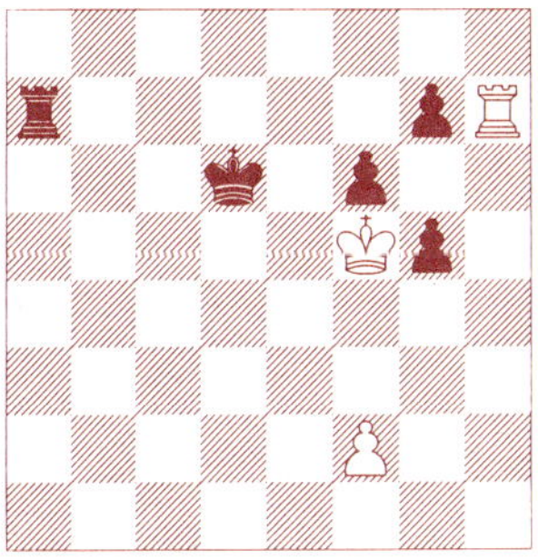
Nach 72. ♔e4–f5

[a] 8. … 0–0
[b] 13. g4 ♗g6 14. ♘e5 ♘e5 15. ♖e5 ♘f4
[c] 27. ♖ae1
[d] 34. ♗f7 ♗f7 (34. … ♔f7 35. ♖c7 ♔e6 36. d5 ♕d5 37. ♕g4) 35. ♖e5
[e] 41. ♖a2 ♖a4 42. ♔g2 ♔e7 43. ♔f3 ♔e6
[f] 43. d5 g5 44. ♔g2 ♔f6 45. ♖f3 ♔g6 46. ♖d3 f6
[g] 52. ♖e3 ♖b7 53. ♖d3 ♖b2 54. ♔e3 ♖a2

19

Tartakower – Rubinstein

St. Petersburg 1909

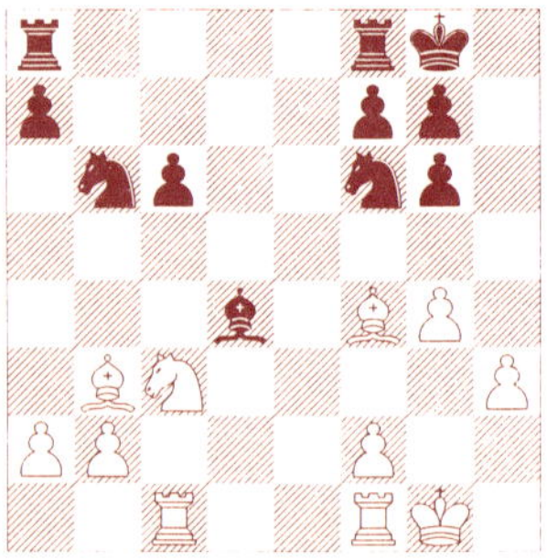

Nach 19. . . ♗c5–d4

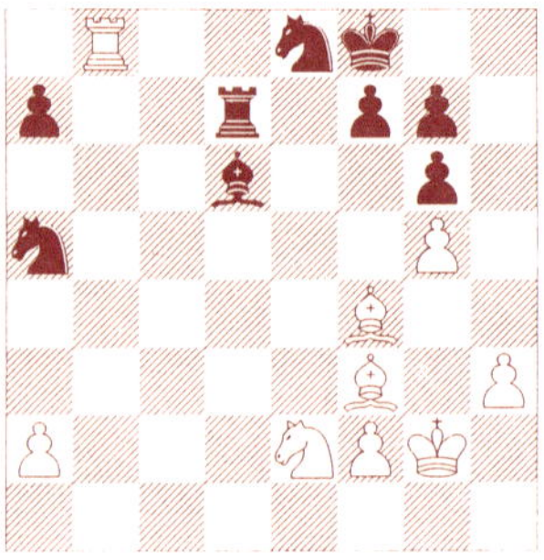

Nach 31. . . ♗c5–d6

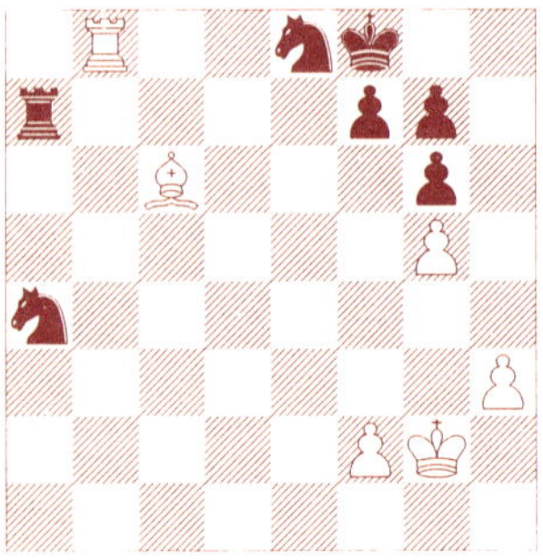

Nach 39. ♗f3–c6

1.	e2–e4	e7–e6
2.	c2–c4	d7–d5
3.	e4×d5	e6×d5
4.	d2–d4	♘g8–f6
5.	♘g1–f3	♗f8–e7
6.	♗f1–e2	0–0
7.	0–0	d5×c4
8.	♗e2×c4	♘b8–d7
9.	♘b1–c3	♘d7–b6
10.	♗c4–b3	♗c8–g4
11.	h2–h3	♗g4–h5
12.	g2–g4	♗h5–g6
13.	♘f3–e5	c7–c5
14.	♘e5×g6	h7×g6
15.	d4×c5	♗e7×c5
16.	♕d1–f3	♕d8–c7
17.	♗c1–f4	♕c7–c6
18.	♕f3×c6	b7×c6
19.	♖a1–c1	♗c5–d4
20.	♘c3–e2	♗d4×b2
21.	♖c1×c6	♖a8–c8
22.	♖c6×c8	♖f8×c8
23.	♖f1–d1	♘b6–c4[a]
24.	♔g1–g2	♘c4–a5
25.	♖d1–b1	♗b2–a3[b]
26.	♗f4–e3	♖c8–c7
27.	g4–g5	♘f6–e8
28.	♗b3–d5	♗a3–c5
29.	♖b1–b8	♔g8–f8
30.	♗e3–f4	♖c7–d7
31.	♗d5–f3	♗c5–d6
32.	♖b8–a8[c]	♘a5–c4
33.	♗f4×d6+	♘c4×d6
34.	♘e2–d4	♖d7–c7
35.	♘d4–c6	♘d6–c8
36.	a2–a4	♘c8–b6
37.	♖a8–b8	♘b6×a4
38.	♘c6×a7	♖c7×a7
39.	♗f3–c6	♔f8–e7
40.	♖b8×e8+	♔e7–d6
41.	♗c6×a4	♖a7×a4
	Remis	

[a] 23. . . a5

[b] 25. . . ♘b3 26. ab3 ♗a3 27. ♖a1 ♗c5 28. ♗e3 ♗e3 29. fe3 ♖c7 30. ♘d4 ♘d5

[c] 32. ♖c8

20
Rubinstein – Capablanca
San Sebastian 1911

1.	d2–d4	d7–d5
2.	♘g1–f3	c7–c5
3.	c2–c4	e7–e6
4.	c4×d5	e6×d5
5.	♘b1–c3	♘b8–c6
6.	g2–g3	♗c8–e6
7.	♗f1–g2	♗f8–e7
8.	0–0	♖a8–c8
9.	d4×c5	♗e7×c5
10.	♘f3–g5	♘g8–f6
11.	♘g5×e6	f7×e6
12.	♗g2–h3	♕d8–e7
13.	♗c1–g5	0–0
14.	♗g5×f6	♕e7×f6[a]
15.	♘c3×d5	♕f6–h6[b]
16.	♔g1–g2	♖c8–d8
17.	♕d1–c1	e6×d5
18.	♕c1×c5	♕h6–d2
19.	♕c5–b5	♘c6–d4
20.	♕b5–d3	♕d2×d3[c]
21.	e2×d3	♖f8–e8
22.	♗h3–g4	♖d8–d6
23.	♖f1–e1	♖e8×e1
24.	♖a1×e1	♖d6–b6
25.	♖e1–e5	♖b6×b2
26.	♖e5×d5	♘d4–c6
27.	♗g4–e6+	♔g8–f8
28.	♖d5–f5+	♔f8–e8
29.	♗e6–f7+	♔e8–d7
30.	♗f7–c4	a7–a6
31.	♖f5–f7+	♔d7–d6
32.	♖f7×g7	b7–b5
33.	♗c4–g8	a6–a5
34.	♖g7×h7	a5–a4
35.	h2–h4	b5–b4
36.	♖h7–h6+	♔d6–c5
37.	♖h6–h5+	♔c5–b6
38.	♗g8–d5	b4–b3[d]
39.	a2×b3	a4–a3
40.	♗d5×c6	♖b2×b3[e]
41.	♗c6–d5	a3–a2
42.	♖h5–h6+	

Schwarz gibt auf

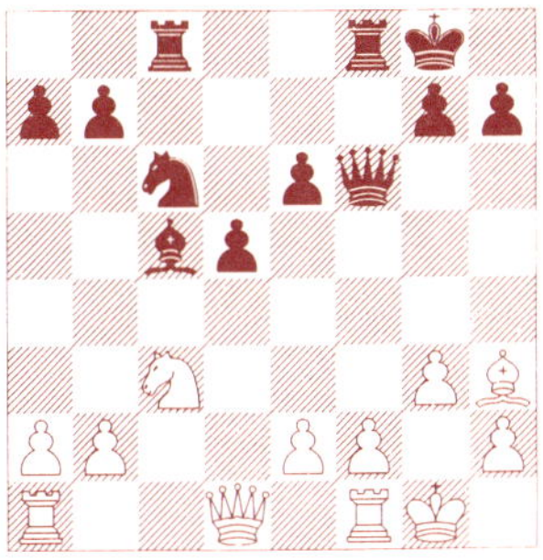

Nach 14... ♕e7×f6

Nach 16... ♖c8–d8

Nach 38. ♗g8–d5

[a] 14... gf6 15. ♘d5 ed5 16. ♗c8 ♖c8 17. ♕d5 ♔h8

[b] 15... ed5 16. ♕d5; 15... ♗f2 16. ♔g2 ♕h6 17. ♘f4

[c] 20... ♕b2 21. ♖fb1; 20... ♕b4 21. ♖fd1

[d] 38... ♖a2 39. ♖h8 40. h5 ♖a1 41. ♗c6 ♔c7 42. ♗e4 b2 43. d4 a3 (43... b1♕ 44. ♗b1 ♖b1 45. h6) 44. ♖h7 ♔d6 45. ♖b7 a2 46. ♖b2 ♖g1 47. ♔g1 a1♕ 48. ♖b1 ♕d4 49. ♗f3

[e] 40... a2 41. ♖b5 ♔a6 (41... ♔c6 42. ♖a5) 42. ♖b8

21

Marshall – Rubinstein

St. Petersburg 1914

1.	d2–d4	d7–d5
2.	c2–c4	e7–e6
3.	♘b1–c3	♘g8–f6
4.	♗c1–g5	♗f8–e7
5.	e2–e3	♘b8–d7
6.	♘g1–f3	0–0
7.	♖a1–c1	♖f8–e8
8.	a2–a3	d5×c4
9.	♗f1×c4	c7–c5
10.	d4×c5	♘d7×c5
11.	0–0	a7–a6
12.	b2–b4	♘c5–e4
13.	♘c3×e4	♘f6×e4
14.	♗g5×e7	♕d8×e7
15.	♕d1–d4	♘e4–d6
16.	♖f1–d1	♘d6×c4
17.	♖c1×c4	b7–b5
18.	♕d4–c5	♗c8–b7[a]
19.	♕c5×e7	♖e8×e7
20.	♖c4–d4	f7–f6
21.	♖d4–d8+	♖a8×d8
22.	♖d1×d8+	♔g8–f7
23.	♘f3–d4	♖e7–c7
24.	f2–f3	♔f7–e7
25.	♖d8–g8	♔e7–d6
26.	♔g1–f2	♗b7–c8
27.	♖g8–d8+	♔d6–e7
28.	♖d8–h8	♖c7–c3
29.	♖h8×h7	♔e7–f7
30.	♖h7–h8	♗c8–d7
31.	♖h8–d8	♔f7–e7
32.	♖d8–g8	♔e7–f7
33.	♖g8–d8	♔f7–e7
34.	♖d8–g8	♔e7–f7

Remis

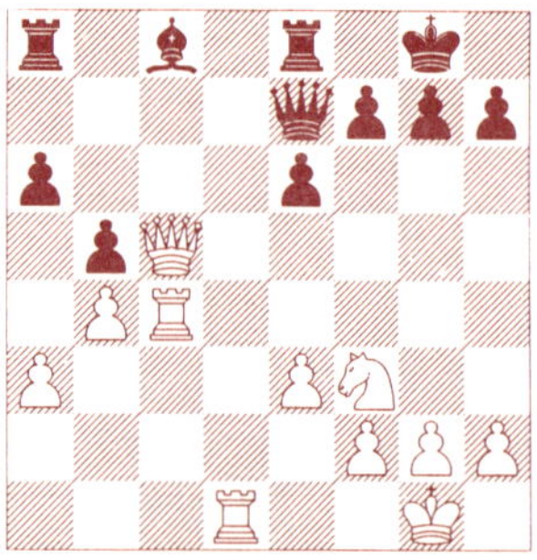

Nach 18. ♕d4–c5

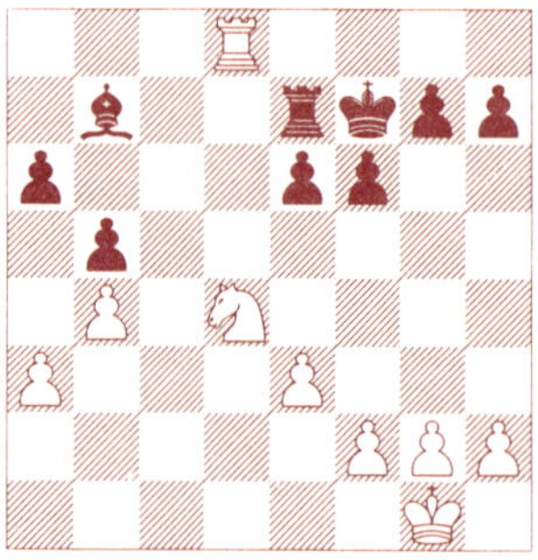

Nach 23. ♘f3–d4

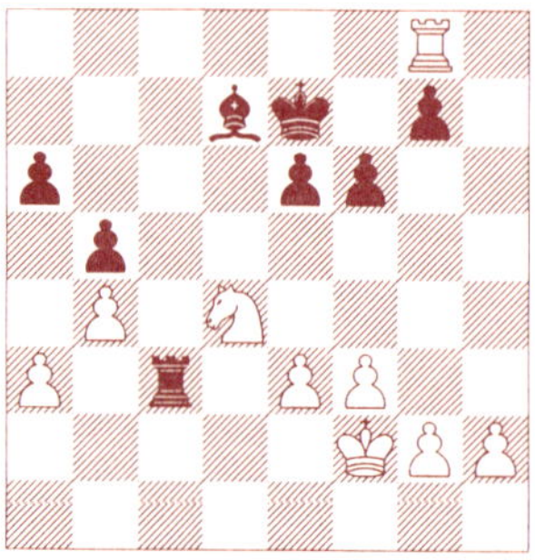

Nach 32. ♖d8–g8

[a] 18... bc4 19. ♕e7 ♖e7 20. ♖d8

22

Rubinstein – Capablanca

St. Petersburg 1914

1.	d2–d4	d7–d5
2.	♘g1–f3	♘g8–f6
3.	c2–c4	e7–e6
4.	♘b1–c3	♘b8–d7
5.	♗c1–g5	♗f8–e7
6.	e2–e3	0–0
7.	♖a1–c1	♖f8–e8
8.	♕d1–c2	c7–c6
9.	♗f1–d3	d5×c4
10.	♗d3×c4	b7–b5
11.	♗c4–d3	a7–a6
12.	♘f3–e5	♗c8–b7
13.	♘e5×d7	♕d8×d7
14.	♗g5×f6	♗e7×f6
15.	♗d3×h7+	♔g8–h8
16.	♗h7–e4	e6–e5
17.	d4×e5	♖e8×e5
18.	0–0	♕d7–e7
19.	♗e4–f3	♖e5–c5
20.	♕c2–e2	♗f6×c3
21.	♖c1×c3	♖c5×c3
22.	b2×c3	♖a8–d8
23.	♖f1–d1	♖d8×d1+
24.	♕e2×d1	♔h8–g8
25.	h2–h4	c6–c5
26.	♗f3×b7	♕e7×b7
27.	♕d1–d6	b5–b4
28.	♕d6×c5[a]	b4×c3
29.	♕c5×c3	♕b7–b1+
30.	♔g1–h2	♕b1×a2
31.	♕c3–c8+	♔g8–h7
32.	♕c8–f5+	g7–g6
33.	♕f5–f6	a6–a5
34.	g2–g4	a5–a4
35.	h4–h5	g6×h5
36.	♕f6–f5+	♔h7–g7
37.	♕f5–g5+	♔g7–h7
38.	♕g5×h5+	♔h7–g7
39.	♕h5–g5+	

Remis

Nach 11... a7–a6

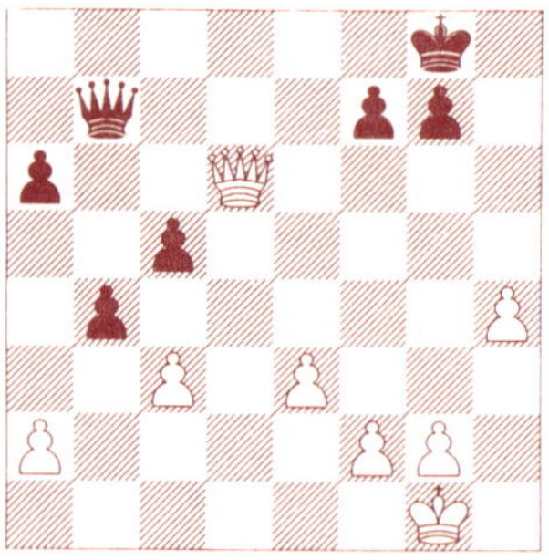

Nach 27... b5–b4

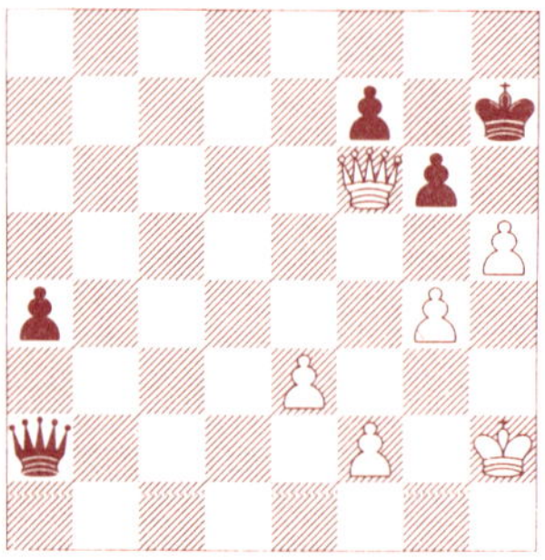

Nach 35. h4–h5

[a] 28. c4 ♕c8 29. ♕b6

23

Lasker – Rubinstein

St. Petersburg 1914

1.	e2–e4	e7–e5
2.	♘g1–f3	♘b8–c6
3.	♗f1–b5	a7–a6
4.	♗b5–a4	♘g8–f6
5.	0–0	♘f6×e4
6.	d2–d4	b7–b5
7.	♗a4–b3	d7–d5
8.	d4×e5	♗c8–e6
9.	c2–c3	♗f8–c5
10.	♘b1–d2	0–0
11.	♗b3–c2	♘e4×d2
12.	♕d1×d2	f7–f6
13.	e5×f6	♖f8×f6[a]
14.	♘f3–d4	♘c6×d4
15.	c3×d4	♗c5–b6[b]
16.	a2–a4	♖a8–b8
17.	a4×b5	a6×b5
18.	♕d2–c3	♕d8–d6
19.	♗c1–e3	♗e6–f5
20.	♖f1–c1	♗f5×c2
21.	♖c1×c2	♖b8–e8
22.	♖a1–c1	♖f6–e6
23.	h2–h3[c]	♖e6–e4
24.	♕c3–d2	♖e8–e6
25.	♖c2–c6	♕d6–d7[d]
26.	♖c6×e6	♕d7×e6
27.	♕d2–d3	♕e6–e8
28.	♕d3–c3	♔g8–f7
29.	♕c3–d3	♔f7–g8
30.	♕d3–c3	♕e8–e6
31.	♖c1–a1	♕e6–e8
32.	♔g1–f1	h7–h6
33.	♕c3–d3	♔g8–f7
34.	♖a1–c1	♔f7–g8
35.	♕d3–b3	♕e8–f7
36.	♖c1–d1	c7–c6
37.	f2–f3	♕f7–f6
38.	♕b3–d3	♖e4–e7
39.	♗e3–f2	♕f6–d6
40.	♕d3–c2	♔g8–f7
41.	♖d1–c1	♖e7–e6
42.	♕c2–f5+	♖e6–f6
43.	♕f5–e5	♖f6–e6
44.	♕e5×d6	♖e6×d6
45.	♔f1–e2	♔f7–e7
46.	♔e2–d3	♖d6–g6
47.	g2–g3	♖g6–f6
48.	f3–f4	♔e7–d7
49.	♖c1–e1	♖f6–f8
50.	♖e1–a1	h6–h5
51.	♗f2–e3	g7–g6
52.	♖a1–f1	♔d7–d6
53.	g3–g4	h5×g4
54.	h3×g4	c6–c5[e]
55.	d4×c5+	♗b6×c5
56.	♗e3×c5+	♔d6×c5
57.	f4–f5	g6×f5
58.	g4×f5	♖f8–f6
59.	♖f1–f4	b5–b4[f]
60.	b2–b3	♖f6–f7
61.	f5–f6	♔c5–d6
62.	♔d3–d4	♔d6–e6
63.	♖f4–f2	♔e6–d6
64.	♖f2–a2	♖f7–c7
65.	♖a2–a6+	♔d6–d7
66.	♖a6–b6	

Schwarz gibt auf

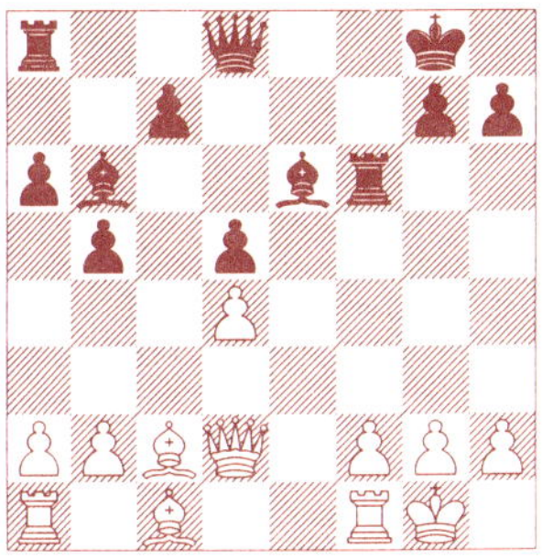

Nach 15. … ♗c5–b6

Nach 25. ♖c2–c6

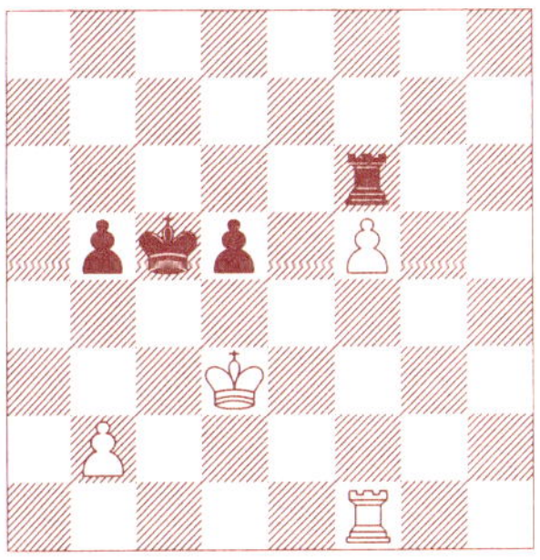

Nach 58. … ♖f8–f6

[a] 13. … ♕f6 14. ♘g5 g6

[b] 15. … ♗d6 16. ♕e2 ♕d7

[c] 23. ♕c6 ♕c6 24. ♖c6 ♖c6 25. ♖c6 ♗d4

[d] 25. … ♕c6 26. ♖c6 ♖c6 27. ♕b4 ♖d6 28. ♕b5 h6

[e] 54. … ♔e6 55. ♖e1 ♔d7 56. ♖h1 ♗c7 57. ♖h7 ♔c8 58. f5 gf5 59. ♗h6 ♖f6 60. ♗g7 ♖f7 61. g5 f4 62. g6 ♖f5 63. ♗h6 f3 64. g7 f2 65. g8♕ ♔b7 66. ♖c7 ♔c7 67. ♕h7

[f] 59. … d4 60. ♔e4 ♔c4 61. ♔e5

24
Rubinstein – Aljechin
St. Petersburg 1914

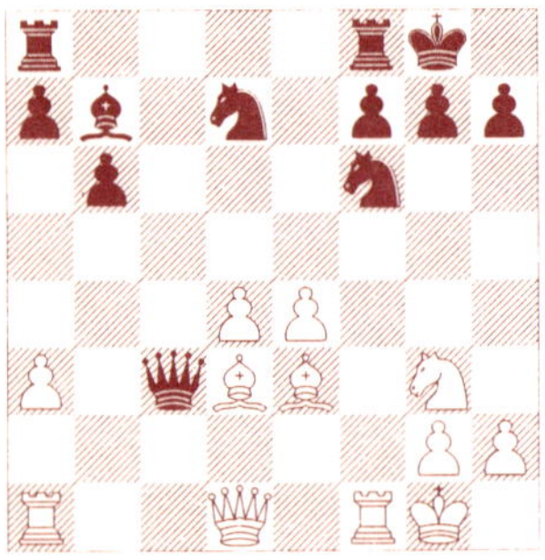
Nach 16. f3×e4

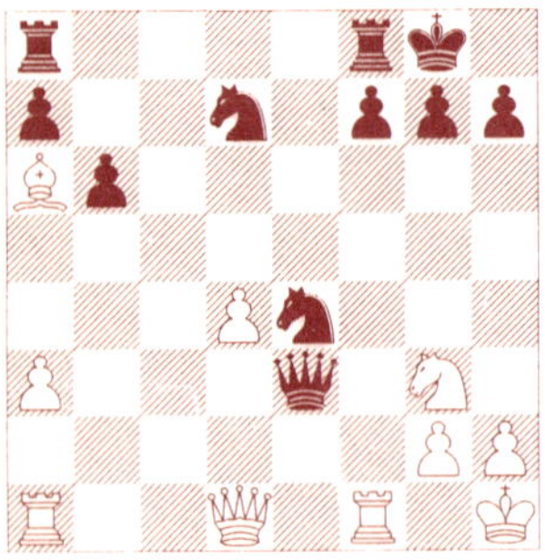
Nach 18... ♘f6×e4

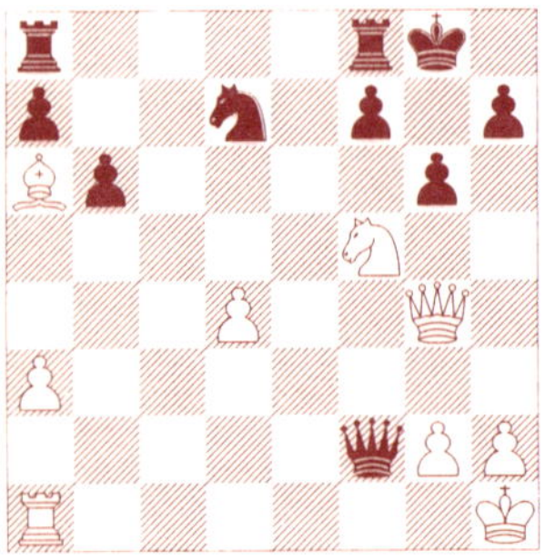
Nach 21... g7–g6

1.	d2–d4	♘g8–f6
2.	c2–c4	e7–e6
3.	♘b1–c3	♗f8–b4
4.	e2–e3	b7–b6
5.	♗f1–d3	♗c8–b7
6.	f2–f3	c7–c5
7.	a2–a3	♗b4×c3+
8.	b2×c3	d7–d5
9.	♘g1–e2	0–0
10.	0–0	♘b8–d7
11.	♘e2–g3	♕d8–c7
12.	c4×d5	e6×d5
13.	e3–e4	c5×d4
14.	c3×d4	♕c7–c3
15.	♗c1–e3	d5×e4
16.	f3×e4	♗b7–a6[a]
17.	♗d3×a6	♕c3×e3+
18.	♔g1–h1	♘f6×e4
19.	♘g3–f5	♘e4–f2+
20.	♖f1×f2	♕e3×f2
21.	♕d1–g4	g7–g6
22.	♖a1–f1[b]	♕f2–b2
23.	♘f5–h6+[c]	♔g8–g7
24.	♘h6×f7	♕b2–b3
25.	d4–d5	♘d7–f6
26.	♕g4–d4	♖f8×f7
27.	♗a6–c4	♕b3–a4
28.	g2–g4	♖a8–c8
	Weiß gibt auf	

[a] 16... ♗e4
[b] 22. ♘e7 ♔h8 23. ♕d7
[c] 23. ♘e7 ♔h8 24. ♕d7

25

Bernstein – Rubinstein

St. Petersburg 1914

1. e2–e4 e7–e5
2. ♘g1–f3 ♘b8–c6
3. ♘b1–c3 ♘g8–f6
4. ♗f1–b5 ♘c6–d4
5. ♗b5–a4 ♗f8–c5
6. d2–d3 0–0
7. ♘c3–e2 d7–d5
8. ♘e2×d4 e5×d4
9. e4–e5 ♘f6–e8
10. ♗a4×e8 ♖f8×e8
11. 0–0 ♗c8–g4
12. h2–h3 ♗g4×f3
13. ♕d1×f3 ♖e8×e5
14. ♗c1–f4 ♖e5–e6
15. ♖a1–e1 ♕d8–d7
16. ♖e1×e6 f7×e6
17. ♗f4–e5 ♗c5–b6
18. ♕f3–g4 c7–c5
19. f2–f4 ♖a8–f8
20. ♖f1–f3 ♗b6–d8
21. ♖f3–g3 ♗d8–f6
22. ♕g4–e2 ♕d7–f7
23. ♖g3–f3 h7–h6
24. ♖f3–f1 b7–b6
25. ♖f1–e1 ♗f6–h4
26. ♖e1–f1 ♕f7–g6
27. ♖f1–f3 h6–h5
28. g2–g3 ♗h4–f6
29. ♔g1–g2 ♕g6–f5
30. ♗e5×f6 ♖f8×f6
31. h3–h4 ♔g8–h7
32. ♖f3–f2 ♔h7–g6
33. ♕e2–e1 ♔g6–f7
34. ♖f2–e2 ♕f5–g6
35. ♖e2–e5 ♖f6–f5
36. ♔g2–f2 a7–a5
37. ♖e5–e2 ♕g6–f6
38. ♔f2–g2 ♔f7–e7
39. ♕e1–d2 ♔e7–f7
40. ♕d2–e1 g7–g6
41. ♕e1–d2 ♕f6–e7
42. ♕d2–e1 ♕e7–d6
43. ♕e1–f2 ♕d6–c6
44. ♖e2–e1 a5–a4
45. ♔g2–h3 ♕c6–d6
46. ♕f2–d2 ♔f7–e7
47. ♔h3–g2 ♔e7–d7
48. ♕d2–e2 ♕d6–e7
49. ♕e2–d2 ♔d7–d6
50. ♕d2–f2 ♕e7–f6
51. ♕f2–f1 ♕f6–g7
52. ♕f1–f2 ♕g7–f6
53. ♕f2–f1 ♕f6–e7
54. ♕f1–f2 e6–e5
55. f4×e5+[a] ♕e7×e5
56. ♕f2–d2[b] ♕e5–f6
57. ♕d2–h6 ♖f5–f2+
58. ♔g2–g1 ♖f2–f3[c]
59. ♔g1–g2 ♖f3–f2+
60. ♔g2–g1 ♔d6–c6
61. ♖e1–e6+ ♕f6×e6
62. ♔g1×f2 ♕e6–f5+
63. ♔f2–g2 c5–c4
64. ♕h6–h8 c4×d3
65. ♕h8–e8+ ♔c6–d6
66. ♕e8–d8+ ♔d6–c6
67. ♕d8–e8+ ♔c6–d6
68. ♕e8–d8+ ♔d6–c5
69. ♕d8–e7+ ♔c5–c4
70. ♕e7–c7+ ♔c4–b5
71. c2×d3 ♕f5–e6
72. ♕c7–c2 ♕e6–e1
73. ♔g2–h2 ♔b5–a5
74. ♔h2–g2 ♕e1–b4
75. a2–a3 ♕b4–e1
76. ♔g2–h2 ♔a5–b5
77. ♔h2–g2 ♕e1–e7
78. ♕c2–d2 ♔b5–c6
79. ♔g2–f3 ♕e7–e3+
80. ♕d2×e3 d4×e3
81. ♔f3×e3 ♔c6–c5
82. ♔e3–d2 ♔c5–d4
83. ♔d2–e2 ♔d4–e5
84. ♔e2–e3 d5–d4+
85. ♔e3–f2 ♔e5–f6
86. ♔f2–g2 ♔f6–e5
87. ♔g2–f2 ♔e5–f5
88. ♔f2–f3 g6–g5
89. h4×g5 ♔f5×g5
90. ♔f3–f2 ♔g5–f5
91. ♔f2–f3 ♔f5–g5
92. ♔f3–f2 ♔g5–f6
93. ♔f2–f3 ♔f6–g5
94. ♔f3–f2 ♔g5–g4
95. ♔f2–g2 ♔g4–f5
96. ♔g2–f3 ♔f5–g5

Remis

Nach 4. … ♘c6–d4

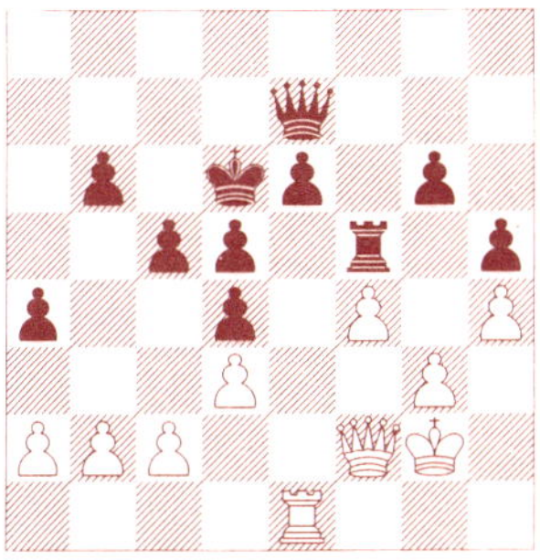

Nach 54. ♕f1–f2

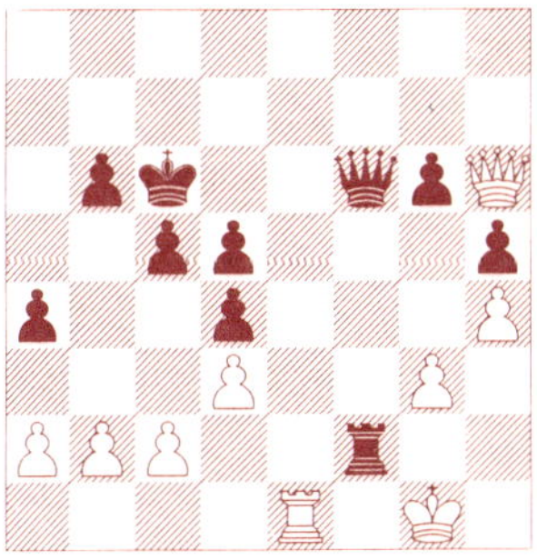

Nach 60. … ♔d6–c6

[a] 55. ♖e5 ♖e5 56. fe5 ♕e5 57. ♕f8 ♕e7 58. ♕f4 ♔c6

[b] 56. ♖e5 ♖f2 57. ♔f2 ♔e5

[c] 58. … c4

26

Rubinstein – Tarrasch
St. Petersburg 1914

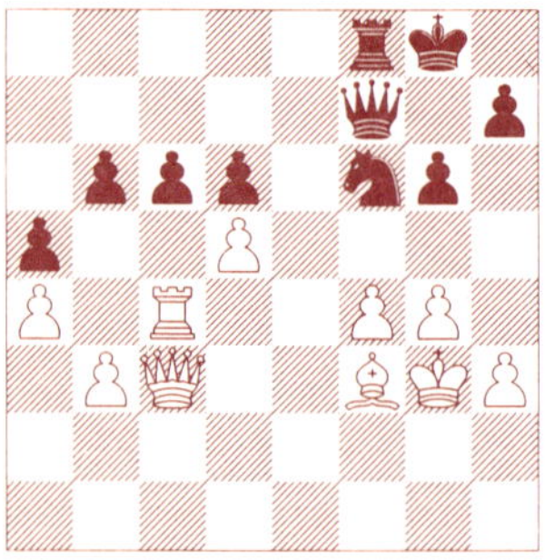

Nach 36. ... c7–c6

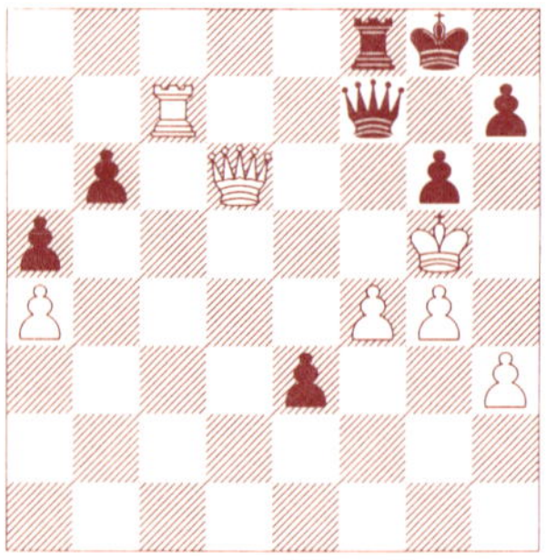

Nach 43. ♖c6–c7

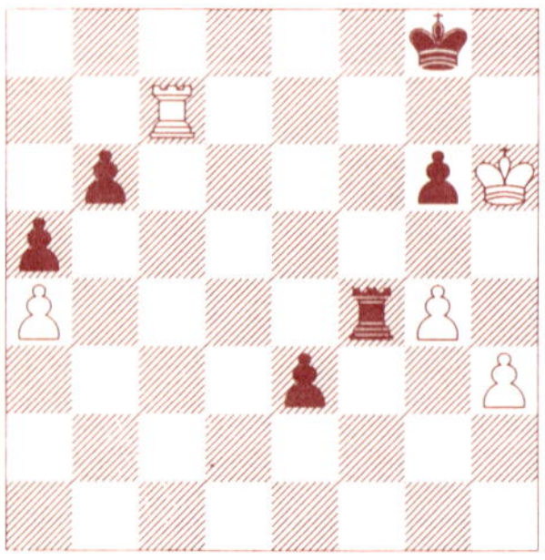

Nach 45. ... ♖f8×f4

1.	c2–c4	e7–e5
2.	♘b1–c3	♘g8–f6
3.	♘g1–f3	♘b8–c6
4.	g2–g3	g7–g6
5.	♗f1–g2	♗f8–g7
6.	d2–d4	e5×d4
7.	♘f3×d4	0–0
8.	0–0	♖f8–e8
9.	e2–e3	♘c6–e5
10.	b2–b3	d7–d6
11.	♗c1–b2	♗c8–g4
12.	f2–f3	♗g4–d7
13.	h2–h3	♘e5–c6
14.	♘d4–c2	♘c6–e7
15.	e3–e4	♘f6–h5
16.	♔g1–h2	♘e7–c6
17.	♕d1–d2	f7–f5
18.	e4×f5	♗d7×f5
19.	♖a1–e1	♕d8–f6
20.	f3–f4	♗f5×c2
21.	♕d2×c2	♔g8–h8
22.	♘c3–d1	♕f6–f7
23.	♘d1–e3	♘h5–f6
24.	♘e3–d5[a]	♘f6×d5
25.	c4×d5	♘c6–d4
26.	♕c2–f2	♘d4–f5
27.	g3–g4	♗g7×b2
28.	♕f2×b2+	♘f5–g7
29.	♕b2–d4	♖e8×e1
30.	♖f1×e1	♖a8–f8
31.	♔h2–g3	a7–a5
32.	♖e1–e4	♔h8–g8
33.	♕d4–c3	b7–b6
34.	♖e4–c4	♘g7–e8
35.	a2–a4	♘e8–f6
36.	♗g2–f3[b]	c7–c6
37.	♕c3–d2	c6×d5
38.	♖c4–c6	♘f6–e4+
39.	♗f3×e4	d5×e4
40.	♕d2×d6	♕f7×b3+
41.	♔g3–h4	♕b3–f7
42.	♔h4–g5	e4–e3
43.	♖c6–c7	♕f7×f4+
44.	♕d6×f4	h7–h6+
45.	♔g5×h6	♖f8×f4
46.	♖c7–e7	♖f4–f3
47.	h3–h4	♖f3–f4
48.	♔h6–g5	♖f4×a4
49.	♖e7×e3	♖a4–b4
50.	♖e3–e6	♔g8–h7
51.	♖e6–e7+	♔h7–g8
52.	♖e7–e6	♔g8–h7
53.	♖e6–e7+	♔h7–g8
54.	h4–h5	g6×h5
55.	g4×h5	♖b4–c4
56.	♖e7–e6	b6–b5
57.	♖e6–b6	b5–b4
58.	♖b6–b5	a5–a4
59.	h5–h6	a4–a3
60.	♖b5–b8+	

Remis

[a] 24. f5
[b] 36. ♖c7 ♘e4 37. ♗e4 ♕f4 38. ♔h4 ♕f2 39. ♔g5 ♕f4 40. ♔h4 ♕f2

27

Janowski – Rubinstein

St. Petersburg 1914

1.	d2–d4	d7–d5
2.	♘g1–f3	c7–c5
3.	c2–c4	e7–e6
4.	e2–e3	♘g8–f6
5.	♗f1–d3	♘b8–c6
6.	0–0	d5×c4
7.	♗d3×c4	a7–a6
8.	♘b1–c3	b7–b5
9.	♗c4–d3	c5×d4
10.	e3×d4	♘c6–b4[a]
11.	♗d3–b1	♘b4–d5
12.	♕d1–e2	♗c8–b7
13.	♘f3–e5	♕d8–b6
14.	♗c1–g5	♗f8–d6
15.	♖f1–e1	♖a8–d8
16.	♕e2–d2	♗d6–e7
17.	a2–a3	0–0
18.	♕d2–d3	g7–g6
19.	♗b1–a2	♖f8–e8
20.	♕d3–h3	♘f6–h5
21.	♗g5×e7	♖e8×e7
22.	♗a2×d5	♗b7×d5
23.	♕h3–h4	f7–f6
24.	♘c3×d5	♖d8×d5
25.	♘e5–f3	♔g8–g7
26.	♕h4–e4	♔g7–f7
27.	♖a1–c1	♘h5–g7
28.	g2–g4	♕b6–d6
29.	♖c1–c8	♖e7–e8
30.	♖e1–c1	♖e8×c8
31.	♖c1×c8	♘g7–e8
32.	g4–g5	f6×g5
33.	♘f3–e5+	♔f7–e7
34.	♕e4–f3	♘e8–f6
35.	♖c8–a8	♖d5×e5
36.	♖a8–a7+	♘f6–d7
37.	d4×e5	♕d6×e5
38.	♕f3–d1	♕e5–d6
39.	♕d1×d6+	♔e7×d6
40.	♖a7×a6+	♔d6–d5
41.	♔g1–f1	g5–g4
42.	♖a6–a7	♔d5–d6
43.	♔f1–e2	h7–h5
44.	♖a7–a8	♘d7–e5
45.	♖a8–a6+	♔d6–d7
46.	♖a6–b6	♘e5–f3
47.	h2–h3[b]	♘f3–d4+
48.	♔e2–f1	g4×h3
49.	♖b6–b7+	♔d7–d6
50.	♖b7–g7	♘d4–f3
51.	♖g7–f7[c]	♘f3–d2+
52.	♔f1–g1	g6–g5
53.	♖f7–h7	♘d2–f3+
54.	♔g1–h1	h5–h4
55.	♖h7–f7	♘f3–e5
56.	♖f7–g7	♘e5–f3
57.	b2–b3[d]	e6–e5
58.	a3–a4	b5×a4
59.	b3×a4	♔d6–c5
60.	♖g7–f7	e5–e4
61.	♖f7–e7	♔c5–d5
62.	a4–a5[e]	g5–g4
63.	♖e7–g7	g4–g3
64.	f2×g3	e4–e3

Weiß gibt auf

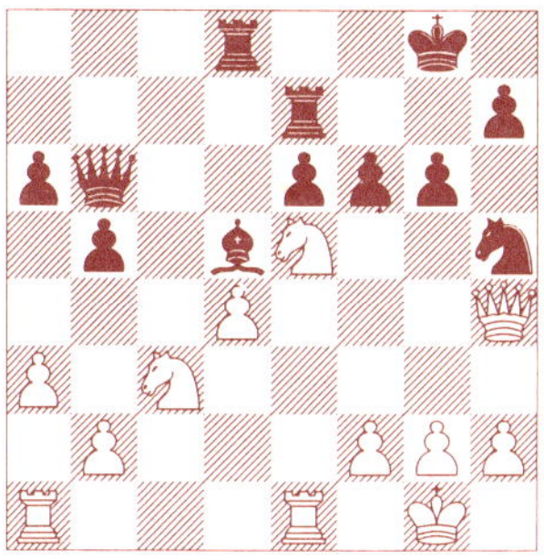

Nach 23. . . f7–f6

Nach 35. ♖c8–a8

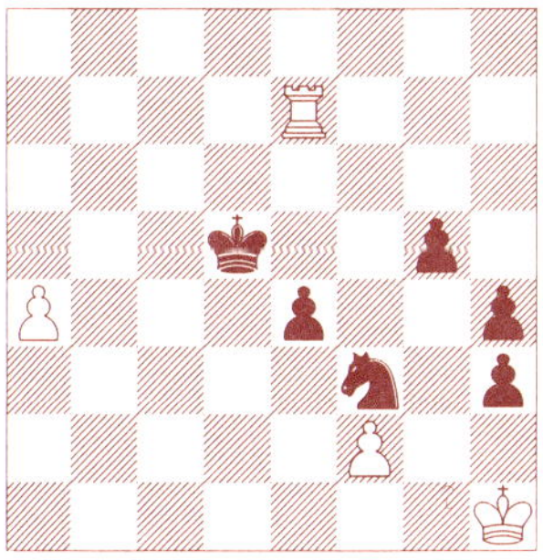

Nach 61. . . ♔c5–d5

[a] 10. . . ♗b7 11. a3 ♗e7 12. ♗e3 0–0
[b] 47. ♔e3 ♘h2 48. ♖b5
[c] 51. ♖g6 h2 52. ♔g2 ♘h4
[d] 57. ♖f7 g4 58. ♖g7 ♘e5 59. ♖h7 ♘f3 60. ♖g7
[e] 62. ♖g7

28

Rubinstein – Gunsberg

St. Petersburg 1914

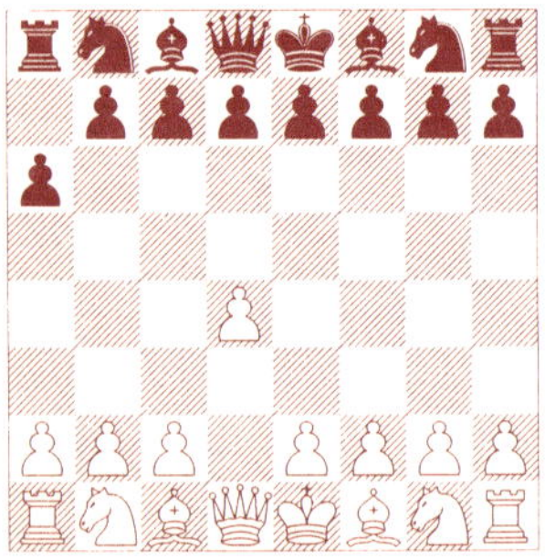

Nach 1... a7–a6

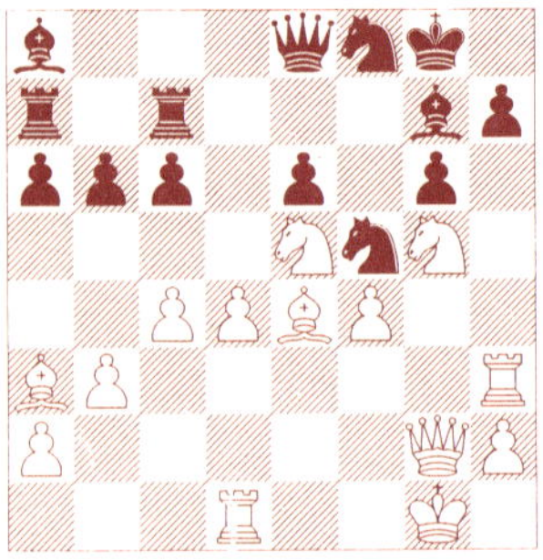

Nach 27... ♗b7–a8

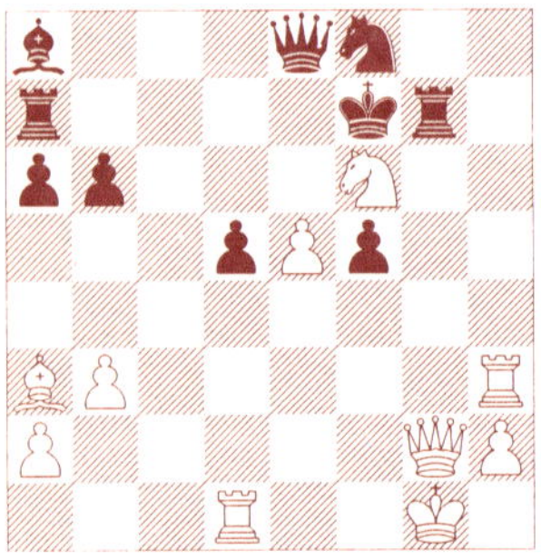

Nach 33... ♔g8–f7

1.	d2–d4	a7–a6
2.	e2–e4	d7–d5
3.	e4×d5	♕d8×d5
4.	♘b1–c3	♕d5–a5
5.	♘g1–f3	c7–c6
6.	♗f1–d3	e7–e6
7.	0–0	♘g8–f6
8.	♕d1–e2	♗f8–e7
9.	♘f3–e5	♕a5–d8
10.	♗c1–e3	♘b8–d7
11.	♖a1–d1	0–0
12.	f2–f4	♖f8–e8
13.	♖f1–f3	♘d7–f8
14.	♖f3–h3	g7–g6
15.	g2–g4	♘f6–d5
16.	g4–g5	f7–f6
17.	g5×f6	♗e7×f6
18.	♘c3–e4	♗f6–g7
19.	♗e3–c1	♘d5–e7
20.	c2–c3	♘e7–f5
21.	♕e2–g4	♖e8–e7
22.	b2–b3	♖e7–c7
23.	♗c1–a3	b7–b6
24.	♘e4–g5	♖a8–a7
25.	♗d3–e4	♕d8–e8
26.	♕g4–g2	♗c8–b7
27.	c3–c4	♗b7–a8
28.	d4–d5	e6×d5
29.	c4×d5	♗g7×e5
30.	f4×e5	c6×d5[a]
31.	♗e4×f5	g6×f5
32.	♘g5×h7+	♖c7–g7[b]
33.	♘h7–f6+	♔g8–f7
34.	♕g2×g7+[c]	
	Schwarz gibt auf	

[a] 30... ♕e5 31. dc6

[b] 32... ♘g6 33. ♘f6; 32... ♕g6 33. ♘f8

[c] 34... ♔g7 35. ♘e8 ♔f7 36. ♖h8

29

Blackburne – Rubinstein
St. Petersburg 1914

1.	e2–e4	e7–e6
2.	d2–d4	d7–d5
3.	e4×d5	e6×d5
4.	♘g1–f3	♗f8–d6
5.	♗f1–d3	♗c8–g4
6.	0–0	♘b8–c6
7.	♖f1–e1+	♘g8–e7
8.	c2–c3	♕d8–d7
9.	♘b1–d2	f7–f6
10.	♘d2–f1	0–0
11.	♘f1–e3	♗g4–h5
12.	♗c1–d2	♖a8–e8
13.	♘e3–f1	♘c6–d8
14.	♘f1–g3	♗h5–g6
15.	♕d1–c2	♘d8–f7
16.	♗d3×g6	h7×g6
17.	♘f3–h4	♘f7–h8
18.	♕c2–d3	♔g8–f7
19.	f2–f4	♕d7–g4
20.	♕d3–e2	♕g4–c8
21.	♕e2–f3	c7–c6
22.	♖e1–e2	♘e7–g8
23.	♖a1–e1	♖e8×e2
24.	♕f3×e2	♖f8–e8
25.	♕e2×e8+	♕c8×e8
26.	♖e1×e8	♔f7×e8
27.	♘g3–e2	♘g8–e7
28.	♘h4–f3	♘h8–f7
29.	g2–g4	♗d6–c7
30.	♗d2–e3	♘f7–d6
31.	♔g1–g2	♔e8–f7
32.	♘f3–d2	♔f7–e6
33.	h2–h3	♘d6–c4
34.	♘d2×c4	d5×c4
35.	♔g2–f3	a7–a5
36.	♘e2–g3	f6–f5
37.	g4–g5	♘e7–d5
38.	♗e3–d2	b7–b5
39.	♘g3–e2	♘d5–b6
40.	h3–h4	♗c7–d6
41.	a2–a3	♘b6–a4
42.	♗d2–c1	♗d6–e7
43.	♔f3–e3	♗e7–f8
44.	♘e2–g1	♘a4–c5
45.	d4×c5	♗f8×c5+
46.	♔e3–f3	♗c5×g1
47.	♗c1–e3[a]	
	Remis	

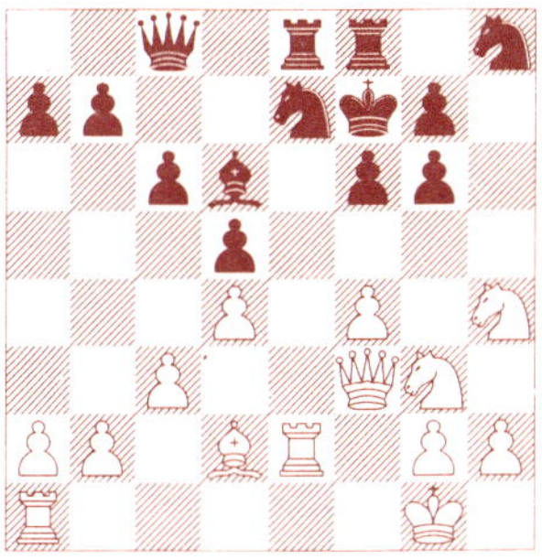

Nach 22. ♖e1–e2

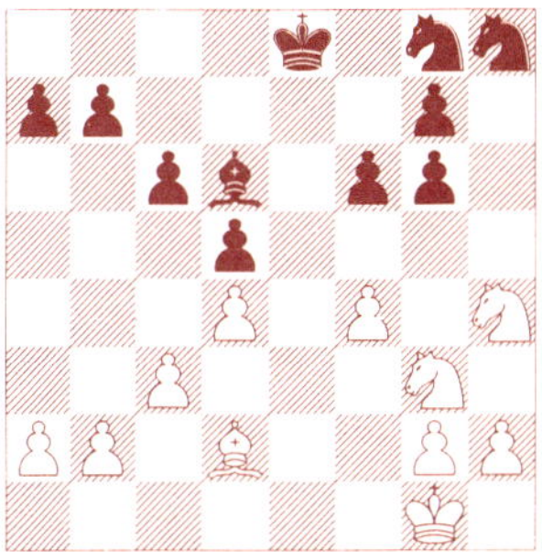

Nach 26. ... ♔f7×e8

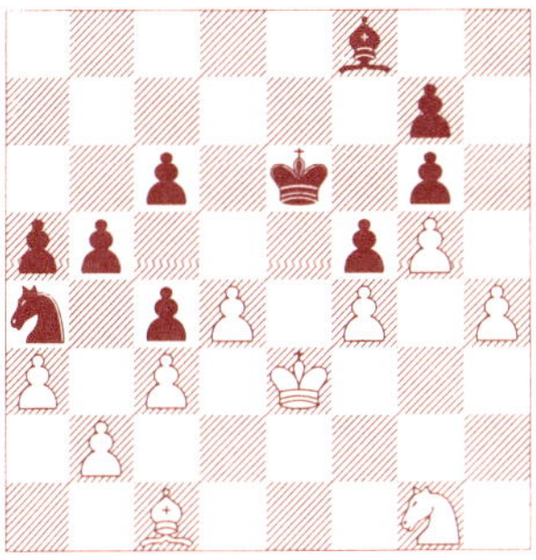

Nach 44. ♘e2–g1

[a] 47. ... ♗e3 48. ♔e3 ♔d5

30
Rubinstein – Gottesdiener
Lodz 1916

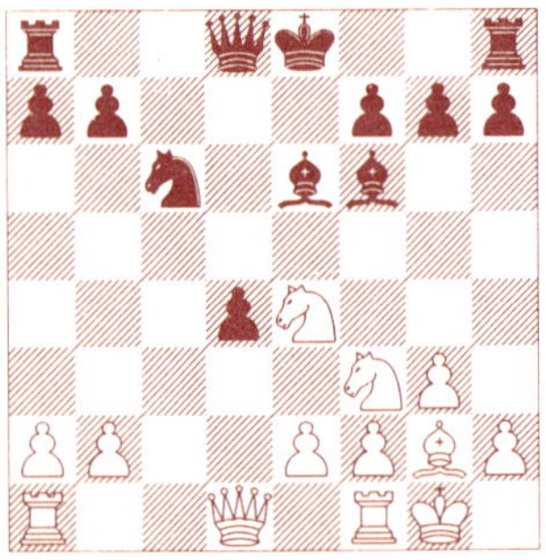

Nach 12... ♗e7×f6

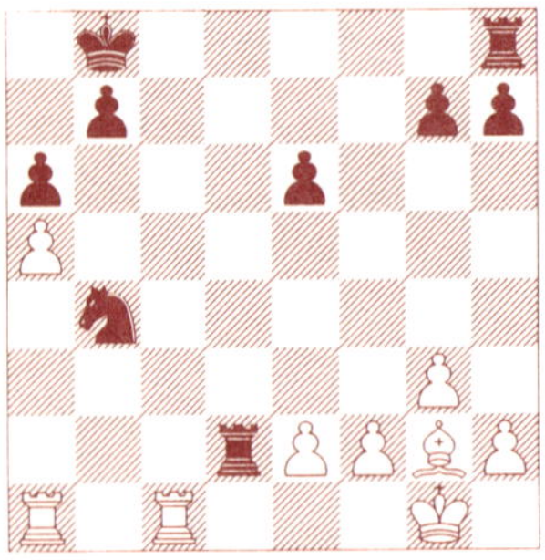

Nach 20... ♖d8–d2

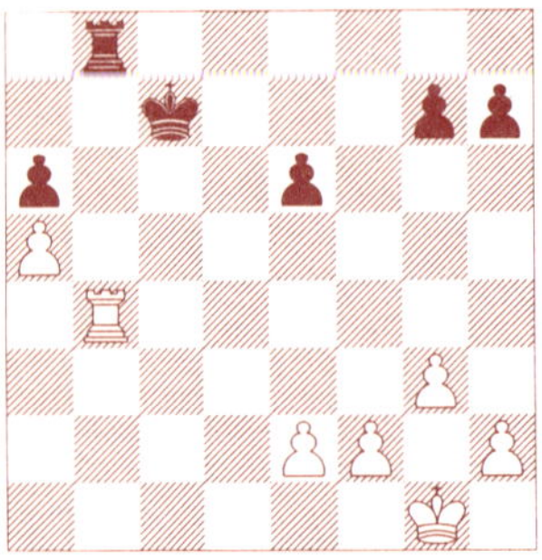

Nach 25... ♔b7–c7

1.	d2–d4	d7–d5	**24.**	♖a4×b4+	♖d4×b4
2.	♘g1–f3	c7–c5	**25.**	♖b1×b4+	♔b7–c7
3.	c2–c4	e7–e6	**26.**	♖b4×b8	♔c7×b8
4.	c4×d5	e6×d5	**27.**	f2–f4	♔b8–c7
5.	♘b1–c3	♘b8–c6	**28.**	e2–e4	h7–h5
6.	g2–g3	♘g8–f6	**29.**	e4–e5	♔c7–c6
7.	♗f1–g2	♗f8–e7	**30.**	♔g1–f2	g7–g6
8.	0–0	♗c8–e6	**31.**	h2–h3	♔c6–b5
9.	d4×c5	♗e7×c5	**32.**	g3–g4	h5×g4
10.	♗c1–g5	d5–d4	**33.**	h3×g4	♔b5–c5[d]
11.	♘c3–e4	♗c5–e7	**34.**	♔f2–e3	♔c5–c6
12.	♗g5×f6	♗e7×f6	**35.**	♔e3–e4	♔c6–d7
13.	b2–b4	a7–a6[a]	**36.**	f4–f5	g6×f5+
14.	a2–a4	♘c6×b4	**37.**	g4×f5	e6×f5+
15.	♘e4×f6+	♕d8×f6	**38.**	♔e4×f5	♔d7–e7
16.	♕d1×d4	♕f6×d4	**39.**	e5–e6	♔e7–e8
17.	♘f3×d4	0–0–0	**40.**	♔f5–e5	♔e8–e7
18.	♘d4×e6	f7×e6	**41.**	♔e5–d5	♔e7–e8
19.	♖f1–c1+	♔c8–b8	**42.**	♔d5–c6	♔e8–e7
20.	a4–a5	♖d8–d2[b]	**43.**	♔c6–b7	♔e7×e6
21.	♗g2×b7	♔b8×b7	**44.**	♔b7×a6	♔e6–d7
22.	♖c1–b1	♖d2–d4[c]	**45.**	♔a6–b7	
23.	♖a1–a4	♖h8–b8		Schwarz gibt auf	

[a] 13... ♘b4 14. ♕a4 ♘c6 15. ♘f6 ♕f6 16. ♘d4
[b] 20... ♖c8 21. ♗b7; 20... ♘d5
[c] 22... ♖e2 23. ♖b4 ♔a7 24. ♖c1
[d] 33... ♔a5 34. f5

31

Factor – Rubinstein

Lodz 1916

1.	e2–e4	e7–e5
2.	♘g1–f3	♘b8–c6
3.	♗f1–b5	a7–a6
4.	♗b5×c6	d7×c6
5.	d2–d4	e5×d4
6.	♕d1×d4	♕d8×d4
7.	♘f3×d4	♗f8–d6
8.	f2–f4	f7–f6
9.	♗c1–e3	♘g8–e7
10.	♘b1–d2	♘e7–g6
11.	g2–g3	c6–c5
12.	♘d4–f3	b7–b6
13.	0–0	♗c8–b7
14.	♖f1–e1	0–0–0
15.	♗e3–f2	♖h8–e8
16.	♖e1–e2	♖d8–d7
17.	♖a1–e1	♖d7–e7
18.	h2–h4	h7–h5
19.	c2–c4	a6–a5
20.	a2–a4	♔c8–d7
21.	♔g1–f1	♗b7–c6
22.	b2–b3	♔d7–c8
23.	♖e2–e3	♗c6–d7
24.	♔f1–g2	c7–c6
25.	♘d2–b1	♗d6–c7
26.	♘b1–c3	♘g6–h8
27.	♖e3–d3	♘h8–f7
28.	♖e1–d1	♗d7–g4
29.	♖d1–d2	♘f7–h6
30.	♗f2–g1	♗c7–b8
31.	♗g1–f2	♗g4–e6
32.	♖d2–d1	♗e6–f7
33.	♗f2–g1	♗f7–g6
34.	♘f3–d2	♘h6–f7
35.	♖d1–e1	♗g6–h7
36.	♔g2–f3	♘f7–h6
37.	♗g1–f2	♘h6–g4
38.	♗f2–g1	g7–g5
39.	♖e1–e2	g5×f4
40.	g3×f4	♖e8–g8
41.	♖e2–e1	♖e7–g7
42.	♘c3–e2	f6–f5
43.	e4×f5[a]	♗h7×f5
44.	♘d2–e4	♗f5×e4+
45.	♔f3×e4	♖g8–e8+
46.	♔e4–f3	♖g7–f7
47.	♖d3–d1	♖e8–f8
48.	♖e1–f1	♗b8×f4
49.	♘e2×f4	♖f7×f4+
50.	♔f3–g2	♖f4×f1
51.	♖d1×f1	♖f8×f1
52.	♔g2×f1	♘g4–h6
53.	♔f1–e2	♘h6–f5
54.	♗g1–f2	♘f5–d4+
55.	♔e2–d3	♘d4×b3
56.	♗f2–e3	♔c8–d7
57.	♔d3–c3	♘b3–d4
58.	♗e3×d4	c5×d4+
59.	♔c3×d4	♔d7–d6
60.	♔d4–d3	♔d6–e5
61.	♔d3–c3	c6–c5
	Weiß gibt auf	

Nach 18. h2–h4

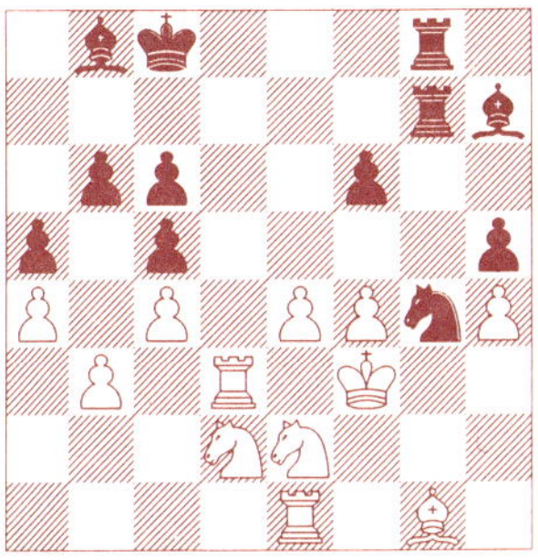

Nach 42. ♘c3–e2

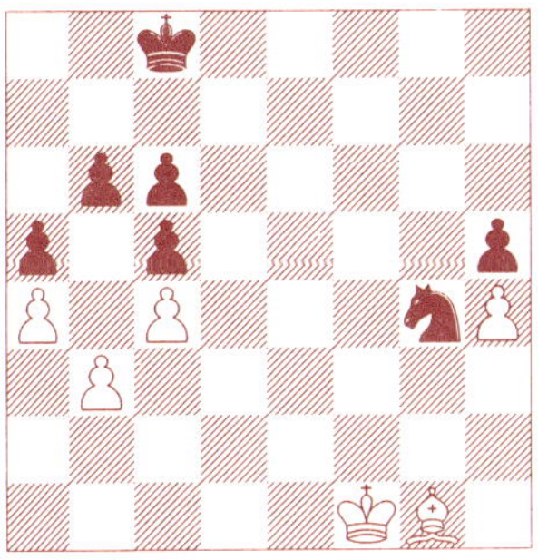

Nach 52. ♔g2×f1

[a] 43. e5 ♗e5 44. fe5 ♘e5 45. ♔e3 f4

32

Belitzman – Rubinstein
Warschau 1917

1.	e2–e4	e7–e5
2.	♘g1–f3	♘b8–c6
3.	♘b1–c3	♘g8–f6
4.	♗f1–b5	♘c6–d4
5.	♗b5–c4	♗f8–c5
6.	♘f3×e5	♕d8–e7
7.	♘e5–d3[a]	d7–d5
8.	♘c3×d5	♕e7×e4+
9.	♘d5–e3	♗c5–d6
10.	0–0[b]	b7–b5
11.	♗c4–b3	♗c8–b7
12.	♘d3–e1	♕e4–h4
13.	g2–g3	♕h4–h3
14.	c2–c3	h7–h5
15.	c3×d4	h5–h4
16.	♕d1–e2[c]	♕h3×h2+
17.	♔g1×h2	h4×g3+
18.	♔h2–g1	♖h8–h1+
	matt	

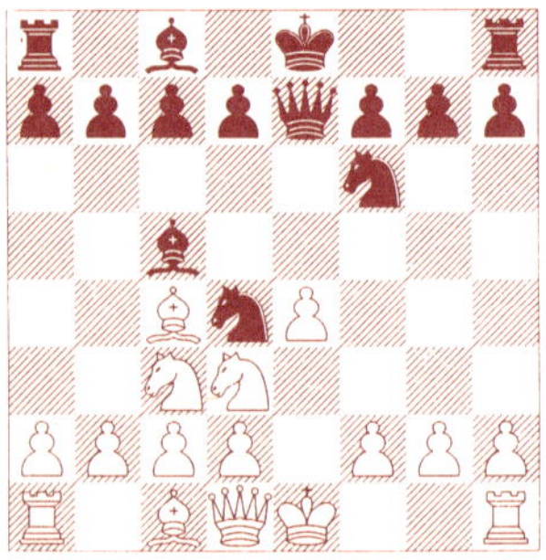

Nach 7. ♘e5–d3

Nach 14. c2–c3

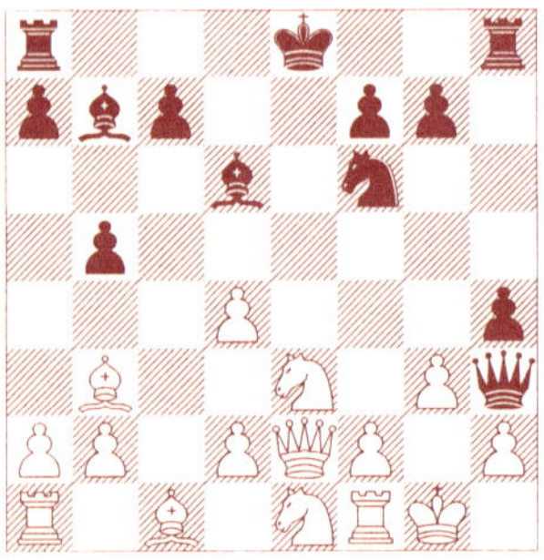

Nach 16. ♕d1–e2

[a] 7. ♘f3 d5 8. ♘d5 ♕e4 9. ♘e3 ♗g4
[b] 10. c3 ♘f5 11. ♕e2 0–0
[c] 16. f3 hg3 17. ♕e2 gh2 18. ♔h1 ♘h5 19. ♘f5 ♔f8

33
Rubinstein – Tarrasch
Berlin 1918

1.	d2–d4	♘g8–f6
2.	♘g1–f3	c7–c5
3.	d4–d5	d7–d6
4.	♘b1–c3	e7–e5
5.	d5×e6	♗c8×e6
6.	e2–e4	♗f8–e7
7.	♗c1–g5	♘b8–d7
8.	♗f1–e2	0–0
9.	0–0	♘d7–b6
10.	♕d1–d2	d6–d5
11.	e4×d5	♘b6×d5
12.	♘c3×d5	♕d8×d5
13.	♕d2×d5	♘f6×d5
14.	♗g5×e7	♘d5×e7
15.	♖f1–e1	h7–h6
16.	♗e2–c4	♗e6×c4
17.	♖e1×e7	♗c4–d5
18.	♖a1–d1	♖f8–d8
19.	a2–a3	♔g8–f8
20.	♖e7–c7	♗d5–c6
21.	♖d1–e1	♖a8–c8
22.	♖c7×c8	♖d8×c8
23.	♘f3–e5	♖c8–e8
24.	♖e1–e3	♖e8–d8
25.	♔g1–f1	♗c6–e8[a]
26.	♔f1–e1	♖d8–d4
27.	g2–g3	♗e8–a4
28.	b2–b3	♗a4–e8
29.	f2–f3	♖d4–d6
30.	♘e5–d3	b7–b6
31.	♔e1–d2	♗e8–b5
32.	♔d2–c3	♗b5–d7
33.	a3–a4	g7–g5
34.	f3–f4	f7–f6
35.	♖e3–e1	♖d6–e6
36.	♖e1×e6	♗d7×e6
37.	♘d3–b2	♔f8–e7
38.	♘b2–d1	g5×f4
39.	g3×f4	♔e7–f7
40.	♘d1–e3	♔f7–g6
41.	♔c3–d3	♔g6–h5
42.	♔d3–e4	♗e6–c8
43.	♔e4–d5	♔h5–h4
44.	♔d5–d6	♔h4–h3
45.	♔d6–c7	♗c8–e6
46.	f4–f5	♗e6–f7
47.	♔c7–b7	h6–h5
48.	♔b7×a7	♔h3×h2
49.	♔a7×b6	♔h2–g3
50.	a4–a5	♔g3–f3
51.	a5–a6[b]	
	Schwarz gibt auf	

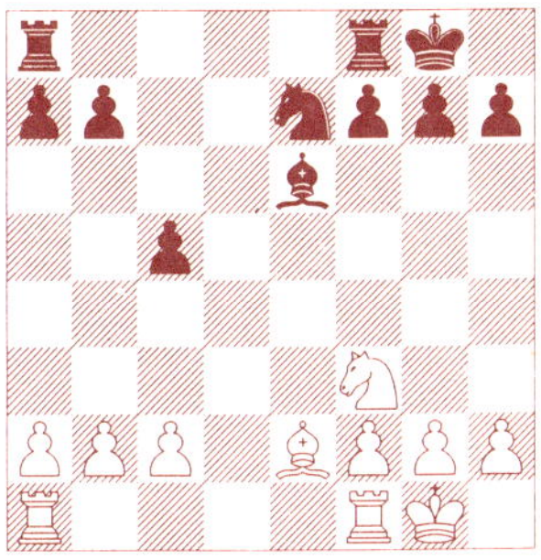
Nach 14... ♘d5×e7

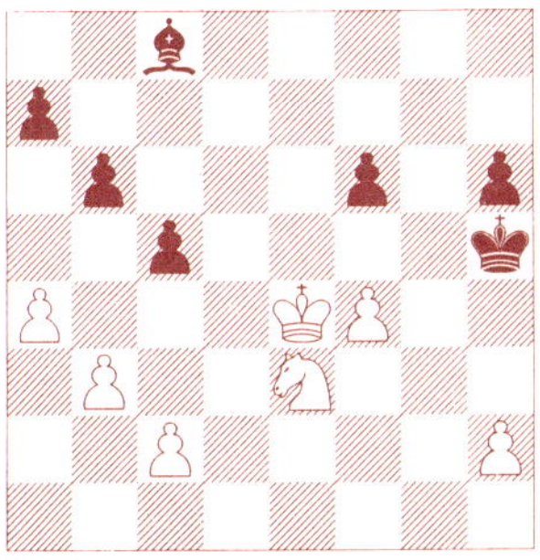
Nach 42... ♗e6–c8

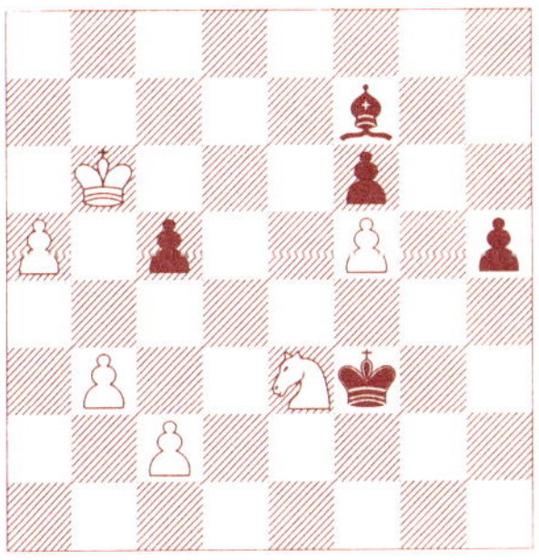
Nach 50... ♔g3–f3

[a] 25... ♖d2 26. ♘c6 bc6 27. ♖c3
[b] 51... ♔e3 52. c4

34
Réti – Rubinstein
Göteborg 1920

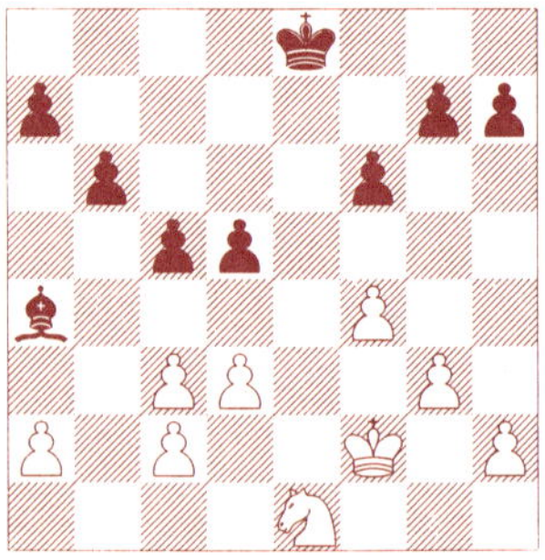
Nach 29. ♘f3–e1

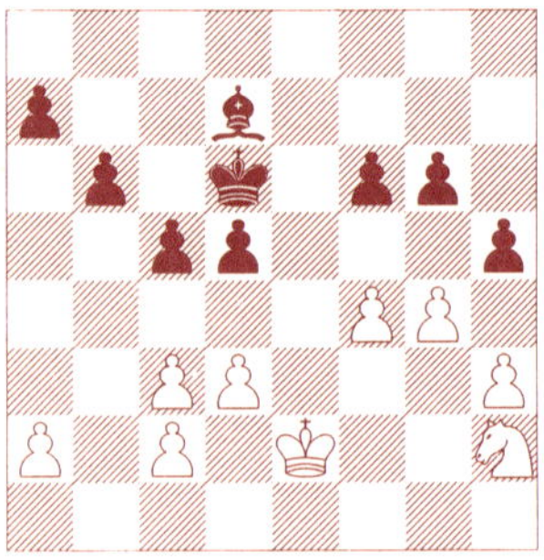
Nach 37. ♔e3–e2

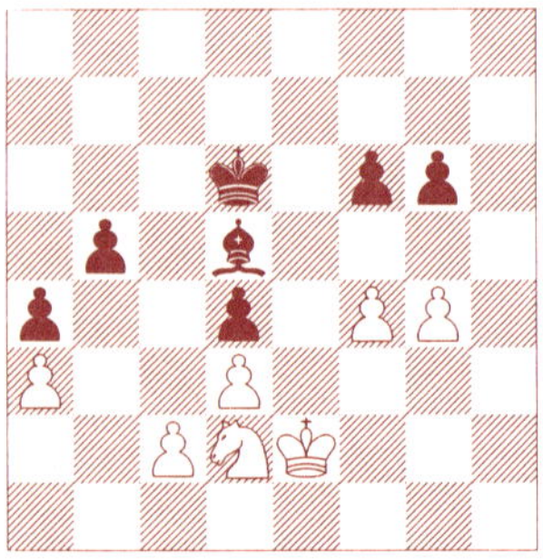
Nach 44... a5–a4

1.	e2–e4	c7–c5
2.	♘g1–f3	♘g8–f6
3.	e4–e5	♘f6–d5
4.	♘b1–c3	e7–e6
5.	g2–g3[a]	♘b8–c6
6.	♗f1–g2	♘d5×c3
7.	b2×c3	d7–d6
8.	e5×d6	♗f8×d6
9.	0–0	0–0
10.	d2–d3	♗d6–e7
11.	♗c1–e3	♗c8–d7
12.	♕d1–d2	♕d8–c7
13.	♖f1–e1	♖a8–d8
14.	♗e3–f4	♗e7–d6
15.	♗f4×d6	♕c7×d6
16.	♕d2–e3	b7–b6
17.	♘f3–d2	♘c6–e7
18.	♘d2–c4	♕d6–c7
19.	♕e3–e5	♕c7×e5
20.	♘c4×e5	♗d7–a4
21.	♖e1–e2	♘e7–d5
22.	♗g2×d5[b]	e6×d5
23.	♖a1–e1	♖f8–e8
24.	f2–f4	f7–f6
25.	♘e5–f3	♔g8–f7
26.	♔g1–f2	♖e8×e2+
27.	♖e1×e2	♖d8–e8
28.	♖e2×e8	♔f7×e8
29.	♘f3–e1	♔e8–e7
30.	♔f2–e3	♔e7–e6
31.	g3–g4	♔e6–d6
32.	h2–h3	g7–g6
33.	♔e3–d2	♗a4–d7
34.	♘e1–f3	♔d6–e7
35.	♔d2–e3[c]	h7–h5
36.	♘f3–h2[d]	♔e7–d6
37.	♔e3–e2	d5–d4
38.	c3×d4[e]	c5×d4
39.	♔e2–d2	h5×g4
40.	h3×g4[f]	♗d7–c6
41.	♔d2–e2[g]	♗c6–d5
42.	a2–a3	b6–b5
43.	♘h2–f1	a7–a5
44.	♘f1–d2	a5–a4
45.	♘d2–e4+	♗d5×e4
46.	d3×e4	b5–b4
47.	♔e2–d2	b4×a3
48.	♔d2–c1	g6–g5
	Weiß gibt auf	

[a] 5. ♘d5 ed5 6. d4

[b] 22. c4 ♘b4 23. ♖c1 f6 24. ♘f3 ♘c2 25. ♖cc2 ♗c2 26. ♖c2 ♖d3

[c] 35. g5 ♗h3 36. gf6 ♔f6 37. ♘g5 ♗d7 38. ♘h7 ♔f5 39. ♔e3 ♗a4

[d] 36. gh5 gh5 37. h4 ♔e6

[e] 38. c4 hg4 39. hg4 (39. ♘g4 ♔e6 40. ♘h6 g5 41. fg5 fg5) g5 40. fg5 fg5

[f] 40. ♘g4 ♗g4 41. hg4 g5

[g] 41. c3 dc3 42. ♔c3 ♗g2 43. ♔d4 b5 44. ♔e3 a5 45. a3 ♔d5 46. ♔e2 ♔d4 47. ♔d2 a4 48. g5 f5

35
Rubinstein – Tarrasch
Teplitz-Schönau 1922

1.	d2–d4	d7–d5	28.	♖d4×d5	♖d8×d5
2.	c2–c4	e7–e6	29.	♖d1×d5	♘b5×c3
3.	♘b1–c3	c7–c5	30.	♖d5–c5	♘c3×e2+
4.	c4×d5	e6×d5	31.	♔g1–f1	♘e2–f4
5.	♘g1–f3	♘b8–c6	32.	♗g2×e4	♖a8–d8
6.	g2–g3	♘g8–f6	33.	♖c5–c7+	♔f7–f6
7.	♗f1–g2	♗f8–e7	34.	♔f1–e1	♖d8–e8
8.	0–0	0–0	35.	f2–f3	♘f4–d5
9.	a2–a3	♗c8–e6	36.	♖c7×b7	♘d5–c3
10.	d4×c5	♗e7×c5	37.	♖b7–b4	♘c3–d5
11.	b2–b4	♗c5–e7	38.	♖b4–a4	♖e8–e7
12.	♗c1–b2	♘f6–e4	39.	♔e1–f2	♘d5–b6
13.	b4–b5	♘c6–a5	40.	♖a4–a5	♖e7–c7
14.	♘c3×e4	d5×e4	41.	♔f2–g3	♘b6–d7
15.	♘f3–d4	♕d8–d5[a]	42.	♖a5–a6+	♔f6–g7[f]
16.	♕d1–c2	f7–f5	43.	♔g3–f4	♘d7–b6
17.	♕c2–c3	♘a5–c4[b]	44.	h2–h4	♖c7–f7
18.	♘d4×f5	♗e7–f6	45.	♔f4–g5	h7–h6+
19.	♕c3×f6[c]	g7×f6	46.	♔g5–f4	♔g7–f8
20.	♘f5–e7+	♔g8–f7	47.	a3–a4	♖f7–c7
21.	♘e7×d5	♗e6×d5	48.	a4–a5	♘b6–c4
22.	♖f1–d1	♔f7–e6[d]	49.	f5–f6	♖c7–d7
23.	♗b2–c3	♖f8–d8	50.	♖a6–c6	♘c4×a5
24.	♖d1–d4	f6–f5	51.	♖c6–c8+	♔f8–f7
25.	g3–g4	♘c4–d6	52.	♔f4–e5	♘a5–b7
26.	♖a1–d1	♘d6×b5[e]	53.	♗e4–f5	
27.	g4×f5+	♔e6–f7		Schwarz gibt auf	

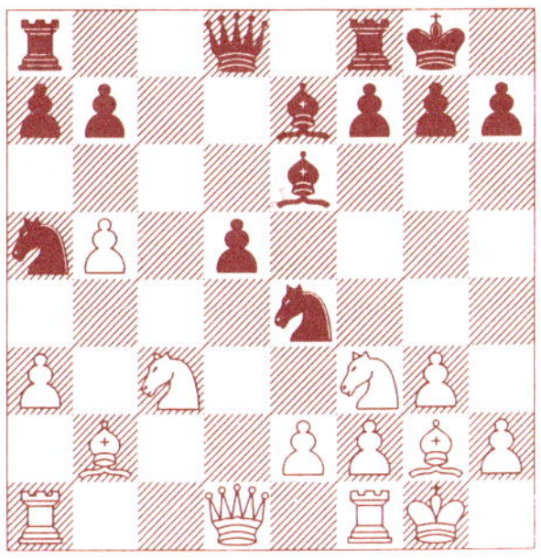
Nach 13… ♘c6–a5

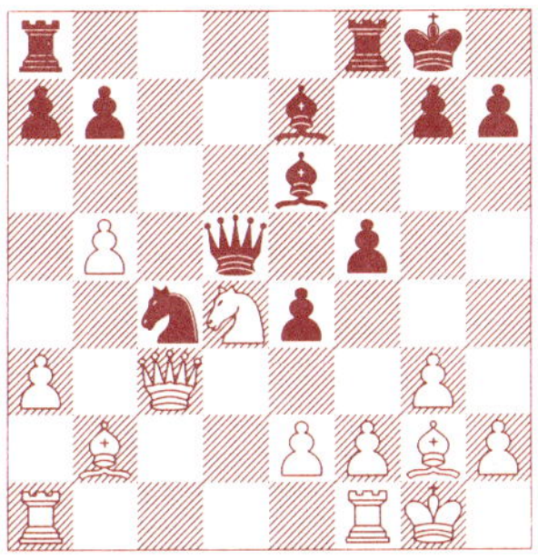
Nach 17… ♘a5–c4

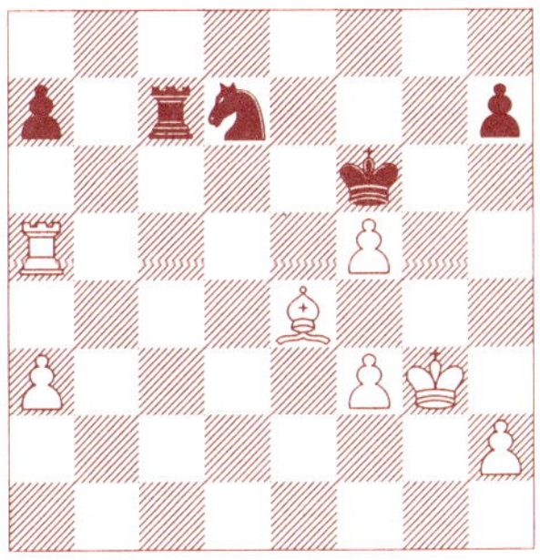
Nach 41… ♘b6–d7

[a] 15… ♗d5 16. ♘f5; 15… ♘c4 16. ♘e6 ♕d1 17. ♖ad1 ♘b2 18. ♖d7

[b] 17… ♗f6 18. ♕a5 ♗d4 19. ♖ad1 ♗b6 20. ♕c3

[c] 19. ♘e7 ♔h8 20. ♘d5 ♗c3 21. ♘c3 ♘b2 22. ♗e4

[d] 22… ♘b2 23. ♖d5

[e] 26… ♗b3 27. gf5 ♔f5 28. ♖d6 ♗d1 29. ♗h3 ♔f4 30. e3 ♔f3 31. ♖f6 ♔e2 32. ♗f1#

[f] 42… ♔g5 43. f4 ♔h5 44. ♗f3#; 42… ♔e5 43. ♖e6 ♔d4 44. ♖e7; 42… ♘b6 43. a4

36
Wolf – Rubinstein
Teplitz-Schönau 1922

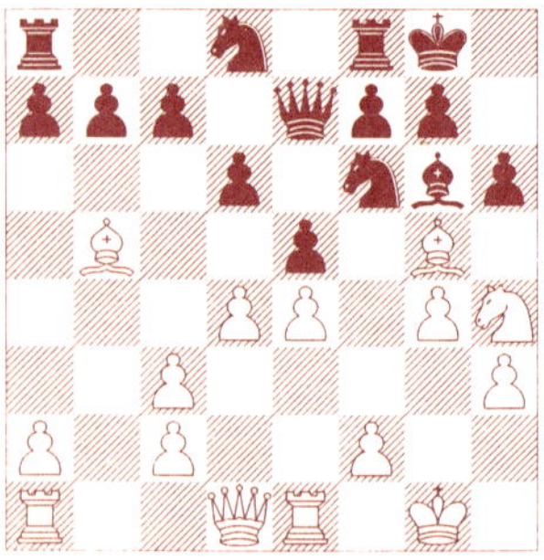

Nach 13... h7–h6

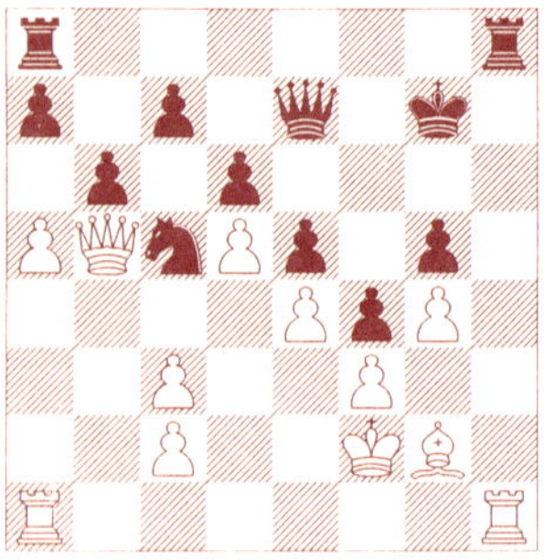

Nach 34. ♖b1–h1

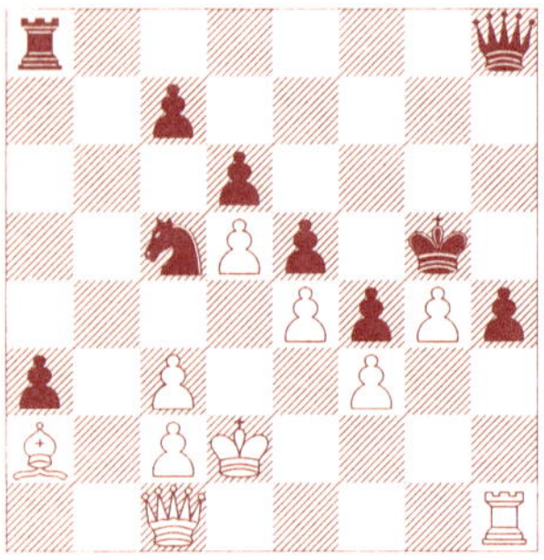

Nach 54. ♕f1–c1

1.	e2–e4	e7–e5	**32.**	♕e2–b5	h5×g4
2.	♘g1–f3	♘b8–c6	**33.**	h3×g4	♘d7–c5
3.	♘b1–c3	♘g8–f6	**34.**	♖b1–h1	♖h8–h4
4.	♗f1–b5	♗f8–b4	**35.**	♖h1×h4	g5×h4
5.	0–0	0–0	**36.**	♗g2–h3	b6×a5
6.	d2–d3	d7–d6	**37.**	♕b5×a5[a]	♕e7–d8
7.	♗c1–g5	♗b4×c3	**38.**	♖a1–b1	♖a8–b8
8.	b2×c3	♕d8–e7	**39.**	♖b1–b4	a7–a6
9.	♖f1–e1	♘c6–d8	**40.**	♔f2–e2	♖b8–b6
10.	d3–d4	♗c8–g4	**41.**	♕a5–a1	♔g7–g6
11.	h2–h3	♗g4–h5	**42.**	♔e2–d2	♔g6–g5
12.	g2–g4	♗h5–g6	**43.**	♖b4–b1	♕d8–b8
13.	♘f3–h4	h7–h6	**44.**	♖b1–h1[b]	a6–a5
14.	♘h4×g6	f7×g6	**45.**	♗h3–g2[c]	a5–a4
15.	♗b5–c4+	♔g8–h7	**46.**	♕a1–e1	♕b8–h8
16.	♗g5–h4	g6–g5	**47.**	♕e1–c1	♖b6–a6
17.	♗h4–g3	♘d8–f7	**48.**	♗g2–f1	♖a6–a8
18.	♕d1–f3	♖a8–e8	**49.**	♗f1–c4	a4–a3
19.	♕f3–e3	b7–b6	**50.**	♗c4–a2	♕h8–h7
20.	♗c4–b5	♖e8–d8	**51.**	♖h1–h3	♘c5–d7
21.	a2–a4	♘f7–h8	**52.**	♕c1–f1	♕h7–h8
22.	a4–a5	♘h8–g6	**53.**	♖h3–h1	♘d7–c5
23.	f2–f3	♘g6–f4	**54.**	♕f1–c1	♖a8–b8
24.	♗b5–f1	♔h7–h8	**55.**	♕c1×a3	♖b8–a8
25.	♗g3×f4	g5×f4	**56.**	♕a3–b2	h4–h3
26.	♕e3–f2	g7–g5	**57.**	♗a2–c4	♕h8–h4
27.	d4–d5	h6–h5	**58.**	♗c4–e2	♕h4–f2
28.	♗f1–g2	♔h8–g7	**59.**	♖h1×h3	♕f2–e3+
29.	♕f2–e2	♖f8–h8	**60.**	♔d2–e1	♘c5–a4
30.	♔g1–f2	♖d8–a8		Weiß gibt auf	
31.	♖e1–b1	♘f6–d7			

[a] 37. ♖a5 a6

[b] 44. ♔c1 ♖b1 45. ♕b1 ♕b1 46. ♔b1 ♘a4 47. c4 ♘c3 48. ♔c1 ♘e2 49. ♔d2 ♘g1 50. ♗g2 h3 51. ♗h1 a5

[c] 45. ♕a5 ♖b2 46. ♕a3 ♘b3 47. ♔d3 ♕b5 48. c4 ♕b6

37
Rubinstein – Aljechin
Wien 1922

1.	d2–d4	♘g8–f6
2.	c2–c4	g7–g6
3.	♘g1–f3	♗f8–g7
4.	♘b1–c3	d7–d5
5.	e2–e3	0–0
6.	c4×d5	♘f6×d5
7.	♗f1–c4	♘d5×c3
8.	b2×c3	c7–c5
9.	0–0	♘b8–c6
10.	♗c1–a3	c5×d4
11.	c3×d4	a7–a6
12.	♖a1–c1	b7–b5
13.	♗c4×f7+	♖f8×f7
14.	♖c1×c6	♗c8–b7
15.	♖c6–c5	♗b7–d5
16.	♕d1–c2	e7–e6[a]
17.	♖f1–c1	♗g7–f8
18.	♘f3–e5	♗f8×c5[b]
19.	♘e5×f7	♔g8×f7
20.	♗a3×c5	♕d8–g5
21.	g2–g3	♕g5–g4[c]
22.	f2–f3	♗d5×f3
23.	♖c1–f1	e6–e5
24.	e3–e4	♔f7–g7
25.	♕c2–f2	♗f3×e4
26.	♗c5–f8+	

Schwarz gibt auf

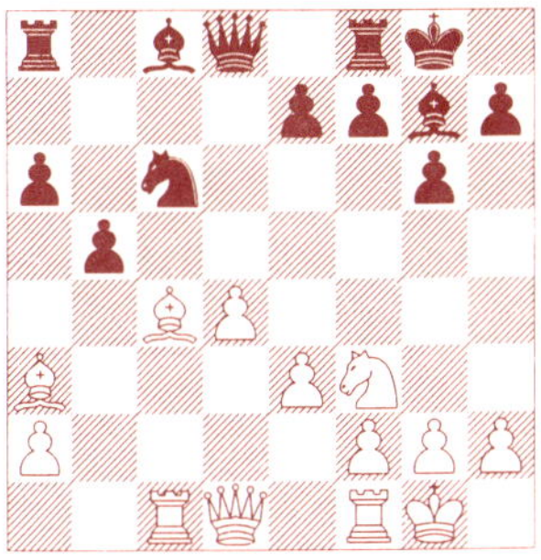

Nach 12... b7–b5

Nach 18. ♘f3–e5

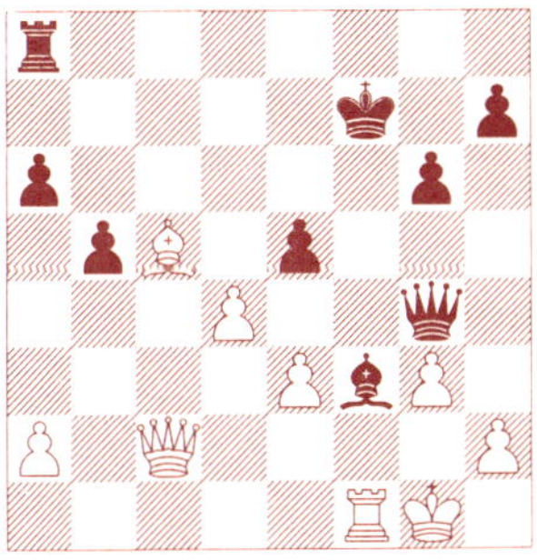

Nach 23. ♖c1–f1

[a] 16... ♗f3 17. gf3 ♖f3 18. ♕e4
[b] 18... ♖b7 19. e4 ♗c5 20. dc5 ♗c4 21. ♘c4 bc4 22. ♕c4; 18... ♖g7 19. ♖c8
[c] 21... ♕f5

38

Rubinstein – Grünfeld
Semmering 1926

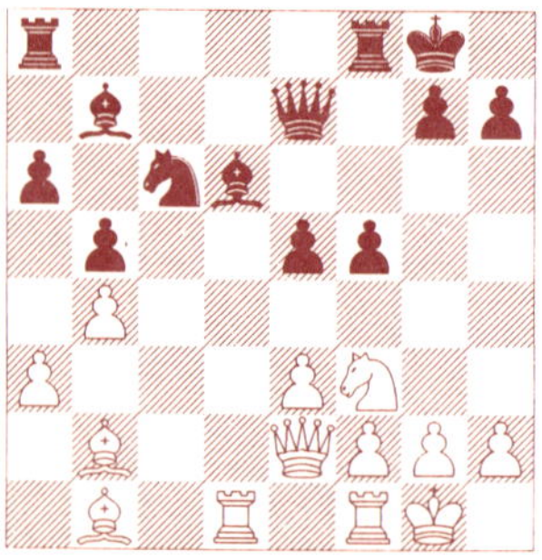

Nach 17... e6–e5

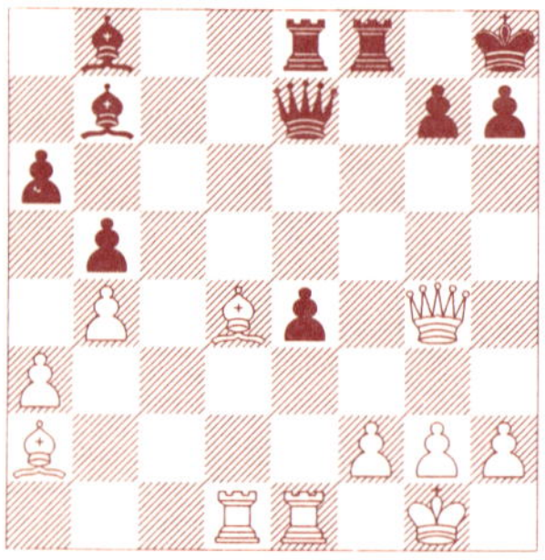

Nach 23... ♔g8–h8

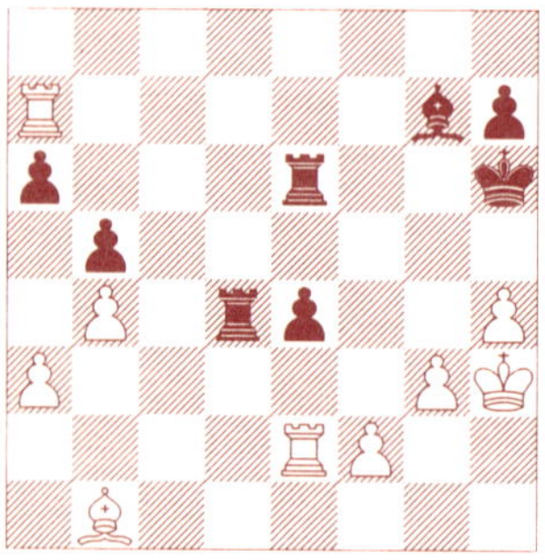

Nach 39... ♗f6–g7

1.	d2–d4	d7–d5
2.	c2–c4	e7–e6
3.	♘g1–f3	d5×c4
4.	e2–e3	♘g8–f6
5.	♗f1×c4	c7–c5
6.	0–0	a7–a6
7.	♕d1–e2	♘b8–c6
8.	♘b1–c3	♗f8–e7
9.	d4×c5	♗e7×c5
10.	a2–a3	♗c5–d6
11.	b2–b4	0–0
12.	♗c1–b2	♕d8–e7
13.	♖a1–d1	b7–b5
14.	♗c4–d3	♗c8–b7
15.	♘c3–e4	♘f6×e4
16.	♗d3×e4	f7–f5[a]
17.	♗e4–b1	e6–e5
18.	e3–e4	♘c6–d4
19.	♘f3×d4	e5×d4
20.	♗b2×d4	f5×e4[b]
21.	♖f1–e1	♖a8–e8
22.	♕e2–g4	♗d6–b8
23.	♗b1–a2+	♔g8–h8
24.	♗d4×g7+	♕e7×g7
25.	♕g4×g7+	♔h8×g7
26.	♖d1–d7+	♔g7–h8
27.	♖d7×b7	♗b8–e5
28.	♗a2–f7	♖e8–d8
29.	g2–g3	♖d8–d4
30.	♔g1–g2	♖f8–c8
31.	♖e1–e2	♖c8–c7[c]
32.	♖b7–b8+	♔h8–g7
33.	♗f7–a2	♗e5–f6
34.	♖b8–g8+	♔g7–h6
35.	♗a2–b1	♖c7–e7
36.	h2–h4	♗f6–g7
37.	♔g2–h3	♖e7–e6
38.	♖g8–a8	♗g7–f6
39.	♖a8–a7	♗f6–g7[d]
40.	♗b1×e4	♖d4×e4
41.	♖e2×e4	♖e6×e4
42.	♖a7×a6+	♔h6–h5
43.	f2–f3	
	Schwarz gibt auf	

[a] 16... g6 17. ♕d3 ♖fd8 18. ♕c3; 16... h6 17. ♕d3 ♖fd8 18. ♕c3

[b] 20... ♗e4 21. ♗e4 fe4

[c] 31... ♖c3 32. ♖e7 (32. ♗e6 ♖a3 33. ♗f5) ♗d6 33. ♖7e4

[d] 39... ♗e7 40. ♗a2

39

Yates – Rubinstein

Semmering 1926

1.	e2–e4	♘g8–f6
2.	♘b1–c3	d7–d5
3.	e4–e5	♘f6–d7
4.	f2–f4[a]	e7–e6
5.	♘g1–f3	c7–c5
6.	♗f1–b5	a7–a6
7.	♗b5×d7+	♗c8×d7
8.	0–0	♘b8–c6
9.	d2–d3	g7–g6
10.	♕d1–e1	♕d8–c7
11.	♘c3–d1	0–0–0
12.	c2–c3	♗f8–e7
13.	♗c1–e3	♔c8–b8
14.	♕e1–f2	d5–d4
15.	c3×d4	♘c6–b4
16.	♕f2–d2[b]	♗d7–c6
17.	a2–a3	♗c6×f3
18.	a3×b4[c]	c5×d4
19.	♖f1×f3	d4×e3
20.	♘d1×e3	♕c7–b6
21.	♔g1–h1	♕b6×b4
22.	♕d2–e2	♖d8–d4
23.	♖a1–f1	♕b4–b5
24.	♘e3–d1	♖h8–d8
25.	♘d1–c3	♕b5–d7
26.	♖f1–d1	h7–h5
27.	♕e2–c2	♕d7–c6
28.	♕c2–b1	♖d4–b4
29.	♕b1–c2	♖d8–d4
30.	♕c2–d2	♕c6–b6
31.	♖d1–b1	♖b4–b3
32.	♕d2–c2	a6–a5
33.	♖f3–f1	♖d4–b4
34.	♘c3–d1	♕b6–c5
35.	♕c2–d2	♕c5–d4
36.	♘d1–c3	♗e7–c5
37.	♕d2–c2	♗c5–b6
38.	♕c2–d2	h5–h4
39.	h2–h3	♕d4–e3
40.	♕d2–c2	♗b6–d4
41.	♖f1–c1	♔b8–a7
42.	♖b1–a1	♖b3×b2
43.	♕c2–d1	♗d4×c3[d]
44.	♖c1×c3	♕e3–b6
45.	♕d1–g1	♕b6×g1+
46.	♔h1×g1	♔a7–b6
47.	♖c3–c4	♖b2–d2
48.	f4–f5	g6×f5
49.	♖c4–c8	♖b4–b2
50.	♖c8–g8	a5–a4
51.	♖a1×a4	♖d2–d1+
52.	♔g1–h2	♖d1–f1
53.	♖g8–h8[e]	♖f1–f2
54.	♖h8×h4[f]	♖f2×g2+
55.	♔h2–h1	♖g2–h2+
56.	♔h1–g1	♖b2–g2+
57.	♔g1–f1	♖g2–d2
58.	♖a4–b4+	♔b6–c7
59.	♔f1–g1	♖h2–e2
60.	♖b4–b1	♖d2×d3
61.	♖h4–b4	♖d3–d7
62.	♖b4×b7+	♔c7–d8
63.	♖b7–b5	♔d8–e7
64.	♖b5–a5	♖d7–d2
65.	♖a5–a7+	♔e7–f8
66.	♔g1–f1	♖e2–h2
67.	♔f1–g1	♖d2–g2+
68.	♔g1–f1	♖g2–a2
69.	♔f1–g1	♖h2–b2
70.	♖b1×b2	♖a2×b2
71.	♖a7–a3	♔f8–g7
72.	♖a3–g3+	♔g7–h6
73.	♔g1–f1	♖b2–b5
74.	♖g3–e3	♔h6–g5
75.	♖e3–g3+	♔g5–f4
76.	♖g3–g7	♖b5–b7
77.	h3–h4	♔f4×e5
78.	♔f1–g2	♔e5–f6
79.	♖g7–g8	♖b7–b2+
80.	♔g2–h3	♖b2–b3+
81.	♔h3–h2	f5–f4
82.	♖g8–g4	e6–e5
83.	♖g4–g5	♖b3–g3
84.	♖g5–h5	♖g3–g8

Weiß gibt auf

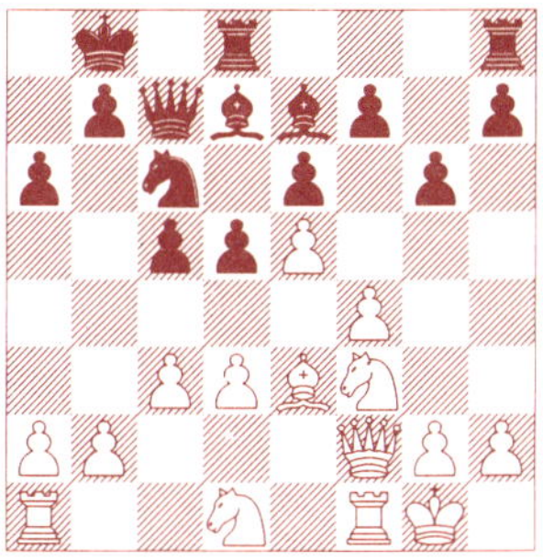

Nach 14. ♕e1–f2

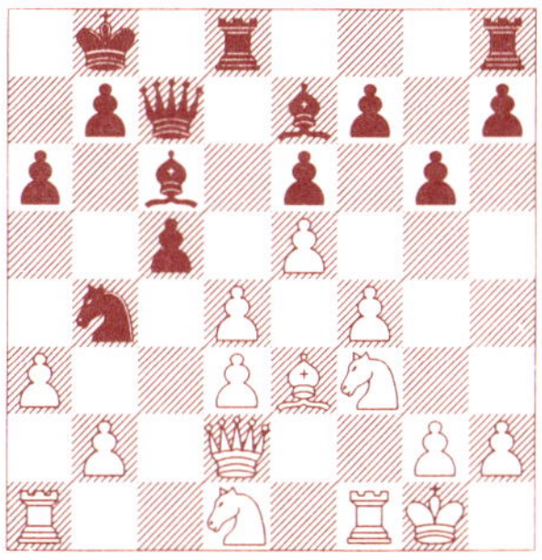

Nach 17. a2–a3

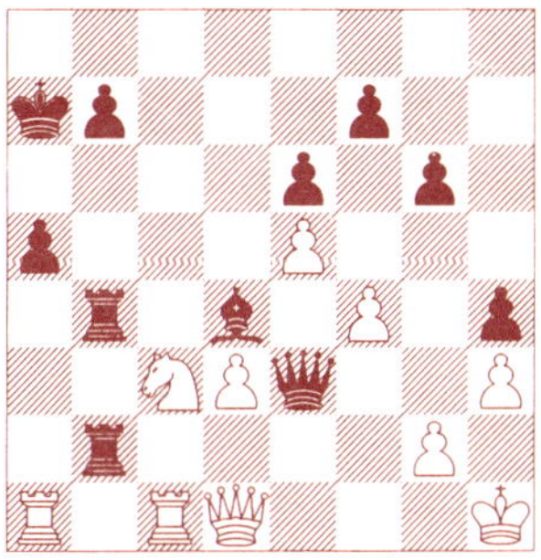

Nach 43. ♕c2–d1

[a] 4. ♘d5 ♘e5; 4. d4 c5; 4. e6 fe6

[b] 16. ♘e1 ♗b5 17. dc5 ♗d3 18. ♘d3 ♘d3 19. ♕c2 ♗c5 20. ♗c5 ♕c5 21. ♕c5 ♘c5

[c] 18. ♖f3 cd4 19. ab4 de3 20. ♘e3 ♕b6 wie in der Partie

[d] 43... ♖g2 44. ♔g2 ♕g3 45. ♔h1 ♕h3

[e] 53. ♖h4 f4 54. ♖gg4 ♖b4 55. d4 ♖d4

[f] 54. ♖g8 f4 55. ♔g1 f3 56. ♖b4 ♖b4 57. ♔f2 fg2 58. ♔g2 ♖f4

40
Mattison – Rubinstein
Karlsbad 1929

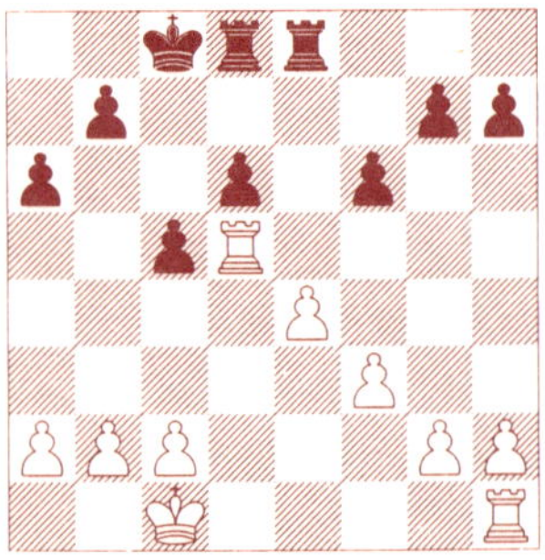
Nach 18. ♖d1×d5

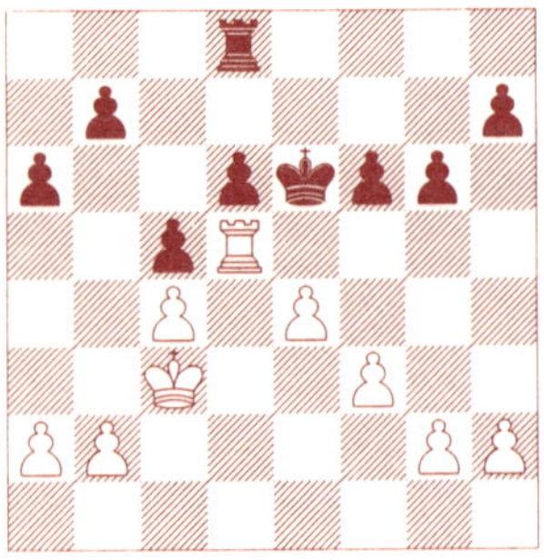
Nach 23. ♔c2–c3

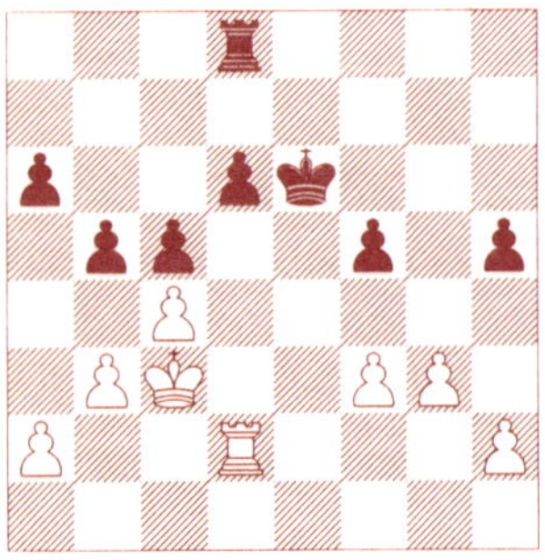
Nach 27. g2–g3

1.	e2–e4	e7–e5	**21.**	c2–c4	g7–g6
2.	♘g1–f3	♘b8–c6	**22.**	♔c1–c2	♔d7–e6
3.	♗f1–b5	a7–a6	**23.**	♔c2–c3	f6–f5
4.	♗b5×c6	d7×c6	**24.**	e4×f5+[b]	g6×f5
5.	d2–d4	e5×d4	**25.**	♖d5–d2[c]	b7–b5
6.	♕d1×d4	♕d8×d4	**26.**	b2–b3	h7–h5
7.	♘f3×d4	♗f8–d6	**27.**	g2–g3	f5–f4
8.	♗c1–e3	c6–c5	**28.**	♖d2–e2+[d]	♔e6–f5
9.	♘d4–e2	f7–f6	**29.**	♖e2–e4	f4×g3
10.	♗e3–f4	♗c8–e6	**30.**	h2×g3	♖d8–g8
11.	♗f4×d6	c7×d6	**31.**	♖e4–f4+[e]	♔f5–e6
12.	♘e2–f4	♗e6–f7	**32.**	♖f4–e4+[f]	♔e6–d7
13.	♘b1–c3	♘g8–e7	**33.**	g3–g4	♖g8–f8
14.	0–0–0	0–0–0	**34.**	♖e4–e3[g]	h5–h4
15.	♘c3–d5	♖h8–e8	**35.**	a2–a4	b5×a4
16.	f2–f3	♘e7×d5	**36.**	b3×a4	♖f8–e8
17.	♘f4×d5	♗f7×d5	**37.**	♔c3–d2	♖e8×e3
18.	♖d1×d5	♖e8–e5	**38.**	♔d2×e3	d6–d5[h]
19.	♖h1–d1[a]	♖e5×d5		Weiß gibt auf	
20.	♖d1×d5	♔c8–d7			

[a] 19. ♖e5 fe5
[b] 24. ♔d3 fe4 25. ♔e4 ♖b8
[c] 25. g4 fg4 26. fg4 ♖f8
[d] 28. g4 hg4 29. fg4 ♖h8 30. ♔d3 ♔e5 31. ♖e2 ♔f6 32. ♔e4 ♔g5
[e] 31. g4 hg4 32. ♖g4 ♖h8
[f] 32. g4 h4 33. g5 ♖g5 34. ♖h4 ♖g3 35. ♖f4 b4
[g] 34. gh5 ♖f3 35. ♔c2 ♖h3
[h] 39. cd5 (39. g5 d4) 39... h3 40. ♔f2 c4

41

Rubinstein – Sultan Khan
Hamburg 1930

1.	d2–d4	♘g8–f6
2.	♘g1–f3	e7–e6
3.	♘b1–d2	c7–c5
4.	e2–e3	♘b8–c6
5.	a2–a3	c5×d4
6.	e3×d4	d7–d5
7.	♗f1–d3	♗f8–d6
8.	0–0	0–0
9.	♖f1–e1	♖f8–e8
10.	h2–h3	h7–h6
11.	c2–c3	a7–a5
12.	♘f3–e5	♗d6×e5
13.	d4×e5	♘f6–d7
14.	♘d2–f3	♘d7–c5
15.	♗d3–b5	♗c8–d7
16.	a3–a4	f7–f5
17.	e5×f6	♕d8×f6
18.	♗c1–e3	♘c5–e4
19.	♕d1–e2	e6–e5
20.	♖a1–d1	♗d7–e6
21.	♗e3–b6	♖e8–f8
22.	c3–c4	♘c6–b4
23.	c4×d5	♘b4×d5
24.	♕e2×e4	♘d5×b6
25.	♖d1–d6[a]	♘b6–d5
26.	♖d6×d5	♗e6×d5
27.	♕e4×d5+	♔g8–h8
28.	♕d5×b7	♕f6–f4
29.	♖e1–e4	♕f4–c1+
30.	♔g1–h2	♖a8–b8
31.	♕b7–a7	♖b8–c8
32.	♘f3×e5	♖f8–f6
33.	♖e4–g4	♕c1–c7
34.	♕a7–e3	♖c8–f8
35.	f2–f4	g7–g5
36.	♕e3–d4	♔h8–g8
37.	♗b5–c4+	♔g8–h7
38.	f4×g5	h6×g5
39.	♖g4×g5	♖f6–f4
40.	♗c4–d3+	♔h7–h6[b]
41.	♖g5–g6+	♔h6–h7[c]
42.	♖g6–c6+	

Schwarz gibt auf

Nach 21. ... ♖e8–f8

Nach 24. ... ♘d5×b6

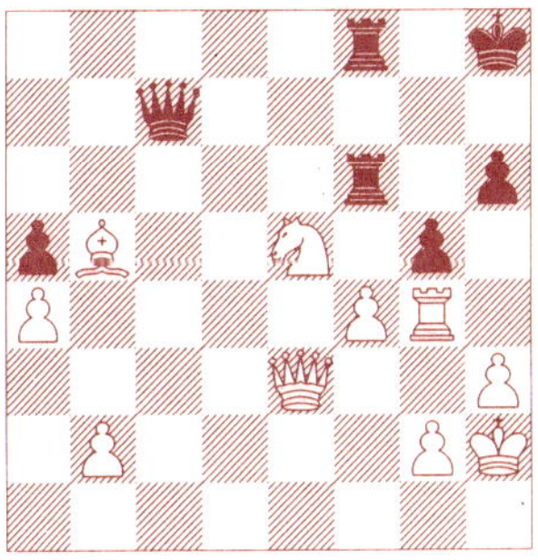

Nach 35. ... g7–g5

[a] 25. ♕e5 ♗h3; 25. ♕b7 ♖ab8 26. ♕e4 ♗h3
[b] 40. ... ♔h8 41. ♘f7
[c] 41. ... ♔h5 42. ♗e2

42

O'Kelly – Rubinstein

Brüssel 1945

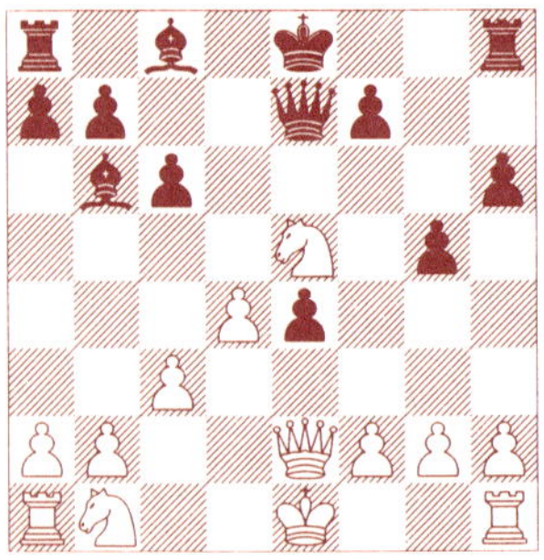

Nach 13... d5×e4

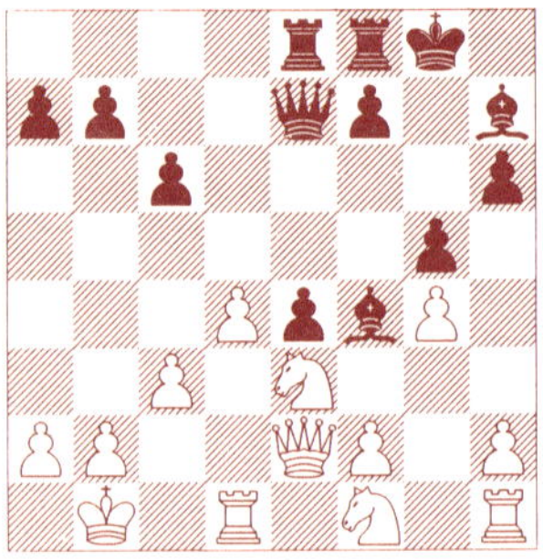

Nach 20. ♘d2–f1

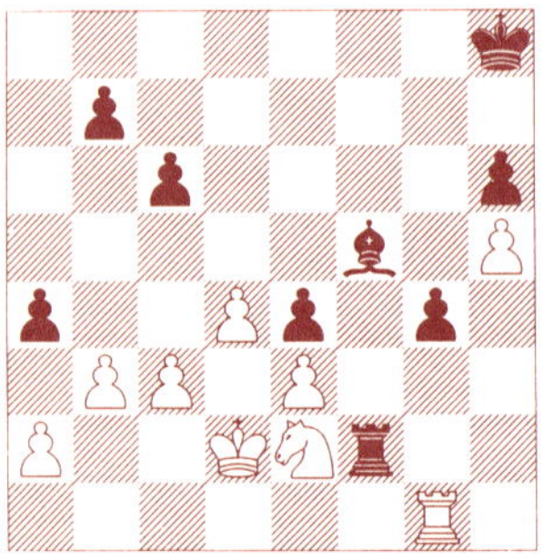

Nach 38. b2–b3

1.	e2–e4	e7–e5
2.	♘g1–f3	♘b8–c6
3.	♗f1–b5	♗f8–c5
4.	c2–c3	♘g8–f6
5.	d2–d4	♗c5–b6
6.	♗c1–g5	h7–h6
7.	♗g5–h4	g7–g5
8.	♗h4–g3	♘f6×e4
9.	♗g3×e5	♘c6×e5
10.	♘f3×e5	c7–c6
11.	♗b5–d3	d7–d5
12.	♕d1–e2	♕d8–e7
13.	♗d3×e4	d5×e4
14.	♘b1–d2	♗c8–f5
15.	0–0–0[a]	0–0
16.	g2–g4	♗f5–h7
17.	♘e5–c4	♗b6–c7
18.	♘c4–e3	♗c7–f4
19.	♔c1–b1	♖a8–e8
20.	♘d2–f1	f7–f5
21.	g4×f5	♗h7×f5
22.	♘f1–g3	♗f5–g6
23.	♖h1–g1	♗f4×e3
24.	f2×e3	♖f8–f3
25.	h2–h4	g5–g4
26.	h4–h5	♗g6–h7
27.	♖d1–e1	♕e7–h4
28.	♕e2–g2	♔g8–h8
29.	♔b1–c1	♖e8–f8
30.	♖e1–e2	♕h4–g5
31.	♖g1–e1	♕g5–h4
32.	♖e1–g1	a7–a5
33.	♔c1–d2	a5–a4
34.	♕g2–h2	♕h4×h2
35.	♖e2×h2	♖f3–f2+
36.	♖h2×f2	♖f8×f2+
37.	♘g3–e2	♗h7–f5
38.	b2–b3	a4–a3
39.	c3–c4	♔h8–g7
40.	♔d2–e1	♖f2–f3
41.	♔e1–d2	♔g7–f6
42.	♖g1–g2	♔f6–g5
43.	c4–c5[b]	♔g5×h5
44.	d4–d5	c6×d5
45.	b3–b4	♗f5–d7
46.	♘e2–d4	♖f3–f8
47.	♔d2–e2	♔h5–g5
48.	♖g2–f2	♖f8×f2+
49.	♔e2×f2	h6–h5
50.	b4–b5	h5–h4
51.	c5–c6	g4–g3+
52.	♔f2–g2	b7×c6
53.	b5–b6	♗d7–c8
54.	♘d4×c6	♗c8–b7
55.	♘c6–d8	♔g5–g4
56.	♘d8×b7	h4–h3+
	Weiß gibt auf	

[a] 15. ♘e4 ♗e4 16. ♕e4 f6 17. ♕g6 ♔d8

[b] 43. ♘f4 g3

43

Aus dem Traktat von al-Adli

9. Jhdt.

1. ♘g3–h5+ ♖h7×h5
2. ♖g1×g6+ ♔f6×g6
3. ♖e1–e6+ matt

Matt in 3 Zügen

44

Matt der Dilaram

10. Jhdt.

1. ♖h4–h8+ ♔g8×h8
2. (Alfil)h3–f5+ ♖b2–h2
3. ♖h1×h2+ ♔h8–g8
4. ♖h2–h8+ ♔g8×h8
5. g6–g7+ ♔h8–g8
6. ♘g4–h6+ matt

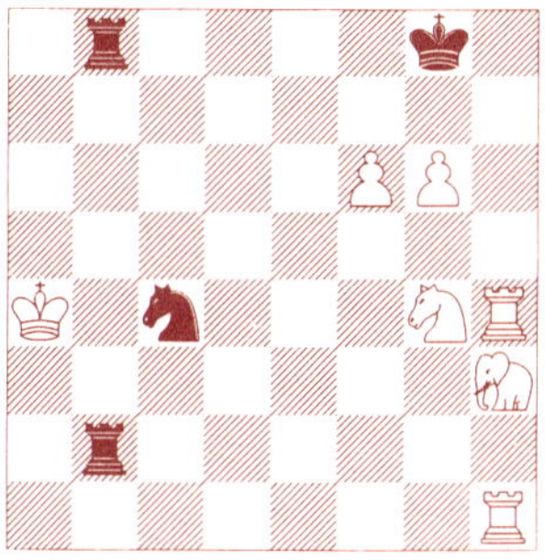

Matt in 6 Zügen

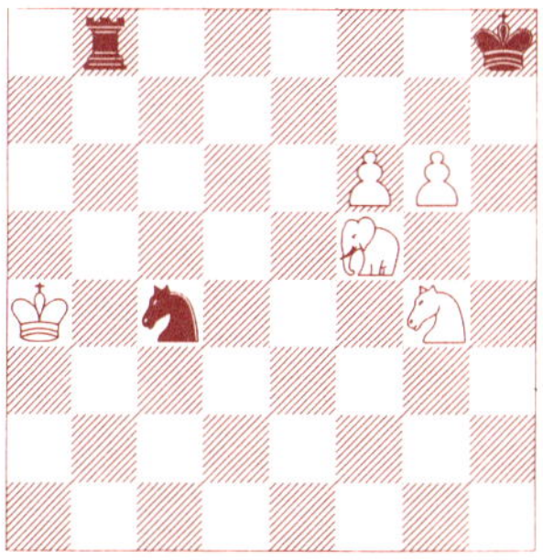

Nach 4... ♔g8×h8

45
Persische Mansube
11. Jhdt.

1. ♖c7–h7+ ♚h8–g8
2. ♘d5–f6+ ♚g8–f8
3. e6–e7+ ♞c6×e7
4. ♖h7–f7+ ♞d8×f7
5. ♘g5–e6+
matt

Matt in 5 Zügen

46
Aus der Handschrift des Abul Fath
12. Jhdt.

1. ♕g4–f5+ ♚g6–h7[a]
2. ♖g1–g7+ ♜f7×g7
3. ♘h5–f6+
matt

Matt in 3 Zügen

Nach 1... ♚g6–h7

[a] 1... ♚f5 2. ♗d3#; 1... ♚h5 2. ♕g6#

47

Aus der Handschrift des al-Ladsch-Ladsch
Analyse um 1200

1.	f2–f3	f7–f6
2.	f3–f4	f6–f5
3.	♘g1–f3	♘g8–f6
4.	g2–g3	g7–g6
5.	c2–c3	c7–c6
6.	c3–c4	c6–c5
7.	♘b1–c3	♘b8–c6
8.	b2–b3	b7–b6
9.	e2–e3	e7–e6
10.	d2–d3	d7–d6
11.	♖a1–b1	♖a8–b8
12.	♖h1–g1	♖h8–g8
13.	h2–h3	a7–a6
14.	a2–a3[a]	b6–b5
15.	c4×b5	a6×b5
16.	b3–b4	c5×b4
17.	a3×b4	♖g8–g7[b]
18.	♖g1–g2	♖g7–c7
19.	♖g2–c2[c]	e6–e5[d]
20.	e3–e4[e]	f5×e4[f]
21.	d3×e4	e5×f4
22.	g3×f4	♗f8–h6
23.	e4–e5	d6×e5
24.	f4×e5	♘f6–h5
25.	♗f1–d3	♘h5–f4
26.	♗d3×b5	♘c6×e5
27.	♘f3×e5	♖c7–e7
28.	♖c2–e2	♘f4×e2
29.	♔e1×e2	♖e7×e5
30.	♗c1–e3	

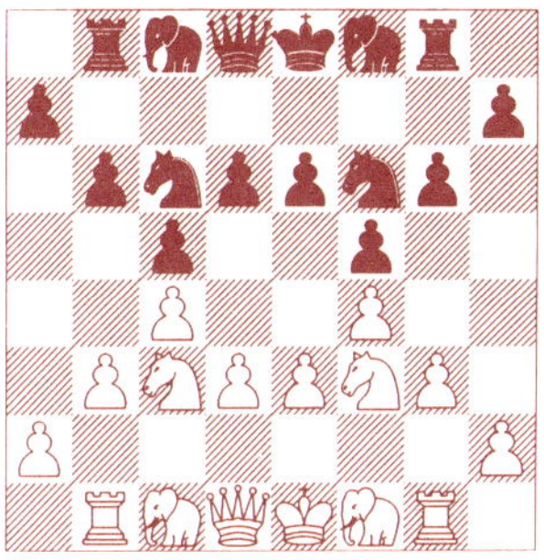
Nach 12... ♖h8–g8

Nach 22... ♗f8–h6

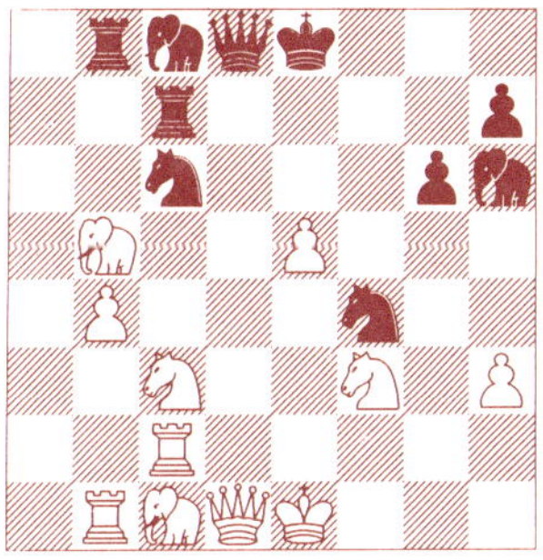
Nach 26. ♗d3×b5

[a] 14. ♖b2 b5 15. ♖bg2 b5 16. ♘e2 a5

[b] 17... h6 18. g4 fg4 19. hg4 g5 20. fg5 hg5

[c] 19. g4 e5 20. fe5 de5 21. d4 e4 22. ♘d2

[d] 19... d5 20. ♘e2 ♗d6 21. ♘fd4 ♘d5 22. ♖c7 ♕c7 23. ♘c3

[e] 20. fe5 de5 21. e4 fe4 22. de4 ♗d6 23. ♘d5 ♘d5 24. ed5 ♘b4 25. ♖c7 ♕c7 26. ♘e5 ♘d5

[f] 20... ♘d4 21. ♘d4 ed4 22. ♘e2 ♖c2 23. ♕c2 fe4 24. ♘d4 ed3 25. ♕d3

48

Aus der Handschrift des al-Ladsch-Ladsch
Analyse um 1200

1.	g2–g3	h7–h6
2.	g3–g4	f7–f6
3.	h2–h3	h6–h5
4.	g4–g5	f6–f5[a]
5.	h3–h4	g7–g6
6.	f2–f3	♖h8–h7
7.	f3–f4	♖h7–f7
8.	e2–e3	e7–e6
9.	d2–d3	d7–d6
10.	c2–c3	c7–c6
11.	b2–b3	b7–b6
12.	♘b1–d2	♘b8–d7
13.	♗f1–h3	♘g8–e7
14.	♘g1–e2	♕d8–c7
15.	♖h1–f1	♖a8–b8
16.	♘e2–g3	a7–a6
17.	e3–e4	f5×e4
18.	d3×e4	e6–e5[b]
19.	f4–f5	g6×f5
20.	e4×f5	

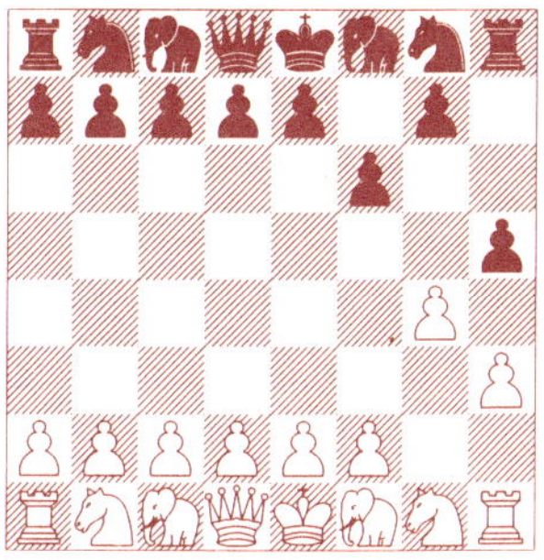
Nach 3... h6–h5

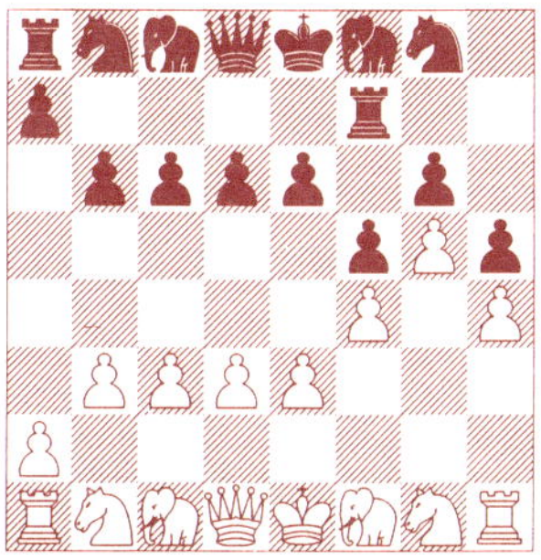
Nach 11... b7–b6

Nach 20. e4×f5

[a] 4... fg5 5. ♘f3 g6 6. ♘g5

[b] 18... d5 19. e5

49

Castellvi – Vinyoles

Valencia um 1490

1.	e2–e4	d7–d5
2.	e4×d5	♕d8×d5
3.	♘b1–c3	♕d5–d8[a]
4.	♗f1–c4	♘g8–f6
5.	♘g1–f3	♗c8–g4
6.	h2–h3[b]	♗g4×f3
7.	♕d1×f3	e7–e6
8.	♕f3×b7	♘b8–d7
9.	♘c3–b5	♖a8–c8
10.	♘b5×a7	♘d7–b6[c]
11.	♘a7×c8	♘b6×c8
12.	d2–d4	♘c8–d6
13.	♗c4–b5+	♘d6×b5
14.	♕b7×b5+	♘f6–d7
15.	d4–d5[d]	e6×d5
16.	♗c1–e3	♗f8–d6
17.	♖a1–d1	♕d8–f6
18.	♖d1×d5	♕f6–g6
19.	♗e3–f4	♗d6×f4
20.	♕b5×d7+	♔e8–f8
21.	♕d7–d8+ matt	

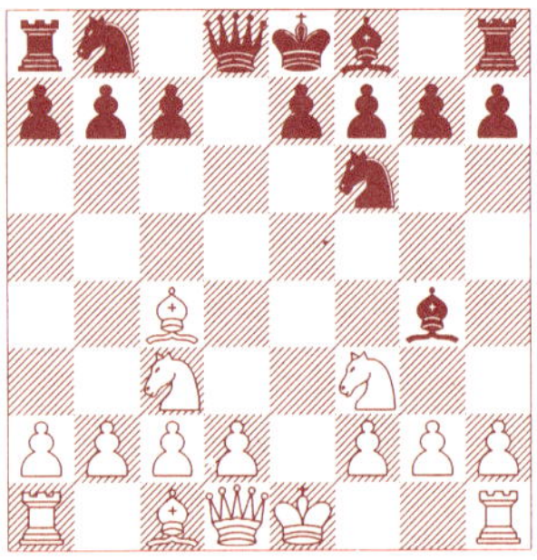

Nach 5. . . ♗c8–g4

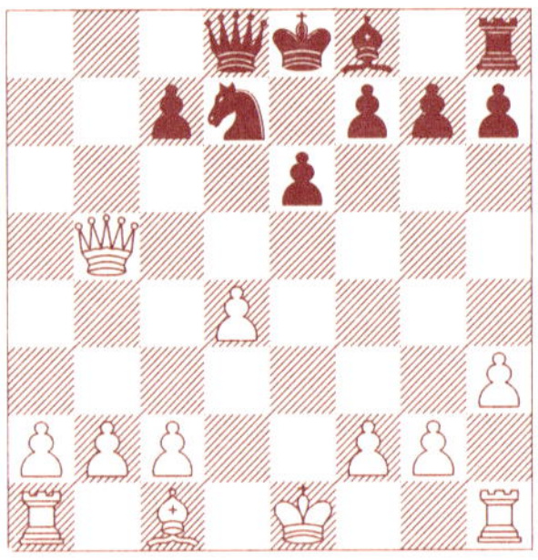

Nach 14. . . ♘f6–d7

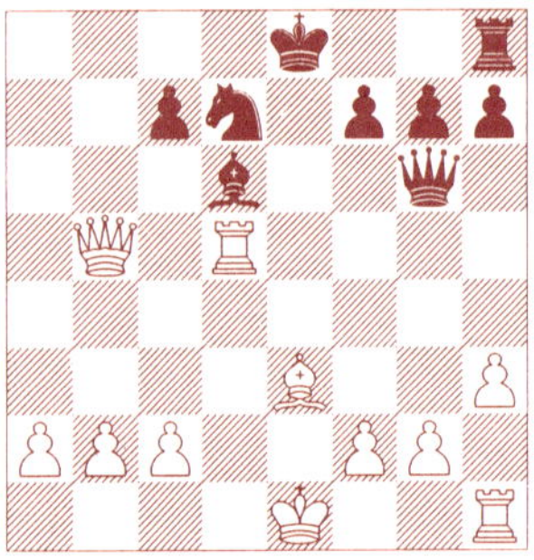

Nach 18. . . ♕f6–g6

[a] 3. . . ♕a5

[b] 6. ♘e5 ♗h5 (6. . . ♗xd1 7. ♗xf7#) 7. ♕xh5

[c] 10. . . ♗d6 11. ♘c6

[d] Die Rochade war noch nicht erfunden.

50

Lucena

Salamanca 1496/97

1.	e2–e4	e7–e5
2.	♘g1–f3	f7–f6
3.	♘f3×e5	f6×e5
4.	♕d1–h5+	♔e8–e7[a]
5.	♕h5×e5+	♔e7–f7
6.	♗f1–c4+	d7–d5[b]
7.	♗c4×d5+	♔f7–g6
8.	♕e5–g3+[c]	♕d8–g5
9.	♕g3×c7	♕g5×g2
10.	♕c7–f7+	♔g6–h6
11.	d2–d4+	g7–g5
12.	♕f7×f8+	♔h6–h5
13.	♕f8–f7+	♔h5–h4
14.	e4–e5	♕g2–g4
15.	♗d5–f3[d] Weiß gewinnt	

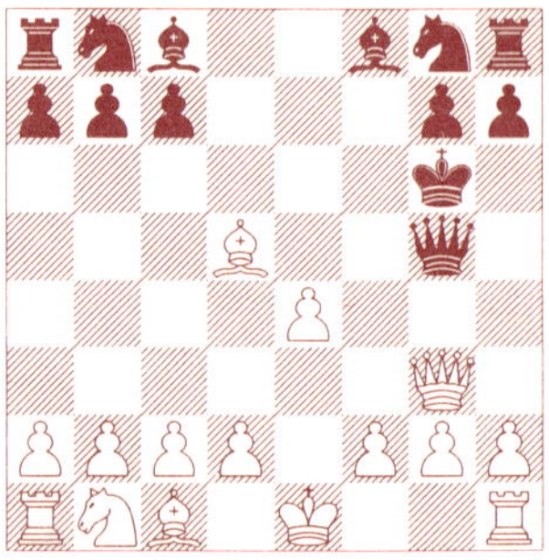

Nach 8. . . ♕d8–g5

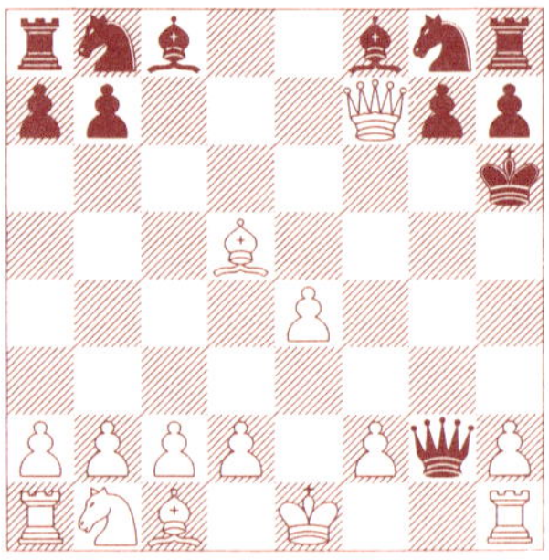

Nach 10. . . ♔g6–h6

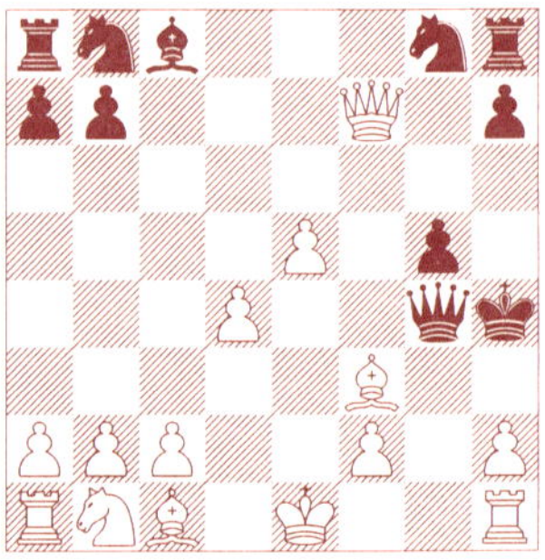

Nach 15. ♗d5–f3

[a] 4. . . g6 5. ♕e5 ♕e7 6. ♕h8

[b] 6. . . ♔g6 7. ♕f5 ♔h6 8. d4

[c] 8. h4 Damiano 1512

[d] 15. . . ♗e6 wird von Lucena nicht angegeben

51
Lucena
Salamanca 1496/97

1. ♕c6–e6+ ♔g8–h8[a]
2. ♘e5–f7+ ♔h8–g8
3. ♘f7–h6+[b] ♔g8–h8
4. ♕e6–g8+ ♖b8×g8
5. ♘h6–f7+
matt

Matt in 5 Zügen

52
Civis Bononiae
frühes 15. Jhdt.

1. ♖a7–f7+ ♘h8×f7
2. ♘e5–g6+
matt

Matt in 2 Zügen

[a] 1... ♔f8 2. ♕f7#
[b] 3. ♘d8 ♔h8 4. ♕e8 ♕f8 5. ♕f8#

53
Göttinger Handschrift
Analyse um 1520

1.	e2–e4	e7–e5
2.	♘g1–f3	f7–f6
3.	♘f3×e5	f6×e5
4.	♕d1–h5+	♔e8–e7
5.	♕h5×e5+	♔e7–f7
6.	♗f1–c4+	d7–d5
7.	♗c4×d5+	♔f7–g6
8.	♕e5–g3+	♕d8–g5
9.	♕g3–b3	♕g5×g2
10.	e4–e5	

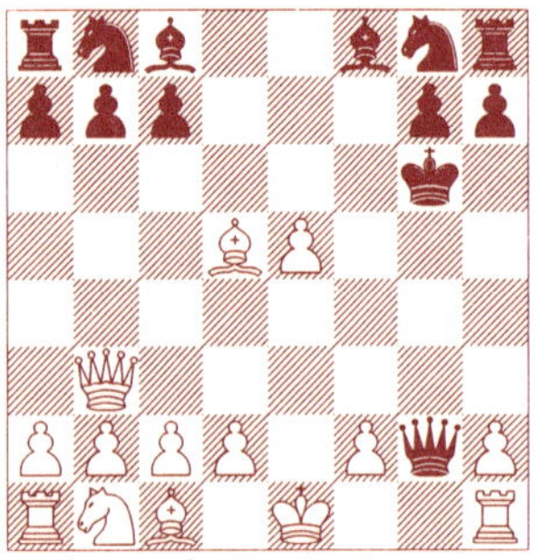
Analyse nach 10. e4–e5

54
Polerio – Don Lorenzo
um 1575

1.	e2–e4	e7–e5
2.	♘g1–f3	♘b8–c6
3.	♗f1–c4	♗f8–c5
4.	c2–c3	♕d8–e7
5.	0–0	d7–d6
6.	d2–d4	♗c5–b6
7.	♗c1–g5	♘g8–f6
8.	a2–a4	a7–a6
9.	♗c4–d5	♘c6–b8
10.	♘b1–d2	c7–c6
11.	♗d5–a2	♗c8–g4
12.	♕d1–b3	♗b6–a7
13.	♕b3–d1	g7–g6
14.	d4×e5	d6×e5
15.	♗a2×f7+	♔e8–d8[a]
16.	♘f3×e5	♕e7×e5[b]
17.	♗g5×f6+	♔d8–c8[c]
18.	♕d1×g4+	♘b8–d7
19.	♗f6×h8	♕e5×h8
20.	♗f7–e6	♕h8–e8
21.	♘d2–c4	♔c8–c7
22.	♕g4–f4+	♔c7–d8
23.	♕f4–d6	♗a7–b8
24.	♕d6×d7+	♕e8×d7
25.	♗e6×d7	♔d8×d7
26.	♘c4–b6+	♔d7–d6
27.	♘b6×a8	♗b8–a7
28.	♖f1–d1+	♔d6–c5
29.	♖d1–d4	a6–a5
30.	♖a1–d1	b7–b5
31.	b2–b4+	a5×b4
32.	c3×b4+ matt	

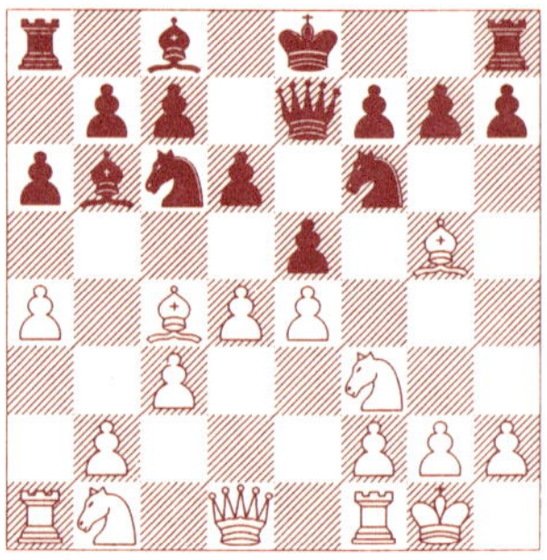
Nach 8. . . a7–a6

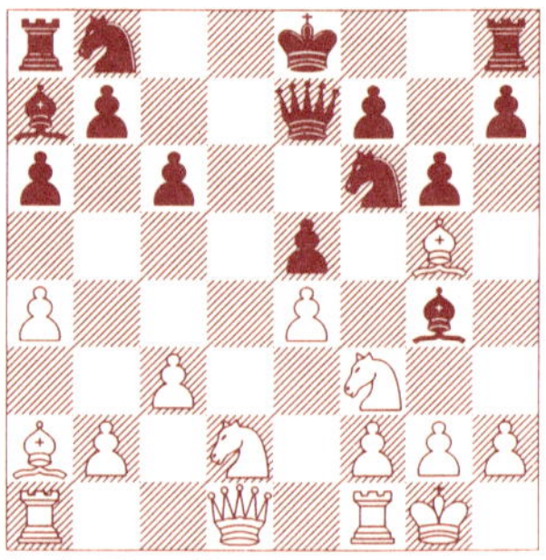
Nach 14. . . d6×e5

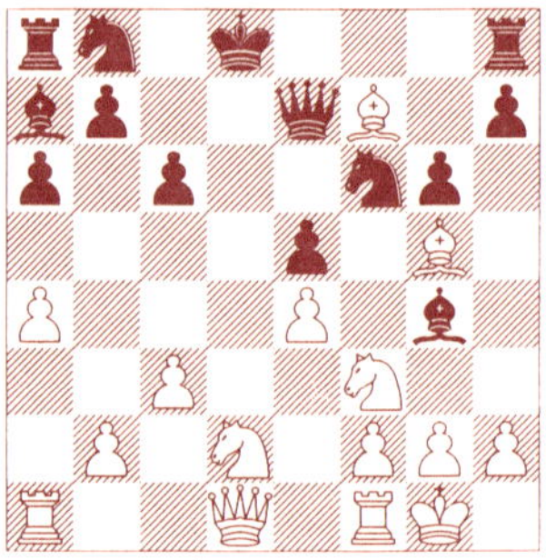
Nach 15. . . ♔e8–d8

[a] 15. . . ♔f7 16. ♘c4
[b] 16. . . ♗d1 17. ♖ad1 ♔c7
[c] 17. . . ♕f6 18. ♕g4 ♕f7 19. ♘f3

55
Polerio
Endspielstudie 1590

1.	...	h7–h5
2.	a2–a4	h5–h4
3.	a4–a5	h4–h3
4.	a5–a6	h3–h2
5.	a6–a7	h2–h1♛
6.	a7–a8♕+	♚g2–g1
7.	♕a8–a1+	♚g1–g2
8.	♕a1–g7+	♚g2–h3
9.	♕g7–h6+	♚h3–g2
10.	♕h6–g5+	♚g2–h3
11.	♕g5–h5+	♚h3–g2
12.	♕h5–g4+	♚g2–h2
13.	♔e2–f2	

und Weiß gewinnt

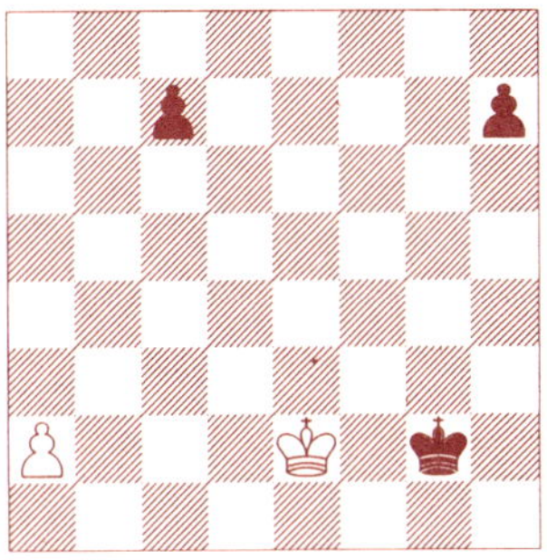
Weiß gewinnt

Nach 6. a7–a8♕+

Nach 13. ♔e2–f2

56
Polerio – Dominico
Rom 1602

1.	e2–e4	e7–e5
2.	♘g1–f3	♞b8–c6
3.	♗f1–c4	♞g8–f6
4.	♘f3–g5	d7–d5
5.	e4×d5	♞f6×d5[a]
6.	♘g5×f7[b]	♚e8×f7
7.	♕d1–f3+	♚f7–e6
8.	♘b1–c3	♞c6–e7[c]
9.	d2–d4	c7–c6
10.	♗c1–g5	h7–h6
11.	♗g5×e7	♝f8×e7
12.	0–0–0	♜h8–f8
13.	♕f3–e4	♜f8×f2
14.	d4×e5	♝e7–g5+
15.	♔c1–b1	♜f2–d2
16.	h2–h4	♜d2×d1+
17.	♖h1×d1	♝g5×h4
18.	♘c3×d5	c6×d5
19.	♖d1×d5	♛d8–g5
20.	♖d5–d6+	♚e6–e7
21.	♖d6–g6	

Schwarz gibt auf

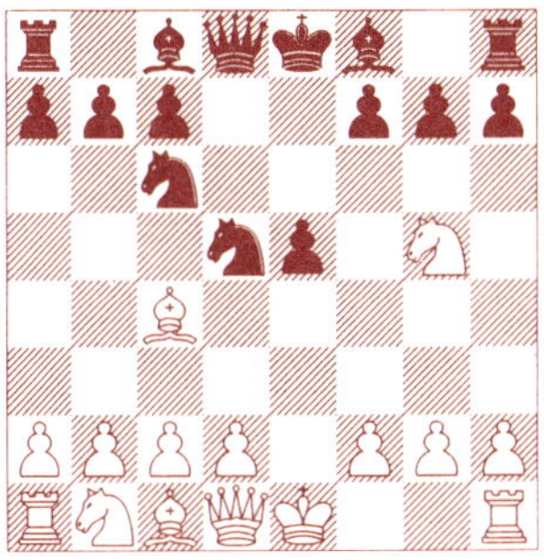
Nach 5... ♞f6×d5

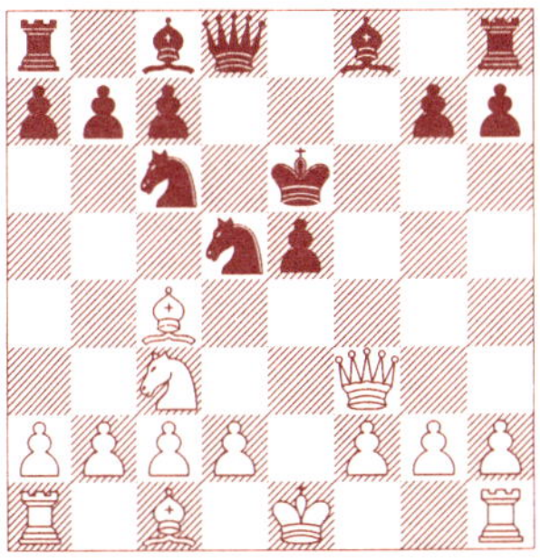
Nach 8. ♘b1–c3

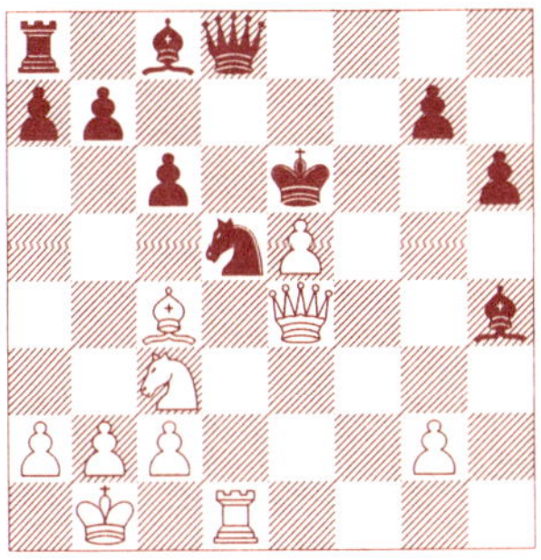
Nach 17... ♝g5×h4

[a] 5... ♘a5 6. ♗b5 c6 7. dc6 bc6 8. ♗e2 h6 9. ♘f3 e4 10. ♘e5 ♗d6
[b] 6. d4
[c] 8... ♘cb4

57
Greco – NN
um 1620

1.	e2–e4	e7–e5
2.	f2–f4	e5×f4
3.	♘g1–f3	g7–g5
4.	♗f1–c4	g5–g4
5.	♗c4×f7+[a]	♔e8×f7
6.	♘f3–e5+	♔f7–e6[b]
7.	♕d1×g4+	♔e6×e5
8.	♕g4–f5+	♔e5–d6
9.	d2–d4	♗f8–g7
10.	♗c1×f4+	♔d6–e7
11.	♗f4–g5+	♗g7–f6[c]
12.	e4–e5	♗f6×g5
13.	♕f5×g5+	♔e7–e8
14.	♕g5–h5+	♔e8–e7
15.	0–0	♕d8–e8
16.	♕h5–g5+	♔e7–e6
17.	♖f1–f6+	♘g8×f6
18.	♕g5×f6+	♔e6–d5
19.	♘b1–c3+	♔d5×d4
20.	♕f6–f4+	♔d4–c5
21.	b2–b4+	♔c5–c6
22.	♕f4–c4+	♔c6–b6
23.	♘c3–a4+ matt	

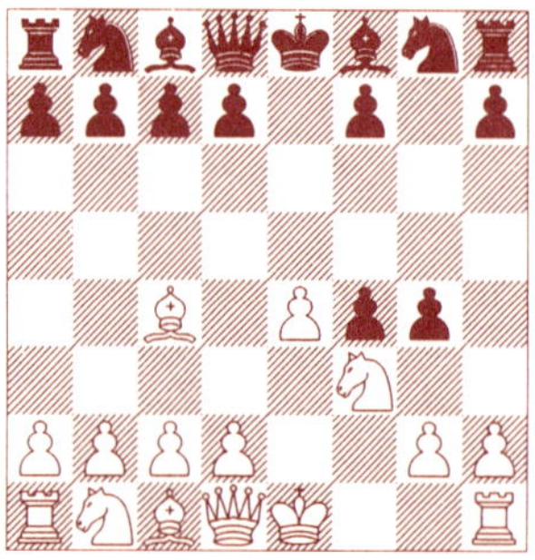
Nach 4... g5–g4

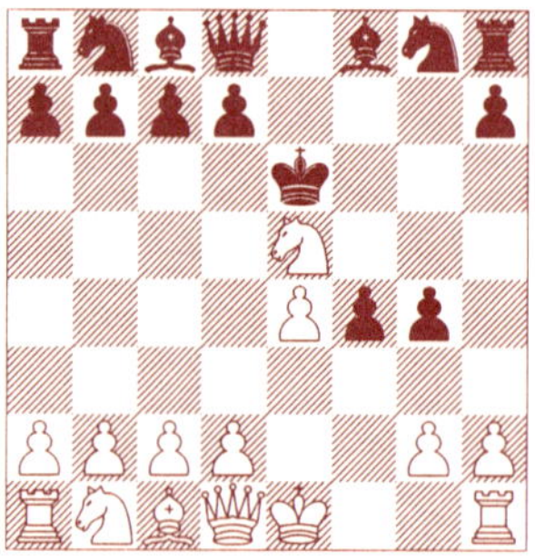
Nach 6... ♔f7–e6

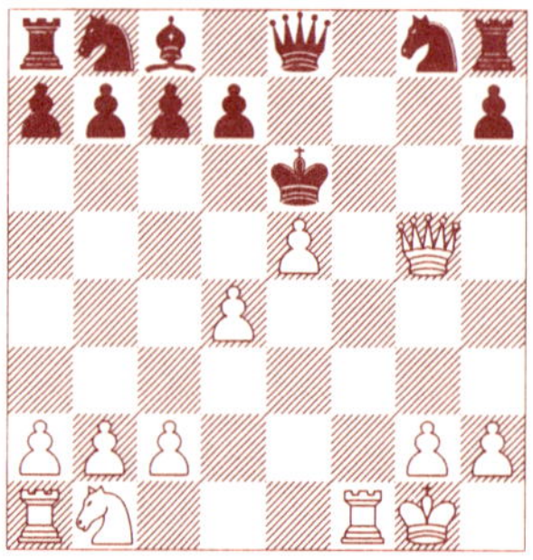
Nach 16... ♔e7–e6

[a] 5. 0–0 gf3 6. ♕f3 (Polerio, Muzio)
[b] 6... ♔e8 7. ♕g4 ♘f6 8. ♕f4 d6
[c] 11... ♘f6 12. e5

58
Greco – NN
um 1620

1.	e2–e4	e7–e5
2.	♘g1–f3	♘b8–c6
3.	♗f1–c4	♗f8–c5
4.	c2–c3	♘g8–f6
5.	d2–d4	e5×d4
6.	c3×d4	♗c5–b4+
7.	♘b1–c3	♘f6×e4
8.	0–0	♘e4×c3[a]
9.	b2×c3	♗b4×c3
10.	♕d1–b3	♗c3×a1[b]
11.	♗c4×f7+	♔e8–f8
12.	♗c1–g5	♘c6–e7
13.	♘f3–e5	♗a1×d4[c]
14.	♗f7–g6	d7–d5
15.	♕b3–f3+	♗c8–f5
16.	♗g6×f5	♗d4×e5
17.	♗f5–e6+	♗e5–f6
18.	♗g5×f6	g7×f6[d]
19.	♕f3×f6+	♔f8–e8
20.	♕f6–f7+ matt	

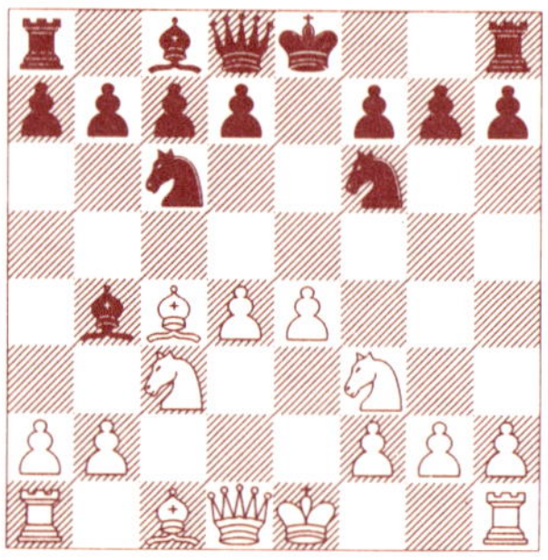
Nach 7. ♘b1–c3

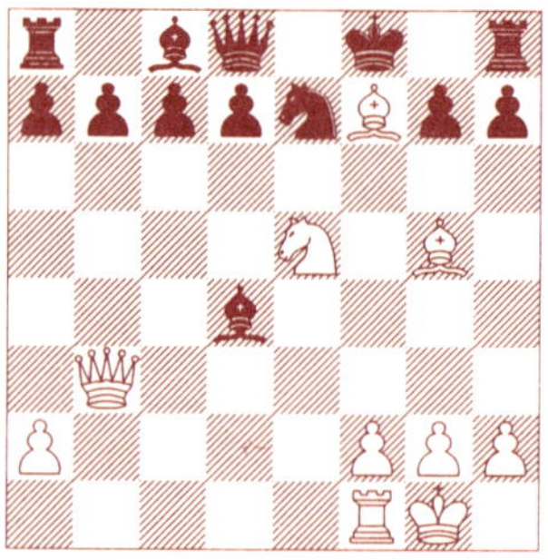
Nach 13... ♗a1×d4

Nach 15... ♗c8–f5

[a] 8... ♗c3 9. d5
[b] 10... d5 11. ♗d5 0–0
[c] 13... d6 14. ♗g6
[d] 18... ♔e8 19. ♗g7 (Greco)

59
NN – Greco
um 1620

1.	e2–e4	e7–e5
2.	f2–f4	f7–f5
3.	e4×f5	♕d8–h4+
4.	g2–g3	♕h4–e7
5.	♕d1–h5+	♔e8–d8
6.	f4×e5	♕e7×e5+
7.	♗f1–e2	♘g8–f6
8.	♕h5–f3	d7–d5
9.	g3–g4	h7–h5
10.	h2–h3	h5×g4
11.	h3×g4	♖h8×h1
12.	♕f3×h1	♕e5–g3+[a]
13.	♔e1–d1[b]	♘f6×g4
14.	♕h1×d5+[c]	♗c8–d7
15.	♘g1–f3[d]	♘g4–f2+
16.	♔d1–e1	♘f2–d3+
17.	♔e1–d1	♕g3–e1+
18.	♘f3×e1	♘d3–f2+
	matt	

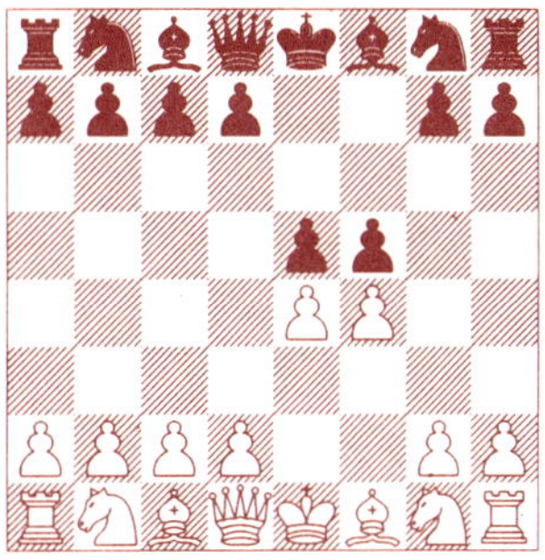

Nach 2… f7–f5

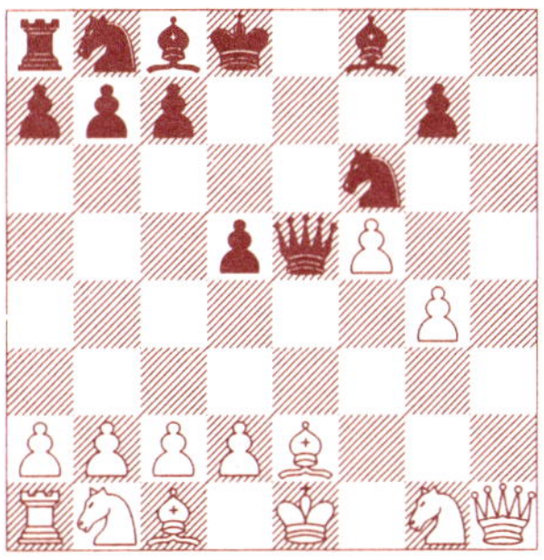

Nach 12. ♕f3×h1

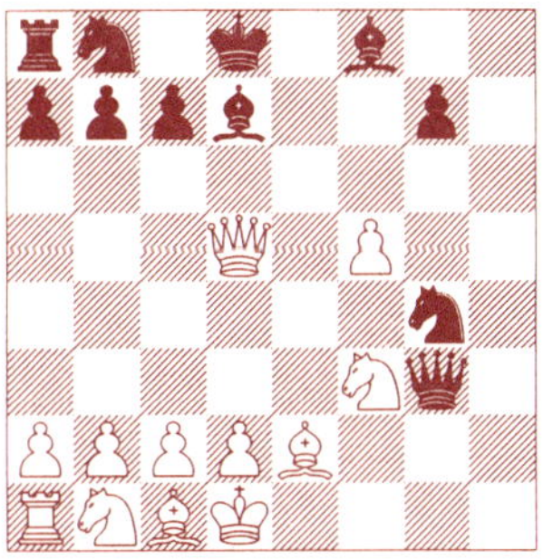

Nach 15. ♘g1–f3

[a] 12… ♘g4
[b] 13. ♔f1 ♘g4 14. ♕d5 ♗d7 15. ♗g4 ♕g4
[c] 14. ♗g4 ♕g4 15. ♘e2 ♕f5
[d] 15. ♗g4 ♕g1 16. ♔e2 ♕g4

60
Ph. Stamma
Studie 1737

1.	♖c4–h4	♕h3×h4
2.	♕b3–g8+	♔h8×g8[a]
3.	♘c6–e7+	♔g8–h8
4.	♘e5–f7+	♖f8×f7
5.	♖c1–c8+	♖f7–f8
6.	♖c8×f8+	
	matt	

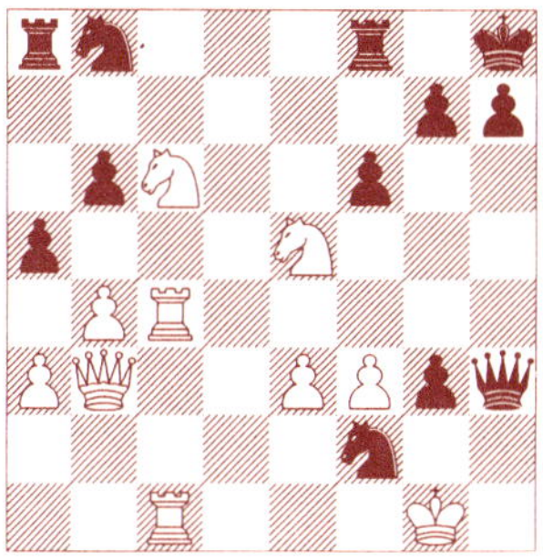

Weiß gewinnt

[a] 2… ♖g8 3. ♘f7#

61
Ercole del Rio
1750

1.	♗h5–f3+	♔g2–g1
2.	♗f3–h1	♔g1×h1
3.	♔e2–f1	d6–d5
4.	e4×d5	e5–e4
5.	d5–d6	e4–e3
6.	d6–d7	e3–e2+
7.	♔f1×e2	♔h1–g1
8.	d7–d8♕	h2–h1♕
9.	♕d8–d4+	♔g1–h2
10.	♕d4–h4+	♔h2–g2
11.	♕h4–g4+	♔g2–h2
12.	♔e2–f2	
	und Weiß gewinnt	

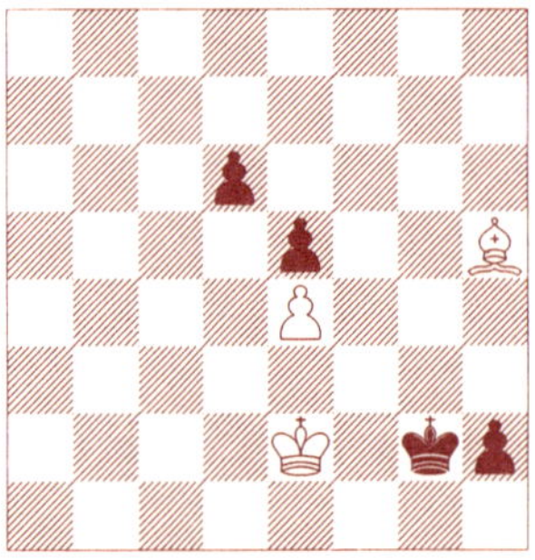

Weiß gewinnt

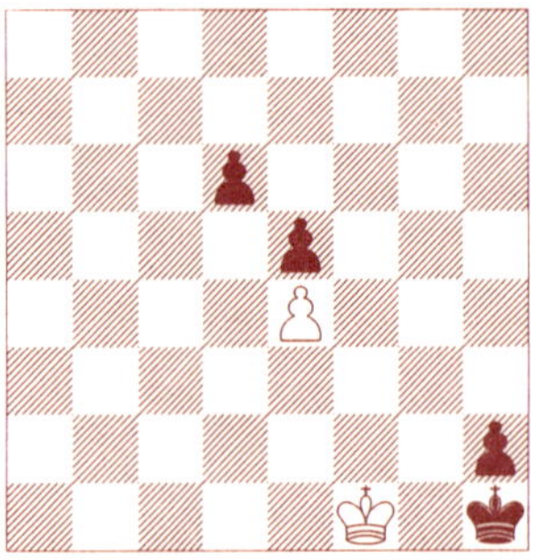

Nach 3. ♔e2–f1

62
Philidor
Analyse 1749

1.	e2–e4	e7–e5
2.	♗f1–c4	c7–c6
3.	d2–d4	e5×d4
4.	♕d1×d4	d7–d6
5.	f2–f4	♗c8–e6
6.	♗c4–d3	d6–d5
7.	e4–e5	c6–c5
8.	♕d4–f2	♘b8–c6
9.	c2–c3	g7–g6[a]
10.	h2–h3	h7–h5
11.	g2–g3	♘g8–h6
12.	♘g1–f3	♗f8–e7
13.	a2–a4	♘h6–f5
14.	♔e1–f1	h5–h4
15.	g3–g4	♘f5–g3+
16.	♔f1–g2	♘g3×h1
17.	♔g2×h1	♕d8–d7
18.	♕f2–g1	a7–a5
19.	♗c1–e3	b7–b6[b]
20.	♘b1–a3	0–0–0
21.	♗d3–a6+	♔c8–c7
22.	♘a3–c2	♖d8–a8
23.	♗a6–b5	♕d7–d8
24.	b2–b4	♕d8–f8
25.	b4×c5	b6×c5
26.	♘f3–d2	c5–c4
27.	♘d2–f3	f7–f6
28.	♗e3–b6+	♔c7–b7
29.	♗b5×c6+	♔b7×c6
30.	♘f3–d4+	♔c6–d7[c]
31.	f4–f5	♗e6–g8
32.	e5–e6+	♔d7–e8
33.	♘d4–b5	♗e7–d6
34.	♕g1–d4	

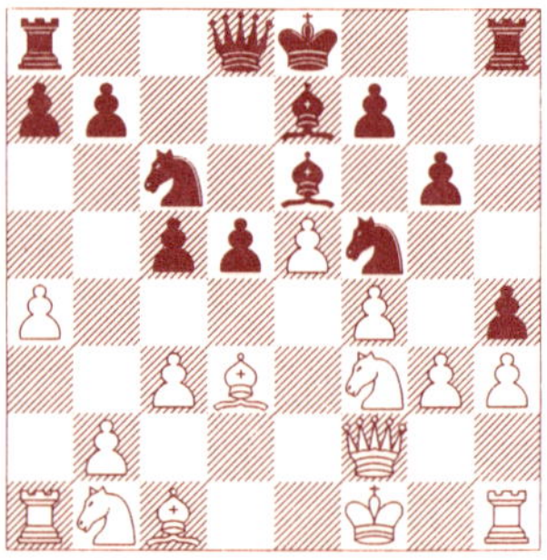

Nach 14. . . h5–h4

Nach 30. . . ♔c6–d7

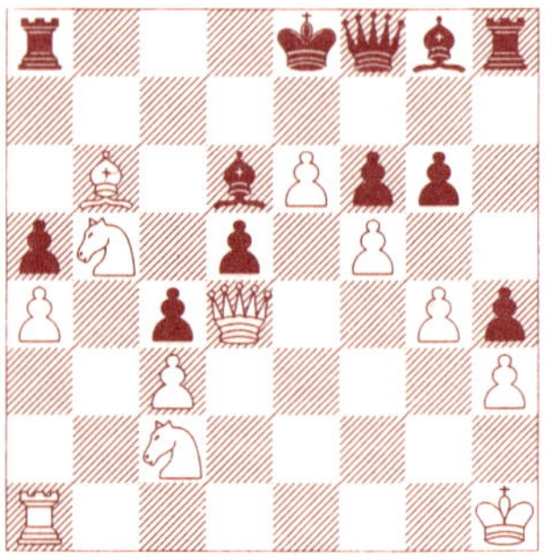

Nach 34. ♕g1–d4

[a] 9. . . f6
[b] 19. . . d4 20. cd4 ♗d5 21. ♘bd2 cd4 22. ♗d4 ♘d4 23. ♕d4 ♗f3 24. ♘f3 ♕d4 25. ♘d4 0–0–0
[c] 30. . . ♔b6 31. ♘e6 ♗c5 32. ♕b1

63

Brühl – Philidor

London Blindsimultan 1783

1.	e2–e4	e7–e5
2.	♗f1–c4	c7–c6
3.	♕d1–e2	d7–d6
4.	c2–c3	f7–f5
5.	d2–d3	♘g8–f6
6.	e4×f5	♗c8×f5
7.	d3–d4	e5–e4
8.	♗c1–g5	d6–d5
9.	♗c4–b3	♗f8–d6
10.	♘b1–d2	♘b8–d7
11.	h2–h3	h7–h6
12.	♗g5–e3	♕d8–e7
13.	f2–f4	h6–h5
14.	c3–c4	a7–a6
15.	c4×d5	c6×d5
16.	♕e2–f2	0–0
17.	♘g1–e2	b7–b5
18.	0–0	♘d7–b6
19.	♘e2–g3	g7–g6
20.	♖a1–c1	♘b6–c4
21.	♘g3×f5	g6×f5
22.	♕f2–g3+	♕e7–g7
23.	♕g3×g7+	♔g8×g7
24.	♗b3×c4	b5×c4[a]
25.	g2–g3	♖a8–b8
26.	b2–b3	♗d6–a3
27.	♖c1–c2	c4×b3
28.	a2×b3	♖b8–c8
29.	♖c2×c8	♖f8×c8
30.	♖f1–a1	♗a3–b4
31.	♖a1×a6	♖c8–c3
32.	♔g1–f2	♖c3–d3
33.	♖a6–a2	♗b4×d2
34.	♖a2×d2	♖d3×b3
35.	♖d2–c2	h5–h4
36.	♖c2–c7+	♔g7–g6
37.	g3×h4	♘f6–h5
38.	♖c7–d7[b]	♘h5×f4
39.	♗e3×f4	♖b3–f3+
40.	♔f2–g2	♖f3×f4
41.	♖d7×d5	♖f4–f3
42.	♖d5–d8	♖f3–d3
43.	d4–d5	f5–f4
44.	d5–d6[c]	♖d3–d2+
45.	♔g2–f1	♔g6–f7
46.	h4–h5[d]	e4–e3
47.	h5–h6	f4–f3
	Weiß gibt auf	

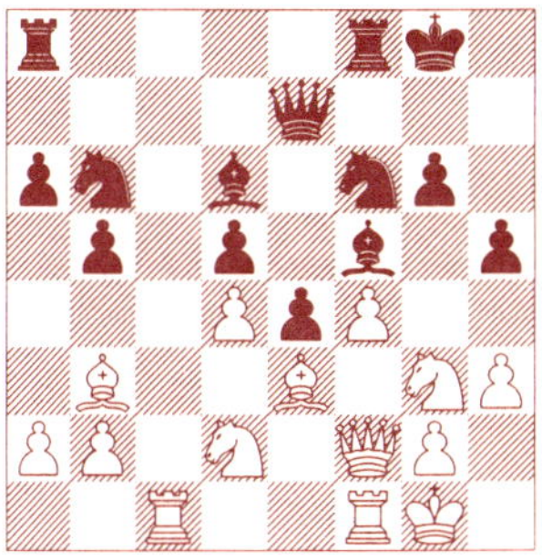

Nach 20. ♖a1–c1

Nach 35. ♖d2–c2

Nach 38. ♖c7–d7

[a] 24. . . dc4

[b] 38. ♔e2 ♘g3 39. ♔f2 ♘f1 40. ♗c1 ♖f3 41. ♔g2 ♘e3 42. ♗e3 ♖e3 43. ♖d7 ♖f3 44. ♖d5 ♖f4

[c] 44. ♖f8 f3 45. ♔f2 (45. ♔g3 ♖d5 46. ♔f4 ♔g7 47. ♖a8 ♖f5 48. ♔f5 f2 49. ♖a1 e3) ♖d5 46. ♔e3 ♖e5 47. ♖g8 ♔f5 48. ♖g1

[d] 46. d7 e3 47. ♖e8 ♖d7 48. ♖e4 ♖d1 49. ♔g2 ♖d2 50. ♔g1 (50. ♔f3 ♖f2 51. ♔g4 e2 52. h5 f3; 50. ♔f1 ♖f2 51. ♔g1 ♔g6 52. ♖e5 ♔f6) ♔g6 51. ♖f4 ♖d1

64

Leicester – Philidor
London 1788 (Schwarz ohne Bauer f7)

1.	e2–e4	c7–c5
2.	♕d1–h5+	g7–g6
3.	♕h5×c5	♘b8–c6
4.	c2–c3	e7–e5
5.	♕c5–e3	♘g8–f6
6.	h2–h3	d7–d5
7.	e4×d5	♘f6×d5
8.	♕e3–e2	♘d5–f4
9.	♕e2–f3	♗f8–h6
10.	♗f1–b5	0–0
11.	♕f3–e4	♗c8–f5
12.	♕e4–c4+	♔g8–h8
13.	♕c4–f1	♗f5–d3
14.	♗b5×d3	♘f4×d3+
15.	♔e1–e2	♖f8×f2+
16.	♕f1×f2	♘d3×f2
17.	♔e2×f2	♕d8–d3
18.	♘g1–e2	♖a8–f8+
19.	♔f2–e1	e5–e4
20.	♖h1–f1	♖f8×f1+
21.	♔e1×f1	♕d3–c2
22.	♔f1–e1	♘c6–e5
23.	♘b1–a3	♘e5–d3+
24.	♔e1–f1	♕c2–d1+
	matt	

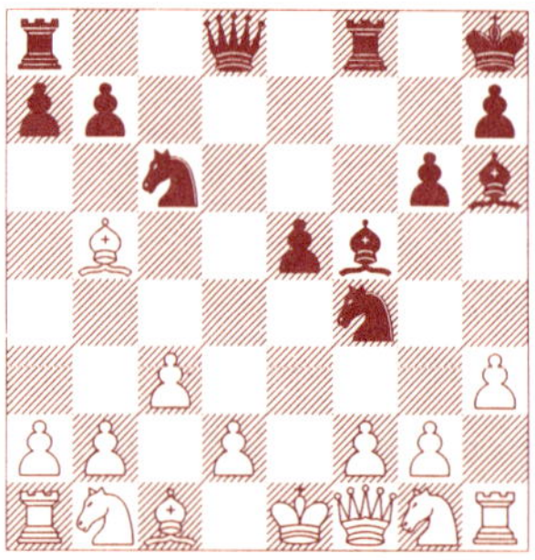
Nach 13. ♕c4–f1

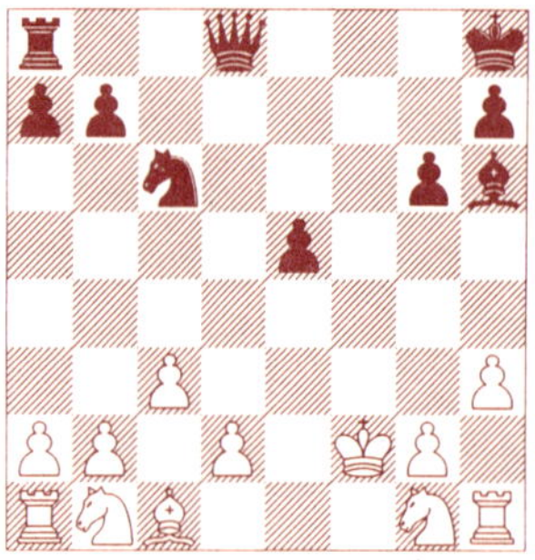
Nach 17. ♔e2×f2

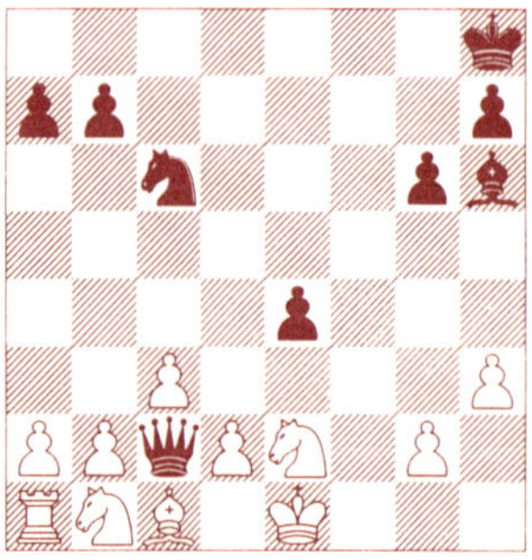
Nach 22. ♔f1–e1

65

Cochrane – Deschapelles
Paris 1821

1.	e2–e4	e7–e5
2.	♘g1–f3	♘b8–c6
3.	d2–d4	e5×d4
4.	♗f1–c4	♗f8–c5
5.	♘f3–g5	♘c6–e5
6.	♗c4×f7+	♘e5×f7
7.	♘g5×f7	♗c5–b4+[a]
8.	c2–c3	d4×c3
9.	b2×c3	♗b4×c3+
10.	♘b1×c3	♔e8×f7
11.	♕d1–d5+	♔f7–f8
12.	♗c1–a3+	d7–d6
13.	e4–e5	♕d8–g5[b]
14.	e5×d6	♕g5×d5
15.	d6×c7+	♔f8–f7
16.	♘c3×d5	♗c8–d7
17.	0–0	♖a8–c8
18.	♗a3–d6	♔f7–e6
19.	♗d6–g3	♗d7–c6
20.	♖a1–d1	♗c6×d5
21.	♖f1–e1+	♔e6–f6
22.	♖d1×d5	♘g8–h6
23.	♖d5–a5[c]	♘h6–f5
24.	♖a5–c5	♘f5×g3
25.	h2×g3	♔f6–f7
26.	♖e1–d1	♖h8–e8
27.	♖d1–d3	♖e8–e7
28.	♖c5–f5+	♔f7–e8[d]
29.	♖d3–d8+	♖c8×d8
30.	♖f5–f8+	♔e8×f8
31.	c7×d8♕+	
	Schwarz gibt auf	

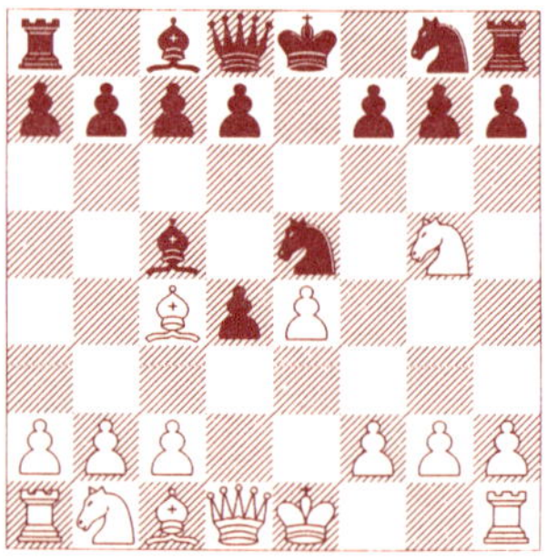
Nach 5... ♘c6–e5

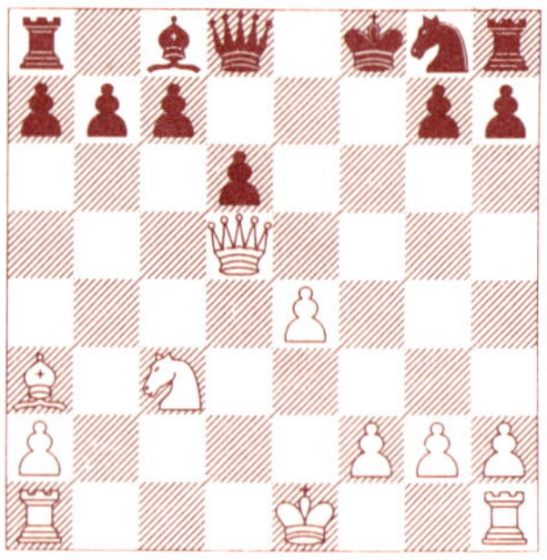
Nach 12... d7–d6

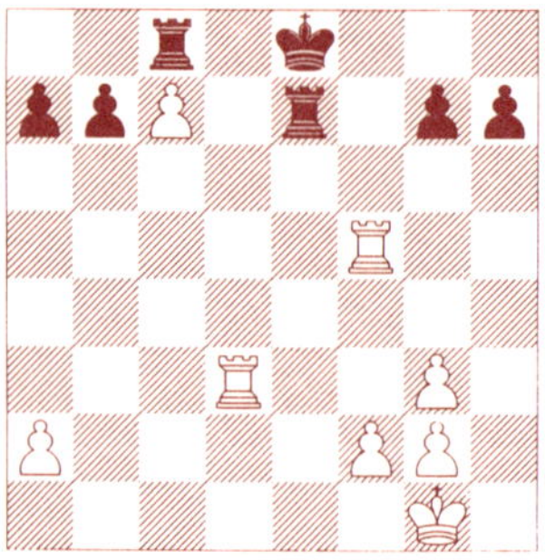
Nach 28... ♔f7–e8

[a] 7... ♔f7 8. ♕h5
[b] 13... ♘e7 14. ♕f3
[c] 23. ♗h4 ♔g6 24. ♖e6 ♔f7 25. ♖e7 ♔g6 26. ♖g5
[d] 28... ♔g6

66

De Labourdonnais – McDonnel
London 1834 (50. Partie)

1. d2–d4 d7–d5
2. c2–c4 d5×c4
3. e2–e4 e7–e5
4. d4–d5 f7–f5
5. ♘b1–c3 ♘g8–f6
6. ♗f1×c4 ♗f8–c5
7. ♘g1–f3 ♕d8–e7
8. ♗c1–g5[a] ♗c5×f2+
9. ♔e1–f1[b] ♗f2–b6
10. ♕d1–e2 f5–f4
11. ♖a1–d1 ♗c8–g4
12. d5–d6 c7×d6
13. ♘c3–d5 ♘f6×d5
14. ♗g5×e7 ♘d5–e3+
15. ♔f1–e1[c] ♔e8×e7
16. ♕e2–d3 ♖h8–d8
17. ♖d1–d2 ♘b8–c6
18. b2–b3 ♗b6–a5
19. a2–a3 ♖a8–c8
20. ♖h1–g1 b7–b5
21. ♗c4×b5 ♗g4×f3
22. g2×f3[d] ♘c6–d4
23. ♗b5–c4 ♘d4×f3+
24. ♔e1–f2 ♘f3×d2
25. ♖g1×g7+ ♔e7–f6
26. ♖g7–f7+ ♔f6–g6
27. ♖f7–b7 ♘d2×c4
28. b3×c4 ♖c8×c4
29. ♕d3–b1 ♗a5–b6
30. ♔f2–f3[e] ♖c4–c3
31. ♕b1–a2 ♘e3–c4+
32. ♔f3–g4 ♖d8–g8
33. ♖b7×b6 a7×b6
34. ♔g4–h4 ♔g6–f6
35. ♕a2–e2 ♖g8–g6
36. ♕e2–h5 ♘c4–e3

Weiß gibt auf

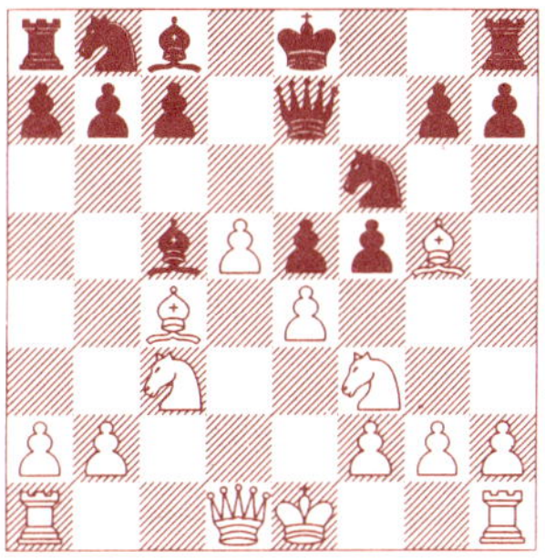

Nach 8. ♗c1–g5

Nach 13. ♘c3–d5

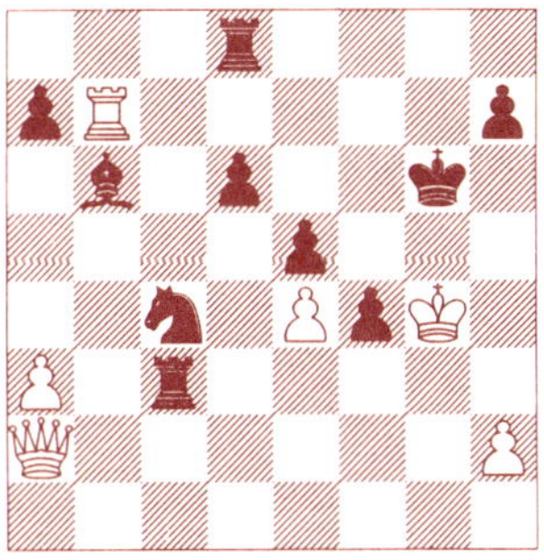

Nach 32. ♔f3–g4

[a] 8. ♕e2
[b] 9. ♔f2 ♕c5
[c] 15. ♕e3 ♗e3 16. ♗d6
[d] 22. ♗c6 ♖c6 23. gf3 ♖c1 24. ♔f2 ♗d2 25. ♕d2 ♖c2
[e] 30. ♕g1 ♘g4

67

McDonnel – De Labourdonnais
London 1834 (62. Partie)

1. e2–e4 c7–c5
2. ♘g1–f3 ♘b8–c6
3. d2–d4 c5×d4
4. ♘f3×d4 e7–e5
5. ♘d4×c6 b7×c6
6. ♗f1–c4 ♘g8–f6
7. ♗c1–g5 ♗f8–e7
8. ♕d1–e2[a] d7–d5
9. ♗g5×f6 ♗e7×f6
10. ♗c4–b3 0–0
11. 0–0 a7–a5
12. e4×d5 c6×d5
13. ♖f1–d1 d5–d4
14. c2–c4 ♕d8–b6
15. ♗b3–c2 ♗c8–b7[b]
16. ♘b1–d2 ♖a8–e8
17. ♘d2–e4 ♗f6–d8
18. c4–c5 ♕b6–c6
19. f2–f3 ♗d8–e7
20. ♖a1–c1 f7–f5[c]
21. ♕e2–c4+ ♔g8–h8
22. ♗c2–a4 ♕c6–h6
23. ♗a4×e8 f5×e4
24. c5–c6 e4×f3
25. ♖c1–c2[d] ♕h6–e3+
26. ♔g1–h1 ♗b7–c8
27. ♗e8–d7 f3–f2
28. ♖d1–f1[e] d4–d3
29. ♖c2–c3 ♗c8×d7
30. c6×d7 e5–e4
31. ♕c4–c8 ♗e7–d8
32. ♕c8–c4[f] ♕e3–e1
33. ♖c3–c1 d3–d2
34. ♕c4–c5 ♖f8–g8
35. ♖c1–d1 e4–e3
36. ♕c5–c3 ♕e1×d1
37. ♖f1×d1 e3–e2

Weiß gibt auf

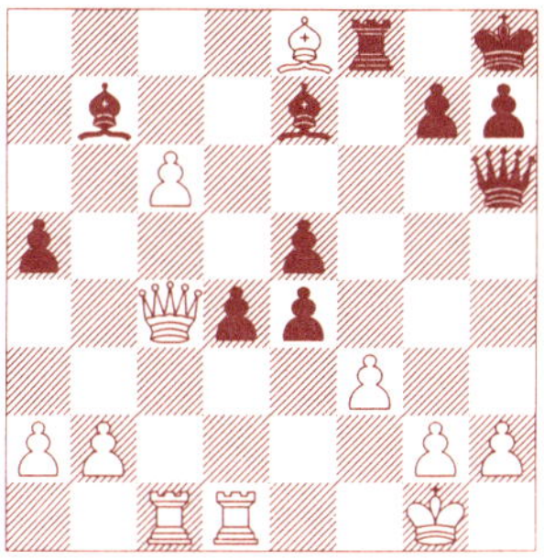

Nach 24. c5–c6

Nach 33. ♖c3–c1

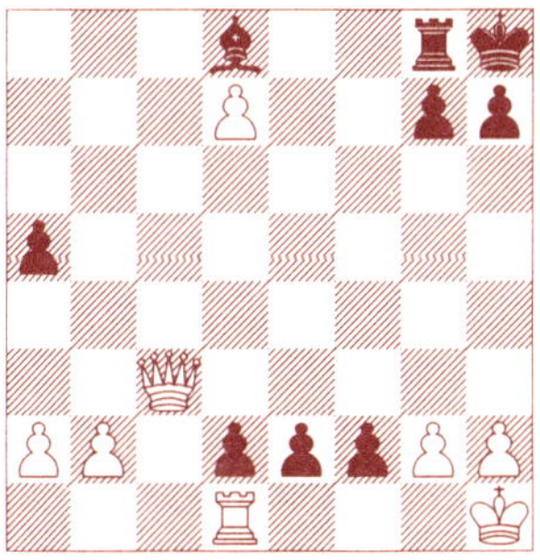

Nach 37... e3–e2

[a] 8. ♘c3
[b] 15... ♕b2 16. ♗h7
[c] 20... ♗c5 21. ♘c5 ♕c5 22. ♗h7
[d] 25. cb7 ♕e3 26. ♔f1 fg2 27. ♔g2 ♖f2 28. ♔g1 ♖e2 29. ♔h1 ♕f3 30. ♔g1 ♕g2#
[e] 28. ♕f1 ♗a6 29. ♕a6 d3 30. ♕d3 ♕d3 31. ♖d3 f1♕#
[f] 32. ♖cc1 d2 33. ♖cd1 ♕e1 34. ♕c4 e3

68

Cochrane – Staunton
London 1842

1.	e2–e4	c7–c5
2.	d2–d4	c5×d4
3.	♕d1×d4	♘b8–c6
4.	♕d4–d1	e7–e5
5.	♗f1–c4	♘g8–f6
6.	♘g1–f3	♗f8–c5[a]
7.	0–0	0–0
8.	♘b1–c3	h7–h6
9.	a2–a3	a7–a6
10.	♗c4–d5	d7–d6
11.	♗d5×c6	b7×c6
12.	♘f3–e1	♘f6–g4
13.	h2–h3	♘g4–f6
14.	♔g1–h1	♘f6–h7
15.	♘e1–d3	♗c5–a7
16.	f2–f4	♕d8–h4
17.	♕d1–f3	f7–f5
18.	e4×f5	♗c8×f5
19.	g2–g4	♘h7–g5
20.	♕f3–g2[b]	♘g5×h3
21.	♕g2–h2	♕h4×g4
22.	♕h2–g2	♕g4–h4
23.	♕g2–h2	e5–e4
24.	♘d3–e1	♗a7–g1
25.	♖f1×g1	♘h3–f2+
26.	♔h1–g2	♗f5–h3+

Weiß gibt auf

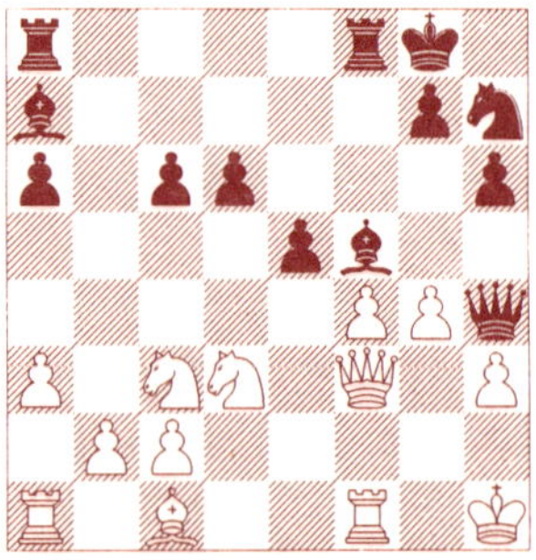

Nach 19. g2–g4

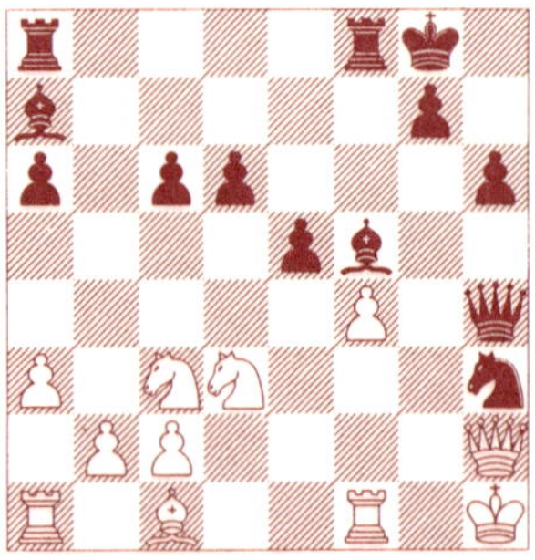

Nach 23. ♕g2–h2

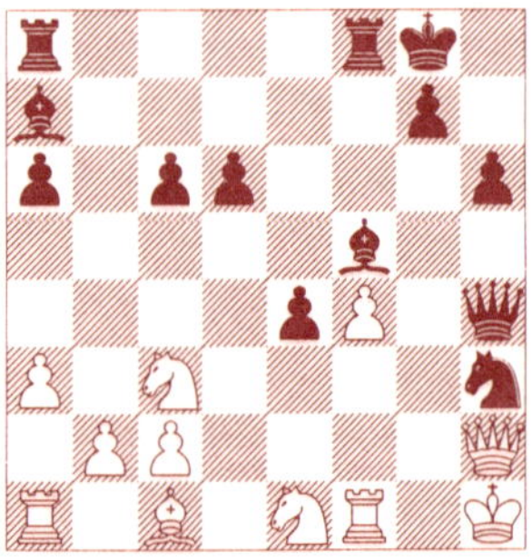

Nach 24. ♘d3–e1

[a] 6… ♘e4 7. ♗f7 ♔f7 8. ♕d5
[b] 20. fg5 ♗d3 (20… ♗g4 21. ♕g4 ♖f1 22. ♔h2) 21. ♕d3 ♖f1 22. ♕f1 ♖f8

69

Saint Amant – Staunton
Paris 1843 (5. Partie)

1.	e2–e4	c7–c5
2.	f2–f4	e7–e6
3.	♘g1–f3	♘b8–c6
4.	c2–c3	d7–d5
5.	e4–e5	♕d8–b6
6.	♗f1–d3	♗c8–d7
7.	♗d3–c2	♖a8–c8
8.	0–0	♘g8–h6
9.	h2–h3	♗f8–e7
10.	♔g1–h2	f7–f5
11.	a2–a3	a7–a5
12.	a3–a4	♘h6–f7
13.	d2–d4	h7–h6
14.	♖f1–e1	g7–g6[a]
15.	♘b1–a3	c5×d4
16.	♘f3×d4	♘c6×d4
17.	c3×d4	g6–g5
18.	♘a3–b5	♗d7×b5
19.	a4×b5	♖c8–c4
20.	♗c2–d3	♖c4–c8[b]
21.	♗d3–e2	g5×f4
22.	♖e1–f1	♘f7–g5
23.	♗c1×f4	♘g5–e4
24.	♖a1–c1	♖c8×c1
25.	♕d1×c1	♔e8–d7
26.	♕c1–e3	♗e7–g5
27.	♗e2–d3	♖h8–g8
28.	♗d3×e4	d5×e4
29.	♗f4×g5	h6×g5
30.	♕e3–b3	g5–g4
31.	♖f1–d1[c]	g4×h3
32.	♕b3×h3[d]	♕b6–d8
33.	d4–d5	♔d7–c8
34.	♕h3–c3+	♔c8–b8
35.	d5–d6	f5–f4
36.	♕c3–c5[e]	e4–e3
37.	♕c5–c2	♕d8–h4+
38.	♔h2–g1	♖g8–c8
39.	♕c2–e2[f]	♖c8–h8

Weiß gibt auf

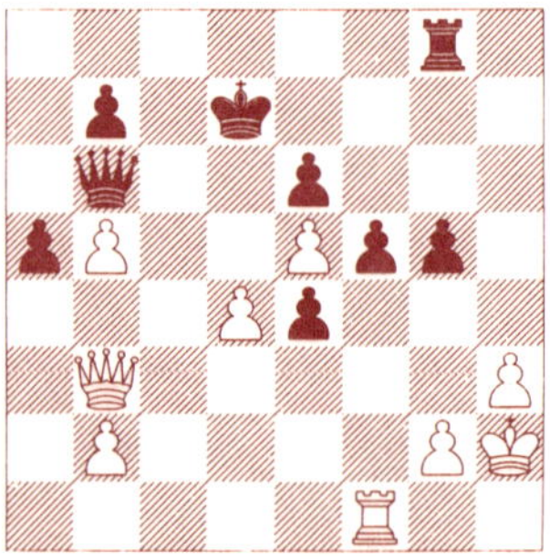

Nach 30. ♕e3–b3

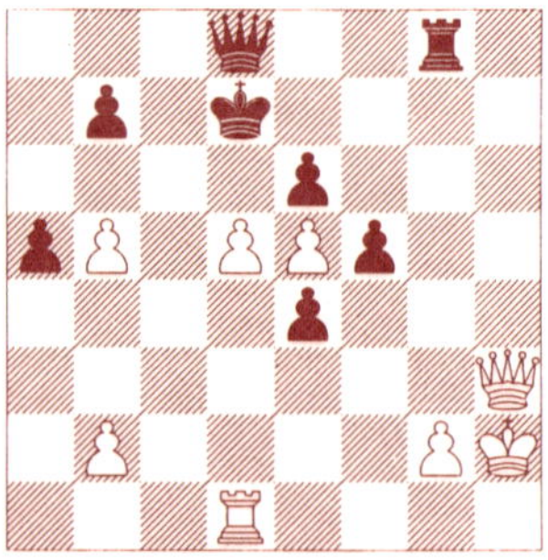

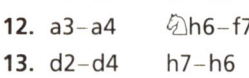

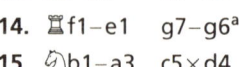

Nach 33. d4–d5

Nach 39… ♖c8–h8

[a] 14… 0–0 15. ♗f5 ef5 16. e6
[b] 20… ♖d4 21. ♗e3
[c] 31. ♖f5
[d] 32. gh3 f4
[e] 36. ♕c7 ♕c7 37. dc7 ♔c7 38. ♖d4 f3
[f] 39. d7 ♖c2 40. d8♕ ♕d8 41. ♖d8 ♔c7

70

Anderssen – Kieseritzky
London 1851

1.	e2–e4	e7–e5
2.	f2–f4	e5×f4
3.	♗f1–c4	♕d8–h4+
4.	♔e1–f1	b7–b5
5.	♗c4×b5	♘g8–f6
6.	♘g1–f3	♕h4–h6
7.	d2–d3	♘f6–h5
8.	♘f3–h4	♕h6–g5
9.	♘h4–f5	c7–c6
10.	g2–g4	♘h5–f6[a]
11.	♖h1–g1	c6×b5
12.	h2–h4	♕g5–g6
13.	h4–h5	♕g6–g5
14.	♕d1–f3	♘f6–g8
15.	♗c1×f4	♕g5–f6
16.	♘b1–c3	♗f8–c5
17.	♘c3–d5	♕f6×b2
18.	♗f4–d6	♗c5×g1[b]
19.	e4–e5	♕b2×a1+
20.	♔f1–e2	♘b8–a6
21.	♘f5×g7+	♔e8–d8
22.	♕f3–f6+	♘g8×f6
23.	♗d6–e7+ matt	

Nach 16. . . ♗f8–c5

Nach 18. . . ♗c5×g1

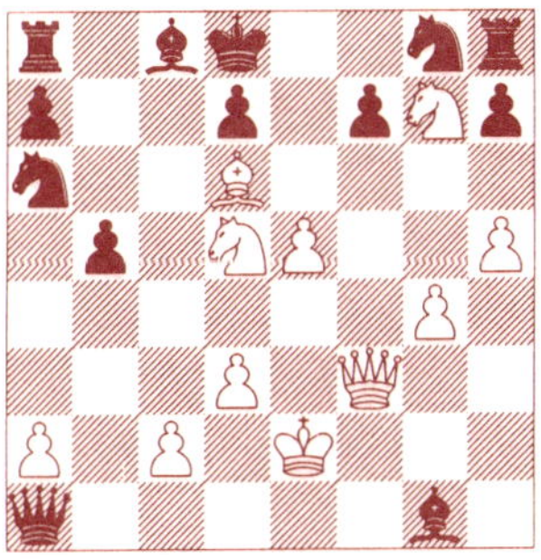

Nach 21. . . ♔e8–d8

[a] 10. . . cb5 11. gh5 g6
[b] 18. . . ♕a1 19. ♔e2 ♕b2 (19. . . ♕g1 20. ♘g7 ♔d8 21. ♗c7#)

71

Anderssen – Dufresne
Berlin 1852

1.	e2–e4	e7–e5
2.	♘g1–f3	♘b8–c6
3.	♗f1–c4	♗f8–c5
4.	b2–b4	♗c5×b4
5.	c2–c3	♗b4–a5
6.	d2–d4	e5×d4
7.	0–0	d4–d3
8.	♕d1–b3	♕d8–f6
9.	e4–e5	♕f6–g6
10.	♖f1–e1	♘g8–e7
11.	♗c1–a3	b7–b5
12.	♕b3×b5	♖a8–b8
13.	♕b5–a4	♗a5–b6
14.	♘b1–d2	♗c8–b7[a]
15.	♘d2–e4	♕g6–f5
16.	♗c4×d3	♕f5–h5
17.	♘e4–f6+	g7×f6
18.	e5×f6	♖h8–g8
19.	♖a1–d1	♕h5×f3
20.	♖e1×e7+	♘c6×e7[b]
21.	♕a4×d7+	♔e8×d7
22.	♗d3–f5+	♔d7–e8[c]
23.	♗f5–d7+	♔e8–f8
24.	♗a3×e7+ matt	

Nach 16. . . ♕f5–h5

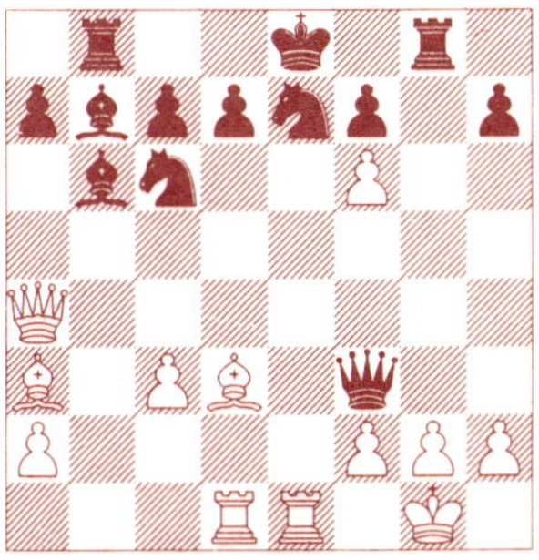

Nach 19. . . ♕h5×f3

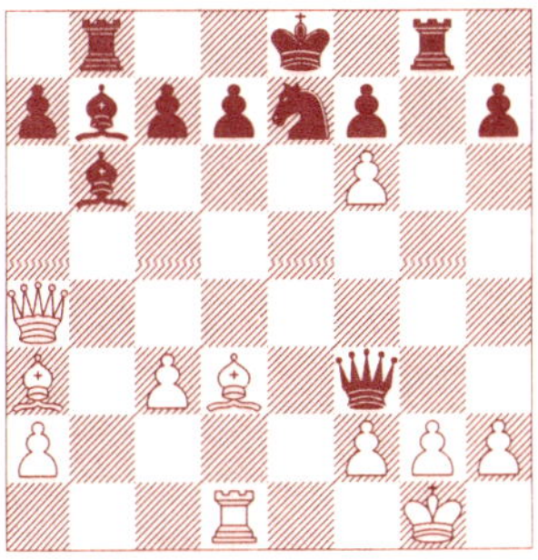

Nach 20. . . ♘c6×e7

[a] 14. . . 0–0
[b] 20. . . ♔d8 21. ♖d7 ♔c8 (21. . . ♔d7 22. ♗f5) 22. ♖d8 ♔d8 (22. . . ♖d8 23. gf3; 22. . . ♘d8 23. ♕d7 ♔d7 24. ♗f5 ♔c6 25. ♗d7#) 23. ♗f5 (23. ♗e2 ♘d4) ♕d1 24. ♕d1 ♘d4 25. ♗h3 ♗d5 26. cd4; 20. . . ♔f8 21. ♖e3
[c] 22. . . ♔c6 23. ♗d7#

72
Schulten – Morphy
New York 1857

1.	e2–e4	e7–e5
2.	f2–f4	d7–d5
3.	e4×d5	e5–e4
4.	♘b1–c3	♘g8–f6
5.	d2–d3	♗f8–b4
6.	♗c1–d2	e4–e3
7.	♗d2×e3	0–0
8.	♗e3–d2	♗b4×c3
9.	b2×c3	♖f8–e8+
10.	♗f1–e2	♗c8–g4
11.	c3–c4[a]	c7–c6
12.	d5×c6	♘b8×c6
13.	♔e1–f1[b]	♖e8×e2
14.	♘g1×e2	♘c6–d4
15.	♕d1–b1	♗g4×e2+
16.	♔f1–f2[c]	♘f6–g4+
17.	♔f2–g1[d]	♘d4–f3+
18.	g2×f3	♕d8–d4+
19.	♔g1–g2	♕d4–f2+
20.	♔g2–h3	♕f2×f3+
21.	♔h3–h4	♘g4–e3
22.	♖h1–g1	♘e3–f5+
23.	♔h4–g5	♕f3–h5+
	matt	

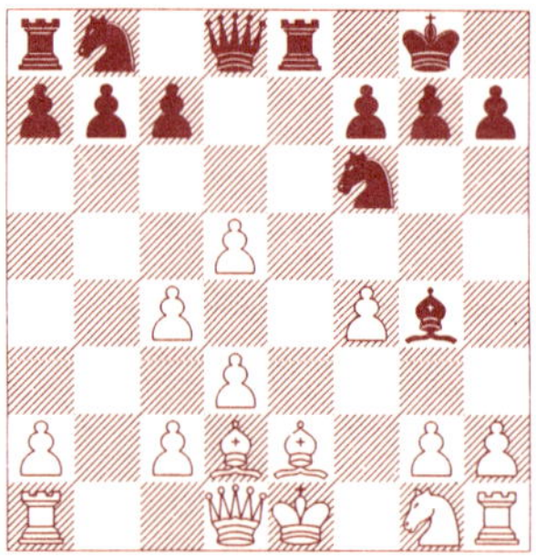
Nach 11. c3–c4

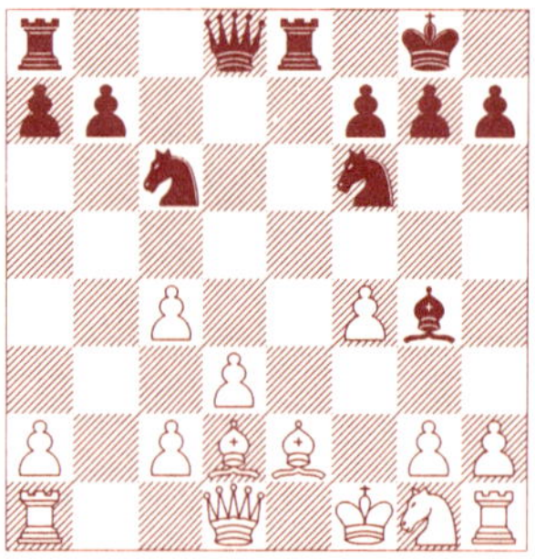
Nach 13. ♔e1–f1

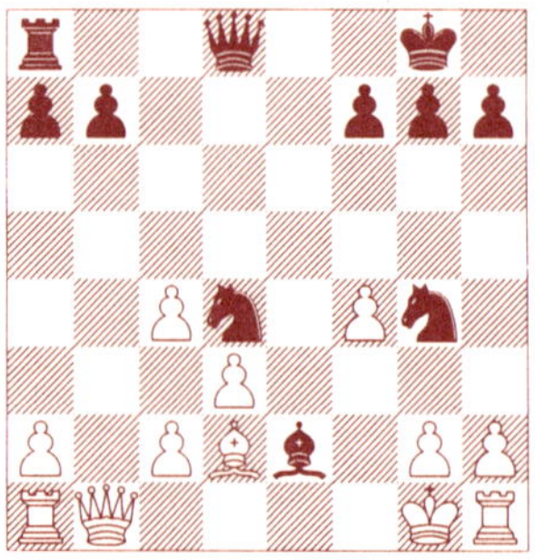
Nach 17. ♔f2–g1

[a] 11. h3 ♗e2 12. ♘e2 ♘d5
[b] 13. ♘f3 ♗f3 14. gf3 ♘d4; 13. ♔f2 ♖e2 14. ♘e2 ♘d4; 13. h3 ♗e2 14. ♘e2 ♘d4; 13. ♗c3 ♘d4 14. ♗d4 ♕d4
[c] 16. ♔e1 ♕e7; 16. ♔g1 ♘c2
[d] 17. ♔g3 ♘f5 18. ♔h3 ♘f2#; 17. ♔e1 ♕h4 18. g3 ♖e8 19. gh4 ♘f3#

73
Paulsen – Morphy
New York 1857

1.	e2–e4	e7–e5
2.	♘g1–f3	♘b8–c6
3.	♘b1–c3	♘g8–f6
4.	♗f1–b5	♗f8–c5
5.	0–0	0–0
6.	♘f3×e5	♖f8–e8[a]
7.	♘e5×c6	d7×c6
8.	♗b5–c4	b7–b5[b]
9.	♗c4–e2	♘f6×e4
10.	♘c3×e4	♖e8×e4
11.	♗e2–f3	♖e4–e6
12.	c2–c3[c]	♕d8–d3
13.	b2–b4	♗c5–b6
14.	a2–a4	b5×a4
15.	♕d1×a4	♗c8–d7
16.	♖a1–a2[d]	♖a8–e8
17.	♕a4–a6	♕d3×f3
18.	g2×f3	♖e6–g6+
19.	♔g1–h1	♗d7–h3
20.	♖f1–d1[e]	♗h3–g2+
21.	♔h1–g1	♗g2×f3+
22.	♔g1–f1	♗f3–g2+
23.	♔f1–g1	♗g2–h3+
24.	♔g1–h1	♗b6×f2
25.	♕a6–f1	♗h3×f1
26.	♖d1×f1	♖e8–e2
27.	♖a2–a1	♖g6–h6
28.	d2–d4	♗f2–e3[f]
	Weiß gibt auf	

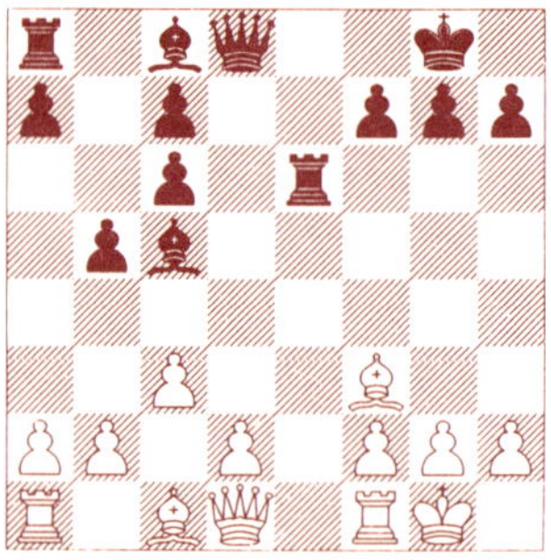
Nach 12. c2–c3

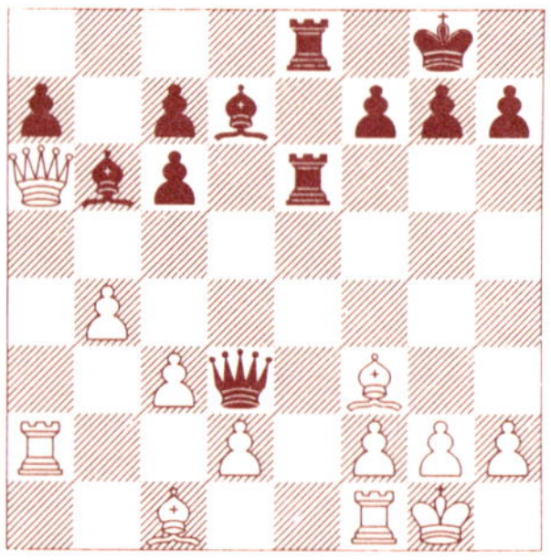
Nach 17. ♕a4–a6

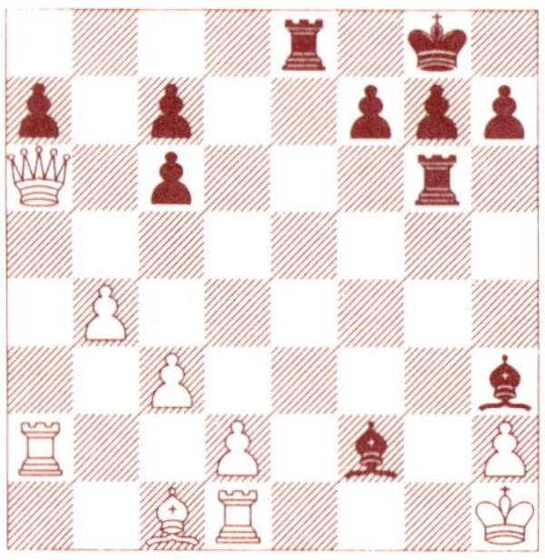
Nach 24. ... ♗b6×f2

[a] 6. ... ♘e5 7. d4
[b] 8. ... ♘e4 9. ♘e4 ♖e4 10. ♗f7 ♔f7 11. ♕f3
[c] 12. d3
[d] 16. ♕a6
[e] 20. ♖g1 ♗g2 21. ♖g2 ♖e1 22. ♖g1 ♖gg1#
[f] 29. ♗e3 ♖hh2 30. ♔g1 ♖eg2#

74

Bird – Morphy

London 1858

1.	e2–e4	e7–e5
2.	♘g1–f3	d7–d6
3.	d2–d4	f7–f5
4.	♘b1–c3	f5×e4
5.	♘c3×e4	d6–d5
6.	♘e4–g3[a]	e5–e4
7.	♘f3–e5	♘g8–f6
8.	♗c1–g5	♗f8–d6
9.	♘g3–h5	0–0
10.	♕d1–d2	♕d8–e8
11.	g2–g4[b]	♘f6×g4
12.	♘e5×g4	♕e8×h5
13.	♘g4–e5	♘b8–c6
14.	♗f1–e2	♕h5–h3
15.	♘e5×c6	b7×c6
16.	♗g5–e3	♖a8–b8
17.	0–0–0	♖f8×f2
18.	♗e3×f2	♕h3–a3
19.	c2–c3[c]	♕a3×a2
20.	b2–b4[d]	♕a2–a1+
21.	♔c1–c2	♕a1–a4+
22.	♔c2–b2[e]	♗d6×b4
23.	c3×b4	♖b8×b4+
24.	♕d2×b4	♕a4×b4+
25.	♔b2–c2[f]	e4–e3
26.	♗f2×e3	♗c8–f5+
27.	♖d1–d3[g]	♕b4–c4+
28.	♔c2–d2	♕c4–a2+
29.	♔d2–d1	♕a2–b1+
	Weiß gibt auf	

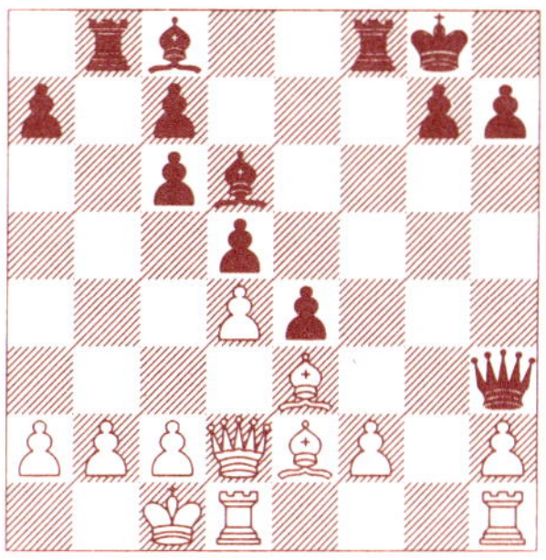

Nach 17. 0–0–0

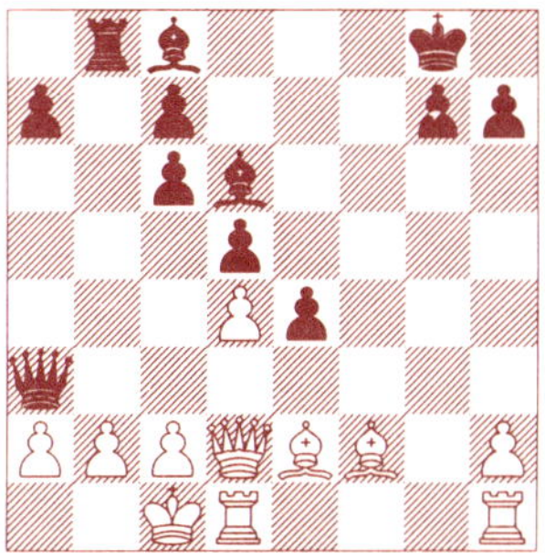

Nach 18... ♕h3–a3

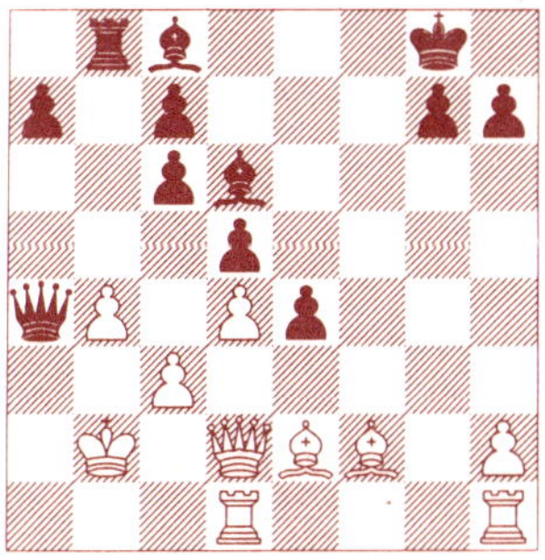

Nach 22. ♔c2–b2

[a] 6. ♘e5 de4 7. ♕h5

[b] 11. ♗f6 ♕h5 12. ♕g5 ♕g5 13. ♗g5 ♗e5 14. de5 ♘c6

[c] 19. ♕c3 ♗f4 20. ♖d2 ♕a2

[d] 20. ♕c2 ♗f4 21. ♖d2 ♕a1 22. ♕b1 ♕b1 23. ♔b1 ♗d2

[e] 22. ♔c1 ♕a1 (22... ♗b4 23. cb4 ♖b4 24. ♕c2 ♕a3 25. ♔d2 ♖b2 26. ♖c1)

[f] 25. ♔a1 ♕a3 26. ♔b1 e3; 25. ♔c1 ♕c3 26. ♔b1 e3

[g] 27. ♗d3 ♕c4

75

Morphy – Hzg. Karl v. Braunschweig und Gf. Isouard

Paris 1858

1.	e2–e4	e7–e5
2.	♘g1–f3	d7–d6
3.	d2–d4	♗c8–g4[a]
4.	d4×e5	♗g4×f3
5.	♕d1×f3	d6×e5
6.	♗f1–c4	♘g8–f6[b]
7.	♕f3–b3	♕d8–e7
8.	♘b1–c3	c7–c6
9.	♗c1–g5	b7–b5
10.	♘c3×b5	c6×b5
11.	♗c4×b5+	♘b8–d7[c]
12.	0–0–0	♖a8–d8
13.	♖d1×d7	♖d8×d7
14.	♖h1–d1	♕e7–e6
15.	♗b5×d7+	♘f6×d7
16.	♕b3–b8+	♘d7×b8
17.	♖d1–d8+	
	matt	

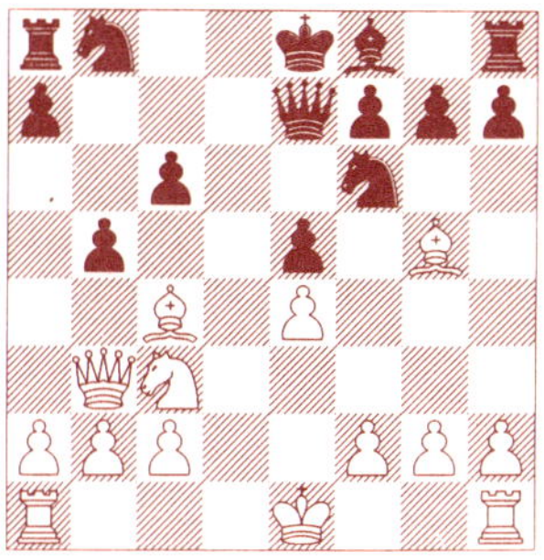

Nach 9... b7–b5

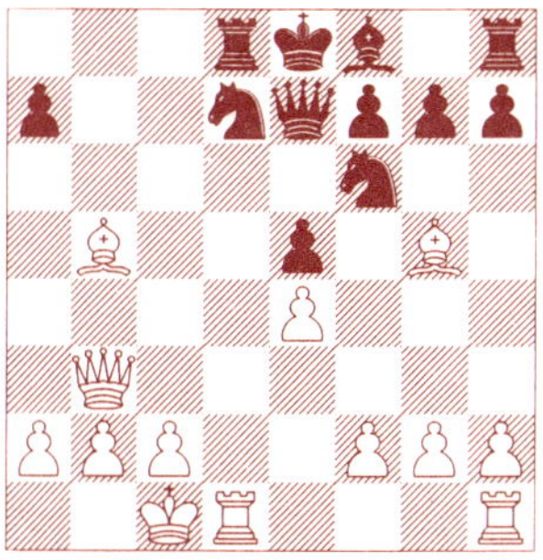

Nach 12... ♖a8–d8

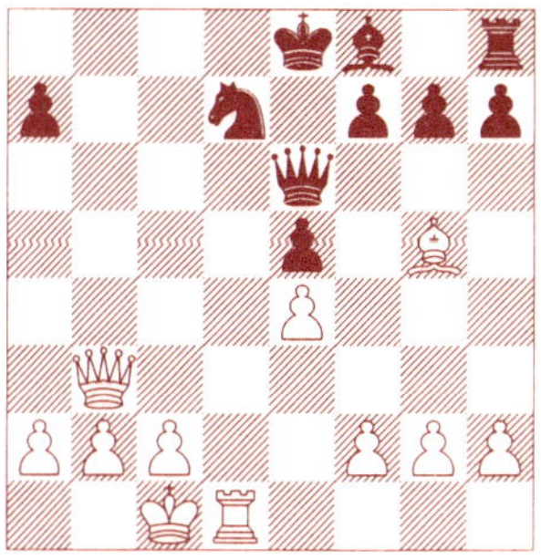

Nach 15... ♘f6×d7

[a] 3... ♘f6

[b] 6... ♕e7

[c] 11... ♔d8 12. 0–0–0 ♔c7 13. ♖d3

76
Morphy – Harrwitz
Paris 1858 (4. Partie)

1.	e2–e4	e7–e5
2.	♘g1–f3	d7–d6
3.	d2–d4	e5×d4
4.	♕d1×d4	♘b8–c6
5.	♗f1–b5	♗c8–d7
6.	♗b5×c6	♗d7×c6
7.	♗c1–g5	f7–f6
8.	♗g5–h4	♘g8–h6
9.	♘b1–c3	♕d8–d7
10.	0–0	♗f8–e7
11.	♖a1–d1	0–0
12.	♕d4–c4+	♖f8–f7
13.	♘f3–d4	♘h6–g4
14.	h2–h3	♘g4–e5
15.	♕c4–e2	g7–g5
16.	♗h4–g3	♖f7–g7
17.	♘d4–f5	♖g7–g6
18.	f2–f4	g5×f4
19.	♖f1×f4	♔g8–h8
20.	♖f4–h4	♗e7–f8[a]
21.	♗g3×e5	f6×e5
22.	♖d1–f1	♕d7–e6
23.	♘c3–b5	♕e6–g8[b]
24.	♖f1–f2	a7–a6[c]
25.	♘b5×c7	♖a8–c8
26.	♘c7–d5	♗c6×d5
27.	e4×d5	♖c8–c7[d]
28.	c2–c4	♗f8–e7
29.	♖h4–h5	♕g8–e8
30.	c4–c5	♖c7×c5
31.	♖h5×h7+	♔h8×h7
32.	♕e2–h5+	♔h7–g8
33.	♘f5×e7+	♔g8–g7[e]
34.	♘e7–f5+	♔g7–g8
35.	♘f5×d6	

Schwarz gibt auf

Nach 19... ♔g8–h8

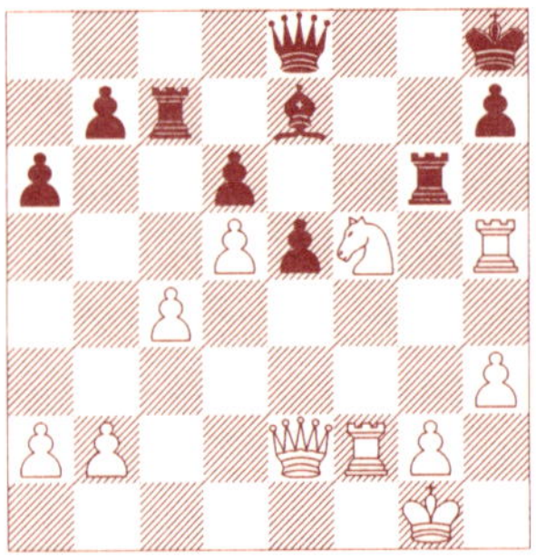
Nach 29... ♕g8–e8

Nach 30... ♖c7×c5

[a] 20... ♖ag8 21. ♖h7 ♔h7 22. ♕h5 ♖h6 23. ♕h6#; 20... ♕e8 21. ♗e5 de5 22. ♖h7 ♔h7 23. ♕h5 ♔g8 24. ♘e7

[b] 23... ♕d7 24. ♕h5 ♗b5 25. ♕g6 ♗f1 26. ♔f1

[c] 24... ♗b5 25. ♕b5

[d] 27... ♕d5 28. ♖h7 ♔h7 29. ♕h5 ♔h6 30. ♘h6 ♖h6 31. ♕f5

[e] 33... ♕e7 34. ♕g6 ♕g7 35. ♕e8 ♔h7 36. ♖f7

77
Morphy – Anderssen
Paris 1858 (9. Partie)

1.	e2–e4	c7–c5
2.	♘g1–f3	♘b8–c6
3.	d2–d4	c5×d4
4.	♘f3×d4	e7–e6
5.	♘d4–b5	d7–d6
6.	♗c1–f4	e6–e5
7.	♗f4–e3	f7–f5
8.	♘b1–c3	f5–f4
9.	♘c3–d5	f4×e3
10.	♘b5–c7+	♔e8–f7[a]
11.	♕d1–f3+	♘g8–f6
12.	♗f1–c4	♘c6–d4
13.	♘d5×f6+	d6–d5[b]
14.	♗c4×d5+	♔f7–g6[c]
15.	♕f3–h5+	♔g6×f6
16.	f2×e3	♘d4×c2+
17.	♔e1–e2	

Schwarz gibt auf

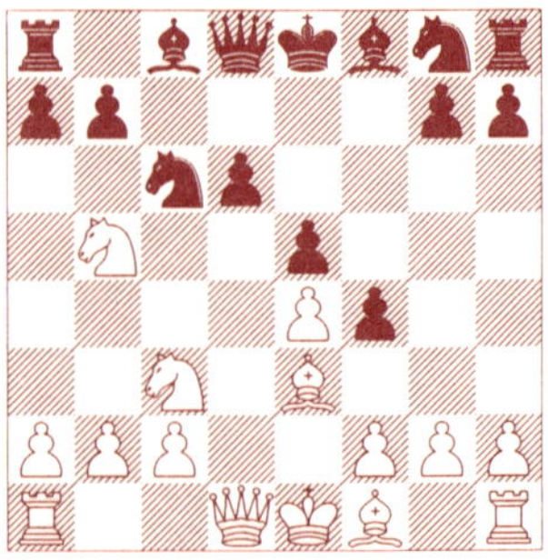
Nach 8... f5–f4

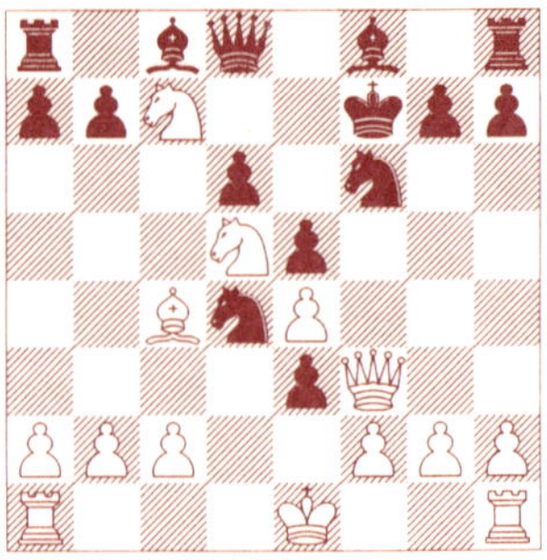
Nach 12... ♘c6–d4

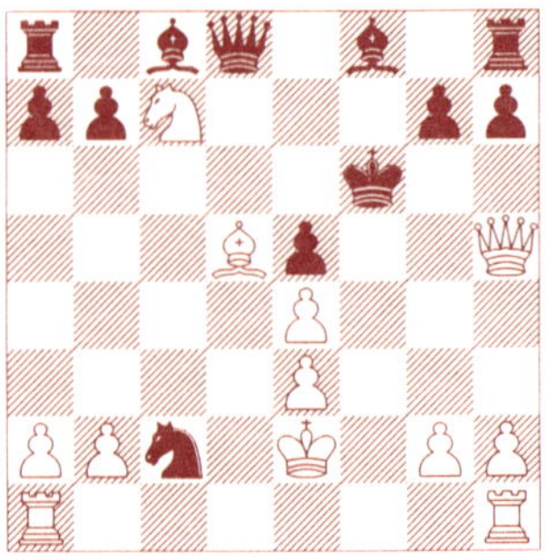
Nach 17. ♔e1–e2

[a] 10... ♔d7 11. ♕g4#

[b] 13... ♗e6 14. ♗e6 ♘e6 15. ♘fd5

[c] 14... ♕d5

78
Kolisch – Paulsen
Bristol 1861

1.	e2–e4	e7–e5
2.	♘g1–f3	♘b8–c6
3.	♗f1–c4	♗f8–c5
4.	b2–b4	♗c5×b4
5.	c2–c3	♗b4–a5
6.	d2–d4	e5×d4
7.	0–0	d7–d6
8.	c3×d4	♗a5–b6
9.	d4–d5	♘c6–a5
10.	♗c1–b2	♘g8–e7
11.	♗c4–d3	0–0
12.	♘b1–c3	♘e7–g6
13.	♘c3–e2	c7–c5
14.	♕d1–d2	f7–f6
15.	♔g1–h1	♗c8–d7
16.	♖a1–c1	a7–a6
17.	♘f3–e1	♗d7–b5
18.	f2–f4	c5–c4
19.	♗d3–b1	c4–c3
20.	♖c1×c3[a]	♘a5–c4
21.	♕d2–c1	♖a8–c8
22.	♗b1–d3[b]	♗b6–e3
23.	♕c1–c2	♘c4–d2
24.	♖f1–g1	♖c8×c3
25.	♕c2×c3	♕d8–b6
26.	♗b2–c1	♗e3×g1
27.	♘e2×g1	♗b5×d3
28.	♘e1×d3[c]	♘d2×e4
	Weiß gibt auf	

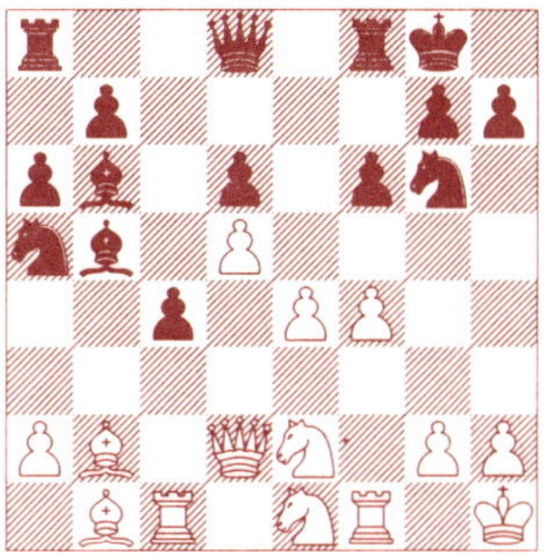
Nach 19. ♗d3–b1

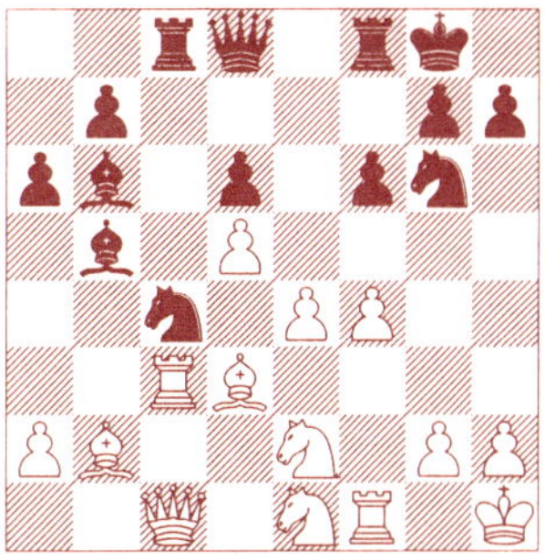
Nach 22. ♗b1–d3

Nach 25. ♕c2×c3

79
Steinitz – Mongredien
London 1863

1.	e2–e4	g7–g6
2.	d2–d4	♗f8–g7
3.	c2–c3	b7–b6
4.	♗c1–e3	♗c8–b7
5.	♘b1–d2	d7–d6
6.	♘g1–f3	e7–e5
7.	d4×e5	d6×e5
8.	♗f1–c4	♘g8–e7
9.	♕d1–e2	0–0
10.	h2–h4	♘b8–d7
11.	h4–h5	♘d7–f6
12.	h5×g6	♘e7×g6[a]
13.	0–0–0	c7–c5
14.	♘f3–g5	a7–a6
15.	♘g5×h7	♘f6×h7
16.	♖h1×h7	♔g8×h7
17.	♕e2–h5+	♔h7–g8
18.	♖d1–h1	♖f8–e8
19.	♕h5×g6	♕d8–f6
20.	♗c4×f7+	♕f6×f7[b]
21.	♖h1–h8+	♔g8×h8
22.	♕g6×f7	
	Schwarz gibt auf	

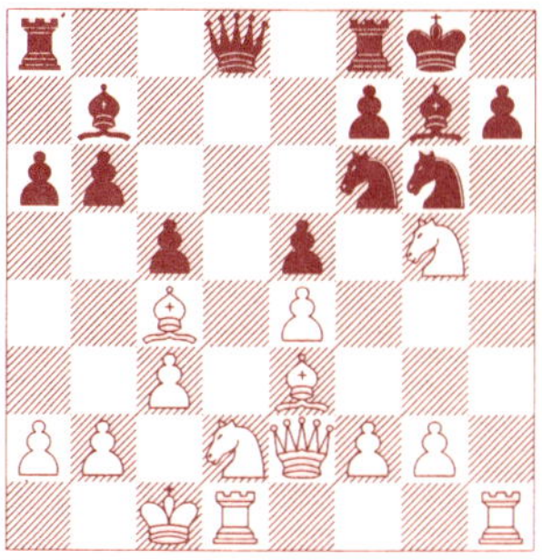
Nach 14... a7–a6

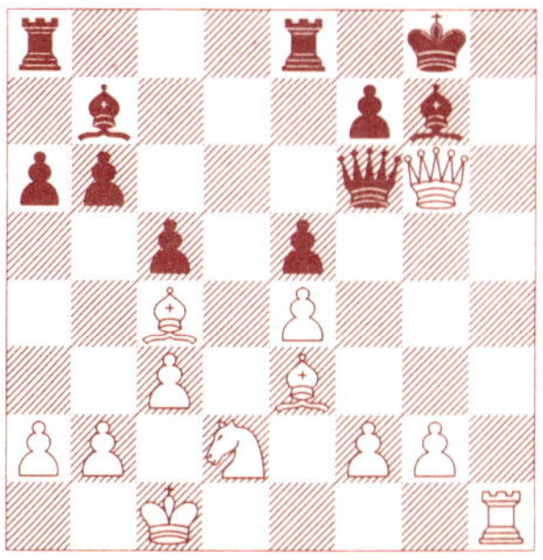
Nach 19... ♕d8–f6

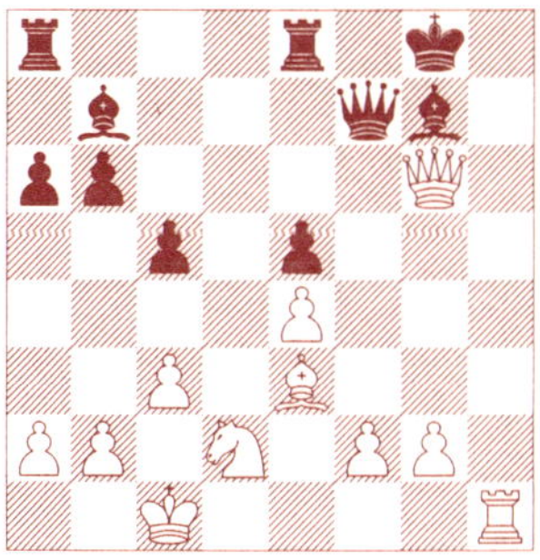
Nach 20... ♕f6×f7

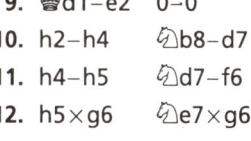

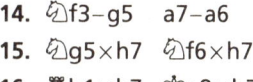

[a] 20. ♗c3 ♘c4 21. ♕d1 ♘e3
[b] 22. ♘c2 ♘b2 23. ♖c8 ♕c8 24. ♕b2 ♗e2 25. ♖e1 ♕c5
[c] 28. ♕d3 ♘b1

[a] 12... hg6 13. 0–0–0
[b] 20... ♔f8 21. ♗e8 ♖e8 22. ♖h8 ♗h8 23. ♗h6 ♔e7 24. ♗g5

80
Anderssen – Zukertort
Barmen 1869

1.	e2–e4	e7–e5
2.	♘g1–f3	♘b8–c6
3.	♗f1–c4	♗f8–c5
4.	b2–b4	♗c5×b4
5.	c2–c3	♗b4–a5
6.	d2–d4	e5×d4
7.	0–0	♗a5–b6
8.	c3×d4	d7–d6
9.	d4–d5	♘c6–a5
10.	♗c1–b2	♘g8–e7
11.	♗c4–d3[a]	0–0
12.	♘b1–c3	♘e7–g6
13.	♘c3–e2	c7–c5
14.	♕d1–d2	f7–f6
15.	♔g1–h1	♗b6–c7
16.	♖a1–c1	♖a8–b8
17.	♘e2–g3	b7–b5
18.	♘g3–f5	b5–b4[b]
19.	♖f1–g1	♗c7–b6
20.	g2–g4	♘g6–e5
21.	♗b2×e5	d6×e5[c]
22.	♖g1–g3	♖f8–f7
23.	g4–g5	♗c8×f5
24.	e4×f5	♕d8×d5
25.	g5×f6	♖b8–d8[d]
26.	♖c1–g1	♔g8–h8
27.	f6×g7+	♔h8–g8[e]
28.	♕d2–h6	♕d5–d6
29.	♕h6×h7+	♔g8×h7
30.	f5–f6+	♔h7–g8
31.	♗d3–h7+	♔g8×h7
32.	♖g3–h3+	♔h7–g8
33.	♖h3–h8+ matt	

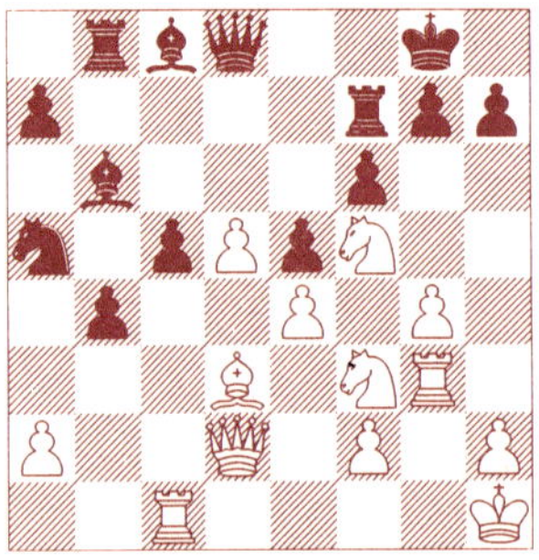
Nach 22... ♖f8–f7

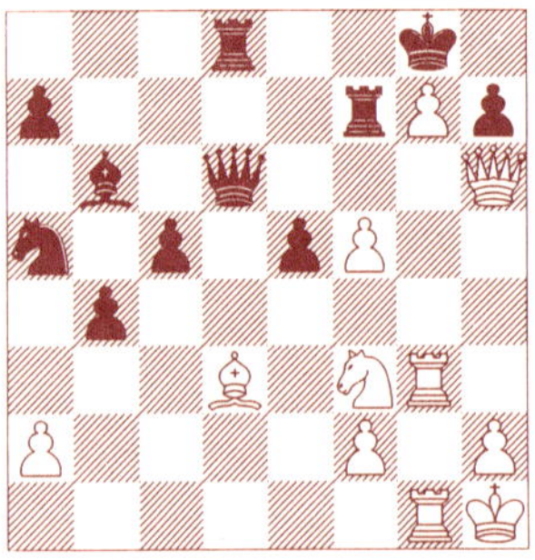
Nach 28... ♕d5–d6

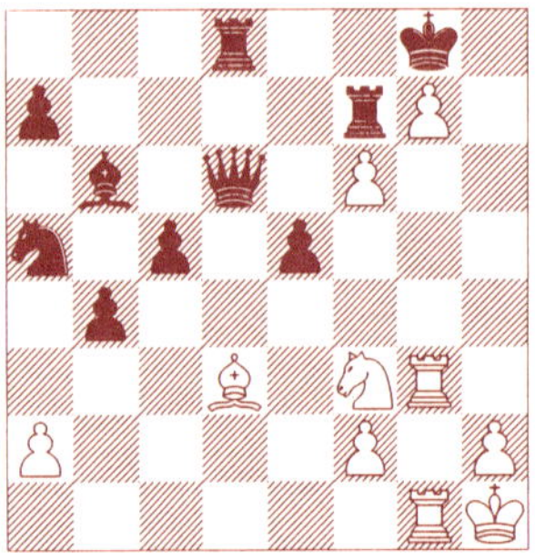
Nach 30... ♔h7–g8

[a] 11. ♗g7 ♖g8 12. ♗f6 ♘c4 13. ♕a4 ♕d7 14. ♕c4 ♖g2 15. ♔h1 ♕h3 16. ♘bd2 ♗g4 17. ♕b3 0–0–0
[b] 18... ♗f5 19. ef5 ♘e5 20. ♘e5 fe5 21. f4
[c] 21... fe5
[d] 25... ♖f6 26. ♗c4
[e] 27... ♖g7 28. ♖g7 (28. ♕h6 ♖dg8 29. ♗e4 ♕e4 30. ♕h7 ♔h7 31. ♖h3 ♕h4 32. ♖h4#) ♕f3 29. ♖1g2 c4 (29... ♖d3 30. ♖g8#) 30. ♕e1 ♗d4 31. ♗e4 ♕h5 32. ♕g1 ♕e8 33. f6

81
Paulsen – Rosenthal
Wien 1873

1.	e2–e4	e7–e5
2.	♘b1–c3	♘b8–c6
3.	g2–g3	♗f8–c5
4.	♗f1–g2	d7–d6
5.	d2–d3	♘g8–f6
6.	♘g1–e2	♗c8–g4
7.	h2–h3	♗g4–d7
8.	♘c3–a4	♗c5–b6
9.	♘a4×b6	a7×b6
10.	f2–f4	e5×f4
11.	♘e2×f4	♕d8–e7
12.	c2–c4	♕e7–e5
13.	0–0	0–0–0[a]
14.	♘f4–e2	♘c6–d4
15.	♗c1–f4	♘d4×e2+
16.	♕d1×e2	♕e5–h5
17.	g3–g4	♕h5–g6
18.	a2–a4	h7–h5
19.	g4–g5	♘f6–h7
20.	♕e2–e3	f7–f6
21.	a4–a5	♘h7×g5
22.	♔g1–h2	b6×a5[b]
23.	♖a1×a5	b7–b6
24.	♖a5–a7	♗d7–c6
25.	c4–c5	b6×c5[c]
26.	♕e3×c5	♕g6–e8[d]
27.	♕c5–a5	♘g5–e6
28.	♖f1–c1	g7–g5
29.	♖c1×c6[e]	g5×f4[f]
30.	♖c6×c7+ Schwarz gibt auf	

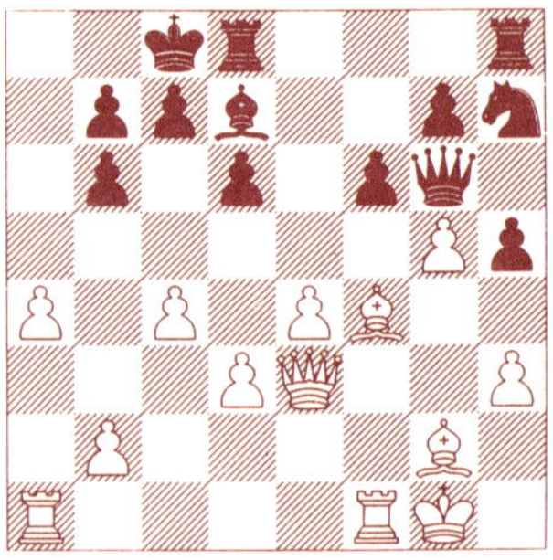
Nach 20... f7–f6

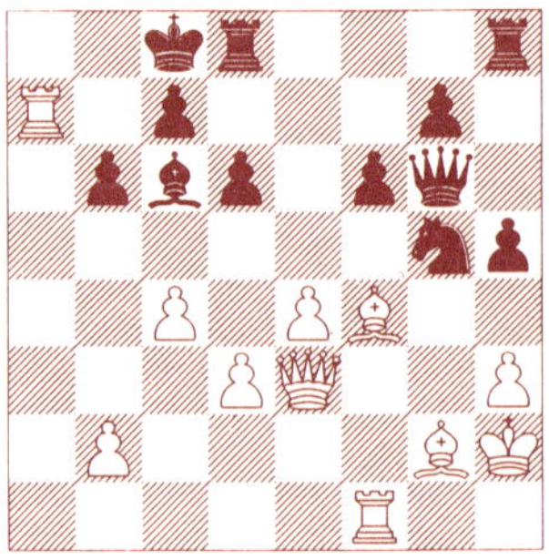
Nach 24... ♗d7–c6

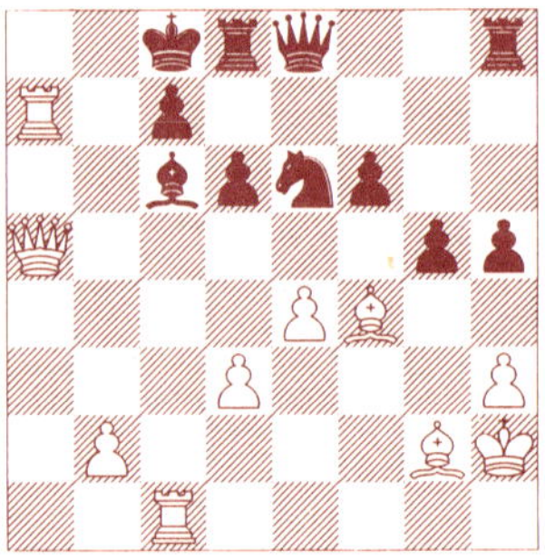
Nach 28... g7–g5

[a] 13... 0–0
[b] 22... b5 23. ♕a7
[c] 25... dc5 26. ♖c7 ♔b8 27. ♖g7
[d] 26... dc5 27. ♖c7 ♔b8 28. ♖g7
[e] 29. ♕a6 ♔d7 (29... ♔b8 30. ♖a1) 30. ♖c6 gf4 31. ♖d6
[f] 29... ♕c6

82

Schwarz – Paulsen

Frankfurt 1879

1.	e2–e4	c7–c5
2.	♘g1–f3	e7–e6
3.	d2–d4	c5×d4
4.	♘f3×d4	♘g8–f6
5.	♗f1–d3	♘b8–c6
6.	♗c1–e3	d7–d5
7.	♘b1–d2	♗f8–e7
8.	0–0	0–0
9.	c2–c3	♘c6–e5
10.	♗d3–c2	d5×e4
11.	♘d2×e4	♘f6–d5
12.	♗e3–c1	f7–f5
13.	♘e4–d2	♗e7–d6
14.	♘d2–f3	♘e5–f7
15.	♖f1–e1	♘d5–c7
16.	♗c2–b3	♕d8–f6
17.	♕d1–e2	♖f8–e8
18.	♘d4–b5	♘c7×b5
19.	♕e2×b5	♖e8–e7
20.	♗c1–e3	a7–a6
21.	♕b5–b6	♗d6–c7
22.	♕b6–c5	b7–b6
23.	♕c5–c6	♗c8–b7
24.	♕c6–c4[a]	♗b7×f3
25.	g2×f3	♘f7–e5
26.	♕c4–e2	♕f6–h4
27.	♔g1–g2	♖a8–f8
28.	f3–f4	♘e5–g6
29.	♕e2–f3	♗c7×f4
30.	♗e3×b6	♕h4×h2+
31.	♔g2–f1	♘g6–h4
32.	♕f3–c6	♕h2–h3+
33.	♔f1–e2	♗f4–g5
34.	♖a1–d1[b]	♘h4–g6
35.	♖d1–d4	♘g6–f4+
36.	♔e2–d1	♘f4–d3
37.	♖e1×e6	♖e7×e6
38.	♕c6×e6+	♔g8–h8
39.	♕e6–e2	♕h3–h1+
40.	♔d1–c2	♘d3–f4
41.	♕e2×a6[c]	♕h1–e1
42.	a2–a4	♘f4–d3
43.	♕a6–b5[d]	♕e1–e2+

Weiß gibt auf

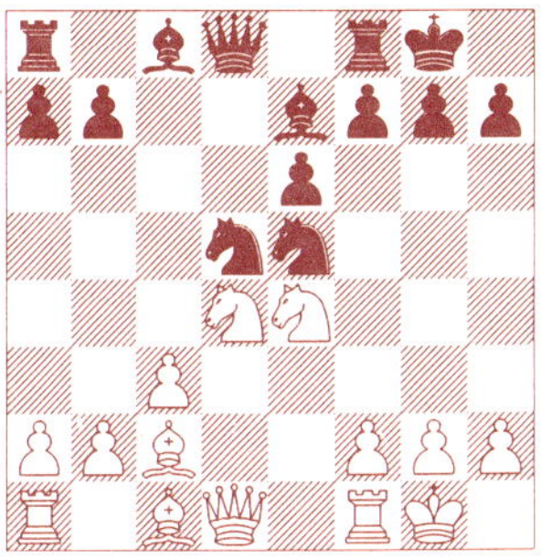

Nach **12. ♗e3–c1**

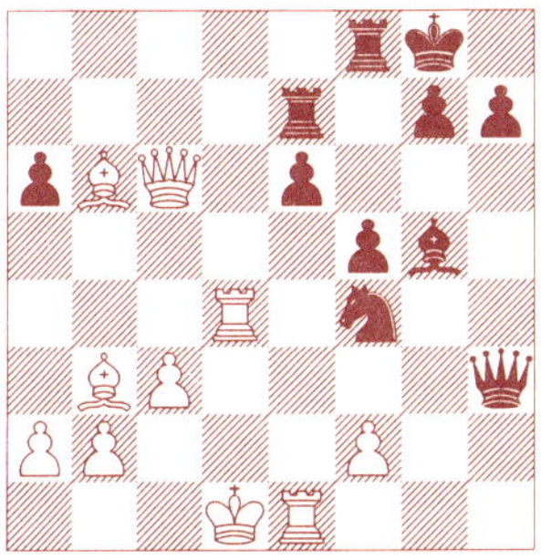

Nach **36. ♔e2–d1**

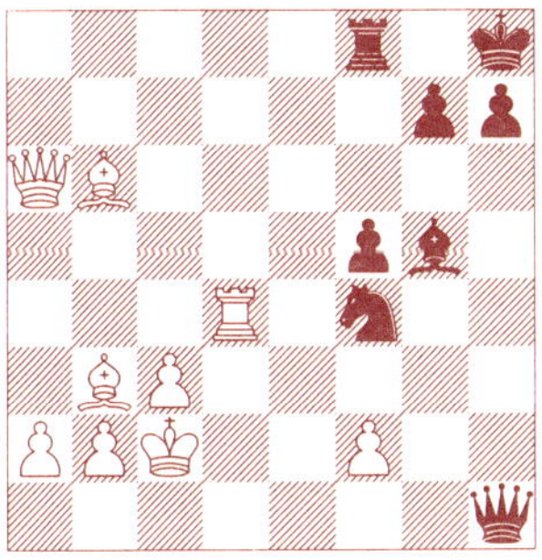

Nach **41. ♕e2×a6**

[a] 24. ♕b7 ♗h2

[b] 34. ♗c5 ♖d8

[c] 41. ♕d1 ♕g2 42. ♕e1 h5

[d] 43. ♔d3 ♕f1; 43. ♕d3 ♕c1#; 43. ♖d3 ♕c1#

83

Steinitz – Fleißig
Wien 1882

1.	e2–e4	e7–e6
2.	e4–e5	d7–d5
3.	e5×d6	♗f8×d6
4.	d2–d4	♘g8–e7
5.	♗f1–d3	♘e7–g6
6.	♘g1–f3	♘b8–c6
7.	♘b1–c3	♘c6–b4[a]
8.	♗d3–c4	c7–c6
9.	♘c3–e4	♗d6–c7
10.	0–0	0–0[b]
11.	♖f1–e1	♘b4–d5
12.	♘e4–c5	♘g6–h4
13.	♘f3–e5	♘h4–f5
14.	c2–c3	♗c7×e5
15.	♖e1×e5	♘d5–f6
16.	♖e5–e1	h7–h6
17.	♕d1–f3	♘f6–d5
18.	♗c4–b3	b7–b6
19.	♘c5–d3	♗c8–a6
20.	♘d3–e5	♖a8–c8
21.	♗b3–c2	♘f5–e7
22.	♕f3–g3	♔g8–h8
23.	♕g3–h4	♔h8–g8
24.	♕h4–g3	♔g8–h8
25.	♕g3–h3	♘e7–g8
26.	♕h3–h5	♖c8–c7
27.	♗c1–d2	♘d5–f6
28.	♕h5–h3	♘f6–d5
29.	c3–c4	♘d5–f6
30.	♖a1–d1	♕d8–e8
31.	♗d2–f4	♖c7–c8[c]
32.	♕h3–a3	♗a6–b7
33.	♕a3×a7	♗b7–a8
34.	♕a7×b6	g7–g5
35.	♗f4–g3	♘f6–d7
36.	♕b6–b3	f7–f5
37.	f2–f3	♔h8–g7
38.	c4–c5	♘d7–f6
39.	♘e5–c4	

Schwarz gibt auf

Nach 12... ♘g6–h4

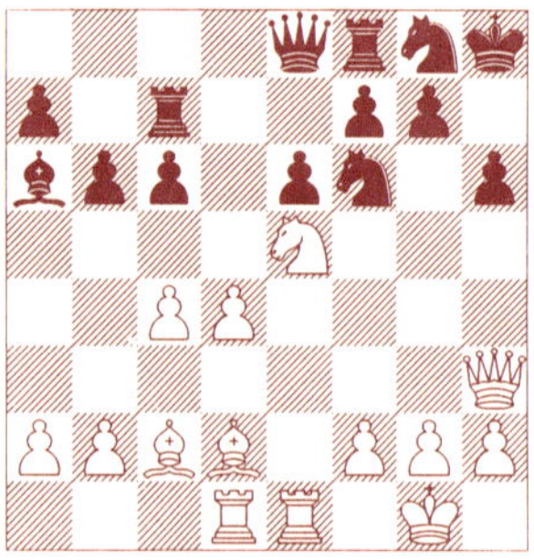

Nach 30... ♕d8–e8

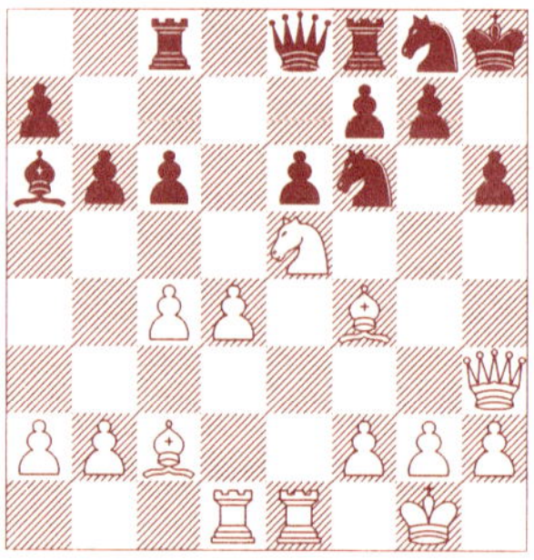

Nach 31... ♖c7–c8

[a] 7... e5
[b] 10... e5 11. ♘fg5 0–0 12. ♘h7 ♔h7 13. ♕h5 ♔g8 14. ♘g5
[c] 31... ♖b7 32. ♕a3; 31... ♖e7 32. g4

84

Zukertort – Blackburne
London 1883

1.	c2–c4	e7–e6
2.	e2–e3	♘g8–f6
3.	♘g1–f3	b7–b6
4.	♗f1–e2	♗c8–b7
5.	0–0	d7–d5
6.	d2–d4	♗f8–d6
7.	♘b1–c3	0–0
8.	b2–b3	♘b8–d7
9.	♗c1–b2	♕d8–e7[a]
10.	♘c3–b5	♘f6–e4
11.	♘b5×d6	c7×d6
12.	♘f3–d2	♘d7–f6[b]
13.	f2–f3	♘e4×d2
14.	♕d1×d2	d5×c4[c]
15.	♗e2×c4	d6–d5
16.	♗c4–d3	♖f8–c8
17.	♖a1–e1	♖c8–c7
18.	e3–e4	♖a8–c8
19.	e4–e5	♘f6–e8
20.	f3–f4	g7–g6
21.	♖e1–e3	f7–f5[d]
22.	e5×f6	♘e8×f6
23.	f4–f5	♘f6–e4
24.	♗d3×e4	d5×e4
25.	f5×g6	♖c7–c2[e]
26.	g6×h7+	♔g8–h8
27.	d4–d5+	e6–e5
28.	♕d2–b4	♖c8–c5[f]
29.	♖f1–f8+	♔h8×h7[g]
30.	♕b4×e4+	♔h7–g7
31.	♗b2×e5+	♔g7×f8
32.	♗e5–g7+[h]	

Schwarz gibt auf

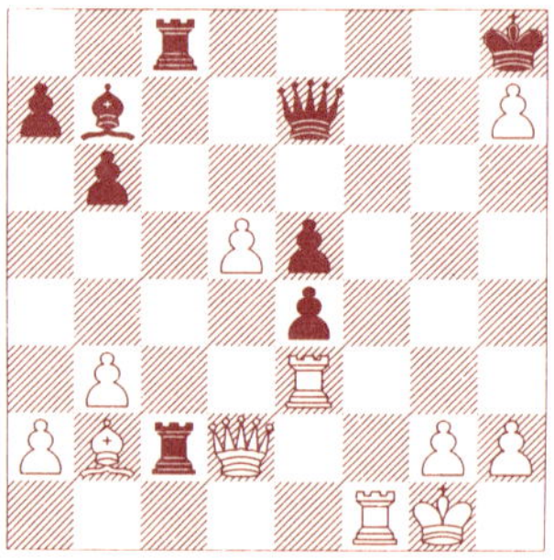

Nach 27... e6–e5

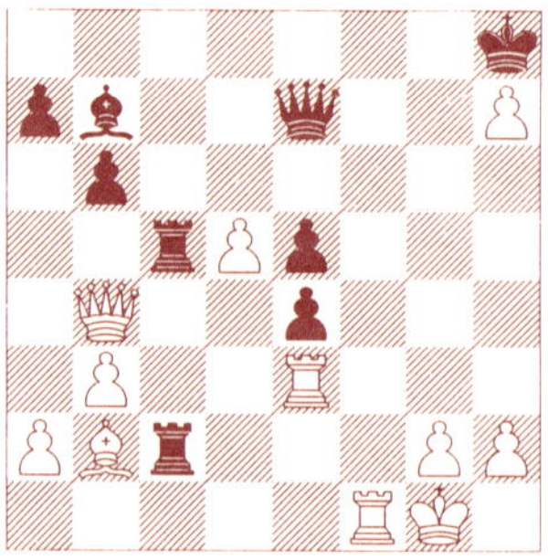

Nach 28... ♖c8–c5

Nach 31... ♔g7×f8

[a] 9... a6
[b] 12... dc4 13. ♗c4 ♕g5 14. g3 ♖fc8
[c] 14... e5
[d] 21... ♘g7 22. g4 f5 23. ef6 ♕f6
[e] 25... hg6 26. d5 ♖c2 27. ♖h3
[f] 28... ♕b4 29. ♗e5 ♔h7 30. ♖h3 ♔g6 31. ♖g3; 28... ♕e8 29. ♕d6; 28... ♖2c5 29. ♕e4
[g] 29... ♕f8 30. ♗e5 ♔h7 31. ♕e4
[h] 32... ♔g7 33. ♕e7

85

Mackenzie – Tarrasch
Hamburg 1885

1.	d2–d4	d7–d5
2.	♘g1–f3	♘g8–f6
3.	e2–e3	e7–e6
4.	c2–c4	♗f8–d6
5.	c4–c5	♗d6–e7
6.	b2–b4	b7–b6
7.	♗c1–b2	0–0
8.	♘b1–d2	a7–a5
9.	a2–a3	♘f6–d7
10.	♕d1–c2	c7–c6
11.	♗f1–d3	a5×b4
12.	a3×b4	♖a8×a1+
13.	♗b2×a1	b6×c5
14.	d4×c5	f7–f5
15.	♘f3–d4	♘d7–f6[a]
16.	0–0	♕d8–c7
17.	f2–f4	♘f6–g4
18.	♖f1–e1	e6–e5
19.	f4×e5	♕c7×e5
20.	♘d4–f3	♕e5–c7
21.	h2–h3	♘g4–h6
22.	♗a1–e5	♕c7–b7
23.	♖e1–b1	♘b8–a6
24.	♕c2–a4	♘h6–f7
25.	♗e5–c3	♘f7–d8
26.	♖b1–a1	♘a6–c7
27.	♕a4–c2	♗e7–f6
28.	♘f3–e5	♘c7–b5
29.	♗d3×b5	♕b7×b5
30.	♘d2–f3	g7–g5
31.	g2–g4	f5×g4
32.	h3×g4	♕b5–b7[b]
33.	♔g1–g2	♕b7–g7
34.	♗c3–d4	h7–h5[c]
35.	♘e5–g6	h5×g4
36.	♘f3–e5	♗f6×e5[d]
37.	♗d4×e5	♕g7–f7[e]
38.	♘g6–e7+[f]	

Schwarz gibt auf

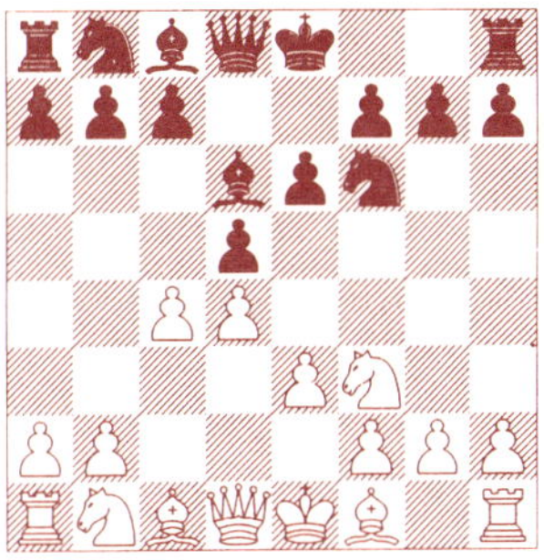
Nach 4... ♗f8–d6

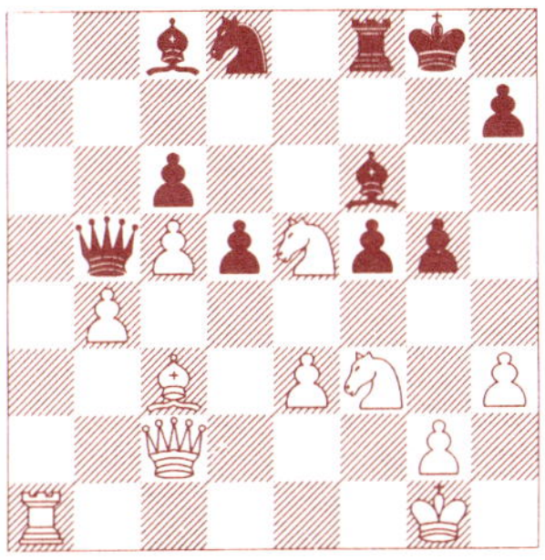
Nach 30... g7–g5

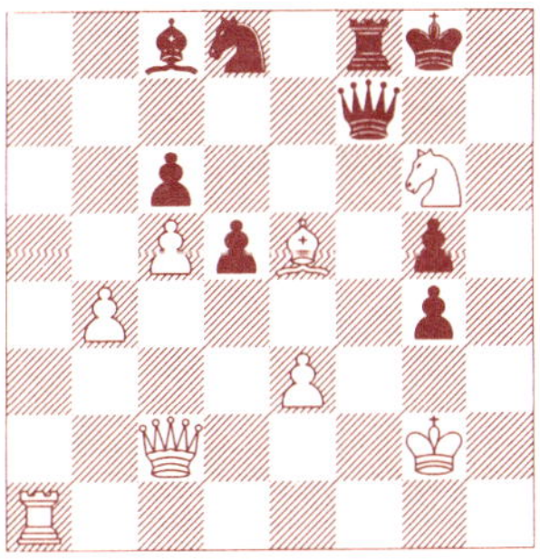
Nach 37... ♕g7–f7

[a] 15... ♘e5 16. ♗e2
[b] 32... ♗g4 33. ♘g4 ♗c3 34. ♕c3 ♖f3 35. ♘h6 ♔f8 36. ♕h8 ♔e7 37. ♖a7 ♘b7 38. ♕e5 ♔d7 39. ♕d6 ♔e8 40. ♖a8 ♘d8 41. ♖d8#
[c] 34... ♖e8 35. ♕c3
[d] 36... ♖e8 37. ♖h1 ♗e5 (37... ♖e5 38. ♖h8 ♕h8 39. ♘h8 ♗h8 40. ♕g6 ♔f8 41. ♕d6) 38. ♖h8 ♕h8 39. ♘h8 ♔h8 40. ♕g6 ♖e6 41. ♗e5 ♖e5 42. ♕f6
[e] 37... ♗f5 38. ♗g7 ♗c2 39. ♗f8
[f] 38... ♕e7 39. ♕g6

86

Zukertort – Steinitz
St. Louis 1886 (9. Partie)

1.	d2–d4	d7–d5
2.	c2–c4	e7–e6
3.	♘b1–c3	♘g8–f6
4.	♘g1–f3	d5×c4
5.	e2–e3	c7–c5
6.	♗f1×c4	c5×d4
7.	e3×d4	♗f8–e7
8.	0–0	0–0
9.	♕d1–e2	♘b8–d7
10.	♗c4–b3	♘d7–b6
11.	♗c1–f4	♘b6–d5
12.	♗f4–g3	♕d8–a5
13.	♖a1–c1	♗c8–d7
14.	♘f3–e5	♖f8–d8
15.	♕e2–f3	♗d7–e8
16.	♖f1–e1	♖a8–c8
17.	♗g3–h4	♘d5×c3
18.	b2×c3	♕a5–c7
19.	♕f3–d3[a]	♘f6–d5
20.	♗h4×e7	♕c7×e7
21.	♗b3×d5	♖d8×d5
22.	c3–c4	♖d5–d8
23.	♖e1–e3	♕e7–d6
24.	♖c1–d1[b]	f7–f6
25.	♖e3–h3	h7–h6
26.	♘e5–g4[c]	♕d6–f4
27.	♘g4–e3	♗e8–a4
28.	♖h3–f3	♕f4–d6
29.	♖d1–d2[d]	♗a4–c6
30.	♖f3–g3[e]	f6–f5
31.	♖g3–g6	♗c6–e4
32.	♕d3–b3	♔g8–h7
33.	c4–c5	♖c8×c5
34.	♖g6×e6[f]	♖c5–c1+
35.	♘e3–d1[g]	♕d6–f4
36.	♕b3–b2	♖c1–b1
37.	♕b2–c3	♖d8–c8
38.	♖e6×e4	♕f4×e4

Weiß gibt auf

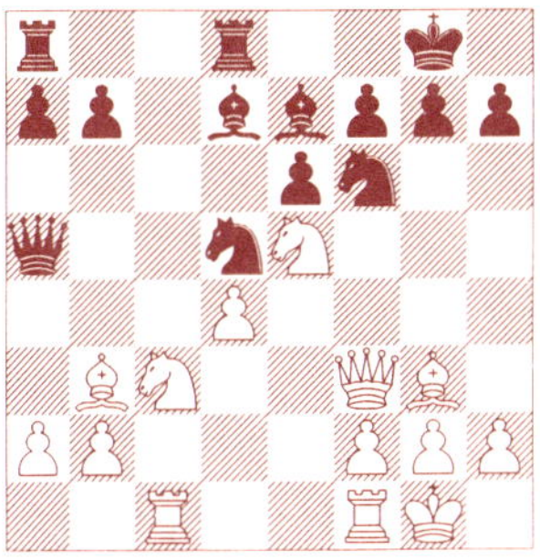
Nach 15. ♕e2–f3

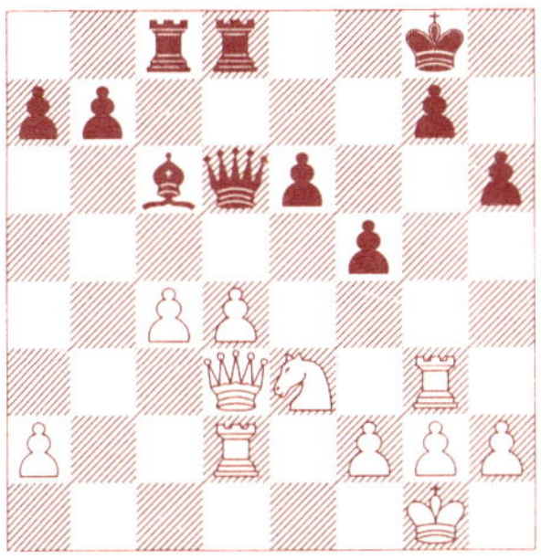
Nach 30... f6–f5

Nach 33. c4–c5

[a] 19. ♗g3
[b] 24. ♖h3 h6
[c] 26. ♘g6 ♗g6 27. ♕g6 ♖c4 28. ♖h6 ♕d4 29. ♕h7 ♔f8 30. ♕h8 ♔f7 31. ♕d8 ♕d8
[d] 29. ♖f6 ♗d1
[e] 30. ♖f6 gf6 31. ♕g6 ♔f8 32. ♕f6 ♔e8 33. ♘f5 ef5 34. ♖e2 ♗e4; 30. d5 ♕e5
[f] 34. ♕e6 ♕e6 35. ♖e6 ♖c1 36. ♖d1 (36. ♘d1 ♗c2; 36. ♘f1 ♗d5) ♖d1 37. ♘d1 ♖d4
[g] 35. ♖d1 ♖d1 36. ♘d1 ♕d4

87

Tschigorin – Steinitz

Havanna 1892 (1. Partie)

1. e2–e4 e7–e5
2. ♘g1–f3 ♘b8–c6
3. ♗f1–c4 ♗f8–c5
4. b2–b4 ♗c5×b4
5. c2–c3 ♗b4–a5
6. 0–0 d7–d6
7. d2–d4 ♗c8–g4
8. ♗c4–b5 e5×d4
9. c3×d4 ♗g4–d7
10. ♗c1–b2 ♘c6–e7
11. ♗b5×d7+ ♕d8×d7
12. ♘b1–a3 ♘g8–h6[a]
13. ♘a3–c4 ♗a5–b6
14. a2–a4 c7–c6
15. e4–e5 d6–d5[b]
16. ♘c4–d6+ ♔e8–f8
17. ♗b2–a3 ♔f8–g8
18. ♖a1–b1 ♘h6–f5[c]
19. ♘d6×f7 ♔g8×f7
20. e5–e6+ ♔f7×e6
21. ♘f3–e5 ♕d7–c8[d]
22. ♖f1–e1 ♔e6–f6
23. ♕d1–h5 g7–g6[e]
24. ♗a3×e7+ ♔f6×e7[f]
25. ♘e5×g6+ ♔e7–f6
26. ♘g6×h8 ♗b6×d4[g]
27. ♖b1–b3 ♕c8–d7
28. ♖b3–f3 ♖a8×h8
29. g2–g4 ♖h8–g8
30. ♕h5–h6+ ♖g8–g6
31. ♖f3×f5+

Schwarz gibt auf

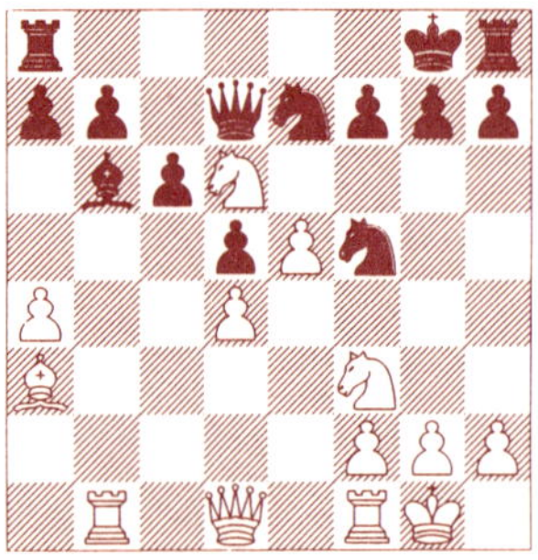

Nach 18... ♘h6–f5

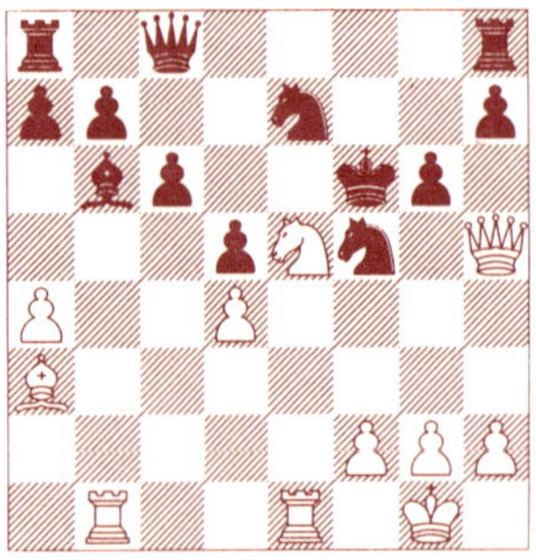

Nach 23... g7–g6

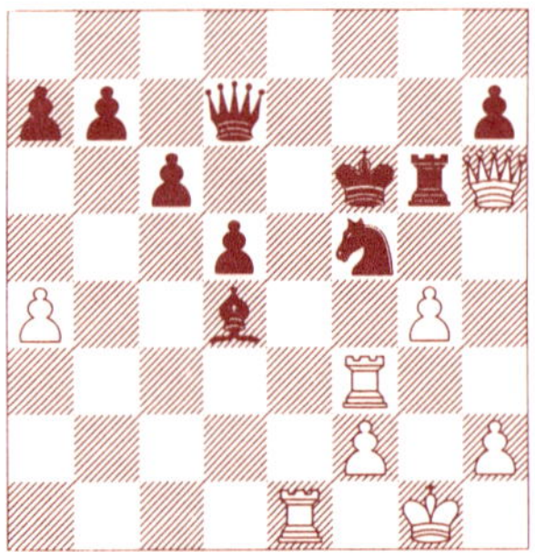

Nach 30... ♖g8–g6

[a] 12... ♘f6 13. d5

[b] 15... de5 16. de5 ♕d1 17. ♖ad1 0–0 18. ♖d7 ♘d5 19. ♖b7

[c] 18... ♘ef5 19. a5 ♘d6 20. ed6 ♗a5 21. ♘e5; 18... ♖b8

[d] 21... ♕e8 22. ♖e1 ♔f6 23. ♗e7 ♘e7 24. ♕f3 ♔e6 25. ♘f7 ♔d7 26. ♕g4 ♔c7 27. ♕f4 ♔d7 28. ♕d6 ♔c8 29. ♖e7

[e] 23... ♘g6 24. g4

[f] 24... ♘e7 25. ♕h4 g5 (25... ♔e6 26. ♘g6) 26. ♘g4 ♔f7 (26... ♔f5 27. ♖e5 ♔g6 28. ♕h6) 27. ♕g5

[g] 26... ♕h8 27. ♖b3

88

Steinitz – Tschigorin

Havanna 1892 (4. Partie)

1. e2–e4 e7–e5
2. ♘g1–f3 ♘b8–c6
3. ♗f1–b5 ♘g8–f6
4. d2–d3 d7–d6
5. c2–c3 g7–g6
6. ♘b1–d2 ♗f8–g7
7. ♘d2–f1 0–0
8. ♗b5–a4 ♘f6–d7
9. ♘f1–e3 ♘d7–c5
10. ♗a4–c2 ♘c5–e6
11. h2–h4 ♘c6–e7
12. h4–h5 d6–d5
13. h5×g6 f7×g6[a]
14. e4×d5 ♘e7×d5
15. ♘e3×d5 ♕d8×d5
16. ♗c2–b3 ♕d5–c6
17. ♕d1–e2 ♗c8–d7
18. ♗c1–e3 ♔g8–h8
19. 0–0–0 ♖a8–e8
20. ♕e2–f1 a7–a5
21. d3–d4 e5×d4
22. ♘f3×d4 ♗g7×d4[b]
23. ♖d1×d4 ♘e6×d4[c]
24. ♖h1×h7+ ♔h8×h7
25. ♕f1–h1+ ♔h7–g7
26. ♗e3–h6+ ♔g7–f6
27. ♕h1–h4+ ♔f6–e5
28. ♕h4×d4+ ♔e5–f5
29. ♕d4–f4+

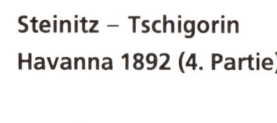

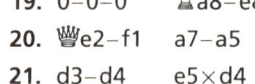

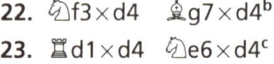

matt

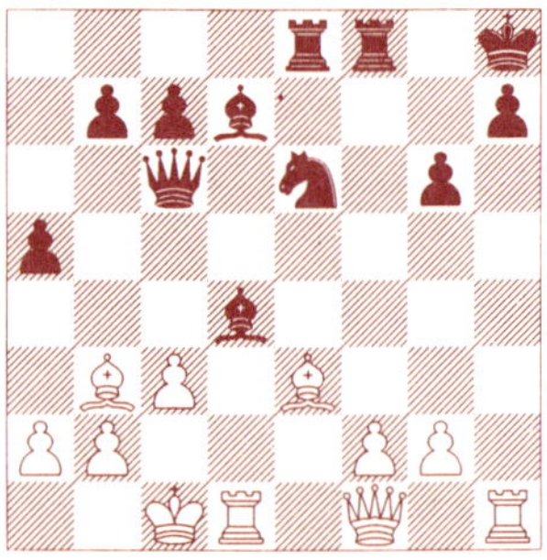

Nach 22... ♗g7×d4

Nach 23... ♘e6×d4

Nach 25... ♔h7–g7

[a] 13... hg6

[b] 22... ♘d4 23. ♖h7 ♔h7 24. ♕h1

[c] 23... b5 24. ♕d3

89
Pillsbury – Steinitz
New York 1894

1.	d2–d4	d7–d5
2.	c2–c4	d5×c4
3.	♘g1–f3	e7–e6
4.	e2–e3	c7–c5
5.	♘b1–c3	♘b8–c6
6.	♗f1×c4	♘g8–f6
7.	0–0	c5×d4
8.	e3×d4	♗f8–e7
9.	♗c1–f4	0–0
10.	♖a1–c1	♕d8–b6
11.	♘c3–b5[a]	♘f6–e8
12.	♖f1–e1	♘c6–a5
13.	♗c4–d3	♗c8–d7
14.	♘b5–c7	♖a8–c8
15.	♘c7–d5	e6×d5
16.	♖e1×e7	♘e8–f6
17.	♘f3–g5[b]	♗d7–g4
18.	♗d3×h7+	♘f6×h7
19.	♕d1×g4	♖c8×c1+
20.	♗f4×c1	♘h7–f6
21.	♕g4–d1	♘a5–c6
22.	♖e7–e1	♕b6×d4
23.	♘g5–f3	♕d4–b6
24.	♗c1–g5	♕b6×b2
25.	♖e1–e2[c]	♕b2–b5
26.	♗g5×f6	g7×f6
27.	♖e2–d2	♖f8–d8
28.	♘f3–h4[d]	d5–d4
29.	♖d2–d3	♘c6–e5
30.	♖d3–b3	♕b5–c6
31.	♖b3–g3+	♔g8–f8
32.	♕d1–d2	♖d8–c8
33.	♕d2–h6+	♔f8–e7
34.	♘h4–f5+	♔e7–d7
35.	h2–h4	♕c6–c1+
36.	♕h6×c1	♖c8×c1+
37.	♔g1–h2	d4–d3

Weiß gibt auf

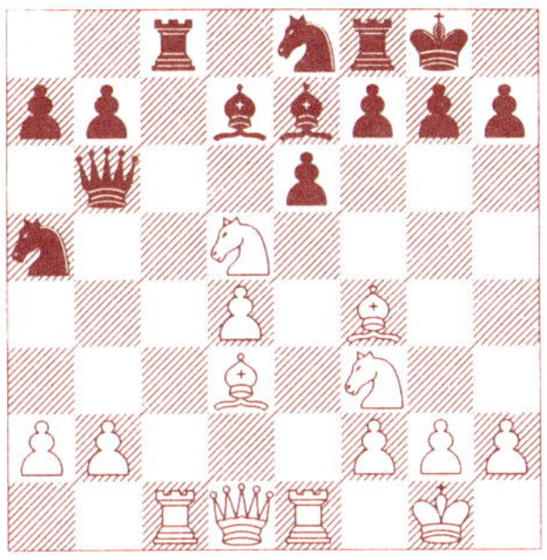

Nach 15. ♘c7–d5

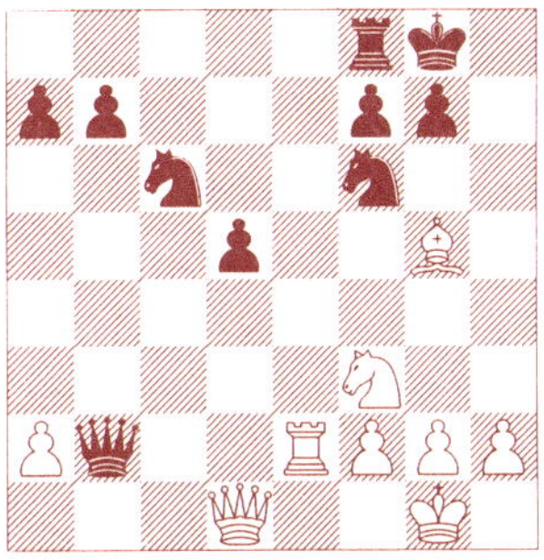

Nach 25. ♖e1–e2

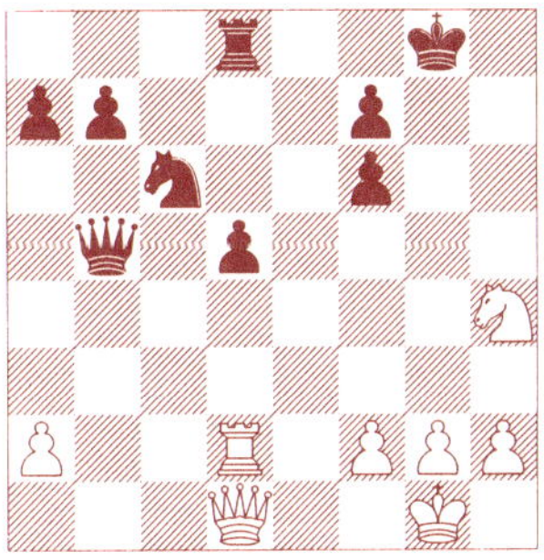

Nach 28. ♘f3–h4

[a] 11. ♕d2 ♖d8 12. ♗e3
[b] 17. ♖e2 ♗g4 18. ♖ec2 ♖c2 19. ♖c2 ♗f3 20. gf3 ♘c6
[c] 25. ♗f6 ♕f6 26. ♕d5
[d] 28. ♘d4

90
Pillsbury – Lasker
St. Petersburg 1895

1.	d2–d4	d7–d5
2.	c2–c4	e7–e6
3.	♘b1–c3	♘g8–f6
4.	♘g1–f3	c7–c5
5.	♗c1–g5	c5×d4
6.	♕d1×d4	♘b8–c6
7.	♕d4–h4	♗f8–e7
8.	0–0–0	♕d8–a5
9.	e2–e3	♗c8–d7
10.	♔c1–b1	h7–h6
11.	c4×d5	e6×d5
12.	♘f3–d4	0–0
13.	♗g5×f6	♗e7×f6
14.	♕h4–h5	♘c6×d4
15.	e3×d4	♗d7–e6
16.	f2–f4	♖a8–c8
17.	f4–f5	♖c8×c3
18.	f5×e6[a]	♖c3–a3
19.	e6×f7+[b]	♖f8×f7
20.	b2×a3	♕a5–b6+
21.	♗f1–b5	♕b6×b5+
22.	♔b1–a1	♖f7–c7
23.	♖d1–d2	♖c7–c4
24.	♖h1–d1	♖c4–c3
25.	♕h5–f5[c]	♕b5–c4
26.	♔a1–b2[d]	♖c3×a3
27.	♕f5–e6+	♔g8–h7
28.	♔b2×a3	♕c4–c3+[e]

Weiß gibt auf

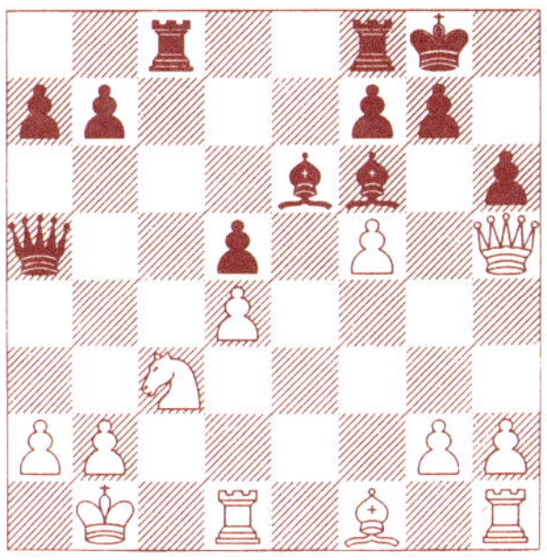

Nach 17. f4–f5

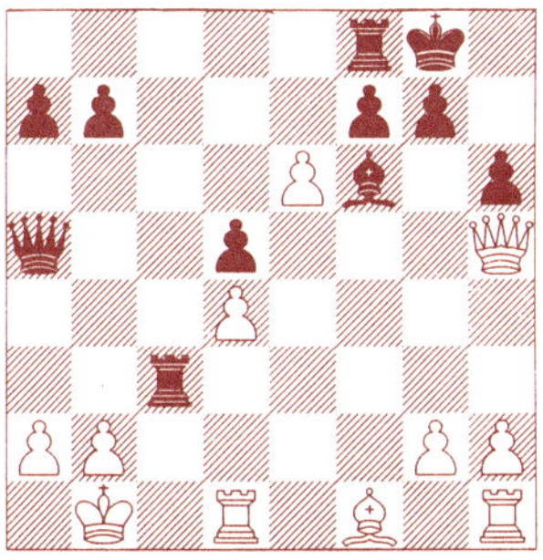

Nach 18. f5×e6

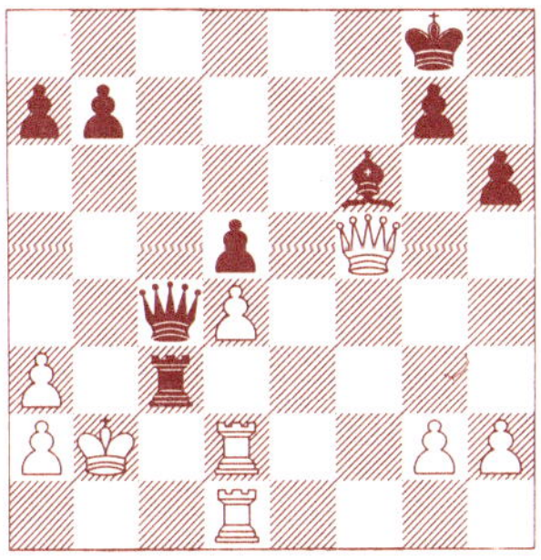

Nach 26. ♔a1–b2

[a] 18. bc3 ♕c3 19. ♕f3 ♕b4 20. ♕b3 ♗f5 21. ♗d3 ♕b3 22. ab3 ♗g4
[b] 19. e7 ♖e8 20. ba3 ♕b6 21. ♔c2 ♖c8 22. ♔d2 ♗d4 23. e8♕ ♖e8 24. ♗d3 ♕a5 25. ♔c1 ♖c8 26. ♗c2 ♖c2 27. ♔c2 ♕c3 28. ♔b1 ♕b2#
[c] 25. ♕e2 ♖c1 26. ♖c1 ♗d4 27. ♖d4 ♕e2 28. ♖cd1 ♕g2 29. ♖1d2
[d] 26. ♔b1 ♖a3 27. ♕c2 ♖c3 28. ♕b2 b5
[e] 29. ♔a4 b5 30. ♔b5 ♕c4 31. ♔a5 ♗d8

91
Steinitz -- von Bardeleben
Hastings 1895

1.	e2–e4	e7–e5
2.	♘g1–f3	♘b8–c6
3.	♗f1–c4	♗f8–c5
4.	c2–c3	♘g8–f6
5.	d2–d4	e5×d4
6.	c3×d4	♗c5–b4+
7.	♘b1–c3	d7–d5
8.	e4×d5	♘f6×d5
9.	0–0	♗c8–e6
10.	♗c1–g5	♗b4–e7
11.	♗c4×d5	♗e6×d5
12.	♘c3×d5	♕d8×d5
13.	♗g5×e7	♘c6×e7
14.	♖f1–e1	f7–f6
15.	♕d1–e2	♕d5–d7
16.	♖a1–c1	c7–c6
17.	d4–d5	c6×d5[a]
18.	♘f3–d4	♔e8–f7
19.	♘d4–e6	♖h8–c8
20.	♕e2–g4	g7–g6
21.	♘e6–g5+	♔f7–e8
22.	♖e1×e7+	♔e8–f8[b]
23.	♖e7–f7+	♔f8–g8
24.	♖f7–g7+	♔g8–h8
25.	♖g7×h7+[c]	
	Schwarz gibt auf	

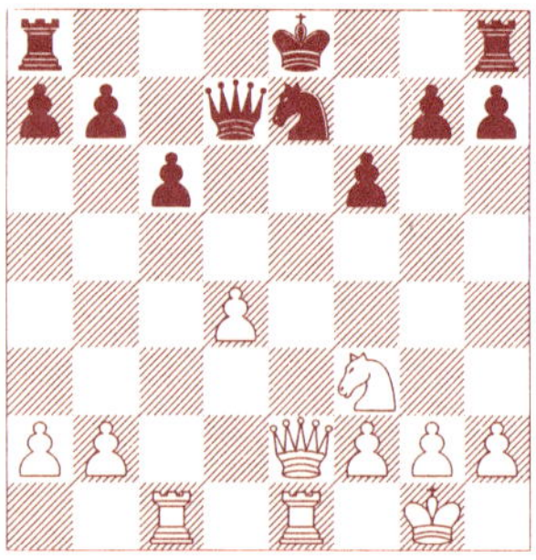
Nach 16... c7–c6

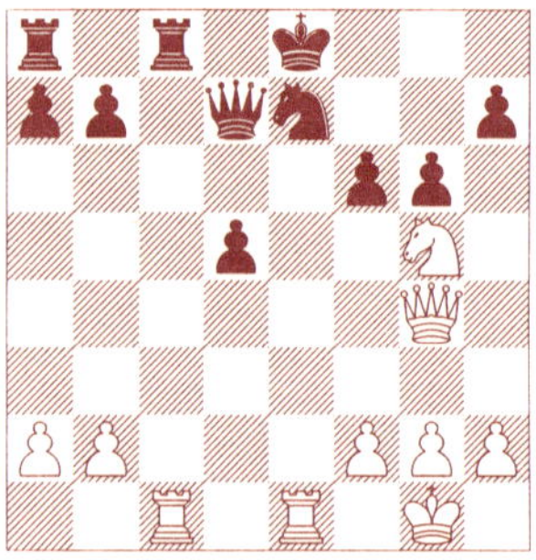
Nach 21... ♔f7–e8

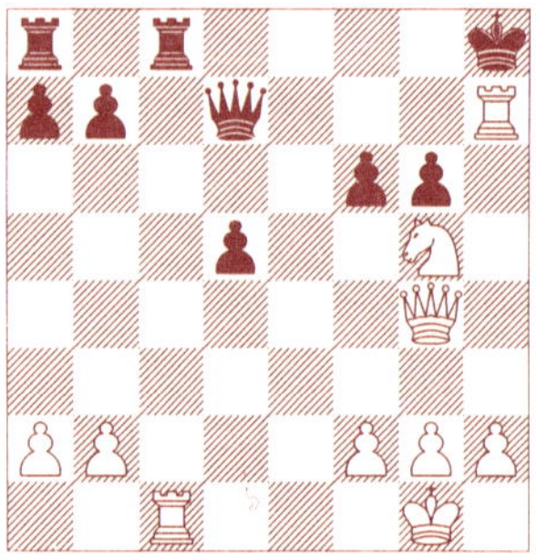
Nach 25. ♖g7×h7+

[a] 17... ♔f7 18. dc6 bc6 19. ♕c4 ♕d5 20. ♕d5 cd5 21. ♖c7 ♖he8 22. ♘d4 ♔f8 23. ♘e6 ♔f7 24. ♘g7 ♔g7 25. ♖ce7 ♖e7 26. ♖e7 ♔g6 27. ♖d7

[b] 22... ♕e7 23. ♖c8 ♖c8 24. ♕c8; 22... ♔e7 23. ♖e1 ♔d6 24. ♕b4 ♔c7 25. ♘e6 ♔b8 26. ♕f4

[c] 25... ♔g8 26. ♖g7 ♔h8 27. ♕h4 ♔g7 28. ♕h7 ♔f8 29. ♕h8 ♔e7 30. ♕g7 ♔e8 31. ♕g8 ♔e7 32. ♕f7 ♔d8 33. ♕f8 ♕e8 34. ♘f7 ♔d7 35. ♕d6#

92
Alexej Troitzkij
Novoe Vremja 1895

1.	♗e3–h6+	♔f8–g8
2.	g6–g7	♔g8–f7[a]
3.	g7–g8♕+	♔f7×g8
4.	♔d5–e6	♔g8–h8
5.	♔e6–f7	e7–e5
6.	♗h6–g7+	
	matt	

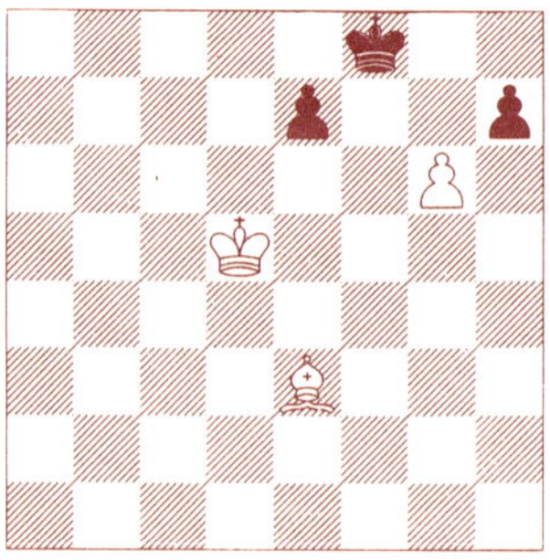
Weiß gewinnt

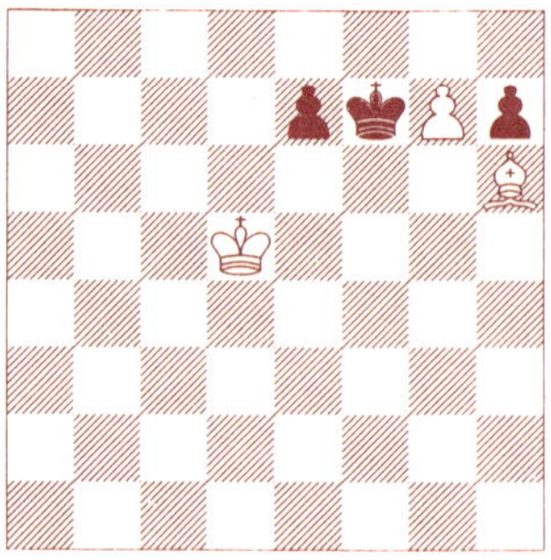
Nach 2... ♔g8–f7

Nach 4... ♔g8–h8

[a] 2... e6 3. ♔d6 ♔f7 4. ♔e5 ♔g8 5. ♔f6; 2... e5 3. ♔e6 e4 4. ♔f6

93
Schlechter – Steinitz
Köln 1898

1.	e2–e4	e7–e5
2.	♘b1–c3	♘b8–c6
3.	♗f1–c4	♘g8–f6
4.	d2–d3	♘c6–a5
5.	♘g1–e2	♘a5×c4
6.	d3×c4	d7–d6
7.	0–0	♗c8–e6
8.	b2–b3	c7–c6[a]
9.	♕d1–d3	♗f8–e7
10.	♗c1–g5	h7–h6[b]
11.	♗g5×f6	♗e7×f6
12.	♖a1–d1	♗f6–e7
13.	c4–c5	d6×c5
14.	♕d3–g3	♗e7–d6
15.	♕g3×g7	♔e8–e7
16.	♘e2–f4	♖h8–g8[c]
17.	♘f4–g6+	♔e7–d7
18.	♖d1×d6+	♔d7×d6
19.	♖f1–d1+	♗e6–d5[d]
20.	♕g7×e5+	♔d6–d7
21.	♘c3×d5	c6×d5
22.	♖d1×d5+	♔d7–c6
23.	♘g6–e7+	♔c6–b6
24.	♖d5–d6+	

Schwarz gibt auf

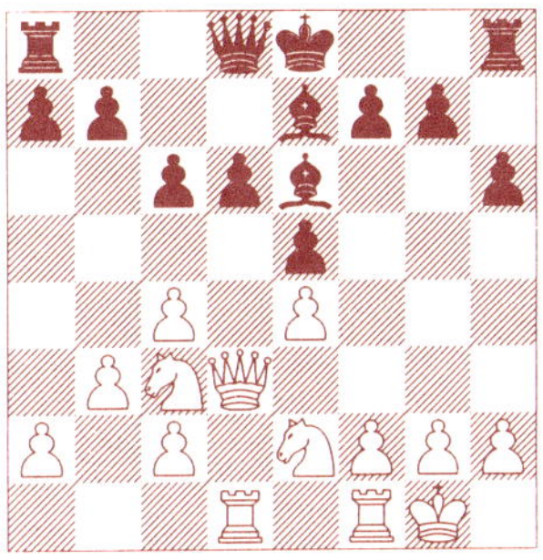
Nach 12... ♗f6–e7

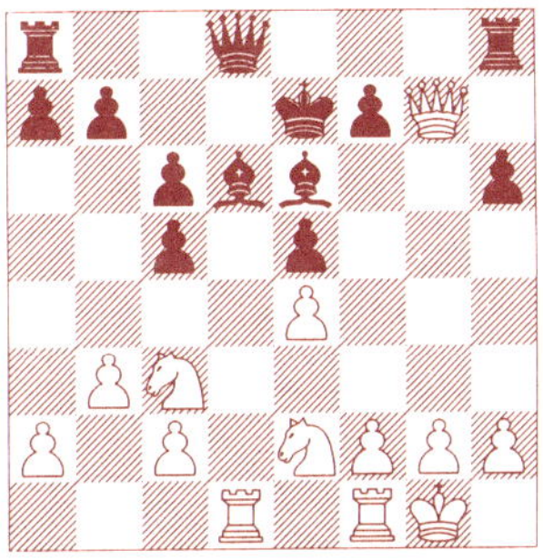
Nach 15... ♔e8–e7

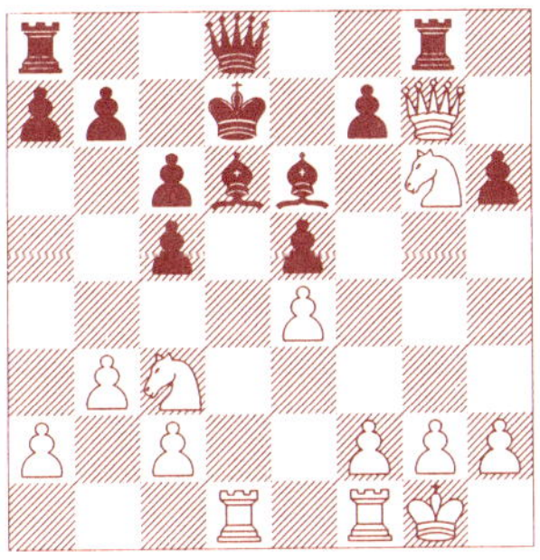
Nach 17... ♔e7–d7

[a] 8... ♗e7
[b] 10... ♕c7 11. f4
[c] 16... ef4 17. e5 ♗e5 18. ♕e5 ♕b6 19. ♘e4
[d] 19... ♔c7 20. ♕e5

94
Pillsbury – Lasker
Cambridge Springs 1904

1.	d2–d4	d7–d5
2.	c2–c4	e7–e6
3.	♘b1–c3	♘g8–f6
4.	♘g1–f3	c7–c5
5.	♗c1–g5	c5×d4
6.	♕d1×d4	♘b8–c6
7.	♗g5×f6	g7×f6[a]
8.	♕d4–h4	d5×c4
9.	♖a1–d1	♗c8–d7
10.	e2–e3	♘c6–e5[b]
11.	♘f3×e5	f6×e5
12.	♕h4×c4	♕d8–b6
13.	♗f1–e2	♕b6×b2[c]
14.	0–0	♖a8–c8
15.	♕c4–d3	♖c8–c7
16.	♘c3–e4	♗f8–e7
17.	♘e4–d6+	♔e8–f8[d]
18.	♘d6–c4	♕b2–b4
19.	f2–f4	e5×f4
20.	♕d3–d4	f7–f6
21.	♕d4×f4	♕b4–c5
22.	♘c4–e5	♗d7–e8
23.	♘e5–g4	f6–f5
24.	♕f4–h6+	♔f8–f7
25.	♗e2–c4	♖c7–c6[e]
26.	♖f1×f5+	♕c5×f5
27.	♖d1–f1	♕f5×f1+
28.	♔g1×f1	♗e8–d7
29.	♕h6–h5+	♔f7–g8
30.	♘g4–e5	

Schwarz gibt auf

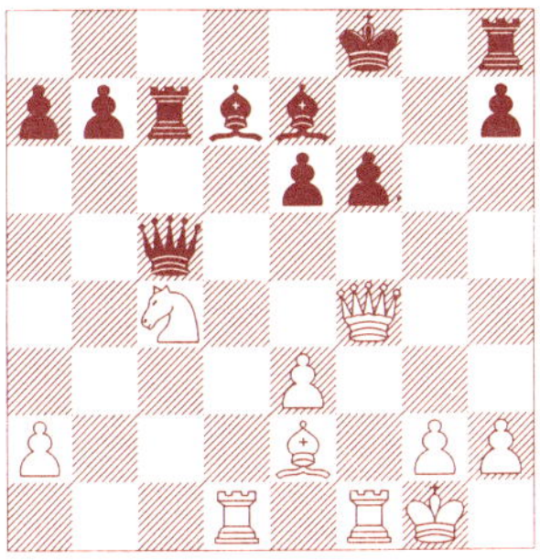
Nach 21... ♕b4–c5

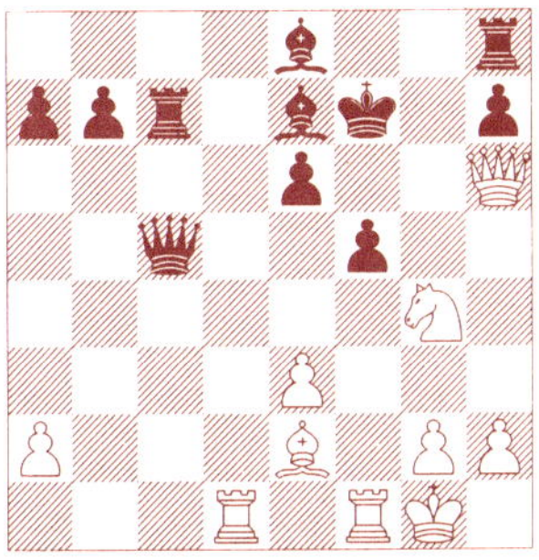
Nach 24... ♔f8–f7

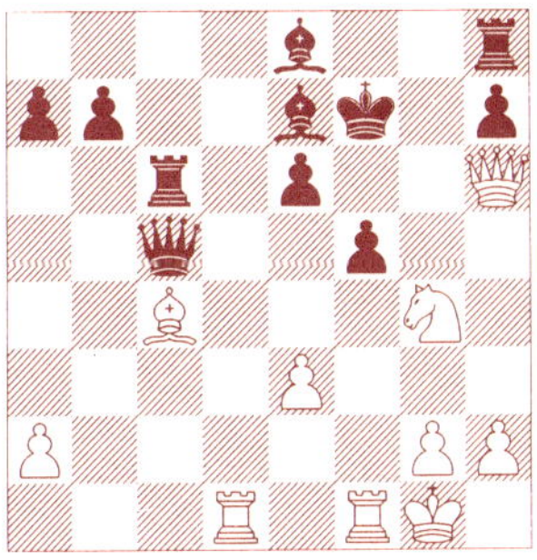
Nach 25... ♖c7–c6

[a] 7... ♘d4 8. ♗d8 ♘c2 9. ♔d1 ♘a1 10. ♗g5
[b] 10... f5 11. ♗c4 ♗g7
[c] 13... ♗c6 14. 0–0 ♕b4 15. ♕d3 ♗e7
[d] 17... ♗d6 18. ♕d6 ♕b6 19. ♕e5
[e] 25... ♕c4 26. ♘e5

95

Lasker – Napier
Cambridge Springs 1904

1.	e2–e4	c7–c5
2.	♘b1–c3	♘b8–c6
3.	♘g1–f3	g7–g6
4.	d2–d4	c5×d4
5.	♘f3×d4	♗f8–g7
6.	♗c1–e3	d7–d6
7.	h2–h3	♘g8–f6
8.	g2–g4	0–0
9.	g4–g5	♘f6–e8
10.	h3–h4	♘e8–c7
11.	f2–f4	e7–e5
12.	♘d4–e2	d6–d5
13.	e4×d5	♘c6–d4
14.	♘e2×d4	♘c7×d5[a]
15.	♘d4–f5	♘d5×c3
16.	♕d1×d8	♖f8×d8
17.	♘f5–e7+[b]	♔g8–h8[c]
18.	h4–h5	♖d8–e8
19.	♗e3–c5	g6×h5[d]
20.	♗f1–c4	e5×f4[e]
21.	♗c4×f7	♘c3–e4
22.	♗f7×e8	♗g7×b2
23.	♖a1–b1	♗b2–c3+
24.	♔e1–f1	♗c8–g4
25.	♗e8×h5	♗g4×h5[f]
26.	♖h1×h5	♘e4–g3+
27.	♔f1–g2	♘g3×h5
28.	♖b1×b7	a7–a5
29.	♖b7–b3	♗c3–g7
30.	♖b3–h3	♘h5–g3
31.	♔g2–f3	♖a8–a6
32.	♔f3×f4	♘g3–e2+
33.	♔f4–f5	♘e2–c3
34.	a2–a3	♘c3–a4
35.	♗c5–e3	

Schwarz gibt auf

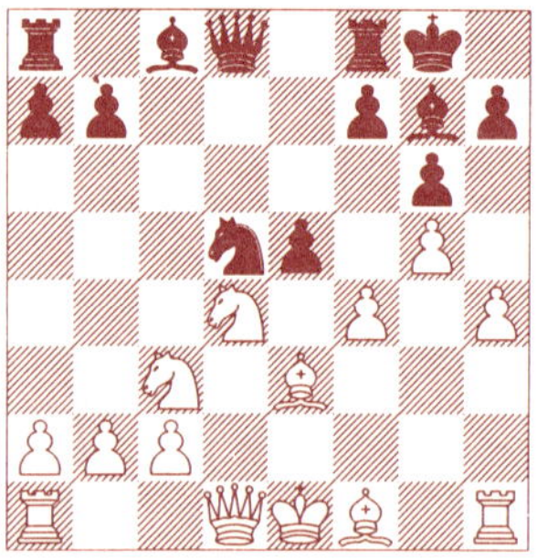
Nach 14... ♘c7×d5

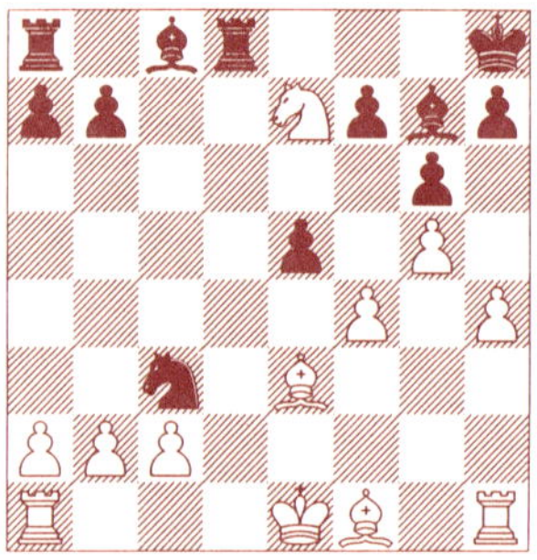
Nach 17... ♔g8–h8

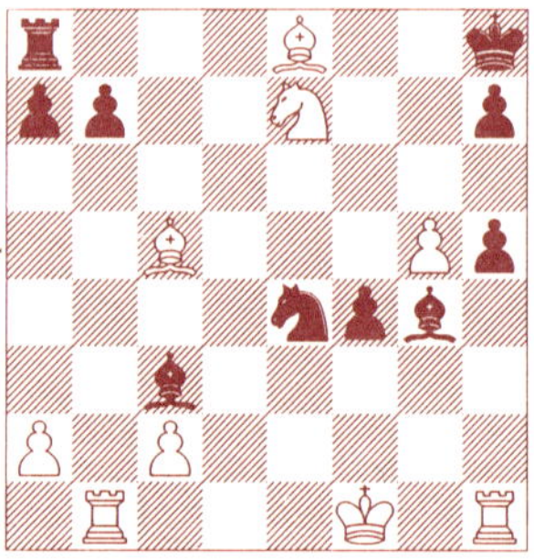
Nach 24... ♗c8–g4

[a] 14... ed4 15. ♗d4
[b] 17. ♘g7 ♘d5
[c] 17... ♔f8 18. ♗c5 ♘e4 19. ♗a3
[d] 19... ef4 20. hg6 fg6 21. ♗c4 b5 22. ♗f7 ♗b7 23. ♖h2 ♘d5 24. ♗e8 ♖e8 25. 0–0–0
[e] 20... ♗e6 21. ♗e6 fe6 22. bc3 ♗f8 23. ♗d6 ef4 24. ♗e5 ♗g7 25. ♗f6
[f] 25... ♘g3 26. ♔f2 ♗h5 27. ♖h5
[g] 35... ♗f8 36. ♗d4 ♗g7 37. g6

96

Janowski – Tarrasch
Ostende 1905

1.	d2–d4	d7–d5
2.	♘g1–f3	c7–c5
3.	c2–c3	e7–e6
4.	♗c1–f4	♕d8–b6
5.	♕d1–b3	♘g8–f6
6.	e2–e3	♘b8–c6
7.	h2–h3	♗f8–e7
8.	♘b1–d2	♗c8–d7
9.	♗f1–e2	0–0
10.	0–0	♖f8–c8
11.	♘f3–e5	♗d7–e8
12.	♗f4–g3	♘f6–d7
13.	♘d2–f3	♘d7–f8
14.	♖f1–d1	♘c6–a5
15.	♕b3–c2	c5–c4
16.	♘f3–d2	f7–f6
17.	♘e5–f3	♗e8–g6
18.	♕c2–c1	h7–h6
19.	♘f3–h2	♕b6–d8
20.	♗e2–f3	b7–b5
21.	e3–e4	♘a5–c6
22.	e4×d5	e6×d5
23.	♖d1–e1	b5–b4
24.	♘d2–f1	b4×c3
25.	b2×c3	♕d8–a5
26.	♘f1–e3	♗g6–f7
27.	♕c1–d2	♗e7–a3
28.	♖a1–b1	♘f8–d7
29.	♖b1–b7	♘d7–b6
30.	♘e3–f5	♕a5–a6[a]
31.	♘f5×h6+	g7×h6
32.	♖b7×f7	♔g8×f7
33.	♕d2×h6	♔f7–g8
34.	♕h6–g6+	♔g8–h8
35.	♕g6×f6+	♔h8–g8
36.	♕f6–g6+	♔g8–h8
37.	♖e1–e5[g]	

Schwarz gibt auf

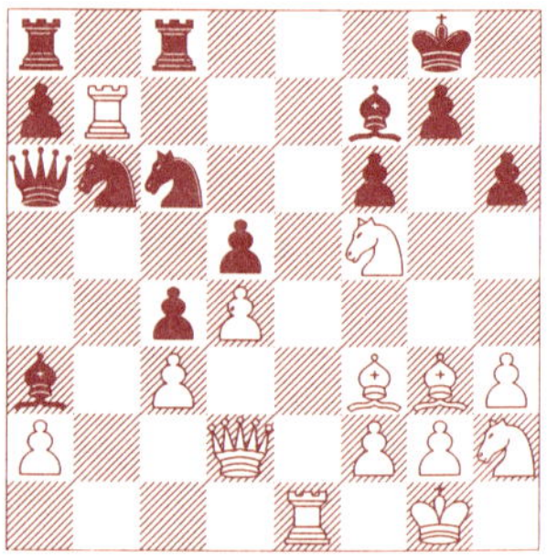
Nach 30... ♕a5–a6

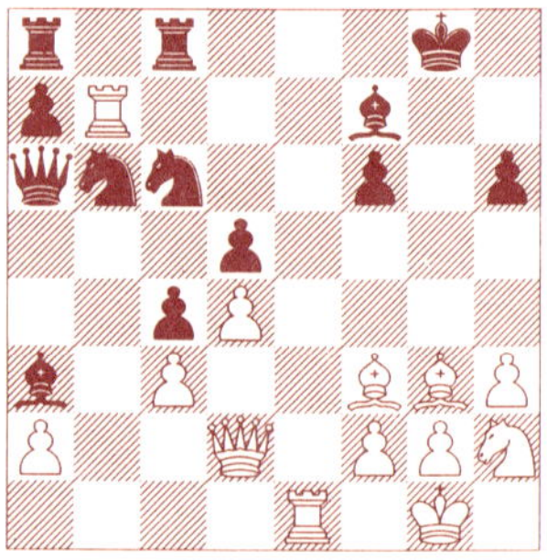
Nach 31... g7×h6

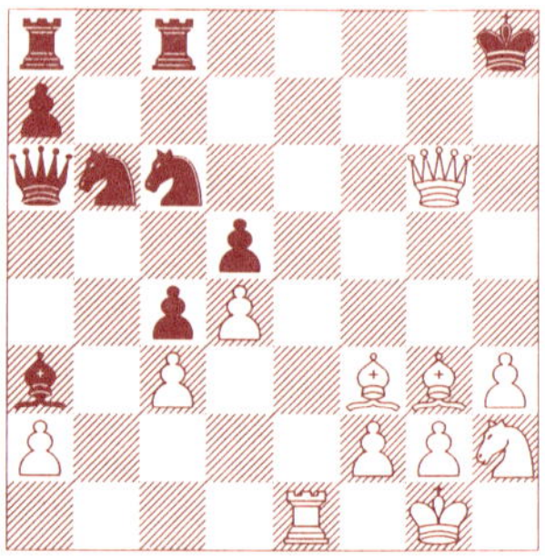
Nach 36... ♔g8–h8

[a] 30... ♗f8 31. ♗d6 ♕a6 32. ♗f8 ♖f8 (32... ♕b7 33. ♗g7 ♗g6 34. ♕h6 ♗f5 35. ♕h8 ♔f7 36. ♗h5 ♗g6 37. ♕h7) 33. ♖c7 ♘c8 34. ♘g4

97
Lewitzky – Marshall
Breslau 1912

1.	d2–d4	e7–e6
2.	e2–e4	d7–d5
3.	♘b1–c3	c7–c5
4.	♘g1–f3	♘b8–c6
5.	e4×d5	e6×d5
6.	♗f1–e2	♘g8–f6
7.	0–0	♗f8–e7
8.	♗c1–g5	0–0
9.	d4×c5	♗c8–e6
10.	♘f3–d4[a]	♗e7×c5
11.	♘d4×e6	f7×e6
12.	♗e2–g4	♕d8–d6
13.	♗g4–h3	♖a8–e8
14.	♕d1–d2[b]	♗c5–b4
15.	♗g5×f6	♖f8×f6
16.	♖a1–d1	♕d6–c5
17.	♕d2–e2	♗b4×c3
18.	b2×c3	♕c5×c3
19.	♖d1×d5	♘c6–d4
20.	♕e2–h5	♖e8–f8
21.	♖d5–e5	♖f6–h6
22.	♕h5–g5	♖h6×h3
23.	♖e5–c5	♕c3–g3[c]
	Weiß gibt auf	

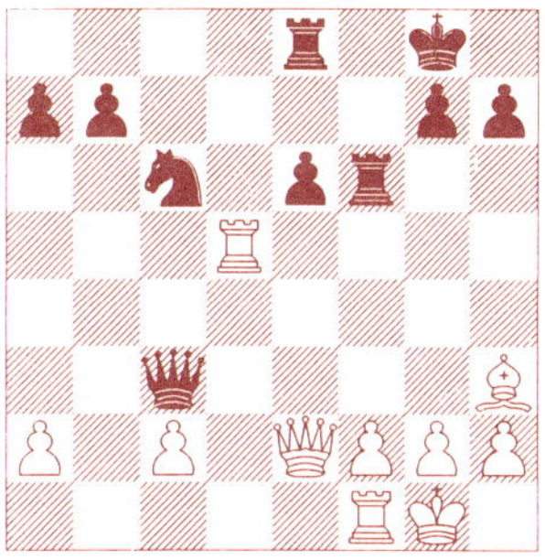
Nach 19. ♖d1×d5

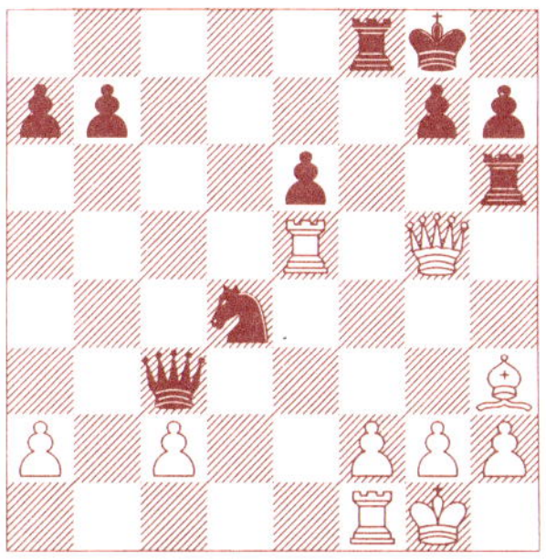
Nach 22. ♕h5–g5

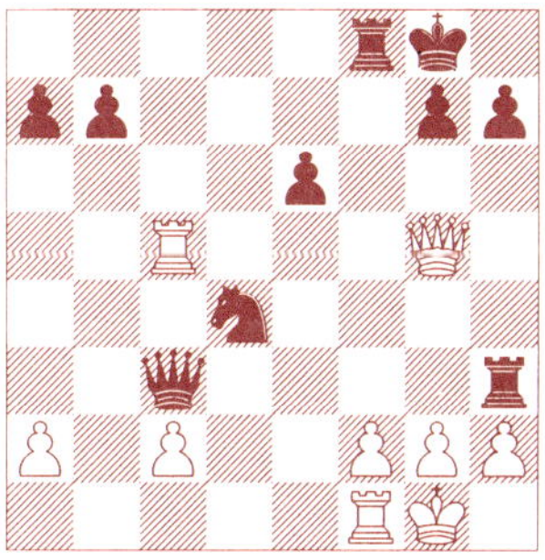
Nach 23. ♖e5–c5

[a] 10. ♘a4 ♘e4 11. ♗e7 ♕e7 12. c3
[b] 14. ♗f6 ♖f6 15. ♕h5 ♖ef8 16. ♘d1 e5
[c] 24. hg3 (24. fg3 ♘e2; 24. ♕g3 ♘e2 25. ♔h1 ♘g3 26. ♔g1 ♘f1) ♘e2#

98
Nimzowitsch – Tarrasch
St. Petersburg 1914

1.	d2–d4	d7–d5
2.	♘g1–f3	c7–c5
3.	c2–c4	e7–e6
4.	e2–e3	♘g8–f6
5.	♗f1–d3	♘b8–c6
6.	0–0	♗f8–d6
7.	b2–b3	0–0
8.	♗c1–b2	b7–b6
9.	♘b1–d2	♗c8–b7
10.	♖a1–c1	♕d8–e7
11.	c4×d5	e6×d5
12.	♘f3–h4	g7–g6
13.	♘h4–f3	♖a8–d8
14.	d4×c5	b6×c5
15.	♗d3–b5[a]	♘f6–e4
16.	♗b5×c6[b]	♗b7×c6
17.	♕d1–c2	♘e4×d2
18.	♘f3×d2	d5–d4
19.	e3×d4	♗d6×h2+
20.	♔g1×h2	♕e7–h4+
21.	♔h2–g1	♗c6×g2
22.	f2–f3[c]	♖f8–e8
23.	♘d2–e4	♕h4–h1+
24.	♔g1–f2	♗g2×f1
25.	d4–d5	f7–f5
26.	♕c2–c3	♕h1–g2+
27.	♔f2–e3	♖e8×e4+
28.	f3×e4	f5–f4+
29.	♔e3×f4	♖d8–f8+
30.	♔f4–e5	♕g2–h2+
31.	♔e5–e6	♖f8–e8+
32.	♔e6–d7	♗f1–b5+
	matt	

Nach 19. e3×d4

Nach 21. ♔h2–g1

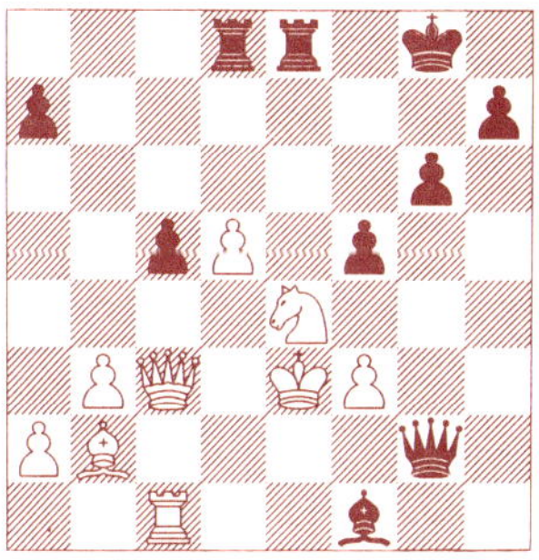
Nach 27. ♔f2–e3

[a] 15. ♕c2 ♘b4 16. ♕c3 d4 17. ed4 ♘fd5 18. ♕c4 ♗a6
[b] 16. ♘e4 de4 17. ♘d2 ♘b4 (17. . . ♗h2 18. ♔h2 ♕d6)
[c] 22. ♔g2 ♕g4 23. ♔h2 ♖d5 24. ♕c5 ♖h5 25. ♕h5 ♕h5 26. ♔g2 ♕g5 27. ♔h2 ♕d2

99
Lasker – Capablanca
St. Petersburg 1914

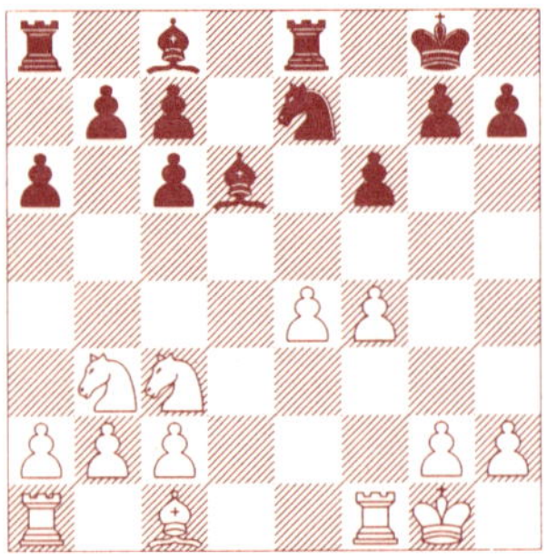
Nach 11... f7–f6

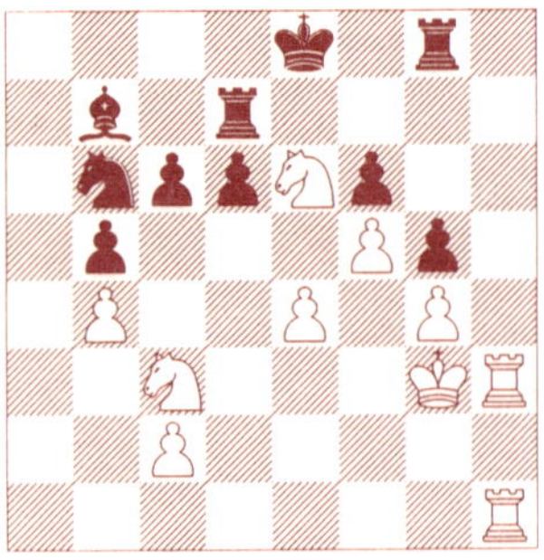
Nach 34... ♗a8–b7

Nach 42. ♘e4–c5

1.	e2–e4	e7–e5	23.	g2–g4	h7–h6
2.	♘g1–f3	♘b8–c6	24.	♖d2–d3	a6–a5
3.	♗f1–b5	a7–a6	25.	h2–h4	a5×b4
4.	♗b5×c6	d7×c6	26.	a3×b4	♖a7–e7
5.	d2–d4	e5×d4	27.	♔f2–f3	♖e8–g8
6.	♕d1×d4	♕d8×d4	28.	♔f3–f4	g7–g6
7.	♘f3×d4	♗f8–d6	29.	♖d3–g3	g6–g5+
8.	♘b1–c3	♘g8–e7	30.	♔f4–f3	♘c8–b6[b]
9.	0–0	0–0	31.	h4×g5	h6×g5
10.	f2–f4	♖f8–e8	32.	♖g3–h3	♖e7–d7[c]
11.	♘d4–b3	f7–f6	33.	♔f3–g3	♔f7–e8
12.	f4–f5	b7–b6	34.	♖d1–h1	♗a8–b7
13.	♗c1–f4	♗c8–b7	35.	e4–e5	d6×e5
14.	♗f4×d6	c7×d6	36.	♘c3–e4	♘b6–d5
15.	♘b3–d4	♖a8–d8[a]	37.	♘e6–c5	♗b7–c8
16.	♘d4–e6	♖d8–d7	38.	♘c5×d7	♗c8×d7
17.	♖a1–d1	♘e7–c8	39.	♖h3–h7	♖g8–f8
18.	♖f1–f2	b6–b5	40.	♖h1–a1	♔e8–d8
19.	♖f2–d2	♖d7–e7	41.	♖a1–a8+	♗d7–c8
20.	b2–b4	♔g8–f7	42.	♘e4–c5	
21.	a2–a3	♗b7–a8		Schwarz gibt auf	
22.	♔g1–f2	♖e7–a7			

[a] 15... ♗c8 16. ♖ad1
[b] 30... gh4 31. ♖h3
[c] 32... ♘c4 33. ♖h7 ♔e8 34. ♖a1 ♗b7 35. ♘c7 ♔d7 36. ♖e7 ♔e7 37. ♖a7 ♖b8 38. ♘a6

100
Breyer – Esser
Budapest 1917

1.	d2–d4	d7–d5
2.	c2–c4	e7–e6
3.	♘b1–c3	c7–c6
4.	e2–e3	♘g8–f6
5.	♗f1–d3	♗f8–d6
6.	f2–f4	0–0
7.	♘g1–f3	d5×c4
8.	♗d3–b1	b7–b5
9.	e3–e4	♗d6–e7
10.	♘f3–g5	h7–h6
11.	h2–h4	g7–g6
12.	e4–e5	h6×g5
13.	h4×g5	♘f6–d5
14.	♔e1–f1	♘d5×c3[a]
15.	b2×c3	♗c8–b7
16.	♕d1–g4	♔g8–g7
17.	♖h1–h7+	♔g7×h7
18.	♕g4–h5+	♔h7–g7
19.	♕h5–h6+	♔g7–g8
20.	♗b1×g6	f7×g6
21.	♕h6×g6+	♔g8–h8
22.	♕g6–h6+	♔h8–g8
23.	g5–g6	♖f8–f7
24.	g6×f7+	♔g8×f7
25.	♕h6–h5+	♔f7–g7
26.	f4–f5	e6×f5
27.	♗c1–h6+[b]	

Schwarz gibt auf

Nach 7... d5×c4

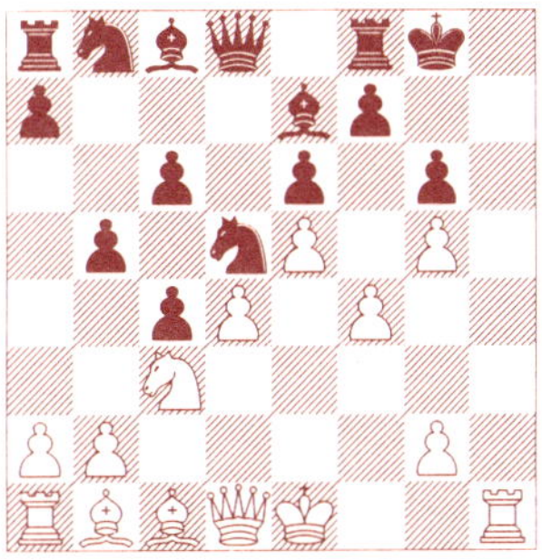
Nach 13... ♘f6–d5

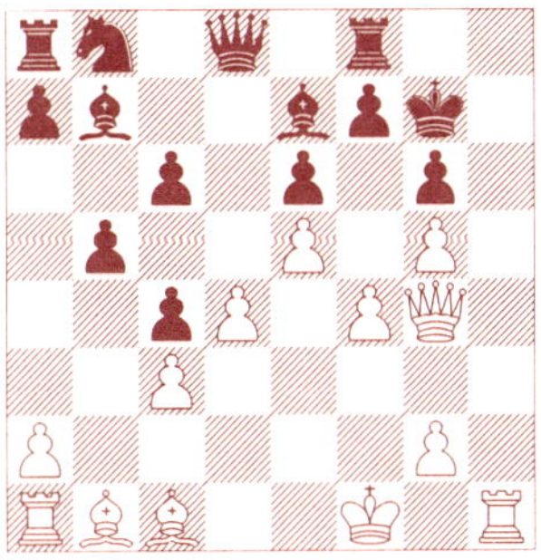
Nach 16... ♔g8–g7

[a] 14... ♗b4 15. ♘d5 cd5 16. ♗e3 ♔g7 17. ♖h7 ♔h7 18. ♕h5 ♔g7 19. ♕h6 ♔g8 20. ♗g6 fg6 21. ♕g6 ♔h8 22. ♔e2

[b] 27... ♔h7 28. ♗f4 ♔g7 29. ♕h6 ♔g8 (29... ♔f7 30. e6) 30. ♕g6 ♔h8 31. ♔e2 ♗h4 32. ♖h1

101
Capablanca – Janowski
New York 1918

1.	d2–d4	d7–d5
2.	♘g1–f3	♘g8–f6
3.	c2–c4	e7–e6
4.	♗c1–g5	♘b8–d7
5.	e2–e3	c7–c6
6.	♘b1–d2	♗f8–e7
7.	♗f1–d3	d5×c4
8.	♘d2×c4	0–0
9.	0–0	c6–c5
10.	♖a1–c1	b7–b6
11.	♕d1–e2	♗c8–b7
12.	♖f1–d1	♘f6–d5
13.	♘c4–d6	♗b7–c6[a]
14.	♘d6–e4	f7–f5
15.	♗g5×e7	♕d8×e7
16.	♘e4–d2	e6–e5
17.	d4×e5	♘d7×e5
18.	♘f3×e5	♕e7×e5
19.	♘d2–f3	♕e5–e7
20.	♘f3–d4	c5×d4[b]
21.	♖c1×c6	♘d5–b4
22.	♗d3–c4+	♔g8–h8
23.	♖c6–e6	d4–d3
24.	♖d1×d3	♕e7–c5
25.	♖d3–d1	b6–b5
26.	♗c4×b5	♘b4×a2
27.	♗b5–c4	♘a2–b4
28.	♕e2–h5	g7–g6[c]
29.	♖e6×g6	♖a8–d8
30.	♖g6–g7[d]	

Schwarz gibt auf

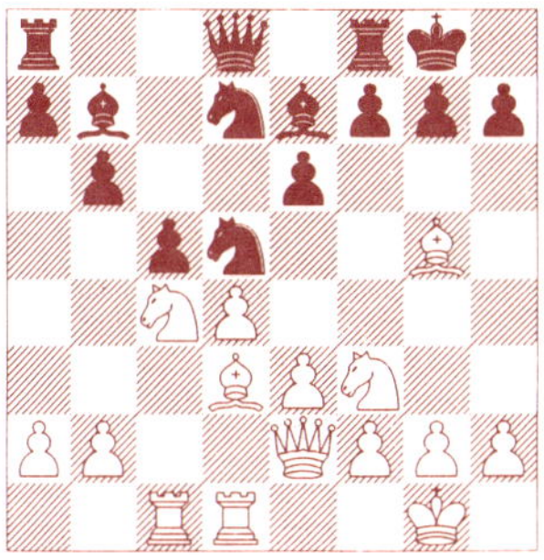
Nach 12... ♘f6–d5

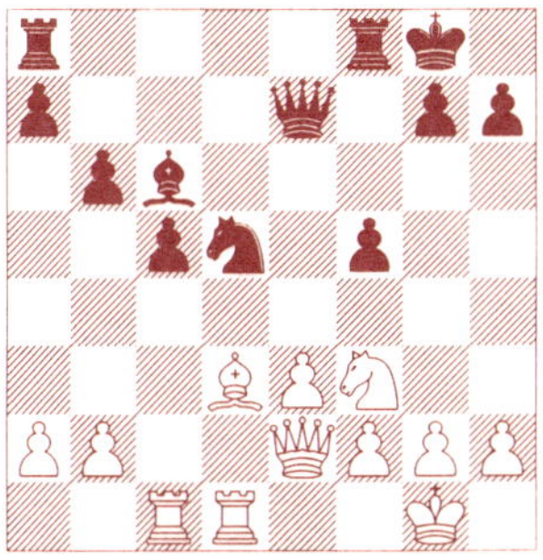
Nach 19... ♕e5–e7

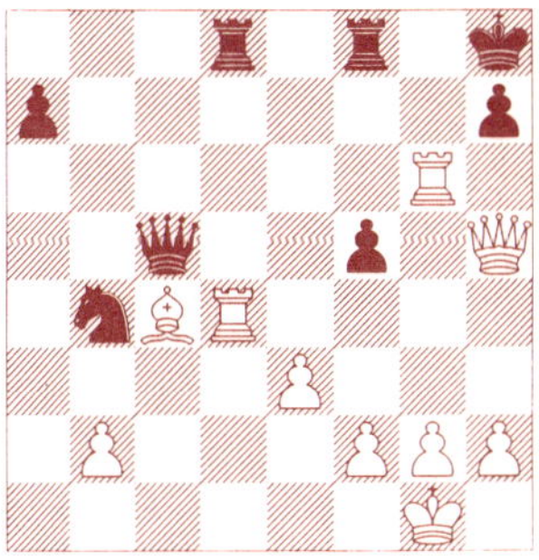
Nach 29... ♖a8–d8

[a] 13... ♗g5 14. ♘b7 ♕e7 15. ♘g5 ♕g5 16. dc5

[b] 20... ♗d7 21. ♗c4

[c] 28... ♖f6 29. ♖f6 gf6 30. ♖d7

[d] 30... ♔g7 31. ♕g5 ♔h8 32. ♖d8

102
Capablanca – Marshall
New York 1918

1.	e2–e4	e7–e5
2.	♘g1–f3	♘b8–c6
3.	♗f1–b5	a7–a6
4.	♗b5–a4	♘g8–f6
5.	0–0	♗f8–e7
6.	♖f1–e1	b7–b5
7.	♗a4–b3	0–0
8.	c2–c3	d7–d5
9.	e4×d5	♘f6×d5
10.	♘f3×e5	♘c6×e5
11.	♖e1×e5	♘d5–f6
12.	♖e5–e1	♗e7–d6
13.	h2–h3	♘f6–g4
14.	♕d1–f3[a]	♕d8–h4
15.	d2–d4	♘g4×f2
16.	♖e1–e2	♗c8–g4
17.	h3×g4[b]	♗d6–h2+
18.	♔g1–f1	♗h2–g3
19.	♖e2×f2	♕h4–h1+
20.	♔f1–e2	♗g3×f2
21.	♗c1–d2	♗f2–h4
22.	♕f3–h3	♖a8–e8+
23.	♔e2–d3	♕h1–f1+
24.	♔d3–c2	♗h4–f2
25.	♕h3–f3	♕f1–g1[c]
26.	♗b3–d5	c7–c5
27.	d4×c5	♗f2×c5
28.	b2–b4	♗c5–d6[d]
29.	a2–a4	a6–a5
30.	a4×b5	a5×b4
31.	♖a1–a6	b4×c3
32.	♘b1×c3	♗d6–b4
33.	b5–b6	♗b4×c3
34.	♗d2×c3	h7–h6
35.	b6–b7	♖e8–e3
36.	♗d5×f7+[e]	

Schwarz gibt auf

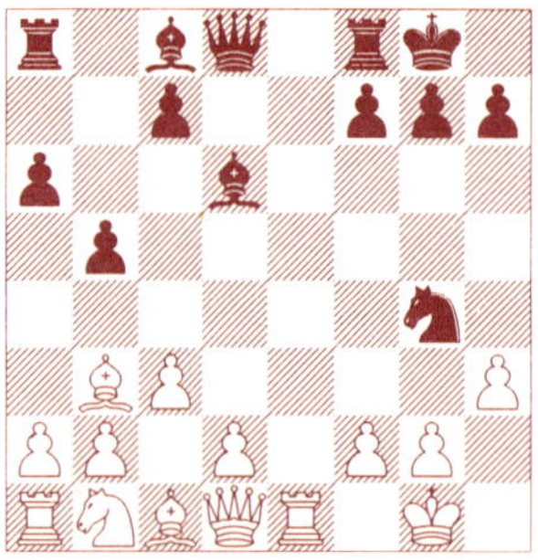

Nach 13... ♘f6–g4

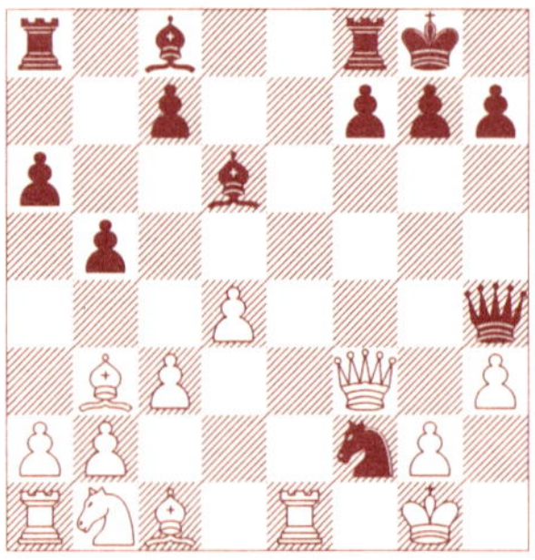

Nach 15... ♘g4×f2

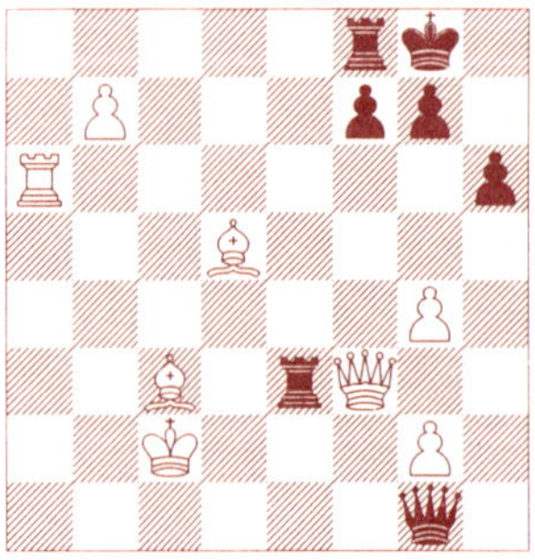

Nach 35... ♖e8–e3

[a] 14. hg4 ♕h4 15. ♕f3 ♗h2 16. ♔f1 ♗g4 17. ♕e4 ♗f4 18. g3 ♕h2 19. ♖e3 ♖ae8 20. ♕d5 ♗g3 21. ♖g3 ♗e2 22. ♔e1 ♗f3 23. ♔f1 ♕h1 24. ♖g1 ♖e1 25. ♔e1 ♕g1#

[b] 17. ♕f2 ♗g3 18. ♕f1 ♗e2 19. ♕e2 ♖ae8

[c] 25... ♖e2 26. ♘a3 ♖d2 27. ♔d2 ♕a1 28. ♕f2 ♕b2 29. ♘c2

[d] 28... ♗e3 29. ♗e3 ♖e3 30. ♘d2 ♕a1 31. ♕e3

[e] 36... ♖f7 37. b8♕ ♔h7 38. ♖h6 ♔h6 39. ♕h8 ♔g6 40. ♕h5#

103
Richard Réti
Kagans Neueste Schachnachrichten 1922

1.	♔h8–g7	h5–h4
2.	♔g7–f6	♔a6–b6[a]
3.	♔f6–e5	h4–h3
4.	♔e5–d6	h3–h2
5.	c6–c7	

Remis

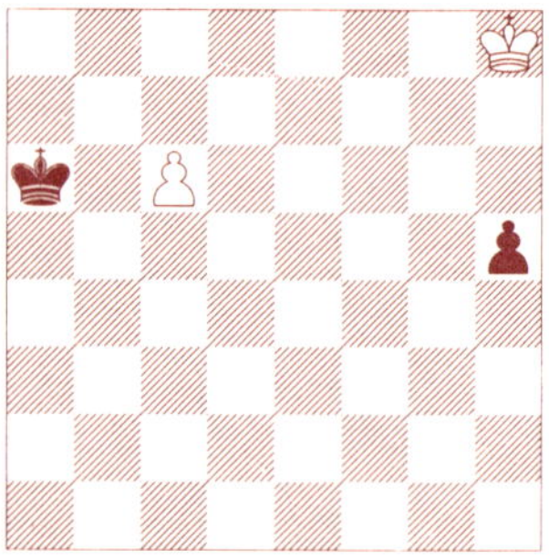

Weiß macht Remis

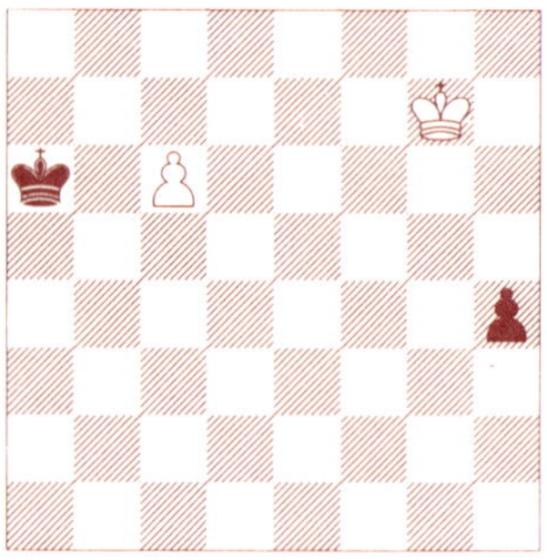

Nach 1... h5–h4

Nach 2... ♔a6–b6

[a] 2... h3 3. ♔e6 h2 4. c7

104

Kostic – Grünfeld

Teplitz-Schönau 1922

1.	d2–d4	♘g8–f6	**29.**	e5–e6[c]	♕c7–c5
2.	c2–c4	g7–g6	**30.**	♕e3×c5	♖c2×c5
3.	♘b1–c3	d7–d5	**31.**	♖f1–d1	f7×e6
4.	c4×d5	♘f6×d5	**32.**	d5×e6	♖c5–a5
5.	e2–e4	♘d5×c3	**33.**	♖d1–d2[d]	♔g8–g7
6.	b2×c3	♗f8–g7	**34.**	f3–f4	♔g7–f6
7.	♘g1–f3	c7–c5	**35.**	♖d2–e2	g6–g5
8.	♗f1–b5+	♗c8–d7	**36.**	f4×g5+[e]	♔f6×g5
9.	♗b5×d7+	♕d8×d7	**37.**	♔g1–g2	♔g5–f5
10.	0–0	c5×d4	**38.**	♔g2–f3	♖a5–a3+
11.	c3×d4	♘b8–c6	**39.**	♔f3–g2	♖a3–a5
12.	♗c1–e3	0–0	**40.**	♔g2–h3	♖a5–a4
13.	♖a1–b1	♘c6–a5	**41.**	♖e2–b2[f]	♔f5×e6
14.	d4–d5	♖f8–c8	**42.**	♖b2–b5	♖a4×a2
15.	♗e3–d4	♗g7×d4	**43.**	♖b5×h5	♖a2–b2
16.	♕d1×d4	b7–b6	**44.**	♖h5–h8	a7–a5
17.	♘f3–e5	♕d7–d6	**45.**	♔h3–g4[g]	a5–a4
18.	♘e5–g4	♕d6–f4	**46.**	♖h8–a8	♖b2–b4+
19.	♘g4–e3	♖c8–c5	**47.**	♔g4–f3[h]	b6–b5
20.	♖b1–c1	♖a8–c8	**48.**	h2–h4	♔e6–f6
21.	♖c1×c5	♖c8×c5	**49.**	g3–g4	♖b4–b3+
22.	f2–f3	h7–h5	**50.**	♔f3–e4	a4–a3
23.	g2–g3	♕f4–c7	**51.**	♖a8–a6+	♔f6–g7
24.	e4–e5[a]	♘a5–c4	**52.**	♔e4–f5	b5–b4
25.	♘e3×c4[b]	♖c5×c4	**53.**	♖a6–a7	♖b3–f3+
26.	♕d4–e3	♖c4–c3	**54.**	♔f5–e4	♖f3–f2
27.	♕e3–d4	♖c3–c4	**55.**	♔e4–e3	♖f2–b2[i]
28.	♕d4–e3	♖c4–c2		Weiß gibt auf	

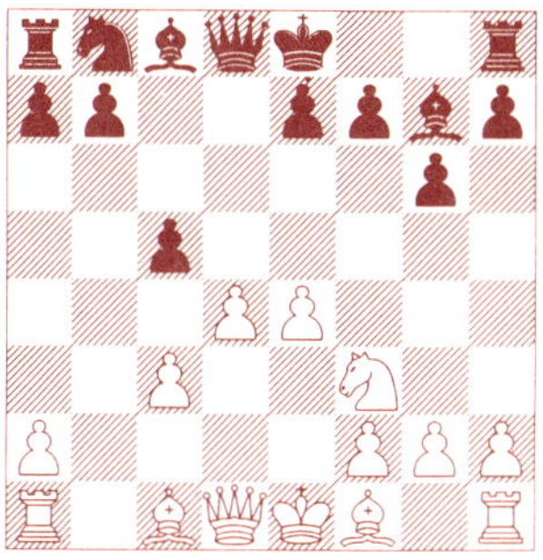

Nach 7. ... c7–c5

Nach 24. e4–e5

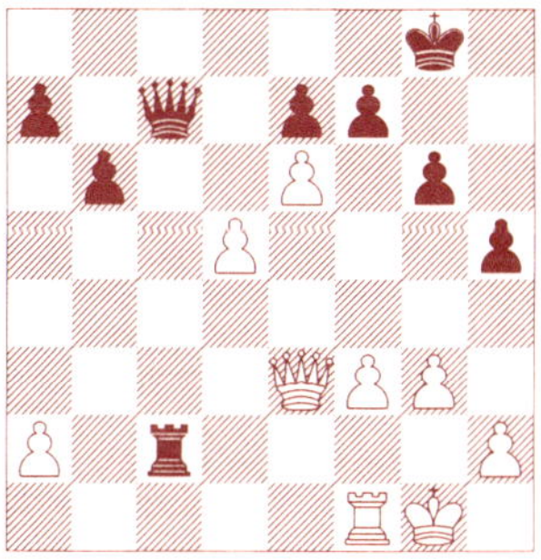

Nach 29. e5–e6

[a] 24. ♖f2 ♖c1 25. ♔g2 ♕c3 26. ♖d2 ♕d4 27. ♖d4

[b] 25. d6 ed6 26. ♘d5 de5

[c] 29. ♖f2 ♖f2 30. ♔f2 ♕c2 31. ♕e2 ♕c5

[d] 33. ♖d7 ♔f8 34. ♖d8 ♔g7 35. ♖d7 ♔f6

[e] 36. ♔f2 gf4 37. gf4 ♖a3

[f] 41. ♔g2 ♖e4

[g] 45. ♖a8 ♔f5

[h] 47. ♔g5 ♖b5 48. ♔f4 ♖a5

[i] 56. ♖e7 ♔f8 57. ♖a7 a2 58. h5 b3 59. h6 ♖h2 60. g5 b2 61. ♖a2 ♖h3

105
Bogoljubow – Aljechin
Hastings 1922

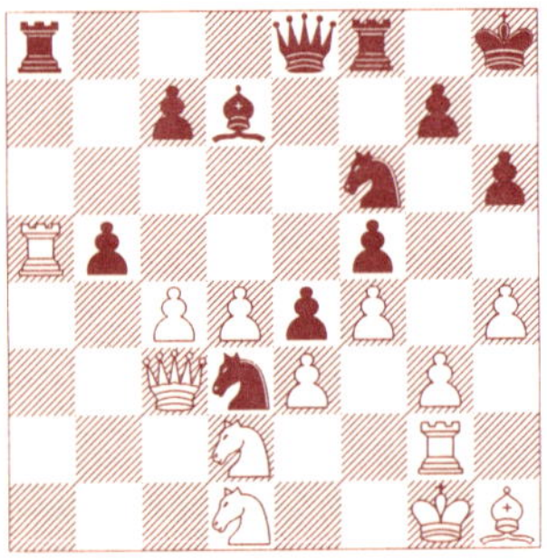
Nach 29. ♖a1×a5

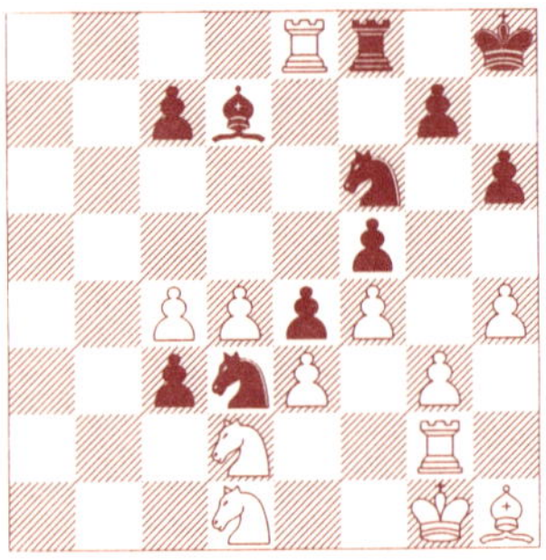
Nach 31. ♖a8×e8

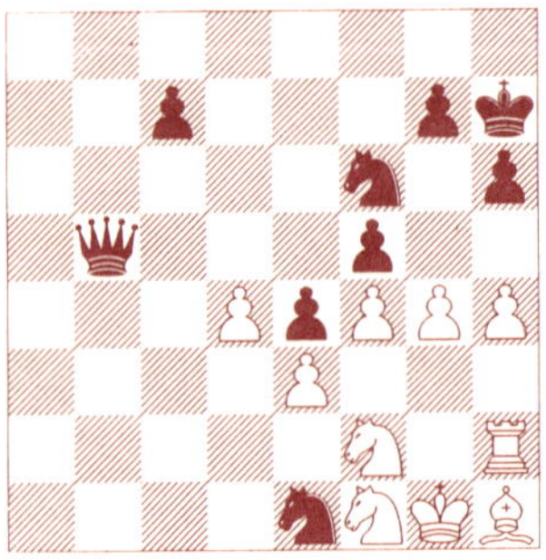
Nach 38. g3–g4

1.	d2–d4	f7–f5	28.	♘f2–d1	♘b4–d3
2.	c2–c4	♘g8–f6	29.	♖a1×a5	b5–b4
3.	g2–g3	e7–e6	30.	♖a5×a8[d]	b4×c3
4.	♗f1–g2	♗f8–b4+	31.	♖a8×e8	c3–c2
5.	♗c1–d2	♗b4×d2+	32.	♖e8×f8+	♔h8–h7
6.	♘b1×d2	♘b8–c6	33.	♘d1–f2	c2–c1♕+
7.	♘g1–f3	0–0	34.	♘d2–f1	♘d3–e1
8.	0–0	d7–d6	35.	♖g2–h2	♕c1×c4
9.	♕d1–b3	♔g8–h8	36.	♖f8–b8	♗d7–b5
10.	♕b3–c3	e6–e5	37.	♖b8×b5[e]	♕c4×b5
11.	e2–e3[a]	a7–a5	38.	g3–g4	♘e1–f3+
12.	b2–b3	♕d8–e8	39.	♗h1×f3	e4×f3
13.	a2–a3	♕e8–h5	40.	g4×f5	♕b5–e2
14.	h2–h4[b]	♘f6–g4	41.	d4–d5[f]	♔h7–g8
15.	♘f3–g5	♗c8–d7	42.	h4–h5	♔g8–h7
16.	f2–f3	♘g4–f6	43.	e3–e4	♘f6×e4
17.	f3–f4	e5–e4	44.	♘f2×e4	♕e2×e4
18.	♖f1–d1	h7–h6	45.	d5–d6	c7×d6
19.	♘g5–h3	d6–d5	46.	f5–f6	g7×f6
20.	♘d2–f1	♘c6–e7	47.	♖h2–d2	♕e4–e2
21.	a3–a4	♘e7–c6	48.	♖d2×e2	f3×e2
22.	♖d1–d2	♘c6–b4	49.	♔g1–f2	e2×f1♕+
23.	♗g2–h1	♕h5–e8	50.	♔f2×f1	♔h7–g7
24.	♖d2–g2[c]	d5×c4	51.	♔f1–e2	♔g7–f7
25.	b3×c4	♗d7×a4	52.	♔e2–e3	♔f7–e6
26.	♘h3–f2	♗a4–d7	53.	♔e3–e4	d6–d5+
27.	♘f1–d2	b7–b5		Weiß gibt auf	

[a] 11. de5 de5 12. ♘e5 ♘e5 13. ♕e5 ♕d2
[b] 14. de5 de5 15. ♘e5 ♘e5 16. ♕e5 ♘g4; 14. b4 e4 15. ♘e1 ab4
[c] 24. c5 b5
[d] 30. ♕a1 ♖a5 31. ♕a5 ♕a8 32. ♕a8 ♖a8
[e] 37. ♘d2 ♕c1
[f] 41. ♘h3 ♘g4 42. ♖e2 fe2; 41. ♖h3 ♘g4

106
Maróczy – Tartakower
Teplitz-Schönau 1922

1.	d2–d4	e7–e6
2.	c2–c4	f7–f5
3.	♘b1–c3	♘g8–f6
4.	a2–a3	♗f8–e7
5.	e2–e3	0–0
6.	♗f1–d3	d7–d5
7.	♘g1–f3	c7–c6
8.	0–0	♘f6–e4
9.	♕d1–c2	♗e7–d6
10.	b2–b3	♘b8–d7
11.	♗c1–b2	♖f8–f6
12.	♖f1–e1	♖f6–h6
13.	g2–g3	♕d8–f6
14.	♗d3–f1	g7–g5
15.	♖a1–d1	g5–g4
16.	♘c3×e4[a]	f5×e4
17.	♘f3–d2	♖h6×h2
18.	♔g1×h2	♕f6×f2+
19.	♔h2–h1	♘d7–f6
20.	♖e1–e2	♕f2×g3
21.	♘d2–b1	♘f6–h5
22.	♕c2–d2	♗c8–d7
23.	♖e2–f2	♕g3–h4+
24.	♔h1–g1	♗d6–g3
25.	♗b2–c3	♗g3×f2+
26.	♕d2×f2	g4–g3
27.	♕f2–g2	♖a8–f8
28.	♗c3–e1[b]	♖f8×f1+
29.	♔g1×f1	e6–e5
30.	♔f1–g1[c]	♗d7–g4
31.	♗e1×g3	♘h5×g3
32.	♖d1–e1	♘g3–f5
33.	♕g2–f2	♕h4–g5
34.	d4×e5[d]	♗g4–f3+
35.	♔g1–f1	♘f5–g3+

Weiß gibt auf

Nach 17. ♘f3–d2

Nach 28. ♗c3–e1

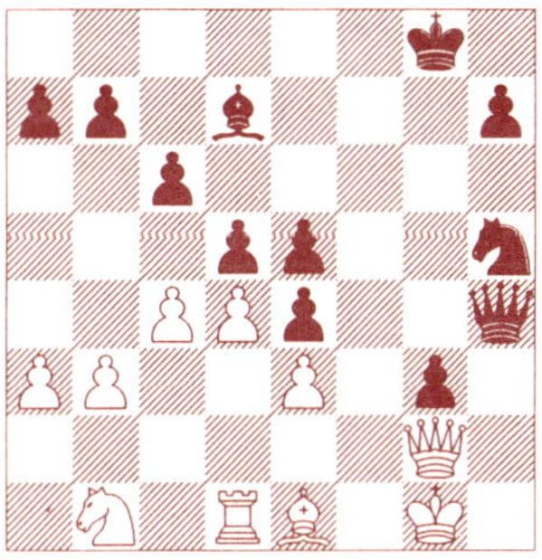

Nach 30. ♔f1–g1

[a] 16. ♘d2 ♘f2 17. ♔f2 ♖h2 18. ♗g2 ♗g3

[b] 28. ♖d2 ♖f3 29. ♖e2 ♕g5 30. ♗e1 h6 31. ♗d2 ♘f6 32. ♘c3 ♘g4 33. ♘d1 ♘h2 34. ♖e1 h5 35. ♗e2 h4

[c] 30. ♗g3 ♘g3 31. ♔f2 ♗g4 32. ♖d2 ♘e2 33. ♔f1 ♔h8

[d] 34. ♔f1 ♕h5 35. ♕g1 ♕h4 36. ♘c3 ♘g3 37. ♔g2 ♘h1 38. ♔f1 ♕f6

107
Sämisch – Nimzowitsch
Kopenhagen 1923

1.	d2–d4	♘g8–f6
2.	c2–c4	e7–e6
3.	♘g1–f3	b7–b6
4.	g2–g3	♗c8–b7
5.	♗f1–g2	♗f8–e7
6.	♘b1–c3	0–0
7.	0–0	d7–d5
8.	♘f3–e5	c7–c6
9.	c4×d5[a]	c6×d5
10.	♗c1–f4	a7–a6
11.	♖a1–c1	b6–b5
12.	♕d1–b3	♘b8–c6
13.	♘e5×c6	♗b7×c6
14.	h2–h3	♕d8–d7
15.	♔g1–h2	♘f6–h5
16.	♗f4–d2	f7–f5
17.	♕b3–d1	b5–b4
18.	♘c3–b1	♗c6–b5
19.	♖f1–g1	♗e7–d6
20.	e2–e4	f5×e4
21.	♕d1×h5	♖f8×f2
22.	♕h5–g5	♖a8–f8
23.	♔h2–h1	♖f8–f5
24.	♕g5–e3	♗b5–d3
25.	♖c1–e1	h7–h6[b]

Weiß gibt auf

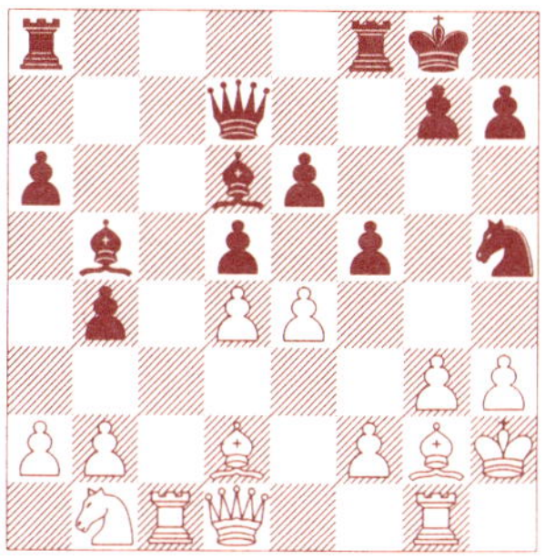

Nach 20. e2–e4

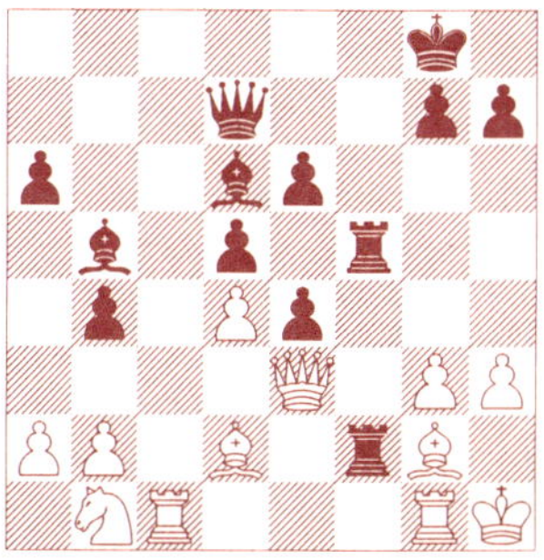

Nach 24. ♕g5–e3

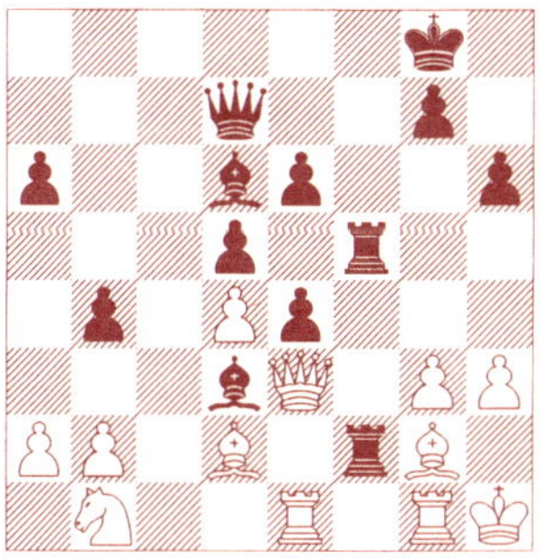

Nach 25... h7–h6

[a] 9. e4

[b] 26. ♔h2 (26. ♖c1 ♖e2; 26. g4 ♖5f3; 26. a3 a5; 26. b3 a5) ♖5f3

108
Réti – Gruber
Wien 1923

1.	♘g1–f3	♘g8–f6
2.	c2–c4	d7–d6
3.	g2–g3	♗c8–f5
4.	♗f1–g2	c7–c6
5.	b2–b3	♕d8–c8
6.	h2–h3	e7–e5
7.	♗c1–b2	♘b8–a6
8.	♘b1–c3	h7–h6
9.	d2–d3	♗f8–e7
10.	♕d1–d2	♘a6–c7
11.	♘c3–d1	0–0
12.	♘d1–e3	♗f5–h7
13.	0–0	♘f6–d7
14.	♘f3–h2	♘c7–e6
15.	f2–f4	e5×f4
16.	g3×f4	f7–f5
17.	♔g1–h1	♘d7–f6
18.	♖f1–g1	♘f6–h5[a]
19.	♗g2–f3	♘h5×f4
20.	♘e3–d5	♘f4×d5[b]
21.	c4×d5	♗e7–g5[c]
22.	d5×e6	♕c8×e6[d]
23.	♕d2–c3	♗g5–f6
24.	♕c3–d2	♔g8–h8
25.	♖g1–g2	♖f8–f7
26.	♖a1–g1	♗f6–e5
27.	d3–d4	
	Schwarz gibt auf	

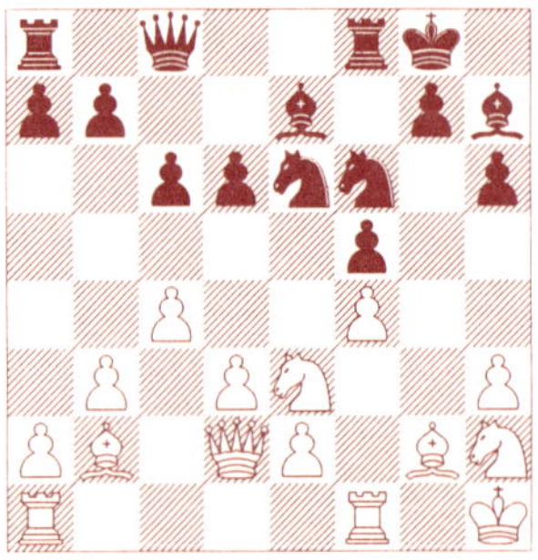

Nach 17... ♘d7–f6

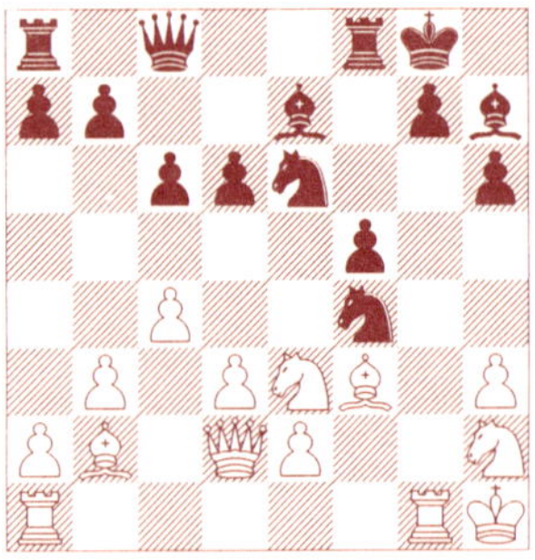

Nach 19... ♘h5×f4

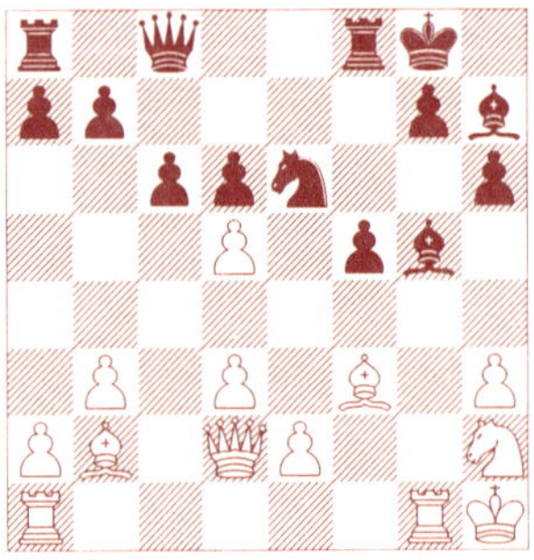

Nach 21... ♗e7–g5

[a] 18... ♘f4 19. ♘d5 ♘4d5 (19... cd5 20. ♕f4 dc4 21. ♗d5 ♔h8 22. ♕g3 g5 23. bc4) 20. cd5 c5 21. ♗f3 ♔h8 22. ♖g2 ♖f7 23. ♖ag1 ♗f8 24. ♘f1
[b] 20... cd5 21. cd5
[c] 21... cd5 22. ♗d5 ♗f6 23. ♕e3
[d] 22... ♗d2 23. ♖g7 ♔h8 24. ♖g6

109
Réti – Bogoljubow
New York 1924

1.	♘g1–f3	d7–d5
2.	c2–c4	e7–e6
3.	g2–g3	♘g8–f6
4.	♗f1–g2	♗f8–d6
5.	0–0	0–0
6.	b2–b3	♖f8–e8
7.	♗c1–b2	♘b8–d7
8.	d2–d4	c7–c6
9.	♘b1–d2	♘f6–e4
10.	♘d2×e4	d5×e4
11.	♘f3–e5	f7–f5
12.	f2–f3	e4×f3
13.	♗g2×f3	♕d8–c7
14.	♘e5×d7	♗c8×d7
15.	e2–e4	e6–e5
16.	c4–c5	♗d6–f8
17.	♕d1–c2	e5×d4
18.	e4×f5	♖a8–d8
19.	♗f3–h5	♖e8–e5
20.	♗b2×d4	♖e5×f5
21.	♖f1×f5	♗d7×f5
22.	♕c2×f5	♖d8×d4
23.	♖a1–f1	♖d4–d8[a]
24.	♗h5–f7+	♔g8–h8
25.	♗f7–e8	
	Schwarz gibt auf	

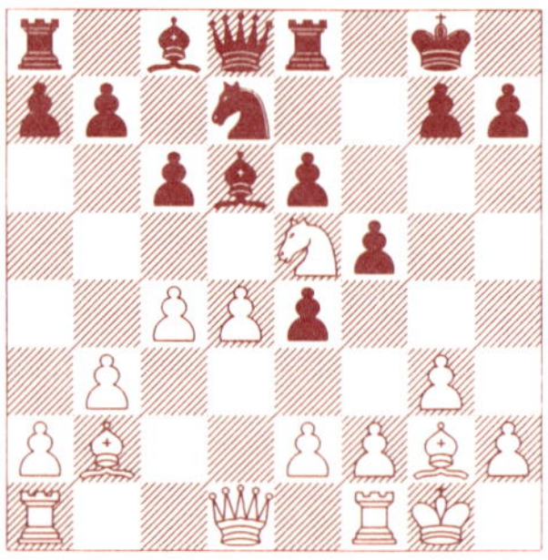

Nach 11... f7–f5

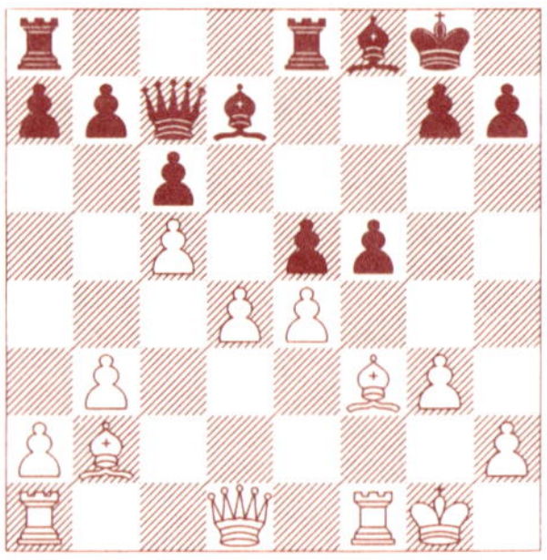

Nach 16... ♗d6–f8

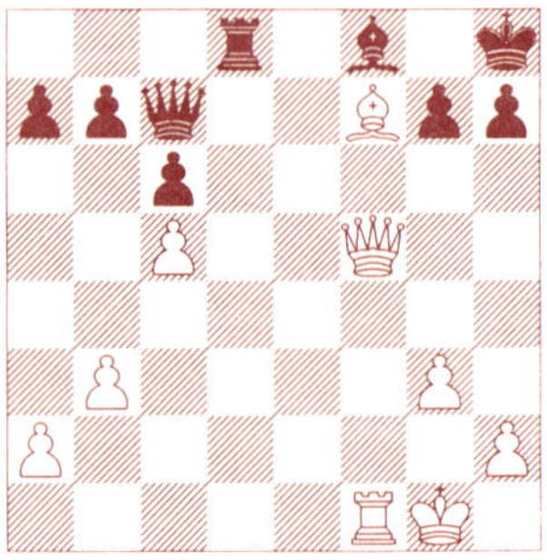

Nach 24... ♔g8–h8

[a] 23... ♕e7 24. ♗f7 ♔h8 25. ♗e8

110

Réti – Aljechin

Baden-Baden 1925

1.	g2–g3	e7–e5
2.	♘g1–f3	e5–e4
3.	♘f3–d4	d7–d5
4.	d2–d3	e4×d3
5.	♕d1×d3	♘g8–f6
6.	♗f1–g2	♗f8–b4+
7.	♗c1–d2	♗b4×d2+
8.	♘b1×d2	0–0
9.	c2–c4	♘b8–a6
10.	c4×d5	♘a6–b4
11.	♕d3–c4	♘b4×d5
12.	♘d2–b3	c7–c6
13.	0–0	♖f8–e8
14.	♖f1–d1	♗c8–g4
15.	♖d1–d2	♕d8–c8
16.	♘b3–c5	♗g4–h3
17.	♗g2–f3[a]	♗h3–g4
18.	♗f3–g2	♗g4–h3
19.	♗g2–f3	♗h3–g4
20.	♗f3–h1	h7–h5
21.	b2–b4	a7–a6
22.	♖a1–c1	h5–h4
23.	a2–a4	h4×g3
24.	h2×g3	♕c8–c7
25.	b4–b5	a6×b5
26.	a4×b5	♖e8–e3
27.	♘d4–f3[b]	c6×b5
28.	♕c4×b5	♘d5–c3
29.	♕b5×b7	♕c7×b7
30.	♘c5×b7	♘c3×e2+
31.	♔g1–h2[c]	♘f6–e4
32.	♖c1–c4[d]	♘e4×f2
33.	♗h1–g2	♗g4–e6
34.	♖c4–c2	♘f2–g4+
35.	♔h2–h3	♘g4–e5+
36.	♔h3–h2	♖e3×f3
37.	♖d2×e2	♘e5–g4+
38.	♔h2–h3	♘g4–e3+
39.	♔h3–h2	♘e3×c2
40.	♗g2×f3	♘c2–d4
	Weiß gibt auf	

Nach 26. a4×b5

Nach 31. ♔g1–h2

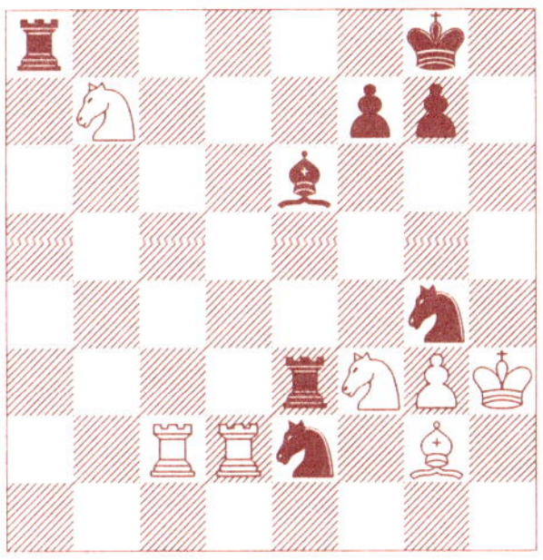

Nach 35. ♔h2–h3

[a] 17. ♗h3 ♕h3 18. ♘b7 ♘g4 19. ♘f3 ♘de3 20. fe3 ♘e3 21. ♕f7 ♔h8 22. ♘h4 ♖f8 23. ♘d8 ♖f7 24. ♘f7 ♔g8 25. ♘g5 ♕g4

[b] 27. fe3 ♕g3 28. ♗g2 ♘e3; 27. ♗f3 ♗f3 28. ef3 cb5 29. ♘b5 ♕a5 30. ♖d5 ♖e1 31. ♖e1 ♕e1 32. ♔g2 ♖a1 33. ♖d8 ♔h7 34. ♕h4 ♔g6 35. f4

[c] 31. ♔f1 ♘g3 32. fg3 ♗f3 33. ♗f3 ♖f3 34. ♔g2 ♖aa3 35. ♖d8 ♔h7 36. ♖h1 ♔g6 37. ♖h3 ♖fb3

[d] 32. fe3 ♘d2; 32. ♖d8 ♖d8 33. fe3 ♖b8 34. ♖c7 ♘2g3

111

A. u. K. Saritschew

Schachmatnij Listok 1928

1.	♔d7–c8	b7–b5
2.	♔c8–d7	b5–b4[a]
3.	♔d7–d6[b]	♗h7–f5
4.	♔d6–e5	♔f3–g4
5.	♔e5–d4	
	Remis	

Weiß macht Remis

Nach 1... b7–b5

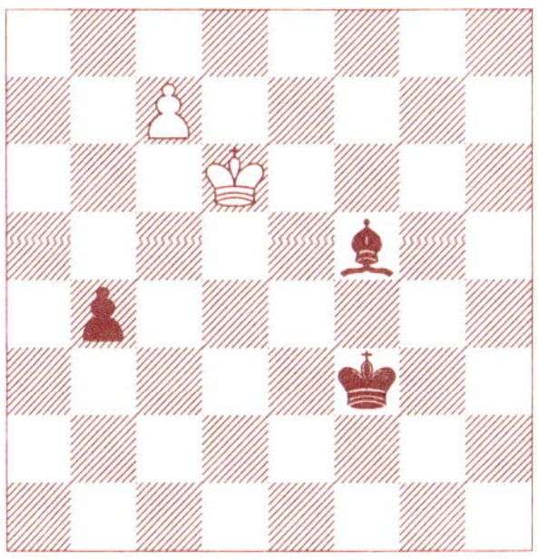

Nach 3... ♗h7–f5

[a] 2... ♗f5 3. ♔d6 b4 4. ♔e5

[b] 3. ♔e6 ♔e4

112

Flohr – Landau

Antwerpen 1930

1.	d2–d4	♘g8–f6
2.	c2–c4	c7–c6
3.	♘g1–f3	d7–d5
4.	e2–e3	e7–e6
5.	♘b1–d2	♗f8–e7
6.	♗f1–d3	♘b8–d7
7.	0–0	0–0
8.	b2–b3	c6–c5
9.	♗c1–b2	c5×d4
10.	e3×d4	d5×c4
11.	b3×c4	b7–b6
12.	♕d1–c2	♗c8–b7
13.	♘f3–e5	♕d8–c7
14.	f2–f4	♖f8–d8
15.	♘d2–f3	h7–h6
16.	♕c2–e2	♘d7×e5[a]
17.	f4×e5	♘f6–d7
18.	d4–d5	♗e7–c5+[b]
19.	♔g1–h1	e6×d5[c]
20.	♘f3–g5	♘d7–f8[d]
21.	♘g5×f7	♖d8–e8
22.	♕e2–g4	♖e8–e6
23.	♗d3–f5	♖a8–e8[e]
24.	♗f5×e6	♖e8×e6
25.	♘f7–d6	♗c5×d6
26.	e5×d6	♕c7–d7[f]
27.	♗b2–a3	♘f8–h7
28.	h2–h3	d5×c4
29.	♕g4×c4	♘h7–f6
30.	♖f1×f6	g7×f6
31.	♖a1–e1	♗b7–c8
32.	♖e1–c1	♗c8–b7
33.	♕c4–g4+	♔g8–h8
34.	♖c1–c7	♖e6–e1+
35.	♔h1–h2	♕d7×g4
36.	h3×g4	

Schwarz gibt auf

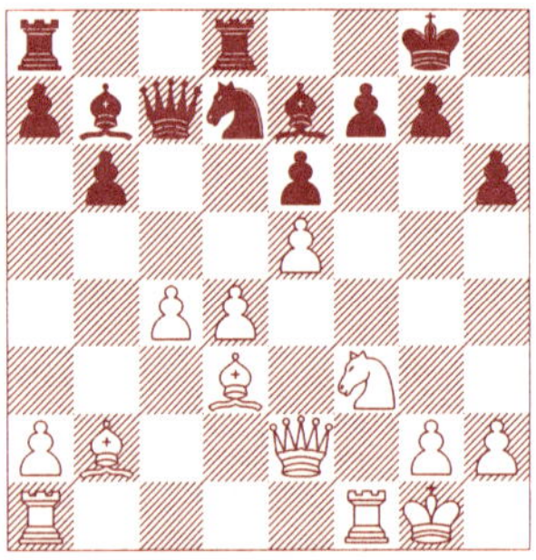

Nach 17... ♘f6–d7

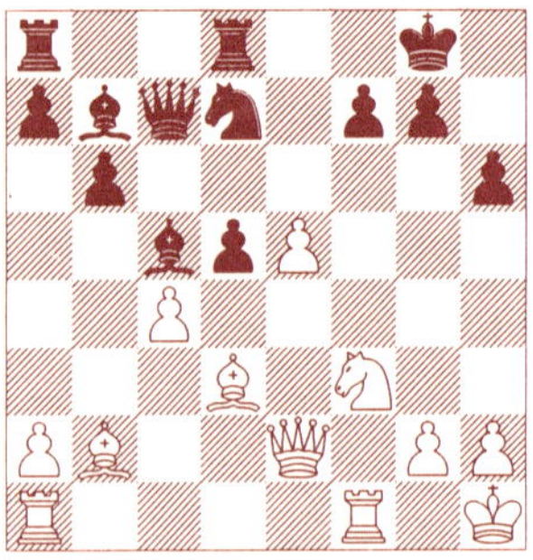

Nach 19... e6×d5

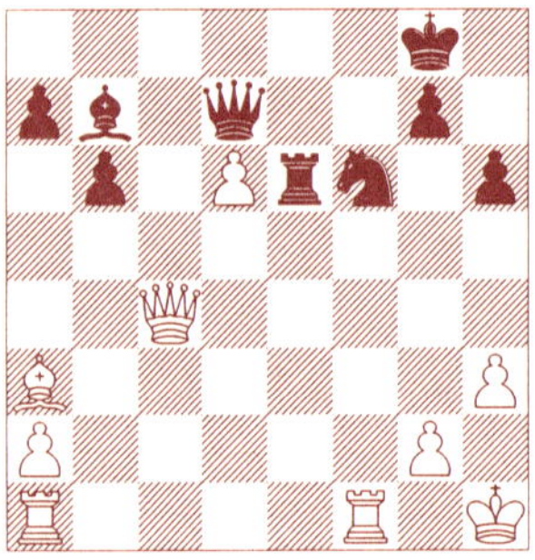

Nach 29... ♘h7–f6

[a] 16... ♘f8
[b] 18... ed5 19. e6
[c] 19... ♘f8 20. d6
[d] 20... hg5 21. ♗h7 ♔h7 (21... ♔f8 22. e6) 22. ♕h5 ♔g8 23. ♕f7 ♔h7 24. ♖f3 g4 25. ♖f5
[e] 23... ♕f7 24. ♗e6 ♕e6 25. ♖f8
[f] 26... ♖d6 27. ♗e5; 26... ♕d6 27. ♕g7#

113

Aljechin – Nimzowitsch

Veldes 1931

1.	e2–e4	e7–e6
2.	d2–d4	d7–d5
3.	♘b1–c3	♗f8–b4
4.	♘g1–e2	d5×e4
5.	a2–a3	♗b4×c3+
6.	♘e2×c3	f7–f5
7.	f2–f3	e4×f3
8.	♕d1×f3	♕d8×d4[a]
9.	♕f3–g3	♘g8–f6
10.	♕g3×g7	♕d4–e5+[b]
11.	♗f1–e2	♖h8–g8
12.	♕g7–h6	♖g8–g6[c]
13.	♕h6–h4	♗c8–d7
14.	♗c1–g5	♗d7–c6
15.	0–0–0	♗c6×g2[d]
16.	♖h1–e1	♗g2–e4
17.	♗e2–h5	♘f6×h5
18.	♖d1–d8+	♔e8–f7
19.	♕h4×h5[e]	

Schwarz gibt auf

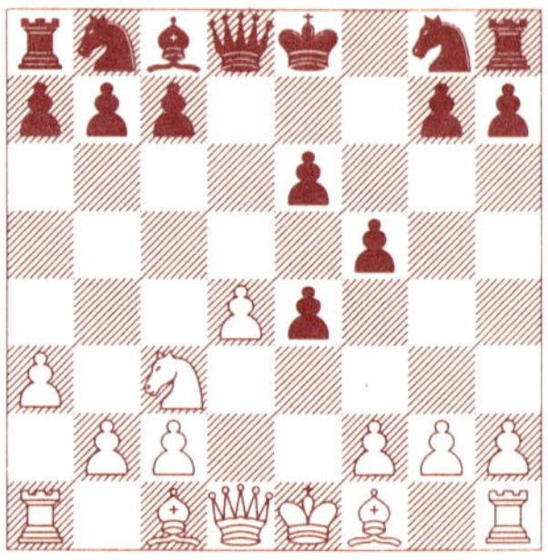

Nach 6... f7–f5

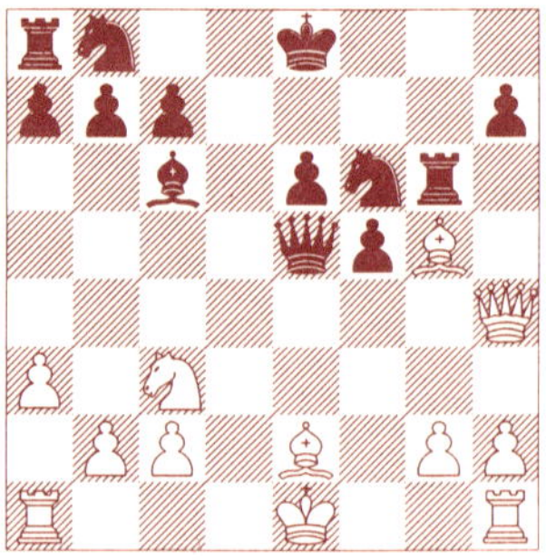

Nach 14... ♗d7–c6

Nach 16... ♗g2–e4

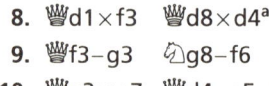

[a] 8... ♕h4 9. g3 ♕d4 10. ♘b5
[b] 10... ♖g8 11. ♕c7 ♘c6 12. ♘b5 ♕h4 13. g3 ♕e4 14. ♔f2 ♕c2 15. ♗e2 ♘e4
[c] 12... ♖g2 13. ♗f4 ♕d4 14. ♗e3 ♕e5 15. 0–0–0
[d] 15... ♘bd7 16. ♖he1 ♗e4 17. ♗f3 0–0–0 18. ♗e4 fe4 19. ♘e4
[e] 19... ♔g7 20. ♘e4 fe4 21. ♗h6

114

Euwe – Aljechin

Zandvoort 1935 (26. Partie)

1.	d2–d4	e7–e6	**25.**	e2–e4	g5×f4
2.	c2–c4	f7–f5	**26.**	g3×f4	♗f6–d4
3.	g2–g3	♗f8–b4+	**27.**	e4–e5	♕b8–e8
4.	♗c1–d2	♗b4–e7	**28.**	e5–e6	♖f8–g8
5.	♗f1–g2	♘g8–f6	**29.**	♘d2–f3[c]	♕e8–g6
6.	♘b1–c3	0–0	**30.**	♖f1–g1	♗d4×g1
7.	♘g1–f3	♘f6–e4	**31.**	♖a1×g1	♕g6–f6[d]
8.	0–0	b7–b6	**32.**	♘f3–g5	♖g8–g7[e]
9.	♕d1–c2	♗c8–b7	**33.**	e6×d7	♖g7×d7
10.	♘f3–e5	♘e4×c3	**34.**	♕b3–e3	♖d7–e7[f]
11.	♗d2×c3[a]	♗b7×g2	**35.**	♘g5–e6	♖a8–f8
12.	♔g1×g2	♕d8–c8	**36.**	♕e3–e5	♕f6×e5
13.	d4–d5	d7–d6	**37.**	f4×e5	♖f8–f5
14.	♘e5–d3	e6–e5	**38.**	♖g1–e1	h7–h6
15.	♔g2–h1	c7–c6	**39.**	♘e6–d8	♖f5–f2[g]
16.	♕c2–b3	♔g8–h8	**40.**	e5–e6	♖f2–d2
17.	f2–f4	e5–e4	**41.**	♘d8–c6	♖e7–e8
18.	♘d3–b4	c6–c5	**42.**	e6–e7	b6–b5
19.	♘b4–c2	♘b8–d7	**43.**	♘c6–d8	♔h8–g7
20.	♘c2–e3	♗e7–f6[b]	**44.**	♘d8–b7	♔g7–f6
21.	♘e3×f5	♗f6×c3	**45.**	♖e1–e6+	♔f6–g5
22.	♘f5×d6	♕c8–b8	**46.**	♘b7–d6	♖e8×e7
23.	♘d6×e4	♗c3–f6	**47.**	♘d6–e4+	
24.	♘e4–d2	g7–g5		Schwarz gibt auf	

Nach 20… ♗e7–f6

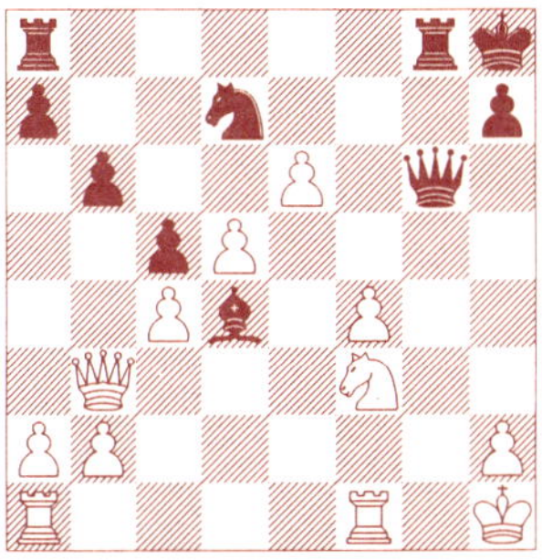

Nach 29… ♕e8–g6

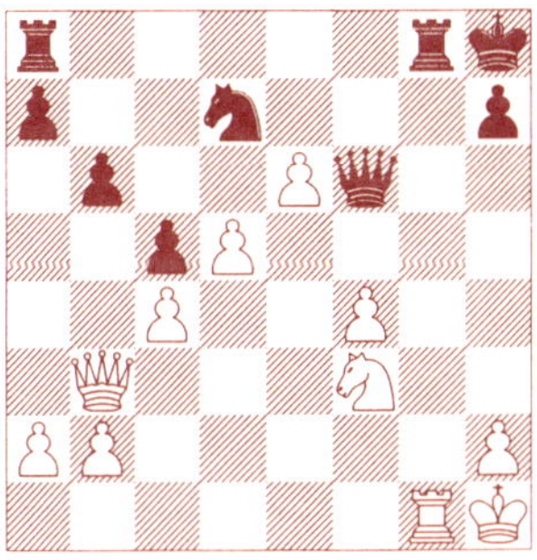

Nach 31… ♕g6–f6

[a] 11. ♗b7 ♘e2 12. ♔g2 ♘d4 13. ♕d3 ♘bc6 14. ♗a8 ♕a8 15. ♘c6 ♕c6 16. f3

[b] 20… ♘f6

[c] 29. ed7 ♕e2

[d] 31… ♕f5 32. ♘g5 ♖g5 33. ♕c3 ♘f6 34. fg5 ♕e4 35. ♖g2 ♕b1 36. ♖g1 ♕e4

[e] 32… h6 33. ♘f7 ♔h7 34. ♕d3 ♖g6 35. ♘e5 ♘e5 (35… ♘f8 36. e7) 36. fe5 ♕g7 37. h4 h5 38. d6

[f] 34… ♕b2 35. ♕e6

[g] 39… ♖fe5 40. ♖e5 ♖e5 41. ♘f7

115

Botwinnik – Capablanca
Amsterdam 1938

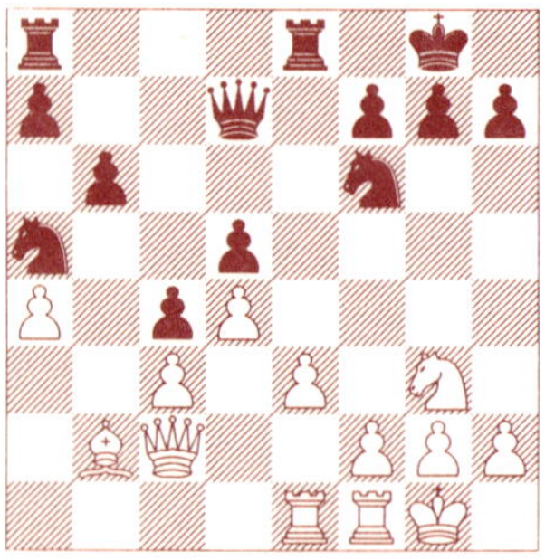

Nach 17... ♘c6–a5

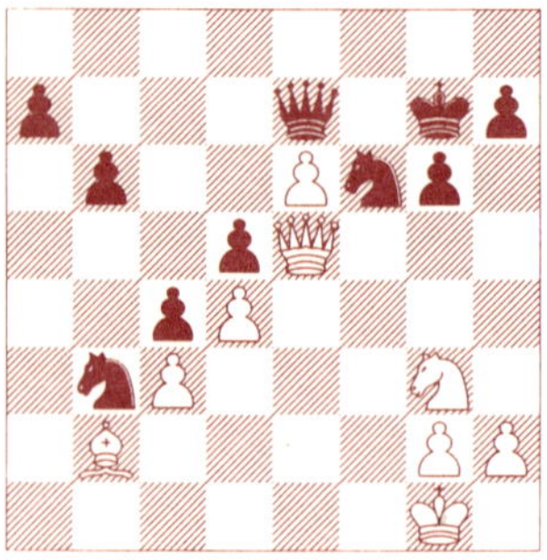

Nach 29... ♕e8–e7

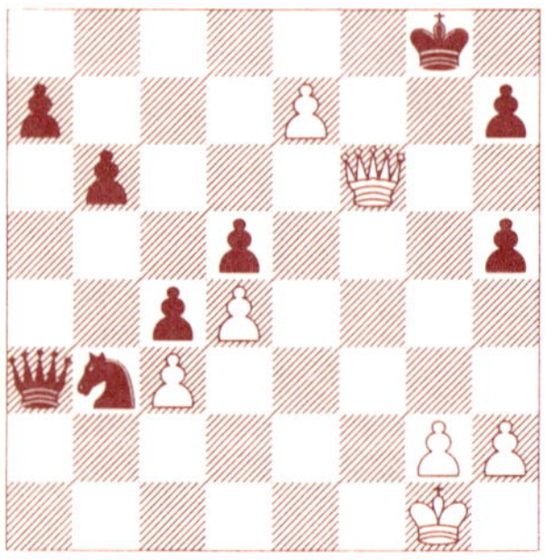

Nach 34. e6–e7

1.	d2–d4	♘g8–f6	22.	f3–f4	f7–f5
2.	c2–c4	e7–e6	23.	e5×f6	♘d7×f6
3.	♘b1–c3	♗f8–b4	24.	f4–f5	♖e8×e1
4.	e2–e3	d7–d5	25.	♖f1×e1	♖a8–e8
5.	a2–a3	♗b4×c3+	26.	♖e1–e6	♖e8×e6
6.	b2×c3	c7–c5	27.	f5×e6	♔g8–g7
7.	c4×d5	e6×d5	28.	♕f2–f4	♕a4–e8[d]
8.	♗f1–d3	0–0	29.	♕f4–e5	♕e8–e7[e]
9.	♘g1–e2	b7–b6	30.	♗b2–a3	♕e7×a3
10.	0–0	♗c8–a6	31.	♘g3–h5+	g6×h5[f]
11.	♗d3×a6	♘b8×a6	32.	♕e5–g5+	♔g7–f8
12.	♗c1–b2	♕d8–d7	33.	♕g5×f6+	♔f8–g8
13.	a3–a4	♖f8–e8[a]	34.	e6–e7	♕a3–c1+
14.	♕d1–d3	c5–c4	35.	♔g1–f2	♕c1–c2+
15.	♕d3–c2	♘a6–b8	36.	♔f2–g3	♕c2–d3+
16.	♖a1–e1	♘b8–c6[b]	37.	♔g3–h4	♕d3–e4+
17.	♘e2–g3	♘c6–a5[c]	38.	♔h4×h5	♕e4–e2+
18.	f2–f3	♘a5–b3	39.	♔h5–h4	♕e2–e4+
19.	e3–e4	♕d7×a4	40.	g2–g4	♕e4–e1+
20.	e4–e5	♘f6–d7	41.	♔h4–h5	
21.	♕c2–f2	g7–g6		Schwarz gibt auf	

[a] 13... cd4 14. cd4 ♖fc8
[b] 16... ♘h5 17. ♗c1 f5
[c] 17... ♘e4 18. ♘h1 f5 19. f3
[d] 28... ♕a2 29. ♘f5 gf5 30. ♕g5 ♔f8 31. ♕f6 ♔g8 32. e7 ♕b1 33. ♔f2 ♕c2 34. ♔g3 ♕d3 35. ♔h4
[e] 29... ♘a5 30. ♗c1 ♘c6 31. ♗h6 ♔h6 32. ♕f6 ♘e7 33. h4 a5 34. ♘h5
[f] 31... ♔h6 32. ♘f6 ♕c1 33. ♔f2

116
Keres – Botwinnik
Leningrad 1941

1.	d2–d4	♘g8–f6	**13.**	e2–e3[b]	♖a8–c8
2.	c2–c4	e7–e6	**14.**	♗f1–d3	♕d8–d7
3.	♘b1–c3	♗f8–b4	**15.**	♔c1–b1	♗f5×d3+
4.	♕d1–c2	d7–d5	**16.**	♖d1×d3	♕d7–f5
5.	c4×d5	e6×d5	**17.**	e3–e4[c]	♘f6×e4
6.	♗c1–g5	h7–h6	**18.**	♔b1–a1	0–0
7.	♗g5–h4	c7–c5	**19.**	♖d3–d1[d]	b7–b5
8.	0–0–0[a]	♗b4×c3	**20.**	♕a4×b5	♘c6–d4
9.	♕c2×c3	g7–g5	**21.**	♕b5–d3[e]	♘d4–c2+
10.	♗h4–g3	c5×d4	**22.**	♔a1–b1	♘c2–b4
11.	♕c3×d4	♘b8–c6		Weiß gibt auf	
12.	♕d4–a4	♗c8–f5			

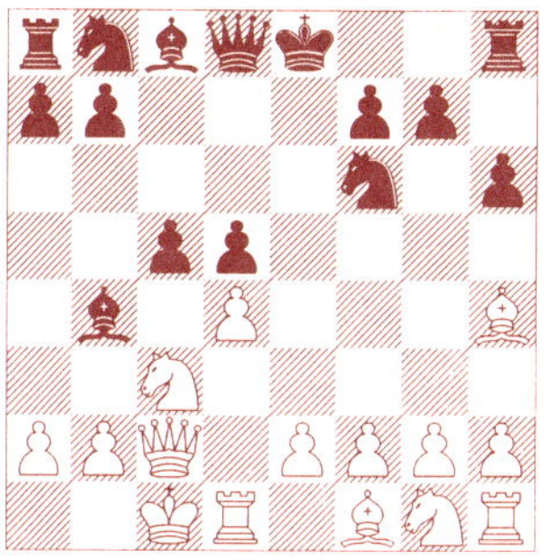
Nach 8. 0–0–0

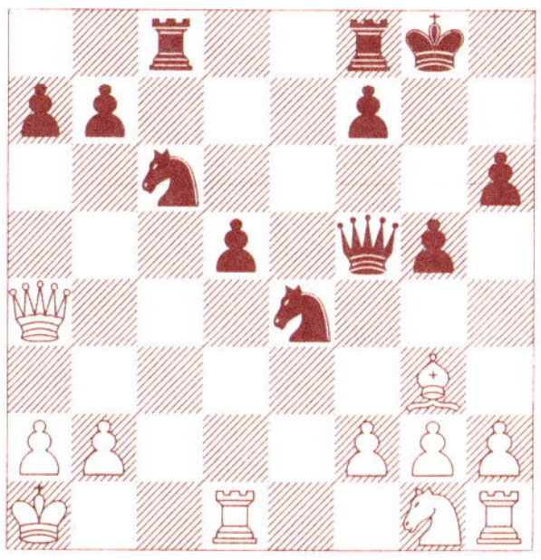
Nach 19. ♖d3–d1

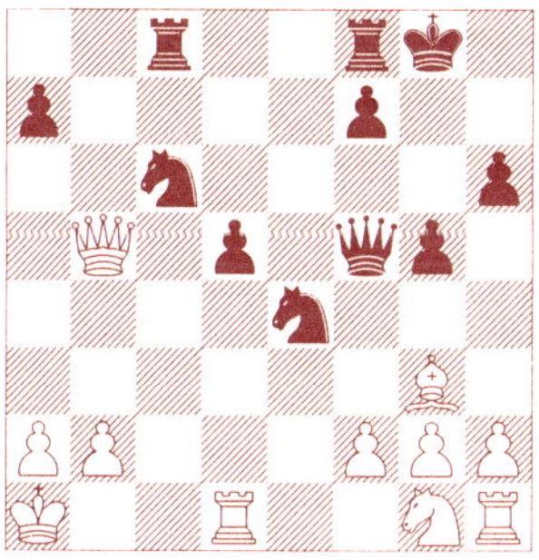
Nach 20. ♕a4×b5

[a] 8. e3
[b] 13. f3 ♕b6 14. e4 de4 15. ♔b1
[c] 17. ♕c2 ♘b4
[d] 19. ♕d1 ♘b4
[e] 21. ♖d4 ♖c1#

Nach 28. ♕d3×c4

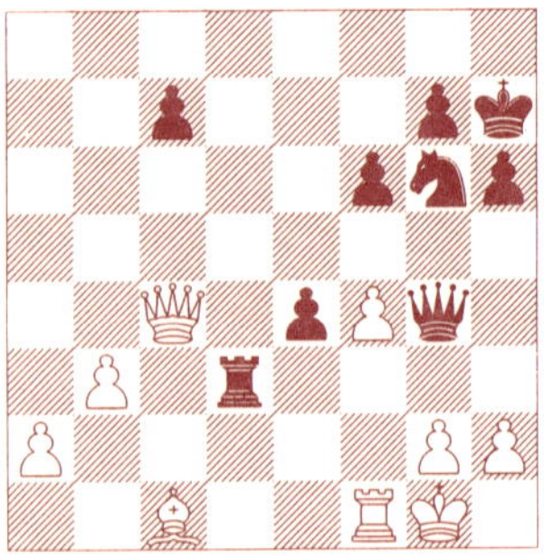

Nach 33. ♗e3–c1

Nach 38. ♕d5–d2

117

Euwe – Keres

Den Haag 1948

1.	e2–e4	e7–e5
2.	♘g1–f3	♘b8–c6
3.	♗f1–b5	a7–a6
4.	♗b5–a4	d7–d6
5.	c2–c3	♗c8–d7
6.	d2–d4	♘g8–e7
7.	♗a4–b3	h7–h6
8.	♘b1–d2	♘e7–g6
9.	♘d2–c4	♗f8–e7
10.	0–0	0–0
11.	♘c4–e3	♗e7–f6
12.	♘e3–d5	e5×d4
13.	♘f3×d4	♖f8–e8
14.	♘d5×f6+	♕d8×f6
15.	f2–f3	♘g6–f4
16.	♘d4×c6	♗d7×c6
17.	♗c1–e3	♖a8–d8
18.	♕d1–d2	♘f4–g6
19.	♗e3–d4	♕f6–e7
20.	♖a1–e1	♕e7–d7
21.	c3–c4	♗c6–a4
22.	♗b3×a4	♕d7×a4
23.	♕d2–c3	f7–f6
24.	f3–f4	♔g8–h7
25.	b2–b3	♕a4–d7
26.	♕c3–f3	b7–b5
27.	♕f3–d3	b5×c4
28.	♕d3×c4	♖e8×e4
29.	♖e1×e4	d6–d5
30.	♕c4×a6	d5×e4
31.	♗d4–e3	♕d7–g4
32.	♕a6–c4	♖d8–d3
33.	♗e3–c1[a]	♘g6–h4
34.	♕c4×e4+	f6–f5
35.	♕e4–b7	c7–c6
36.	♕b7×c6	♖d3–c3
37.	♕c6–d5[b]	♖c3–c5
38.	♕d5–d2[c]	♖c5×c1
39.	h2–h3[d]	♕g4–g3[e]
40.	♕d2–e2	♕g3×f4
41.	♖f1×c1	♕f4×c1+
42.	♔g1–h2	♕c1–f4+
43.	♔h2–g1	♘h4–g6
44.	♕e2–c2	♘g6–e7
45.	a2–a4	♕f4–d4+
46.	♔g1–h2	♕d4–e5+
47.	♔h2–g1	♘e7–d5
48.	♕c2–d1	♘d5–c3
49.	♕d1–c2	♔h7–g6
50.	♔g1–h1	♕e5–e1+
51.	♔h1–h2	♘c3–e2
52.	♕c2–c6+	♔g6–h7
53.	♕c6–c5	♘e2–g3
54.	♕c5–d6	♘g3–f1+
55.	♔h2–g1	h6–h5
56.	♕d6–f4	
	Weiß gibt auf	

[a] 33. ♖e1 f5; 33. ♕e4 ♕e2
[b] 37. ♕b7 ♖c2; 37. ♕c3 ♕g2#
[c] 38. ♕b7 ♖c2; 38. h3 ♕g3
[d] 39. ♕f2 ♖c3
[e] 39. . . ♘f3

118

D. Byrne – Fischer

New York 1956

1.	♘g1–f3	♘g8–f6	**22.**	♔g1–f1	♘e2–c3+
2.	c2–c4	g7–g6	**23.**	♔f1–g1	a7×b6
3.	♘b1–c3	♗f8–g7	**24.**	♕a3–b4	♖a8–a4
4.	d2–d4	0–0	**25.**	♕b4×b6	♘c3×d1
5.	♗c1–f4	d7–d5	**26.**	h2–h3	♖a4×a2
6.	♕d1–b3	d5×c4	**27.**	♔g1–h2	♘d1×f2
7.	♕b3×c4	c7–c6	**28.**	♖h1–e1	♖e8×e1
8.	e2–e4	♘b8–d7	**29.**	♕b6–d8+	♗g7–f8
9.	♖a1–d1	♘d7–b6	**30.**	♘f3×e1	♗c4–d5
10.	♕c4–c5	♗c8–g4	**31.**	♘e1–f3	♘f2–e4
11.	♗f4–g5	♘b6–a4	**32.**	♕d8–b8	b7–b5
12.	♕c5–a3[a]	♘a4×c3	**33.**	h3–h4	h7–h5
13.	b2×c3	♘f6×e4	**34.**	♘f3–e5	♔g8–g7
14.	♗g5×e7	♕d8–b6	**35.**	♔h2–g1	♗f8–c5+
15.	♗f1–c4[b]	♘e4×c3	**36.**	♔g1–f1	♘e4–g3+
16.	♗e7–c5[c]	♖f8–e8+	**37.**	♔f1–e1	♗c5–b4+
17.	♔e1–f1	♗g4–e6	**38.**	♔e1–d1	♗d5–b3+
18.	♗c5×b6[d]	♗e6×c4+	**39.**	♔d1–c1	♘g3–e2+
19.	♔f1–g1	♘c3–e2+	**40.**	♔c1–b1	♘e2–c3+
20.	♔g1–f1	♘e2×d4+	**41.**	♔b1–c1	♖a2–c2+
21.	♔f1–g1	♘d4–e2+		matt	

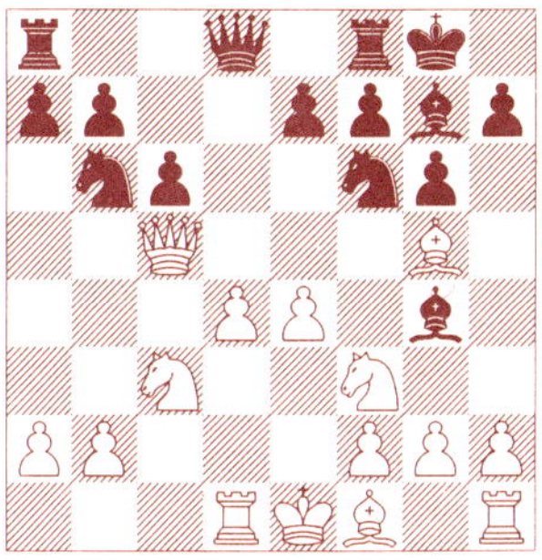

Nach 11. ♗f4–g5

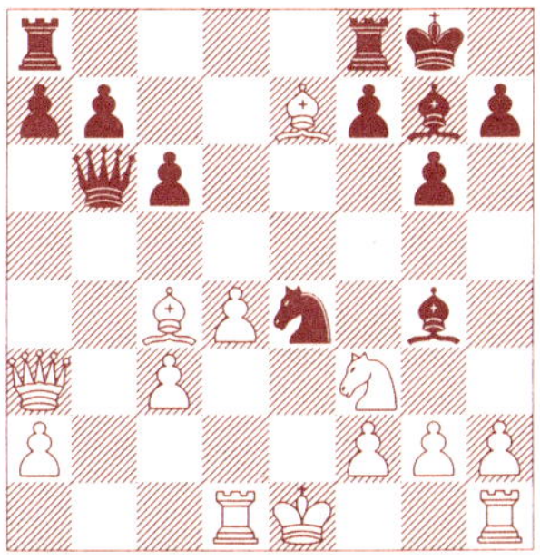

Nach 15. ♗f1–c4

Nach 17. ♔e1–f1

[a] 12. ♘a4 ♘e4 A) 13. ♕b4 ♗f3 14. gf3 ♘g5; ♗) 13. ♕e7 ♕a5 14. ♘c3 ♗f3 15. gf3 ♕g5; C) 13. ♗e7 ♘c5 14. ♗d8 ♘a4; ♕) 13. ♕c1 ♕a5

[b] 15. ♗f8 ♗f8 16. ♕b3 ♘c3 17. ♖d3 ♕b3 18. ab3 ♗b4

[c] 16. ♕c3 ♖fe8 17. ♗f7 ♔f7 18. ♘g5 ♔e7 19. 0–0 ♗d1 20. ♖d1 ♕b5

[d] 18. ♗e6 ♕b5 19. ♔g1 ♘e2 20. ♔f1 ♘g3 21. ♔g1 ♕f1 22. ♖f1 ♘e2#; 18. ♕c3 ♕c5 19. dc5 ♗c3

119

Tal – Keller

Zürich 1959

1. ♘g1–f3 ♘g8–f6
2. c2–c4 e7–e6
3. ♘b1–c3 d7–d5
4. d2–d4 c7–c6
5. ♗c1–g5 d5×c4
6. e2–e4 b7–b5
7. a2–a4 ♕d8–b6
8. ♗g5×f6 g7×f6
9. ♗f1–e2 a7–a6
10. 0–0 ♗c8–b7
11. d4–d5 c6×d5
12. e4×d5 b5–b4
13. a4–a5 ♕b6–c7
14. d5×e6 b4×c3
15. ♘f3–d4 ♖h8–g8
16. ♕d1–a4+ ♔e8–d8[a]
17. g2–g3 ♗b7–d5
18. ♖f1–d1 ♔d8–c8
19. b2×c3 ♗f8–c5[b]
20. e6–e7 ♘b8–c6[c]
21. ♗e2–g4+ ♔c8–b7
22. ♘d4–b5 ♕c7–e5[d]
23. ♖d1–e1 ♗d5–e4
24. ♖a1–b1 ♖g8×g4
25. ♖e1×e4 ♕e5×e4[e]
26. ♘b5–d6+ ♔b7–c7
27. ♘d6×e4 ♖g4×e4
28. ♕a4–d1 ♖e4–e5[f]
29. ♖b1–b7+ ♔c7×b7
30. ♕d1–d7+ ♔b7–b8
31. e7–e8♕+ ♖e5×e8
32. ♕d7×e8+ ♔b8–b7
33. ♕e8–d7+ ♔b7–b8
34. ♕d7×c6

Schwarz gibt auf

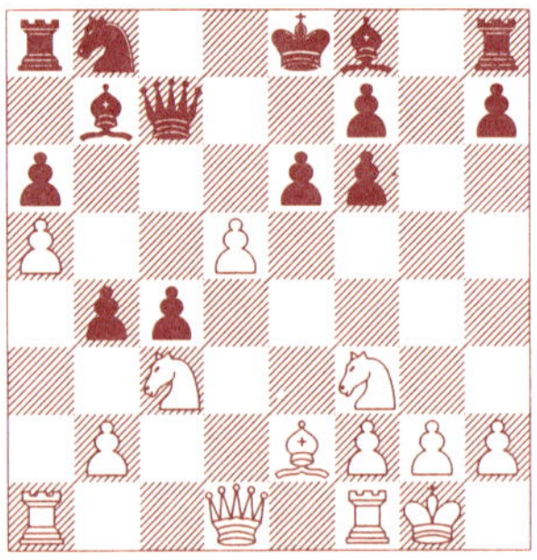

Nach 13… ♕b6–c7

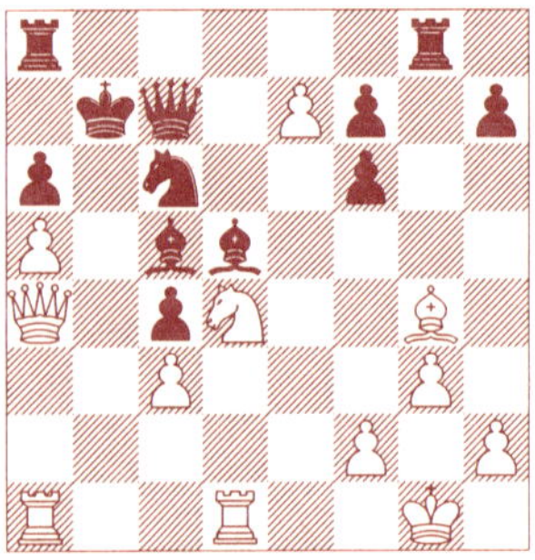

Nach 21… ♔c8–b7

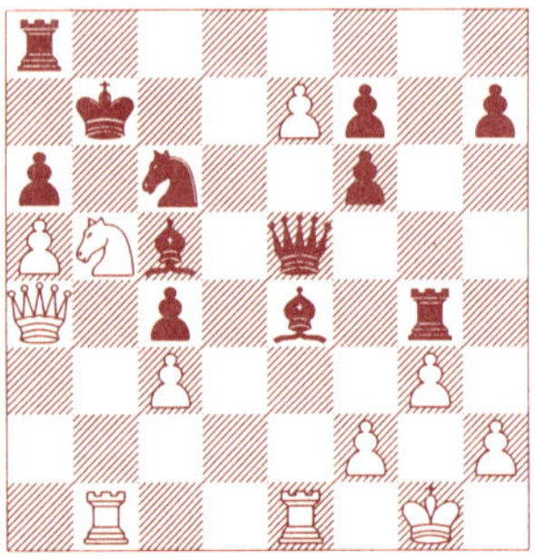

Nach 24… ♖g8×g4

[a] 16… ♗c6 17. ef7 ♔f7 18. ♕c4

[b] 19… fe6 20. ♘e6 ♗e6 21. ♕e8

[c] 20… ♗e7 21. ♗f1; 20… ♗c6 21. ♘c6 ♕c6 22. ♕c6 ♘c6 23. ♗g4 ♔b8 24. ♖ab1

[d] 22… ab5 23. ♕b5 ♗b6 24. ab6 ♕b6 25. ♕d5

[e] 25… ♖e4 26. ♘d4 ♘b4 27. ♕c6 ♔b8 28. ♕e8 ♔b7 29. ♕d7 ♕c7 30. ♕d5; 25… ♖g3 26. ♔f1

[f] 28… ♖e7 29. ♕d5 ♗a7 30. ♕c4 ♖b8 31. ♖b8

120

Petrosjan – Pachman

Bled 1961

1. ♘g1–f3 c7–c5
2. g2–g3 ♘b8–c6
3. ♗f1–g2 g7–g6
4. 0–0 ♗f8–g7
5. d2–d3 e7–e6
6. e2–e4 ♘g8–e7
7. ♖f1–e1 0–0
8. e4–e5 d7–d6
9. e5×d6 ♕d8×d6
10. ♘b1–d2 ♕d6–c7
11. ♘d2–b3 ♘c6–d4[a]
12. ♗c1–f4 ♕c7–b6
13. ♘f3–e5 ♘d4×b3
14. ♘e5–c4 ♕b6–b5
15. a2×b3 a7–a5
16. ♗f4–d6 ♗g7–f6[b]
17. ♕d1–f3 ♔g8–g7
18. ♖e1–e4 ♖f8–d8[c]
19. ♕f3×f6+ ♔g7×f6
20. ♗d6–e5+ ♔f6–g5
21. ♗e5–g7

Schwarz gibt auf

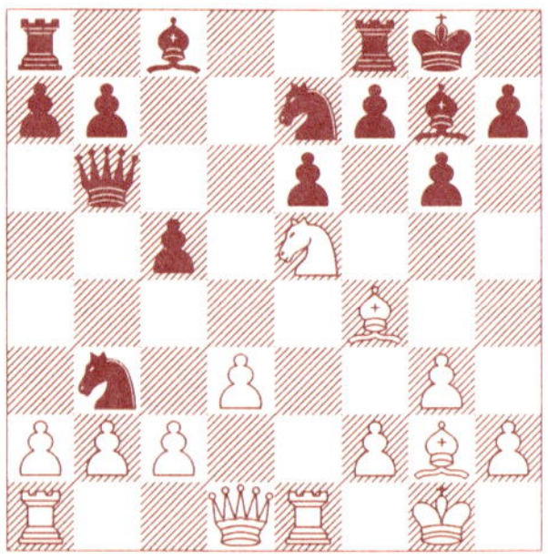

Nach 13… ♘d4×b3

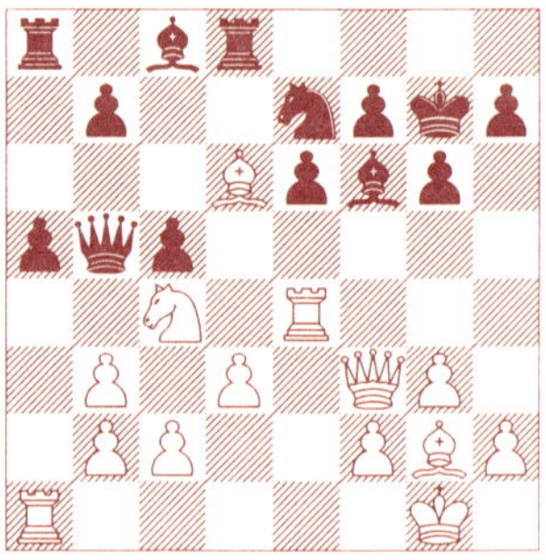

Nach 18… ♖f8–d8

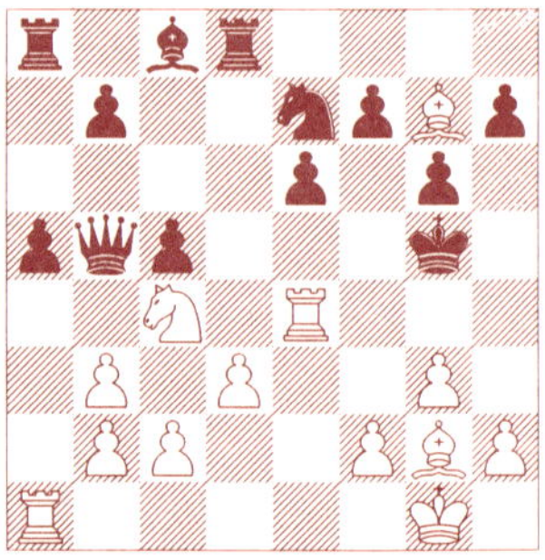

Nach 21. ♗e5–g7

[a] 11… b6 12. ♗f4 ♕d8 13. ♘e5 ♗b7

[b] 16… ♖e8 17. ♗c7

[c] 18… ♘d5

121
Geller – Ciric
Oberhausen 1961

1.	d2–d4	d7–d5	**23.**	♗e5–b2	♖f8–e8[b]
2.	c2–c4	e7–e6	**24.**	♘g5×h7	♗e7×h4
3.	♘g1–f3	♘g8–f6	**25.**	♖e1–d1	♕c6–e6
4.	g2–g3	♗f8–e7	**26.**	♕c2–c3	f7–f6
5.	♗f1–g2	0–0	**27.**	♕c3–d3	♕e6–g4
6.	0–0	c7–c6	**28.**	♖d5–g5	♕g4–e4[c]
7.	b2–b3	♘b8–d7	**29.**	♘h7×f6+	♘h5×f6
8.	♗c1–b2	b7–b6	**30.**	g3×h4	♖e8–d8
9.	♕d1–c2	♗c8–b7	**31.**	♕d3×d8+	♖c8×d8
10.	♘b1–d2	♖a8–c8	**32.**	♖d1×d8+	♔g8–f7
11.	♖a1–d1	♕d8–c7	**33.**	♗b2×f6	♔f7×f6
12.	e2–e4	d5×e4	**34.**	♖d8–d6+	♔f6–f7
13.	♘d2×e4	♘f6×e4	**35.**	♖d6×g6	♕e4×h4
14.	♕c2×e4	c6–c5	**36.**	♖g6–g7+	♔f7–f6
15.	d4–d5	♘d7–f6[a]	**37.**	♖g7–g6+	♔f6–f7
16.	♕e4–c2	e6×d5	**38.**	♖g6–g7+	♔f7–f6
17.	♗b2–e5	♕c7–d8	**39.**	♖g7–g6+	♔f6–f7
18.	♘f3–g5	g7–g6	**40.**	♖g5–g4	♕h4–h5
19.	h2–h4	♘f6–h5	**41.**	♖g6–g7+	♔f7–f6[d]
20.	♗g2×d5	♗b7×d5	**42.**	♖g4–g6+	♔f6–f5
21.	♖d1×d5	♕d8–e8	**43.**	♖g6–g5+	
22.	♖f1–e1	♕e8–c6		Schwarz gibt auf	

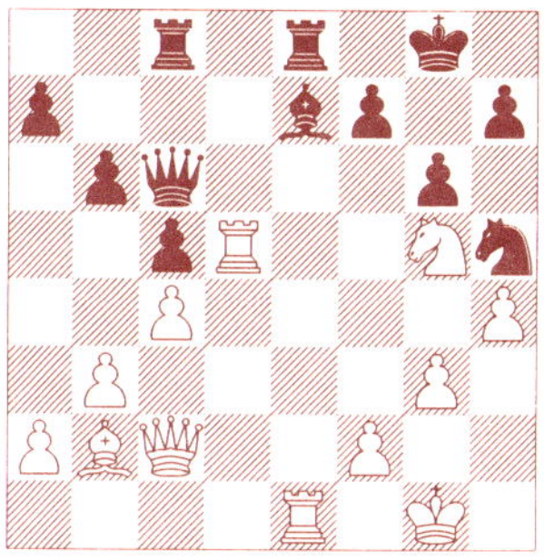

Nach 23. . . ♖f8–e8

Nach 27. . . ♕e6–g4

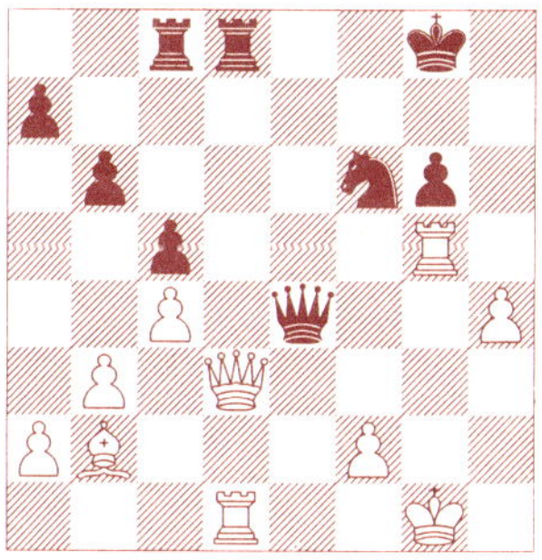

Nach 30. . . ♖e8–d8

[a] 15. . . ♗f6 16. ♕c2 ed5 17. cd5 ♗b2 18. ♕b2 ♖cd8 19. d6 ♕b8 20. ♖fc1 ♘f6 21. ♖c7 ♖d6

[b] 23. . . ♗f6 24. ♘h7; 23. . . ♗g5 24. hg5 f6 25. ♕c3

[c] 28. . . ♗g5 29. ♕g6 ♘g7 (29. . . ♔h8 30. ♘g5 ♕d1 31. ♔h2 ♖e7 32. ♗f6 ♘f6 33. ♕f6) 30. ♘f6 ♗f6 31. ♕g4 ♗b2 32. ♖d7

[d] 41. . . ♔f8 42. ♖g3

122
Fischer – Tal
Bled 1961

1.	e2–e4	c7–c5	**25.**	♗d3×h7	♕c5–g5[i]
2.	♘g1–f3	♘b8–c6	**26.**	♗h7×g8	♕g5×f6
3.	d2–d4	c5×d4	**27.**	♖h1–f1	♕f6×g7
4.	♘f3×d4	e7–e6	**28.**	♗g8×f7+	♔e8–d8
5.	♘b1–c3	♕d8–c7	**29.**	♗f7–e6	♕g7–h6
6.	g2–g3	♘g8–f6[a]	**30.**	♗e6×d7	♗c8×d7
7.	♘d4–b5	♕c7–b8[b]	**31.**	♖f1–f7	♕h6×h2
8.	♗c1–f4	♘c6–e5[c]	**32.**	♖d1×d7+	♔d8–e8
9.	♗f1–e2	♗f8–c5[d]	**33.**	♖d7–e7+	♔e8–d8
10.	♗f4×e5	♕b8×e5	**34.**	♖e7–d7+	♔d8–c8
11.	f2–f4	♕e5–b8	**35.**	♖d7–c7+	♔c8–d8
12.	e4–e5	a7–a6[e]	**36.**	♖f7–d7+	♔d8–e8
13.	e5×f6	a6×b5	**37.**	♖d7–d1	b7–b5
14.	f6×g7	♖h8–g8	**38.**	♖c7–b7	♕h2–h5
15.	♘c3–e4	♗c5–e7	**39.**	g3–g4	♕h5–h3
16.	♕d1–d4	♖a8–a4	**40.**	g4–g5	♕h3–f3
17.	♘e4–f6+	♗e7×f6[f]	**41.**	♖d1–e1+	♔e8–f8
18.	♕d4×f6	♕b8–c7	**42.**	♖b7×b5	♔f8–g7
19.	0–0–0	♖a4×a2	**43.**	♖b5–b6	♕f3–g3
20.	♔c1–b1	♖a2–a6[g]	**44.**	♖e1–d1	♕g3–c7
21.	♗e2×b5[h]	♖a6–b6	**45.**	♖d1–d6	♕c7–c8
22.	♗b5–d3	e6–e5	**46.**	b2–b3	♔g7–f7
23.	f4×e5	♖b6×f6	**47.**	♖b6–a6	
24.	e5×f6	♕c7–c5		Schwarz gibt auf	

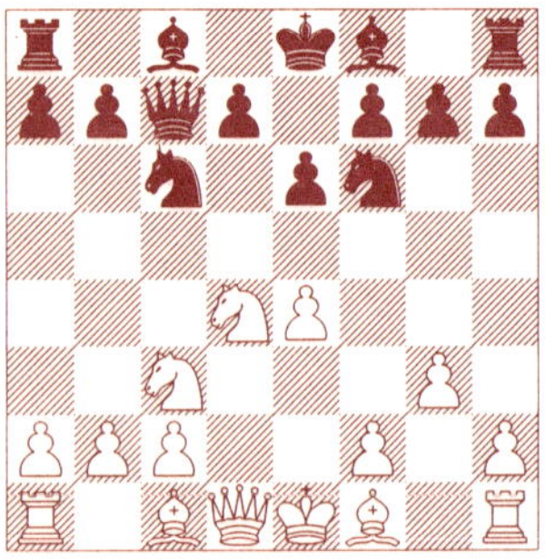

Nach 6. . . ♘g8–f6

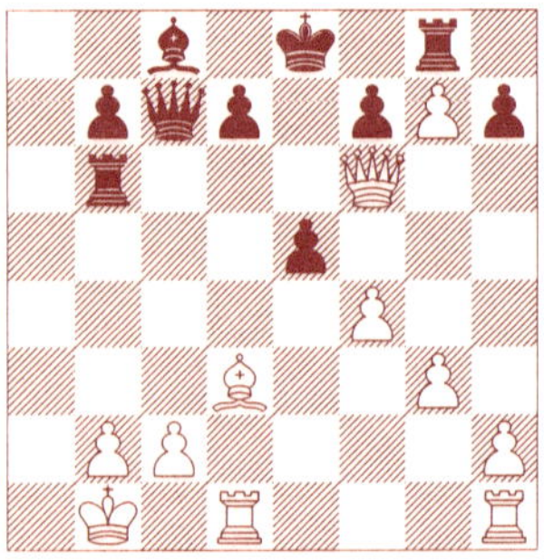

Nach 22. . . e6–e5

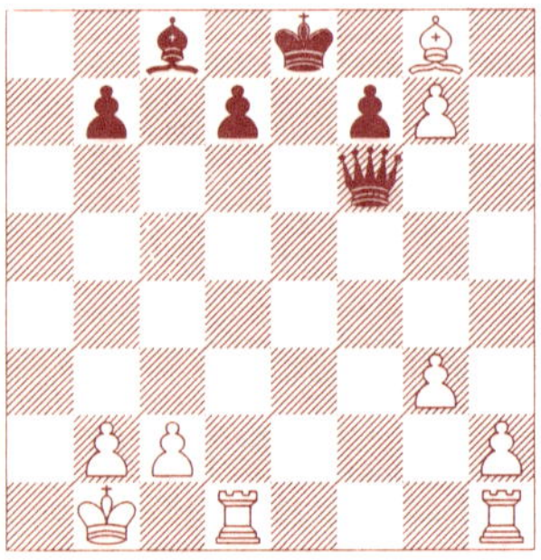

Nach 26. . . ♕g5×f6

[a] 6. . . a6
[b] 7. . . ♕a5 8. ♗d2 ♕d8 9. ♗f4 e5 10. ♗g5
[c] 8. . . e5 9. ♗g5 a6 10. ♗f6 gf6 11. ♘a3 b5 12. ♘d5
[d] 9. . . a6 10. ♕d4 d6 11. ♖d1 ab5 12. ♗e5
[e] 12. . . ♘g8 13. ♘e4
[f] 17. . . ♔d8 18. ♕b6
[g] 20. . . ♖a5 21. ♗h5 d5 22. ♖d5 ed5 23. ♖e1; 20. . . ♕a5 21. b3
[h] 21. ♗h5 d6 22. ♖he1 ♕e7 23. ♕h6 ♔d7 24. ♕h7
[i] 25. . . ♕b6 26. ♖hf1

123
Toran Albero – Tal
Oberhausen 1961

1. c2–c4 e7–e5
2. ♘b1–c3 d7–d6
3. g2–g3 f7–f5
4. d2–d4 e5–e4
5. f2–f3 ♘g8–f6
6. ♗f1–g2 e4×f3
7. ♘g1×f3 g7–g6
8. 0–0 ♗f8–g7
9. e2–e4 f5×e4
10. ♘f3–g5 0–0
11. ♘g5×e4 ♘f6×e4
12. ♖f1×f8+ ♕d8×f8
13. ♘c3×e4 ♘b8–c6
14. ♗c1–e3 ♗c8–f5
15. ♕d1–d2[a] ♖a8–e8
16. ♘e4–g5 ♖e8×e3
17. ♗g2–d5+[b] ♔g8–h8
18. ♘g5–f7+ ♕f8×f7
19. ♗d5×f7 ♖e3–d3
20. ♕d2–e2[c] ♗g7×d4+
21. ♔g1–g2 ♘c6–e5
22. ♖a1–d1 ♖d3–e3
23. ♕e2–f1[d] ♗f5–e4+
24. ♔g2–h3 ♖e3–f3
25. ♕f1–e2 ♗e4–f5+

Weiß gibt auf

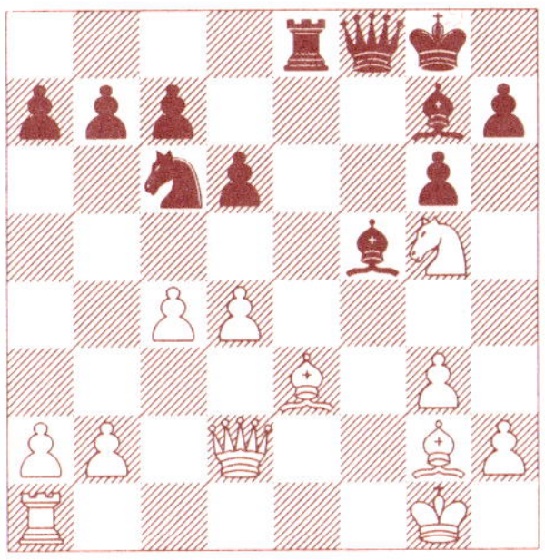

Nach 16. ♘e4–g5

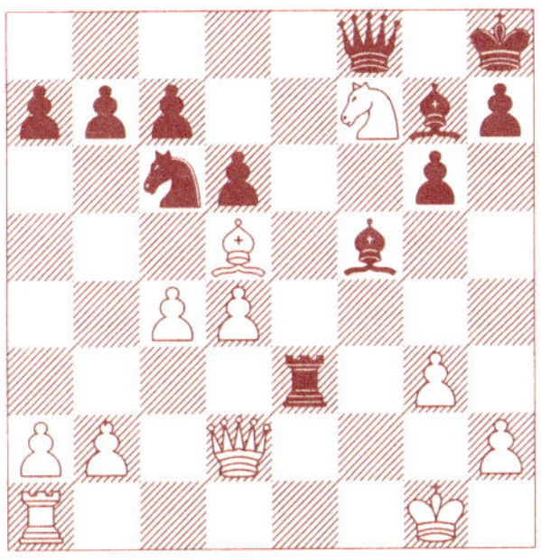

Nach 18. ♘g5–f7+

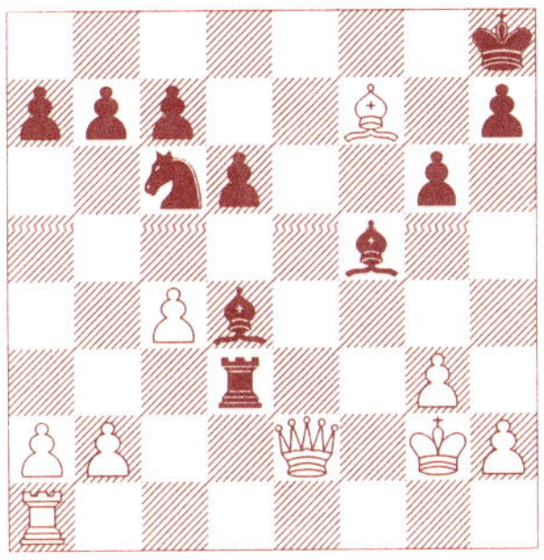

Nach 21. ♔g1–g2

124
Larsen – Petrosjan
Santa Monica 1966

1. e2–e4 c7–c5
2. ♘g1–f3 ♘b8–c6
3. d2–d4 c5×d4
4. ♘f3×d4 g7–g6
5. ♗c1–e3 ♗f8–g7
6. c2–c4 ♘g8–f6
7. ♘b1–c3 ♘f6–g4
8. ♕d1×g4 ♘c6×d4
9. ♕g4–d1 ♘d4–e6
10. ♕d1–d2 d7–d6
11. ♗f1–e2 ♗c8–d7
12. 0–0 0–0
13. ♖a1–d1 ♗d7–c6
14. ♘c3–d5 ♖f8–e8
15. f2–f4 ♘e6–c7
16. f4–f5 ♘c7–a6
17. ♗e2–g4 ♘a6–c5
18. f5×g6 h7×g6
19. ♕d2–f2 ♖e8–f8
20. e4–e5 ♗g7×e5
21. ♕f2–h4 ♗c6×d5
22. ♖d1×d5 ♘c5–e6[a]
23. ♖f1–f3 ♗e5–f6
24. ♕h4–h6 ♗f6–g7
25. ♕h6×g6 ♘e6–f4[b]
26. ♖f3×f4 f7×g6
27. ♗g4–e6+ ♖f8–f7[c]
28. ♖f4×f7 ♔g8–h8[d]
29. ♖d5–g5 b7–b5
30. ♖g5–g3

Schwarz gibt auf

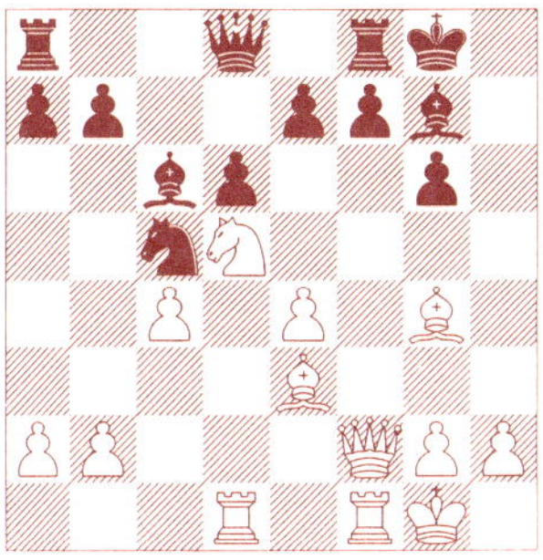

Nach 19. ... ♖e8–f8

Nach 24. ... ♗f6–g7

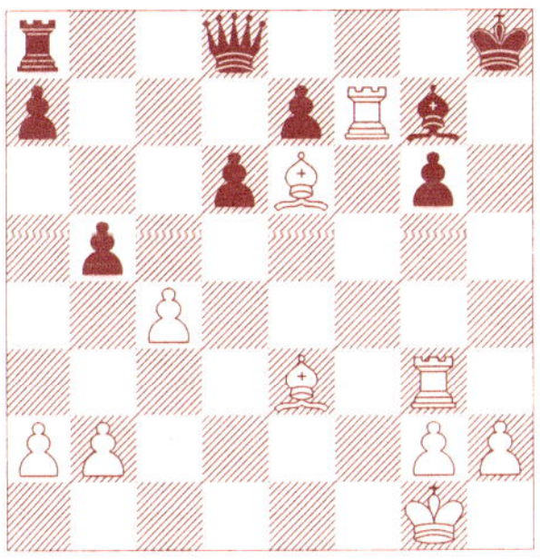

Nach 30. ♖g5–g3

[a] 15. ♘g5 ♘e7
[b] 17. ♕e3 ♗d4; 17. ♗c6 ♕e7 18. ♗d5 ♔f8 19. ♘h7 ♔e8
[c] 20. ♕g2 ♗d4 21. ♔h1 ♘e5 22. ♗d5 c6 23. ♗e4 ♖d2
[d] 23. ♕d2 ♗e4 24. ♔h3 ♘f3 25. ♕a5 ♗f5 26. ♔g2 ♖e2 27. ♔f3 ♖f2#; 23. ♕f2 ♗b6 24. ♗d5 c6 25. c5 ♗c5 26. ♗b3 ♗e4 27. ♔h3 g5

[a] 22. ... e6 23. ♕d8 ♖fd8 24. ♖e5 de5 25. ♗c5
[b] 25. ... fg6 26. ♗e6
[c] 27. ... ♔h7 28. ♖h4 ♗h6 29. ♗h6 ♖f5 30. ♖f5 gf5 31. ♗f7 e5 32. ♖h3
[d] 28. ... ♗e5 29. ♖f5 ♔g7 30. ♖fe5

125

Larsen – Kortschnoi
Palma de Mallorca 1968

1.	c2–c4	c7–c5
2.	♘b1–c3	♘g8–f6
3.	♘g1–f3	d7–d5
4.	c4×d5	♘f6×d5
5.	e2–e3	e7–e6
6.	d2–d4	♘b8–c6
7.	♗f1–d3	♗f8–e7
8.	0–0	0–0
9.	a2–a3	♘d5×c3
10.	b2×c3	♗e7–f6
11.	♖a1–b1	g7–g6
12.	♗d3–e4	♕d8–c7
13.	a3–a4	b7–b6
14.	a4–a5	♗c8–a6
15.	a5×b6	a7×b6
16.	♖f1–e1	♖a8–a7
17.	h2–h4	♘c6–a5
18.	h4–h5	♖f8–d8
19.	♘f3–d2	♗f6–g7
20.	h5×g6	h7×g6
21.	♕d1–f3	♘a5–c4
22.	♘d2×c4	♗a6×c4
23.	♖e1–d1	b6–b5
24.	♗c1–d2	♖a7–a2
25.	♗e4–c6	♕c7–a5
26.	♕f3–g4	♗c4–d3
27.	♖b1–c1	♗d3–c2
28.	♖d1–e1	c5×d4
29.	e3×d4	♗g7×d4
30.	♕g4–g5[a]	♗d4×f2+
31.	♔g1×f2	♖d8×d2+
32.	♔f2–g1[b]	♕a5×c3
33.	♕g5×b5	♕c3–d4+
34.	♔g1–h1	♕d4–h4+
35.	♔h1–g1	♗c2–e4
36.	♕b5–b8+	♔g8–h7
37.	♗c6×e4	♖d2×g2+
38.	♗e4×g2	♕h4–f2+
39.	♔g1–h2	♕f2×g2+
	matt	

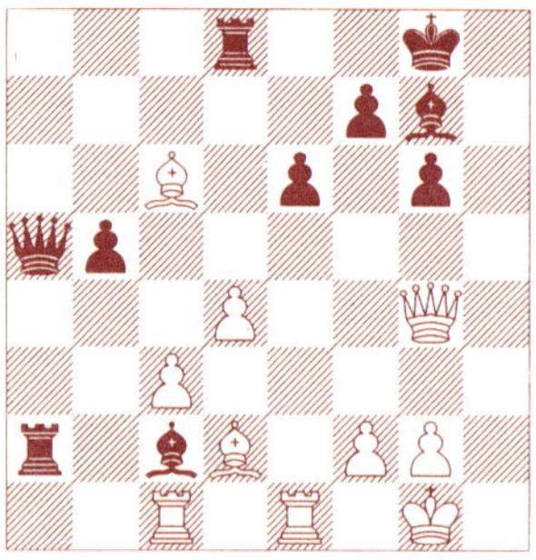

Nach 29. e3×d4

Nach 30. ♕g4–g5

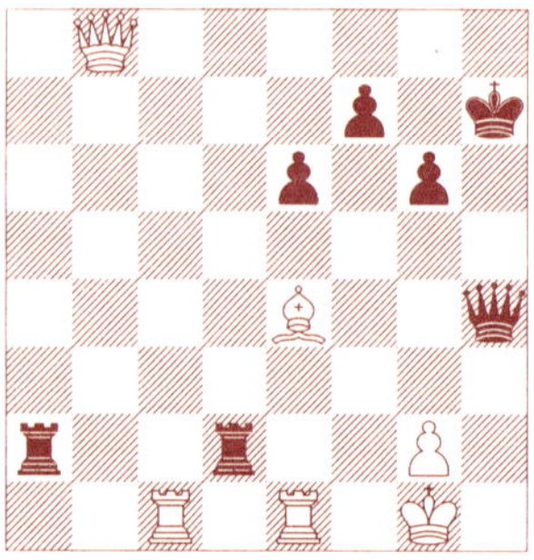

Nach 37. ♗c6×e4

[a] 30. cd4 ♕d2 31. ♗b5 ♗d3 32. ♗d3 ♕f2 33. ♔h1 ♔g7

[b] 32. ♕d2 ♗e4

126

Larsen – Spassky
Belgrad 1970

1.	b2–b3	e7–e5
2.	♗c1–b2	♘b8–c6
3.	c2–c4	♘g8–f6
4.	♘g1–f3	e5–e4
5.	♘f3–d4	♗f8–c5
6.	♘d4×c6	d7×c6
7.	e2–e3	♗c8–f5
8.	♕d1–c2	♕d8–e7
9.	♗f1–e2	0–0–0
10.	f2–f4	♘f6–g4
11.	g2–g3[a]	h7–h5
12.	h2–h3	h5–h4
13.	h3×g4[b]	h4×g3
14.	♖h1–g1[c]	♖h8–h1
15.	♖g1×h1	g3–g2
16.	♖h1–f1[d]	♕e7–h4+
17.	♔e1–d1	g2×f1♕+
	Weiß gibt auf	

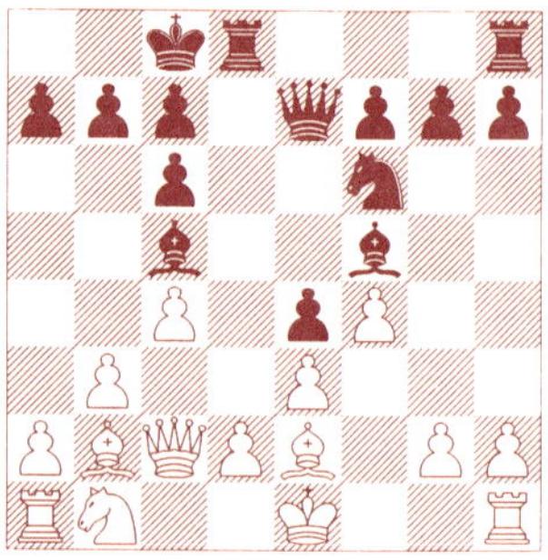

Nach 10. f2–f4

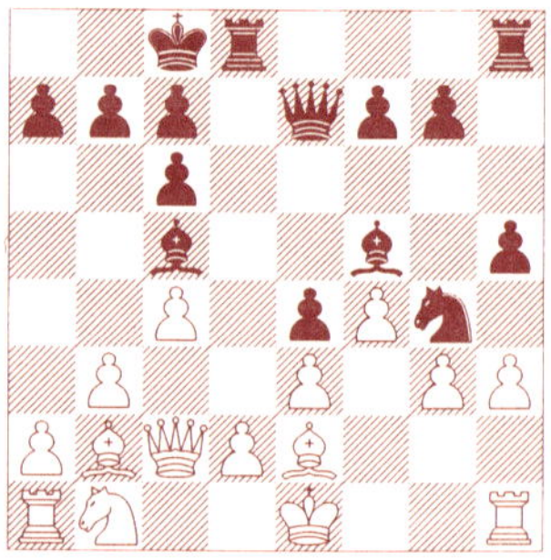

Nach 12. h2–h3

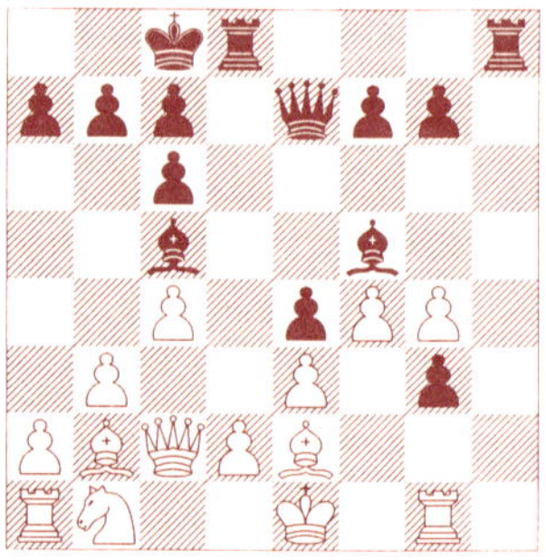

Nach 14. ♖h1–g1

[a] 11. 0–0 ♕h4 12. h3 h5; 11. ♘c3 ♖d2

[b] 13. ♗g4 ♗g4 14. hg4 hg3 15. ♖g1 ♖h1 16. ♖h1 g2 17. ♖g1 ♕h4 18. ♔d1 ♕g4 19. ♔e1 ♕g3 20. ♔e2 ♕f3 21. ♔e1 ♗e7

[c] 14. ♖h8 ♖h8 15. gf5 ♖h1

[d] 16. ♖g1 ♕h4 17. ♔d1 ♕h1 18. ♕c3 ♕g1 19. ♔c2 ♕f2 20. ♘a3 ♕e2 21. gf5 ♗b4 22. ♕b4 ♕d3 23. ♔c1 g1♕#

127

Fischer – Larsen

Denver 1971 (1. Partie)

1.	e2–e4	e7–e6
2.	d2–d4	d7–d5
3.	♘b1–c3	♗f8–b4
4.	e4–e5	♘g8–e7
5.	a2–a3	♗b4×c3+
6.	b2×c3	c7–c5
7.	a3–a4	♘b8–c6
8.	♘g1–f3	♗c8–d7
9.	♗f1–d3	♕d8–c7
10.	0–0	c5–c4
11.	♗d3–e2	f7–f6
12.	♖f1–e1	♘e7–g6
13.	♗c1–a3	f6×e5
14.	d4×e5	♘c6×e5
15.	♘f3×e5	♘g6×e5
16.	♕d1–d4	♘e5–g6[a]
17.	♗e2–h5	♔e8–f7
18.	f2–f4	♖h8–e8
19.	f4–f5	e6×f5
20.	♕d4×d5+	♔f7–f6[b]
21.	♗h5–f3	♘g6–e5[c]
22.	♕d5–d4	♔f6–g6
23.	♖e1×e5	♕c7×e5
24.	♕d4×d7	♖a8–d8
25.	♕d7×b7	♕e5–e3+[d]
26.	♔g1–f1	♖d8–d2
27.	♕b7–c6+	♖e8–e6
28.	♗a3–c5	♖d2–f2+[e]
29.	♔f1–g1	♖f2×g2+
30.	♔g1×g2	♕e3–d2+
31.	♔g2–h1	♖e6×c6
32.	♗f3×c6	♕d2×c3
33.	♖a1–g1+	♔g6–f6
34.	♗c5×a7	f5–f4
35.	♗a7–b6	♕c3×c2
36.	a4–a5	♕c2–b2
37.	♗b6–d8+	♔f6–e6
38.	a5–a6	♕b2–a3
39.	♗c6–b7	♕a3–c5[f]
40.	♖g1–b1	c4–c3
41.	♗d8–b6[g]	
	Schwarz gibt auf	

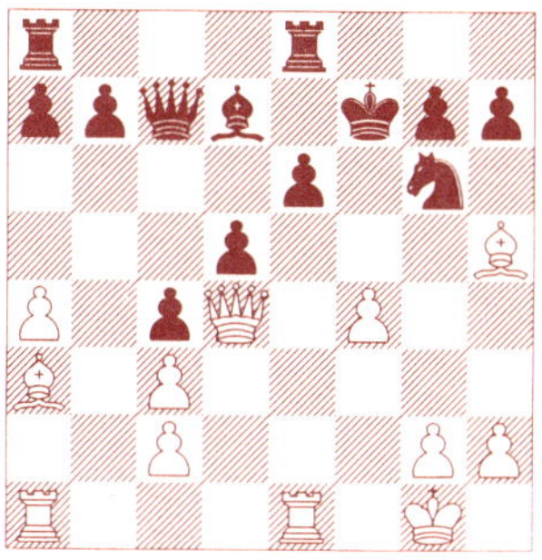

Nach 18. . . ♖h8–e8

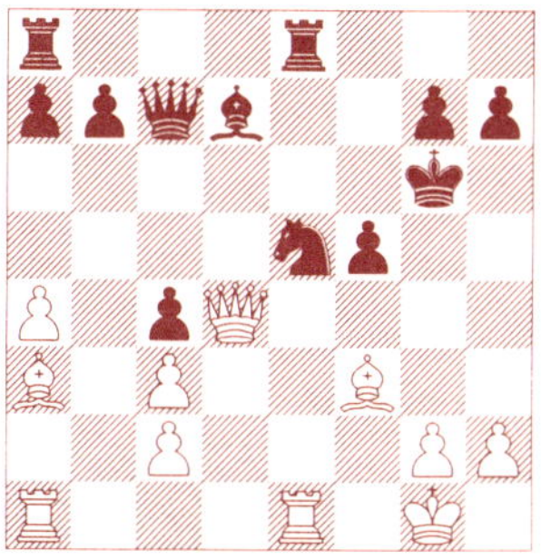

Nach 22. . . ♔f6–g6

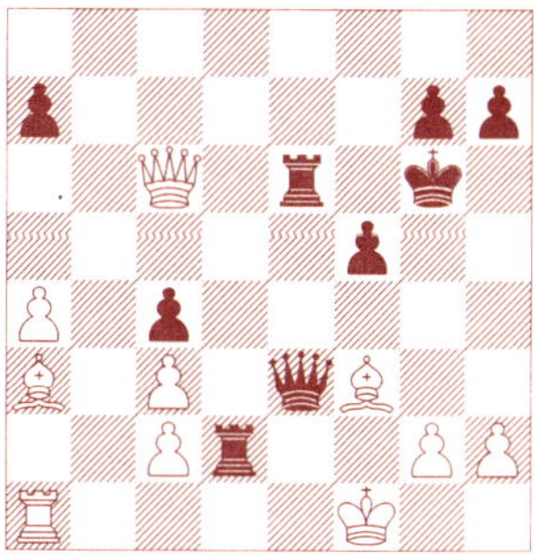

Nach 27. . . ♖e8–e6

[a] 16. . . b6 17. ♗h5 ♘g6 18. ♕d5; 16. . . ♘c6 17. ♗h5 ♔d8 18. ♕g7; 16. . . 0–0–0 17. ♕a7

[b] 20. . . ♗e6 21. ♖e6 ♖e6 22. ♕f5 ♖f6 23. ♕d5 ♖e6 24. ♖f1; 20. . . ♖e6 21. ♕f5 ♖f6 22. ♖e7

[c] 21. . . ♗e6 22. ♕d4 ♔f7 23. ♖ab1

[d] 25. . . ♕c3 26. ♕b1 ♖d2 27. ♗b4 ♕e3 28. ♔h1 ♖f2 29. ♕d1

[e] 28. . . ♕e5 29. ♗d4

[f] 39. . . c3 40. ♗b6 c2 41. a7 c1♕ 42. ♖c1 ♕c1 43. ♗g1

[g] 41. . . c2 42. ♖e1 ♕e5 43. ♖e5 ♔e5 44. a7 c1♕ 45. ♗g1

128
Fischer – Spassky
Reykjavik 1972 (6. Partie)

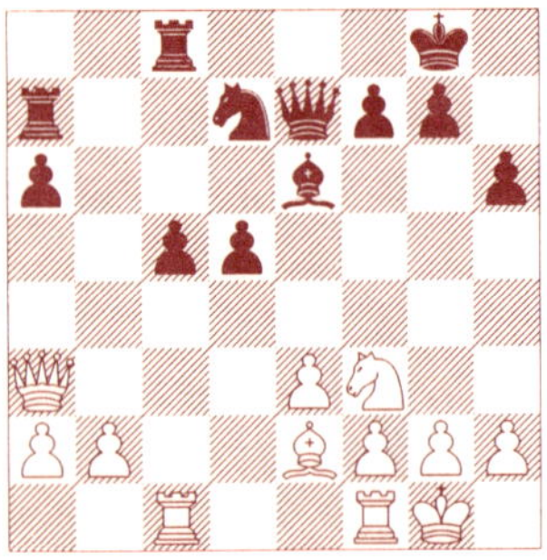

Nach 17… ♘b8–d7

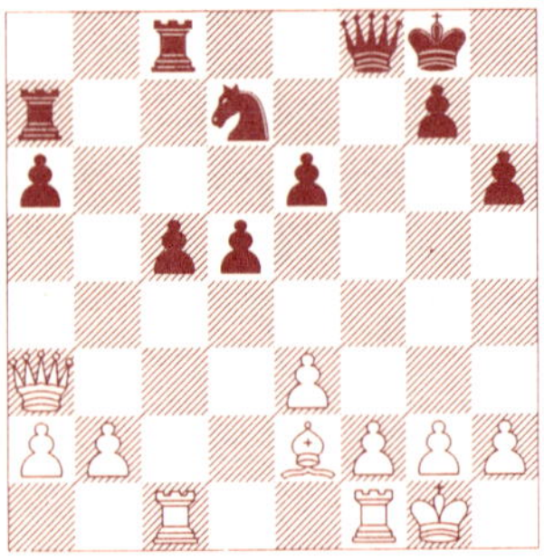

Nach 19… f7×e6

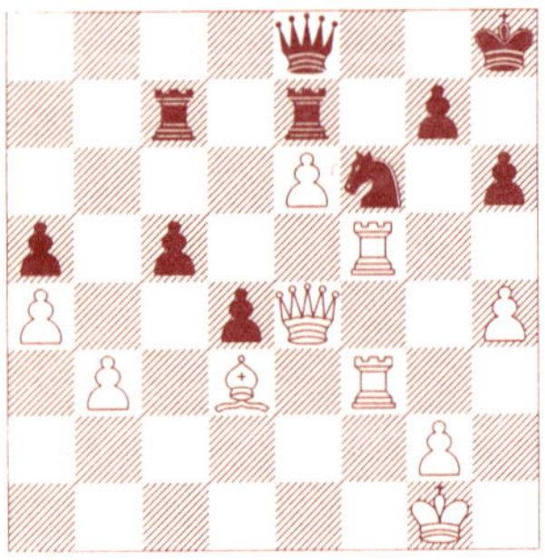

Nach 37… ♘h7–f6

1.	c2–c4	e7–e6
2.	♘g1–f3	d7–d5
3.	d2–d4	♘g8–f6
4.	♘b1–c3	♗f8–e7
5.	♗c1–g5	0–0
6.	e2–e3	h7–h6
7.	♗g5–h4	b7–b6
8.	c4×d5	♘f6×d5
9.	♗h4×e7	♕d8×e7
10.	♘c3×d5	e6×d5
11.	♖a1–c1	♗c8–e6
12.	♕d1–a4	c7–c5
13.	♕a4–a3	♖f8–c8
14.	♗f1–b5	a7–a6[a]
15.	d4×c5	b6×c5[b]
16.	0–0	♖a8–a7
17.	♗b5–e2	♘b8–d7
18.	♘f3–d4	♕e7–f8[c]
19.	♘d4×e6	f7×e6
20.	e3–e4	d5–d4[d]
21.	f2–f4	♕f8–e7
22.	e4–e5	♖c8–b8[e]
23.	♗e2–c4	♔g8–h8[f]
24.	♕a3–h3	♘d7–f8[g]
25.	b2–b3	a6–a5
26.	f4–f5	e6×f5
27.	♖f1×f5	♘f8–h7
28.	♖c1–f1	♕e7–d8
29.	♕h3–g3	♖a7–e7
30.	h2–h4	♖b8–b7
31.	e5–e6	♖b7–c7
32.	♕g3–e5	♕d8–e8
33.	a2–a4	♕e8–d8[h]
34.	♖f1–f2	♕d8–e8
35.	♖f2–f3	♕e8–d8
36.	♗c4–d3	♕d8–e8[i]
37.	♕e5–e4	♘h7–f6
38.	♖f5×f6	g7×f6
39.	♖f3×f6	♔h8–g8
40.	♗d3–c4	♔g8–h8
41.	♕e4–f4[j]	
	Schwarz gibt auf	

[a] 14… ♕b7 15. dc5 bc5 16. ♖c5 ♖c5 17. ♕c5 ♘a6
[b] 15… ♖c5 16. 0–0
[c] 18… ♘f6 19. ♘b3 c4 20. ♕e7 ♖e7 21. ♘d4
[d] 20… de4 21. ♖c4; 20… ♘f6 21. e5 ♘d7 22. f4
[e] 22… ♘b6 23. ♕b3 ♘d5 24. f5
[f] 23… ♘b6 24. ♕b3
[g] 24… ♖b2 25. ♗e6
[h] 33… ♘f6 34. ♖f6 gf6 35. ♖f6; 33… ♔g8 34. ♖f7
[i] 36… ♖c6 37. ♕e4
[j] 41… ♔g8 42. ♕h6

129

Karpow – Kortschnoi

Moskau 1974 (2. Partie)

1.	e2–e4	c7–c5
2.	♘g1–f3	d7–d6
3.	d2–d4	c5×d4
4.	♘f3×d4	♘g8–f6
5.	♘b1–c3	g7–g6
6.	♗c1–e3	♗f8–g7
7.	f2–f3	♘b8–c6
8.	♕d1–d2	0–0
9.	♗f1–c4	♗c8–d7
10.	h2–h4	♖a8–c8
11.	♗c4–b3	♘c6–e5
12.	0–0–0	♘e5–c4
13.	♗b3×c4	♖c8×c4
14.	h4–h5	♘f6×h5
15.	g2–g4	♘h5–f6
16.	♘d4–e2	♕d8–a5[a]
17.	♗e3–h6	♗g7×h6
18.	♕d2×h6	♖f8–c8
19.	♖d1–d3	♖c4–c5[b]
20.	g4–g5	♖c5×g5
21.	♖d3–d5	♖g5×d5
22.	♘c3×d5	♖c8–e8
23.	♘e2–f4	♗d7–c6
24.	e4–e5	♗c6×d5[c]
25.	e5×f6	e7×f6
26.	♕h6×h7+	♔g8–f8
27.	♕h7–h8+[d]	

Schwarz gibt auf

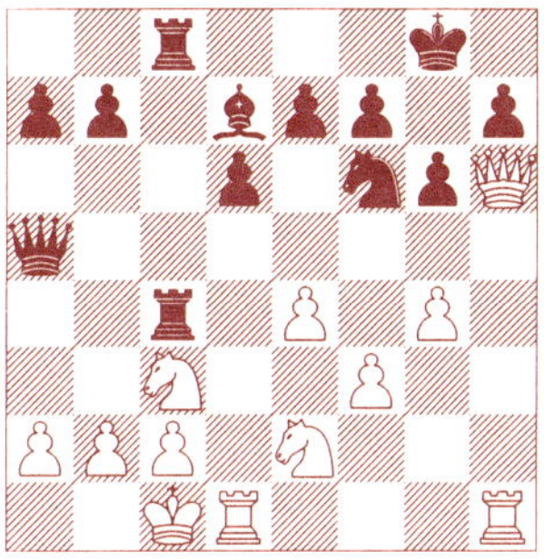

Nach 18. … ♖f8–c8

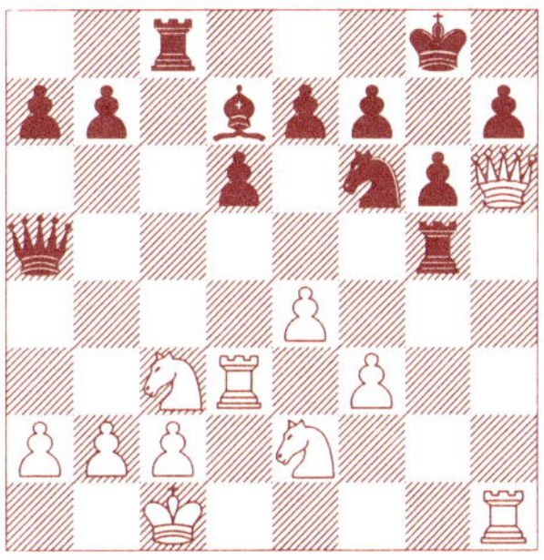

Nach 20. … ♖c5×g5

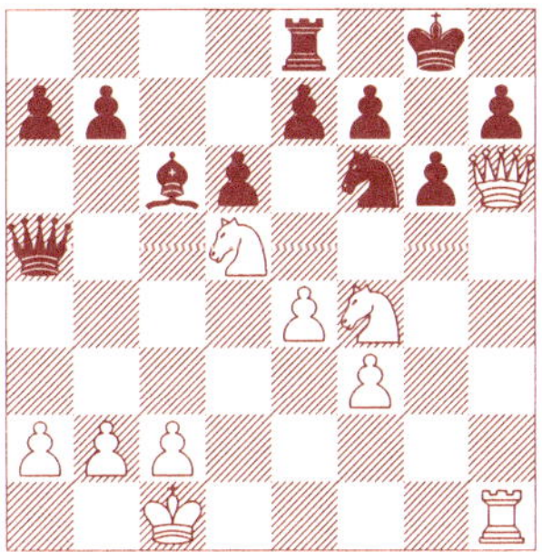

Nach 23. … ♗d7–c6

[a] 16. … ♖e8 17. ♗h6 ♗h8 18. e5 ♘g4 19. fg4 ♗e5

[b] 19. … ♕d8 20. e5 de5 21. g5 ♘h5 22. ♘g3 ♕f8

[c] 24. … de5 25. ♘f6 ef6 26. ♘h5

[d] 27. … ♔e7 28. ♘d5 ♕d5 29. ♖e1

130

Polugajewski – Larsen

Reykjavik 1978

1.	d2–d4	e7–e6
2.	c2–c4	♘g8–f6
3.	♘g1–f3	b7–b6
4.	g2–g3	♗f8–b4+
5.	♗c1–d2	♗b4–e7
6.	♘b1–c3	♗c8–b7
7.	♗f1–g2	0–0
8.	0–0	♘b8–a6
9.	♖a1–c1	♖f8–e8
10.	♕d1–a4	♕d8–c8
11.	♘f3–e1	♗b7×g2
12.	♘e1×g2	c7–c5
13.	d4–d5	e6×d5
14.	c4×d5	♘a6–c7
15.	e2–e4	b6–b5
16.	♕a4–c2	d7–d6
17.	♘c3–d1	♕c8–a6
18.	♘d1–e3	♗e7–f8
19.	f2–f3	♖a8–c8
20.	♗d2–c3	♘f6–d7
21.	b2–b3	♕a6–b6
22.	♔g1–h1	a7–a5
23.	♕c2–d2	a5–a4
24.	♘e3–f5	f7–f6
25.	g3–g4	a4×b3
26.	a2×b3	♘d7–e5
27.	g4–g5	g7–g6
28.	g5×f6	♘e5–f7[a]
29.	♘g2–h4	b5–b4[b]
30.	♗c3–b2	♖e8–e5
31.	♖f1–g1	♘c7–e8
32.	♗b2×e5	d6×e5
33.	♘h4×g6	h7×g6
34.	♖g1×g6+	♔g8–h7
35.	♖c1–g1	c5–c4
36.	♕d2–e1	♗f8–h6
37.	♘f5×h6	♕b6×g1+
38.	♖g6×g1	

Schwarz gibt auf

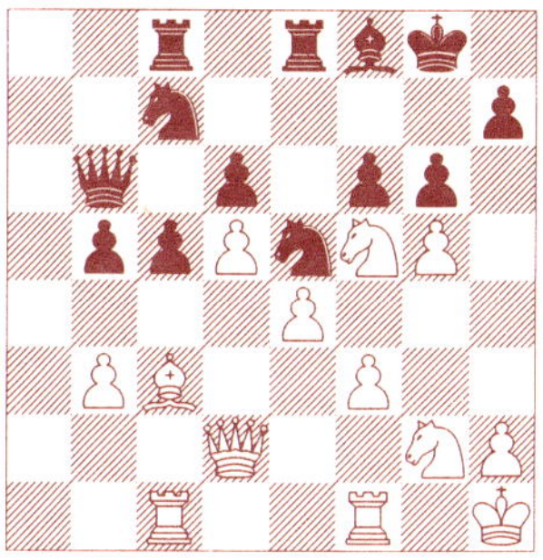

Nach 27. … g7–g6

Nach 28. … ♘e5–f7

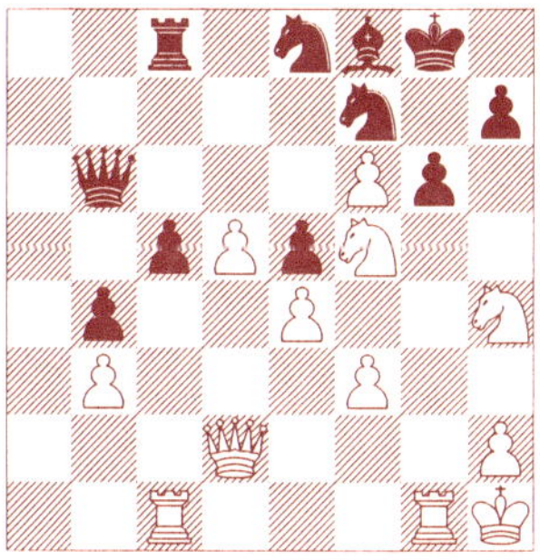

Nach 32. … d6×e5

[a] 28. … gf5 29. ♕g5 ♔h8 (29. … ♔f7 30. ♕h5 ♔g8 31. ♘h4) 30. f7

[b] 29. … gf5 30. ♖g1 ♔h8 31. ♕g2 ♗h6 32. ♘f5 ♖g8 33. ♕g7 ♗g7 34. fg7 ♖g7 35. ♗g7 ♔g8 36. ♘h6

131
Hübner – Portisch
Abano Terme 1980 (9. Partie)

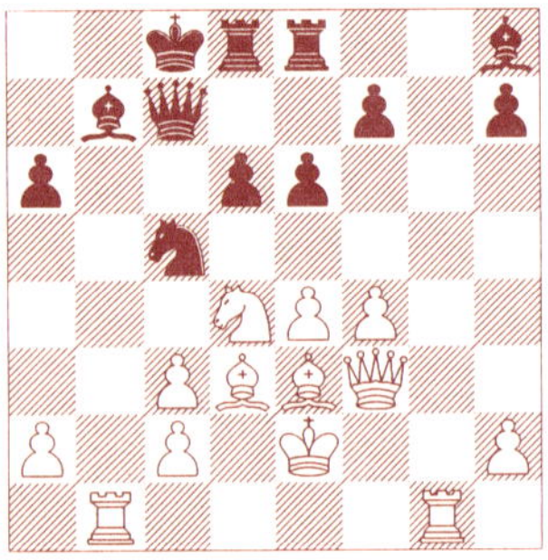

Nach 17... ♗g7–h8

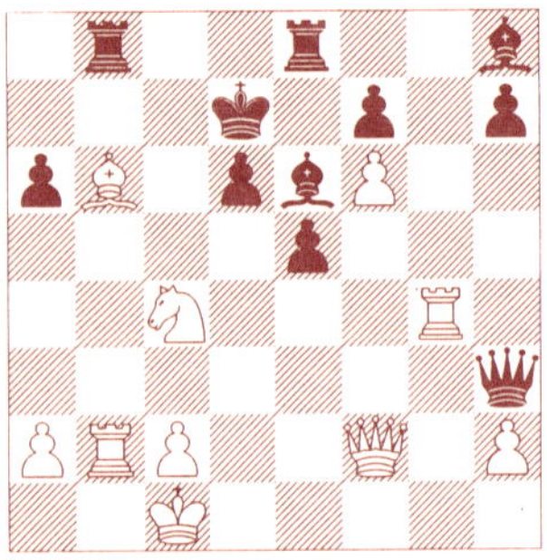

Nach 30... ♕a3–h3

Nach 31... d6×e5

1.	e2–e4	c7–c5
2.	♘g1–f3	d7–d6
3.	d2–d4	c5×d4
4.	♘f3×d4	♘g8–f6
5.	♘b1–c3	a7–a6
6.	♗c1–e3	e7–e6
7.	f2–f4	b7–b5
8.	♕d1–f3	♗c8–b7
9.	♗f1–d3	♘b8–d7
10.	g2–g4	♘d7–c5
11.	g4–g5	b5–b4
12.	g5×f6	b4×c3
13.	f6×g7	♗f8×g7
14.	b2×c3	♕d8–c7
15.	♖a1–b1	0–0–0
16.	♔e1–e2	♖h8–e8
17.	♖h1–g1	♗g7–h8
18.	f4–f5	e6–e5
19.	♘d4–b3	♘c5×e4
20.	♗d3×e4	♕c7–c4+
21.	♔e2–d2	♗b7×e4
22.	♕f3–f2	♔c8–d7
23.	♗e3–b6	♖d8–b8
24.	♔d2–c1	♗e4–a8
25.	♘b3–d2	♕c4–a4
26.	f5–f6	♗a8–d5
27.	c3–c4	♗d5×c4
28.	♖g1–g4	♕a4–a3+
29.	♖b1–b2	♗c4–e6
30.	♘d2–c4	♕a3–h3[a]
31.	♘c4×e5+	d6×e5
32.	♖g4–d4+	♗e6–d5
33.	♖d4×d5+	♔d7–e6
34.	♖d5–c5	♕h3–h6+[b]
35.	♔c1–b1	♕h6–f4
36.	♖c5–c6+	♔e6–f5
37.	♕f2–e2	h7–h6
38.	♖b2–b3	♔f5–g6
39.	♖b3–f3	♕f4–d4
40.	♖f3–b3	♕d4–d5
41.	♕e2–g4+[c]	

Schwarz gibt auf

[a] 30... ♕b2 31. ♔b2 ♗g4 32. ♕d2 ♖e6 33. ♕a5

[b] 34... ♖ec8 35. ♗c7 ♕h6 36. ♔b1 ♖b2 37. ♔b2 ♗f6 38. ♖c6 ♔e7 39. ♕c5 ♔e8 40. ♗d6 e4 41. ♔b1 ♖c6 42. ♕c6 ♔d8 43. ♕c7 ♔e8 44. ♕c8 ♗d8 45. ♕c6#

[c] 41... ♔h7 42. ♕f5 ♔g8 43. ♖g3 ♔f8 44. ♕h7 ♕d1 45. ♔b2 ♖b6 46. ♖b6 ♕d4 47. ♔c1 ♕f4 48. ♔b1 ♗f6 49. ♕g8 ♔e7 50. ♖b7 ♔d6 51. ♕e8 ♕f1 52. ♔b2 e4 53. c3 ♕f2 54. ♔b3

132
Kasparow – Romanischin
Moskau 1981

1.	d2–d4	♘g8–f6	**23.**	♗d2×a5	b6×a5
2.	c2–c4	g7–g6	**24.**	♗a6–c4	♗g7–c3+
3.	♘b1–c3	d7–d5	**25.**	♔e1–f2	e4–e3+
4.	c4×d5	♘f6×d5	**26.**	♔f2–g3	♗c3–e5+
5.	e2–e4	♘d5×c3	**27.**	♔g3×g4	♖d8–d4+
6.	b2×c3	♗f8–g7	**28.**	♔g4–h3	♖d4×c4
7.	♘g1–f3	c7–c5	**29.**	f5–f6	♗e5×f6[d]
8.	♗c1–e3	♕d8–a5	**30.**	♖f7×f6	♖a8–e8
9.	♕d1–d2	♘b8–c6	**31.**	♖h1–e1	e3–e2
10.	♖a1–c1	c5×d4	**32.**	♔h3–g3	♖c4–a4
11.	c3×d4	♕a5×d2+	**33.**	♔g3–f2	♖a4×a2
12.	♔e1×d2	0–0	**34.**	♘g5–e6	a5–a4
13.	d4–d5	♖f8–d8	**35.**	♖e1–b1	a4–a3
14.	♔d2–e1	♘c6–a5	**36.**	♖b1–b7	e2–e1♕+
15.	♗e3–g5	♗g7–f6	**37.**	♔f2×e1	♖a2×g2
16.	♗g5–d2	b7–b6	**38.**	♖b7–g7+	♔g8–h8
17.	♖c1–c7	♗c8–g4	**39.**	♖g7–f7	h7–h5
18.	♗f1–a6	e7–e6	**40.**	♔e1–f1	♖g2×h2
19.	♘f3–g5	♗f6–e5[a]	**41.**	♖f6×g6	♖e8×e6
20.	♖c7×f7	e6×d5[b]	**42.**	♖g6×e6	♔h8–g8
21.	f2–f4	♗e5–g7	**43.**	♖f7×a7	
22.	f4–f5	d5×e4[c]		Schwarz gibt auf	

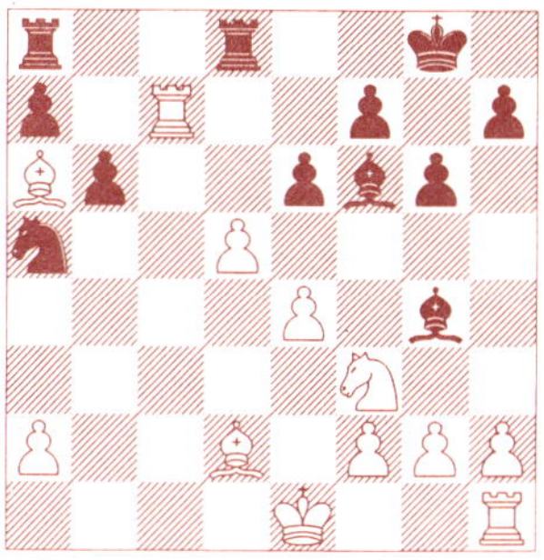

Nach 18. . . e7–e6

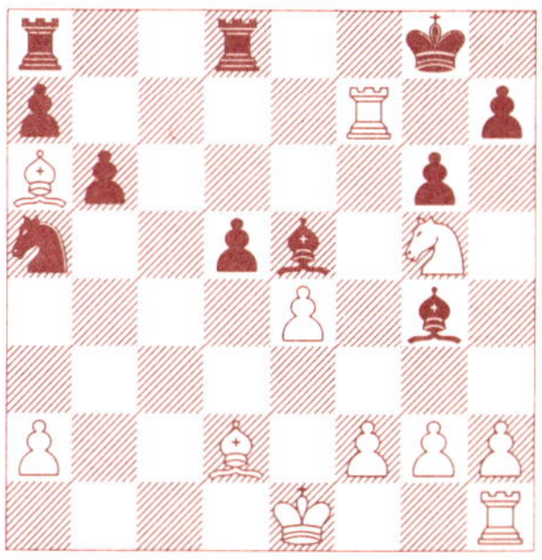

Nach 20. . . e6×d5

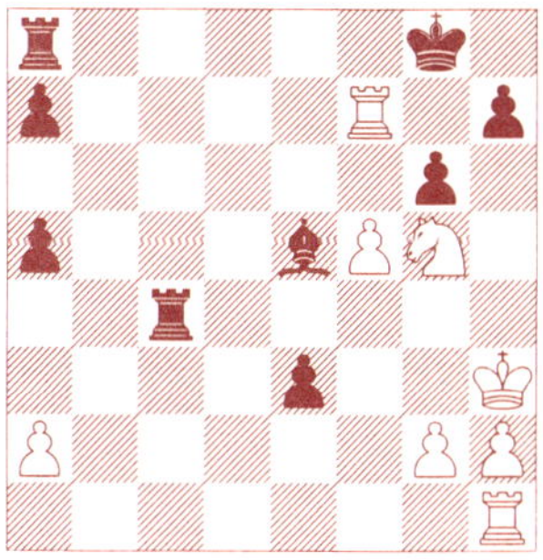

Nach 28. . . ♖d4×c4

[a] 19. . . ed5 20. ♘f7 ♖d7 21. ♘h6 ♔g7 22. ♖c8

[b] 20. . . h6 21. ♘f3 ♗f3 22. ♖f3 ed5 23. ed5 ♖d5 24. ♗h6

[c] 22. . . gf5 23. h3 ♗h5 24. ♖g7 ♔g7 25. ♘e6 ♔f6 26. ef5 ♖e8 27. g4 ♖e6 28. fe6 ♗g6

[d] 29. . . ♖c7 30. ♖c7 ♗c7 31. f7 ♔h8 32. ♘e6 ♗d6 33. ♖e1

133

Karpow – Kasparow

Moskau 1985 (24. Partie)

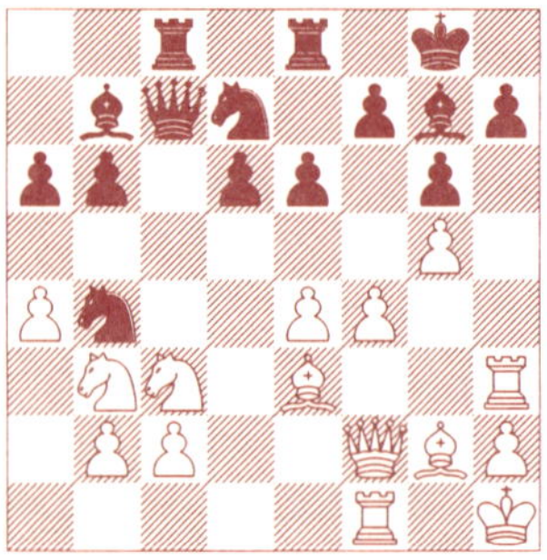

Nach 23. ♗c1–e3

Nach 31. ♖g4–h4

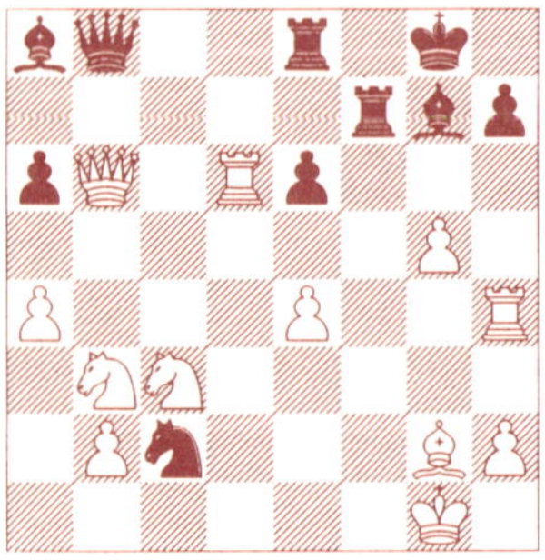

Nach 36. ♖d1×d6

1.	e2–e4	c7–c5
2.	♘g1–f3	d7–d6
3.	d2–d4	c5×d4
4.	♘f3×d4	♘g8–f6
5.	♘b1–c3	a7–a6
6.	♗f1–e2	e7–e6
7.	0–0	♗f8–e7
8.	f2–f4	0–0
9.	♔g1–h1	♕d8–c7
10.	a2–a4	♘b8–c6
11.	♗c1–e3	♖f8–e8
12.	♗e2–f3	♖a8–b8
13.	♕d1–d2	♗c8–d7
14.	♘d4–b3	b7–b6
15.	g2–g4	♗d7–c8
16.	g4–g5	♘f6–d7
17.	♕d2–f2	♗e7–f8
18.	♗f3–g2	♗c8–b7
19.	♖a1–d1	g7–g6
20.	♗e3–c1	♖b8–c8
21.	♖d1–d3	♘c6–b4
22.	♖d3–h3	♗f8–g7

23.	♗c1–e3[a]	♖e8–e7
24.	♔h1–g1	♖c8–e8
25.	♖f1–d1	f7–f5
26.	g5×f6	♘d7×f6
27.	♖h3–g3[b]	♖e7–f7
28.	♗e3×b6	♕c7–b8
29.	♗b6–e3	♘f6–h5
30.	♖g3–g4	♘h5–f6
31.	♖g4–h4	g6–g5
32.	f4×g5	♘f6–g4
33.	♕f2–d2	♘g4×e3
34.	♕d2×e3	♘b4×c2
35.	♕e3–b6	♗b7–a8
36.	♖d1×d6[c]	♖f7–b7
37.	♕b6×a6	♖b7×b3[d]
38.	♖d6×e6	♖b3×b2
39.	♕a6–c4	♔g8–h8
40.	e4–e5[e]	♕b8–a7+
41.	♔g1–h1	♗a8×g2+
42.	♔h1×g2	♘c2–d4+
	Weiß gibt auf	

[a] 23. f5 ef5 24. ef5 ♗g2 25. ♔g2 ♕b7 26. ♔g1 ♖c4 27. fg6 ♖g4 28. ♖g3 ♖g3 29. hg3 ♘e5 30. gh7 ♔h8 31. ♘d4 ♘ed3

[b] 27. ♗b6 ♕b8 28. ♗f3 ♖f7 29. ♗e3 e5

[c] 36. ♕b8 ♖b8 37. ♗h3 ♖e7 38. ♖d6 ♖b3 39. ♖d8 ♔f7 40. ♖a8 ♖b2

[d] 37... ♘b4

[e] 40. ♖e8 ♕e8 41. ♘d1 ♘a3 42. ♕d3 ♖a2 43. ♘e3 ♕f8 44. ♘f5 ♕c5 45. ♔h1 ♖a1

134
Kasparow – Portisch
Niksic 1983

1. d2–d4 ♘g8–f6
2. c2–c4 e7–e6
3. ♘g1–f3 b7–b6
4. ♘b1–c3 ♗c8–b7
5. a2–a3 d7–d5
6. c4×d5 ♘f6×d5
7. e2–e3 ♘d5×c3
8. b2×c3 ♗f8–e7
9. ♗f1–b5+ c7–c6
10. ♗b5–d3 c6–c5
11. 0–0 ♘b8–c6
12. ♗c1–b2 ♖a8–c8
13. ♕d1–e2 0–0
14. ♖a1–d1 ♕d8–c7
15. c3–c4 c5×d4
16. e3×d4 ♘c6–a5
17. d4–d5 e6×d5
18. c4×d5 ♗b7×d5
19. ♗d3×h7+ ♔g8×h7
20. ♖d1×d5 ♔h7–g8
21. ♗b2×g7 ♔g8×g7
22. ♘f3–e5 ♖f8–d8[a]
23. ♕e2–g4+ ♔g7–f8
24. ♕g4–f5 f7–f6[b]
25. ♘e5–d7+ ♖d8×d7[c]
26. ♖d5×d7 ♕c7–c5
27. ♕f5–h7 ♖c8–c7
28. ♕h7–h8+ ♔f8–f7
29. ♖d7–d3 ♘a5–c4
30. ♖f1–d1 ♘c4–e5[d]
31. ♕h8–h7+ ♔f7–e6[e]
32. ♕h7–g8+ ♔e6–f5
33. g2–g4+ ♔f5–f4
34. ♖d3–d4+ ♔f4–f3
35. ♕g8–b3+

Schwarz gibt auf

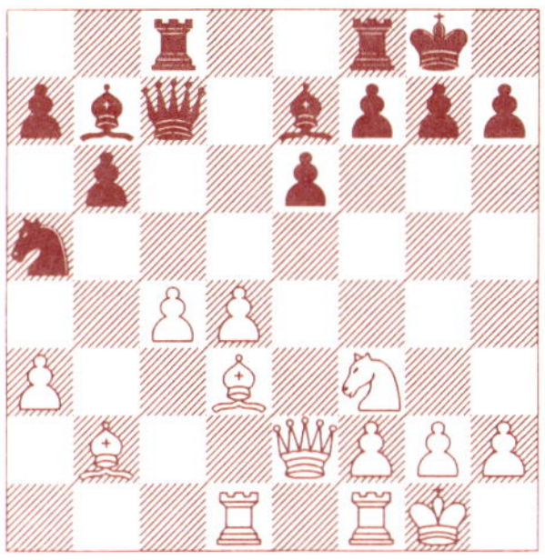
Nach 16… ♘c6–a5

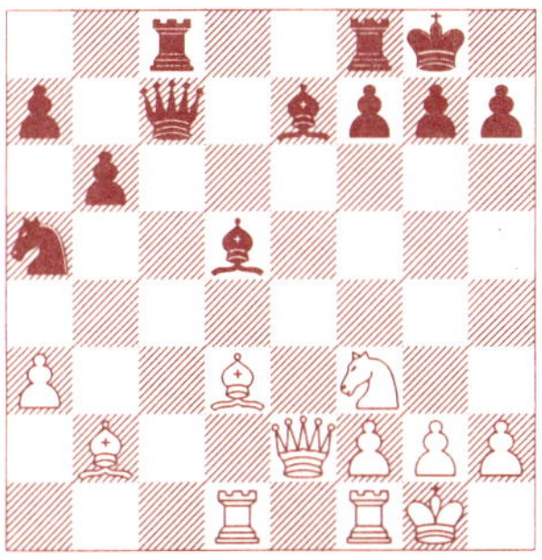
Nach 18… ♗b7×d5

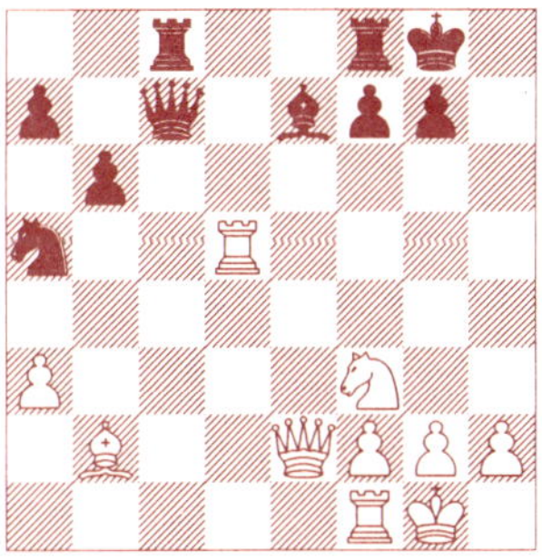
Nach 20… ♔h7–g8

[a] 22… ♕c2 23. ♕g4 ♔h7 24. ♖d3 ♖c6 25. ♕f5 ♔g7 26. ♖g3 ♔h8 27. ♘f7 ♖f7 28. ♕f7

[b] 24… ♗d6 25. ♕f6

[c] 25… ♔f7 26. ♕h7 ♔e6 27. ♖e1 ♔d5 28. ♕e4 ♔d6 29. ♕e6#; 25… ♔g7 26. ♖d3 ♖h8 27. ♖g3 ♔f7 28. ♖e1 ♔e8 29. ♘f6 ♔d8 30. ♖d3 ♗d6 31. ♕e6

[d] 30… ♗d6 31. ♖d5 ♕c6 32. h4

[e] 31… ♔f8 32. ♖d8 ♗d8 33. ♖d8#

135
Kasparow – Deep Thought
New York 1989

1. d2–d4 d7–d5
2. c2–c4 d5×c4
3. e2–e4 ♘b8–c6
4. ♘g1–f3 ♗c8–g4
5. d4–d5 ♘c6–e5
6. ♘b1–c3 c7–c6
7. ♗c1–f4 ♘e5–g6
8. ♗f4–e3 c6×d5
9. e4×d5 ♘g6–e5[a]
10. ♕d1–d4 ♘e5×f3+
11. g2×f3 ♗g4×f3
12. ♗f1×c4 ♕d8–d6[b]
13. ♘c3–b5 ♕d6–f6
14. ♕d4–c5 ♕f6–b6
15. ♕c5–a3 e7–e6
16. ♘b5–c7+[c] ♕b6×c7
17. ♗c4–b5+ ♕c7–c6
18. ♗b5×c6+ b7×c6
19. ♗e3–c5 ♗f8×c5
20. ♕a3×f3 ♗c5–b4+
21. ♔e1–e2 c6×d5
22. ♕f3–g4 ♗b4–e7
23. ♖h1–c1 ♔e8–f8
24. ♖c1–c7 ♗e7–d6
25. ♖c7–b7 ♘g8–f6
26. ♕g4–a4 a7–a5
27. ♖a1–c1 h7–h6
28. ♖c1–c6 ♘f6–e8
29. b2–b4 ♗d6×h2
30. b4×a5 ♔f8–g8
31. ♕a4–b4 ♗h2–d6
32. ♖c6×d6 ♘e8×d6
33. ♖b7–b8+ ♖a8×b8
34. ♕b4×b8+ ♔g8–h7
35. ♕b8×d6 ♖h8–c8
36. a2–a4 ♖c8–c4
37. ♕d6–d7

Schwarz gibt auf

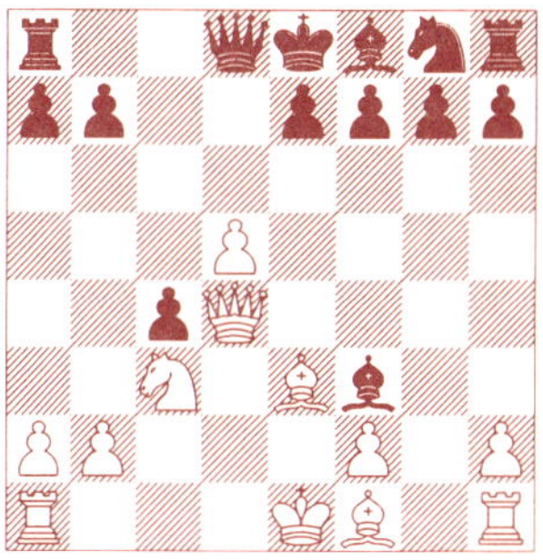
Nach 11… ♗g4×f3

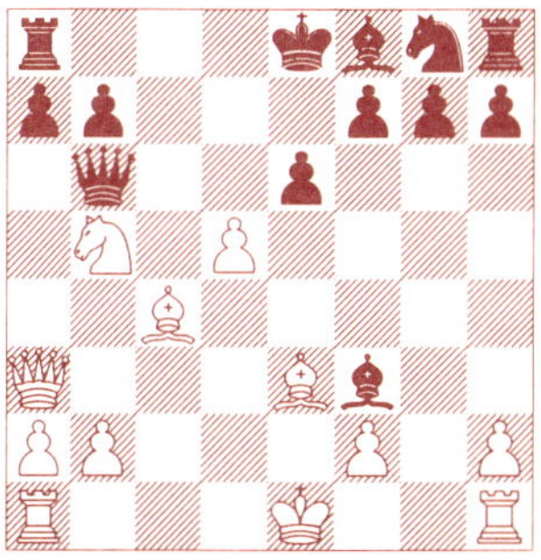
Nach 15… e7–e6

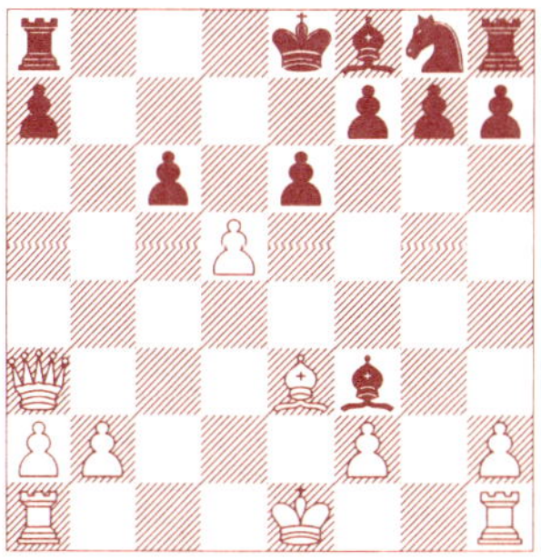
Nach 18… b7×c6

[a] 9… e5

[b] 12… a6

[c] 16. ♕a4 ♗c5 17. ♗c5 ♕c5 18. ♘d4 ♔f8 19. ♘f3

136

Ljubojevic – Kasparow
Linares 1993

1.	d2–d4	♘g8–f6
2.	c2–c4	g7–g6
3.	♘b1–c3	♗f8–g7
4.	e2–e4	d7–d6
5.	♗f1–e2	0–0
6.	♘g1–f3	e7–e5
7.	0–0	♘b8–c6
8.	d4–d5	♘c6–e7
9.	♘f3–d2	a7–a5
10.	♖a1–b1	♘f6–d7
11.	a2–a3	f7–f5
12.	b2–b4	♔g8–h8
13.	f2–f3	f5–f4
14.	♘d2–b3	a5×b4
15.	a3×b4	g6–g5
16.	♗c1–d2	♘e7–g6
17.	♖b1–a1	♖a8×a1
18.	♕d1×a1	♘d7–f6
19.	♕a1–a7[a]	g5–g4
20.	f3×g4[b]	♘f6×g4
21.	h2–h3[c]	♘g4–h6
22.	♗d2–e1	♖f8–g8
23.	♘b3–d2	♗g7–f6
24.	♔g1–h1[d]	♗f6–h4
25.	♘d2–f3	♗h4×e1
26.	♘f3×e1[e]	♘g6–h4
27.	♖f1–f2	♕d8–g5
28.	♘e1–f3	♘h4×f3
29.	♗e2×f3	♗c8×h3[f]

Weiß gibt auf

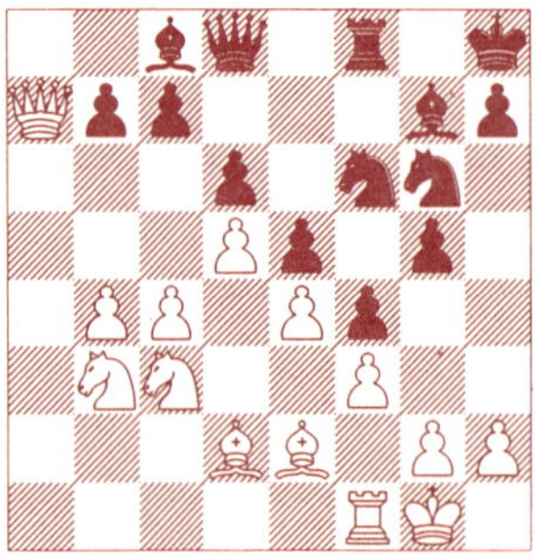

Nach 19. ♕a1–a7

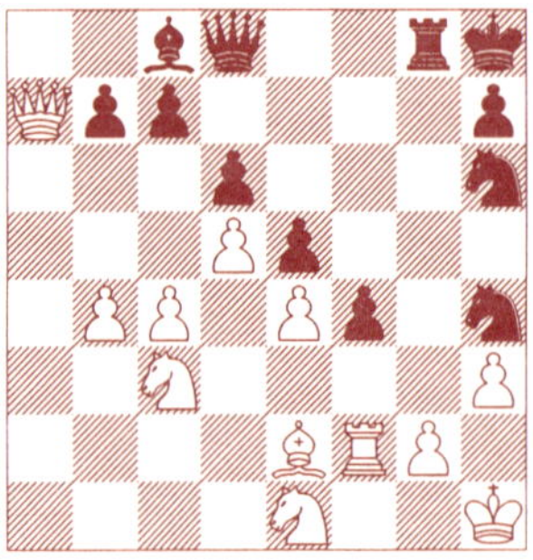

Nach 27. ♖f1–f2

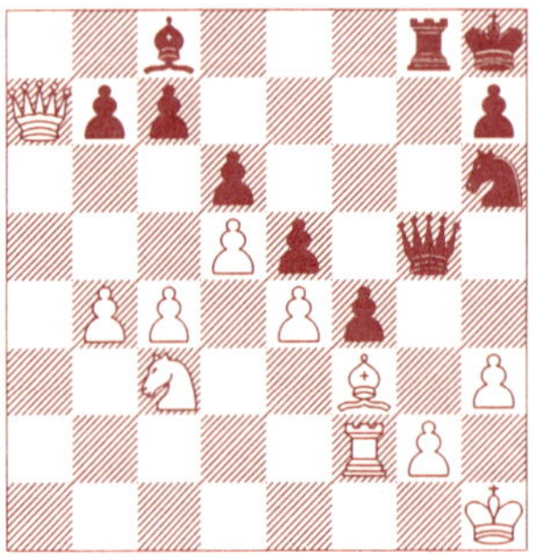

Nach 29. ♗e2×f3

[a] 19. g4 fg3 20. hg3 ♘h5 21. ♔g2 ♘gf4 22. gf4 gf4 23. ♖h1 ♕g5 24. ♔f2 ♕g3 25. ♔f1 ♗h3

[b] 20. ♘a5 g3 21. ♘b7 ♕e7 22. h3 ♗h3 23. gh3 ♕d7

[c] 21. ♗g4 ♗g4 22. ♕b7 ♘h4

[d] 24. ♘f3 ♗h4 25. ♗f2 ♘f7 26. ♖a1 ♘g5 27. ♔f1 ♗f2 28. ♕f2 ♘f3 29. ♗f3 ♘h4

[e] 26. ♖e1 ♘h4 27. ♖g1 ♘f3 28. ♗f3 ♕h4

[f] 30. gh3 ♕g1#

137

Karpow – Kasparow
Linares 1993

1.	d2–d4	♘g8–f6
2.	c2–c4	g7–g6
3.	♘b1–c3	♗f8–g7
4.	e2–e4	d7–d6
5.	f2–f3	0–0
6.	♗c1–e3	e7–e5
7.	♘g1–e2	c7–c6
8.	♕d1–d2	♘b8–d7
9.	♖a1–d1	a7–a6
10.	d4×e5	♘d7×e5
11.	b2–b3	b7–b5
12.	c4×b5	a6×b5
13.	♕d2×d6	♘f6–d7
14.	f3–f4	b5–b4
15.	♘c3–b1[a]	♘e5–g4
16.	♗e3–d4	♗g7×d4
17.	♕d6×d4	♖a8×a2
18.	h2–h3	c6–c5
19.	♕d4–g1[b]	♘g4–f6
20.	e4–e5	♘f6–e4
21.	h3–h4	c5–c4
22.	♘e2–c1	c4–c3
23.	♘c1×a2	c3–c2
24.	♕g1–d4	c2×d1♕+
25.	♔e1×d1[c]	♘d7–c5
26.	♕d4×d8	♖f8×d8+
27.	♔d1–c2[d]	♘e4–f2[e]

Weiß gibt auf

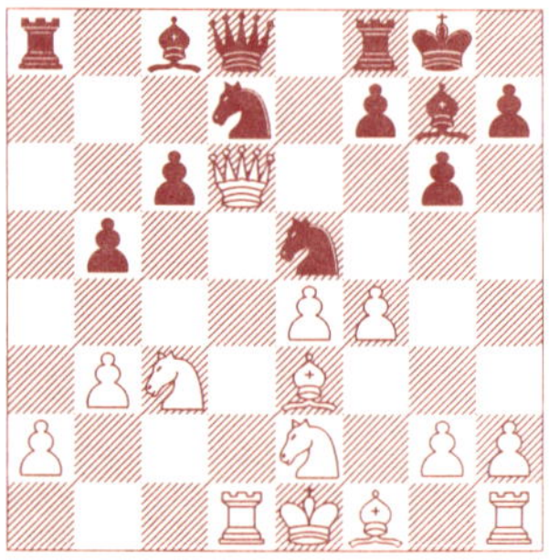

Nach 14. f3–f4

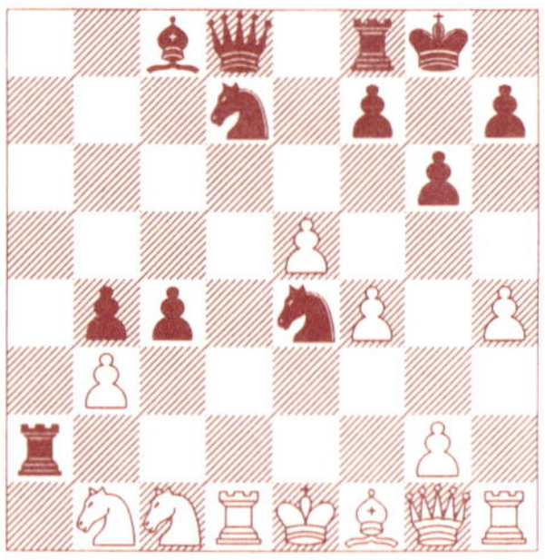

Nach 22. ♘e2–c1

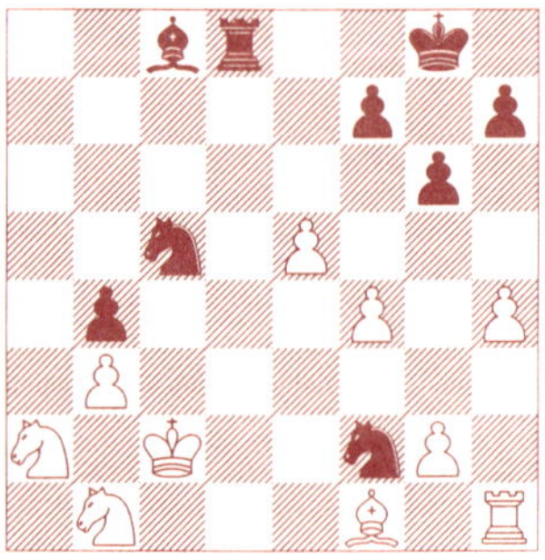

Nach 27... ♘e4–f2

[a] 15. fe5 bc3 16. ♘c3 ♗e5 17. ♕c6 ♗c3 18. ♕c3 ♕h4 19. ♔d2 ♖a2 20. ♔c1 ♘f6 21. ♔b1 ♖a8

[b] 19. ♕d3 ♗a6 20. ♕f3 ♘de5 21. fe5 ♘e5 22. ♕e3 ♘d3 23. ♖d3 ♕d3 24. ♕d3 ♗d3 25. ♘c1 ♗b1 26. ♘a2 ♗a2 27. ♗c4 ♗b1

[c] 25. ♕d1 ♘g3 26. ♖h3 ♘f1 27. ♔f1 ♘e5 28. ♕d8 ♖d8 29. ♖e3 ♖d1 30. ♖e1 ♗a6 31. ♔f2 ♘d3

[d] 27. ♔e1 ♗g4 28. ♗e2 ♗e2 29. ♔e2 ♘g3

[e] 28. ♖g1 ♗f5 29. ♔b2 ♘d1 30. ♔a1 ♘b3#

138
Kamsky – Karpow
Dortmund 1993

1.	e2–e4	c7–c6
2.	d2–d4	d7–d5
3.	♘b1–d2	d5×e4
4.	♘d2×e4	♘b8–d7
5.	♘e4–g5	♘g8–f6
6.	♗f1–d3	e7–e6
7.	♘g1–f3	♗f8–d6
8.	♕d1–e2	h7–h6
9.	♘g5–e4	♘f6×e4
10.	♕e2×e4	♘d7–f6
11.	♕e4–h4[a]	♔e8–e7
12.	♘f3–e5[b]	♗d6×e5
13.	d4×e5	♕d8–a5+
14.	c2–c3	♕a5×e5+
15.	♗c1–e3	b7–b6
16.	0–0–0	g7–g5
17.	♕h4–a4	c6–c5
18.	♖h1–e1	♗c8–d7
19.	♕a4–a3	♖h8–d8
20.	g2–g3	♕e5–c7
21.	♗e3–d4	♗d7–e8
22.	♔c1–b1	♖d8–d5
23.	f2–f4	♖a8–d8
24.	♗d3–c2	♖d5–d6
25.	♗d4×f6+	♔e7×f6
26.	f4×g5+	h6×g5
27.	♖d1×d6	♖d8×d6
28.	c3–c4	♔f6–e7
29.	♕a3–e3	f7–f6
30.	h2–h4	g5×h4
31.	g3×h4	♕c7–d7
32.	♕e3–h6	e6–e5
33.	h4–h5	♕d7–g4
34.	♕h6–h7+	♔e7–d8
35.	h5–h6[c]	♖d6–d2
36.	♕h7–f5	♕g4×f5
37.	♗c2×f5	♗e8–d7
38.	♗f5–g6	♖d2–h2
39.	h6–h7	♔d8–e7
40.	♗g6–d3	♗d7–e6
41.	♖e1–g1	f6–f5
42.	♖g1–g7+	♔e7–f6
43.	♖g7×a7	e5–e4
44.	♗d3–e2	f5–f4
45.	b2–b3	f4–f3
46.	♗e2–d1	♗e6–f5
47.	♔b1–c1	♗f5×h7
48.	♖a7–b7	♔f6–e5
49.	♖b7×b6	♖h2×a2
	Weiß gibt auf	

Nach 11. ♕e4–h4

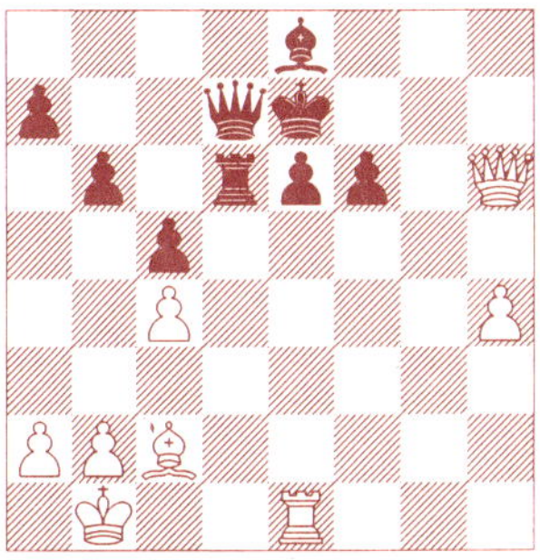

Nach 32. ♕e3–h6

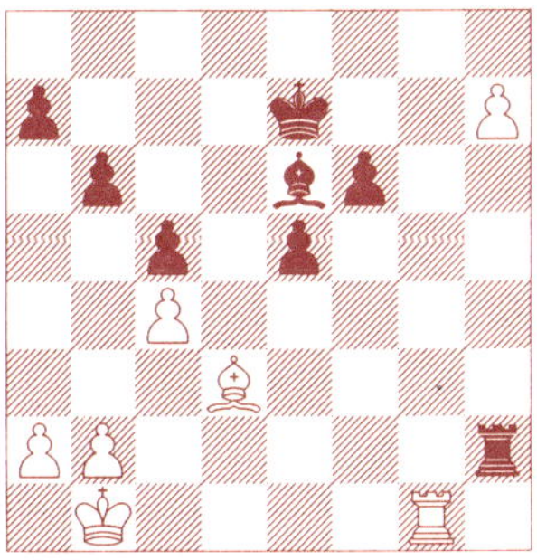

Nach 41. ♖e1–g1

[a] 11. ♕e2
[b] 12. 0–0 g5 13. ♕h3 g4
[c] 35. ♕a7 ♕h5

139
Kamsky – Salov
Sanghi Nagar 1995 (3. Partie)

1.	d2–d4	d7–d5
2.	c2–c4	e7–e6
3.	♘b1–c3	♗f8–e7
4.	♘g1–f3	♘g8–f6
5.	♗c1–g5	h7–h6
6.	♗g5–h4	♘b8–d7
7.	e2–e3	0–0
8.	♖a1–c1	c7–c6
9.	♗f1–d3	d5×c4
10.	♗d3×c4	b7–b5
11.	♗c4–d3	a7–a6
12.	a2–a4	b5×a4[a]
13.	♘c3×a4	♕d8–a5+
14.	♘f3–d2	♗e7–b4
15.	♘a4–c3	c6–c5
16.	♘d2–b3	♕a5–d8
17.	0–0	c5×d4
18.	♘b3×d4	♗c8–b7
19.	♗d3–e4	♕d8–b8[b]
20.	♘d4–c6	♗b7×c6
21.	♗e4×c6	♖a8–a7
22.	♗h4–g3	♘d7–e5
23.	♕d1–d4	♗b4–d6
24.	♘c3–e4	♘e5×c6[c]
25.	♘e4×f6+	g7×f6
26.	♖c1×c6	♗d6–e5
27.	♕d4–g4+	♔g8–h7
28.	♕g4–e4+	♔h7–g7
29.	f2–f4	♗e5–c7[d]
30.	♗g3–e1	♕b8–b5[e]
31.	♖f1–f3	♖f8–d8
32.	♖f3–g3+	♔g7–h8
33.	h2–h3	♕b5–d5[f]
34.	♕e4–c2	♗c7–d6[g]
35.	e3–e4	

Schwarz gibt auf

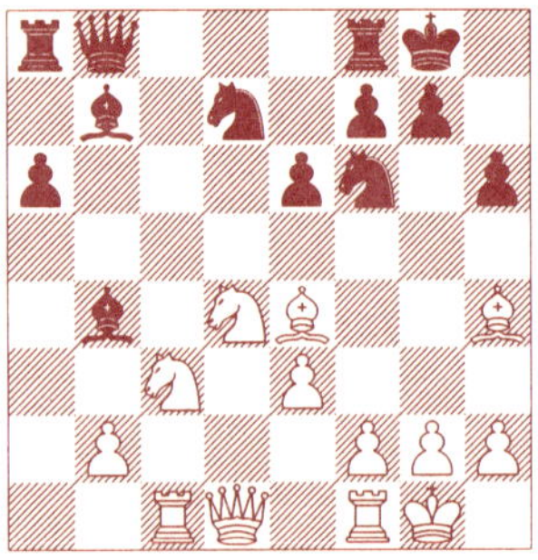
Nach 19… ♕d8–b8

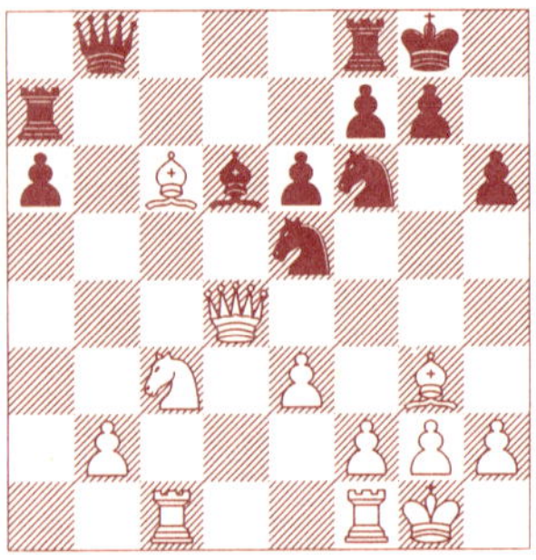
Nach 23… ♗b4–d6

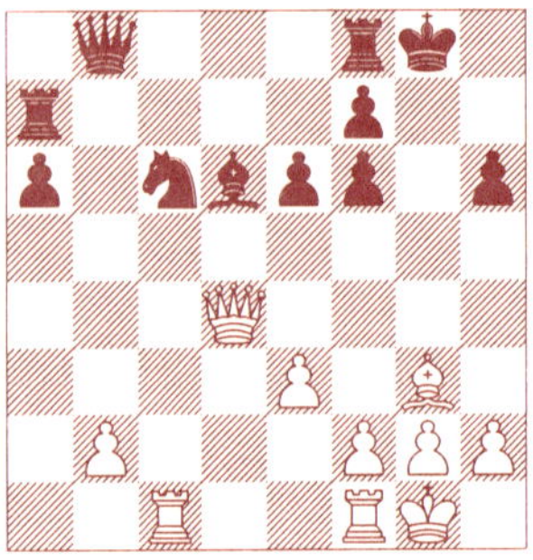
Nach 25… g7×f6

[a] 12… b4 13. ♗f6 ♗f6 14. ♘e4
[b] 19… ♖b8 20. ♗b7 ♖b7 21. ♘c6 ♕b6 22. ♘a2 ♗c5 23. b4 ♕c6 24. ♗f6 ♘f6 25. ♖c5
[c] 24… ♘e4
[d] 29… ♗b2 30. ♖b1 ♖b7 31. ♖a6
[e] 30… ♕b2 31. ♗c3 ♕b5 32. ♖f3 ♗d8 33. ♖g3 ♔h8 34. ♖c8 e5 35. ♖h3 ♔g7 36. ♕f5
[f] 33… ♕d3 34. ♕d3 ♖d3 35. ♗c3 ♗d8 36. f5 e5 37. ♗e5
[g] 34… ♕d3 35. ♖c7

140
Quest – Nunn
Den Haag 1995

1.	e2–e4	g7–g6
2.	d2–d4	♗f8–g7
3.	♘b1–c3	c7–c6
4.	♘g1–f3	d7–d5
5.	h2–h3	♘g8–h6
6.	♗c1–f4	f7–f6
7.	♕d1–d2	♘h6–f7
8.	0–0–0	0–0
9.	♗f4–e3	a7–a6
10.	♗f1–e2	b7–b5
11.	♗e2–d3	e7–e6
12.	h3–h4	♘b8–d7
13.	h4–h5	g6–g5
14.	h5–h6	♗g7–h8
15.	e4×d5	c6×d5
16.	♘c3×d5	♗c8–b7[a]
17.	♘d5–c3	♘f7–d6
18.	♖h1–h5	♖f8–f7
19.	♗e3×g5	♗b7×f3
20.	g2×f3	f6×g5
21.	♖h5×g5+	♔g8–f8
22.	♖d1–g1	♘d7–f6
23.	♘c3–e4	♘d6×e4
24.	f3×e4	♕d8×d4
25.	e4–e5	♔f8–e7[b]
26.	c2–c3	♕d4–b6
27.	e5×f6+	♗h8×f6
28.	♖g5–g8	♖a8×g8
29.	♖g1×g8	♗f6–h4
30.	f2–f4	♗h4–f2
31.	♔c1–c2	♕b6–e3[c]
32.	♕d2–d1	♕e3×f4
33.	♗d3×b5	♗f2–b6[d]
34.	♗b5–e8	

Schwarz gibt auf

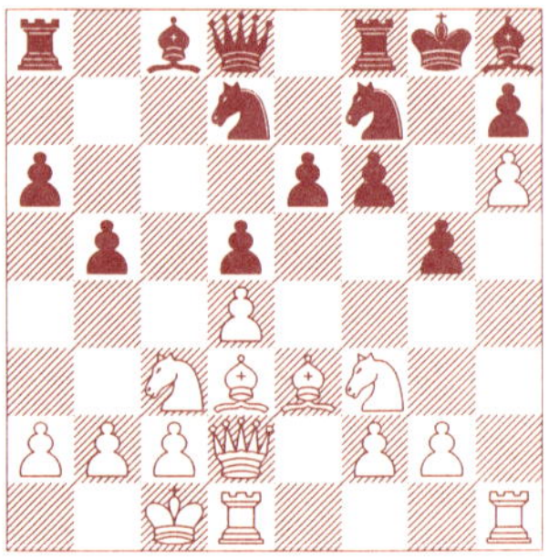
Nach 15… c6×d5

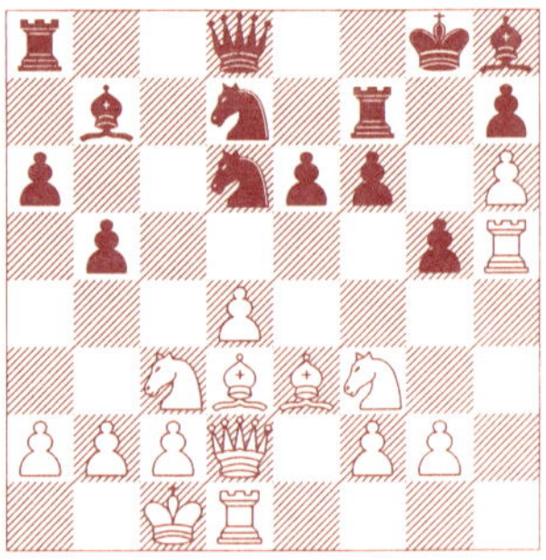
Nach 18… ♖f8–f7

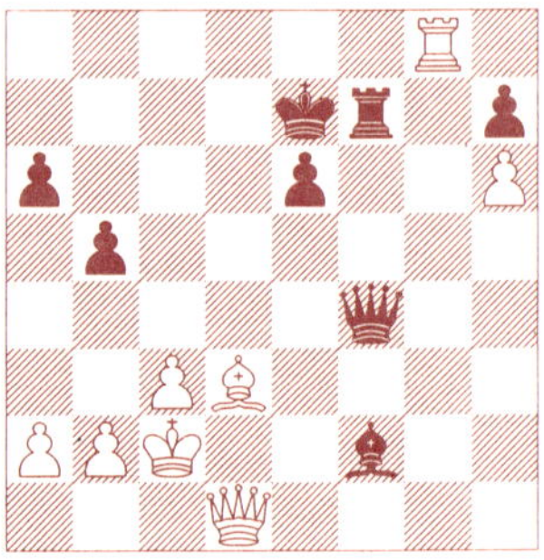
Nach 32… ♕e3×f4

[a] 16… ed5 17. ♗h7 ♔h7 18. ♕d3
[b] 25… ♘d5 26. ♖g8
[c] 31… ♗e3 32. ♕e1 ♖f4 33. ♖g7 ♔f8 34. ♖h7
[d] 33… ab5 34. ♕d8#

141
Deep Blue – Fritz 3
Hong Kong 1995

1.	e2–e4	c7–c5	**21.**	c4×b5	♗e6×d5
2.	♘g1–f3	♘b8–c6	**22.**	e4×d5	♘c6–b4
3.	d2–d4	c5×d4	**23.**	♗d3–f5	♖c8–c5
4.	♘f3×d4	♘g8–f6	**24.**	b5×a6	♘b4×a6
5.	♘b1–c3	e7–e5	**25.**	♘a3–c2	♕h6–d2
6.	♘d4–b5	d7–d6	**26.**	♘c2–e1	♖c5×d5
7.	♗c1–g5	a7–a6	**27.**	♘e1×f3	♕d2×f2
8.	♘b5–a3	b7–b5	**28.**	♗f5–e4	♖d5–a5
9.	♗g5×f6	g7×f6	**29.**	♖g1–g2	♕f2–e3
10.	♘c3–d5	f6–f5	**30.**	♖a1–e1	♕e3–h6
11.	♗f1–d3	♗c8–e6	**31.**	♗e4–c6+	♔e8–d8
12.	♕d1–h5	f5–f4	**32.**	a2–a3	f7–f5
13.	0–0[a]	♖h8–g8	**33.**	♖g2–c2	♖a5–c5
14.	♔g1–h1[b]	♖g8–g6	**34.**	♖c2×c5	♘a6×c5
15.	♕h5–d1[c]	♖a8–c8	**35.**	♖e1–f1	♗f8–e7
16.	c2–c4	♕d8–h4	**36.**	a3–a4	f5–f4
17.	g2–g3[d]	♕h4–h3	**37.**	g3×f4	♕h6×f4
18.	♕d1–d2[e]	f4–f3	**38.**	♖f1–g1	♘c5×a4
19.	♖f1–g1	♖g6–h6	**39.**	b2–b4	♕f4×b4
20.	♕d2×h6	♕h3×h6		Weiß gibt auf	

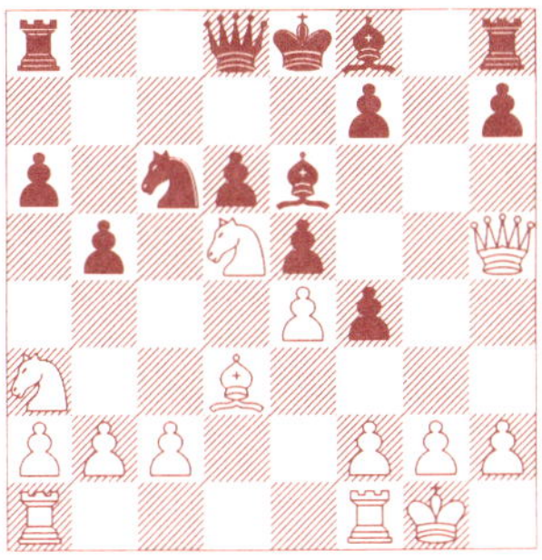
Nach 13. 0–0

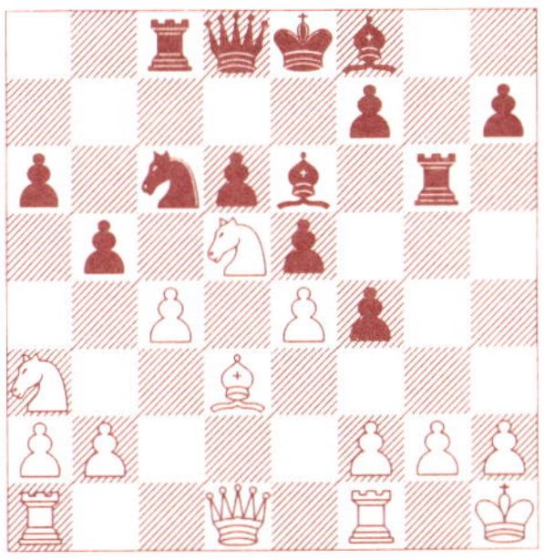
Nach 16. c2–c4

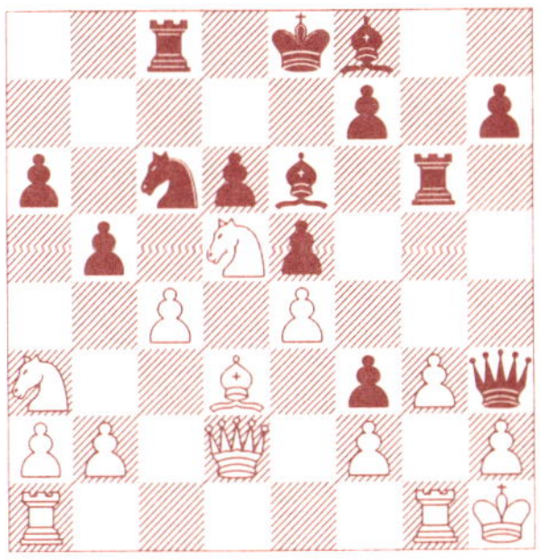
Nach 19. ♖f1–g1

[a] 13. g3; 13. c3

[b] 14. ♕h7 ♖g6 15. ♕h5 (15. c4 ♖h6 16. ♕g8 f5) ♖h6 16. ♕d1 ♕h4 17. h3 ♗h3

[c] 15. ♕h7 ♖h6 16. ♕g8 f5; 15. c4 ♘d4 16. cb5 f3 17. ♖fc1 ♗g4 18. ♕h7 fg2 19. ♔g1 ♗e2

[d] 17. cb5 ♖h6 18. h3 ♗h3

[e] 18. ♖g1 ♕h2 19. ♔h2 ♖h6 20. ♕h5 ♖h5 21. ♔g2 ♗h3 22. ♔f3 ♘d4#

142
Kasparow – Deep Blue
Philadelphia 1996 (6. Partie)

Nach 33. ♗d2–c3

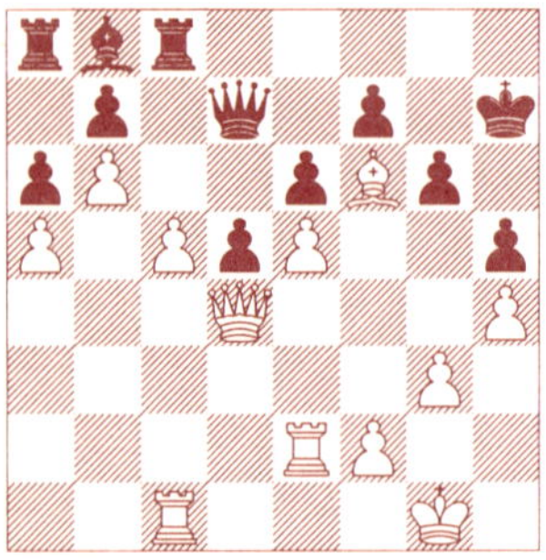
Nach 39... ♔g7–h7

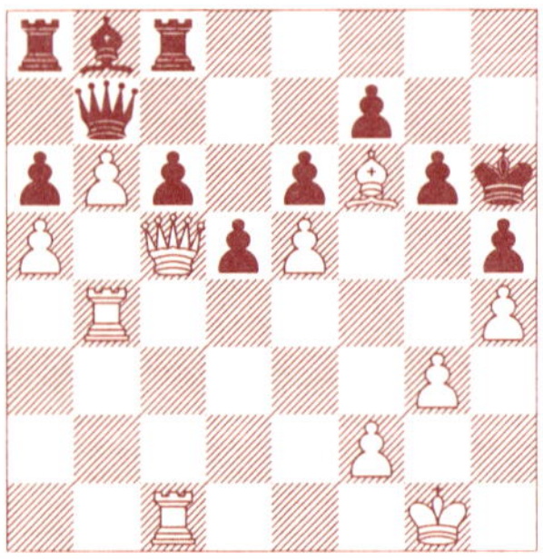
Nach 43. ♖b2–b4

1.	♘g1–f3	d7–d5
2.	d2–d4	c7–c6
3.	c2–c4	e7–e6
4.	♘b1–d2	♘g8–f6
5.	e2–e3	c6–c5
6.	b2–b3	♘b8–c6
7.	♗c1–b2	c5×d4
8.	e3×d4	♗f8–e7
9.	♖a1–c1	0–0
10.	♗f1–d3	♗c8–d7
11.	0–0	♘f6–h5
12.	♖f1–e1	♘h5–f4
13.	♗d3–b1	♗e7–d6
14.	g2–g3	♘f4–g6
15.	♘f3–e5	♖a8–c8
16.	♘e5×d7	♕d8×d7
17.	♘d2–f3	♗d6–b4
18.	♖e1–e3	♖f8–d8
19.	h2–h4	♘g6–e7
20.	a2–a3	♗b4–a5
21.	b3–b4	♗a5–c7
22.	c4–c5	♖d8–e8
23.	♕d1–d3	g7–g6
24.	♖e3–e2	♘e7–f5
25.	♗b2–c3	h7–h5
26.	b4–b5	♘c6–e7
27.	♗c3–d2	♔g8–g7
28.	a3–a4	♖c8–a8
29.	a4–a5	a7–a6
30.	b5–b6	♗c7–b8
31.	♗b1–c2	♘e7–c6
32.	♗c2–a4	♖e8–e7
33.	♗d2–c3	♘c6–e5
34.	d4×e5	♕d7×a4
35.	♘f3–d4	♘f5×d4
36.	♕d3×d4	♕a4–d7
37.	♗c3–d2	♖e7–e8
38.	♗d2–g5	♖e8–c8
39.	♗g5–f6+	♔g7–h7
40.	c5–c6	b7×c6
41.	♕d4–c5	♔h7–h6
42.	♖e2–b2	♕d7–b7
43.	♖b2–b4	
	Schwarz gibt auf	

René Magritte
Der Riese („Le géant").
Paule Nougé 1937

Bücher

Die großen öffentlichen und privaten Fachbibliotheken zum Schachspiel umfassen heute rund 35.000 Einzelpublikationen. Weltweit erscheinen derzeit über 1000 Periodika in wöchentlichen und größeren Abständen. Über kein anderes Spiel wurde annähernd viel publiziert.

Lucena 1496/97

Der Bestand der Bücher hat sich in den letzten beiden Dezennien nahezu verdoppelt, elektronische Publikationen und Datennetze tun ein übriges, um das kulturelle Archiv des Schachspiels mit großer Geschwindigkeit zu erweitern und jeden Versuch eines Überblicks über die Topographie des Archivs vorweg als vergeblich erscheinen zu lassen. Die Einzelpublikationen, Schriftenreihen und Periodika umfassen so unterschiedliche Themen wie Eröffnungs- und Endspieltheorie, Wettkampf- und Turnierbücher, Monographien über Spieler und Spielerinnen, Computer- und Problemschach, aber auch Gebiete wie Kultur- und Kunstgeschichte des Schachspiels, Proto- und Urschachtheorie, Geschichte des Designs von Schachfiguren, Typologien und Sammlungen von Schachderivaten usw.

Durch Spezialisierung und Internationalisierung der Forschung erscheint ein Zustand erreicht, in dem der Informationsmarkt zwar explosiv expandiert, ein Zugang zum Schachspiel als Kulturtechnik (und dies heißt: als Ganzes in seinen verschiedenen Repräsentationen) gerade dadurch aber nicht mehr möglich ist. Dieser Prozeß ist nicht zu bedauern, denn er ist – wie der Erfolg des Spiels selbst – ein Ergebnis der Moderne. Durch die Interdisziplinarität des Themas Spiel ist das Schacharchiv im Grunde unendlich; es weist je nach Erkenntnisinteresse und Fachgebiet des Lesers in ständig neue Räume: in Richtung Ästhetik, Soziologie, Alltags- und Ideengeschichte, Logik und Philosophie, Psychoanalyse und Kognitionswissenschaften. Die folgenden Bemerkungen verstehen sich daher nicht als Ariadnefaden durch, sondern als Einstieg in das Labyrinth des Schacharchivs.

Zu den größten *Fachbibliotheken* am Ende des 20. Jahrhunderts zählen die Königliche Bibliothek Den Haag, welche die Sammlungen von Meindert Niemeijer und Antonius van der Linde beheimatet, das John White Departement der Cleveland Public Library und die Victoria State Library in Melbourne. Dazu kommen bedeutende Privatbibliotheken wie die von Lothar Schmid (Bamberg).

Die wichtigsten allgemeinen *Bibliographien* des Schachspiels sind nach wie vor der Katalog der Sammlung von M. Niemeijer 1955 und das zweibändige Verzeichnis der Cleveland Public Library 1964. Danach wurde kein nennenswerter Versuch mehr zu einer internationalen Bibliographie des Schachspiels unternommen. Für die englischsprachige Literatur haben D. Betts (1988, Literatur von 1850 bis 1968) und A. Lusis (1991, von 1969 bis 1988) Bibiographien erstellt, für die russischsprachige Literatur hat N. Sacharow 1968 die Periode von 1755 bis 1966 aufgearbeitet. Eine allgemeine Orientierung gewahrt der 1984 von D. Hooper und K. Whyld herausgegebene „Oxford Companion to Chess". Die wichtigste allgemeine Quelle für Turnier- und Wettkampfergebnisse ist die vierbändige Arbeit von J. Gaige (1969 – 1974).

Zu den *allgemeinen kulturhistorischen Werken und Quellensammlungen* zählen die klassischen Werke des Positivismus von A. van der Linde (1874 und 1881), T. von Hey-

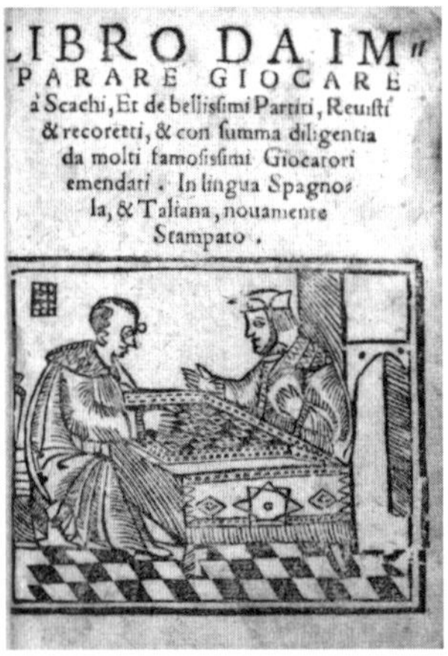

Damiano 1512

debrand und der Lasa (1897) und H. J. R. Murray (1913). Gut lesbare allgemeine Kulturgeschichten des Schachspiels in den Nachfolge von van der Linde und Murray, aber mit Berücksichtigung des 20. Jahrhunderts, stammen von A. Saidy und N. Lessing (1974), R. Eales (1985) und J. Petzold (1986). Die analytisch avancierteste Arbeit zur Struktur der kulturellen Transformationen in der Schachgeschichte ist die Dissertation von H. Petschar (1986). Die bedeutendsten Forschungsarbeiten zur Früh- und Urgeschichte des Schachspiels und Spezialbibliographien erscheinen derzeit in der von E. Meissenburg herausgegebenen Schriftenreihe Schachforschungen.

Zur *Designgeschichte der Schachfiguren* sind die Arbeiten von H. und S. Wichmann (1960), A. E. J. Mackett-Beeson (1969), V. Keats (1985) und I. Linder (1994) wichtige allgemeine Quellen und Bezugspunkte. Die Ikonographie der Schachfiguren im 20. Jahrhundert findet vor allem bei H. Holländer (1989) Berücksichtigung.

Ein eigener, in sich geschlossener Bereich stellt die *Geschichte des Schachproblems* dar. Einen materialreichen Überblick über die Entwicklung und Stilepochen des Schachproblems gibt das Buch von J. Breuer (1982).

Die folgende *kleine Chronologie* umfaßt eine Auswahl von Quellen und Dokumenten zur Stil- und Regelgeschichte des Schachspiels ab 1500. Ziel ist es, das jeweils beste zu einer bestimmten Zeit verfügbare Wissen durch die Angabe einzelner Titel, die Einfluß auf die Stilbildung eines Zeitabschnittes hatten, auszukristallisieren, um Stilentwicklung und Akkumulation des Wissens verstehen zu können. Da der zeitgebundene Partiekommentar kulturhistorisch ebenso bedeutsam ist wie die Zugfolge, wurde der Überblick mit wenigen Ausnahmen nach dem Erscheinungsjahr der Publikation geordnet. Es ist klar, daß ein solcher Panoramablick über zehn Jahrhunderte hinweg vieles übersieht, aber darin liegt sein Sinn. Die Sektorialisierung und Spezialisierung der Forschung ist nicht zu vermeiden, doch es soll ein Ansatzpunkt gegeben werden, um ein Forschungsgetto zu überwinden.

Ergänzt wird der Überblick durch eine Liste von Zeitschriften und Jahrbücher, in denen sich wichtige Beiträge zur Schachgeschichte finden, und das alphabetische Literaturverzeichnis.

Kleine Chronologie zur Stilgeschichte des modernen Schachspiels

1496/97 Luis de Lucena: Repetición de Amores y Arte de Axedres con 150 juegos de partido. Salamanca

um 1500 (?) Die „Göttinger Handschrift". Pergamentcodex in der Universitätsbibliothek zu Göttingen (in: van der Linde 1874, Bd. 1, S. 326–327, vgl. Görschen 1975b)

1507 Jakob Mennel: Schachzabel Spiel (Oppenheim um 1520, Reprint Zürich 1981)

1512 Damiano de Odemira: Questo libro e da imparare giocare a scachi. Rom

um 1520 (?) Die „Pariser Handschrift". (in: Auktionskatalog Couturier-Nicolay, Paris 1991, Nr. 142)

1561 Ruy Lopez: Libro de la invencion liberal y arte del juego del axedrez. En Alcala

1597 Orazio Gianutio della Mantia: Libro nel quale si tratta della Maniera di Giucar' à Scacchi. Turin

1604 Alessandro Salvio: Trattato dell' inventione et arte liberale del gioco di scacchi. Neapel

1616 Gustavus Selenus: Das Schach- oder König-Spiel. Leipzig

1617 Pietro Carrera: Il Gioco degli Scacchi. Militello

1640 Arthur Saul: The famous Game of Chesse-Play. London

1669 Gioacchino Greco: Le iev des eschets, Paris 1669 (= 1619)

1718 Académie universelle de Jeux. Paris

1735 Joseph Bertin: The noble game of chess. London

1737 Philipp Stamma: Essai sur le jeu des échecs. Paris

1749 André D. Philidor: L'analyze des échecs. London

1750 Ercole del Rio: Sopra il giuoco degli scacchi. Modena

1763 Giambattista Lolli: Osservazioni teorico-pratiche sopra il giuoco degli scacchi. Bologna

1769 Opera d' Autore Modenese (Domenico Ponziani) : Il Giuoco Incomparabile Degli Scacchi. Modena

1795/96 Johann Allgaier: Neue theoretisch-praktische Anweisung zum Schachspiel. 2 Bände. Wien

1808 Jacob Henry Sarratt: Treatise on the Game of Chess. London

1833 Charles De la Bourdonnais: Nouveau traité du jeu des échecs. Paris

1835 William Lewis: A selection of games at chess, played at the Westminster chess club, between Monsieur L. C. de la Bourdonnais and an English amateur (A. MacDonnell). London

1837 Aaron Alexandre: Encyclopédie des Échecs. Paris

1842 Adolf Anderssen: Aufgaben für Schachspieler. Breslau

1843 Paul Rudolf von Bilguer: Handbuch des Schachspiels. Berlin

1844 Carl Meier: Der Schachkampf in Paris im November und December 1843 zwischen Mr. Staunton und M. de St.-Amant. Zürich

1847 Howard Staunton: The chess-player's handbook. London

1851 Joseph Kling/Bernhard Horwitz: Chess studies. London

1852 Elijah Williams: Horae Divanianae. A selection of one hundred and fifty original games at chess by leading masters principally played at the Grand Divan. London

1852 Howard Staunton: The chess tournament London 1851. London

1859 Daniel Willard Fiske: The book of the first American chess congress New York 1857. New York

1862 Max Lange: Handbuch der Schachaufgaben. Leipzig

1864 Johann Jakob Löwenthal: The chess congress of 1862. London

1868 Jean Dufresne: Paul Morphy's Schachwettkämpfe nebst Beigabe der besten Partien des Pariser Schachturniers vom Jahre 1867. Berlin

1868 Alphonse Fery d'Esclands: Congrés international des échecs. Compte rendu du congres de 1867. Paris

1874 Hermann Lehner/Carl Schwede: Der erste Wiener internationale Schachcongress 1873. Leipzig

1876 Howard Staunton: The laws and practice of chess. London

1878 Emil Schallopp: Der Schachkongress zu Leipzig 1877. Leipzig

1879 Emil Schallopp: Der internationale Schachkongress zu Paris 1878. Leipzig

1881 Jean Dufresne: Kleines Lehrbuch des Schachspiels. Leipzig

1883 Emil Schallopp: Der erste und zweite Kongress des deutschen Schachbundes 1879 Leipzig, 1881 Berlin. Leipzig

1884 Johann Berger: Das Schachproblem und dessen kunstgerechte Darstellung. Leipzig

1884 James Ines Minchin: Games played in the London international chess tournament 1883. London

1886 Emil Schallopp: Der Schachwettkampf zwischen Wilh. Steinitz und J. H. Zukertort. Anfang 1886. Leipzig

1889 Otto Titusz Bláthy: Vielzügige Schachaufgaben. Budapest

1889–95 Wilhelm Steinitz: The modern chess instructor. 2 Bände. New York

1890 Johann Berger: Theorie und Praxis der Endspiele. Leipzig

1890 Hermann von Gottschall: Der sechste Kongress des Deutschen Schachbundes Breslau 1889. Leipzig

1891 William Steinitz: The book of the sixth American chess congress New York 1889. New York

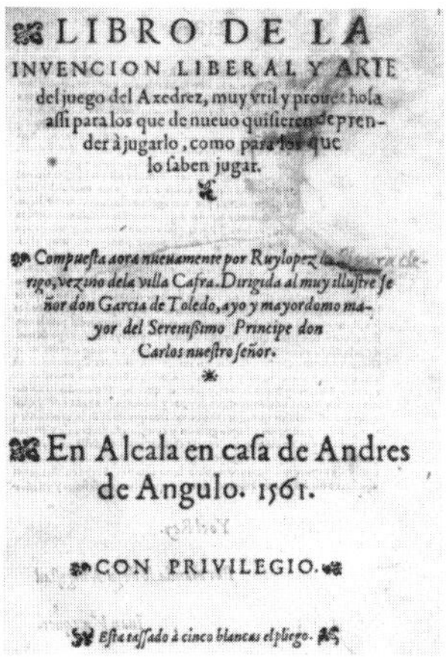
LIBRO DE LA INVENCION LIBERAL Y ARTE del juego del Axedrez, muy util y prouechosa assi para los que de nueuo quisieren deprender à jugarlo, como para los que lo saben jugar.

Compuesta aora nueuamente por Ruylopez ... clerigo, vezino dela villa Cafra. Dirigida al muy illustre señor don Garcia de Toledo, ayo y mayordomo mayor del Serenissimo Principe don Carlos nuestro señor.

En Alcala en casa de Andres de Angulo. 1561.

CON PRIVILEGIO.

Esta tassado à cinco blancas el pliego.

Ruy Lopez 1561

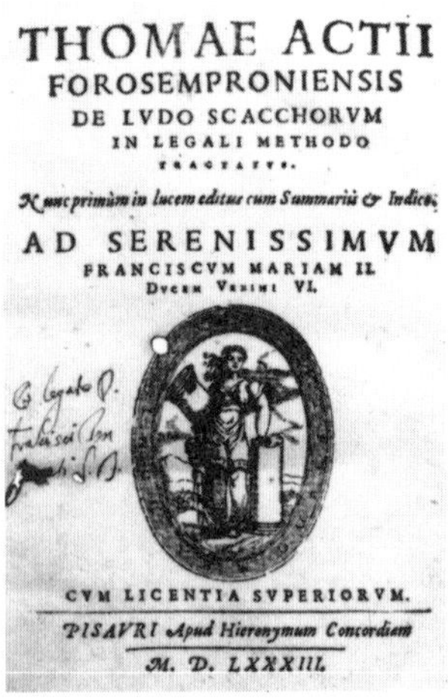
THOMAE ACTII
FOROSEMPRONIENSIS
DE LVDO SCACCHORVM
IN LEGALI METHODO
TRACTATVS.
Nunc primum in lucem editus cum Summariis & Indice.
AD SERENISSIMVM
FRANCISCVM MARIAM II.
DVCEM VRBINI VI.
CVM LICENTIA SVPERIORVM.
PISAVRI Apud Hieronymum Concordiam
M. D. LXXXIII.

Actius 1583

1892 The games of Steinitz and Tchigorin. London

1893 Albert Heyde: Der Schachwettkampf zwischen Dr. S. Tarrasch und M. Tschigorin. Berlin

1894 James Cunningham: The games in the Steinitz – Lasker championship match 1894. Leeds

1895 Siegbert Tarrasch: Dreihundert Schachpartien. Leipzig

1896 Emil Schallopp: Das internationale Schachturnier zu Hastings 1895. Leipzig

1896 James Mason/William Henry Krause Pollock: The games in the St. Petersburg tournament 1895/96. Leeds

1896 Emanuel Lasker: Common Sense in Chess. London

1897 Siegbert Tarrasch: Das internationale Schachturnier des Schachclubs Nürnberg 1896. Leipzig

1898 Hugo Fähndrich et al.: Internationales Kaiser-Jubiläums-Schachturnier Wien 1898. Wien

1899 Anderson Graham: Mr. Blackburne's Games at chess. London

1900 The book of the international chess congress London 1899. London

1901 Rudolf Gebhardt: Der zwölfte Kongress des Deutschen Schachbundes München 1900. Leipzig

1901 Samuel Rosenthal: Traité des échecs et recueil des parties joues au tournoi international de 1900. Paris

1902 Rudolf Gebhardt: Der dreizehnte Kongress des Deutschen Schachbundes Hannover 1902. Leipzig

1903 Johannes Kohtz/Carl Kockelkorn: Das indische Problem. Potsdam

1905 Georg Marco: Der internationale Schach-Kongress des Barmer Schach-Vereins 1905. Barmen

1905 Siegbert Tarrasch: Der Schachwettkampf Marshall – Tarrasch im Herbst 1905. Nürnberg

1905–1936 Alan C. White: Christmas series. 32 Bände. Stroud

1906 Siegbert Tarrasch: Der fünfzehnte Kongress des Deutschen Schachbundes Nürnberg 1906. Nürnberg

1906 Curt von Bardeleben: Das Schachturnier zu Ostende im Jahre 1906. Gross-Lichterfelde

1907 Siegbert Tarrasch: Das Champion-Turnier zu Ostende 1907. Leipzig

1907 Siegbert Tarrasch: Der Schachwettkampf Lasker – Marshall im Frühjahr 1907. Nürnberg

1908 Georg Marco/Carl Schlechter: Das internationale Schachmeisterturnier Karlsbad 1907. Wien

1908 Georg Marco: Internationales Schach-Turnier Wien 1908. Wien

1908 Siegbert Tarrasch: Der Schachwettkampf Lasker – Tarrasch um die Weltmeisterschaft im August–September 1908. Leipzig

1909 Geza Maróczy: Paul Morphy. Sammlung der von ihm gespielten Partien. Leipzig

1909 Emanuel Lasker: Der internationale Schachkongress zu St. Petersburg 1909. Berlin

1910–1921 Ludwig Bachmann: Schachmeister Steinitz. 4 Bände. Ansbach

1911 Leopold Hoffer: Lasker v. Schlechter 1910. London

1911 Jacques Mieses/Moritz Lewitt: Internationales Schachturnier zu San Sebastian 1911. Berlin

1912 Jacques Mieses/Moritz Lewitt: II. internationales Schachturnier zu San Sebastian 1912. Berlin

1912 Milan Vidmar: Das zweite internationale Schachturnier Karlsbad 1911. 2 Bände. Potsdam

1912 Siegbert Tarrasch: Die moderne Schachpartie. Nürnberg

1912 Hermann von Gottschall: Adolf Anderssen, der Altmeister deutscher Schachspielkunst. Leipzig

1914 Ludwig Bachmann: Pillsbury und Charousek. Ansbach

1914 Siegbert Tarrasch: Das Grossmeisterturnier St. Petersburg 1914. Nürnberg

1914 Michail Platoff/Wassili Platoff: Sammlung der Endspielstudien. Moskau

1916 Georg Marco: Das internationale Gambitturnier Baden 1914. Wien

1918 Bernhard Kagan: Das Gross-Meisterturnier Berlin 1918. Berlin

1918 Bernhard Kagan: Das Vier-Meisterturnier Berlin 1918. Berlin

1920 José Raul Capablanca: My Chess Career. London

1921 José Raul Capablanca: Chess fundamentals. London

1921 Bernhard Kagan: Erstes internationales Schachmeisterturnier in Haag 1921. Berlin

1921 Martin Anderson: Göteborgs Schacksällskaps jubileumsturneringar 1919/20. Göteborg

1921 Gustav und Ludwig Collijn: Lärobok i Schach. Stockholm. 4. Auflage

1922 Richard Réti : Die neuen Ideen im Schachspiel. Wien

1922 Emanuel Lasker: Mein Wettkampf mit Capablanca 1921. Berlin

1923 Josef Schorr: Schachkongress Teplitz-Schönau 1922. Teplitz-Schönau

1923 Bernhard Kagan: II. internationales Julius-Breyer-Memorial Schachturnier Bad Piestany 1922. Berlin

1923 Bernhard Kagan: III. internationales Schachturnier Karlsbad 1923. Berlin

1923 Bernhard Kagan: Internationales Schachmeister-Turnier zu Mährisch-Ostrau 1923. Berlin

1923 The book of the London international chess congress 1922. London

1923 Richard Teichmann: III. Internationales Schachmeisterturnier Ostende 1907. Berlin

1925 Savielly G. Tartakower: Die hypermoderne Schachpartie. Wien

1925 Alexander Aljechin: Das Grossmeister-Turnier New York 1924. Berlin

1925 Siegbert Tarrasch: Internationales Schachturnier zu Baden-Baden 1925. Berlin

1925 Aaron Nimzowitsch: Mein System. Berlin

1926 Alan C. White: Sam Loyd und seine Schachaufgaben. Leipzig

1927 Ewfim Bogoljubow: Das internationale Schachturnier Moskau 1925. Berlin

1928 Alexander Aljechin: Das erste internationale Schachmeisterturnier in Kecskemet 1927. Kecskemet

1928 Frederick Yates/William Winter: Games played in the world's championship match between José Raoul Capablanca and Alexander Alekhin. 1927. London

1928 Alexander Aljechin: Das New Yorker Schachturnier 1927. Berlin

1928 Max Euwe et al.: Die Haager Turniere des Weltschachbundes 1928. Kecskemet

1928 Walther von Holzhausen: Logik und Zweckreinheit im neudeutschen Schachproblem. Berlin

1928 Savielly Tartakower: Das große internationale Schachmeisterturnier in Bad Kissingen 1928. Bad Kissingen

1929 Aaron Nimzowitsch et al.: IV. internationales Schachmeisterturnier Karlsbad 1929. Wien

1929 Alexander Aljechin: Meine besten Partien 1908–1923. Berlin

1929 Ferenc Chalupetzky/Laszlo Toth: A Siesta-szanatorium sakkversenye Budapest 1928. Kecskemet

1930 Richard Réti: Die Meister des Schachbretts. Mährisch-Ostrau

1931 Ferenc Chalupetzky/Laszlo Toth: Das erste italienische Grossturnier San Remo 1930. Breslau

1931 Richard Réti : Sämtliche Studien. Mährisch-Ostrau

1931 Benjamin Blumenfeld: Match Alechin – Bogoljubov na perwenstwo mira 1929. Moskau

1932 Hans Müller: Sammlung der 182 Partien des Turnier Veldes 1931. Wien

1932 Alexander Aljechin: 66 Master games played in the London international chess tournament 1932. London

1932 Josef Louma et al.: Sachova Olympiada v Praze 1931. Prag

1932 W. Bonacker: Turnierbuch des internationalen Schachturniers Bern 1932. Bern

1932 Alexander Aljechin: Auf dem Wege zur Weltmeisterschaft 1923–27. Berlin

1934 Alexander Aljechin: Internationales und 37. Schweizerisches Schachturnier in Zürich 1934. Zürich

1934 Robert Laseker: Das internationale Schachmeisterturnier im Grandhotel Panhans am Semmering 1926. Mährisch-Ostrau

1935 Albert Becker: 2. internationales Schachmeisterturnier Moskau 1935. Wien

1935 Savielly Tartakower: Neue Schachsterne. Wien

1935 Fred Reinfeld: The book of the Cambridge Springs international tournament 1904. New York

1935 Rudolf Spielmann: Richtig opfern! Leipzig

1936 Alexander Aljechin/Max Euwe: Der Kampf um die Weltmeisterschaft 1935. Mährisch-Ostrau

1936 Fred Reinfeld: Book of the Warsaw international chess team tournament. 1935 New York

1937 – 1941 Max Euwe: Theorie der schaakopeningen. 12 Bände. Batavia

1937 Alexej Troitzky: Collection of chess studies. Leeds

1937 Jacques Hannak: Semmering-Baden 1937, Kecskemet

1937 Edgar G. R. Cordingley: London Chess Congress 1927. London

1938 Alexander Aljechin: The world's chess championship 1937. London

1938 Hans Kmoch: Schach-Großturnier Nottingham 1936. Wien

1938 Karl Betins: Das große internationale Schachmeisterturnier Kemeri 1937. Riga

1938 Leonid Kubbel: 250 isbrannich etjudov. Moskau

1938 Max Euwe: Analyse van AVROs wereldschaak-tournooi Amsterdam 1938. Amsterdam

1939 Michail Botwinnik: Odinnadzatoe vsesojusnoe schachmatnoe perwenstwo Leningrad 1939. Moskau

1940 Jacques Hannak: Um die Europameisterschaft. Der Schachwettkampf Euwe - Keres 1939. Kecskemet

1941 Sergej Belawenetz/Michail Judowitsch: Sechsmeisterturnier Leningrad/Moskau 1941. Kecskemet

1941 Geza Maróczy: Das internationale Schachmeisterturnier in Budapest 1896. Kecskemet

1942 Frank Marshall: My fifty years of chess. New York

1943 Karel Skalicka: Sexto torneo internacional de ajedrez Mar del Plata 1943. Buenos Aires

1943 Ludek Pachman: Velikonocni turnaj v Praze 1943. Prag

1945 Milciades Lachaga: Torneo de las naciones Buenos Aires 1939. Buenos Aires. 3 Bände

1945 Hans Kmoch: De eerste schaakmatch USA-USSR 1945. Amsterdam

1946 Adrian de Groot: Het Denken van den Schaker. Amsterdam

1946 Willem A. Schelfhout: Internationaal schaaktournooi Zaanstreek 1946. Amsterdam

1948 Arnoldo Ellerman: Mar del Plata 1947. Buenos Aires

Selenus 1616

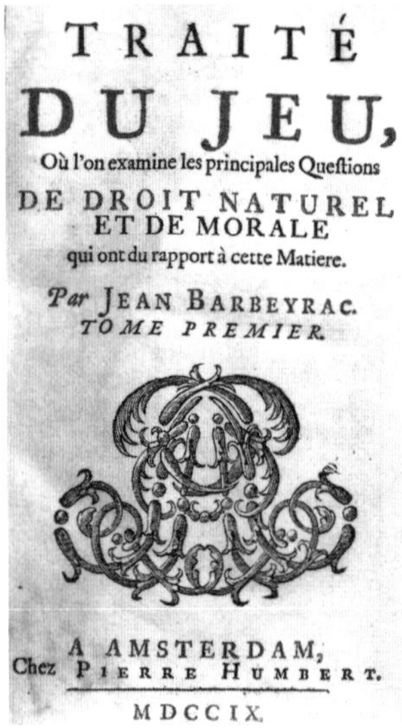

Barbeyrac 1709

1948 Max Euwe: Wereldkampioenschap schaken Den Haag/Moskau 1948. Lochem

1948 Max Euwe/Hans Kmoch: Staunton-Turnier Groningen 1946. Luzern

1948 Ferenc Chalupetzky: Internationales Tschigorin-Gedenkturnier Moskau 1947. Kecskemet

1950 Henri Rinck: 1414 Fins de partie. Barcelona

1951 Hans Müller: Botwinnik – Bronstein. Der Kampf um die Schachweltmeisterschaft 1951. Wien

1951 Ado Kraemer/Erich Zepler: Im Banne des Schachproblems. Berlin

1951 Max Euwe/Lodewijk Prins: Wereldschaaktournooi Amsterdam 1950. Lochem

1951 Gideon Stahlberg: Budapestturneringen 1950. Örebro

1951 Max Euwe: Positions- und Kombinationsspiel im Schach. Berlin

1952 Isaak Boleslawski: XVIII. perwenstwo SSSR po schachmatam Moskva 1950. Moskau

1953 Gideon Stahlberg: Interzonala Schackturneringen Stockholm-Saltsjöbaden 1952. Örebro

1953 Vasja Pirc: Stauntonov spominski turnir 1951. Ljubljana

1956 Max Euwe/Willem Jan Muhring: Das Kandidatenturnier für die Weltmeisterschaft 1956. Amsterdam

1956 Savielly Tartakower: Tartakowers Glanzpartien 1905–1930. Berlin

1957 Michail Botwinnik: Der Schachwettkampf Botwinnik/Smyslow 1954. Berlin

1959 Svetozar Gligoric/Aleksandar Matanovic: Interzonen-Turnier Portoroz 1958. Hamburg

1960 Svetozar Gligoric/Wjatscheslaw Ragosin: Kandidatenturnier für die Schachweltmeisterschaft Bled, Zagreb, Beograd 1959. Belgrad

1961 Milan Vidmar: Goldene Schachzeiten. Erinnerungen. Berlin

1962 Bulletin FIDE-Kandidatentournooi Curacao 1962. Amsterdam

1962 Vasja Pirc: Jubilarni Medjunarodni Veleturnir Bled 1961. Ljubljana

1964 Werner Lauterbach: Mannheim 1914. Düsseldorf

1965 Max Euwe/Salo Flohr: Das Interzonenturnier Amsterdam 1964. 2 Bände. Hamburg

1966 Salo Flohr: Petrosjan bleibt Weltmeister! Amsterdam

1967 Schacholympiade (XVII.) Havanna 1966. Berlin

1969 Bobby Fischer: Meine 60 denkwürdigen Partien. Hamburg

1969 Salo Flohr: Spassky – Weltmeister! Amsterdam

1971 Bobby Fischer/Dimitrije Bjelica: Chess Meets of the Century. Sarajevo

1971 Bent Larsen: Ich spiele auf Sieg. Zürich

1972 Svetozar Gligoric: Fischer – Spasskij 1972. Schachmatch des Jahrhunderts. Zürich

1973 Sydney Fried: San Antonio 1972. New York

1974 Robert Wade et al.: World Championship Interzonals Leningrad-Petropolis 1973. London

1975 Sergio Luppi: Il torneo internazionale di Milano 1975. Milano

1975 Raymond Keene/Richard N. Coles: Howard Staunton the English world chess champion. London

1975 Gedeon Barcza et al.: Die Weltmeister des Schachspiels. 2 Bände. Budapest

1976 Michail Tal: The Life and Games of Mikhail Tal. London

1976 Alexander Münninghoff et al.: Max Euwe biografie van een wereldkampioen. Amsterdam

1976 Hans Suri et al.: Interzonenturnier Biel 1976. Biel

1977 Michail Tal: Tal – Botvinnik. Match for the World Chess Championship 1960. London

1978 Grootmeestertoernooi Tilburg 1977. Amsterdam

1979 Reuben Fine: Die grössten Schachpartien der Welt. Von Morphy bis Fischer und Karpov. München

1979 – 1991 Aleksandar Matanovic et al.: Encyclopaedia of chess openings. 5 Bände. Belgrad

1979 Viktor Kortschnoj/Ludek Pachman: Schach WM 78 Kortschnoi/Karpov. Düsseldorf

1979 Dimitrije Bjelica: Bugojno 1978. Belgrad

1980 Werner Speckmann: Das logische Schachproblem. Düsseldorf

1980 Alexander Kotow/Michail Judowitsch: Schach in der UdSSR. Moskau

1980 Michail Botwinnik: Meine 100 schönsten Partien von 1925–1970. Heidelberg

1980 David Bronstein: The Chess Struggle in Practice. Lessons from the famous Zurich Candidates Tournament 1953. London

1980 Michail Tal et al.: Montreal 1979. Tournament of Stars. Oxford

1981 Juri Awerbach: Lehrbuch der Schachendspiele. 2 Bände. Berlin

1982 Josef Breuer: Beispiele zur Ideengeschichte des Schachproblems. Düsseldorf

1982 – 1993 Aleksandar Matanovic: Encyclopaedia of chess endings. 5 Bände. Beograd

1983 Boris Vainstein: David Bronstein Chess Improviser. Oxford

1984 Lew Polugaewski: Aus dem Labor des Großmeisters. 2 Bände. Düsseldorf

1984 Christiaan Bijl: Das II. Internationale Schachmeisterturnier Wien 1882. Zürich

1984 Paul Müller-Breil: Schacholympiade Luzern 1982. Zug

1985 Ludek Pachman: Karpow gegen Kasparow. Schach-WM 84. München

1985 Tigran Petrosjan: Strategija nadeschnosti. Moskau

1986 Garri Kasparow: Weltmeisterschaft 1985. Düsseldorf

1986 Raymund Stolze: Umkämpfte Krone. Die Duelle der Schachweltmeister von Steinitz bis Kasparov. Berlin

1986 Viktor Kortschnoj: Meine besten Kämpfe 1952 bis 1988. Düsseldorf

1986 Anthony Dickins: Märchenschach. Dreieich

1987 Interpolis Schaaktoernooi (11e) Tilburg 1987. Alkmaar

1987 William Hartston et al.: The Brussels Encounter OHRA 1986. London

1987 William Hartston et al.: The Super Clash SWIFT Brussels 1987. London

1987 Genrich Kasparjan: Domination in 2545 Endgame Studies. Moskau

1987 - 1990 Egon Varnusz: Paul Keres best Games. 2 Bände. Oxford

1987 Gary Kasparov: Child of Change. An Autobiography. London

1987 Helmut Pfleger et al.: Schach WM 87. Kasparow/Karpow. Niedernhausen

1988 Jan Timman: Het smalle pad. Ervaringen met het wereldkampioenschap. Amsterdam

1988 12e Interpolis Schaaktoernooi Tilburg 1988. Alkmaar

1988 Wim Andriessen: SWIFT World Cup Chess Tournament Brussels 1988. Alkmaar

1988 Wassili Smyslow: Meine 130 schönsten Partien von 1938–1984. Heidelberg

1988 Miquel Illescas: Linares 1988. Madrid

1989 Herman Grooten: 13e Interpolis Schaaktoernooi 89. Eindhoven

1989 Garri Kasparow: Ich setze auf Sieg. WM 1986. Düsseldorf

1989 Jimmy Adams: Johannes Zukertort Artist of the Chessboard. Yorklyn

1990 Herman Grooten: Het 14e Interpolis Schaaktoernooi Tilburg 1990. Eindhoven

1990 Anatoli Karpov: Sestra moja Kaissa. New York

1990 Robert Hübner: Fünfundfünfzig feiste Fehler. Stamsried

1990 Lubomir Kavalek: World Cup Chess. The Grandmaster Grand Prix, Bloomsbury

1991 Lubomir Ftacnik: Novi Sad OL 1990. Prag

1991 Otto Borik/Helmut Pfleger: Schach-WM 1990 Kasparow/Karpow. Niedernhausen

1992 Erik Bouwmans/Herman Grooten: Het 15e Interpolis Schaaktoernooi Tilburg 1991. Eindhoven

1993 Mark Dworezki/Artur Jussupow: Geheimnisse des gezielten Schachtrainings. Hollfeld

1993 Raymond Keene: Kasparov - Short 1993. London

1993 Lubomir Ftacnik/Jan Ambroz: Biel IZT 1993. Prag

1993 Michael Ehn: Ernst Franz Grünfeld. Bd. 1. Der Variantenkoffer 1911–1920. Wien

1994 Hartmut Metz: Das SKA-Mephisto-Turnier München 1993. Zürich

1994 John Donaldson/Nikolay Minev: Akiba Rubinstein. Uncrowned King. Seattle

1995 Raymond Keene: World Chess Championship: Kasparov v. Anand. London

Bedeutende Periodika

1836–1847 Le Palamède

1837–1838 The Philidorian

1842–1856, 1859–1862 The Chess Player's Chronicle

1846–1944, ab 1950 Deutsche Schachzeitung

1868–1879 The Westminster Papers

1876–1879 Schachmatni Listok

1879–1896 The Chess Monthly

ab 1881 The British Chess Magazine

1885–1887 Schachmatni Westnik

1885–1891 The International Chess Magazine

1889–1925 Deutsches Wochenschach

1893–1930 Bachmann, L.: Geistreiche Schachpartien, Ansbach

1898–1916, 1923–1938, 1948–49 Wiener Schachzeitung

1904–1909 Lasker's Chess Magazine

1911–1919, 1922–1950 Magyar Sakkvilag

1911–1943, ab 1946 L'Italia Scacchistica

1921–1931 Schachmatni Listok

1921–1932 Kagan's Neueste Schachnachrichten

1924–1944, ab 1946 Die Schwalbe

1925–1939 L'Échiquier

1932–1941, 1945–1990 Schachmati v SSSR

1932–1940, 1952–1991 Schach–Echo

1933–1940, ab 1943 Chess Life and Review

ab 1935 Chess

1955–1991 Schachmatni Bjulleten

ab 1965 Schach-Informator

ab 1979 Schachmagazin 64

ab 1980 Die Schachwoche

ab 1981 Tournament Chess

ab 1984 New In Chess Magazine

ab 1984 New In Chess Yearbook

ab 1987 Chess Base Magazin

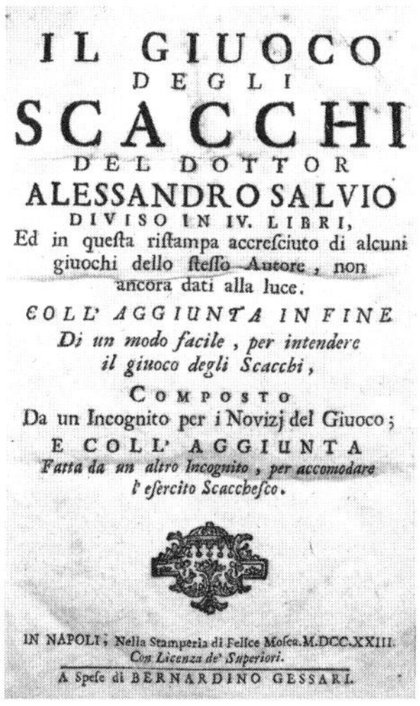
IL GIUOCO
DEGLI
SCACCHI
DEL DOTTOR
ALESSANDRO SALVIO
DIVISO IN IV. LIBRI,
Ed in questa ristampa accresciuto di alcuni giuochi dello stesso Autore, non ancora dati alla luce.
COLL' AGGIUNTA IN FINE
Di un modo facile, per intendere il giuoco degli Scacchi,
COMPOSTO
Da un Incognito per i Novizj del Giuoco;
E COLL' AGGIUNTA
Fatta da un altro Incognito, per accomodare l'esercito Scacchesco.
IN NAPOLI, Nella Stamperia di Felice Mosca. M.DCC.XXIII.
Con Licenza de' Superiori.
A Spese di BERNARDINO GESSARI.

Salvio 1723

Alphabetisches Literaturverzeichnis

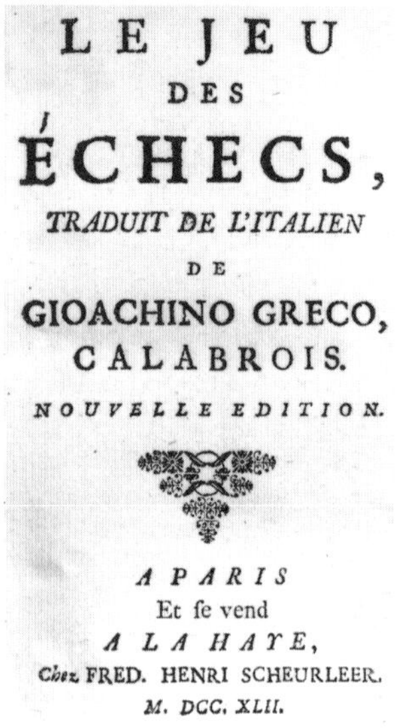
LE JEU DES ÉCHECS,
TRADUIT DE L'ITALIEN DE GIOACHINO GRECO, CALABROIS.
NOUVELLE EDITION.
A PARIS Et se vend A LA HAYE, Chez FRED. HENRI SCHEURLEER. M. DCC. XLII.

Greco 1742

Académie universelle de Jeux. Paris 1718

Adams, J.: Johannes Zukertort. Artist of the Chessboard. Yorklyn 1989

Adorno, Th. W.: Ästhetische Theorie. Frankfurt/M. 1977

Adorno, Th. W./Horkheimer, M.: Dialektik der Aufklärung. Philosophische Fragmente. Frankfurt/M. 1981 (= 1944)

Ahues, H.: Meine besten Schachprobleme. Göttingen 1988

Alexander, C. H. O'D.: Alekhine's best games of chess 1938–1945. London 1949

Alexandre, A.: Encyclopédie des Échecs. Paris 1837

Alfonso el Sabio: Libros de acedrex, dados e tablas. Das spanische Schachzabelbuch des Königs Alfons des Weisen vom Jahre 1283. 2 Bände. (Hrsg. v. J. G. White.) Leipzig 1913

Alfonso el Sabio: Libros de acedrex, dados e tablas. Das Schachzabelbuch König Alfons des Weisen. (Hrsg. u. übersetzt v. A. Steiger.) Zürich 1941

Alfonso X. el Sabio: Libros de Acedrez, Dados y Tablas (hrsg. v. P. G. Morencos). Madrid 1987

Aljechin, A.: Das Grossmeister-Turnier New York 1924. Berlin 1925

Aljechin, A.: Das New Yorker Schachturnier 1927. Berlin 1928

Aljechin, A.: Das erste internationale Schachmeisterturnier in Kecskemet 1927. Kecskemet 1928

Aljechin, A.: Meine besten Partien 1908–1923. Berlin 1929

Aljechin, A.: Auf dem Wege zur Weltmeisterschaft 1923–27. Berlin 1932

Aljechin, A.: 66 Master games played in the London international chess tournament 1932. London 1932

Aljechin, A.: Internationales und 37. Schweizerisches Schachturnier in Zürich 1934. Zürich 1934

Aljechin, A.: The world's chess championship 1937. London 1938

Aljechin, A.: Jüdisches und arisches Schach. Eine psychologische Studie, die – gegründet auf die Erfahrungen am schwarz-weißen Brett – den jüdischen Mangel an Mut und Gestaltungskraft nachweist. In: Pariser Zeitung (18. 3. 1941–23. 3. 1941)

Aljechin, A.: Gran torneo internacional de ajedrez Madrid 1943. Madrid 1944

Aljechin, A./Euwe, M.: Der Kampf um die Weltmeisterschaft 1935. Mährisch-Ostrau 1936

Allen, G.: History of the Automaton Chess Player in America. London/ Philadelphia 1859

Allgaier, J.: Neue theoretisch-praktische Anweisung zum Schachspiel. 2 Bände. Wien 1795/96

Amram, D.: The Makers of the Hebrew Books in Italy. London 1963

Anderson, M.: Göteborgs Schacksällskaps jubileumsturneringar 1919/ 20. Göteborg 1921

Anderssen, A.: Aufgaben für Schachspieler. Breslau 1842

Andrä, H. F.: Das Schachspiel. Halle 1796

Andriessen, W.: SWIFT World Cup Chess Tournament Brussels 1988. Alkmaar 1988

Antin, D.: Caxton's The Game and Playe of the Chesse. In: Journal of the History of Ideas (29/1968), S. 269–278

Ariès, P.: Geschichte des Todes. München 1980

Ariès, P.: Geschichte der Kindheit. München 1992 (= 1960)

Ariès, P./Duby, G.: Geschichte des privaten Lebens. Bd. 2. Frankfurt/M. 1990

Ariès, P./Margolin, J.-C. (Hrsg.): Les Jeux à la Renaissance. Etudes réunies. Paris 1982

Arrabal, F.: Hohe Türme trifft der Blitz. Köln 1986 (= 1983)

Ascharin, A.: Schachhumoresken. Riga 1894

Awerbach, J.: Lehrbuch der Schachendspiele. 2 Bände. Berlin 1981

Baatz, U./Müller-Funk, W. (Hrsg.): Vom Ernst des Spieles. Über Spiel und Spieltheorie. Berlin 1993

Balbi, G. P.: Das „moralisierte Schachspiel" des Galvono da Levanto. In: Das Schachbuch des Jacobus de Cessolis. Codex Palatinus Latinus 961. Zürich 1988, S. 79–101

Bachmann, C.: Das Schachspiel und seine historische Entwicklung. Leipzig 1924

Bachmann, I.: Malina. Frankfurt/M. 1971

Bachmann, L.: Schachmeister Steinitz. 4 Bände. Ansbach 1910–1921

Bachmann, L.: Pillsbury und Charousek. Ansbach 1914

Bachmann, L.: Aus vergangenen Zeiten. 6 Bände. Berlin 1920–22

Balbi, A.: Das Schachgedicht des Hieronymus Vida. Berlin 1873

Ballesteros y Berreta, A.: Alfonso X el Sabio. Barcelona/Murcia 1963

Barcza, G. et al.: Die Weltmeister des Schachspiels. 2 Bände. Budapest 1975

Bardeleben, C. von et al.: Der fünfte Kongress des Deutschen Schachbundes Frankfurt 1887. Leipzig 1889

Bardeleben, C. von: Das Schachturnier zu Ostende im Jahre 1906. Gross-Lichterfelde 1906

Barrow, J. D.: Theorien für alles. Die philosophischen Ansätze der modernen Physik. Heidelberg/ Berlin/New York 1992

Baudelaire, Ch.: Der Maler des modernen Lebens. In: Gesammelte Schriften. (Hrsg. v. M. Bruns.) Bd. 4. Darmstadt 1982

Bayer, E. (Hrsg.): Firdousis Königsbuch. 3 Bände. Berlin 1895

Bayer, H./Gropius, W./Gropius, I.: Bauhaus 1919–1928. Teufen [2]1952

Bayerl, G.: Technische Intelligenz im Zeitalter der Renaissance. In: Technikgeschichte (45/1978), S. 336–353

Beck, H.: Die Schachmaschine. Lustspiel in vier Aufzügen. Berlin 1798

Becker, A.: 2. internationales Schachmeisterturnier Moskau 1935. Wien 1935

Becker, A.: XIV. campeonato Sovietico Moscu 1945. Buenos Aires 1948

Becker, A.: Die Praxis eines Theoretikers. Buenos Aires 1975

Beckett, S.: Endspiel. Fin de partie. Endgame. Frankfurt/M. 1974

Beckett, S.: Murphy. Übertragen v. E. Tophoven. Reinbek/Hamburg 1992

Belawenetz, S./Judowitsch, M.: Das UdSSR Schachmeisterschaftsturnier in Moskau 1940. Kecskemet 1940

Belawenetz, S./Judowitsch, M.: Sechsmeisterturnier Leningrad/Moskau 1941. Kecskemet 1941

Benjamin, W.: Versuche über Brecht. Frankfurt/M. 1966

Benjamin, W.: Charles Baudelaire. Ein Lyriker im Zeitalter des Hochkapitalismus. In: ders.: Abhandlungen (Ges. Schriften, Bd. 1.2, hrsg. v. R. Tiedemann u. H. Schweppenhäuser). Frankfurt/M. 1991, S. 505–690

Benjamin, W.: Über den Begriff der Geschichte. In: ders.: Abhandlungen (Ges. Schriften, Bd. 1.2, hrsg. v. R. Tiedemann u. H. Schweppenhäuser). Frankfurt/M. 1991, S. 691–707

Berger, J.: Das Schachproblem und dessen kunstgerechte Darstellung. Leipzig 1884

Berger, J.: Theorie und Praxis der Endspiele. Leipzig 1890

Bernold, M.: Akiba Rubinstein – Biographisches Stückwerk. Wien 1995 (unveröff. Typoskript)

Bertin, J.: The noble game of chess. London 1735

Betins, K.: Das grosse internationale Schachmeisterturnier Kemeri 1937. Riga 1938

Betts, D.: Chess. An annotated Bibliography of Works Published in the English Language 1850–1968. Nottingham 1988

Bhatta, C. P.: Origin and Genesis of Chess. In: Schachhistorische Forschungen. (Hrsg. v. E. Meissenburg.) Seevetal 1994

Bidev, P.: Geschichte der Entdeckung des Schachs im magischen Quadrat und des magischen Quadrats im Schach. In: Schachwissenschaftliche Forschungen (5/1975), S. 120–131

Bidev, P.: Die Einführung des Chaturaga aus Indien nach Iran und einige Bemerkungen zu Chatrang-Namak. In: Rochade (1977), S. 68–69

Bidev, P.: Stammt Schach aus Altindien oder China? Igalo 1986

Bijl, Ch.: Das II. Internationale Schachmeisterturnier Wien 1882. Zürich 1984

Bikowa, E.: Vera Menchik. Moskau 1957

Bilguer, P. R. von: Handbuch des Schachspiels. Berlin 1843

Bjelica, D.: Bugojno 1978. Belgrad 1979

Bláthy, O. T.: Vielzügige Schachaufgaben. Budapest 1889

Blumenfeld, B.: Matsch Alechin – Bogoljubov na perwenstwo mira 1929. Moskau 1931

Bock-Raming, A.: Ein bisher unbeachtet gebliebener Sanskrit-Text zum indischen Schachspiel: Sein Inhalt und seine Bedeutung für die Schachgeschichte. In: Schachjournal (1/1993), S. 71–78

Bock-Raming, A.: Zur Symbolik des indischen Schachspiels. In: Strouhal 1996; i. E.

Bockwitz, H.: Papiermacher und Buchdrucker im Zeitalter Gutenbergs. Leipzig 1939

Boeckmann, J. L.: Versuch einer Erklärung des vom Hr. v. Kempele erfundenen mechanischen Schachspielers. In: Wissenschaftliches Magazin für Aufklärung (hrsg. v. E. L. Posselt), (1/1785), S. 72–91

Boeckmann, J. L.: Hypothetische Erklärung des berühmten mechanischen Schachspielers. In: Kleine Schriften physikalischen Inhalts. Bd. 1, Karlsruhe 1789, S. 85–144

Bogoljubow, E.: Das internationale Schachturnier Moskau 1925. Berlin 1927

Böhm, H.: Verenigde Spaarbank Toernooi Amsterdam 1988. Venlo 1988

Böhme, G.: Zur historischen Bedeutung der Sprechmaschine von Wolfgang von Kempelen. In: Allhoff, D.-W.: sprechen lehren, reden lernen. München 1987, S. 43–54

Boleslawski, I.: XVIII. perwenstwo SSSR po schachmatam Moskva 1950. Moskau 1952

Bonacker, W.: Turnierbuch des internationalen Schachturniers Bern 1932. Bern 1932

Bonsdorff, E./Fabel, K./Riihimaa, O.: Schach und Zahl. Düsseldorf 1978

Borges, J. L.: Der Unsterbliche. In: ders.: Erzählungen 2. München 1981 (Ges. Werke Bd. 3/II), S. 7–24

Borges, J. L.: Schach. In: ders.: Borges und Ich. München 1981 (Ges. Werke Bd. 6), S. 47–49

Borik, O./Pfleger, H.: Schach-WM 1990 Kasparow/Karpow. Niedernhausen 1991

Borst, A.: Barbaren, Ketzer und Artisten. Welten des Mittelalters. München 1993

Bosch-Schairer, C. (Hrsg.): Konrad von Ammenhausen: Das Schachzabelbuch. Göppingen 1981

Bossert, H. T.: Geschichte des Kunstgewerbes. Bd. 5. Berlin 1932

Bossong, G.: Semantik der Terminologie: Zur Vorgeschichte der alfonsinischen Schachtermini. In: Zschr. f. Romanische Philologie (94/1978), S. 48–68

Botwinnik, M.: Odinnadzatoe vsesojusnoe schachmatnoe perwenstwo Leningrad 1939. Moskau 1939

Botwinnik, M.: Der Schachwettkampf Botwinnik/Smyslow 1954. Berlin 1957

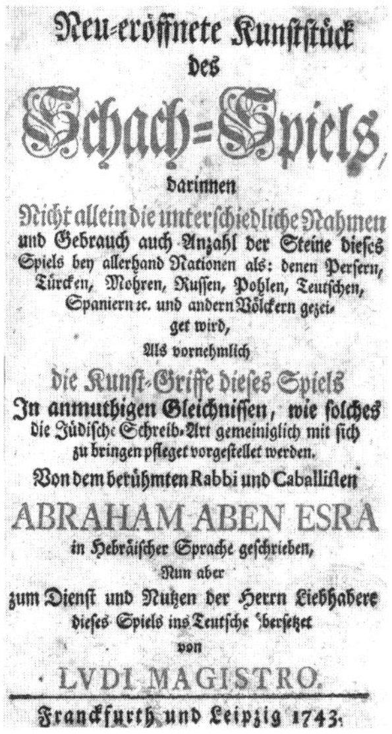
Neu-eröffnete Kunststück des Schach-Spiels, darinnen Nicht allein die unterschiedliche Nahmen und Gebrauch auch Anzahl der Steine dieses Spiels bey allerhand Nationen als: denen Persern, Türcken, Mohren, Russen, Pohlen, Teutschen, Spaniern rc. und andern Völckern gezeiget wird, Als vornehmlich die Kunst-Griffe dieses Spiels In anmuthigen Gleichnissen, wie solches die Jüdische Schreib-Art gemeiniglich mit sich zu bringen pfleget vorgestellet werden. Von dem berühmten Rabbi und Caballisten ABRAHAM ABEN ESRA in Hebräischer Sprache geschrieben, Nun aber zum Dienst und Nutzen der Herrn Liebhabere dieses Spiels ins Teutsche übersetzet von LVDI MAGISTRO. Franckfurth und Leipzig 1743.

Ludi Magistro 1743

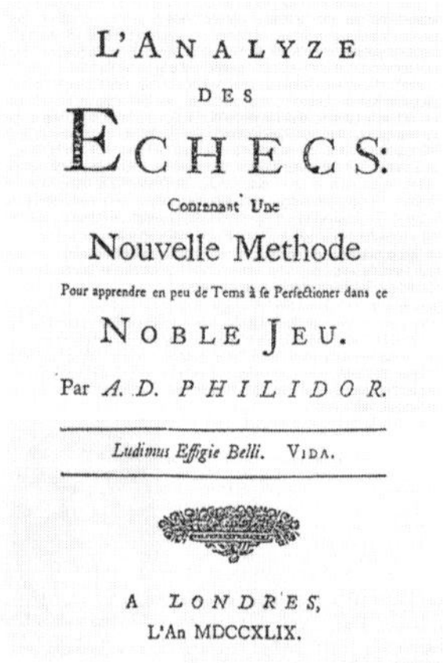
L'ANALYZE DES ECHECS: Contenant Une Nouvelle Methode Pour apprendre en peu de Tems à se Perfectioner dans ce NOBLE JEU. Par A. D. PHILIDOR. Ludimus Effigie Belli. VIDA. A LONDRES, L'An MDCCXLIX.

Philidor 1749

Botwinnik, M.: Meine 100 schönsten Partien von 1925–1970. Heidelberg 1980

Bouwmans, E./Grooten, H.: Het 15e Interpolis Schaaktoernooi Tilburg 1991. Eindhoven 1992

Boys' eye-witness account of Schlumberger in Turk's cabinet. In: Baltimore Gazette and Daily Avertiser (1. 6. 1827, 5. 6. 1827, 6. 6. 1827)

Brady, F.: Duchamp, Art and Chess. In: Chess Life (6/1961), S. 168–169

Brady, F.: Chess in the Cinema. In: Chess Life (4–12/1979)

Braine, S. E.: Turkish Automaton. A Tale of the Time of Catherine the Great of Russia. London 1899

Braudel, F.: Die Dynamik des Kapitalismus. Stuttgart 1986

Braudel, F.: Sozialgeschichte des 15.–18. Jahrhunderts. 3 Bände. München 1990 (= 1976)

Breuer, J.: Beispiele zur Ideengeschichte des Schachproblems. Düsseldorf 1982

Brewster, D.: Von dem künstlichen Schachspieler des Herrn von Kempele. In: ders.: Briefe über die natürliche Magie an Sir Walter Scott. Berlin 1833, S. 314–329

Briggs, J./Peat, F. D.: Die Entdeckung des Chaos. München 1993

Brinckmann, A.: Europameisterschaft München 1942. Den Haag o.J.

Brinckmann, A.: Großmeister Bogoljubow. Berlin 1953

Bronstein, D.: The Chess Struggle in Practice. Lessons from the famous Zurich Candidates Tournament 1953. London 1980

Brummel, L.: Bibliotheca Van der Linde-Niemeijeriana. A Catalogue of the Chess Collection in the Royal Library, The Hague. Den Haag 1955

Brunner, J.: The Squares of the City. London 1965

Bulletin FIDE-Kandidatentournooi Curaçao 1962. Amsterdam 1962

Bürger, P.: Duchamp 1987. In: Kunstforum (100/1989), S. 207–214

Burger, R.: Die Sprache der Puppen oder die Angst vor dem Widerspruch. In: ders.: Vermessungen. Wien 1989, S. 132–143

Burjakow, J. F.: Zur Bestimmung und Datierung einiger der ältesten Schachfiguren. Der Fund von Afrasiab. In: Antike Welt (1/1994), S. 62–71

Buytendijk, F. J. J.: Wesen und Sinn des Spiels. Berlin 1933

Cabanne, P.: Gespräche mit Marcel Duchamp. Köln 1972

Cafferty, B.: Akiba Rubinstein – A Chess Tragedy. In: The British Chess Magazine (1994), S. 550–554

Caillois, R.: Die Spiele und die Menschen. Maske und Rausch. Frankfurt/M. 1982 (= 1958)

Calvo, R.: Valencia, birthplace of modern chess. In: New in Chess (7/1991), S. 82–87

Calvo, R.: Der Musiker, der das Schachspiel brachte. In: Schach-Journal (1/1993), S. 87–93

Calvo, R.: Die Hypothese von Johannes Kohtz. In: Homo ludens (4/1994), S. 29–45

Calvo, R.: Life, Chess and Literature in Lucena. In: Strouhal 1996 (i. E.)

Canetti, E.: Die Blendung. München 1978 (= 1935)

Capablanca, J. R.: My Chess Career. London 1920

Capablanca, J. R.: Grundzüge der Schachstrategie. Berlin 1927 (= 1921)

Caparros, R.: The Games of José Raul Capablanca. Yorklyn 1991

Carrera, P.: Il Gioco degli Scacchi. Militello 1617

Carroll, C. M.: François-André Danican Philidor. Florida State University 1960 (= Phil. Diss.)

Carroll, C. M.: The Great Chess Automaton. New York 1975

Carroll, L.: Alice hinter den Spiegeln. Frankfurt/M. 1974 (= 1872)

Cervantes, S. M. de: Der sinnreiche Junker Don Quijote von der Mancha. Aus dem Spanischen v. L. Brounfels. München 1956

Cessoles, J. de: Liber de moribus hominum et officiis nobilium super ludo scacchorum. Zürich 1988

Chalupetzky, F.: Internationales Tschigorin-Gedenkturnier Moskau 1947. Kecskemet 1948

Chalupetzky, F./Toth, L.: A Siesta-szanatorium sakkversenye Budapest 1928. Kecskemet 1929

Chalupetzky, F./Toth, L.: Das erste italienische Grossturnier San Remo 1930. Breslau 1931

Chandler, R.: Das hohe Fenster. Zürich 1975 (= 1942)

Chicco, A./Porreca, G.: Il Libro completo degli Scacchi. Mailand ^{2}1985

Coles, R.: Amos Burn. The quiet chess-master. Brighton 1983

Collijn, G. u. L.: Lärobok i Schack. Stockholm ^{4}1921

Colonna, F.: Hypnerotomachia Poliphili. (Hrsg. v. G. Pozzi u. L. A. Chiapponi.) Venedig 1964 (= 1499)

Coomaraswamy, A. K.: La sculpture de Barhut. Paris 1956

Cordingley, E. G. R.: London Chess Congress 1927. London 1937

Cortázar, J.: Rayuela. Himmel und Hölle. Frankfurt/M. 1981 (= 1963)

Culin, S.: Chess and Playing-Cards. Washington 1898

Cunningham, J.: The games in the Steinitz – Lasker championship match 1894. Leeds 1894

D'Allemagne, H.-R.: Le Noble Jeu de L'Oie. Paris 1950

Damiano de Odemira: Questo libro e da imparare giocare a scachi. Rom 1512

Damisch, H.: The Duchamp Defense. In: October (10/1979), S. 5–28

Daniels, D.: Duchamp und die anderen. Der Modellfall einer künstlerischen Wirkungsgeschichte in der Moderne. Köln 1992

Dannel, K. J.: Chess and Language. Some Comparision between two Sign Systems. In: Surdia Neophilologica: A Journal of Germanic and Romance Philology, Vol. 46 (1/1974), S. 3–9

Dante Alighieri: Die Göttliche Komödie. (Hrsg. von W. Bahner.) Leipzig 1990

Davidson, H. A.: A Short History of Chess. New York 1981 (= 1949)

Decremps, H.: La Magie blanche dévoilée. Paris 1784

Deleuze, G.: Woran erkennt man den Strukturalismus? In: Châtelet, F. (Hrsg.): Geschichte der Philosophie. Bd. 8. Frankfurt/M. 1975, S. 269–302

Delitzsch, F.: Über das Schach und die damit verwandten Spiele in den Talmuden. In: Litteraturblatt des Orients. Berichte, Studien und Kritiken für jüdische Geschichte und Literatur (4/1840), S. 47–53

Der Schachautomat. Eine Wiener Erfindung. In: Neues Wiener Tagblatt, 22. 2. 1924, S. 7

Descartes, R.: Briefe. Hrsg., eingel. und mit Anmerkungen versehen von M. Bense. Köln 1949

Descartes, R.: Meditationen über die Grundlagen der Philosophie. (Hrsg. v. L. Gäbe.) Hamburg 1959 (= 1641)

Descartes, R.: Von der Methode des richtigen Vernunftgebrauchs und der wissenschaftlichen Forschung. (Übers. u. hrsg. v. L. Gäbe.) Hamburg 1969 (= 1637)

De Tournay: M. La vie et les Adventures de l'Automate Joueur d'Échecs. In: Le Palmède. Bd. 1, Nr. 3. Paris 1836, S. 81–87

Dexel, W.: Das Hausgerät Mitteleuropas.: Wesen und Wandel der Formen in zwei Jahrtausenden. Berlin [2]1973

Dextreit, J./Engel, N.: Jeu d'échecs et sciences humaines. Paris 1984

D'Harnoncourt, A./McShine, K.: Marcel Duchamp. New York 1973

Dickins, A.: Märchenschach. Dreieich 1986

Diderot, D.: Rameaus Neffe. In: Sämtl. Romane in zwei Bänden, Bd. 2. München 1979

Die in London restaurirte Kempelsche Schachmaschine. In: Morgenblatt für gebildete Stände, 29. Juni 1819, S. 613–615 u. 30. Juni 1819, S. 617–619

Diemer, E. J.: Schach-Kampf und Kunst. In: Deutsche Schachzeitung 1943, S. 4

Die wiedererstandene von Kempelen'sche Schachmaschine. In: Erneuerte vaterländische Blätter für den österreichischen Kaiserstaat, 31. Juli 1819 (dtsch. Übersetzung von: Observations 1819)

Dill, H. J.: Der Spielbegriff bei Thomas Mann: die Kunst als Synthese von Erkenntnis und Naivität. In: Orbis Litterarum (37/1982), S. 134–150

Divinsky, N.: The Privat Journal of Akiba Kiwelowicz Rubinstein. St. Petersburg 1914. In: Inside Chess (15/1991), S. 4–11

Döblin, A.: Was ist, ist vernünftig. Über das Leben der polnischen Juden (Auszug aus: „Reise in Polen", 1926). In: Riedl, J. (Hrsg.): Versunkene Welt. Wien/New York 1984, S. 143–147

Donaldson, J./Minev, N.: Akiba Rubinstein: Uncrowned King. Seattle 1994

Dostojewskij, F. M.: Der Spieler. Aus den Aufzeichnungen eines jungen Mannes. München 1992

Dreyfus, H. L./Rabinow, P.: Michel Foucault. Frankfurt/M. 1987

Drot, J.-M.: Jeu d'échecs avec Marcel Duchamp. Paris 1963

Duby, G.: Die drei Ordnungen. Das Weltbild des Feudalismus. Frankfurt/M. 1981

Duby, G.: Die Frau ohne Stimme. Liebe und Ehe im Mittelalter. Frankfurt/M. 1993

Duchamp, M.: Die Schriften. (Hrsg. v. Serge Stauffer.) Zürich 1981 (= 1975)

Duchamp, M./Halberstadt, V.: Opposition et Cases Conjuguées sont réconciliées. Paris/Bruxelles 1932

Dufresne, J.: Paul Morphy's Schachwettkämpfe nebst Beigabe der besten Partien des Pariser Schachturniers vom Jahre 1867. Berlin 1868

Dufresne, J.: Kleines Lehrbuch des Schachspiels. Leipzig 1881

Dufresne, J.: Lehrbuch des Schachspiels. (Hrsg. v. M. Blümich.) Leipzig [15]1941

Dupont-Danican, J. F.: Pour Philidor. Eine Gedenkschrift zum 200. Todestag des Musikers und Schachmeisters. Koblenz 1994

Dupuy-Mazuel, H.: Le Joueur d'échecs. Paris 1926

Dürrenmatt, F.: Der Mitmacher. Ein Komplex. Zürich 1982 (= Werkausgabe in 30 Bänden)

Dürrenmatt, F.: Der Verdacht. Zürich 1985, S. 124–265 (= Werkausgabe in 30 Bänden, Bd. 19)

Dürrenmatt, F.: Albert Einstein. Ein Vortrag. In: ders.: Philosophie und Naturwissenschaft. Essays und Reden. Zürich 1986a, S. 150–175 (= Werkausgabe in 30 Bänden, Bd. 27)

Dürrenmatt, F.: Monstervortrag über Gerechtigkeit und Recht nebst einem helvetischen Zwischenspiel. Eine kleine Dramaturgie der Politik. In: ders.: Philosophie und Naturwissenschaft. Essays und Reden. Zürich 1986b, S. 36–107 (= Werkausgabe in 30 Bänden, Bd. 27)

Dürrenmatt, F.: Das Versprechen. Requiem auf den Kriminalroman. Zürich 1986c (= Werkausgabe in 30 Bänden, Bd. 22)

Dus-Chotimirski, F. I.: Isbranie partii. Moskau 1953

Dworezki, M./ Jussupow, A.: Geheimnisse des gezielten Schachtrainings. Hollfeld 1993

Eales, R.: Chess. The History of a Game. London 1985

Ebert, J.: Nachricht von dem berühmten Schachspieler und der Sprechmaschine des k. k. Hofkammerraths Herrn von Kempelen. Leipzig 1785

Eder, M.: Ist der „Elefanten-König" doch (k)ein Schach-König? In: Schach-Journal (1/1994a),S. 45–51

Eder, M.: Die Schachfiguren aus Afrasiab. Fragen an die Wissenschaft zur Deutung, Zeitstellung und Ikonographie. In: Antike Welt (1/1994b), S. 71–78

OSSERVAZIONI TEORICO-PRATICHE
SOPRA IL GIUOCO DEGLI SCACCHI
OSSIA
IL GIUOCO DEGLI SCACCHI
ESPOSTO NEL SUO MIGLIOR LUME
DA GIAMBATISTA LOLLI
MODONESE.
OPERA NOVISSIMA
IN BOLOGNA MDCCLXIII.
NELLA STAMPERIA DI S. TOMMASO D' AQUINO.
CON APPROVAZIONE.
Lolli 1763

IL GIUOCO
INCOMPARABILE
DEGLI SCACCHI
SVILUPPATO CON NUOVO METODO,
Per condurre chiunque colla maggiore facilità
dai primi elementi fino alle finezze
più magistrali.
OPERA
D' AUTORE MODENESE
DIVISA IN TRE PARTI.
Ludimus effigiem belli . . . .
Vid. Scacch.
. . . . Ductorque placebat,
Non qui praecipiti traberet simul omnia casu;
Sed qui maturo vel laeta, vel aspera rerum
Consilio momenta regens . . . .
Claudian. de Bello Get.

IN MODENA MDCCLXIX.
Per gli Eredi di Bartolomeo Soliani Stampatori Ducali.
Con licenza de' Superiori.

Ponziani 1769

Ehn, M.: Ernst Franz Grünfeld. Bd. 1. Der Variantenkoffer 1911–1920. Wien 1993

Ehn, M.: Der Schachbaron von Wien. In: Scacchi e Scienze Applicate. Venedig 1994

Ehn, M.: Antisemitismus und Schach. Wien 1994 (unveröffentlichtes Typoskript)

Ehn, M.: Die große Reform. In: Strouhal 1996, i. E.

Ehn, M./Strouhal, E.: Duchamp als Schachspieler. In: Der Standard 10. 6. 1990

Ehn, M./Strouhal, E.: Kann man Diemer lieben? In: Der Standard 13. 1. 1991 (= 1991a)

Ehn, M./Strouhal, E.: „Grenzenloser Jubel". Zwei Männer und der Anschluß von 1939. In: Der Standard 20. 1. 1991 (= 1991b)

Ehn, M./Strouhal, E.: Ein furchtbarer Richter. Dr. Alois Wotawa (1896–1970). In: Der Standard 27. 1. 1991 (= 1991c)

Ehn, M./Strouhal, E.: Der Mann mit dem Variantenkoffer. Ernst Grünfeld (1893–1963). In: Der Standard 3. 2. 1991 (= 1991d)

Ehn, M./Strouhal, E.: Ein wüstes Leben. Alexander Aljechin (1892–1946). In: Der Standard 10. 2. 1991 (= 1991e)

Ehn, M./Strouhal, E.: Schwarzweiße Heldenplätze. Über Ermordete und Vertriebene. In: Der Standard 17. 2. 1991 (= 1991f)

Ehn, M./Strouhal, E.: Aufstieg und Elend des Wiener Schachlebens. In: Menora (1/1996), i. E.

Elias, N.: Die höfische Gesellschaft. Frankfurt/M. 1969

Elias, N.: Über den Prozeß der Zivilisation. Soziogenetische und psychogenetische Untersuchungen. 2 Bände. Frankfurt/M. 1976

Ellerman, A.: Mar del Plata 1947. Buenos Aires 1948

Etwas über den Schachspieler und die Sprechmaschine des Hrn. Hof-Cammerraths von Kempelen. In: Lichtenberg, F. (Hrsg.): Magazin für das Neueste aus Physik und Naturgeschichte. Bd. 3.2. Gotha 1785

Euwe, M.: Theorie der schaakopeningen. 12 Bände. Batavia 1937–1941

Euwe, M.: Analyse van AVROs wereldschaak-tournooi Amsterdam 1938. Amsterdam 1938

Euwe, M.: Les Lecons de Hastings et Londres 1945–46. Gand 1946

Euwe, M.: 101 Partijen van het Europees schaaktournooi te Hilversum in 1947. s.l.o.J.

Euwe, M.: Wereldkampioenschap schaken Den Haag/Moskau 1948. Lochem 1948

Euwe, M.: Positions- und Kombinationsspiel im Schach. Berlin 1951 (= 1937)

Euwe, M.: Schach mit dem Computer. In: ders.: Feldherrnkunst im Schach. Berlin 1970, S. 97–108

Euwe, M./Flohr, S.: Das Interzonenturnier Amsterdam 1964. 2 Bände. Hamburg 1965

Euwe, M./Kmoch, H.: Staunton-Turnier Groningen 1946. Luzern 1948

Euwe, M./Muhring, W. J.: Das Kandidatenturnier für die Weltmeisterschaft 1956. Amsterdam 1956

Euwe, M./Prins, L.: Wereldschaaktournooi Amsterdam 1950. Lochem 1951

Euwe, M./Prins, L.: Capablanca. Das Schachphänomen. Homburg 1979

Euwe, M. et al.: Die Haager Turniere des Weltschachbundes 1928. Kecskemet 1928

Faber, M.: Alfons der Weise. Einer der gelehrtesten Könige des Mittelalters. Persönlichkeit und Werk. In: Das spanische Schachbuch des Königs Alfons des Weisen vom Jahre 1283. München 1978

Faber, M.: Der Schachautomat des Baron von Kempelen. Dortmund 1983

Faber, M.: Das Schachspiel in der europäischen Malerei und Graphik (1550–1700). Wiesbaden 1988 (= Wolfenbütteler Arbeiten zur Barockforschung, Bd. 15)

Fähndrich, H. et al.: Internationales Kaiser-Jubiläums-Schachturnier Wien 1898. Wien 1898

Falkener, E.: Games ancient and oriental and how to play them. New York 1961 (= 1892)

Fery d'Esclands, A.: Congrés international des échecs. Compte rendu du congres de 1867. Paris 1868

Fichte, J. G.: Gesamtausgabe der Bayerischen Akademie der Wissenschaften. (Hrsg. v. R. Louth u. H. Jacob) Stuttgart 1962

Fichte, J. G.: Fichtes Werke. Berlin 1971 (Nachdruck)

Field, A.: Nabokov. His Life in Art. Boston 1967

Fine, R.: Die grössten Schachpartien der Welt. Von Morphy bis Fischer und Karpov. München 1979

Fine, R.: Die Psychologie des Schachspielers. Frankfurt/M. 1982 (= 1956)

Fink, E.: Spiel als Weltsymbol. Stuttgart 1960

Finkenzeller, R./Ziehr, W./Bührer, E. M.: Schach. 2000 Jahre Spiel-Geschichte. Stuttgart 1989

Fischer, B.: Meine 60 denkwürdigen Partien. Hamburg 1969

Fischer, B./Bjelica, D.: Chess Meets of the Century. Sarajevo 1971

Fiske, D. W.: The book of the first American chess congress New York 1857. New York 1859

Fiske, D. W.: Chess in Iceland and in Icelandic Literature. Florenz 1905

Flaubert, G.: Das Wörterbuch der übernommenen Ideen. Zürich 1987

Flitner, A. (Hrsg.): Das Kinderspiel. Texte. München [4]1978

Flohr, S.: Petrosjan bleibt Weltmeister! Amsterdam 1966

Flohr, S.: Spassky – Weltmeister! Amsterdam 1969

Flusser, V.: Digitaler Schein. In: Rötzer, F. (Hrsg.): Digitaler Schein. Ästhetik der elektronischen Medien. Frankfurt/M. 1991, S. 147–160

Forbes, D.: The history of chess. London 1860

Foucault, M.: Die Ordnung der Dinge. Eine Archäologie der Humanwissenschaften. Frankfurt/M. 1978

Freud, S.: Briefe 1873–1939 (ausgew. und hrsg. von E. L. Freud). Frankfurt/M. 1960

Fried, S.: San Antonio 1972. New York 1973

Friedel, J.: Briefe aus Wien verschiedenen Inhalts an einen Freund in Berlin. Leipzig u. Berlin 1784

Fromm, A.: Arthur Schopenhauer. Vordenker des Pessimismus. Berlin 1991

Ftacnik, L.: Novi Sad OL 1990. Prag 1991

Ftacnik, L./Ambroz, J.: Biel IZT 1993. Prag 1993

Für Aeltere Litteratur und Neuere Lectüre. (2. Jg./4. Quartal, 2. Heft). Leipzig 1784

Gadamer, H.-G.: Wahrheit und Methode. Grundzüge einer philosophischen Hermeneutik. Tübingen ^{2}1965

Gaige, J.: Chess Tournament Cross Tables. 4 Bände. Philadelphia 1969–74

Gaige, J.: Chess Personalia. A Bioblbllography. Jefferson 1987

Gamer, H. M.: Studien zum Ruodlieb. In: Zschr. für deutsches Altertum und deutsche Literatur (88/1958), S. 249–266

Gamer, H. M.: Politik und Leidenschaft im mittelalterlichen Schachspiel. In: Hodeige, F./Rothe, C.: Atlantische Begegnungen. Eine Freundesgabe für Arnold Bergstraesser. Freiburg 1964, S. 25–42

Gavin, T.: Kingkill. New York 1977

Gay, P.: Die Republik der Außenseiter. Frankfurt/M. 1970

Gebhardt, R.: Der zwölfte Kongress des Deutschen Schachbundes München 1900. Leipzig 1901

Gebhardt, R.: Der dreizehnte Kongress des Deutschen Schachbundes Hannover 1902. Leipzig 1902

Gerbec, T.: Ist das noch Fortschritt? In: Deutsche Schachzeitung 1937, S. 130–131

Gianutio della Mantia, O.: Libro nel quale si tratta della Maniera di Giucar' à Scacci. Turin 1597

Giesen, J.: Die Darstellung der Stände in der Kölner Schachzabelhandschrift. In: Jahrbuch des Kölner Geschichtsvereins (27/1953), S. 159–177

Gizycki, J.: Schach zu allen Zeiten. Zürich 1967

Gligoric, S.: Fischer – Spasskij 1972. Schachmatch des Jahrhunderts. Zürich 1972

Gligoric, S./Matanovic, A.: Interzonen-Turnier Portoroz 1958. Hamburg 1959

Gligoric, S./Ragosin, W.: Kandidatenturnier für die Schachweltmeisterschaft Bled, Zagreb, Beograd 1959. Belgrad 1960

Glonegger, E.: Das Spiele-Buch. Brett- und Legespiele aus aller Welt. München 1988

Glonegger, E.: Klassische Gesellschaftsspiele. Ursprung, Entwicklung, Geschichte. In: Homo Ludens. Der spielende Mensch (1/1991), S. 25–40

Göbel, H.: Bild und Sprache bei Lessing. München 1971

Goethe, W. v.: Noten und Abhandlungen zu besserem Verständnis des West-Östlichen Divans. In: Ges. Schriften, Bd. 11., hrsg. v. H. G. Gräf. Leipzig o. J., S. 770–939

le Goff, J.: Das alte Europa und die Welt der Moderne. München 1994

Goldfarb, W.: Poincaré against the logicists. In: Aspray, W./Kitcher, P.: History and Philosophy of modern Mathematics. Minneapolis 1988. S. 61–81

Goldman, W.: Carl Schlechter! The Life and Times of the Austrian Chess Wizard. Yorklyn 1994

Golombek, H.: A History of Chess. London 1976

Görschen, F.: Entstehung und Ursprung des neuen Schachs I–III (Die Göttinger Handschrift). In: Schach-Echo (1975a), S. 74–76, 91f, 105–108

Görschen, F.: Zur Göttinger Handschrift. Philos 85. Winse/Luhe 1975b (= Schach-Forschungen Nr. 2)

Görschen, F.: Capablancas Verlustpartien. Hamburg 1976

Gottschall, H. von: Der sechste Kongress des Deutschen Schachbundes Breslau 1889. Leipzig 1890

Gottschall, H. von: Adolf Anderssen, der Altmeister deutscher Schachspielkunst. Leipzig 1912

Gough-Cooper, J./Caumont, J.: Ephemerides on and about Marcel Duchamp and Rrose Sélavy. Mailand 1993 (Katalog zur Ausstellung Marcel Duchamp)

Grabar, O.: Die Entstehung der islamischen Kunst. Köln 1977

Graham, A.: Mr. Blackburne's Games at chess. London 1899

Greco, G.: Le iev des eschets, Paris 1669 (= 1619)

Grekow, N.: M. I. Tschigorin. Ego schisn i twortschestwo. Moskau 1939

Greygoose, F.: Schachfiguren. Heidenheim 1979

Groot, A. de: Het Denken van den Schaker. Amsterdam 1946

Grooten, H.: 13e Interpolis Schaaktoernooi 89. Eindhoven 1989

Grooten, H.: Het 14e Interpolis Schaaktoernooi Tilburg 1990. Eindhoven 1990

Grootmeestertoernooi Tilburg 1977. Amsterdam 1978

Gropius, W.: Grundsätze der Bauhausproduktion. März 1926. In: Wingler, H. M.: Das Bauhaus 1919–1933. Köln 1975, S. 120

Grössel, H. (Hrsg.): Raymond Roussel. Eine Dokumentation. München 1977

Groys, B.: Über das Neue. Versuch einer Kulturökonomie. München/Wien 1992

Grünfeld, E.: Taschenbuch der Eröffnungen im Schach. 2 Bde. Wien 1950–1953

Grunfeld, F. (Hrsg.): Spiele der Welt. Frankfurt/M. 1976

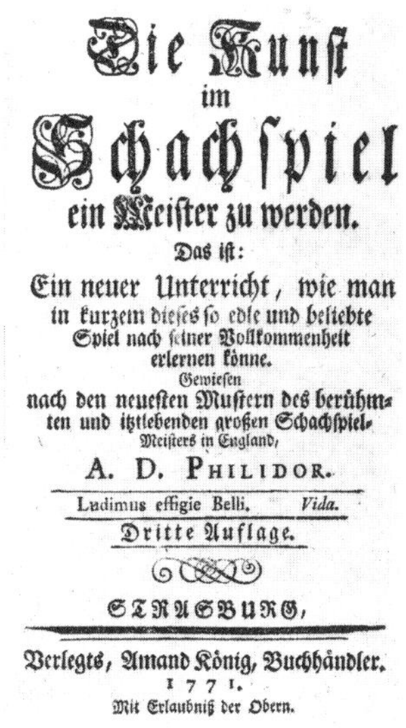
Die Kunst
im
Schachspiel
ein Meister zu werden.
Das ist:
Ein neuer Unterricht, wie man
in kurzem dieses so edle und beliebte
Spiel nach seiner Vollkommenheit
erlernen könne.
Gewiesen
nach den neuesten Mustern des berühmten und itztlebenden großen Schachspiel-Meisters in England,
A. D. Philidor.
Ludimus effigie Belli. Vida.
Dritte Auflage.
Strasburg,
Verlegts, Amand König, Buchhändler.
1771.
Mit Erlaubniß der Obern.

Philidor 1771

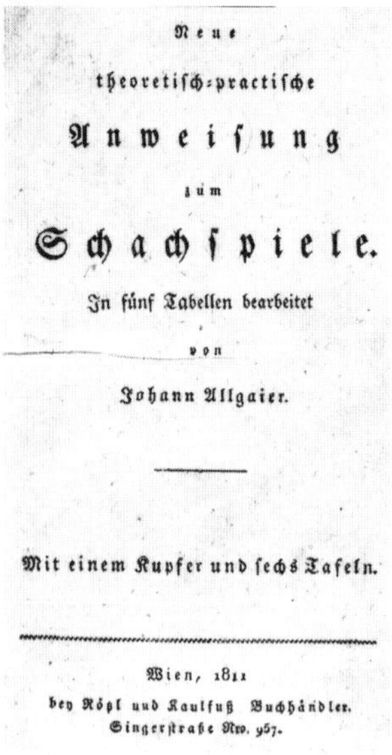
Neue
theoretisch-practische
Anweisung
zum
Schachspiele.
In fünf Tabellen bearbeitet
von
Johann Allgaier.

Mit einem Kupfer und sechs Tafeln.

Wien, 1811
bey Röpl und Kaulfuß Buchhändler.
Singerstraße Nro. 957.

Allgaier 1811

Guitel, G.: Histoire comparée des numérations écrites. Paris 1975

Gustafsson, L.: Die dritte Rochade des Bernard Foy. München/Wien 1983

Gutmayer, F.: Das unbedingte Torpedo im Schachkrieg. Innsbruck-Mühlau 1916a

Gutmayer, F.: Die große Offensive am Schachbrett. Innsbruck-Mühlau 1916b

Gutmayer, F.: Die Geburt des Überbauern oder: Eroberung des Brückenkopfes und Stromübergang. Innsbruck-Mühlau 1916c

Gutmayer, F.: Optik im Schach oder: Der militärische Blick. Erster Kommentar zu Paul Morphy. Innsbruck-Mühlau 1917

Gutmayer, F.: Der Weg zur Meisterschaft. Berlin/Leipzig [3]1919 (= 1898)

Gutmayer, F.: Die Geheimnisse der Kombinationskunst. Leipzig [3]1922 (= 1914)

Habermas, J.: Hegels Begriff der Moderne. In: Der philosophische Diskurs der Moderne. Frankfurt/M. 1988, S. 34–59

Haebler, K.: Die deutschen Buchdrucker des 15. Jahrhunderts im Auslande. München 1924

Hall, M.: Indisches Kunsthandwerk. In: Härtel, H./Auboyer, J. (Hrsg.): Indien und Südostasien (Propyläen). Berlin 1971, S. 238–263

Halle, J. S.: Der mechanische Schachspieler des Herrn von Kempelen. In: ders.: Magie oder die Zauberkräfte der Natur, so auf den Nutzen und die Belustigung angewandt worden. Berlin 1785, S. 164–172

Hammond, A.: The Book of Chessmen. London 1950

Hannak, J.: Akiba Rubinstein. Ein Leben voll Erfolg – ein Leben voll Tragik. In: Kmoch 1933 (Vorwort)

Hannak, J.: Semmering-Baden 1937. Kecskemet o. J.

Hannak, J.: Um die Europameisterschaft. Der Schachwettkampf Euwe–Keres 1939. Kecskemet 1940

Hannak, J.: Emanuel Lasker. Biographie eines Schachweltmeisters. Berlin-Frohnau 1952

Hansen, K. H.: Firdosis Königsbuch. (Hrsg. v. E. Bayer). 3 Bände. Berlin 1895

Hansen, K. H.: Das iranische Königsbuch. Aufbau und Gestalt des „Schahname" von Firdosi. Mainz 1954

Hartston, W. et al.: The Brussels Encounter OHRA 1986. London 1987

Hartston, W. et al.: The Super Clash SWIFT Brussels 1987. London 1987

Hartwig, J.: Neue Bauhaus-Schachspiele. In: Junge Menschen Monatshefte (8/1924)

Hauser, A.: Sozialgeschichte der mittelalterlichen Kunst. Hamburg 1957

Heckmann, H.: Die andere Schöpfung. Geschichte der frühen Automaten in Wirklichkeit und Dichtung. Frankfurt/M. 1982

Hegel, G. W. F.: Vorlesungen über die Philosophie der Geschichte. Frankfurt/M. 1986a (= Werke in 20 Bänden; Bd. 12)

Hegel, G. W. F.: Vorlesungen über die Ästhetik I. Frankfurt/M. 1986b (= Werke in 20 Bänden; Bd. 13)

Heidemann, I.: Der Begriff des Spiels und das ästhetische Weltbild der Philosophie der Gegenwart. Berlin 1968

Heinse, W.: Anastasia und das Schachspiel. Frankfurt/M. 1803

Heintz, B.: Die Herrschaft der Regel. Zur Grundlagengeschichte des Computers. Frankfurt/M./New York 1993

Heißenbüttel, H.: Konkrete Poesie heute? In: Protokolle (1/1978), S. 244–253

Helten, H./Richter, B.: Nachwort. In: Kmoch 1981

Herzogenrath, W. (Hrsg.): Bauhausutopien: Arbeiten auf Papier. Stuttgart 1988

Heschel, A.: The Earth is the Lord's. New York 1950

Hesse, H.: Das Glasperlenspiel. Versuch einer Lebensbeschreibung des Magister Ludi Josef Knecht samt Knechts hinterlassenen Schriften. Frankfurt/M. [12]1979

Heyde, A.: Der Schachwettkampf zwischen Dr. S. Tarrasch und M. Tschigorin. Berlin 1893

Heydebrand und der Lasa, T. von: Berliner Schach-Erinnerungen. Leipzig 1859

Heydebrand und der Lasa, T. von: Zur Geschichte und Literatur des Schachspiels. Leipzig 1897

Hillebrand, B.: Ästhetik des Nihilismus. Von der Romantik zum Modernismus. Stuttgart 1991

Himmelheber, G./Schneider, U.: Schönes Schach. Ausstellungskatalog des Bayerischen Nationalmuseums. Nürnberg 1988

Hindenburg, C. F.: Über den Schachspieler des Herrn von Kempelen nebst einer Abbildung und Beschreibung einer Sprechmaschine. In: Leipziger Magazin zur Naturkunde, Mathematik und Oekonomie. Leipzig 1784, S. 235–269

Hodges, A.: Alan Turing, Enigma. Wien/New York [2]1994

Hoffer, L.: Lasker v. Schlechter 1910. London 1911

Holländer, B.: Lebendes Schach in der Literatur. In: Homo ludens (4/1994), S. 124–134

Holländer, B.: Transfer und Transformation von Wörtern und Sachen. In: Strouhal 1996, i. E.

Holländer, H.: Minotaurus im kinetischen Labyrinth. Über Schach und Kunst anläßlich der Schachfiguren von Paul Wunderlich. Offenbach/M. 1989

Holländer, H.: Thesen zur Früh- und Vorgeschichte des Schachspiels. In: Homo ludens. Der spielende Mensch (4/1994), S. 17–28

Holzhausen, W. von: Logik und Zweckreinheit im neudeutschen Schachproblem. Berlin 1928

Hooper, D./Whyld, K.: The Oxford Companion to Chess. Oxford 1994

Howe, I.: The World of our Fathers – the Journey of the East European Jews to America. New York 1976

Hrdlicka, A.: Schach Zeichnungen 1. Düsseldorf 1983

Hübner, R.: Fünfundfünfzig feiste Fehler. Stamsried 1990

Huizinga, J.: Der Mensch und die Kultur. Stockholm 1938 (= Schriftenreihe „Augenblicke")

Huizinga, J.: Homo ludens. Vom Ursprung der Kultur im Spiel. Hamburg 1956

Huizinga, J.: Herbst des Mittelalters. Studien über Lebens- und Geistesformen des 14. und 15. Jahrhunderts in Frankreich und in den Niederlanden. Stuttgart 1975 (= 1941)

Hunnemann, J.: A selection of fifty games from those played by the automaton chess player, during its Exhibition in London. London 1820

Hyde, T.: De ludis orientalibus libri duo. 2 Bände. Oxonii 1694

Ifrah, G.: Universalgeschichte der Zahlen. Frankfurt/New York 1991

Illescas, M.: Linares 1988. Madrid 1988

(Der vlaemische) Indicateur. (11. 12. 1781)

Interpolis Schaaktoernooi (11e) Tilburg 1987. Alkmaar 1987

Interpolis Schaaktoernooi (12e) Tilburg 1988. Alkmaar 1988

Jacobi, F. H.: Werke. (Hrsg. v. F. Roth u. F. Köppen.) Leipzig 1816

Jandl, E.: etüde in f. In: ders.: Laut und Luise. Frankfurt/M. 1971, S. 14–15

Jandl, E.: selbstportrait des schachspielers als trinkende Uhr. Darmstadt 1983, (Gedicht vom 24. Juli 1980), S. 45

Joksic, S./Crisovan, A.: 54. Championship USSR 1987. Beograd 1987

Jonasson, S.: Duchamps Tractatus. Uppsala 1993 (unveröffentlichtes Typoskript)

Jones, E.: The Problem of Paul Morphy. In: Essays in Applied Psychoanalysis. Bd. 2. London 1951, S. 135–165

Jones, W.: On the Indian Game of Chess. In: Asiatic Researches 12 (2/1799), S. 159–165

Jünger, E.: Subtile Jagden. (Sämtliche Werke in 18 Bänden, Bd. 10). Stuttgart 1980

Jünger, E.: Eumeswil. (Sämtliche Werke in 18 Bänden, Bd. 17). Stuttgart 1980

Jünger, F. G.: Die Spiele, ein Schlüssel zu ihrer Bedeutung. Frankfurt/M. 1953

Kadletz, K.: Kempelen, Wolfgang von. In: Archiv der Geschichte der Naturwissenschaften (11/12, 1984), S. 583–587

Kaeppeli, T.: Pour la biographie de Jacques de Cessole. In: Archivum Fratrum Praedicatorum (30/1960), S. 149–161

Kagan, B.: Das Gross-Meisterturnier Berlin 1918. Berlin o.J.

Kagan, B.: Das Vier-Meisterturnier Berlin 1918. Berlin o.J.

Kagan, B.: Erstes internationales Schachmeisterturnier in Haag 1921. Berlin 1921

Kagan, B.: III. internationales Schachturnier Karlsbad 1923. Berlin 1923

Kagan, B.: II. internationales Julius-Breyer-Memorial Schachturnier Bad Piestany 1922. Berlin 1923

Kagan, B.: Internationales Schachturnier zu Scheveningen 1923. Berlin 1923

Kagan, B.: Internationales Schachmeister-Turnier zu Mährisch-Ostrau 1923. Berlin 1923

Kalmann, A.: Die Juden und das Schachspiel. In: Dr. Blochs Wochenschrift (30/1898), S 559–561

Kamper, D.: Der aufs Spiel gesetzte Mensch. In: Baatz, U./Müller-Funk, W. 1993, S. 161–171

Kant, I.: Kritik der Urteilskraft. (Hrsg. v. G. Lehmann.) Stuttgart 1991

Karpov, A.: Sestra moja Kaissa. New York 1990

Kasparjan G.: Domination in 2545 Endgame Studies. Moskau 1987

Kasparov, G.: Child of Change. An Autobiography. London 1987

Kasparow, G.: Weltmeisterschaft 1985. Düsseldorf 1986

Kasparow, G.: Ich setze auf Sieg. WM 1986. Düsseldorf 1989

Katzenmeier, U.: Das Schachspiel des Mittelalters als Strukturierungsprinzip der Erec-Romane. Heidelberg 1989 (= Phil. Diss.)

Kautsky, V.: Partie mezinarodnich turnaju sachovych v Praze 1908. Prag 1909

Kavalek, L.: World Cup Chess. The Grandmaster Grand Prix. Bloomsbury o. J.

Keats, V.: Chessmen for Collectors. London 1985

Keats, V.: Chess, Jews and History. Oxford 1994a

Keats, V.: Chess – Hyde's De Ludis Orientalibus. Oxford 1994b

Keats, V.: Chess Among the Jews. Oxford 1995

Keene, R.: Leonid Stein. Master of Attack. London 1988

Keene, R.: Kasparov – Short 1993. London 1993

Keene, R.: World Chess Championship: Kasparov v. Anand. London 1995

Keene, R./Coles, R. N.: Howard Staunton the English world chess champion. London 1975

Keene, R./Schiller, R.: Winning with the Hypermodern. London 1994

Keller, J. E.: Alfonso X, el Sabio. New York 1967

Keller, M.: World Game Review. New York 1991 (Nr. 10, Spezialausgabe zu Schachvarianten)

Kempelen, W. v.: Mechanismus der menschlichen Sprache nebst Beschreibung seiner sprechenden Maschine. Wien 1791

Kiefer, A.: Das Schachspiel in Literatur und Kunst. München 1958

Klein, H.: There is no Disputing about Taste. Untersuchungen zum englischen Geschmacksbegriff im 18. Jahrhundert. Münster 1967

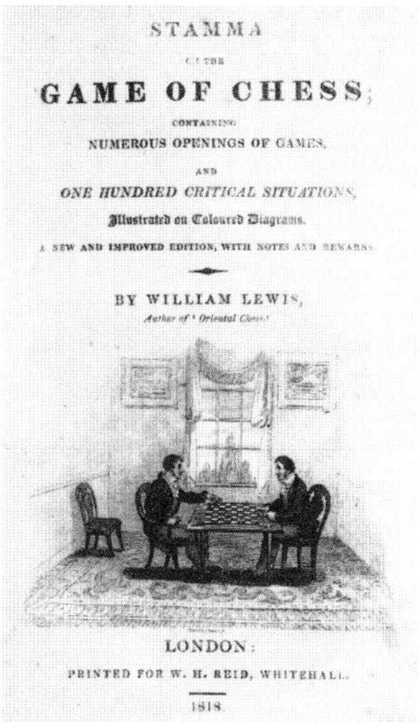

Lewis 1818

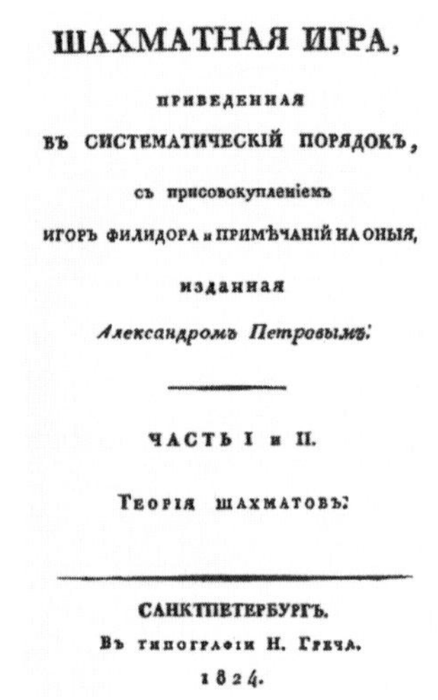
ШАХМАТНАЯ ИГРА,
приведенная
въ систематическiй порядокъ,
съ присовокупленiемъ
игоръ Филидора и примѣчанiй на оныя,
изданная
Александромъ Петровымъ.
ЧАСТЬ I и II.
Теорiя шахматовъ.
САНКТПЕТЕРБУРГЪ.
Въ типографiи Н. Греча.
1824.

Petrow 1824

Kliewer, H.-J.: Die mittelalterliche Schachallegorie und die deutschen Schachzabelbücher in der Nachfolge des Jacobus de Cessolis. Bochum 1966 (= Phil. Diss.)

Kling, J./Horwitz, B.: Chess studies. London 1851

Kluge-Pinsker, A.: Schach und Trictrac. Zeugnisse mittelalterlicher Spielfreude in salischer Zeit. Sigmaringen 1991 (= Ausstellung Die Salier und ihre Zeit. Römisch-Germanisches Zentralmuseum. Institut für Vor- und Frühgeschichte Speyer Rheinland-Pfalz)

Kluge-Pinsker, A.: Ein beliebtes mittelalterliches Brettspiel. Das Schachspiel aus rein archäologischer Perspektive. Eine Betrachtung mit Scheuklappen. In: Strouhal 1996, i. E.

Kmoch, H. (Hrsg.): IV. Internationales Schachmeisterturnier Karlsbad 1929. Wien 1929

Kmoch, H.: Schach-Grossturnier Nottingham 1936. Wien 1938

Kmoch, H.: De eerste schaakmatch USA-USSR 1945. Amsterdam 1945

Kmoch, H.: Rubinstein gewinnt! Rodgan 1981 (= Wien 1933)

Kmoch, H./Prins, L.: Weerzien der schaakmeesters. De wedstrijd te Hastings 1945–1946. Amsterdam 1946

Kmoch, H./Reinfeld, F.: Karlsbad 1907. In: Chess Review (1950), S. 299

Kogan, M. S.: Ocherki po istorii shakmat v SSR. Moskau 1938

Kohlmeyer, D.: Sizilianisch Pur Buenos Aires 94. Berlin 1995

Kohtz, J.: Vom Urschach. In: Deutsches Wochenschach 1910–1913. Neu hrsg. v. E. Meissenburg in: Schachforschungen 8. Seevetal 1993

Kohtz, J./Kockelkorn, C.: Das indische Problem. Potsdam 1903

Kohut, A.: Ist das Schachspiel im Talmud genannt und unter welchem Namen? In: Zschr. der Deutschen Morgenländischen Gesellschaft (46/1892), S. 130–135

Kongress (XVII.) des Deutschen Schachbundes Hamburg 1910. Coburg 1911

Kortschnoi, V./Pachman, L.: Schach WM 78 Kortschnoi/Karpov. Düsseldorf 1979

Kortschnoi, V.: Meine besten Kämpfe 1952 bis 1988. Düsseldorf 1986

Kotov, A.: Bjelie i tschernie. Moskau 1981

Kotov, A./Judowitsch, M.: Schach in der UdSSR. Moskau 1980

Kraemer, A./Zepler, E.: Im Banne des Schachproblems. Berlin 1951

Kraft, C.: Die Liebesgarten-Allegorie der "Échecs Amoureux". Kritische Ausgabe und Kommentar. Frankfurt 1977 (= Europäische Hochschulschriften, Reihe Französische Sprache und Literatur, Bd. 48)

Kralik, R. v.: Die wunderbaren Abenteuer des Huon von Bordigal, Herzogs von Aquitanien, und der schönen Klarmunde sowie des Elfenkönigs Oberon. München 1901

Kremer, M.: What's in a Game. The chess career of Marcel Duchamp (1887–1968). In: New In Chess (2/1989), S. 34–42

Krieghofer, G./Strouhal, E.: Eins sein mit allem was tickt. Fünfzehn Variationen auf den Automaten des Baron von Kempelen. In: Strouhal, E.: Technische Utopien. Zu den Baukosten von Luftschlössern. Wien 1991, S. 39–115

Kruijswijk, K. W. : Bibliotheca Van der Linde-Niemeijeriana aucta et de novo descripta. Den Haag 1974

Kubbel, L.: 250 isbrannich etjudov. Moskau 1938

Kuhn, Th.: Die Struktur wissenschaftlicher Revolutionen. Frankfurt/M. ²1976

Kuhnert, E./Widmann, A.: Geschichte des Buchhandels. In: Handbuch der Bibliothekswissenschaft (1/1952), S. 876–883

La Bourdonnais, C. de: Nouveau traité du jeu des échecs. Paris 1833

Lach, F.: Der Merzkünstler Kurt Schwitters. Köln 1971

Lachaga, M.: Torneo de las naciones Buenos Aires 1939. 3 Bände. Buenos Aires 1945

La Mettrie, J. O.: Der Mensch eine Maschine. Franz.-deutsche Ausg., übers. v. Th. Lücke. Leipzig 1984 (= 1747)

Lambe, C.: The History of Chess. London 1765

Lampe, A.: Die Dame und der König. Kulturgeschichte des Schachspiels. München 1962

Landsberger, K.: William Steinitz. Chess-Champion. Jefferson/London 1993

Lange, B.-P.: Der Meisterdiskurs: Symbolische Herrschaft in Lewis Carrolls "Through the Looking Glass". In: AAA – Arbeiten aus Anglistik und Amerikanistik 18 (1/1993), S. 91–125

Lange, M.: Handbuch der Schachaufgaben. Leipzig 1862

Lanier Graham, F.: Chess Sets. London 1968

Larsen, B.: Ich spiele auf Sieg. Zürich 1971

Laseker, R.: Das internationale Schachmeisterturnier im Grandhotel Panhans am Semmering 1926. Mährisch-Ostrau 1934

Lasker, E.: Our Berlin Letter. In: Lasker's Chess Magazine (10/1907), S. 244–245.

Lasker, E.: Der internationale Schachkongress zu St. Petersburg 1909. Berlin 1909

Lasker, E.: Schach. In: Pester Lloyd (8. Oktober 1911)

Lasker, E.: Zum St. Petersburger Turnier (Artikel in Berliner Zeitung am Mittag, Herbst 1914). In: Wiener Schachzeitung (4/1914), S. 104–105

Lasker, E.: Mein Wettkampf mit Capablanca 1921. Berlin 1922

Lasker, E.: Gesunder Menschenverstand im Schach. Berlin 1925 (= 1896)

Lasker, E.: Lehrbuch des Schachspiels. Berlin 1926

Lauterbach, W.: Mannheim 1914. Düsseldorf 1964

Lawson, D.: Paul Morphy, the Pride and Sorrow of Chess. New York 1976

Lebel, R.: Marcel Duchamp. New York 1959

Lebel, R.: Duchamp. Von der Erscheinung zur Konzeption. Köln 1972

Legaré, A.-M. (Hrsg.): Le livre des Échecs amoureux. Paris 1991

Lehner, H./Schwede, C.: Der erste Wiener internationale Schach-congress 1873. Leipzig 1874

Lenz, S.: Klingendes Schachspiel. Hamburg 1947 (Manuskript des Hörspiels)

Leonhardt, H.: Der Taktmesser: Johann Nepomuk Mälzel – ein lückenhafter Lebenslauf. Hamburg 1990

Leroy, B.: Die Sephardim. München 1991

Levenfisch, G. I.: Isbrannie partii i wospominanja. Moskau 1967

Levenfisch, G. I./Smyslow, W.: Theorie der Turmendspiele. Berlin 1959

Lévi-Strauss, C.: Die elementaren Strukturen der Verwandtschaft. Frankfurt/M. 1981

Lewis, W.: A selection of games at chess, played at the Westminster chess club, between Monsieur L. C. de la Bourdonnais and an English amateur (A. MacDonnell). London 1835

Lichtenberg, L. C.: Etwas über den Schachspieler, und die Sprachmaschine des Hrn. Hof-Cammerraths von Kempelen. In: Magazin für das Neueste aus der Physik und Naturgeschichte. Bd. 3. Gotha 1785, S. 183–192

Liddel, D. M. (Hrsg.): Chessmen. New York 1937

Linde, A. van der: Geschichte und Literatur des Schachspiels. 2 Bände. Zürich 1991 (= Berlin 1874)

Linde, A. van der: Quellenstudien zur Geschichte des Schachspiels. Berlin 1881a

Linde, A. van der: Das Erste Jahrtausend der Schachlitteratur (859–1880). Berlin 1881b

Linder, I. M.: Chess in Old Russia. Zürich 1979a

Linder, I. M.: Perwie russkie mastera (Petrov, Janisch, Urussow, Schumov, Schiffers). Moskau 1979b

Linder, I. M.: Die altertümlichen Schachfiguren von Afrasiab und ihre Bedeutung für die Schach-Entstehungsforschung. In: Schach-Journal (3/1992), S. 7–10

Linder, I. M.: Schach. Schachfiguren im Wandel der Zeit. Moskau 1994

Lindörfer, K.: Das große Schach-lexikon (unter Mitarbeit von A. Diel). München 1991

Lionnais, Le F.: "Échecs et Maths". In: Marcel Duchamp (Ausstellung Centre Pompidou). Bd. 2. Paris 1977, S. 42–51

Lohmer, Ch.: Heremi conversatio: Studien zu den monastischen Vorschriften des Petrus Damiani. München 1991

Lolli, G.: Osservazioni teorico-pratiche sopra il giuoco degli scacchi. Bologna 1763

Lorenzo, R. D. di: The Collection Form and the art of Memory in the Libellus super Ludo Schachorum of Jacobus de Cessolis. In: Mediaeval Studies (35/1973), S. 205–221

Louma, J.: Sachova Olympiada v Praze 1931. Prag 1932

Louma, J./Podgorny, J./Richter, E.: Oldrich Duras. Prag 1957

Löwenthal, J. J.: The chess congress of 1862. London 1864

Luca de, I.: Das gelehrte Österreich. Ein Versuch. (Bd. 1, 2. Stück), Wien 1778

Lucena, L. de: Repetición de Amores y Arte de Axedres con 150 juegos de partido. Salamanca 1496/97

Lucena, L. de: Repetición de amores. (Hrsg. v. J. Ornstein). Chapel Hill 1954

Ludwig, K.-H./Schmidtchen, V.: Metalle und Macht. 1000–1600. Berlin/ Frankfurt/M. 1992 (= Propyläen Technikgeschichte, hrsg. v. W. König)

Luppi, S.: Il torneo internazionale di Milano 1975. Milano 1975

Lupton, E./Miller, J. A.: Dreieck, Quadrat und Kreis. Bauhaus und Design-Theorie heute. Basel/ Boston/Berlin 1994

Lusis, A.: Chess. An annotated Bibliography 1969–1988. London 1991

MacDonnell, G. A.: Chess life-pictures. London 1883

MacDonnell, G. A.: The knights and kings of chess. London 1894

Machatschek, H.: Weltmeister-schaftsturnier 1957 Botwinnik – Smyslow. Berlin 1957

Machschabot, B.: Mendele, Grandfather of Yiddish Literature. In: Howe, I./Greenberg, E.: Voices from the Yiddish. New York 1972, S. 36–51

Mackett-Beeson, A.: Schachfiguren. Essen 1987 (= 1969)

Madden, F.: Historical Remarks on the introduction of Chess in Europe and on the ancient Chess-men discovered in the Isle of Lewis. In: Archaelogia (24/1832), S. 203–291

Magnusson, M.: Vikings! London 1980

Mailer, N.: Der Kampf. München/ Zürich 1976

Marco, G.: Der internationale Schach-Kongress des Barmer Schach-Vereins 1905. Barmen 1905

Marco, G.: Internationales Schach-Turnier Wien 1908. Wien 1908

Marco, G.: Das internationale Gambitturnier Baden 1914. Wien 1916

Marco, G./Schlechter, C.: Das internationale Schachmeisterturnier Karlsbad 1907. Wien 1908

Marcuse, H.: Triebstruktur und Gesellschaft. Ein philosophischer Beitrag zu Sigmund Freud. Frankfurt/M. 1980

Maróczy, G.: Paul Morphy. Sammlung der von ihm gespielten Partien. Leipzig 1909

Maróczy, G.: Das internationale Schachmeisterturnier in Budapest 1896. Kecskemet 1941

Marshall, F.: My fifty years of chess. New York 1942

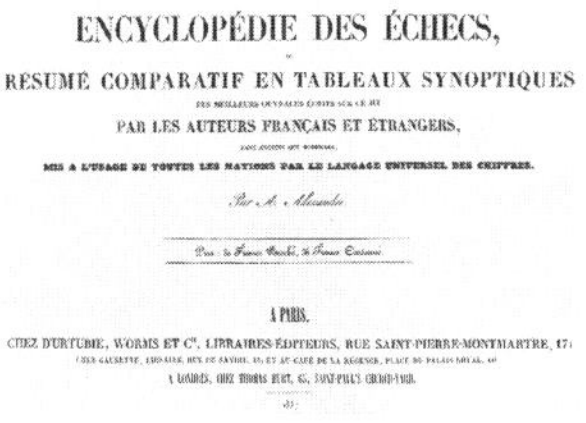
ENCYCLOPÉDIE DES ÉCHECS,

RÉSUMÉ COMPARATIF EN TABLEAUX SYNOPTIQUES

PAR LES AUTEURS FRANÇAIS ET ÉTRANGERS,

MIS A L'USAGE DE TOUTES LES NATIONS PAR LE LANGAGE UNIVERSEL DES CHIFFRES.

A PARIS,

CHEZ D'URTUBIE, WORMS ET Cie, LIBRAIRES-ÉDITEURS, RUE SAINT-PIERRE-MONTMARTRE, 17;

Alexandre 1837

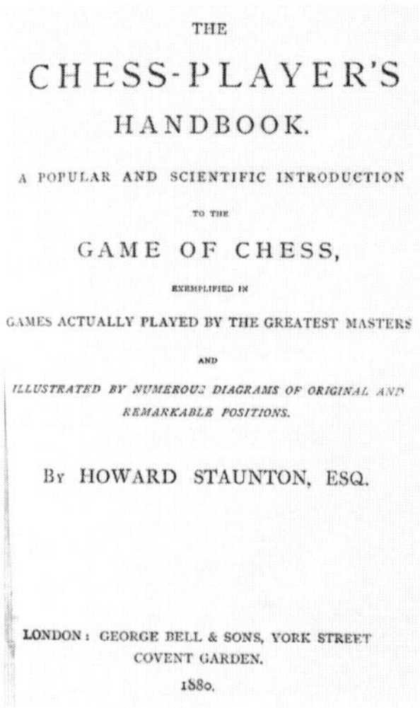
THE
CHESS-PLAYER'S
HANDBOOK.
A POPULAR AND SCIENTIFIC INTRODUCTION
TO THE
GAME OF CHESS,
EXEMPLIFIED IN
GAMES ACTUALLY PLAYED BY THE GREATEST MASTERS
AND
ILLUSTRATED BY NUMEROUS DIAGRAMS OF ORIGINAL AND
REMARKABLE POSITIONS.
BY HOWARD STAUNTON, ESQ.
LONDON: GEORGE BELL & SONS, YORK STREET
COVENT GARDEN.
1880.

Staunton 1880

Marsollier, B.-L.: Le Joueur d'échecs. Vaudeville en un acte. Paris 1801

Marten, G. H.: Aaron Nimzowitsch 1886–1935. Ein Leben für das Schach. Hamburg 1995

Mason, J./Pollock, W. H. K.: The games in the St. Petersburg tournament 1895/96. Leeds 1896

Maßmann, H. F.: Geschichte des mittelalterlichen, vorzugsweise des Deutschen Schachspieles. Quedlinburg/Leipzig 1839 (= Leipzig 1983)

Matanovic, A. et al.: Encyclopaedia of chess openings. 5 Bände. Belgrad 1979–1991

Matanovic, A. et al.: Encyclopaedia of chess endings. 5 Bände. Beograd 1982–1993

Maurensig, P.: La variante di Lüneburg. Mailand 1993 (Die Lüneburg-Variante. Frankfurt/M 1994)

Maurice, K./Mayr, O. (Hrsg.): Die Welt als Uhr. Deutsche Uhren und Automaten 1550–1650. München 1980

Mehrtens, H.: Moderne – Sprache – Mathematik. Eine Geschichte des Streits um die Grundlagen der Disziplin und des Subjekts formaler Systeme. Frankfurt/M. 1990

Meier, C.: Der Schachkampf in Paris im November und December 1843 zwischen Mr. Staunton und M. de St.-Amant. Zürich 1844

Meissenburg, E.: Das Schachbuch des Selenus. In: Börsenblatt für den Deutschen Buchhandel (Beilage, Nr. 2). Frankfurt/M. 1980

Meissenburg, E.: Das chinesische Schachspiel. Bibliographie von Schriften aus den Jahren 1952–1986 in europäischen Sprachen. Seevetal 1987

Meissenburg, E.: Vom Firzân zur Künigin im Eilschach. In: Strouhal 1996, i. E.

Mennel, J.: Schachzabel Spiel. Zürich 1981 (= 1507)

Metz, H.: Das SKA-Mephisto-Turnier München 1993. Zürich 1994

Metz, H.: Credit Suisse Masters Horgen 1994. Zürich 1995

Meyer, H.: bauen. In: Bauhaus 2. Jg. (4/1921), S. 12

Mies v. d. Rohe, L.: Manuskript Bürohaus. In: Neumayer, F.: Mies van der Rohe. Berlin 1986, S. 334

Mieses, J.: Fünfzehn ausgewählte Partien Kaschau 1918. Leipzig 1918

Mieses, J./Lewitt, M.: Internationales Schachturnier zu San Sebastian 1911. Berlin 1911

Mieses, J./Lewitt, M.: II. internationales Schachturnier zu San Sebastian 1912. Berlin 1912

Minchin, J. I.: Games played in the London international chess tournament 1883. London 1884

Moholny-Nagy, S.: Lazlo Moholny-Nagy: ein Totalexperiment. Mainz/Berlin 1972

Molderings, H.: Marcel Duchamp. Parawissenschaft, das Ephemere und der Skeptizismus. Frankfurt/M. ²1987

Moser, G.: Die Wiederentdeckung einer Kategorie. Spiel als Element der Postmoderne. In: ide – Zschr. für den Deutschunterricht in Wissenschaft und Schule (2/1992), S. 16–21

Mosivici, S.: Versuch über die menschliche Geschichte der Natur. Frankfurt/M. 1982

Müller-Breil, P.: Schacholympiade Luzern 1982. Zug 1984

Müller, H.: Sammlung der 182 Partien des Turnier Veldes 1931. Wien 1932

Müller, H.: Botwinnik – Bronstein. Der Kampf um die Schachweltmeisterschaft 1951. Wien 1951

Müller, R. A.: Der Arzt im Schachspiel bei Jacob von Cessolis. München 1981

Münninghoff, A. et al.: Max Euwe biografie van een wereldkampioen. Amsterdam 1976

Murauer, L.: Die verschrobenen Abbilder der Hebel und Räder. Zur Darstellung der Maschine in der deutschen Literatur von 1830–1870. Wien 1983 (= Phil. Diss.)

Murray, H. J. R.: A history of chess. Oxford 1913

Nabokov, V.: Erinnerung, sprich. Wiedersehen mit einer Autobiographie (Ges. Werke, Bd. 22, hrsg. v. D. E. Zimmer). Reinbek/Hamburg 1991

Nabokov, V.: Lushins Verteidigung. (Ges. Werke, Bd. 2, hrsg. v. D. E. Zimmer). Reinbek/Hamburg 1992

Nagel, E./Newman, J.: Der Gödelsche Beweis. Wien/München 1958

Needham, J.: Science and Civilisation in China. Bd. 3 u. 4. Cambridge 1959 u. 1962

Neumeyer, F.: Mies van der Rohe. Berlin 1986

Newell, A./Shaw, J./Simon, H.: Chess playing Programs and the Problem of Complexity. In: IBM Journal of Research and Development 1958

Nicolai, F.: Beschreibung einer Reise durch Deutschland und die Schweiz. Berlin 1785

Niemeijer, J. W.: Schaken als thema in de beeldende Kunst. Wassenaar 1961

Niemeijer, M.: Schaakbibliotheken. Wassenaar 1948

Niemojowski, L.: Szach i mat! Warschau 1953 (= 1881)

Nimzowitsch, A.: Entspricht Dr. Tarraschs „Die moderne Schachpartie" wirklich moderner Auffassung? In: Wiener Schachzeitung (5–8, 1912)

Nimzowitsch, A.: Die Blockade. Berlin 1925

Nimzowitsch, A.: Mein System. Berlin 1958 (= 1925/26)

Nimzowitsch, A.: Die Praxis meines Systems. Berlin 1960 (= 1928)

Nimzowitsch, A. et al.: IV. internationales Schachmeisterturnier Karlsbad 1929. Wien 1929

Observations on the Automaton Chess Player, now exhibited in London, at 4, Spring Gardens (by an Oxford Graduate). London 1819

Ong, W. J.: Oralität und Literalität. Die Technisierung des Wortes. Opladen 1987

Opfermann, H. C.: Zum 30. Todestag von Akiba K. Rubinstein. Die tödliche Verstrickung in den Teufelskreis der Logik. In: Europa-Rochade (5/1991), S. 21–23

Osterley, H. (Hrsg.): Gesta Romanorum. Berlin 1872

Ostertag, J. Ph.: Etwas über den Kempelinschen Schachspieler; eine Gruppe philosophischer Grillen. Frankfurt 1783

Pachman, L.: Velikonocni turnaj v Praze 1943. Prag 1943

Pachman, L.: Entscheidungspartien. Düsseldorf 1975

Pachman, L.: Karpow gegen Kasparow. Schach-WM 84. München 1985

Panofsky, E.: Sinn und Deutung in der bildenden Kunst. Köln 1975

Panov, V.: Rizar bedni. Moskau 1968

Pastoureau, M.: Pièces d'Échecs (Ausstellung Bibliothèque Nationale). Paris 1990

Paul, J.: Sämtliche Werke. Historisch-kritische Ausgabe. (Hrsg. v. E. Berend). Weimar 1927

Pedretti, C.: Leonardo da Vinci – Architekt. Stuttgart 1980

Pennell, M.: Chess and intellectual Property. In: Scacchi e Scienze Applicate, Fasc. 12, Suppl. Nr. 1. Mailand 1993

Pérez-Reverte, A.: Das Geheimnis der schwarzen Dame. Reinbek/Hamburg 1994 (= 1990)

Petrosjan, T.: Strategija nadeschnosti. Moskau 1985

Petrovíc, L./Klement, Z.: Dr. Milan Vidmar (1885–1962). Zagreb 1975

Petrus Alfonsi: Die Kunst vernünftig zu leben (Disciplina Clericalis). Dargestellt und aus dem Lateinischen übertragen von E. Hermes. Zürich/Stuttgart 1970

Petschar, H.: Kulturgeschichte als Schachspiel. Vom Verhältnis der Historie mit den Humanwissenschaften. Aachen 1986

Petzold, J.: Schach. Eine Kulturgeschichte. Leipzig 1986

Petzold, J.: Das Schachspiel als Toleranzsymbol in Lessings „Nathan der Weise". In: Homo Ludens (4/1994), S. 137–155

Pfleger, H. et al.: Schach WM 87. Kasparow/Karpow. Niedernhausen 1987

Pfleger, H./Treppner, G.: Brett vorm Kopf. Leben und Züge der Schachweltmeister. München 1994

Pherb, M.: unveröff. Tagebuch (24. 9. 1809; 9. 10. 1809)

Philidor, A. D.: L'analyze des échecs. London 1749

Pick, A.: Zur Geschichte der Wiener Israelitischen Kultusgemeinde. In: Lohrmann, K. (Hrsg.): 1000 Jahre österreichisches Judentum. Eisenstadt 1982

Pirc, V.: Stauntonov spominski turnir 1951. Ljubljana 1953

Pirc, V.: Jubilarni Medjunarodni Veleturnir Bled 1961. Ljubljana 1962

Platoff, M./Platoff, W.: Sammlung der Endspielstudien. Moskau 1914

Platon: Nomoi. In: Sämtl. Werke. (Hrsg. v. W. F. Otto, E. Grassi und G. Palmböck). Hamburg 1959

Poe, E. A.: Die Morde in der Rue Morgue. In: Der Fall des Hauses Ascher. Erzählungen. (Ges. Werke in 5 Bänden, Bd. 2). Zürich 1994, S. 242–292

Poe, E. A.: Kempelens Erfindung. In: ders.: Der schwarze Kater. (Ges. Werke in 5 Bänden, Bd. 3). Zürich 1994, S. 590–599

Poe, E. A.: Maelzels Schachspieler. In: ders.: Der Rabe. (Ges. Werke in 5 Bänden, Bd. 5). Zürich 1994, S. 360–395 (= 1836)

Polugaewski, L.: Aus dem Labor des Großmeisters. 2 Bände. Düsseldorf 1984

Ponziani, D. L.: Il giuoco incomparabile degli scacchi. Modena 1769

Portner, P.: Literatur-Revolution 1910–1925. Frankfurt/M. 1971

Pritchard, D. B.: The Encyclopedia of Chess Variants. Godalming 1994

Pseudo-Ovidius: De Vetula. (Hrsg. v. P. Klopsch) Köln 1967

Putnam, H.: Vernunft, Wahrheit und Geschichte. Frankfurt/M. 1990

Putnam, H.: Repräsentation und Realität. Frankfurt/M. 1991

Pytel, K.: Akiba Rubinstein. Warschau 1987

Pytel, K.: Vie et oeuvre de Boris Spassky. Schifflange 1991

Rabelais, F.: Gargantua und Pantagruel. Bd. 1 u. 2. München 1979

Racknitz, J. F. zu: Über den Schachspieler des Herrn von Kempelen und dessen Nachbildung. Leipzig u. Dresden 1789. (Reprint in: Faber 1983)

Rautenstrauch, J.: Oesterreichische Biedermanns-Chronik. Freiheitsburg 1784

Ray, M.: Selbstportrait. Eine illustrierte Autobiographie. München 1983

Razuwajew, J./Murakweri, V. I.: Akiba Rubinstein. Moskau 1980

Rebensburg, R.: Die Majestätsbeleidigung. Güthersloh 1949

Recker, E. von der: Vor hundert Jahren. Elise von der Reckers Reisen durch Deutschland 1784–1786. Stuttgart o. J.

Reider, N.: Chess, Oedipus and the Mater Dolorosa. In: International Journal of Psychoanalysis (40/1959), S. 320–333

Reinfeld, F.: The book of the Cambridge Springs international tournament 1904. New York 1935

Reinfeld, F.: Book of the Warsaw international chess team tournament 1935. New York 1936

Renger, K.: Lockere Gesellschaft. Zur Ikonographie des Verlorenen Sohnes und von Wirtshausszenen in der niederländischen Malerei. Berlin 1970

Réti, R.: Die neuen Ideen im Schachspiel. Wien 1922 (= Kempten/Düsseldorf 1965)

Réti, R.: Die Meister des Schachbretts. Mährisch-Ostrau 1930

Réti, R.: Sämtliche Studien. Mährisch-Ostrau 1931

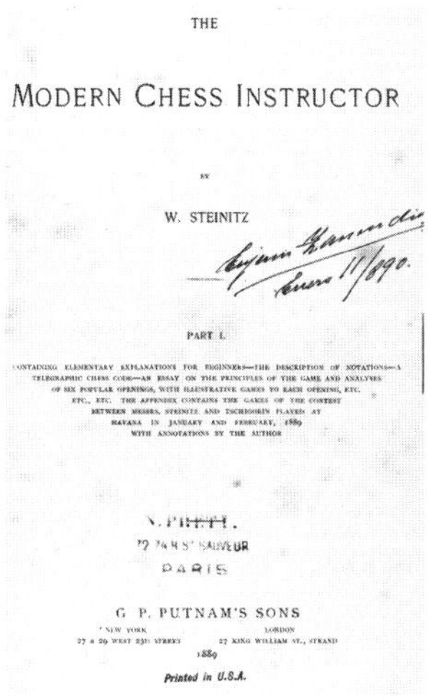
THE

MODERN CHESS INSTRUCTOR

W. STEINITZ

PART I.

G. P. PUTNAM'S SONS

Printed in U.S.A.

Steinitz 1889

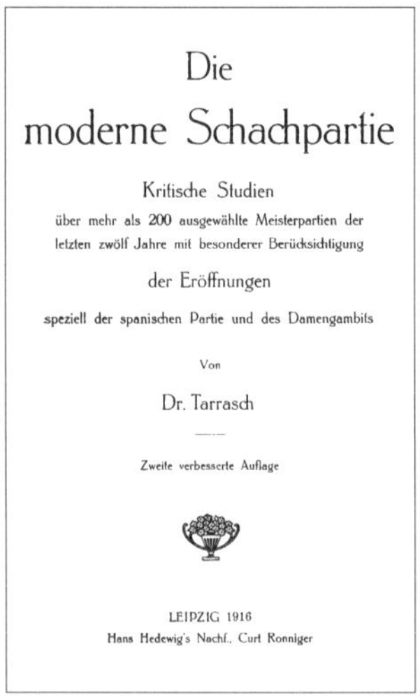
Die
moderne Schachpartie
Kritische Studien
über mehr als 200 ausgewählte Meisterpartien der letzten zwölf Jahre mit besonderer Berücksichtigung
der Eröffnungen
speziell der spanischen Partie und des Damengambits
Von
Dr. Tarrasch
Zweite verbesserte Auflage
LEIPZIG 1916
Hans Hedewig's Nachf. Curt Ronniger

Tarrasch 1916

Rhode, D. A.: Der Schachbrief des Kardinals Peter Damiani vom Jahr 1061 in neuer Beleuchtung. In: Deutsche Schachzeitung (3/1936), S. 65–68

Ribalow, H./Ribalow, M.: The great Jewish Chess Champions. New York 1986

Ribelles Comin, J.: Bibliografia de la lengua Valenciana. Madrid 1915

Richter, K.: Europa-Schachturnier München 1941. Berlin 1942

Rinck, H.: 1414 Fins de partie. Barcelona 1950

Rio, E. del : Sopra il giuoco degli scacchi osservazioni pratiche d'anonimo autore Modenese. Modena 1750

Roesler, M.: Chess in Art: Paintings and Watercolours. Davenport 1973

Roessler, H.: Reminiszenzen über die Bedenkzeit. Beitrag zur Geschichte der Uhr im Schach. In: Deutsche Schachzeitung (116/1967), S. 249–253

Romanowski, P.: Turnir masterov s utschastiem M. Euwe i H. Kmocha Leningrad 1934. Leningrad 1935

Rosenfeld, H.: Die Beziehung der europäischen Spielkarten zum Orient und zum Ur-Schach. In: Archiv für Kulturgeschichte (42/1960), S. 2–36

Rosenthal, S.: Traité des échecs et recueil des parties jouées au tournoi international de 1900. Paris 1901

Rötzer, F.: Alles ein Spiel mit tödlichem Ausgang? Vom Homo Ludens zum Homo Globi. In: Kunstforum (129/1995), S. 62–73

Rubaiyat of Omar Khayyam. London 1910

Rubinstein, A.: „Wie wurde ich Schachmeister?". Eine Rundfrage bei dem Semmering-Meisterturnier. In: Deutsche Zeitung Bohemia (18. April 1926), S. 19

Runkel, W.: Schach. Geschichte und Geschichten. Reinbek/Hamburg 1995

Ruy Lopez: Libro de la invencion liberal y arte del juego del axedrez. En Alcala 1561

Sacharow, N.: Schakhmatnaja literatura SSR. Moskau 1968

Saidy, A./Lessing, N.: The World of Chess. New York 1974

Salvio, A.: Trattato dell' inventione et arte liberale del gioco di scacchi. Neapel 1604

Salzmann, J.: The Chess Reader. The Royal Game in World Literature. New York 1949

Samuel, M.: The World of Sholem Aleichem. New York 1943

Santo, L. de et al.: Le Coup de Belfort Dame a4 1988. Belfort o. J.

Sanvito, A.: Scacchi di Venafro. In: L'Italia Scacchistica (Supl. Nr. 1064). Mailand 1994, S. 30–39

Sanvito, A.: Der Weg vom arabischen Wesir zur europäischen Königin. In: Strouhal 1996, i. E.

Sargin, D. I.: Drevnost igr v schaschki i schachmati. Moskau 1915

Sarratt, J. H.: Treatise on the Game of Chess. London 1808

Sarratt, J. H.: The Works of Damiano, Ruy Lopez and Selenus. London 1813

Sarratt, J. H.: New Treatise on the Game of Chess. London 1821

Saul, A.: The famous Game of Chesse-Play. London 1640

Saussure, F. de: Grundlagen der allgemeinen Sprachwissenschaft. Berlin 1967

Schacholympiade (XVII.) Havanna 1966. Berlin 1967

Schallopp, E.: Der Schachkongress zu Leipzig 1877. Leipzig 1878

Schallopp, E.: Der internationale Schachkongress zu Paris 1878. Leipzig 1879

Schallopp, E.: Der erste und zweite Kongress des deutschen Schachbundes 1879 Leipzig, 1881 Berlin. Leipzig 1883

Schallopp, E.: Der Schachwettkampf zwischen Wilh. Steinitz und J. H. Zukertort 1886. Leipzig 1886

Schallopp, E.: Das internationale Schachturnier zu Hastings 1895. Leipzig 1896

Schelfhout, W. A.: Internationaal schaaktournooi Zaanstreek 1946. Amsterdam 1946

Schellenberg, P. et al.: Der siebente Kongress des Deutschen Schachbundes Dresden 1892. Leipzig 1894

Schellenberg, P. et al.: Der vierzehnte Kongress des Deutschen Schachbundes Coburg 1904. Leipzig 1905

Schellenberg, P.: XVIII. Kongress des Deutschen Schachbundes Breslau 1912. Coburg 1913

Scherer, H.: Ansätze zur Fachsprachlichkeit im „Libro del Açedrex" Alfons' des Weisen. In: Mensching, G./Röntgen, K. H.: Studien zu romanischen Fachtexten aus Mittelalter und früher Neuzeit. Olms 1995, S. 161–188

Scheuerl, H.: Das Spiel. Untersuchungen über sein Wesen, seine pädagogischen Möglichkeiten und Grenzen. Weinheim/Basel 1973

Scheuerl, H.: Theorien des Spiels. Weinheim/Basel ^{10}1975

Schiller, F.: Über die ästhetische Erziehung des Menschen in einer Reihe von Briefen. In: ders.: Über Kunst und Wirklichkeit. Schriften und Briefe zur Ästhetik. (Hrsg. v. C. Träger.) Leipzig 1975, S. 261–375

Schiller, G.: Ikonographie der christlichen Kunst. Bd. 4.2, Maria. Kassel 1980

Schlingloff, D.: Zu den Spielszenen von Bharhut und Bodhgaya. In: Schachhistorische Forschungen 1991, S. 7–9

Schmidt, G. F.: Das Schachzabelbuch des Jacobus de Cessolis. Berlin 1961 (= Texte des späten Mittelalters, Heft 13)

Schonberg, H. C.: Die Grossmeister des Schach. Bern 1974

Schopenhauer, A.: Sämtliche Werke. (Hrsg. v. P. Deussen.) München 1913

Schopenhauer, A.: Parerga und Paralipomena. In: Werke in 5 Bänden. (Hrsg. v. L. Lütkehaus.) Bd. 4. Zürich 1991

Schorr, J.: Schachkongress Teplitz-Schönau 1922. Teplitz-Schönau 1923

Schudt, J.: Jüdische Merckwürdigkeiten. Franckfurt/Leipzig 1714

Schweikert, U.: Jean Paul. Stuttgart 1970

Searle, J.: Geist, Hirn und Wissenschaft. Frankfurt/M. 1986

Seifert, J.: Schachphilosophie. Ein Buch für Schachspieler, Philosophen und „normale" Leute. Darmstadt 1989

Selenus, G.: Das Schach- oder König-Spiel. Leipzig 1616

Sennett, R.: Verfall und Ende des öffentlichen Lebens. Die Tyrannerei der Intimität. Frankfurt/M. 1983

Shannon, C. E.: Programming a Computer for Playing Chess. In: Phil. Mag. Ser. (41/1950)

Sieper, E.: "Les échecs amoureux" – Eine altfranzösische Nachahmung des Rosenromans und ihre englische Übertragung. Weimar 1898

Silbermann, J./Unzicker, W.: Geschichte des Schachs. München 1975

Simon, H./Simon, M.: Geschichte der jüdischen Philosophie. München 1984

Skalicka, K.: Sexto torneo internacional de ajedrez Mar del Plata 1943. Buenos Aires 1943

Smyslow, W.: Meine 130 schönsten Partien von 1938–1984. Heidelberg 1988

Soltis, A.: Frank Marshall. United States Chess Champion. Jefferson 1994

Spanier, D.: Total Chess. New York 1984

Spence, J.: The Chess-career of Rudolph Spielmann. 3 Bände. Nottingham 1969–1974

Spence, J.: The Chess-career of Richard Teichmann (1892–1924). Nottingham 1970

Spence, J.: The Chess-Career of Bogoljubow. 2 Bde. Nottingham 1971–1975

Spengler, O.: Der Untergang des Abendlandes. München 1988 (= 1923)

Spielmann, R.: Richtig opfern! Leipzig 1935

Spielteuffel. Ein gemein auß schreiben von der Spieler von Eustachius Schildo. Frankfurt/M. 1562. Reprint mit einem Vorwort von A. Paus. In: Homo ludens (3/1993), S. 227–278

Spinoza, B. de: Die Ethik nach geometrischer Methode dargestellt. In: Sämtl. Werke. (Hrsg. v. L. Gebhardt.) Bd. 2. Hamburg 1989

Stahlberg, G.: Budapest-turneringen 1950. Örebro 1951

Stahlberg, G.: Interzonala Schackturneringen Stockholm-Saltsjöbaden 1952. Örebro 1953

Stamma, P.: Essai sur le jeu des échecs. Paris 1737

Stauffer, S.: Marcel Duchamp. Ready-made. Zürich 1973

Stauffer, S.: Marcel Duchamp. Die Schriften. Zürich 1981

Stauffer, S.: Marcel Duchamp. Interviews und Statements. Stuttgart 1992

Staunton, H.: The Chess Tournament London 1851. London 1852

Staunton, H.: The laws and practice of chess. London 1876

Staunton, H.: The Chess-player's Handbook. London 1989 (= 1847)

Staunton, H./Wormald, R. B.: The Laws and Practice of Chess. London [2]1879

Steiner, H.: Vom „jüdischen" und „arischen" Schach. Die unbewältigte NS-Vergangenheit des österreichischen Schachsports. In: Salzburger Nachrichten, Beilage Zeitgeschichte, 28. 10. 1995, S. vi

Steinitz, W.: The modern chess instructor. 2 Bände. New York 1889–95

Steinitz, W.: The book of the sixth American chess congress New York 1889. New York 1891

Steinkohl, L.: Schach und Schalom. Das Schach der Juden gestern und heute. Maintal 1995

Steinschneider, M.: Schach bei den Juden. In: van der Linde 1874, Bd. 1, S. 155–202

Steinschneider, M.: Die Mathematik bei den Juden. In: Bibliotheca Mathematica 1893, S. 69 ff

Stoep, A. van der: A History of Draughts. Den Haag 1984

Stolze, R.: Umkämpfte Krone. Die Duelle der Schachweltmeister von Steinitz bis Kasparov. Berlin 1986

Straat, E.: Praatschak I. Fascinatie Apologie Problematiek pret Theoretica de Meesters. Den Haag 1956

Strouhal, E.: Duchamps Spiel. Wien 1994a

Strouhal, E.: Duchamp jenseits des Palazzo. Portrait des Künstlers als junger Schachspieler. In: Berger, A./Moser, G. E.: Jenseits des Diskurses. Literatur und Sprache in der Postmoderne. Wien 1994b, S. 41–57

Strouhal, E.: Der Oberteil der Dame im Schachspiel Josef Hartwigs. In: Springer. Hefte für Gegenwartskunst (1/1995), S. 54–59

Strouhal, E. (Hrsg.): Vom Wesir zur Dame. Kulturelle Regeln, ihr Zwang und ihre Brüchigkeit. Über europäische Transformationen am Beispiel des Schachspiels. Wien 1996, i. E.

Suri, H. et al.: Interzonenturnier Biel 1976. Biel 1976

Süskind, P.: Ein Kampf. In: ders.: Drei Geschichten. Zürich 1995, S. 20–55 (= 1985)

Sutter, A.: Göttliche Maschinen. Die Automaten für Lebendiges bei Descartes, Leibniz und Kant. Frankfurt/M. 1988

Sutton-Smith, B.: Die Dialektik des Spiels. Scharndorf 1972

Suwe, H.-P.: Die historische Entwicklung der Rochade. In: Schachwissenschaftliche Forschungen 6 (12/1975), S. 171–182

Syed, R.: Das Chaturanga im Mânasollâsa. In: Beiträge des Südasien-Instituts der Humbold-Universität zu Berlin (6/1993), S. 93–132

Réti 1922

DR. EMANUEL LASKER

GESUNDER MENSCHENVERSTAND IM SCHACH

MIT 56 DIAGRAMMEN UND EINEM BILDNIS DES AUTORS

1925

WERTBUCHHANDEL
BERLIN

Lasker 1925

Szaltanai, R.: Wolfgang von Kempelen und die Verlegung der Universität nach Ofen. Budapest 1955

Szily, J.: Maróczy Géza. Budapest 1957

Tal, M.: The Life and Games of Mikhail Tal. London 1976

Tal, M.: Tal – Botvinnik. Match for the World Chess Championship 1960. London 1977

Tal, M. et al.: Montreal 1979. Tournament of Stars. Oxford 1980

Tarrasch, S.: Dreihundert Schachpartien. Leipzig 1895

Tarrasch, S.: Das internationale Schachturnier des Schachclubs Nürnberg 1896. Leipzig 1897

Tarrasch, S.: Der Schachwettkampf Marshall–Tarrasch im Herbst 1905. Nürnberg 1905

Tarrasch, S.: Der fünfzehnte Kongress des Deutschen Schachbundes Nürnberg 1906. Nürnberg 1906

Tarrasch, S.: Der Schachwettkampf Lasker – Marshall im Frühjahr 1907. Nürnberg 1907

Tarrasch, S.: Das Champion-Turnier zu Ostende 1907. Leipzig 1907

Tarrasch, S.: Der Schachwettkampf Lasker – Tarrasch um die Weltmeisterschaft im August–September 1908. Leipzig 1908

Tarrasch, S.: Die moderne Schachpartie. Nürnberg 1912

Tarrasch, S.: Das Großmeisterturnier St. Petersburg 1914. 1914

Tarrasch, S.: Internationales Schachturnier zu Baden-Baden 1925. Berlin 1925

Tartakower, S.: Die hypermoderne Schachpartie. Wien 1925

Tartakower, S.: Das entfesselte Schach. Debrecen 1925. Kecskemet 1926

Tartakower, S.: Das große internationale Schachmeisterturnier in Bad Kissingen 1928. Bad Kissingen 1928

Tartakower, S.: Moderne Schachstrategie. Breslau 1930

Tartakower, S.: Neue Schachsterne. Wien 1935

Tartakower, S.: My best Games of Chess. Bd. 1 (1905–1930), Bd. 2 (1931–1954). London 1953/1956

Taylor, C.: Hegel. Frankfurt/M. 1983

Taylor, M.: The Lewis chessmen. London 1978

Teichmann, R.: III. Internationales Schachmeisterturnier Ostende 1907. Berlin 1923

Tevis, W.: Queen's Gambit. New York 1983

The book of the international chess congress, London 1899. London 1900

The book of the London international chess congress 1922. London 1923

The games of Steinitz and Tchigorin. London 1892

Thicknesse, Ph.: The speaking Figure and the Automaton Chess Player exposed and detected. London 1784

Thieme, P.: Zur Frühgeschichte des Schachs. Pfullingen 1994 (= Tübinger Beiträge zum Thema Schach, Bd. 1. hrsg. v. H. Ellinger)

Timman, J.: Het smalle pad. Ervaringen met het wereldkampioenschap. Amsterdam 1988

Toth, L.: Die XIII. Schachmeisterschaft der UdSSR Moskau 1944. Kecskemet 1949

Trilling, L.: Das Ende der Aufrichtigkeit. Frankfurt/M. 1979

Troitzky, A.: Collection of chess studies. Leeds 1937

Truzzi, M.: Chess in Literature. New York 1974

Turing, A.: Intelligence Service. Schriften. (Hrsg. v. B. Dotzler u. F. Kittler.) Berlin 1987

Vainstein, B.: David Bronstein Chess Improviser. Oxford 1983

Varnusz, E.: Paul Keres best Games. 2 Bände. Oxford 1987–1990

Varnusz, E.: Lajos Portisch. Portrait eines Schachspielers mit 114 Partien. Frankfurt/M. 1990

Vernet, J.: La cultura hispanoarabe en Oriente y Occidente. Barcelona 1978

Versuchte Aufklärung des bei dem künstlichen Schachspieler des Herrn von Kempelen bisher am schwierigsten gehaltenen Mechanismus oder Kunstgriffs. In: Neues Hannöverisches Magazin, 7. 10. 1793, Spalte 1266

Vesely, J.: Die berühmteste Erfindung Wolfgang von Kempelens. In: Blätter für Technikgeschichte (36/37, 1974/75), S. 25–46

Vetter, F.: Das Schachzabelbuch Kunrads von Ammenhausen, Mönchs und Leutpriesters zu Stein am Rhein. Neben den Schachbüchern des Jakob von Cessole und des Jakob Mennel. Frauenfeld 1892

Vida, M. H.: Lehrgedicht über das Schachspiel. Übersetzt von J. Hoffmann. Mainz 1829

Vidmanová, A.: Die mittelalterliche Gesellschaft im Lichte des Schachspiels. In: Zimmermann, A. (Hrsg.): Soziale Ordnungen im Selbstverständnis des Mittelalters. Berlin/New York 1979, S. 323–335

Vidmar, M.: Das zweite internationale Schachturnier Karlsbad 1911. 2 Bände. Potsdam 1912

Vidmar, M.: Goldene Schachzeiten. Erinnerungen. Berlin 1961

Wade, R./Blackstock, L.: Interzonal Chess Tournament Palma 1970. Nottingham 1970

Wade, R. et al.: World Championship Interzonals Leningrad-Petropolis 1973. London 1974

Waetzoldt, S.: Über Kunst und Spiel. In: Hartmann, W. (Hrsg.): Festschrift Klaus Lankheit. Köln 1973, S. 11–16

Wahl, G.: Der Geist und die Geschichte des Schach-Spiels. Halle 1798 (Leipzig 1981)

Waitzkin, F.: Searching for Bobby Fischer. London 1989 (= 1984)

Walker, J.: Modus operandi, or the automaton chess player. London 1866

Warburg, A. M.: Bildersammlung zur Geschichte von Sternglaube und Sternkunde im Hamburger Planetarium. Hrsg. v. U. Fleckner et al. Hamburg 1993

Weickmann, C.: New-erfundenes Grosses Königs-Spiel. Ulm 1664

Weigand, W.: Das königliche Spiel. Eine kulturgeschichtliche Studie. Berlin 1959

Weizenbaum, J.: Die Macht der Computer und die Ohnmacht der Vernunft. Frankfurt/M. 1978

Welper, E.: Das Zeit kürzende Lust- und Spiel-Hauß. Kunstburg o. J. (um 1690)

Wenman, P.: Games from Monte Carlo 1901/04. Leeds 1945

Wenz, H.: Akiba Rubinstein. Ein Leben für das Schach. Berlin 1966

Weyl, H.: Die heutige Erkenntnislage in der Mathematik. In: ders.: Gesammelte Abhandlungen. (Hrsg. v. K. Chandrasekharan.) Bd. 2. Berlin/Heidelberg/New York 1968, S. 511–541

White, A. C.: Christmas series. 32 Bände. Stroud 1905–1936

White, A. C.: Sam Loyd und seine Schachaufgaben. Leipzig 1926

Whyld, K.: Fake Automata In chess. Caistor 1994

Wichmann, H./Wichmann, S.: Schach. Ursprung und Wandlung der Spielfigur in zwölf Jahrhunderten. München 1960

Widmann, H. (Hrsg.): Der gegenwärtige Stand der Gutenberg-Forschung. Stuttgart 1972

Wieber, R.: Das Schachspiel in der arabischen Literatur von den Anfängen bis zur zweiten Hälfte des 16. Jahrhunderts. Walldorf 1972 (Phil. Diss.)

Wieland, C. M.: Über die ältesten Zeitkürzungsspiele (Sämtl. Werke Bd. 33). Leipzig 1957

Wiener, N.: Kybernetik-Regelung und Nachrichtenübertragung in Lebewesen und Maschine. Wien/Düsseldorf 1963

Wiener, O.: Die Verbesserung Mitteleuropas. Roman. Reinbek/Hamburg 1969

Wieteck, H.: Meister Mieses. Mit 50 brillanten Angriffspartien. Ludwigshafen 1993

Williams, E.: Horae Divanianae. A selection of one hundred and fifty original games at chess by leading masters principally played at the Grand Divan. London 1852

Willis, R.: An attempt to analyze the automaton chess player of Mr. de Kempelen. In: Edinburgh Philosophical Journal (4/1821), S. 393–398

Windisch, K. G. v.: Nachricht von einer Maschine, welche das Schach spielet. In: Kaiserlich Königliches allergnädigst privater Anzeiger aus k. k. Erbländern (39/1773), S. 230–232

Windisch, K. G. v.: Bemerkungen über die von Kempelensche Schachmaschine. In: ders.: Geographie des Königreichs Ungarn. Preßburg 1780, S. 56–58

Windisch, K. G. v.: Briefe über den Schachspieler des Herrn von Kempelen, nebst drey Kupferstichen, die diese berühmte Maschine vorstellen. Basel 1783

Windisch, K. G. v.: Inanimate Reason. London 1784 (Überarbeitung u. Übersetzung von Windisch 1783)

Winter, E.: World Chess Champions. Oxford 1981

Winter, E.: Capablanca. A Compendium. Jefferson/London 1989

Wittgenstein, L.: Philosophische Untersuchungen. Frankfurt 1977

Wittgenstein, L.: Das Blaue Buch. Werkausgabe Bd. 5. Frankfurt/M. 1984

Woronkow, S. B./Plisezki, D.: David Janowski. Moskau 1987

Wróbel, P.: The Twighlight of Jewish Warsaw. In: Bartoszewski, T. (Hrsg.): The Jews in Warsaw. Oxford 1991

Wunderli, P.: Der Schachspielvergleich bei Saussure. In: Heinz, S./Wandruszka, U. (Hrsg.): Fakten und Theorien. Beiträge zur romanischen und allgemeinen Sprachwissenschaft. Tübingen 1982a, S. 363–372

Wunderli, P.: Der Schachspielvergleich in der analytischen Sprachphilosophie. In: Cahiers Ferdinand de Saussure (35/1982b), S. 87–130

Wurzbach, C.: Biographisches Lexikon des Kaisertums Oesterreich. Wien 1864, S. 158–163

Yates, F.: 101 of my best Games of Chess. London 1934

Yates, F./Winter, W.: Games played in the world's championship match between José Raoul Capablanca and Alexander Alekhin 1927. London 1928

Zimmermann, P.: Das Schachgedlcht Helnrlchs von Berlngen. Tübingen 1883

Zosnitz, J.: Schok ha-shak. Vilna 1880

Zur schachspielenden Maschine von Kempelen. In: Annalen der Literatur und Kunst in den österreichischen Staaten auf das Jahr 1804 (= Intelligenzblatt, Nr. 18). Wien 1804, S. 141

Zweig, S.: Schachnovelle. Frankfurt/M. 1975 (= 1943)

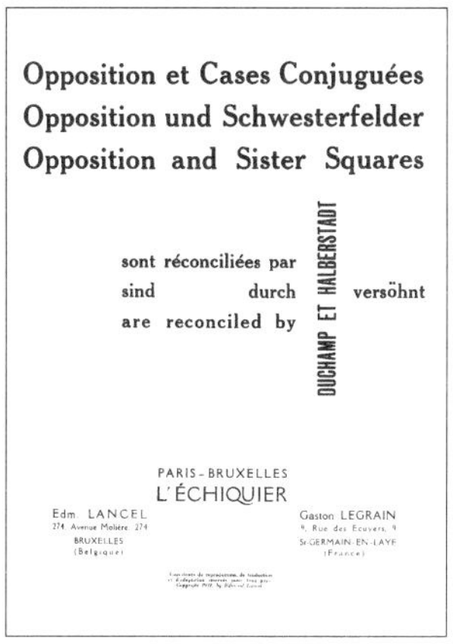
Opposition et Cases Conjuguées
Opposition und Schwesterfelder
Opposition and Sister Squares

sont réconciliées par / sind durch / are reconciled by DUCHAMP ET HALBERSTADT versöhnt

PARIS - BRUXELLES
L'ÉCHIQUIER

Edm. LANCEL
274, Avenue Molière, 274
BRUXELLES
(Belgique)

Gaston LEGRAIN
9, Rue des Ecuyers, 9
St-GERMAIN-EN-LAYE
(France)

Duchamp/Halberstadt 1932

Register

Die Verweise geben die Seitenzahl an, Zahlen in der Klammer geben zusätzlich die Nummer der Anmerkung, Abbildung oder Partie an.

Personenregister

Sachregister

Partienregister

Bildnachweis

AV-Film GmbH, Neufahrn bei München 58 (Foto aus dem Film „Das siebente Siegel" von Ingmar Bergman. Verleih: AV-Film Gmbh);
Bayrische Staatsbibliothek, München 41;
Bayrisches Nationalmuseum, München 157a;
Belser Verlag, Stuttgart 46, mit freundlicher Genehmigung der Belser Faksimile Editionen aus der Biblioteca apostolica Vaticana, Zürich, Stuttgart;
© cliché Bibliothèque Nationale de France, Paris 26 (Cabinet des Médailles), 38 (Ms. fr. 143, fol. 1), 39 (Ms. fr. 24274, fol. 37v), 53, 81 a – d (Cabinet des Médailles), 99a (Ms. fr. 24274, fol. 437);
Ecke Bonk 159a,b;
Copyright British Museum, London 82 a – f;
Coomaraswamy (1956) 24;
Deutsches Filmmuseum, Frankfurt 72;
Manfred Eder 77 a – e;
Michael Ehn 11, 13, 15, 17;
Forschungs- und Landesbibliothek Gotha 27 (Ms. orient T 18, Bl. 95a), 59 (Memb. I 117, Bl. 49v);
Germanisches Nationalmuseum, Nürnberg 79, 157c;
Gesamthochschul-Bibliothek Kassel 37 (2° Ms. poet. et roman. 1, fol. 25r);
Herzog August Bibliothek Wolfenbüttel 57;
L'Italia Scacchistica, Mailand 78, mit freundlicher Genehmigung von L'Italia Scacchistica;
Bernhard Kagan (1918) 10;
Kinoarchiv Peter W. Engelmeier, Hamburg 42, 43;
Hans Kmoch (1929) 16;
Emanuel Lasker (1909) 4;
Isaak Linder 80;
Magnum, Paris 75 (Foto: Henry Cartier-Bresson); Georg Marco (1905) 1;
Jaques Mieses/Moritz Lewitt (1911) 6;
Österreichische Nationalbibliothek, Wien 47 (Cod. 2801), 48 a – m (Cod. 3049), 83d;
Österreichisches Museum für angewandte Kunst, Wien 56;
Patrimonio Nacional (El Escorial, Madrid) 30 (fol. 22), 31 (fol. 38r), 32 (fol. 64r), 33 (fol. 83v), 34 (fol. 3r) Copyright Patrimonio Nacional Archivo Fotografico;
Philadelphia Museum of Art 44 (Foto: Julian Wasser), 51, 52, 69, 70 (Foto: Shigeko Kubota), 71;
Roxy-Film, München 73;
Royal Asiatic Society, London 28 (Ms. 211, fol. 1v), 29 (Ms. 211, fol. 8r);
Jonas Rubinstein 5, 7, 8, 9, 12, 14, 18, 20;
Samy Rubinstein 19;
Lothar Schmid, Bamberg 22, 50, 61, 62, 76;
Oliver Schwarz, Berlin 45;
Staatliche Museen zu Berlin, Preußischer Kulturbesitz 40 (L. 214, Kupferstichkabinett), 55 (L. 16, Kupferstichkabinett), 60 (Gemäldegalerie);
Täby Försammling 54 (Foto: Gabriel Hildebrand, RAÄ - Stockholm);
Thomas Thomsen 25, 99 b – f, 111b;
Michael Tschigorin (Turnierbuch Kiew 1903) 2;
Universitätsbibliothek Heidelberg 36 (Cod. Germ 848, fol. 13r);
Milan Vidmar (1912) 3;
Man Ray, Schachset 158a (Foto: Serge Bailhache), Schachset 158b (Foto: Sotheby's, London)
© VBK, Wien, 1995 / Man Ray Trust, Paris;
René Magritte, Le géant, S. 428
© VBK, Wien, 1995;
Alexander Calder, Schachset 161 (Foto: Serge Bailhache)
© VBK, Wien, 1995;
Alexina Duchamp 162 (Foto: Serge Bailhache);
Marcel Duchamp, 51, Neun männische Formen 52, König und Königin von schnellen Akten umgeben 69, Sightsoundsystem 70 (Foto: Shigeko Kubota), Hommage à Chaissa 71, Reiseschachspiel 150, Schachset 156 (Foto: Serge Bailhache)
© VBK, Wien, 1995;
Max Ernst, Schachset 160 (Foto: Serge Bailhache)
© VBK, Wien, 1995;
Marcelo Wiegele-Slama, Wien: 47 – 49, 83 a – c, 83 e – h, 84, 85 – 98b, 100 – 111a, 112 – 144a, 145 – 149, 151 – 155, 157b, 159a;
Gareth Williams, London 63, 64, 65, 144b;
Würtembergische Landesbibliothek, Stuttgart 35 (Cod. poet. et phil. 2°, 2, 24r)